金融市場の
行動経済学

行動とマーケットに見る非合理性の世界

池田新介
Shinsuke Ikeda

岡田克彦
Katsuhiko Okada

日本経済新聞出版

金融市場の行動経済学

行動とマーケットに見る非合理性の世界

まえがき

　私たちの社会が経済的に成長し、各人が豊かな経済生活を営むうえで、金融・証券市場の存在は不可欠である。今利用できる資源を将来のより大きな資源と交換したり、リスクをとることでより大きな資源を獲得したりすることが、金融取引によってはじめて可能になるからである。金融・証券市場のこうした資源配分機能がうまく発揮されるには、取引者である市場参加者たち自身が可能なかぎり合理的に将来を予想しリスクを評価する必要がある。市場参加者の合理性を前提にして、ファイナンシャルな意思決定を記述し、金融・証券市場における価格決定のメカニズムを解明するのが従来「ファイナンス」と呼ばれてきた学問領域である。ところが、バブル現象やそれに続くマーケットの崩壊などの「市場の失敗（market failure）」を幾度となく経験するなかで、私たち投資家の限られた合理性——ハーバート・サイモン（Herbert Simon、1978年ノーベル経済学賞）のいう「限定合理性」——を前提として、金融・証券市場の振る舞いを再検討する必要性が指摘されている。

　本書は、人びとの限定合理性の観点から、株式などの金融証券の価格決定とそのベースにあるリスク判断と選択を中心として、彼らの現実の金融・投資行動と金融・証券市場で起きている現象を読み解いていくことを目的としている。

　行動経済学の知見にもとづいて金融・証券市場の現象を分析する学問領域は行動ファイナンスと呼ばれている。本書の内容はその行動ファイナンスの領域に属している（実際、本文中でもそのように記述している箇所がある）。にもかかわらずタイトルを「金融市場の行動経済学」としたのは、ファイナンスにおける意思決定の分析の多くが経済学の理論をベースにしているために、投資家の意思決定における非合理性を考える際には、経済学を修正した行動経済学の視点やロジックが重要になるからである。

　本書の目的やねらいの詳細については序章で述べるが、本書の第一の特色として、金融・証券市場に見られる限定合理性を行動データとマーケットデータの両方向から分析する点を強調しておきたい。序章で述べるように、本書では

これらのアプローチを行動アプローチおよびマーケットアプローチと呼んでいる。行動アプローチでは、アンケート調査や経済実験、あるいはさまざまなリスク関連商品についてのフィールドデータから、限定合理的な金融・投資行動を明らかにし、マーケット現象との関連性を明らかにする。マーケットアプローチは、逆に証券価格や取引量などのマーケットアウトカムのデータを調べることで、プレーヤーたちの限定合理性やそれに起因する市場の非効率性について考える。

　行動アプローチでは、行動データを経済学や行動経済学の理論から演繹される知見に照らし合わせることで限定合理的な金融・投資行動を明らかにする。マーケットアプローチでもこうした仮説検証による演繹的な方法を使うが、それだけではなく、テキストマイニングや機械学習などの新しい情報処理技術を利用することでマーケットデータの特性を解明し、金融・証券市場の非効率性を明らかにする、いわば、データ駆動的で帰納的な方法を併用する。本書の副題に、「行動」と「マーケット」をキーワードとして入れたのはこのためである。

　行動とマーケットの双方向からのアプローチという本書の特色は、私たち筆者の対照的な研究歴に関連しているかもしれない。筆者の一人（池田）が、経済主体の時間選好やリスク選好の形成と意思決定の関連性という経済学的なテーマから出発し、行動データを用いた限定合理性の探究に関心を向けてきたのに対し、もう一人（岡田）は、キャピタル・マーケットにおけるプレーヤーとして投資家が限定合理的に振る舞っているのを目の当たりにしてきた立場から、新しい情報処理技術を利用することで株式リターンの予測可能性を解明することに尽力してきた。

　ただ、こうした本書の特色は、筆者らの研究歴の違いを単純に反映しているというよりも、そもそも本書の企画が、そのような対照的で補完的な関心をもつ筆者らが協力することで新しいタイプの「行動ファイナンス」を書きたい、という戦略的な動機から始められた結果という方が適切だろう。そのシナジー効果が期待どおりに本書に発揮できているかどうかについては読者の判断を仰ぐほかはない。

　第二の特色として、本書では、筆者らの過去の研究をベースにまとめるスタイルではなく、分析や検証を含めた大きな部分をオリジナルに書き下ろすスタ

イルをとっている。そのために日本でアンケート調査を実施したり、新しい情報処理方法を取り入れたりすることで、従来の行動経済学や行動ファイナンスで提示されている結果をオリジナルなデータで再検証し、さらに金融現象に関連するいくつかの新しい知見を示している。

　たとえば、認知能力の限定性、プロスペクト理論的なリスク態度、自信過剰などの限定合理的な要因が人びとの投資行動に及ぼす影響について、日本のデータを用いて新しい結果を示している。また、自然言語処理や深層学習の機械学習的なアプローチを利用することによって、データから識別される市場センチメントや、株価のチャート画像情報から探索される利益機会を利用した有効な投資戦略の可能性について分析し、そこから市場の非効率性についての新知見を明らかにしている。終章では、さらにその結果にもとづいて市場効率性の新しい概念を提案している。

＊　＊　＊

　分析と執筆にあたっては、筆者間で綿密に議論を重ね修正を繰り返した。最初こそそれぞれの担当章を決めて粗稿を執筆したものの、時間をかけて幾度となく検討し改訂を繰り返したので、当然のことながらどの部分も共同執筆と考えていただきたい。

　本書が想定する主な読者は、（1）ファイナンスや経済学についてごく初級の知識をもつ、社会科学系の学部・大学院初級の学生、および（2）金融・証券市場の現場で活動するなどしてすでにファイナンス現象に関連する実際的な知識をもっていて、その現実を理論的に理解したいと考えている実務家やアナリスト、政策担当者などである。さらには、（3）ファイナンスや行動経済学などの関連分野の研究者にとっても関心をひくトピックが本書に含まれていると考えている。

　行動ファイナンスの可能性（と問題点）をできるだけ多数の人たちに理解してもらうために、数学的な議論は簡単な等式にとどめ、高度な数学は一切使わずに説明するように心がけている。例外的に数式の展開が必要と判断した議論は、補論や付録など本論以外のところに集めることとした（そこでさえ微分はほとんど使っていない）。

ただ、たとえ数学的な議論が出てこなくても（むしろその場合余計に）、非合理的な行動を理解すること自体が合理的な行動を理解することよりも難しい。非合理的な行動を理解するには、合理的な行動とは何かを理解したうえで、そこから外れた非合理的な行動に規則性（バイアス）を見い出し、それを合理的（論理的）に理解しなければならないからである。金融・投資行動や証券市場に観察される限定合理性を理解するには、こうした2つの問題を考える辛抱強さがどうしても必要になる。誤行動の単なる事例集にならないように、本書では非合理的行動のメカニズムやそれらの相互関係をできるだけ端折らずに理屈で説明するように心がけている。読者のみなさんには、辛抱強くそのロジックを辿っていただくことで、行動経済学や行動ファイナンスの楽しさや深さを味わってもらいたい。

　ファイナンスについての知識を持たない読者は、第1章の補論と第6章でその基本的な考え方を概説しているので、最初にそこを読んでいただければ以後の理解が容易になるはずである。行動経済学の知識については、それがなくとも読めるように配慮した。各章内の説明も章の並びも、全体として、基礎から応用へ、理論的な説明からデータによる検証へ、という流れで構成されているので、時間が許せば序章から終章まで順に通読していただきたい。とはいえ、とくにマーケットデータを用いた検証に関心がある読者は第6章以降の後半から読むのも一案だろう。逆に認知能力やヒューリスティック、自信過剰、リスク態度などの心理学的要因に関心のある読者にはとくに前半部分を読んでいただきたい。

　また本書では、データの処理や実証・検証の方法についても、詳しく説明している。読者が自分で用意したデータを使って、それらの方法が活用できるようにとの配慮からである。たとえば、プロスペクト理論や自信過剰に関連するパラメーターの推定、リターンの予想歪度の推定、意思決定ウェイト付け関数の計算、ファーマ＝マクベス法、イベントスタディの方法、機械学習や深層学習を用いた投資戦略の設計などがそれである。大学・大学院や社会人研修で教材として使う場合には、これらの説明を利用して演習の要素をクラスに取り入れることを勧めたい。

＊＊＊

　本書を執筆するにあたっては、関西学院大学や大阪大学での同僚や元同僚、共同研究者の方々、学協会（行動経済学会、日本経済学会、日本経営財務研究学会、日本ファイナンス学会、日本証券アナリスト協会）でお付き合いいただいている方々、行動ファイナンスワークショップや資産価格研究会のメンバーなど、数多くの方々にお世話になった。とりわけ、本書の内容をテーマとして行った行動ファイナンスワークショップ（2020年11月開催）に参加された小川貴之氏、小島健氏、康明逸氏、坂本淳氏、高橋秀徳氏、中尾田宏氏、村宮克彦氏、山﨑尚志氏、資産価格研究会をオーガナイズされている福田祐一氏と堀敬一氏、そして本書企画の方向性についてご意見を伺う機会を頂戴した大垣昌夫氏に記してお礼申し上げたい。ただ、上記ワークショップに参加された平田憲司郎氏は2024年1月に急逝されたために、感謝の気持ちを伝えることができないのが残念でならない。

　また、伊藤悟視氏、中筋萌氏、羽室行信氏、および村宮克彦氏は、共同研究の一部の結果を本書に利用することを快諾してくださった。中筋氏にはデータ処理や推定作業にもご協力いただいた。心からお礼申し上げたい。

　本書で扱ったいくつかのトピックについては、とくにその分野で仕事をされている研究者の方々にこちらから個別に問い合わせをしたうえで、議論を通じて理解を深め正確を期すという方法をとった。曖昧さ回避については小川貴之氏と坂本淳氏から、後悔回避については秦劼氏から、そして会計発生高の問題については村宮克彦氏から数多くの貴重なご示唆とご指導をいただいた。ここに記してお礼申し上げたい。もちろんなんらかの誤りなどがあれば、私たち筆者の責任に帰されることはいうまでもない。

　序章で詳しく述べるように、本書の議論の多くがNTTデータ経営研究所による全国ウェブ調査のデータに依拠している。その機縁をお作りいただいた萩原一平氏と、調査票作成からデータ利用に至るプロセスでご助力いただいた高山文博氏および中村友昭氏、そしてデータの利用をご快諾いただいた同研究所にお礼申し上げたい。

　私たち2人が行動ファイナンスをテーマとする本書を共同執筆することに

なった背景として、この分野を長年リードされてきた加藤英明先生（名古屋大学名誉教授）、榊原茂樹先生（神戸大学名誉教授）、および筒井義郎先生（大阪大学名誉教授）のお三方に2人ともがこれまでなんらかの形でご指導いただいてきたことがある。このテーマの面白さと奥深さを教えていただいた先生方にこの場を借りて心からお礼申し上げたい。さらに、小野善康先生（大阪大学特任教授）には、本書出版の機縁となった日経BP日経BOOKSユニットの田口恒雄氏をご紹介いただき、さらには池田が分担者として参加する科研費基盤研究（S）の代表者としてご協力とご鞭撻をいただいた。記して深謝したい。

　本書の企画は、同一部局（関西学院大学経営戦略研究科ビジネススクール）のファイナンスコースに在籍する私たちが田口恒雄氏にご相談した2018年5月に始まる。氏は、6年を超える耐久レースに辛抱強く伴走してくださるとともに、内容と構成についての貴重な提案を数多くしていただいた。氏のご尽力に心からお礼申し上げたい。なお、本書のベースとなる研究に対しては、文部科学省科学研究費の助成（20H05631〈基盤研究S〉、24K00298〈基盤研究B〉）を受けている。

　最後に私事ながら、普段から研究生活に協力してくれている家族に感謝したい。池田は妻恵子に、岡田は妻薫子に、この機会を借りて感謝の気持ちを伝えるものである。

　2025年1月末日

　　　　　　　　　　　　　　　　　　　　　　池田新介・岡田克彦

目　次

まえがき　3

序　章　本書の目的とねらい ———————— 21

1．本書の目的　21

2．貢献の方向　23

3．本書の範囲　33

第1章　ファイナンスの行動経済学 ———————— 35

要　約　36

1．はじめに——ファイナンス理論の「行動化」に向けて　37

2．標準ファイナンス理論の考え方　38

3．ホモエコノミカス・モデルへの批判——「アズイフ」から「プロセス」へ　46

4．限定合理性と認知処理の二重性　50

5．ヒューマンスを考える行動ファイナンス　51

6．2つの視点から考える——各章の概要とメリット　54

コラム 1-1　ファイナンス理論は市場とともに　62

コラム 1-2　非合理的投資家が合理的投資家を駆逐する？　68

補論 1-1　標準ファイナンス理論の基礎　70

補論 1-1 付録　CAPM の導出　98

第2章　限定合理的な認知処理と金融・投資行動 ———————— 103

要　約　104

1. 認知処理の限界とファイナンシャルな意思決定　105

2. 直感と熟慮——認知処理の二重性　106

3. 自己モニタリング力で認知能力を測る　110

4. 認知処理タイプによる選好の違い　117

5. 認知処理タイプによる投資行動の違い　126

6. 認知処理タイプによる負債行動の違い　137

7. おわりに　138

付録　クジの選択質問　139

コラム 2-1　認知熟慮テスト（CRT）
　　　　　　——その問題点と改訂版　142

コラム 2-2　直感は非合理的か？　145

第 3 章　判断バイアスと金融・投資行動 ———— 151

要 約　152

1. ヒューリスティックと自信過剰から
金融・投資行動を考える　153

2. 3 タイプのヒューリスティック　154

3. 代表性のヒューリスティックと金融・投資行動　155

4. 利用可能性のヒューリスティックと金融・投資行動　182

5. アンカリング、不完全な調整、
および金融・投資行動　186

6. 自信過剰　189

7. おわりに　200

付録　自信過剰変数の作成　201

コラム 3-1　ホットハンド効果とホットハンドの誤り
　　　　　　——ストリーク選別バイアス　204

コラム 3-2　CRT スコアが低いほど、判断バイアスを
　　　　　　示しやすいか？　211

補論 3-1　ベイズルールと代表性のヒューリスティック　216

補論 3-2　少数の法則をフレディ・モデルで考える　222

補論 3-3　ストリーク選別バイアスの導出　232

第4章　プロスペクト選択の理論 ——————— 235

要　約　236

1．プロスペクトの選択　237

2．期待効用理論では説明できないリスク選択　239

3．プロスペクト理論　255

4．プロスペクト理論によるクジの評価　274

5．おわりに　276

付　録　277

コラム 4-1　ラビンの逆説のメカニズム　285

コラム 4-2　プレストンとバラッタの心理的確率　288

コラム 4-3　確率ウェイト付け関数の例　289

第5章　プロスペクト理論と金融・投資行動 ——————— 293

要　約　294

1．プロスペクト理論で見る金融・投資現象　295

2．プロスペクト理論で見る株式リターン　298

3．プロスペクト理論で見る株式オプションプレミアム　311

4．過剰保険　322

5．値上がり株は売り急ぎ、
　値下がり株は損切りできない　331

6．株式プレミアムと近視眼的損失回避　340

7．おわりに　347

補論 5-1　日本で宝くじ株は買われてきたか？　349

第6章 効率的市場仮説と合理的 アセットプライシング ———————— 355

要約 356

1. 株価のランダムウォーク 357

2. 効率的市場仮説 359

3. 証券投資のリスク 366

4. 資本資産価格決定モデル（CAPM） 369

5. ファーマ＝フレンチ3ファクターモデル 375

6. おわりに 380

コラム 6-1 世界のマーケットリスクプレミアム 381

コラム 6-2 日本株における規模効果と割安株効果 383

コラム 6-3 イベントスタディ 386

補論 6-1 行動資本資産価格決定モデル 392

補論 6-1 付録 （6H-1）式と（6H-5）式の導出 411

第7章 株式市場における群衆行動と センチメント ———————————— 413

要約 414

1. 群衆行動（ハーディング） 415

2. センチメント 432

3. おわりに 444

コラム 7-1 テキストマイニングと市場センチメント 447

第8章 マーケットから考える行動ファイナンス —— 451

要約 452

1. 4ファクターモデル 453

2. 会計的ファクター 467

3．ファーマ＝フレンチ 5 ファクターモデル　475

4．新しいファクターの発見と新たな課題　484

5．おわりに　495

コラム 8-1　ファーマ＝マクベス回帰　497

コラム 8-2　モーメンタムクラッシュと歪度選好　500

第 9 章　ビッグデータ時代の資産価格決定モデル ——— 503

要　約　504

1．データマイニングによるファクター探索　505

2．統計的推定から機械学習の利用へ　520

3．市場効率性についての再議論　531

4．テクノロジーの進化と市場効率性への挑戦　535

5．おわりに　562

終　章　結論とメッセージ ——— 565

1．結論と貢献　565

2．高次の市場効率性　566

3．反証によって深化するファイナンス理論　570

参考文献　573

索　引　593

図表目次

〈序章〉

図 0 - 1　行動アプローチとマーケットアプローチで金融市場を理解する ………24

図 0 - 2　HIDB2018 回答者と全人口の居住都道府県分布 ……………………25

図 0 - 3　HIDB2018 回答者と全人口の男女別年齢分布 ……………………26

図 0 - 4　仮説設定と反証によって発展するファイナンス理論………………31

〈第 1 章〉

図 1 - 1　米国 S&P500の指数値と指数銘柄取引額の
　　　　　対 GDP 比経年変化：1950〜2023年 ……………………………38

図 1 C - 1　ゲームストップ社の株価推移 ……………………………………69

図 1 H - 1　評価関数の形状とリスク選好 …………………………………74

図 1 H - 2　証券市場線 …………………………………………………………86

図 1 H - 3　資本市場線 …………………………………………………………89

表 1 - 1　「ファイナンス」は市場とともに …………………………………40-41

表 1 - 2　標準ファイナンス理論と行動ファイナンス …………………………43

表 1 H - 1　リスクに対する選好 ……………………………………………72

表 1 H - 2　標準ファイナンス理論 …………………………………………80

表 1 H - 3　標準ファイナンスにおけるアセットプライシングのモデル ………92-93

〈第 2 章〉

図 2 - 1　熟慮（タイプ 2）処理が直感（タイプ 1）処理を監視する
　　　　　——デフォルト介入者モデル ……………………………………108

図 2 - 2　認知熟慮テスト（CRT） ……………………………………………111

図 2 - 3　CRT スコアとポートフォリオ比率 ………………………………128

図 2 - 4　CRT スコアと株式市場参加率 ……………………………………131

図 2 - 5　認知処理タイプ別株式投資累積リターン …………………………135

表 2 - 1　 2 つの認知処理タイプ ……………………………………………107

表 2 - 2　認知熟慮テスト（CRT）スコアの分布 …………………………112

表 2 - 3　認知処理タイプとウェブ調査回答時間・セルフコントロール力 ………115

表 2 - 4　認知処理タイプと不確実性下の選択に関わる選好 ………………117

表 2 - 5　認知処理タイプと時間選好 ………………………………………125

表 2 - 6	認知処理タイプと投資態度	125
表 2 - 7	認知処理タイプと株式投資でのアグレッシブさ	133
表 2 - 8	認知処理タイプと負債行動	137
表 2 C- 1	新版認知熟慮テスト	143

〈第 3 章〉

図 3 - 1	パリ・ミュチュエル賭け──最後に同じ当たり数が出た日と平均配当額の関係	164
図 3 - 2	ロトのラッキー店効果──ホットハンドの誤り	166
図 3 - 3	ロトの賭け金に見るギャンブラーの誤りとホットハンドの誤り	172
図 3 - 4	ギャンブラーの誤りが強い人ほど、ホットハンドの誤りも強い	174
図 3 - 5	反転頻度が 1 で上昇する場合	176
図 3 - 6	反転頻度が低いと順張り、高いと逆張り	177
図 3 - 7	日米株式市場における2000年以降のモーメンタム現象	180
図 3 - 8	NTT 社と NTT ドコモ社の時価総額の推移:1999～2005年	183
図 3 - 9	アンカリング──大きな番号を見た人ほど、買い値が高くなる	188
図 3 -10	自信過剰と投資のアグレッシブさ	198
図 3 C- 1	CRT スコアと投資の自信過剰	215
図 3 H- 1	フレディはタイプ H の割合を過大に見積もる	231
表 3 - 1	投資ファンドのタイプ	169
表 3 - 2	自信過剰と投資行動のアグレッシブさ──英国のケース	193
表 3 - 3	自信過剰とアグレッシブな投資行動	196
表 3 - 4	自信過剰と分散投資	200
表 3 C- 1	ストリーク選別バイアス:コイン投げ 3 回の場合	206
表 3 C- 2	CRT スコアとヒューリスティックや自信過剰による判断ミス	212-213
表 3 H- 1	投資ファンドのタイプ	222
表 3 H- 2	シグナル（G, G）を得たときの条件付き期待値	228

〈第 4 章〉

図 4 - 1	価値関数	259
図 4 - 2	確率ウェイト付け関数	261
図 4 - 3	確率順位と意思決定ウェイト	268
図 4 - 4	意思決定ウェイトの感応度逓減	271

図 4 C- 1	ラビンの逆説のメカニズム	286
図 4 C- 2	プレストン＝バラッタ（1948）の心理的確率と 確率ウェイト付け関数	288
図 4 C- 3	プレレックの確率ウェイト付け関数	291
図 4 C- 4	ゴールドスタイン＝アイホーンの確率ウェイト付け関数	291
表 4 - 1	ラビンの逆説——期待効用理論の矛盾	242
表 4 - 2	選択対象の性質とリスク態度	246
表 4 - 3	プロスペクト選択の結果	248
表 4 - 4	リスク選択バイアスとプロスペクト理論	256
表 4 - 5	価値関数のパラメーター値	258
表 4 - 6	確率ウェイト付け関数のパラメーター値	261
表 4 - 7	意思決定ウェイトの計算例	271
表 4 - 8	クジ A、B の意思決定ウェイト	273
表 4 - 9	実験結果とプロスペクト理論の予想	275
表 4 C- 1	確率ウェイト付け関数の例	290

〈第 5 章〉

図 5 - 1	TOPIX 投資の意思決定ウェイトの分布	299
図 5 - 2	少ない株式市場参加——株式市場参加パズル	304
図 5 - 3	オーバーウェイティング、損失回避、および株式市場参加パズル	307
図 5 - 4	歪度と株式市場リターン：東証 1 部上場銘柄 （1980年 1 月〜2010年12月）	310
図 5 - 5	株式オプションプレミアムと原資産株価	313
図 5 - 6	TOPIX コールオプションのブラック＝ショールズ価格	315
図 5 - 7	オプションはディープな OTM ほど歪度が大きい	317
図 5 - 8	プロスペクト理論によるコールオプション評価と BS 価格	320
図 5 - 9	ボラティリティ・スマイル：TOPIX コールのプロスペクト 理論価格	321
図 5 -10	気質効果を調べる質問	334
図 5 -11	気質効果が強いほど、投資パフォーマンスが低い	336
図 5 -12	限界感応度逓減が強いほど、気質効果が強い	338
図 5 -13	損失回避は気質効果を弱める	340
図 5 -14	各国の株式プレミアム	341

図 5-15	評価期間、損失回避、および株式投資のプロスペクト理論価値 …… 346
表 5-1	TOPIX および S&P500の超過リターンの統計量と プロスペクト理論価値 …………………………………………………… 300
表 5-2	歪度と株式リターン：米国株式市場 …………………………………… 309
表 5-3	損害保険のデダクティブル（必要自己負担額）選択と過剰保険 …… 325
表 5-4	保険特約への需要を尋ねる質問 ……………………………………… 327
表 5-5	プロスペクト理論パラメーターと保険カバレッジへの需要………… 328
表 5-6	気質効果スコア ………………………………………………………… 335
表 5 H-1	ヒストリカル歪度でソートした5分位ポートフォリオの 平均超過リターン …………………………………………………… 350
表 5 H-2	予想歪度でソートした5分位ポートフォリオの平均超過リターン … 352

〈第6章〉

図 6-1	1989年9月〜2019年9月までの日次リターン （配当・分割修正済み）……………………………………………… 358
図 6-2	東芝不正会計発覚前後の株価動向（終値）…………………………… 361
図 6-3	インターネットバブル期に .com を用いて社名変更を行った 企業群の短期的動向 ………………………………………………… 364
図 6-4	正規分布と標準偏差……………………………………………………… 367
図 6-5	標準偏差と平均リターン ……………………………………………… 369
図 6-6	米国株におけるベータ別ポートフォリオの月次平均リターン……… 374
図 6 C-1	日本市場の小型割安株と大型成長株の累積リターン ……………… 384
図 6 C-2	規模効果と割安株効果の比較…………………………………………… 385
図 6 C-3	イベントスタディのタイムライン …………………………………… 386
図 6 H-1	プロスペクト理論価値とアルファ …………………………………… 398
図 6 H-2	後悔回避とアルファ …………………………………………………… 402
図 6 H-3	不確実性回避とアルファ ……………………………………………… 404
表 6-1	分散投資の例 …………………………………………………………… 370
表 6-2	規模・市場ベータ・簿価時価比率別のポートフォリオの 月次リターン ………………………………………………………… 376
表 6 C-1	主要国株式・債券の期間別実質年率リターン ……………………… 381

〈第7章〉

図7-1　金融危機時の枝密度の変化·······························425

図7-2　東日本大震災時のTOPIXと上昇銘柄群・下落銘柄群の枝密度の
　　　　推移···427

図7-3　1987年から2015年までの下落局面における枝密度上昇時の
　　　　主なイベント···428

図7-4　取引戦略の概略···431

図7-5　センチメントと株式評価（概念図）·················437

図7-6　前月のセンチメントと当月の株式評価の関係······440

図7-7　反転恐怖指数（－VXJ）、センチメント指数のz-スコアと
　　　　日経平均株価指数···443

表7-1　米国機関投資家の群衆行動に関する検証結果·······420

表7-2　取引戦略のシグナル生成のためのパラメーター一覧·······430

表7-3　枝密度をシグナルとした取引シミュレーション·······431

〈第8章〉

図8-1　日本株式市場のモーメンタムファクターリターン
　　　　（1990年11月〜2019年12月）·····························462

図8-2　アジア市場のモーメンタムファクターリターン
　　　　（1990年11月〜2019年12月）·····························463

図8-3　先進国株式市場のモーメンタムファクターリターン
　　　　（1990年11月〜2019年12月）·····························465

図8-4　日本市場における会計発生高と規模調整済みリターン·······472

図8-5　1990〜2019年までの年率平均ファクターリターン·······480

図8-6　日本市場と先進国市場における追加ファクターの効果
　　　　規模別、利益別、投資額別の月次平均リターン比較一覧
　　　　（1990〜2019年）···483

図8-7　ファクター探索のプロセス·····························484

図8-8　上位学術誌に掲載された新しいファクター数の推移·······489

図8-9　ファクターの予測能力の時系列推移·················493

表8-1　米国株式市場におけるモーメンタム効果···········456

表8-2　投資信託の運用成績·······································459

表8-3　ファクターリターンとファクター間相関行列·······461

| 表 8 - 4 | 世界の規模別モーメンタム効果 ……………………………………………… | 466 |

表 8 - 5　会計発生高で10分位にランキングしたポートフォリオの
　　　　　その後の超過リターン …………………………………………… 470

表 8 - 6　日本企業を対象とした会計発生高アノマリーの検証結果 ……………… 473

表 8 - 7　FF 5 のファクターポートフォリオの組成 ………………………………… 478

表 8 - 8　日本市場における営業利益・投資額と平均リターン ………………… 482

表 8 - 9　クロスセクションの予測ファクター：固有ボラティリティ（*i-vol*）… 487

表 8 -10　ファクターモデルの予測リターンと実現リターン ……………………… 492

表 8 C- 1　米国株モーメンタムポートフォリオの性質 …………………………… 501

〈第 9 章〉

図 9 - 1　5 分割交差検証法のイメージ ……………………………………………… 525

図 9 - 2　LASSO 回帰を用いて選択されたクロスセクションの説明変数 ……… 530

図 9 - 3　論文公刊後に失われる予測力 …………………………………………… 533

図 9 - 4　テクニカルアナリストが予測に用いる価格パターンの一例 ………… 536

図 9 - 5　畳み込みフィルターの機能 ……………………………………………… 543

図 9 - 6　画像認識に使ったチャート画像 ………………………………………… 546

図 9 - 7　画像から特徴量を取り出すまでのイメージ …………………………… 547

図 9 - 8　5 日画像の学習プロセス ………………………………………………… 548

図 9 - 9　画像診断による予測確率を用いた分位ポートフォリオの成績…… 556-557

図 9 -10　Grad-CAM による画像解析 ……………………………………………… 559

図 9 -11　CNN モデルが組成する分位ポートフォリオの
　　　　　パフォーマンス ………………………………………………………… 561

表 9 - 1　会計項目をシグナルとして組成したロング・ショート
　　　　　ポートフォリオの資産価格決定モデルにおける評価 ……………… 509

表 9 - 2　代表的な予測ファクター ……………………………………… 513-518

表 9 - 3　使用データの詳細 ………………………………………………………… 554

〈終章〉

図10- 1　市場効率性を高次で考える ……………………………………………… 568

序章　本書の目的とねらい

1. 本書の目的

　さまざまな資産や証券が取引される金融市場は、いわば将来の購買力やリスクが取引される場である。市場で決まる利子率とリスク価格のもとで、各将来時点の購買力やリスクが交換され、社会での資源配分が決まる。したがって、資源制約のもとで適切な経済成長を達成し、社会全体が高い経済厚生を享受するには、金融市場が効率的に機能することが不可欠である。ところが、1989年のブラックマンデーや、ノーベル経済学賞受賞者たちによって運営されていたヘッジファンド LTCM の破綻（1998年）、あるいは IT バブルの破裂（2001年）、リーマンショック（2009年）など、金融・証券市場の資源配分機能を疑わせるような出来事が継起している（第1章、図1‐1を参照）。そしてそれに触発される形で、投資家をはじめとする金融市場のプレーヤーたちの行動が必ずしも合理的ではなく、マーケットの価格形成も効率的でないことを示すエビデンスが提出され、標準的なファイナンス理論を再検討する作業が進められている。

　本書の目的は、私たち人間がもつ認知能力の限界や心理上の特性を考慮することで、（1）投資家をはじめとする、金融・証券市場のプレーヤーたちの非合理的な振る舞いを理解し、（2）市場価格やリターンが示すさまざまな変則現象とそのメカニズムを解明することにある。

　第1章で詳しく見るように、従来標準とされてきたファイナンス理論（およ

びその基礎にある経済理論）は、マーケットのプレーヤーたちが合理的な意思決定者であるという前提に立っている。これに対し、心理学や認知科学の知見にもとづきながら経済主体の心理的・認知的特性を考慮して、より人間らしい意思決定者の観点から経済現象や金融現象を理解し直す作業が、行動経済学や行動ファイナンスの名のもとに進んでいる。この分野で貢献のあるハーシュ・シェフリン（Hersh Shefrin）は行動ファイナンスを、「心理（学）的現象が金融行動にどのような影響を与えるかを研究する学問」（Shefrin [2008], p.1）と定義している。非合理的な投資家行動や変則的な市場現象を解明していくという本書の目的作業は、行動経済学と行動ファイナンスの知見にもとづいて、標準的なファイナンス理論を批判的に検討していくことから始められる。

　本書では、人びとの非合理的な金融・投資行動を彼らの限定的な合理性の観点からあくまでも一般読者（研究者でない読者）とともに考察していきたいと考えている。したがって、学問的な領域ではすでに知られている——場合によっては常識として当たり前になっている——知見であっても、投資家やマーケットの実際を一般読者に理解してもらうために整理し解説することに多くの紙面が費やされている。また、本書で取り上げる問題は、経済学やファイナンス理論の専門書に出てくるような、数式で表された難解な命題や問題ではなく、以下に例示するような、一般読者が日常的に関わっているリアルな問題である（カッコ内は議論する章）。

- 認知能力の違いによって投資行動はどのように異なるのか？（第2章）
- 投資家はなぜアグレッシブなのか？（第3章）
- 株式保有はなぜ進まないのか？（第2章、第5章）
- 保険に加入する一方で、大穴株に投資するのはなぜか？（第5章）
- 株式のリスクプレミアム（期待リターン）はどのように決まるのか？（第5章、第6〜9章）
- 群衆行動を利用してリターンを得ることはできるのか？（第7章）
- 会計情報を使って儲けることはできるのか？（第8章）
- チャート分析でマーケットを出し抜けるのか？（第9章）

序章　本書の目的とねらい　23

本書ではこれらの問いに対して。標準的なファイナンス理論での考え方に対照させる形で、行動経済学的・行動ファイナンス的に限定合理性の観点から考察を行っていく。さらにそうした過程で、筆者たち自身が導いたオリジナルな実証的・理論的知見を紹介し、読者の方々の批判を仰ぎたいと考えている。

2.　貢献の方向

行動経済学や行動ファイナンスの知見にもとづいて金融・証券の問題を扱ったすぐれた類書はすでに多い[1]。そのなかにあって本書は以下に述べる方向で新規性を加え、行動経済学とファイナンスの両領域に貢献することをねらっている。

（1）行動アプローチとマーケットアプローチで考える

本書では2つの方向からファイナンスの問題にアプローチしていく。1つは、意思決定者個人のレベルから、認知的な限定合理性と行動の関係を直接調べる。本書ではこれを行動アプローチと呼ぶ。行動経済学の創始者に数えられるダニエル・カーネマン（Daniel Kahneman、2002年ノーベル経済学賞）やエイモス・トゥヴァースキー（Amos Tversky）らが行ったように、ラボ実験やフィールドのデータから、人びとの判断や選択上のバイアスと行動の関係を明らかにしていくのがこのアプローチである。

もう1つは、金融・証券市場における価格やリターン、取引量などのマーケットデータから市場参加者の集計的・平均的な行動特性を把握し、その限定合理性を調べるマーケットアプローチである。多くの場合、証券のリターンや価格のデータにもとづいてその予測可能性を調べることで、マーケットの非効率性を明らかにする。金融・証券市場のプレーヤーの情報から個々人の限定合理性を理解しマーケット現象を読み解いていくのが行動アプローチであるのに対

1）たとえば、英語文献では、Shefrin（2008，2010）、Baddeley（2013）、Dhami（2016）、翻訳も含めて邦語文献では、俊野（2004）、シェフリン（2005：Shefrin［2002］）、モンティア（2005：Montier［2002］）、加藤（2007）、角田（2009）、城下・森保（2009）、筒井・平山（2009）などがある。

図0-1　行動アプローチとマーケットアプローチで金融市場を理解する

第2章	・限定合理的な認知処理と金融・投資行動	第6章	・効率的市場仮説と合理的アセットプライシング
第3章	・判断バイアスと金融・投資行動	第7章	・株式市場における群衆行動とセンチメント
第4章	・プロスペクト選択の理論	第8章	・マーケットから考える行動ファイナンス
第5章	・プロスペクト理論と金融・投資行動	第9章	・ビッグデータ時代の資産価格決定モデル

して、マーケットアプローチでは、逆にプレーヤーたちの限定合理的な行動をマーケットデータから理解しようとする。図0-1に示すように、本書では、この逆向きの2つのアプローチによって、いわば人びとの限定合理性からのファイナンス現象の解明という大きな「山」の両側からトンネルを掘り進めていき、その目的の達成を目指す。

（2）オリジナルなサーベイデータ

本書の企画がスタートした2018年の段階で、筆者たちはNTTデータ経営研究所による全国ウェブアンケート調査（人間情報データベースの2018年パネル調査）に参加し、自ら作成した質問票にもとづいてデータを収集した。本書の分析、とりわけ意思決定者の判断や選好、行動におけるバイアスや誤りを議論した第5章までの各章の分析は、このオリジナルな調査データ──「人間情報データベース2018年（Human Information Data Base 2018：HIDB2018）」──を用いて行っている。

調査で用いた質問票（の筆者らが関わった部分）は、本書のテーマである、人びとの限定合理性と金融・投資行動の非合理性を検証するために、回答者の金融・投資行動の特性や実績はもとより、認知能力、セルフコントロール力、

リスク態度、時間選好、自信過剰、金融リテラシーなどの心理的・認知的特性が推定できるように設計されている。行動アプローチによる本書の前半部分の特徴の1つは、いわば本プロジェクト用にカスタマイズされた調査データを用いて、人びとの限定合理的な金融・投資行動を包括的に分析し理解しようとする点にある。行動ファイナンス分野の多くの実証知見、とくに投資家行動に関する知見は海外のデータにもとづいており、さらには行動ファイナンスに関する成書の多くがそうした海外の実証結果を紹介する形で行われている。そうしたなかで、本書では、行動経済学や行動ファイナンスによって日本の金融・証券市場におけるプレーヤーたちの実像がどのように捉えられるのか（あるいは捉えられないのか）を、オリジナルな和製データを用いて考える。

HIDB2018調査の回答期間は2018年11月23日〜同年12月3日、回答者数は20,160である。あらかじめ登録されている回答者プールからランダムに回答者を募りながら、年齢、性差、居住都道府県の回答者分布がセンサスデータの人口分布にできるだけ近くなるように、ウェブ上の回答期間を制御するなどして回答者の分布をコントロールしている。

参考までに、HIDB2018回答者の居住者分布を図0-2に、男女別年齢構成を図0-3に示す。両図とも、センサスデータ（総務省・「人口推計〔2018年〈平

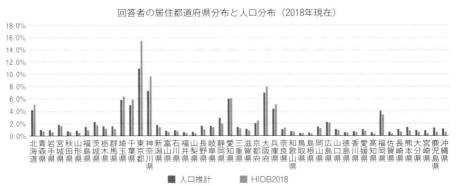

図0-2　HIDB2018 回答者と全人口の居住都道府県分布

注：HIDB2018回答者と日本における人口の居住都道府県別分布。日本の分布は、総務省「人口推計（2018年（平成30年）10月1日現在」」による。

図0-3　HIDB2018 回答者と全人口の男女別年齢分布

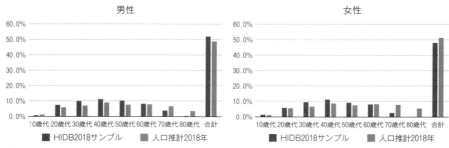

注：HIDB2018回答者と日本における人口の年齢分布。男女の各年齢階層の比率は男女総計に対する割合を表す。日本の全人口の分布は、総務省「人口推計（2018年〈平成30年〉10月1日現在）」による。ただし、HIDB2018サンプルに合わせて、18歳以上88歳以下にデータを限定している。

成30年〉10月1日現在）」）における分布と比較している。HIDB2018がウェブ調査であることから、センサスに比べて、東京都など都市比率の高い都道府県の回答者比率が高い、男性比率が高い、若年層と高齢者層の比率が低い、などの偏りが見られるものの、全体としてセンサスの分布と大変わりしない回答者分布になっている。本書の分析結果から、「日本の投資家」や「日本の家計」の行動特性を読み取ることはそれほど無謀なことではないだろう。

（3）新しい検証方法によるマーケットの分析

ファイナンス研究で用いられる分析方法は、これまでは主に統計的アプローチであった。統計的アプローチは事前に仮説を設定し、その仮説を検証するためにデータを使用する。また、解釈可能性を重視するため、一般的には線形回帰やロジスティック回帰など単純なモデルを採用することが多い。統計的アプローチの目的は、真のモデルを推定し変数間の関係性を理解することである。多くの行動ファイナンスの研究と同様に、本書、とりわけ行動アプローチによる前半部分の分析はそうした統計的アプローチによって行われている。

しかし近年、大量のデータが電子的に入手可能となり、ファイナンス研究においても機械学習的アプローチが導入されるようになってきた。本書では機械学習的アプローチを積極的に利用し、(1)で述べたマーケットアプローチによ

る金融市場の理解に迫る。機械学習的アプローチは、モデルの予測精度を最大化することに焦点を当てる。データが特定の確率分布に従うという仮定を設けず、データのパターンを学習し未知のデータの予測誤差を最小化するようにモデルを学習させる。このため、まず標本データから、学習に使わない期間のデータを横に取り置き、残りのデータを学習用とテスト用に分割する。分割された両データを用いてモデルを学習し、取り置いた未知データによってモデルの精度を測定する。このように、機械学習的アプローチは統計的アプローチとはその目的やデータの使い方、結果の解釈が異なる一方で、統計的アプローチよりも分布を仮定しなくてもよいなど、いくつかの理由から応用可能性は幅広い。ファイナンス領域においても、こうした手法を用いる研究は2015年以降増加傾向にある。本書ではそうした中から成果のいくつかを示し、日本のデータでの検証結果をもとに今後のファイナンス理論の発展可能性について考える。

　ビッグデータや機械学習の諸技術を援用したデータ駆動型の分析は、理論モデルが先験的に考えるよりも幅広い要因群について考え、研究者が先験的に思いつかなかった仮説を導入することを可能にする。また、機械学習の中でもとりわけ深層学習をベースとした画像認識技術や自然言語処理技術の発展によって、これまで分析の俎上に載せることがなかったテキスト情報や画像情報も分析対象とすることができるようになっている。これまで定量化が困難であったこうした情報も定量化が簡単になり、資産価格の決定要因を探すメニューの種類が拡大したといえるだろう。ややもすると「ビッグデータとAI」というフレーズは、金融業界のこれまでのあり方を根底から変えてしまうような、たとえば、「ファンドマネジャーは消滅しAIに代替される」といった荒っぽい議論の中で用いられる。しかし本書を読むことで、こうした技術的発展は従来の理論研究を代替するものではなく、補完するものだということが理解できるだろう。

（4）オリジナルな実証知見

　すでに述べたように、本書は純粋に新しい学術的な発見を世に問うことを目的とした研究書ではない。しかしながら、（2）で述べたオリジナルな調査データを用い、（3）で説明した新しいデータ処理の方法を用いるなかで、本書のオ

リジナルな発見ともいえる成果をいくつか示している。

たとえば、本書では、認知処理の特性（第2章）や自信過剰（第3章）が、投資態度やポートフォリオ選択、株式投資へのアグレッシブさなどの金融・投資行動にどのような影響を及ぼすかを日本のデータにもとづいて明らかにする。

プロスペクト理論を取り上げる第4章と第5章では、これまで同理論によって説明できると予想されながら十分な検証が行われてこなかったいくつかの変則現象を取り上げ、それが実際にデータ（HIDB2018）から推定されるプロスペクト理論のパラメーターからの予想と矛盾しないことを示す。気質効果（利益確定売りを急ぐ一方で損切りに遅れる傾向）や過剰保険（損害保険に過剰に入る傾向）などがそれである。さらには、株式市場不参加（株式保有者が少なすぎる現象）の問題をプロスペクト理論と認知処理能力の観点から定量的に議論するのも、筆者たちが知るかぎり本書による初めての試みである。

第7章で紹介する群衆行動の予測モデルは、これまでのファイナンス研究では用いられることのなかった株式市場の動向をグラフ理論のツールを使って表現している。これによって1つの新しい知見として、株価が暴落し売られすぎの状態に達していることを数値によって表せることを示す。

機械学習のモデルを使って株価の予測可能性を調査しているのも本書の大きな特徴である。第8章で紹介するアノマリーファクターが多すぎるという「ファクター動物園問題」への1つの策として、予測精度に力点を置く機械学習的アプローチについて議論する。資産価格を決定する本質的なファクターが識別できないというファクター動物園問題は、価格決定メカニズムの解明から離れ、将来価格を予測するうえで誤差が少ないモデルを構築する機械学習的アプローチにおいては無関係な問題となる。

第9章では、深層学習の技術進化を取り入れた新しい分析手法を用い、日本株のチャート画像に含まれる株価の予測可能性情報について検証する。その結果、チャート画像に将来価格に対する予測力が含まれているという結果が示される。

こうした新しい知見を本書に盛り込めたことには2つ背景がある。1つは、本書執筆の準備段階として、行動経済学や行動ファイナンスにおけるこれまでの知見を総括する作業を進めるなかで、当初は予想していなかったことながら、

未解決であったり再検証の必要性を感じたりする問題に少なからず出くわした
ことである。もう1つは、機械学習など高度な情報処理を可能にする新しい検
証技術が発展してきたことで、大量のマーケットデータを多次元で分析するこ
とが可能になった点である。本書で示す上述の新しい知見は、こうした背景に
触発されて筆者たちが取り組んだ問題の分析結果であり、いわば筆者たちの暫
定的な回答である。

（5）筋道を立てて考える

　第1章で説明するように、経済学やファイナンスの標準理論は、意思決定者
が合理的であることを前提にしてきた。この合理的な人間モデルを「ホモエコ
ノミカス」という。行動経済学や行動ファイナンスでは、さまざまなデータを
分析することで、ホモエコノミカスの前提に矛盾する変則現象（アノマリー）
を見つけ出し、従来の理論——たとえば、期待効用理論やベイズ定理による判
断、効率的市場仮説など——を批判していく。そのうえで、それらの現象が説
明できる理論やロジックを新たに提供していく（ことが期待される）。ところ
が多くの成書ではアノマリーの紹介に重点を置くあまり、それを理論的にどの
ように理解すればよいのかについては十分に議論されていないきらいがある。

　この点を鑑みて、本書では行動経済学や行動ファイナンスの議論をできるだ
け筋道を端折ることなく理論的に説明するように心がけている。たとえば、人
びとの直感による確率判断の誤りを考える第3章では、「ギャンブラーの誤り」
と「ホットハンドの誤り」と呼ばれる判断エラーについて考える。

　コイン投げの裏表を予想する場合に、直前にたまたま同じ出目（たとえば
「表」）が続けて出たときに、次には違う出目（「裏」）の方が出やすいと考えて
しまうのがギャンブラーの誤りである。逆にバスケットボール選手が立て続け
にショットを決めたときに、次にもショットが成功する可能性を過大に見積も
ってしまうのがホットハンドの誤りである。つまり、ギャンブラーの誤りでは
次に逆の出目が出やすいと考え、ホットハンドの誤りでは次も同じ出目が出る
と考える。このように一見逆向きの誤りに見える2つの「誤り」を、カーネマ
ンとトゥヴァースキーは「少数の法則」という同じ判断エラーの例として挙げ
ている。では、なぜそのように理解できるのだろうか。第3章では、マシュー・

ラビン（Mathew Rabin）が「フレディ（Freddy）」と名付けた意思決定者のステレオタイプを使ってこの点を読み解いていく。

　リスク選択とプロスペクト理論の問題を取り上げる第4章では、従来の期待効用理論にどのような問題があるのか、そしてそれを解決すべく提案されたプロスペクト理論とはどのようなものかを筋道を立てて説明していく。同章で説明するように、プロスペクト理論はカーネマンとトゥヴァースキーが、1979年発表の第1論文（Kahneman and Tversky [1979]）と、それから10年以上経って出版された第2論文（Tversky and Kahneman [1992]）によって開発したものである。第2論文で確立されたプロスペクト理論をとくに「累積プロスペクト理論」という。それでは、最初の1979年版プロスペクト理論はなぜ累積プロスペクト理論の形で修正されなければならなかったのだろうか。そうしたことを筋道を立てて理解していくことで、プロスペクト理論によって人びとのリスク選択がどのように理解できるのかが明確になるはずである。

　また、標準的なファイナンス理論と行動経済学にもとづいた資産価格決定理論の対比をできるだけ明確にするよう心がけている。とりわけ、標準ファイナンス理論の基本的な考え方については第1章補論と第6章で説明し、行動経済学にもとづいた資産価格決定モデルについては、標準的な資本資産価格決定モデル（capital asset pricing model：CAPM）と対照させる形で第6章補論と第7章で説明する。第6章補論では、プロスペクト理論、後悔回避、曖昧さ回避などの行動経済学的な投資家特性を考慮することでどのようにCAPMが拡張され、どの程度データによって支持されているかを1つの共通の枠組みを用いて統一的に整理していく。

　本書がこのように「理論」や「筋道」にこだわるのは、第一に、本書を執筆していくなかで、行動経済学の専門研究者である筆者たちでさえ上掲の問題についての理解が十分でないことに気付かされたためである。第二に、筆者たちがそのときに抱いた疑問への回答が既存の著作物に必ずしも用意されていなかったからである。本書で展開される、ややもすれば回りくどくなる「筋道」や「理論」の説明は、しかしながら筆者たちと同じ疑問をもたれるだろう多くの読者にとっては理解の助けになるものと期待している。

図0-4 仮説設定と反証によって発展するファイナンス理論

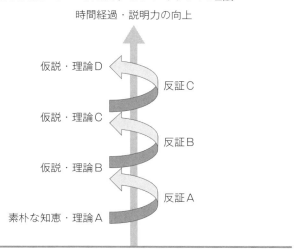

(6) 仮説・理論の提示と反証の繰り返しを切り取る

　標準的なファイナンス理論に対する批判と反省からスタートして、金融市場における意思決定やマーケット現象に対する説明力の高い理論を提示するのが行動ファイナンスの目的である。本書では、現時点でのその到達点を示したいと考えている。ただ、「現時点」と断ったようにその到達点は今現在の一時的なものでしかない。標準的なファイナンス理論の成立プロセス自体がそうであったように（第1章とコラム1-1を参照）、行動経済学によるファイナンス理論の改訂作業もワンショットで最終形にジャンプするものではもちろんない。図0-4に示すように、仮説や理論の提示とそれに対する反証を繰り返しながらマーケット現象への理解を深化させていくことになる。とくにファイナンスという学問領域では、データの入手可能性が高く、取引コストの低い市場が整備されているために、他の社会科学の分野に比べて検証可能性が高く、理論や仮説の新陳代謝が活発である。

　こうした観点から本書では、現時点で得られている行動経済学や行動ファイナンスの知見を「正答」として教科書的に解説するのではなく、あくまでも仮

説として相対化させながら説明したいと考えている。そのために、シャッター速度をやや遅めに設定することで、仮説と反証のプロセスを通して金融行動や現象についての知見が過去からどのように変遷し、理解が深まってきたかがわかるような形で説明するように心がけている。

たとえば、リスク選択を記述するために、標準的な期待効用理論からどのようにプロスペクト理論が構築され、それがさらになぜ累積プロスペクト理論に発展していくのか。別の例でいえば、前述の「ホットハンドの誤り」をめぐる議論がある。プロバスケットボールなどのスポーツの現場では、古くから「ホットハンド効果」の存在が信じられてきた。トゥヴァースキーらはデータにもとづいた有名な論文においてその考えを棄却し、ホットハンド効果が「誤り（ホットハンドの誤り）」であると結論づけた。ところが、2018年になって、トゥヴァースキーらの検証手続きに重大な誤りのあることが認知科学者によって明らかにされる。それでは行動経済学によって否定されたホットハンド効果は実際には存在するのだろうか。逆にそれが存在するとして、ホットハンドの誤りはつねに誤りなのだろうか。こうした仮説と反証の展開を遅いシャッター速度で活写していくことで、ホットハンド（の誤り）とは何か、それが引き起こす金融・投資現象とは何かがより明確になると考えている。

金融・証券市場の効率性の問題は、ファイナンス理論において仮説と反証の繰り返しが最も顕著な形で展開されてきたトピックの1つだろう。効率的市場とは、資産価格が利用可能な情報をすみやかに反映するために、超過リターンがランダムにしか発生しない――つまり、超過リターンが予測できない――ような市場を指す。後に述べるように、株価の予測ということが20世紀初頭の株式市場の創成期当初から市場参加者の重大関心事であり続けていることを反映して、証券市場がどの程度効率的であるのかについて、学界・ビジネス界を問わず多大な研究が積み重ねられてきた。そのなかで1つのエポックとなったのが、ポール・サミュエルソン（Paul Samuelson、1970年ノーベル経済学賞）とユージーン・ファーマ（Eugene Fama、2013年ノーベル経済学賞）による効率的市場仮説の提唱である。そこでは、投資家たちが株価を予測しマーケットを出し抜こうとする結果、証券市場がつねに情報効率的な状態にあるとされる。ファーマらが提出し続けたエビデンスによって、数十年にわたってパラダイム

として君臨してきた効率的市場仮説であったが、行動ファイナンスの登場によってさまざまな反証が加えられ、超過リターンの予測可能性を示すエビデンスが提出されている。ところが最近になって、効率的市場への多くの反証に対して頑健性の観点から批判が展開されつつある。市場は効率的なのか、非効率的なのか。第9章では、機械学習などの高度な情報処理技術が発展するなかで、効率性と非効率性の間で研究知見が揺れ動くその様を読者に伝える。

そして終章では、本書のメッセージの1つとして、情報処理技術の発展を考慮して市場効率性概念を多次元に拡張することの必要性を訴える。

3. 本書の範囲

最後に、本書の範囲を限定しておきたい。上で説明してきたように、本書では、投資家たちの限定合理的な行動と変則的なマーケットの振る舞いを理解することに注力する一方で、政策的な分析を割愛せざるをえなかった。行動経済学で開発されたリバタリアン・パターナリズム（自由主義的介入主義）の政策思想やその実装手段であるナッジは金融の問題を考えるうえでも有用であり、さらには投資家の認知処理の改善を目指した介入も重要な政策課題である。たとえば、一般投資家の株式保有を促進するために導入された「少額投資非課税制度（NISA）」や国民の金融リテラシーの改善を目的とした金融庁の取り組みなどは多分に行動経済学的な意義をもつと考えられ、行動経済学の観点からの実証的な効果の検証が望まれるところである。あるいはまた、2022年以降に実施されている東京証券取引所による市場改革などがマーケットの効率性にどのような影響を及ぼしているのかも重要な問題である。本書ではこれらの問題にまで立ち入れておらず[2]、この点が本書の限界である。

しかしながら、そうした政策や市場の設計を考えるためには、金融・証券市場のプレーヤーの判断や選択にどのような非合理性があり、市場現象にどのような非効率性が見られるかを巨細に観察し、理解していく地道な作業が不可欠

2）重要な例外として、第2章では、NISAにおけるインデックス取引への誘導施策が投資家の利益に貢献することを分析的に示す。

である。その地道な作業に貢献したいというのが本書での筆者たちのねらいである。

　以下、第1章では、標準的なファイナンス理論の概要と問題点を説明し、行動経済学の知見を用いてファイナンスの諸問題がどのように再検討されていくかを説明する。第2章以降の具体的な内容については、第1章の最終節でその概要とメリットを説明する。第1章の前半部分を読んでからの方がこの部分が理解しやすいという配慮から、このような、やや変則的な配置にしている。先に各章の概要を知りたい読者は第1章の最終節を読まれたい。

第1章
ファイナンスの行動経済学

要　約

　標準的なファイナンス理論は、人びとが合理的であるとするホモエコノミカスの前提に立って、ファイナンス現象の解明に大きく貢献してきた。しかし、金融・証券市場におけるさまざまな非効率的な現象を理解するには、人間のもつ心理上の特性や認知能力の限界を考慮する必要がある。人びとは認知負担を節約するために、判断や意思決定を直感に委ねてしまう。それは一方で、確率判断や予想形成にバイアスをもたらし（認識的限定合理性）、他方で、最適でない選択や行動を引き起こす（道具的限定合理性）。本章では、金融市場のプレーヤーたちのこうした限定合理性を前提として、ファイナンス理論をどのように「行動化（behavioralize）」していけばよいのかについて考える。最後に次章以降の各章の概要とメリットを説明し、行動アプローチとマーケットアプローチを併用する本書全体のグランドマップを示す。

キーワード：ファイナンス、ホモエコノミカス、ヒューマンス、限定合理性、行動化、行動アプローチ、マーケットアプローチ

1. はじめに——ファイナンス理論の「行動化」に向けて

20世紀初頭以降、米国をはじめとする先進諸国の金融市場が制度化され拡大するのに並行して、金融・証券市場における意思決定や市場現象を分析する「ファイナンス」という学問領域が大きな発展を遂げてきた。大学や大学院のカリキュラムで「ファイナンス」という科目名で標準化されているファイナンス理論の基本部分は、いまや応用経済学の分野で最も成功し最も大きく社会に貢献してきた領域の1つだろう。実際、金融商品の特性を統計的に記述し、リスク分散やヘッジングなどを通したリスク管理の技術を考案したのもファイナンス理論なら、リスク=リターンのトレードオフ関係を明らかにして資源配分の効率化に貢献してきたのもファイナンス理論である。本書では、こうした伝統的なファイナンス理論を標準ファイナンス理論（または、簡単に標準ファイナンス）と呼ぶ。

序章で述べたように本書の目的は、人間がもつ心理上の特性や認知能力の限界という観点から、この標準ファイナンス理論を批判的に検討し、金融・証券市場の振る舞いをより深く理解することにある。ハーシュ・シェフリンは、人びとの心理的・認知的要素を考慮してファイナンス理論を修正することを「ファイナンスの行動化（behavioralizing finance）」（Shefrin [2010]）と表現している。いわば標準ファイナンス理論を行動化し、実際の金融・証券市場のダイナミクスを読み解いていくのが本書の目的である。

本章では、その仕事の手始めとして、標準ファイナンス理論の貢献と問題点を整理し、なぜいまそれを「行動化」しなければならないのか、そして人間のもつどのような心理的・認知的特性に着目してファイナンス理論を「行動化」すればよいのかについて考えていく。

次節でまず標準ファイナンス理論の考え方とその貢献を総括したあと、第3節で、その問題点をとくに実証的な観点から整理する。第4節で、金融現象を考えるために考慮しなければならない人間の認知的特性と限定合理性を解説し、第5節で、金融現象、人間の限定合理性について具体的に考える。最後に第6節で、各章で展開する議論の概要とメリットを説明して本書のグランドマッ

プを示す。

2. 標準ファイナンス理論の考え方

2.1. 株式市場の発展とファイナンス理論

ここでは批判の対象となる標準ファイナンス理論であるが、それがリスク下の意思決定の技術と市場現象の解明に大きく貢献してきたことは間違いない。リスクを定量化し、分散化しながら管理するポートフォリオ・マネジメントの方法をはじめとして、投資や資産運用の技術の開発、証券の市場価格決定のメカニズムの解明、さらには資源配分の効率化に資するデリバティブ商品の発明まで、ファイナンス理論はとりわけ米国の金融・証券市場からのニーズに応える形でその発展に大きく寄与してきた。

1950年以降の米国の株式市場の発展を概観するために、図1-1にS&P 500指数と指数銘柄取引額の対米国GDP比の経年変化を示している。ただし、それぞれの対GDP比は1950年の値を100として指数化している。図からわかる

図1-1　米国S&P500の指数値と指数銘柄取引額の対GDP比経年変化：1950〜2023年

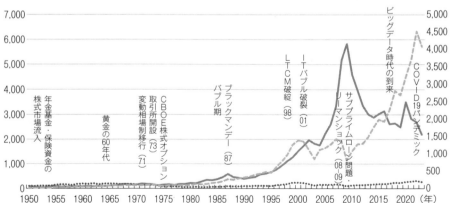

注：S&P500指数値（各年の初日終値）とその対GDP比、および同指数銘柄株式の取引額の対GDP比の推移を示したもの。S&P500とその取引額の対GDP比は1950年の値を100とする。S&P500指数と指数銘柄取引額はYahoo! FinanceのS&P 500(^GSPC)内、Historical Dataより、GDPは米国Bureau of Economic Analysis作成のデータをStatistaよりダウンロード。

ように、S&P 500銘柄取引額の対 GDP 比は1950年以降大きく上昇を続け、リーマンショック直後と新型コロナ感染症蔓延期に大きく低下するも、2023年の値（2,198）は1950年水準の約22倍に達している。取引額の増加率におけるその大きさは、S&P 500指数の上昇と比べてみるとわかりやすい。もちろんS&P 500指数（破線）もほぼ指数的に上昇しているが、対 GDP 比（点線）で見ると、70年間で約2.7倍にしかなってない（2023年の対 GNP 比は268）。取引高で見た米国株式市場の拡大がいかに大きかったかがわかる。

　ファイナンス理論の発展は、米国金融・証券市場のこうした発展と軌を一にしている。表 1 - 1 は、図 1 - 1 で示した米国金融・証券市場の発展を背景としてファイナンス理論がどのように生成されてきたかを示したものである。第 3 列と第 5 列に、各年代における標準ファイナンスと行動ファイナンスの発展を示す事項を挙げている。第 4 列は、標準ファイナンスに対して提出されてきた代表的な反証例を年代ごとに示している。最終列に、ファイナンス分野のノーベル経済学賞受賞者をリストしている。

　時にモダン・ファイナンスとも呼ばれる標準ファイナンスの理論は、表 1 - 1 にあるように1950年代に企業年金基金や生命保険などの機関投資家が証券市場でそのウェイトを高めてきたのを背景に、ハリー・マーコウィッツ（Harry Markowitz）がポートフォリオ選択によるリスク分散の技術を開発したことに始まると言ってよいだろう。その後、最適ポートフォリオの推定という膨大な計算が必要な課題がマーケットから提出されるのに応えるように、ジェームズ・トービン（James Tobin）が分離定理を証明し、「黄金の60年代」といわれる高成長期になると、急増する投資信託（ミューチュアルファンド）取引を背景に、証券価格をマーケットリスクによって説明する資本資産価格決定モデル（CAPM）がウィリアム・シャープ（William Sharpe）らによって開発される。こうした株式市場の急成長下で、証券アナリストをはじめとする市場のプレーヤーによって将来の株価予想に多大なエフォートが払われるようになると、じつはその努力の理論的な帰結として株価予想が不可能になるとする効率的市場仮説がポール・サミュエルソンとユージーン・ファーマによって打ち出される。さらに、変動相場制に移行してリスク・マネジメントの要請が高まる1970年代になると、先物やオプションなどのデリバティブズのマーケットが次々と開

表1-1 「ファイナンス」は市場とともに

年代	証券・金融市場	標準ファイナンスの確立	反例の提出	行動ファイナンスの発展	ノーベル経済学賞 標準ファイナンス関連	ノーベル経済学賞 行動ファイナンス関連
1930～1949年	大恐慌以降の市場低迷	期待効用理論（フォン・ノイマン＝モルゲンシュテルン [44]）「Foundations of Economic Analysis」（サミュエルソン [47]）				
1950年代	年金基金、保険資金等 株式保有急増	ポートフォリオ選択理論（マーコヴィッツ [52]）「実証経済学の方法」（フリードマン [53]）分離定理の証明（トービン [58]）	アレの逆説 (53)	限定合理性（サイモン [55, 56]）		
1960年代	「黄金の60年代」	CAPMの開発（シャープ [64] など）伊藤微分による確率解析の導入（マートン [69]）				
1970年代	変動相場制への移行 (71) デリバティブズ取引所 開設 CBOE 株式オプション 取引開始 (73)	効率的市場仮説（サミュエルソン [65]、ファーマ [70]）ブラック＝ショールズオプション価格公式 (73) 裁定価格理論（ロス [76]）		ヒューリスティック（トヴァースキー＝カーネマン [71, 74]）プロスペクト理論（カーネマン＝トヴァースキー [79]）	サミュエルソン (70) フリードマン (76)	サイモン (78)

年代					ノーベル経済学賞
1980年代	バブル期ブラック・マンデー (87)	マーケット・マイクロストラクチャー（カイル [84]）、標準ファイナンス理論の一般化（ダフィ [88, 01]）	リスクプレミアムパズル（メーラ＝プレスコット [85]）、気質効果（シェフリン＝スタトマン [85]）	セルフコントロールと金融決定（セイラー＝シェフリン [81]）、二重処理理論の開発開始（エヴァンス [84]）	トービン (81)、アレ (88)
1990年代	LTCM破綻 (98)	ファーマ＝フレンチ 3 ファクターモデル (93)	モーメンタム効果（ジャガディッシュ＝ティットマン [93]）、アクティブ投資パズル（デボンツ＝セイラー [95]）、裁定の限界（シュライファー＝ヴィシュニー [97]）	プロスペクト理論の改編（トゥヴァースキー＝カーネマン [92]）、近視眼的損失回避（ベナルジ＝セイラー [95]）	マーコウィッツ、ミラー、シャープ (90)、マートン、ショールズ (97)
2000年代	ITバブル破裂 (01)、サブプライム問題・リーマンショック (08〜09)		ラビンの逆説（ラビン [00a, b]）、センチメント効果（アントワイラー＝フランク [04], テットロック [07]）	「根拠なき熱狂」の非合理的バブルへの警鐘（シラー [00]）、認知熟慮テスト（CRT）（フレデリック [05]）、少数の法則のプレディクモデル（ラビン [02, 10], ラビン＝ヴェイアクス [10]）	カーネマン (02)
2010年以降	ビッグデータ時代の到来 (20〜23)、COVID-19パンデミック (20〜23)	ファーマ＝フレンチ 5 ファクターモデル (15)、ストリーク選別バイアス（ミラー＝サンホルム [18]）、アノマリーの再現性検証（ホウ＝シュエ＝ジャン [20]）	ファクター動物園（コクラン [11]）、低ベータアノマリー（フラッチー二＝ペダーソン [14]）、『The Foundations of Behavioral Economic Analysis』（ダミ [16]）、AIによるチャート画像解析（ジャン＝ケリー＝シュー [23]）		ファーマ (13)、シラー、ハンセン (13)、セイラー (17)

注：西暦は下 2 桁で表記。事項は本書で取り上げている重要事項に限定している。ノーベル経済学賞受賞者は、金融理論に重要な影響を与えた人たちが数多く含まれるが——たとえば、ヒックス、アロー（1972年受賞）、ドブルー（1983年受賞）、ルーカス（1995年受賞）、アカロフ、スペンス、スティグリッツ（2001年受賞）、バーナンキ、ダイアモンド、ディヴィグ（2022年受賞）——この表の「ノーベル経済学賞」欄は標準ファイナンスと行動ファイナンスに直接関連する人に限定している。

設される。そのなかで、効率的市場を前提にした裁定による株式オプションの価格公式（ブラック＝ショールズ公式）がフィッシャー・ブラック（Fisher Black）とマイロン・ショールズ（Myron Scholes）によって開発される。

　表1-1や図1-1に示されるように、1980年代のバブルとブラックマンデー以降、さまざまなネガティブ・ショック（LTCM破綻〈1998〉、ITバブル破裂〈2001〉、リーマンショック〈2009〉など）を経験するなかで、ファイナンス理論は拡張と修正を加えられていくが、標準ファイナンス理論の基本的な考え方は1980年前後には出揃ったと考えられる（詳しくはコラム1-1と本章補論を参照のこと）。

2.2.　標準ファイナンスのロジック

　表1-2に標準ファイナンス理論と行動ファイナンスを対照させる形で両者を要約している。パネル（A）には方法と前提の違いを、（B）には各理論から予想される行動とマーケット現象をまとめ、本書で取り上げる章を付記しているので、本書を読み進む際にも必要に応じて参照してもらいたい。

　標準ファイナンス理論の基本的なロジックは、同表（A）の第3列「標準ファイナンス理論」のように要約できる。そこでは、市場のプレーヤーたちが、環境や気分に左右されない安定的な選好（好み）のもとで、高い認知能力によって自己の利益を最大にするよう行動すると仮定される。元々新古典派経済学が前提としてきたこうした合理的な人間モデルを「ホモエコノミカス（Homo-economicus）」——合理的経済人——のモデルという（表1-2（A）2行目）。ホモエコノミカスの前提のもとで、投資家たちは適切な確率判断によって自己の利益を最大にするよう行動を決める。その行動が金融・証券市場で集計され証券価格が決まる。その合理的行動と市場現象の相互作用の中で金融・証券市場を通じた資源配分のメカニズムを解き明かすのが標準ファイナンス理論である。

　ホモエコノミカスの合理性は大きく2つに分類できる。表1-2（A）の左端の列を参照してほしい。1つは、情報やデータが与えられたときにそれを論理的に正しく処理し信念——経済学では主観的な予想・期待を信念と呼ぶ——をアップデートする合理性である。認知心理学ではこれを「認識的合理性（epistemic rationality）」と呼ぶ。もう1つは、目標と信念が与えられたときに、

第1章　ファイナンスの行動経済学　43

表1-2　標準ファイナンス理論と行動ファイナンス

（A）方法と前提

		標準ファイナンス理論 （関連する章）	行動ファイナンス （関連する章）
経済学のベース		新古典派経済学	行動経済学
プレーヤーのモデル		ホモエコノミカス	ヒューマンス
認識的合理性 （情報処理・ 確率判断の 合理性）	合理的か？	○	△（限定合理的）
	判断特性	・ベイズルール（3、3補、4、5） ・評価の確率線形性（3、4）	・ヒューリスティック（直感）（2、3、3補） ・評価の確率非線形性・オーバーウェイティング（4、5） ・気分・雰囲気への依存 　・自信過剰（3、6補） 　・センチメント（7） 　・群集心理（7）
道具的合理性 （最適選択 による 目的達成の 合理性）	合理的か？	○	△（限定合理的）
	選択特性	・ブロード・フレーミング（4） ・（期待）効用最大化（4） ・すみやかな裁定（6、8）	・ナロー・フレーミング（4、5） 　・参照点依存（枠組み依存）（4、5） 　・損失回避（4、5） 　・限界感応度逓減（4、5） ・プロスペクト理論価値最大化（4、5、6補） ・裁定の限界（6補、8、9）
方法		アズイフ・アプローチ（1）	プロセス・アプローチ（1）

（B）予想される金融行動とマーケット現象

	標準ファイナンス理論	行動ファイナンス
投資行動	・株式市場参加（2） ・分散投資（2） ・パッシブ運用（2）	・株式市場不参加（2、3、5） ・アクティブ投資（2、3、5） ・過小なリスク分散（3） ・気質効果（5）
市場の効率性	効率的市場 ・リターンの予測可能性なし（1補、6） ・ニュース発表後価格ドリフトなし（6）	非効率的市場 ・リターンの予測可能性あり（3、6補、7、8、9） ・ニュース発表後価格ドリフトあり（3、8、9）
裁定機会	なし ・ブラック・ショールズ公式（1補、5）	あり（裁定の限界） ・ボラティリティ・スマイル（5）
アセット・プライシング	・CAPM（1補、6） ・ファーマ＝フレンチ3ファクターモデ 　ルとその拡張（1補、6、8）	・リスク・プレミアムパズル（5） ・歪度ディスカウント（5） ・モーメンタム・リターンリバーサル（3、8） ・行動CAPM（6補） ・会計発生高アノマリー（8） ・低ベータアノマリー（8） ・ジェンセンのアルファ（1補、6補、8、9） ・ファクター動物園（8）
ギャンブル・保険	合理的なギャンブル・保険行動（5）	・少数の法則（ギャンブラーの誤り、ホットハンド 　の誤り）（5、5補） ・過剰保険（5）

注：丸かっこ内の数字は関連する章を表す。ただし「補」は補論を表す（例：「1補」は第1章補論）。パ
ネル（A）内の「ヒューマンス（Humans）」は、認知能力の限界から判断や選択に心理学的なバイアスをも
つ意思決定者のモデルのこと（Thaler［2016］参照）。

最適な選択を行う合理性であり、「道具的合理性（instrumental rationality）」と呼ばれている。

標準的なファイナンス理論の考え方は、こうした2つの合理性の観点から以下のように整理できる。認識的合理性の仮定から、投資家たちは、ベイズルールなどの適切な論理演算の規則にもとづいて確率判断を行い（表1-2（A）4行目）、その正しい確率計算にもとづいて投資や賭けの期待リターンとリスクを計算する（ベイズルールについては第3章とその補論を参照）。そのうえで、将来の全保有資産から得られる期待効用という広い視点から、自己利益が評価される（期待効用最大化、表1-2（A）6行目）。

道具的合理性をもつ投資家たちは、効用という主観的な自己利益を最大にするように証券の組み合わせ、つまりポートフォリオを選択し証券市場で取引を行う（ポートフォリオ選択理論）。その際、個別証券など個々の投資対象のリスクやリターンは単独で評価されるのではなく、背景にある保有資産全体の広い視点から評価される。表1-2（A）の「道具的合理性」の「選択特性」に「ブロード・フレーミング」——つまり、広い枠組み設定——とあるのはこの意味である。こうして広い視野から合理的に行ったリスク評価を反映する形で証券価格がマーケットで決まり（CAPMなどの資産価格決定理論）、その結果として効率的な資源配分が実現する。

さらに、なんらかのミスプライシングが生じて一物一価が成立せず、裁定利益（利ザヤ）の機会がマーケットに残っている場合には、道具的合理性をもった投資家たちは自己利益を最大にすべくすみやかに超過利潤を得るための裁定取引を行う（表1-2（A）6行目）。これが市場を効率化し（効率的市場仮説）、市場を上回る超過リターンは予測できなくなる。たとえば、証券価格はニュースリリースに対して即時的に反応し、リリース後の時間をかけた価格調整（ドリフト）は生じない。さらに、さまざまなデリバティブズ（派生資産）の価格はそうした効率的な市場で裁定によって決定される。フィッシャー・ブラックとマイロン・ショールズが考案したオプション価格公式はその一例である。このようにして標準ファイナンス理論のコアのすべてが、認識的合理性と道具的合理性の前提から導き出される（表1-2（B）第2列参照）。

エレガントともいえる標準ファイナンス理論のこの体系は、基礎をなす新古

典派経済学の体系とともに社会科学の中でゆるぎない地位を半世紀以上にわたって占めており、今日においても高等教育カリキュラムの基礎であり続けている。そもそも、ファイナンスという対象領域自体、客観データの利用可能性が高く、数理的な最適解が定義しやすいために、ホモエコノミカスを前提とする新古典派経済学のアプローチと高い親和性をもっている。実際に、標準ファイナンス理論は応用経済学の中で最も成功した分野の1つと言ってよいだろう。

　もちろん、金融経済学者を含めた経済学者たちが、ホモエコノミカスという極端な仮定が成立していることを無条件に許容しているわけではなく、ましてや経済主体が実際にホモエコノミカスであると主張しているわけでもない。そうではなく、金融現象を含めた複雑な社会経済現象を論理的に理解するうえで、ホモエコノミカスを前提にすることが、ちょうど物理学が「理想気体」を考えるのと同じように方法として有効だとするのが、経済学や標準ファイナンス理論の立場である。その論拠は、新古典派経済学の代表的研究者の一人であったミルトン・フリードマン（Milton Friedman）がエッセーや著書で展開した以下のホモエコノミカス擁護論に集約されている（表1-1「1950年代」参照）[1]。

　　第一に、市場では活発な裁定が働くので、市場価格を歪め裁定の利益を発生させるような非合理的な市場参加者は早々に駆逐される。したがって合理的な経済主体（ホモエコノミカス）を前提にしても大きな誤りは生じない。
　　第二に、人びとの判断や選択は時として合理的なものでないかもしれないが、そうした合理性からの乖離はランダムであり、平均的な合理性からシステマティックに逸脱するものではない。したがって、市場現象や長期的な経済の動きを集計的に説明するうえで、ホモエコノミカスの仮定は有効である。
　　第三に、何よりも合理性を前提にすることで、さまざまな経済現象を簡単に説明し予想することが可能になる。たとえば、草木の葉の向きや密度は、植物が光合成による有機物の生産を最大にするように決めていると仮定することでうまく説明ができる。ビリヤードの名手によるプレーは、彼女がボード上の情報を適切に処理しニュートン力学にもとづいてポケットに入る確率

1）Friedman (1953)、Friedman and Friedman (1980) を参照。

を最大にするように球を突くと想定することでよく理解できる。こうした「セオリー」には、実際に植物が葉の向きをどのように決め、ビリヤード・プレーヤーがどのように球を突いているかと関係なく説明力がある。同じように、経済理論に置かれた仮定が妥当かどうかは、それが実際に妥当するかどうかではなく、それによって導かれる結論がどれだけ現象を予測するかで決まるとするのが新古典派の経済学の考え方であり、標準ファイナンス理論の主張である。

フリードマンがこのことを主張するために、「あたかも植物が有機物生産を最大化するように」のように、「アズイフ（as-if：あたかも……のように）」をイタリック書体で何度も強調したので、こうした考え方はアズイフ理論、あるいはアズイフ・アプローチと呼ばれている。アズイフ・アプローチによれば、経済主体が実際にホモエコノミカスの前提を満たさなくても、そこから演繹されるリスク分散化行動や裁定行動によって現実のマーケット現象が論理的に——つまり「合理的」に——説明できればよいのである。

　じつはアズイフ・アプローチの考え方は、新古典派の経済理論やファイナンス理論における日本の研究者にも大学院教育の段階から強く刷り込まれてきた。むしろこれらの学問のエッセンスを米国から輸入する形で学んできた日本人研究者の方が、より無反省な形でアズイフ・アプローチを信奉してきたかもしれない。日本の研究者がこれまで理論の分野で高い成果を上げてきたのは、日本での理論研究が良くも悪くも「アズイフ」という免罪符によって実証的な批判から守られてきた事実と無縁ではないと考えられる。

3. ホモエコノミカス・モデルへの批判——「アズイフ」から「プロセス」へ

　しかしながら先に触れたように、標準ファイナンス理論は、金融・証券市場に生じたさまざまな混乱とデータによる反証によって、ホモエコノミカスの前提を含めて根底から見直すことが求められている。とくに、前節で挙げたフリードマンによる3つの主張それぞれに対しては、痛烈な批判が展開されている。

第一に、ファイナンス理論が想定しているのと異なり、非合理的な経済主体がすみやかに駆逐されるほど市場の機能は万全ではない。たとえば、ホンジュン・ヤン（Hongjun Yan）が行った試算によれば、システマティックに予想を誤り続けるような非合理的な投資家であっても、投資の失敗によってその資産が半減するのに平均100年以上を要する[2]。

ヤンのこの試算は取引コストのない完全な証券市場を前提にしているが、取引や情報取得にコストがかかったり、投資家と資金運用者の間に情報の非対称性があったりするような現実的なケースでは、合理的な市場参加者による裁定活動はもっと不完全なものになる。こうした状況をアンドレイ・シュライファー（Andrei Shleifer）とロバート・ヴィシュニ（Robert Vishny）は「裁定の限界」と呼んでいる[3]。裁定に限界がある場合、非合理的な投資家が淘汰されずに生き残る可能性はさらに高まり、スマートな裁定者の方が逆に市場から駆逐されるような事態も生じる。とくに、ヘッジファンドなどの金融エージェントが投資家から委託されて資産運用を行うとき、金融エージェントがいくらスマートであっても、情報や判断力の劣る投資家からの短期的な評価に影響されて合理的な裁定活動が阻害されるようなことが起きてしまう。たとえば、短期間で利益が確定できない裁定取引に消極的になったり、予想に反したミスプライシングが修正されるのを待てずにファンドを清算しなければならなかったりするケースが発生しうる。

シュライファーらのこうした予想が最も顕著な形で的中したのが、1998年に起きたヘッジファンド、ロングターム・キャピタル・マネジメント（LTCM：Long Term Capital Management）社の破綻である。1997年以降に継起したアジア通貨危機やロシア財政危機に対して過剰に反応する形で、当時のロシアなど新興国の債券は米国債に比べて大きく過小評価されていた。このミスプライシングを裁定機会と見て新興国債券をロングし、米国債をショートする裁定を行ったのが LTCM 社である。同社は、ロバート・マートン（Robert Merton、1997年ノーベル経済学賞）とマイロン・ショールズ（同）という2人のノー

2）　Yan (2008) を参照。
3）　Shleifer and Vishny (1997) を参照。

ベル賞受賞者をはじめとしてモダン・ファイナンスの頭脳を結集した「ドリーム・チーム」であったが、彼らのいわば合理的な予想に反して新興国債券の価格がミスプライシングを拡大させる形で暴落したために、このスマート・マネーは無残に破綻する。空売りに伴う取引制約や資金制約があるなかで、非合理的ともいえる債券の投げ売りによってホモエコノミカスの方がマーケットからの退出を余儀なくされた事例といえよう。

非合理的な投資家のプレッシャーによって、合理的な投資家であるヘッジファンドが破綻に追い込まれた事例はこれだけに限らない。2021年にゲームストップ社の株価をめぐって、大手ヘッジファンドが大きな損失を被った事例も印象深い（詳しくはコラム 1 - 2 を参照）。

ホモエコノミカスを前提にすることの第二の問題点は、そもそも私たちの判断や選択にはさまざまな形でバイアスを伴うことが多く、したがって合理性からのブレは足せばゼロになるようなランダムなものではないという事実である。たとえば、2009年のリーマンショック前後の20年以上にわたって、高成長企業の利益成長率はその会社の CFO（最高財務責任者）自身や投資家によって過大に予測され続け、低成長企業は逆に過小に予測され続けたことが知られている[4]。そのことが金融危機を深刻化させ長引かせた一因とも考えられる。ロトクジやカジノのルーレットなど、当たりはずれが純粋にランダムに決まるギャンブルでも、その賭けの行動はそれまでの出目に大きく依存することがわかっている。第 3 章で詳しく議論するこれらの現象は、私たちの確率判断にバイアスが伴っていることを示している。

第三は、アズイフ・アプローチがもつ科学的方法としての問題である。何よりもまず、認知能力の限界を想定しないかぎり説明できない現象が、リスク選択や金融市場の現場から数多く報告されている。たとえば、これも第 3 章で見るように、情報やニュースの目立ち方によって投資家の判断や行動が大きく左右される例は枚挙にいとまがない。2000年前後に発生した IT バブル期に投資家の注目を集めた NTT ドコモの株価は、その時価総額が親会社の NTT の時価総額を上回るまで高騰し、数年にわたってこうしたミスプライシングの状態

---

4) Gennaioli and Shleifer (2018), Chap. 4を参照。

が続いた。さらには、ニュースが発信されるメディアや曜日など、投資家の注意を左右する要因に株価の反応が大きく依存することが知られている。こうした事例は、ホモエコノミカスの前提を否定しないかぎり、現実の金融事象を合理的に説明することが難しいことを示している。

本来、前提となっている仮定もまた理論の一部分と捉えるべきであり、その理論の妥当性を実証的に検証するには仮定自体からテストされなければならない。ホモエコノミカスという仮定そのものの妥当性を検証しないアズイフ・アプローチは、その意味で科学の方法として不完全なものといわざるをえない。脳科学者のポール・グリムチャー（Paul Glimcher）は、こうしたアズイフ理論を「ソフトな理論」と揶揄し[5]、リチャード・セイラー（Richcrd Thaler、2017年ノーベル経済学賞）やキャス・サンスティーン（Cass Sunstein）は「説明逃れ（explainawaytion）」と批判している[6]。「説明逃れ（explainawaytion）」とは、「explanation（説明）」と「away（逃れて、離れて）」を合わせたマシュー・ラビンによる造語である。サンスティーンはこの言葉を、「非合理な行動に対して、証明できない馬鹿げた合理的説明を加えて勝ち誇ること」（Sunstein[2023], p.4）と明快に定義して、アズイフ・アプローチを揶揄するのに用いている。

社会・人文諸科学の理論が科学的に信頼できるものであるためには、単に人びとの選択や行動を予想するだけではなく、それを実際に引き起こす認知処理のメカニズムと整合的な理論であることが必要である。認知科学の考え方に根差したそのような理論を「プロセス理論」と呼ぶ[7]。行動ファイナンスを含めた行動経済学では、実証データにもとづいて、人間の認知処理メカニズムの観点から意思決定や行動を説明し予想するプロセス理論を構築することに関心がある。表1-2（A）の最下行で「プロセス・アプローチ」と呼んでいるのはこうした方法を指している。

5） Glimcher (2011), Chap. 6を参照。
6） Thaler (2016)、Sunstein (2023) を参照。
7） Brandstatter et al. (2008)、Wilkinson and Klaes (2012), Chap. 2を参照。

4. 限定合理性と認知処理の二重性

　ホモエコノミカスの前提に比べると、意思決定者として人間がもっている認知処理の能力はきわめて限定的なものである。そのために、人びとの実際の判断や行動を説明するには、限られた合理性のもとでの行動を理解することが必要になる。ハーバート・サイモンはこの限られた合理性のことを「限定合理性（bounded rationality）」と名付けている[8]。人間や企業の行動を説明するには、ホモエコノミカス——サイモンは簡単に「経済人（economic man）」と呼ぶ——の意思決定ではなく、不完全な認知処理を前提とする限定合理的な判断や選択がどのようなものなのかを考えなければならない。ここでは、そのようなより人間的な意思決定者のモデルを、セイラーに倣って「ヒューマンス（humans）」と呼ぼう（表 1 - 2 （A）第 3 列 2 行目を参照）[9]。

　限定合理性という言葉には「合理性」という肯定的な意味と、それが「限定的」だという留保的な意味が含まれている。情報処理や記憶の能力を含めて、人のもつ認知能力は限られているので、その意思決定の合理性はホモエコノミカスのそれに比べてきわめて「限定的」である。その一方で、限られた認知能力のもとで、直感などを使って現実的に満足のいく答えを短時間で見つけていくある種の「合理性」が人間の意思決定には備わっている。

　そして限定合理性のもつこうした両義的な特性は、人間の認知処理における二重構造に対応していると考えられる。つまり人間の判断や意思決定は、つねに矛盾のない合理的な認知処理によって行われるのではなく、2 つの補完的な認知処理によって行われていると考えられる。1 つは自動的、情動的な直感処理であり、もう 1 つは、意図的、理性的に行う熟慮処理である。

　次章で説明するように、元々さまざまな研究者が独立に違った特性について指摘してきた認知処理の二重性が[10]、2 人の心理学者キース・スタノヴィッチ（Keith Stanovich）とリチャード・ウエスト（Richard West）によって、直感処

---

8 ）　Simon (1955, 1956) を参照。
9 ）　Thaler (2016) を参照。
10）　二重の認知処理に関するこれまでの研究の経緯については、Stanovich (2004) を参照。

理と熟慮処理という 2 種類の処理にまとめられた。以下では、彼らに従って、前者（直感）をタイプ 1 の処理、後者（熟慮）をタイプ 2 の処理と呼ぶ[11]。ダニエル・カーネマンの名著『ファスト＆スロー』は、処理速度の違いによって、タイプ 1 を「速い思考」、タイプ 2 を「遅い思考」と名付けて人間の非合理的な判断や行動の認知メカニズムを明らかにしたものである。

　直感に頼るタイプ 1 の処理には認知負荷がかからないのに対して、タイプ 2 による熟慮処理は負荷が大きくきわめて消耗的である。そのために組織（生命体）として認知処理の負担をできるだけ節約する方向に圧力がかかり、実際に日常の判断や選択の多くがタイプ 1 の直感に委ねられている。ところが、論理的な演算や判断をショートカットする直感処理には誤りやバイアスが伴う。その結果、タイプ 2 がモニター（監視）し修正を加えないかぎり、さまざまな判断ミスや選択の偏りが発生し行動の合理性が損なわれてしまう。

　タイプ 2 がタイプ 1 の早とちりを監視し訂正することを、自分自身を監視するという意味で「自己モニタリング（self-monitoring）」という。人間の判断や意思決定の合理性のレベルはこの自己モニタリング力に大きく依存している。とくに金融投資に関わる意思決定の場合、選択の結果が将来にしか実現しないうえに、リターンや確率の判断には高度な演算処理が必要になるので、自己モニタリング力が弱いと意思決定や行動における合理性のレベルが低いものになることが予想される。次章では、この自己モニタリング力の観点から、人びとの金融・投資行動の質を考えていく。

5.　ヒューマンスを考える行動ファイナンス

　行動経済学や行動ファイナンスは、プロセス・アプローチの考え方に則って、現実に観察される非合理的な金融・投資行動とそれに起因する市場現象の発生メカニズムを、限定合理的な認知処理の観点から解明しようとするものである。
　限定的な認知処理能力のもとでは、当然のことながら、標準ファイナンスが想定する合理性は認識的合理性についても道具的合理性についても満たされな

---

11)　Stanovich and West (2000) を参照。

いだろう。そうした不完全な認識的合理性および道具的合理性のことを、ここではそれぞれ「認識的限定合理性」および「道具的限定合理性」と呼ぶ。

それでは、現実の金融・投資行動に見られる認識的限定合理性や道具的限定合理性とはどのようなものだろうか。その特性を明らかにし体系化するのが行動ファイナンスの関心である。

これまでのさまざまな研究から、現実の意思決定者としての人間——ヒューマンス——には次のような限定合理的な特性のあることがわかっている。

5.1. 認識的限定合理性

ホモエコノミカスがベイズルールなどの論理的な演算規則に従って合理的に確率判断や情報処理を行うのに対して、ヒューマンスは多くの場合、面倒な演算手続きをショートカットしておよその見当で直感的に処理する。これをヒューリスティックという（表1-2（A）「行動ファイナンス」の「判断特性」欄参照）。金融・投資行動に関連した認識的限定合理性を考える場合、ヒューリスティックのもつ3つの特性に留意しておく必要がある。

第一に、ヒューリスティックには認知負荷をかけずに素早く判断できるというメリットがある半面、その判断は合理的なものから乖離してしまう傾向がある。とくにヒューリスティックによる判断は、発生する事象のそれらしさやステレオタイプに引きずられたり（代表性のヒューリスティック）、顕著で認識しやすい情報に引っ張られたり（利用可能性のヒューリスティック）することでバイアスをもつ。その結果、たとえば投資家の証券リターン予想にシステマティックなエラーが発生し、マーケットにミスプライシングなどの非効率性を引き起こす原因となる。

第二に、ヒューマンスの確率判断は気分やセンチメント（雰囲気）に左右される。たとえば、過去の良かった投資パフォーマンスに生じた自信過剰や、マーケットから醸し出されるセンチメント、群衆行動の気配などによって、投資家は将来のリターンに対して過度に外挿的な予想をもちやすくなる。場合によっては、それがバブル的な価格上昇や過度な価格低迷につながることも考えられる。

第三に、確率的に発生するアウトカムの評価が確率の大きさに比例しなくな

り、いわゆる「評価の確率線形性」が満たされなくなる。たとえば、クジの当たる確率が倍になってもその評価は倍にならない（倍以上になったり倍以下にしかならなかったりする）。とくに、小さな確率で起きるイベントを、その確率以上に気にする傾向がある。たとえば、賞金の当たる確率が50％から10分の1になっても、そのクジから得られる満足感は10分の1まで小さくならない。そのために、小さい確率で起きるアウトカムに確率以上のウェイトが置かれるオーバーウェイティングと呼ばれるバイアスが生じる。その結果、イチかバチかの宝くじ的な株式が過大評価されたり、小さな確率で発生する損害のリスクに対して高い保険料を払ったりすることが生じる。

5.2. 道具的限定合理性

表1-2（A）でブロード・フレーミングとして説明したように、ホモエコノミカスがリスク選択を行う場合、その選択によって生じる確率的なアウトカムを保有資産に合算して評価し検討する。これに対してヒューマンスは、そのリスク選択によってもたらされる変化だけに注意が向き、その部分だけを切り離してリスクの評価と選択を行う傾向がある。ニコラス・バーベリス（Nicholas Barberis）らはこうした視野狭窄をナロー・フレーミング（表1-2（A）「行動ファイナンス」の「選択特性」欄を参照）と呼んでいる[12]。ナロー・フレーミングのもとでは、基準となる参照点によって、選択対象に対する評価が異なるので、意思決定が参照点に依存することになる（参照点依存）。

評価が参照点に依存する結果、ヒューマンスは参照点を基準にしてアウトカムを利益と損失に区別し、利益と損失に対して非対称な選好をもつ。第一に、ヒューマンスは、利益に対する満足よりも損失からの不満足に過敏に反応する結果、損失に対する回避性を示す（損失回避）。第二に、利益の変動リスクに対しては回避的に振る舞う一方で、損失の変動率に対しては愛好的に行動する（限界感応度逓減）。

---

12) Barberis et al. (2006) を参照。

6. 2つの視点から考える——各章の概要とメリット

　こうしたヒューマンスの観点からファイナンスの問題を考えるために、序章でも述べたように（図0-1参照）、本書では2つの方向からアプローチしていく。1つは、意思決定者個人のレベルから認知的な限定合理性と金融・投資行動の関係を直接調べていく方法である。本書ではこれを行動アプローチと呼んでいる。カーネマンやエイモス・トゥヴァースキーらが行ったように、ラボ実験やフィールドのデータから、人びとの判断や選択上のバイアスと金融関連行動の関係を明らかにしていくのがこのアプローチである。

　もう1つは、金融・証券市場における価格やリターン、取引量などのマーケットデータから市場参加者の集計的・平均的な行動特性を把握し、その限定合理性を調べる方法である。ここではそれをマーケットアプローチと呼ぶ。多くの場合、証券のリターンや価格のデータにもとづいてその予測可能性を調べることで、マーケットの非効率性を明らかにする。たとえば、株式リターンの時系列データを使って、超過リターンの系列相関のパターン（モーメンタム）を発見したナラシマン・ジャガディッシュ（Narasimhan Jegadeesh）とシェリダン・ティットマン（Sheridan Titman）の一連の研究などはこのアプローチによる[13]。あるいは、市場の状態を伝えるテキストデータや株価チャートの画像情報から株式リターンの予測可能性を検証するのもマーケットアプローチである。

　本書ではこうした2つのアプローチを併用することによって、金融・証券市場における現象について理解を深めていく。

　最後に、両アプローチによる各章の取り組みと貢献の方向を概説しておこう。なお、ファイナンス理論に不案内な読者のために、本章の補論で、標準ファイナンス理論の基本的な考え方とコンセプトを解説している。あらかじめ、この部分を通読することで次章以降の議論がわかりやすくなるはずである。

13）　たとえば、Jegadeesh and Titman (2023) を参照。

6.1. 行動アプローチによる分析──意思決定者の行動に見る限定合理性

まず次章（第2章）から第5章にかけての前半部分で、行動アプローチによって、ヒューマンスとしての意思決定主体の判断や選択のバイアスを取り上げ、限定合理的な金融・投資行動との関係を明らかにしていく。大きく以下の3つの視点からこの問題を扱う。

自己モニタリング力と金融・投資行動（第2章）

最初に認知処理の二重性の観点から、認知処理能力の限界が人びとの限定合理的な金融・投資行動にどのように関連しているかについて考えていく。先に述べたように、タイプ2の熟慮処理がタイプ1の直感処理を監視する能力（自己モニタリング力）が高い意思決定主体ほど、判断や行動における合理性の程度が高いことが予想される。そこで、限定合理的な金融・投資行動の特性を考える出発点として、第2章で、自己モニタリング力が金融投資に関わる選好や行動にどのように関連しているかをデータにもとづいて考えていく。

自己モニタリング力を測定するための認知テストとして、シェーン・フレデリック（Shane Frederick）らが開発した認知熟慮テスト（cognitive reflection test：CRT）と呼ばれる簡単なテストがある。小学生でも理解できる簡単な問題でありながら、早とちりしやすいように工夫されているために回答者の自己モニタリング力がそのスコアに反映される。第2章では、オリジナルなウェブ調査データ（序論で説明したHIDB2018）に収められたCRTスコアのデータを使って、回答者を自己モニタリング力の低い直感型と、それが高い熟慮型に識別し、両タイプで金融投資に関わる選好や行動にどのような違いが見られるかを明らかにしていく。

その際、とくに以下の点で独自の知見を読者に提供する。第一に、そもそもCRTは自己モニタリング力を測定する目的で考案されたにもかかわらず、そのテストが実際に自己モニタリング力を測定するうえでどの程度有効かについてはあまり議論されていない。第2章では最初にこの点を検討するために、回答者のCRTのスコアが彼らのセルフコントロール力や調査への回答時間とどのように相関しているかを調べる。

第二に、認知能力と金融・投資行動の関係は、これまで知能指数（IQ）と

の関連性という視点から多く議論されてきたのと対照的に、自己モニタリング力と金融・投資行動にどのような関係があるかという問題は十分に検討されていない。この点を鑑みて、この章では金融投資に関連した一般投資家の選好や行動が具体的に自己モニタリング力の高低とどのように関連しているかを包括的に探っていく。まず金融投資に関連する意思決定を左右する選好として、時間割引率（現在指向性）、リスク回避性、曖昧さ回避性を取り上げ、自己モニタリング力との関連性を調べる。そのうえで、ポートフォリオ選択（リスク資産の保有比率）、株式市場への参加、株式投資のパフォーマンス、負債といった金融・投資行動に見られる限定合理性との関連性に焦点を当てていく。

ヒューリスティック・自信過剰と金融・投資行動（第3章）

　第3章では、ヒューリスティックや自信過剰といった具体的な認識的限定合理性を取り上げる。これらに起因する判断の誤りがリスク下の意思決定や金融投資関連行動とどのように相関するかというのが同章のテーマである。

　タイプ1の処理がヒューリスティックを用いて判断する場合、認知負荷のかからない情報を安易に利用する。そのために顕著でわかりやすい情報が優先的に利用され、これが確率判断や選択にバイアスを生じさせる。ここでは、カーネマンとトゥヴァースキーに従って、ヒューリスティックを3つのタイプ——代表性のヒューリスティック、利用可能性のヒューリスティック、アンカリングと不完全な調整——に分類し、それぞれのヒューリスティックが株式投資を含めたリスク下の意思決定や行動にどう影響するかを包括的に議論する。

　その際、代表性のヒューリスティックに関連して比較的カジュアルに扱われてきたキーコンセプト——代表性、基準率の無視、少数の法則、同時発生の誤り（連言錯誤）、ギャンブラーの誤り、ホットハンドの誤りなど——を可能な範囲で理論的に定義付けし、合理的な判断との違いを明確にするように努めている。たとえば、コイン投げで表が続けて出たときに次に裏が出る確率を高く見積もってしまうのがギャンブラーの誤りであり、逆に何度も続けて同じ出目が出ると次にその出目が出る確率を過大に見積もるのがホットハンドの誤りである。一見反対に見えるこれら2つの「誤り」がなぜ少数の法則という共通の認識的限定合理性から引き起こされるのか。第3章では、マシュー・ラビンが

考案したフレディ・モデルを使って2つの「誤り」の発生メカニズムを説明し、この点を明確にしている。少数の法則を含めて代表性のヒューリスティックの議論に関連して、章末に3つの補論を設けている。

さらにこの章では、認識的限定合理性として自信過剰を取り上げ、過大評価、過大配置、過大精度という3タイプの自信過剰が人びとの限定合理的な金融・投資行動、とくに「アクティブ投資」（表1-2（B）の「投資行動」欄参照）、にどのように関連しているのかを実証的に見ていく。

プロスペクト理論と金融・投資行動（第4章、第5章）

行動アプローチによる最後の2章（第4章、第5章）では、リスク下における人びとの判断や選択上のバイアスを実証的に整理しながら、カーネマンとトゥヴァースキーが開発したプロスペクト理論を取り上げ、金融・投資行動への含意を考える。

本章で説明したように、標準的なファイナンス理論では、ホモエコノミカスを前提とする期待効用理論によってリスク選択を説明しようとしてきた。第4章でまず、簡単なクジ——カーネマンらはこれをプロスペクトと呼ぶ——の選択実験の結果を見ながら、期待効用理論で説明できない4つのリスク選択特性——参照点への依存、損失回避、利益・損失局面でのリスク態度の逆転、選好の非確率比例性——について理解を深める。これらのリスク選択特性を矛盾なく記述するモデルとしてプロスペクト理論が構築される。

第5章では、標準ファイナンスでは説明できないとされるさまざまな金融・投資行動や証券市場の現象が、プロスペクト理論を用いてどのように説明できるかを日本のデータを用いて実証的に考えていく。株式市場参加パズル、正の歪みをもつ株式リターンに対する過大評価、オプションのボラティリティ・スマイル、気質効果、過剰保険、株式プレミアムパズルなどのアノマリーの問題である（表1-2（B）「行動ファイナンス」欄参照）。

これらの章では、とくに類書でこれまで丁寧に扱われてこなかった累積プロスペクト理論に焦点を当てて詳しく解説している。とくに限定合理的なリスク選択のメカニズムを累積プロスペクト理論によって理解するためには、確率インパクトの歪みを決める意思決定ウェイト付け関数を正確に理解することが不

可欠になる。そのために第4章では、意思決定ウェイト付け関数がなぜ必要なのかを説明したあと、それによって確率インパクトがどのように歪むのかを手順を踏んで解説する。その理解にもとづいて、累積プロスペクト理論の金融・投資行動への実証的なインプリケーションを具体的に議論していくのが第5章である。

6.2. マーケットアプローチによる分析——マーケットデータから見る限定合理性

第6章から第9章は、金融・証券市場、とりわけ株式市場におけるマーケットデータを用いて投資家の限定合理的な特性を浮き彫りにするマーケットアプローチの分析である。最初に第6章で、標準ファイナンスにおける資産価格決定の基礎である CAPM の概略とその実証的な問題を整理し、第7章以降の3つの章でマーケットデータを用いながら投資家行動を浮き彫りにしていく。

なお、第6章の補論では、プロスペクト理論的選好や曖昧さ回避などに起因する投資判断や選好上のバイアスが、CAPM で予測される株価のプライシングにどのように影響するかを考える。この部分を補論とするのは、論理展開を明確にするためにわずかながら数式による議論が不可欠であると判断したためである。しかしながら、本書前半の行動アプローチによって明らかになった投資家の限定合理性が株価形成というマーケット現象にどう影響するかを明らかにする同補論は、いわば前半の行動アプローチと後半のマーケットアプローチを橋渡しする重要なパートといえるかもしれない。

群衆行動とセンチメント（第7章）

株式市場における投資家の限定合理的な行動に群衆行動がある。群衆行動は市場参加者がファンダメンタル価値を無視し、他の投資家の行動を真似てしまう結果発生する。一旦群衆行動が発生すると、市場価格は歪み、ファンダメンタル価値から大きく乖離してしまう。群衆行動がいつ、どのようなタイミングで、何をきっかけとして発生するのかは多くが関心をもつテーマであるが、投資家の行動データが入手できないかぎり、そのような分析を正確に行うことは難しい。そこで、第7章では入手可能な情報から群衆行動を捕捉し、群衆行動

が株式評価に及ぼす影響について議論する。

最初に、誰がどの株式を何株所有しているかという公開情報を時系列で観測することによって、一部の投資家の群衆行動を明らかにできることを示す。ただ、株式保有に関する情報がきわめて限定的であるため、そこで識別されるのは、たかだか特定の大口投資家だけに見られる群衆行動に限定されており、市場全体の群衆行動については明らかにされていない。

そこで、標準ファイナンスの実証研究のスタイルから離れ、情報工学の技術を株式リターンの分析に利用する。具体的には、全上場銘柄間のリターンの相関関係を算出し、グラフ理論によって価格形成パターンを時系列的に可視化することで、群衆行動の一端を明らかにする。この内容は、第9章で議論するデータマイニング的アプローチの有用性とも関連しており、今後のファイナンス研究者、とりわけ実証研究に携わる研究者の参考になるものである。

この章ではまた、センチメント——マーケットの先行きに関連した市場全体の雰囲気やそこから醸成される投資家の感情——と株価の関係を考える。センチメントは、なんらかの特異な価格現象に言及する際によく使われる用語であるが、その定義が曖昧で、実際に定量的に測定することは難しい。そこで、第7章では2つのアプローチでセンチメントを捉えていく。1つは、センチメントをマーケットデータから定量化するアプローチである。これによって、センチメントがどういった属性をもつ銘柄群に影響し、株式市場にどのような影響をもたらすのかを定量的に考える。もう1つは、テキスト情報を活用して、新聞記事にみられる言葉遣いから市場のセンチメントを定量化する方法である。

前者は長期的なセンチメント変動の測定に適しており、後者はより短期のセンチメントの移り変わりを捉えるのに適している。どちらのセンチメント指数も、それぞれ銘柄間におけるリターン差の予測や時系列リターンの予測に一定程度の情報をもっていることが示される。また、第7章コラムにおいては、テキスト情報を活用してセンチメント分析を実際に手がけたいと考えている読者のための参考情報を掲載している。

ファクター動物園問題（第8章）
第8章では、第6章で議論する規模ファクターやバリューファクター以外

のファクターについて検討する。第6章までのリスクファクターだけでは説明できない市場の価格形成が頑健に存在するが、それらを説明するために発見された新しいファクターと、それらを含んだ新しい資産価格決定モデルについて議論する。しかし、それらの新しい資産価格決定モデルを用いてもなお説明できない価格形成が行われている事実が相次いで見つかり、さらに新しいファクターの報告へとつながっている。こうした新ファクター群が2000年代に入って急増し、その1つひとつについて十分な議論がされないままファクターだけが増えるという状況が生じている。ジョン・コクランが「ファクター動物園問題」と呼んだこの問題を説明するために[14]、この章では、モーメンタムファクターから始まり、会計的ファクター、固有ボラティリティ・ファクターなど、予測力をもつ多くのファクターがどのような検証を経て発見されたかを詳細に説明する。ファクター動物園問題を解決するためには、これまでの研究アプローチを継続するだけでは限界がある。これを乗り越える研究アプローチについて議論するのが第9章である。

新技術を応用した株式リターンの予測（第9章）

ファクター動物園問題は、多くのファクターの中で何が真のファクターなのかがわからないという状況を指す。そこで第9章では、各ファクターの経済学的意味についての考察を離れ、アウトオブサンプルにおける予測力に注力する機械学習的アプローチを取り上げる。機械学習的アプローチは、近年ビッグデータの入手が容易になったことや深層学習に代表される情報技術の進展を背景として、多くの領域で取り入れられるようになっている。

第9章では、ファクター選択のために機械学習的アプローチを用いた研究を議論し、新しい手法でファクター動物園問題の解決につながる方策を探る。第9章のもう1つの関心は、情報工学領域で発明された新しい技術を、ファクターの選択に利用するだけではなく直接的に株価の画像解析に適用することでリターンの予測可能性が得られるかを議論することである。市場の効率性を前

---

14) ファクター動物園問題とは、ジョン・コクラン（John Cochrane）が2011年の米国ファイナンス学会の会長講演の時に使った表現である。

提とする伝統的なファイナンスでは、過去の価格変動パターンから将来価格に関する情報を引き出そうとするテクニカル分析は意味のある研究対象として捉えられてこなかった。しかし、深層学習の技術を援用し、株価チャート画像をピクセルに分解することで、人間のテクニカルアナリストにはできない精緻かつ網羅的なテクニカル分析を実施することによって、将来リターンを一定程度予測できることを示す。第9章では、こうしたエビデンスをベースに、データの入手可能性やそれを扱う技術的発展を背景として、市場の効率性がどのように達成されていくかについて理解を深めていく。

6.3. 終章──総括と新しい市場効率性概念

このように行動アプローチとマーケットアプローチという反対側から穿たれた分析のトンネルは、終章で総括される。そのうえで、本書、とくにマーケットアプローチによって示された株式市場の非効率性を理解するために、情報処理技術の発展を考慮した新しい市場効率性概念──高次の市場（非）効率性──を提案し、ファイナンス現象をさらに理解していくために何が必要かを考察して本書を締めくくる。

コラム1-1 ファイナンス理論は市場とともに

　図1‑1にまとめたように、これまでのファイナンス理論の進展は、行動ファイナンスを含めて、それが発展してきた米国における金融・証券市場の発展と密接に関係している（以下で触れるファイナンス理論の基本的な考え方については、本章の補論を参照のこと）。

1. 金融・証券市場の整備拡大と標準ファイナンスの生成

　1929年の大恐慌以来大戦期をはさんで長らく低迷していた米国の株式市場は、1950年代に入って企業年金基金や生命保険などの機関投資家が比重を高めるなかで急激に成長する[15]。これを背景として登場したのがハリー・マーコウィッツ（1990年ノーベル経済学賞）のポートフォリオ選択理論である。それまではたとえばJ・M・ケインズ（John M. Keynes）が信じていたように、株式投資をギャンブルとみなして収益性の高い優良銘柄に集中投資することが最善の投資方法と考えられていた。ポートフォリオ選択理論はそこに個別銘柄間で相関するリスクの視点を導入することでパラダイム・シフトを引き起こす。投資リターンをその収益性とリスクのトレードオフによって記述し、最適な複数証券の組み合わせを選ぶポートフォリオ選択の理論である。のちにモダン・ファイナンスとも称される標準的なファイナンス理論は、当時弱冠25歳の大学院生であったマーコウィッツが1952年に米国金融学会機関誌ジャーナル・オブ・ファイナンスに発表した14ページの論文（Markowitz[1952]）に始まるといってよいだろう。

　株式市場全体で株価が上昇した1950年代中盤になると、銘柄選択よりもポートフォリオの構成比率の決定が投資戦略の重要な課題になる。それと並行して、研究者やアナリストの新たな関心となったのが、最適ポートフォリオの推定という膨大な計算をどのように進めればよいかという問題である。分離定理と呼ばれる命題を証明することによって、この問題への解決を大きく前進させたのがイェール大学のジェームズ・トービン（1981年ノーベル経済

15）　米国証券市場の発展については、日本証券取引所『図説アメリカの証券市場2019年版』を参照。ファイナンス理論の発展史については、Bernstein (1992, 2007) を参照されたい。

学賞）である[16]。分離定理によれば、安全資産が取引できる市場においては最適な危険資産ポートフォリオは投資家の違いにかかわらず接点ポートフォリオただ1つに定まる。したがって、最適な危険資産ポートフォリオとしてこの接点ポートフォリオを計算すればよいことになる。

　1960年代に入ると、米国経済は積極財政にも支えられて高い成長を謳歌する「黄金時代」を迎える。ポートフォリオ理論の進展も相まって、その中で急増する投資信託（ミューチュアルファンド）取引を背景にファイナンス理論を次の段階に進めるのがウィリアム・シャープ（1990年ノーベル経済学賞）である。彼は、株式リターンを株式インデックスという1つのファクターの1次式として見ることによって、接点ポートフォリオを求める計算コストを大きく軽減させる。さらに株式市場の需給を考慮するとその接点ポートフォリオが株式市場を含む危険資産市場そのものにほかならないことが示される。シャープはこれを市場ポートフォリオと名付ける。市場ポートフォリオとの共変関係によって説明されるリスクをシステマティック・リスクと呼び、危険証券の価格を決定するのはその変動リスクの全体ではなく、このシステマティック・リスクであることを示す。資本資産価格決定モデル（capital asset pricing model：CAPM）と呼ばれるこの理論は、1964年のジャーナル・オブ・ファイナンス誌上に発表された論文（Sharpe [1964]）に始まる。

　こうした株式市場規模の急激な発展の中で、証券アナリストをはじめとする証券市場参加者の間では市場を上回るリターンを稼ぐために株価を予測することに多大な努力が費やされる。ところがそうした努力の結果として、利用できる情報はすべて株価に反映されてしまい、情報を使って株価を予想し持続的に超過リターンを獲得することができない逆説的な状況がもたらされる。そのことを理論的に示したのが、新古典派経済学の創始者の1人であるポール・サミュエルソン（1970年ノーベル経済学賞）である（Samuelson [1965]）。

　サミュエルソンのこの仕事は2つの重要な形で引き継がれる。1つは、ユージーン・ファーマ（2013年ノーベル経済学賞）が提唱した効率的市場仮説である。ファーマは、サミュエルソンが導出したような、情報に効率的に反応する市場を「効率的市場」と名付け、その妥当性を当時の技術制約の中で

16）Tobin (1958) を参照。

実証していく[17]。もう1つは、確率解析によるファイナンス理論の動学化である。効率的な市場における価格変動のランダムな部分をランダムウォークのような数学モデルで記述し解析する必要性が生じるなかで、ロバート・マートンが伊藤解析と呼ばれる確率微分方程式の手法を導入する。マートンは、この方法を使ってすでに1970年代の初めにはポートフォリオ理論からCAPMに至る一連のファイナンス理論を動学モデルに拡張している[18]。そして、このツールがブラック＝ショールズのオプション価格公式という大きな成果につながっていく。

1970年代に入ると、変動相場制への移行や金融市場の拡大に伴ってリスクヘッジへのニーズが高まり、金融商品を原資産とする先物やオプションなどデリバティブズのマーケットが次々と開設される。そしてシカゴ・オプション取引所（CBOE）が開設された1973年というまさに同じ年に、マートンとの協力のもと、フィッシャー・ブラックとマイロン・ショールズ（1997年ノーベル経済学賞）が考案した株式オプション評価公式が発表される[19]。そこでは、効率的市場における株式オプション価格の決定が動学的な裁定（一物一価）の観点から説明され、確率解析の解としてオプション価格が導出される。オプション理論は、一方でさまざまなデリバティブズとその評価方法の開発につながっていき、他方で、裁定資産評価のマーティンゲール理論へと発展していく。

2. 1980年代以降の株式市場の混乱と標準ファイナンス理論の拡張・修正

こうして標準ファイナンス理論の基礎的な考え方が1980年前後には出来上がる[20]。その後、1980年代のバブル期と1987年のブラックマンデー、1998年のロングターム・キャピタル・マネジメント（LTCM）破綻、2000年代のITバブル崩壊（2001年）とリーマンショック（2009年）という大きなネガティブ・ショックを経験するなかで、ファイナンスはその現実説明力を高めるべく、

---

17) Fama (1970) を参照。
18) Merton (1990) を参照。
19) 詳しくは第5章を参照。
20) 1980年前後までに出来上がったファイナンス理論をまとめたものとして、Fama (1976)、Sharpe (1999)、邦書では榊原（1986）がある。

以下に述べる2つの大きな流れに沿って発展していく。

2.1. 標準ファイナンス理論の拡張

1つは、それまでの標準ファイナンス理論の拡張という流れである。具体的には、(1) モデルの動学化・一般均衡モデル化、(2) 取引コストや情報の不完全性、市場の非完備性などを導入することによる設定の一般化、(3) リターン生成過程のマルチファクター化、および (4) マーケット・マイクロストラクチャーへの注目によってモデルの説明力を高めようとする試みである。

たとえば、1980年代の強気相場を背景としてラジニシ・メーラ (Rajnish Mehra) とエドワード・プレスコット (Edward Prescott、2004年ノーベル経済学賞) が指摘した「株式プレミアムパズル (equity premium puzzle)」——長期データから推定される株式リスクプレミアムが理論的に説明できないほど高すぎるというパズル (詳しくは第5章参照)——を解消するために、期待効用最大化や情報の完全性、市場の完備性といった基本設定を緩めることで標準理論を拡張する試みが数多くなされた。あるいは、本章補論と第6章で説明するように、CAPM の予測に反して市場ベータがリスクプレミアムを説明しないとするベータ・アノマリーが指摘される一方で、規模効果やバリュー株効果など、リスクプレミアムを説明する新たなファクターが発見されるのに呼応する形で、リターン生成過程のマルチファクター化が進められる。ファーマ=フレンチの3ファクターや5ファクターのモデル、あるいはスティーブ・ロス (Stephen Ross) による裁定価格理論 (arbitrage pricing theory：APT) (Ross [1976]) などがそれである[21]。

2.2. 標準ファイナンス理論の行動化

1980年代以降における株式市場の歴史的諸変動を契機に生じた標準ファイナンスに対する修正のもう1つの流れが、行動経済学や心理学の成果にもとづいた行動化の進展である。1960年代のハーバート・サイモンによる限定合

---

21) こうして拡張された標準ファイナンス理論は、たとえば Merton (1990)、Cochrane (2001)、Campbell (2018) などにまとめられている。この流れでの日本の成書としては、羽森 (1996)、齊藤 (2007)、伊藤・荻島・諏訪部 (2009)、小林・芹田 (2009)、Kubota and Takehara (2015)、清水 (2016) を、マーケット・マイクロストラクチャーについては、大村ほか (1998)、齊藤 (2000) などを参照。

理性の導入や、1970年代のダニエル・カーネマンとエイモス・トゥヴァース
キーによる経済学への批判を下地にして、1980年代になるとリチャード・セ
イラーらによってファイナンスを行動化する動きが出始める。初期における
最も顕著な例が、株式プレミアムパズルを解消するためにセイラーらが開発
した近視眼的損失回避の理論である（図1 - 1の列「行動ファイナンス」の「1980
年代」の欄、および第5章参照）。株式プレミアムパズルを説明するにあたって、
標準ファイナンスを拡張する先述（2.1項）の研究では市場環境に関する仮定
を緩めるのに対して、近視眼的損失回避の理論では投資家の限定合理性を導
入する点で大きな対照をなしている。限定合理性を考慮することによるファ
イナンス理論の行動化の流れは、気質効果や自信過剰に関わるエビデンスや
期待効用理論に対する反例（図1 - 1「反例の提出」列を参照）が蓄積される
なかで強まっていく。

　行動化の流れを大きく加速させたと考えられる事件の1つが、LTCMの破
綻（1998年）である。マイロン・ショールズやロバート・マートンら標準ファ
イナンスのリーダーたちが参加したヘッジファンドLTCMが裁定に失敗し
て破綻するこの事件の数年前に、アンドレイ・シュライファーとロバート・
ヴィシュニらが投資家の限定合理性を根拠にこうした事態に警鐘を鳴らして
いたからである（Shleifer and Vishny [1997]）。

　さらに、2001年に生じたITバブルの破裂については、ロバート・シラー
（Robert Shiller、2013年ノーベル経済学賞）が著書『根拠なき熱狂（*Irrational
Exuberance*）』（Shiller [2000]）の初版で、投資家の限定合理性を根拠に、IT関
連株のそれまでの行きすぎた相場とその後の破裂の可能性に対して警告を発
していた。さらに2009年のリーマンショックに先立つ2005年に出版された同
書の第2版では、サブプライムローンの連鎖的なデフォルトによるグローバルな
金融危機の可能性に言及されている。

　金融市場の混乱に関わるこれらの歴史的エピソードを契機に、金融・証券
市場のワーキングを理解するうえで、ファイナンス理論を行動化していくこ
とが決して無意味でないことが人びとに認識されるようになる。そのことを
示すように、2013年のノーベル経済学賞は、標準ファイナンスのリーダーで
あるファーマとともに、金融理論の行動化を進めるシラーと証券価格のミス
プライシングの計測方法を開発したラース・ハンセン（Lars Hansen）の3名
が共同受賞している。標準ファイナンス理論の拡張と行動化の双方に同等の

市民権が授与されたとも考えられよう。

3. ビッグデータと高度情報処理の時代のファイナンス

金融証券市場取引に関わるビッグデータやテキストデータの利用可能性が高まり、人工知能を用いた高度な情報処理技術が発展してきた2010年代の後半以降から現在に至る期間においては、（1）これまで提出されてきた数多くの実証知見の再現性の検証と、（2）テキストデータからの情報や画像データなど高粒度の情報を用いた証券リターンの予測可能性の再検証が進められている。（1）については第8章で、（2）については第9章と終章で詳しく説明する。

コラム1-2　非合理的投資家が合理的投資家を駆逐する?

　仮に、非合理的投資家が市場に参加し、ある株式に対してファンダメンタル価値を大幅に超えるような法外な高い価格で買い注文を出したとしよう。この場合、ファンダメンタルから乖離したそのような価格であれば、合理的投資家が裁定利益を狙って空売りを実施するだろう。理論的には価格がファンダメンタル価値に収束するまで合理的投資家の売り注文が出てくることになる。当然、ファンダメンタル価値を超える高値で買い注文を出した非合理的投資家は損失を抱え、やがて市場から退場せざるをえなくなる。つまり非合理的投資家が価格のミスプライシングを一時的にもたらしたとしても、やがては合理的投資家の餌食となり、市場からの退出を余儀なくされる。結果として、市場には合理的投資家が支配的となり、価格形成も合理的なものとなるというのが、本論で述べたフリードマンの考え方である。はたして、このようなプロ投資家による裁定取引はつねにうまく機能しているのだろうか。米国のゲームストップ社の株価をめぐる個人投資家とヘッジファンドの攻防は、こうしたメカニズムが現実の市場においては必ずしも機能していないことを示唆している。

　ゲームストップ社は米国のショッピングモールを中心に事業展開しているビデオゲーム・ショップである。デジタル化の進展で旧時代のビジネスとなってしまった同社は、コロナ禍の中で業績不振に苦しんでいた。図1C-1に示したように、同社の株価は、2020年の大半は3ドル程度で低迷していた。将来性や足下の業績悪化を根拠として多くの合理的投資家（ヘッジファンドなど）がショートポジションを増やしたためである。借り株した株式をさらに貸し出すという手法で、発行済み株式数の140%が空売りされていたといわれている。

　ところが、ヘッジファンドがこのように同社株を大きく空売りしていることが、SNSで株式情報を交換する個人投資家の間で2020年末ごろから話題になり始め、「この株を皆で買い上げ、逆にヘッジファンドを懲らしめよう」という流れにまで話が変わってくる。米国では、「ウォール街を占拠せよ」などの市民運動が活発となり、ヘッジファンドやウォール街の投資銀行家に反感をもつ個人が少なくない。このような社会的背景があるなかで、（悪者である）ヘッジファンドを懲らしめようという話題が盛り上がりを示したのかもしれ

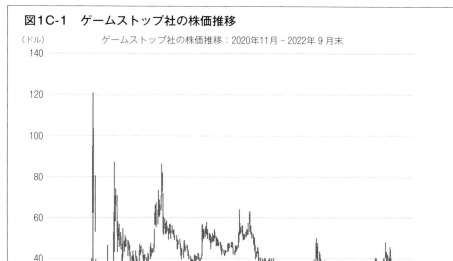

図1C-1　ゲームストップ社の株価推移

注：ブルームバーグ社提供データより作成。

ない。その流れは大きなうねりとなり、個人投資家が束となったことで凄まじい量の買い注文が出されるようになる。その結果、図からわかるように、株価は3ドル台から120ドルを超える水準まで一気に40倍近くまで跳ね上がる。その結果、多くのヘッジファンドが多大な損失を被ることになった。とくに、大規模な空売りポジションをもっていたメルビン・キャピタルという巨大ヘッジファンドは、ゲームストップ社たった1銘柄の空売りポジションをとったがために、2021年1月に運用資産の53％を失い、2022年5月には閉鎖に追い込まれてしまう。

　合理的投資家の裁定取引により、非合理的投資家はやがては市場から駆逐されると考えたフリードマンの時代に、SNSは存在しなかった。新しいコミュニケーション技術の発達が、時には非合理的投資家が合理的投資家を駆逐する市場へと変貌させてしまったのかもしれない。

補論 1-1　標準ファイナンス理論の基礎

　この補論では、標準的なファイナンス理論で用いられるコンセプトと基本的な考え方を概説する。大学学部レベルのファイナンス理論を学んだことのある読者は必要に応じて拾い読みしていただければよいし、基礎的な知識をおもちでない方は、ここでファイナンス理論の全体像を理解していただきたい。

　最初に、リスクに対する選好についてポイントを整理し、そののち標準的なファイナンス理論の基礎を概説する。

1.　リスクに対する態度——リスク回避性とリスク愛好性

　ファイナンス理論でリスクという場合、株価や証券リターンなど、意思決定に関わる変数が確率変数として表される場合を指す。確率変数とは、おおざっぱに言えば、実数の値をとって、その変動の可能性が確率分布によって定義された変数である。株式などの価格やリターンには元から与えられた真の確率分布のようなものがあるわけではないが、ファイナンスでは、それが定まっていると暗黙の裡に仮定するのが普通である。そのうえで、投資などの意思決定をリスク下の意思決定の問題として扱う。多くの場合、価格やリターンの確率分布は過去の相対頻度分布（ヒストリカル分布）で代用されるか、そこから推定されるかするが、真の確率分布を推定することはそれ自体が研究の対象になるほど難しい問題である。

　リスクを伴った意思決定では、意思決定の結果はあらかじめわかるわけではなく確率的に変わってくる。たとえば宝くじを買うという意思決定をしても、

補論1-1　標準ファイナンス理論の基礎　71

その賞金の確率分布がわかるだけで、いくらもらえるかがあらかじめ確定しているわけではない。同じように、投資ポートフォリオの構成比率を決めたからといって、わかるのはそのポートフォリオのリターンの確率分布であって、その実現値は意思決定の時点ではわからない。言い換えれば、リスク下の意思決定とは、与えられた選択可能な確率分布の中から自分が一番望ましいと思う確率分布を選ぶ意思決定である。

　そしてどの確率分布を選ぶかは、選択者のリスク選好（またはリスク態度）に依存する。普通、確率変数のリスクは、その実現値が期待値（平均値）からどの程度乖離する可能性があるか——つまり、確率分布の広がりがどのぐらい大きいか——によって表される。

　リスク下の意思決定の問題では、たとえばポートフォリオの資産構成の選び方によってそのリターンの確率分布が違うように、選択肢ごとにアウトカム（結果）の確率分布が違う。リスクの程度は通常、その広がりの大きさ——分散や標準偏差（ボラティリティ）の値——によって測られる。他の条件が同じなら、そのように測られるリスクが小さいほど望ましいと感じるとき、その選好を「リスク回避的（risk-averse）」と呼び、リスクが大きいほど望ましいと感じるとき、「リスク愛好的（追求的：risk-loving）」という。また、選択者にとっての望ましさにリスクの大小が関係ない場合は、「リスク中立的（risk-neutral）」と呼ばれる。リスクに対する回避性／愛好性／中立性を総称して、リスク選好（risk preference）またはリスク態度（risk attitude）という。

　ただし、リスクの違う2つの選択肢がある場合、リスクの小さい方を選ぶことが必ずしもリスク回避的ではないし、リスクの大きい方を選ぶことがリスク愛好的であるとは限らない。たとえば、リスク回避的な投資家であってもリターンのリスクが小さい方のポートフォリオを選ぶとは限らない。どちらを選ぶかはリターンの期待値（期待リターン）にも依存するからである。期待リターンがより大きければ、リスク回避的であってもリスクが大きい方のポートフォリオを選択することはリスク回避性と矛盾しない。リスク回避的な投資家であっても、期待リターンが高ければ株式への投資を行う。その一方で、保険料が高ければ、リスク回避的であっても保険に加入するとは限らない。

　アウトカムの期待値が同じでリスクだけが異なる選択肢を考えることで、リ

表1H-1　リスクに対する選好

	賞金の期待値が同じ クジのどちらを選ぶか？	フェアな賭けに 参加するか？	確実性等価	要求リスク プレミアム	評価関数の形
リスク回避的	リスクの小さい方	参加しない	賞金の期待値より低い	正	下に凹
リスク中立的	どちらでもよい	どちらでもよい	賞金の期待値と同じ	ゼロ	直線
リスク愛好的	リスクの大きい方	参加する	賞金の期待値より高い	負	下に凸

スク選好を以下のようにもっと明確に分類することができる。

　　リスクに対する態度（選好）：
　　　　アウトカムの期待値が同じ選択肢が2つあるとき、
　　　　　● リスクが小さい方を選ぶ選好をリスク回避的
　　　　　● リスクが大きい方を選ぶ選好をリスク愛好（追求）的
　　　　　● リスクの大小に関係ない選好をリスク中立的
　　という（表1H-1の第2列を参照）。

　期待値がゼロであるような賭け——「フェアな賭け（fair betting）」という——で考えればもっとはっきりする。たとえば、コインを投げて表が出れば10,000円もらうことができ、裏が出れば10,000円支払わなければならない賭けを考えよう。こうしたフェアな賭けに賭ける機会があった場合、賭けても賭けなくても賞金の期待値は同じゼロ円なので、上に述べた定義から、賭けないことを選ぶのがリスク回避的、賭けることを選ぶのがリスク愛好的、賭けても賭けなくてもどちらでもよいのがリスク中立的なリスク選好である（表1H-1の第3列参照）。

　人びとのリスク選好を測る尺度として「確実性等価（certainty equivalent）」が用いられることがある。確実性等価とは、クジのように、確率的に価値（賞金）を生み出す機会があるときに、その機会（クジ）と同じ価値をもつ確実な金額のことである。多くの場合、その機会（クジ）を買うのに支払ってもよいと考える価格——支払い意思額（willingness to pay：WTP）——で測られる。たとえば、確率50％で10,000円当たるクジをいくらで買うかを尋ねられて3,000円と答えれば、3,000円がその人にとってのクジの確実性等価である。

　確実性等価は人によって違う。同じクジでも、リスク回避的な人ほどリスク

を嫌って低い価格をつけるので、確実性等価は低くなる。とくに、表1H-1の第4列にまとめたように、リスク回避的な人の場合、確実性等価は賞金の期待値よりも低く、リスク愛好的な人の確実性等価は賞金の期待値より高い。リスク中立的な人の場合、両者は等しくなる。

賞金の期待値と確実性等価の差は「リスクプレミアム（risk premium）」を表している。リスクプレミアムとは、リスクを負担することに対して意思決定者が要求する価値や利率（リターン）の補償である。定義からわかるように、リスク回避的な人は正のリスクプレミアムを要求し、リスク愛好的な人は負のリスクプレミアムで満足する。リスク中立的な場合、リスクプレミアムはゼロである（表1H-1の第5列参照）。

ファイナンスでは、株式リターンに対するリスクプレミアムが問題になる。確実な資産運用に対するリターンは安全利子率によってマーケットで与えられているので、通常それをリターンの確実性等価とみなす。株式のリターンの期待値――期待リターン――がわかれば、そこから確実性等価としての安全資産金利を引いた差が、その株式へのリスクプレミアムである。株式リスクプレミアムは、市場に参加している平均的な投資家が株式投資に際して負担しなければならないリスクの大きさと彼らのリスク回避性を反映することになる。その関係を明らかにするのが、後述するCAPMなどのアセットプライシングの理論である。

リスクを伴った意思決定を数理的に理解するために、ファイナンス理論では、保有資産の価値から得られる投資家の満足度を測るなんらかの評価関数を導入する。たとえば、後述の期待効用理論では、効用関数を使う。行動経済学で開発されたプロスペクト理論では、価値関数と呼ばれる評価関数を導入する（第4章、第5章参照）。

どちらにしても、リスクに対する選好は、意思決定者の好みを反映した評価関数の形状によって表される。後述する理由から、図1H-1（a）に示したように、評価関数が下方に向かって窪みをもつ凹型をしている場合は、その意思決定者はリスク回避的であり、（c）のように下方に向かって凸型をしている場合にはリスク愛好的である。（b）のように直線の場合は、リスク中立的な選好を表している。これらの関係は、表1H-1の6列目にもまとめている。

凹型の評価関数をもつ意思決定者はなぜリスク回避的になるのか。理由は、フェアな賭けに参加するかどうかを考えれば理解できる。たとえば、コインを投げて表が出れば10,000円もらえ、裏が出れば10,000円支払わなければならない賭けを考える。表裏のどちらが出るかはともに50％の確率なので、このコイン賭けに参加するかどうかは、10,000円もらった場合の満足と10,000円支払う場合の不満足のどちらが大きいかによる。満足の方が大きければ参加するし、不満足の方が大きければ参加しないだろう。満足を評価する評価関数が図1H-1(a)のような凹型をしている場合、賞金額が小さくなるにつれて評価（満足）が急激に下がっていくので、10,000円を支払う不満足の方が同額をもらう満足より明らかに大きくなる。その結果、コイン賭けに参加しないというリスク回避的な選択をする。凹型の評価関数がリスク回避性を意味するのはこのためである。

逆に、凸型の評価関数をもつ意思決定者の場合（図1H-1の(c)）、賞金額が大きくなるにつれて対応する満足は急激に大きくなるので、もらう10,000円の満足の方が同額を失う不満足より大きい。結果、コイン賭けに参加するリスク愛好的な選択をする。評価関数が直線の場合（図1H-1の(b)）は、もらう10,000円と失う10,000円の満足不満足がちょうど相殺し合うので、リスクに対して中立的になる。

こうした議論は、表・裏の出る確率が半々でない一般的な場合にも簡単に拡張できる。評価関数の形状とリスク選好の関係は、後の章で人びとのリスク選択を考えていくうえで重要になる。

図1H-1　評価関数の形状とリスク選好

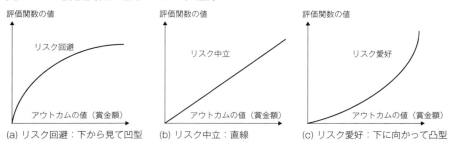

(a) リスク回避：下から見て凹型　　(b) リスク中立：直線　　(c) リスク愛好：下に向かって凸型

2. 期待効用理論

　ファイナンス理論では、多くの場合期末の資産保有額から得られる効用の期待値を最大にするように行動すると仮定される。これを期待効用理論または期待効用仮説という。

　投資家の効用 u を期末の資産保有額 W の関数として $u(W)$ と表そう。通常、効用関数は図 1 H-1（a）に示したように、W について増加的で凹型をしている——つまり投資家がリスク回避的——と仮定される。期末の保有資産 W は意思決定の時点では確率変数なので、それに依存して決まる効用 $u(W)$ も確率変数である。効用 $u(W)$ の期待値を「期待効用（expected utility）」という。期待効用理論では、投資家はつねに保有資産からの期待効用を最大にするように行動すると仮定する。たとえば、期末の保有資産が $W_1,\cdots,W_N$ という N 通りの値を確率的にとるとし、それぞれの確率を $p_1,\cdots,p_N$ と表記しよう。このとき、期待効用 $E[u(W)]$ は、

$$E[u(W)] = p_1 u(W_1) + \cdots + p_N u(W_N) \qquad （1 H-1）$$

で与えられる。ここで、$E[\blacksquare]$ はカッコ内の確率変数の期待値を表す。

　投資家が直面する資産選択の問題では、どのような資産の組み合わせ（ポートフォリオ）をもつかによって期末資産 W の確率分布は変わってくる。さまざまな資産の組み合わせの中から、上の期待効用の値を最大にするものを選ぶというのが期待効用理論の考え方である[22]。

　期待効用は当然ながら期末資産そのものの期待値 $E[W]$ とは違う。$E[W]$ は効用関数 U を介さないで、

$$E[W] = p_1 W_1 + \cdots + p_N W_N$$

と求められる。いま投資先 C に投資すると、期末資産の期待値 $E[W]$ に等し

---

22) クジの好みを順序づける選好関係が期待効用によって表現できるためには、独立性公理や連続性公理と呼ばれる条件が満たされる必要がある。こうした期待効用表現定理については、たとえば、酒井 (1982)、第3章、Dhami (2016), Chap. 1を参照。

い額が期末に確実に手に入るとしよう。期末の価値が確率 $(p_1, \cdots, p_N)$ で $(W_1, \cdots, W_N)$ の値をとる上のリスキーな投資先を R と呼ぶことにすれば、C と R の 2 つの投資先のうち投資家はどちらを選ぶだろうか。投資先 C、R の期末価値は同じ期待値をもつ一方で、投資先 R にはリスクが伴う。リスク回避を意味する凹型の効用関数のもとでは、したがって必ず確実な投資先 C の方が選ばれる。要するに、リスク回避的な人にとっては、アウトカム（金額）の期待値が同じなら、確実な方が望ましい。実際に、

$$E[u(W)] < u(E[W])$$

つまり、投資先 C の期待効用（右辺、実際には確実に実現するので効用）が投資先 R の期待効用（左辺）よりも必ず大きいことを示すことができる[23]。

期末の保有資産 W からの期待効用（1H-1）を、初期資産 W_0 からのリターン $R_W \left(= \dfrac{W}{W_0} - 1 \right)$ を用いて次のような形に簡単化することが多い。

$$U = E(R_W) - \frac{\gamma}{2}\sigma(R_W)^2, \quad \gamma > 0 \qquad (1\text{H-}2)$$

ここで、$\sigma(\blacksquare)$ は標準偏差を表している。証券リターンの標準偏差はボラティリティといわれることが多い。上式の $\sigma(R_W)^2$ はリターンの分散を表すので、γ は総資産へのリターンの分散が 1 単位上昇したときに期待効用 U がどれだけ減るかを示すリスク回避度を表している。

3. 標準ファイナンス理論の前提

行動経済学や行動ファイナンスの批判の対象として標準的なファイナンス理論を理解する場合、その基本的な前提を以下の 3 つによって整理するとわかりやすい。（1）ホモエコノミカス、（2）指数割引、および（3）期待効用最大化である。

---

23) 一般に、凹関数 $u(W)$ の期待値 $E[u(W)]$ は、変数 W の期待値の関数値 $u(E[W])$ よりも小さい。凸関数の場合は、逆の大小関係になる。ジェンセン不等式（Jensen inequality）と呼ばれる関係である。

3.1. ホモエコノミカス（Homo economicus）

　ホモエコノミカス（合理的経済人）とは、高い認知能力によって自分自身の利益を最大にするように行動する合理的な人間モデルを指している。標準的なファイナンス理論では、ホモエコノミカスによる意思決定が前提となる。金融・証券市場に参加する人たちは、高度な情報処理や演算処理の能力によって複雑な確率判断をこなし、他人の行動や文脈に左右されずに利己的な利益を最大化するよう行動する。行動経済学や行動ファイナンスが前提とする二重処理理論とは対照的に、意思決定は高度な認知能力をもった理性的な認知処理によってもっぱら行われる。

3.2. 指数割引

　投資の意思決定に象徴されるように、ファイナンスにおける意思決定の問題は、意思決定のアウトカムが将来時点にしか実現しない異時点間選択の性質をもっている。そこで将来のアウトカムを現在の価値に割り引く必要が生じる。標準的なファイナンス理論では、これを指数割引で行う。指数割引とは、たとえば割引率が年率5％のとき、1年先の10,000円を現在の価値に割り引くのに$(1/(1+5\%))^1$を掛け、2年先の10,000円には$(1/(1+5\%))^2$、T年先の10,000円には$(1/(1+5\%))^T$を掛けるというように、割り引く年数——これを（価値実現の）「遅れ（delay）」という——をべき乗とする指数関数によって割り引いていく方式である。現在価値に割り引くために掛け合わせる部分——これは遅れの関数である——を割引関数という。要するに指数割引とは、割引関数が遅れの指数関数で表される割引方式である。

　指数割引では、割り引く期間が同じであれば、その期間をどのように刻もうと割引率が同じであれば結果として出てくる現在価値は変わらない。たとえば2年先の10,000円を現在に割り引く際、2年を一度に割り引いても、1年ごと2回に分けて割り引いても、割引率が同じ（たとえば5％）であれば現在価値は同じ（$100/(1+5\%)^2$円）になる。その結果、2年前に立てた計画を1年後に見直しても矛盾が生じることはない[24]。

────────────────────

24）池田（2012）、第1章を参照。

3.3. 期待効用最大化

期待効用理論については前節で説明したとおりであるが、そこにはホモエコノミカスの前提が色濃く反映されていることに注意されたい。第一に、期待効用を最大化するにあたって、投資家は客観的な確率分布にもとづいて数学的期待値を計算することが前提されている。標準的なファイナンス理論では、リターンの確率分布についての情報が不完全なケースに分析を拡張する研究も行われているものの、行動経済学や行動ファイナンスで扱われるような確率判断の心理学的なバイアスについては捨象されている。

第二に、期待効用理論にもとづいた標準的なファイナンス理論では、すべての意思決定が総資産からの期待効用最大化を目的としてなされると仮定される。たとえば、宝くじを買うかどうかの判断は、宝くじを買うことで総資産からの期待効用が増えるかどうかで判断される。個々の株式の期待リターンやリスクは、それが投資家の総資産からの期待効用にどのように影響するかによって評価される。つまり、どんな意思決定もそのアウトカムは総資産の中で合算され、そこからの期待効用最大化という広い枠組みの中で同時に決定される。総資産からの期待効用を最大にすることが目的であるかぎり、個々の意思決定をばらばらに行うことは合理的ではないからである。意思決定主体の満足感の観点からすると、すべての選択のアウトカムは相互に依存していると考えられるので、満足感の最大化への合目的性の観点からいえば、すべてを同時に決定することが合理的である。このように意思決定に際してすべてを視野に入れることをブロード・フレーミングということにすれば、期待効用最大化はブロード・フレーミングを前提にしたホモエコノミカス・アプローチの一環なのである。

4. 標準ファイナンスのコア理論

4.1. ファイナンス理論とは？

証券市場や金融市場では、私たちの経済活動になくてはならない 2 種類の取引が行われる。 1 つは、現在の購買力と将来の購買力の取引である。たとえば、いま使えるカネを銀行口座に貯蓄して将来に備える家計は、現在の購買力を将来の購買力と交換している。企業が社債を発行して資金調達するとき、企業と

投資家の間で現在の購買力と将来の購買力が取引されていると考えられる。いわば日付の違う購買力を交換している。

もう1つは、リスクの大きさが違う資産の取引である。投資家が株式を買うのは、額面では変動しない資産（カネ）を、景気によって価値が変わる資産と交換している。つまり金融・証券市場はリスク取引の場でもある。

家計にしても企業にしても、経済に参加するプレーヤーたちはこれら2種類の取引を行うことで、異なった時点（たとえば、今年と10年後）や異なった状態（たとえば、不況と好況）の間で資産を配分し、自分の利益を最大にしようとする。

ファイナンスという専門分野では、そうしたプレーヤーたちがどのような意思決定を行い、その結果として、どのような無駄のない資源配分が達成されるかを考える。そこで重要な役割を演じるのが、金利であり証券価格である。金利は、現在の購買力と将来の購買力を取引する債券市場で決まる。ファイナンスで金利が時間価格と呼ばれるのはこのためである。株式などのリスク資産の市場では、リスクの大きさに応じて証券の価格やリターンが決まる。たとえば、株式に投資したときに見込まれるリスクプレミアム——予想される投資リターンと金利の差——は、その株式のリスクの大きさに応じて決まる。

投資家や企業の意思決定は、市場で成立している金利や証券価格に依存する。その金利や証券価格はというと、プレーヤーの意思決定を反映した市場取引の結果として決まる。したがって、金融・証券市場における資源配分を理解するためには、プレーヤーたちの意思決定を理解し、それを反映した金利や証券価格の決まり方を理解する必要がある。

4.2. ファイナンス理論の4つのコア・メッセージ

標準的なファイナンス理論のメッセージは、表1H-2の①〜④に示されるように、大きく4つに要約できる。

① 「時はカネなり」——正味現在価値法

「時はカネなり」。つまり、将来にしか実現しない価値は、額面より割り引いて評価される。たとえば、いま手の上にある10,000円は、ほとんどの投資家に

表1H-2　標準ファイナンス理論

コア・メッセージ	ファイナンスの原則	標準理論	ノーベル経済学賞
①時はカネなり	将来は割り引く	正味現在価値法	
		指数割引	
②卵を1つのカゴに盛るな	リスクは分散すべし	ポートフォリオ理論	H・マーコウィッツ (1990)
③虎穴に入らずんば虎子を得ず	ハイリスク＝ハイリターン	CAPM、FF3ファクターモデル	W・シャープ (1990)
		資本コスト	R・マートン (1997)
④タダほど高いものはない(「タダ飯などない」)	コストなしに儲けることはできない	効率的市場仮説	M・ミラー (1990)
	同じものには同じ価格がつく	裁定理論	M・ショールズ (1997)
		ブラック＝ショールズ公式	R・マートン (1997)
			E・ファーマ (2013)

とって1年後の10,000円と同じではない。より早く手に入る資源ほど高く評価する傾向が私たちにあるので、1年後に手に入る10,000円は現在の10,000円より低い価値しかもたない。つまり、遅れて実現する価値ほど割り引いて評価される。

　割引の考え方は、設備投資などの実物投資を考える場合でも、証券への投資を考える場合でも、投資プロジェクトを評価するうえで決定的に重要である。最初に一定のキャッシュを支払って、将来のキャッシュ・イン・フローを稼ごうとするのが投資なので、その価値を評価するには、将来のキャッシュ・イン・フローをすべて現在の価値に割り引いたうえで、最初に投下するキャッシュ・アウト・フローとの大小を比較しなければならないからである。こうして投資すべきかどうかを判断する方法を「正味現在価値法（net present value approach）」という。

　標準的なファイナンス理論では、前節で説明したように割引は指数割引によって行われる。その結果、時間軸上で異なったキャッシュフローをもたらす2つの投資プロジェクトがある場合に、その優劣を正味現在価値法で比べればどの時点で比較しても矛盾が生じることはない。正味現在価値法はあらゆる金融上の意思決定を行ううえで、最も重要な評価原理の1つである。

正味現在価値法は債券価格や株式価格の価格付けにも活用できる。たとえば、利付き債券の場合、債券価格の支払いというキャッシュ・アウト・フローを負担することによって、期中のクーポンと満期の償還額からなるキャッシュ・イン・フローを手に入れることができる。デフォルトリスクがない場合、同じ満期をもつ安全債券の金利を割引率としてこの債券に投資した場合の正味現在価値を計算したときに、それが正であれば買い手が増えて債券価格を押し上げ、負であれば買い手がつかないために価格が下がる。こうして債券価格は、正味現在価値がちょうどゼロになるところで決まると考えられる。

同様に、株式の評価にも正味現在価値法が使える。正味現在価値がゼロになる株価とは、配当流列の割引現在価値に等しい水準にある。株価を考える際に問題になるのは、配当の流列にリスクが伴っている点である。このリスクをどのように株式投資のキャッシュ・イン・フローの割引現在価値に反映させるかが問題になる。たとえば、債券の評価の場合に倣って配当の期待値を安全利子率で割り引いて求めるのは適切ではない。そこにはリスクが考慮されていないからである。リスクに見合った割引率をどのように決めるのか、これに対する回答を与えるのが後述の資本資産価格決定モデル（CAPM）である。

② 「卵を1つのカゴに盛るな」──リスク分散化・ポートフォリオ選択

異なった資産を組み合わせたものをポートフォリオという。ポートフォリオの形で資産を保有すると、構成資産の価格変動は資産間の相関が完全でないかぎりお互いに相殺し合う。その結果、ポートフォリオ全体からのリターンの変動リスク（ボラティリティ）はそこに入っている1つひとつの証券のリターンの変動リスク（ボラティリティ）の平均よりも必ず小さくなる。これを「分散化（diversification）の利益」という。分散化の利益は、組み合わせる資産間の相関係数が小さいほど大きい。

ポートフォリオの期待リターンはそれを構成する個別資産の期待リターンの加重平均に等しい。その一方でリターンのボラティリティは、分散化の効果によってポートフォリオの方が構成資産の平均よりも小さい。その結果、富という卵を多様な資産の形（カゴ）で保有することによって、より小さなリスク負担で同じ期待リターンが達成できることになる。「卵を1つのカゴに盛るな」

とはこの意味である。多くの場合、ポートフォリオの構成をうまく決めれば、中身の個別証券のリスクのうちで最も小さなリスクよりも小さなリスクが実現できる。こうした分散化の利益を明らかにし、ポートフォリオ選択理論を体系化したのは、1990年にノーベル経済学賞を受賞したハリー・マーコウィッツである。

③「虎穴に入らずんば虎子を得ず」——リスク＝リターン・トレードオフ

どの投資家もリスク回避的だとすれば、負担するリスクを少しでも小さくして高いリターンを稼ごうとする。その結果、リスクが大きい証券ほど低い値がつく。その証券から得られる将来のキャッシュ・イン・フローが変わらないとすれば、低い価格がつくということは高い期待リターンが見込まれることを意味する。つまり、ハイリスクの証券には、ハイリターンが期待でき、ローリスクの証券にはローリターンしか期待できない。「虎穴に入らずんば虎子を得ず」は、リスクとリターンの間にあるこうしたトレードオフの関係を意味している。

ローリスクにハイリターンが見込まれる証券が市場に出回っているとどうなるだろうか。その場合、少しでも儲けたい投資家が殺到してその証券を買いあさるので、価格が上がってハイリターンの状態は長くは続かない。市場の均衡状態を考えるファイナンス理論では、ハイリスク＝ハイリターン（ローリスク＝ローリターン）の状態に焦点を当て、リスクの大きさに応じてリターンの大きさがどのように決まるのか、言い換えればリスクの価格がどのように決まるのかについて考える。

では、そもそもリスクとはいったい何だろうか。一般的には（またはカジュアルには）、そのリターンや価格の予測されない変動の可能性——分散や標準偏差（ボラティリティ）——を指す。

しかしファイナンス理論で個々の証券を考える場合、リターンのボラティリティで測られるリスクのすべてが、補償されるべきリスクとして価格に反映されるとは考えない。前に説明したように、証券をポートフォリオの形で保有することでリスクの一部が分散化できるからである。投資家が本当に負担しなければならないのは、自分が保有しているポートフォリオの中に組み合わせても分散化できない変動リスクである。これを「システマティック・リスク

補論1-1 標準ファイナンス理論の基礎 **83**

（systematic risk）」または「分散化不可能リスク（undiversifiable risk）」という。それ以外の分散化できる部分は「アンシステマティック・リスク（unsystematic risk）」とか「分散化可能リスク（diversifiable risk）」と呼ばれる。そして証券の価格やリターンは、そのシステマティック・リスクを反映して決まる。ハイリスク＝ハイリターンの「リスク」とは、正確にはこのシステマティック・リスクのことを指している。

　それでは、個別の危険証券——これを証券 i としよう——のシステマティック・リスクを具体的にどのように理解すればよいのだろうか。いま期待効用理論に従って、保有する総資産（ポートフォリオ）からの期待効用を最大にする投資家を考えよう。（1H-2）式からもわかるように、保有する総資産からの期待効用だけに関心のある投資家にとって、総資産からのリターン（R_W）のボラティリティ（$\sigma(R_W)$）こそがリスクである。総資産のボラティリティは投資家の期待効用へのマイナス要因として直接効いてくる、彼らにとってのいわば本源的なリスクといえる。

　そして個々の証券のリスクは、その証券を自分の総資産ポートフォリオに追加的に組み入れたときに総資産のボラティリティ——つまり本源的なリスク——がどれだけ増えるかで測られる。総資産ボラティリティから派生的に定義されるこのリスクこそが個別証券のシステマティック・リスクである。その証券のリターンと総資産のリターンの相関が小さいほど、それを組み入れても総資産ポートフォリオのボラティリティは増えない。分散化の効果が働くからである。その結果、個々の証券のシステマティック・リスクは、そのリターン R_i のボラティリティ $\sigma(R_i)$ そのものではなく、総資産からのリターンとの相関係数 $\rho(R_i, R_W)$ を乗じた $\rho(R_i, R_W) \cdot \sigma(R_i)$ によって表される[25]。システマティック・リスクはその変動リスクが分散化できるほど——つまり、総資産リターンとの相関係数が小さいほど——ボラティリティ・リスクに比べて小さくなる。

　ちなみに標準的なファイナンス理論では、リターンのボラティリティをボラ

---

25) 保有資産ポートフォリオ W における証券 i の比率を少しだけ増やすと、ポートフォリオ W のボラティリティ $\sigma(R_W)$ が $\rho(R_i, R_W) \cdot \sigma(R_i)$ だけ増えることを示すことができる。その意味でシステマティック・リスクとは、総資産ボラティリティという本源的リスクに対するその証券の限界的な貢献である。

ティリティ・リスクと呼び、本源的なリスク・ソースとの相関係数を乗じて求められるリスクをシステマティック・リスクと呼んで両者を区別する。ファイナンス理論においてボラティリティ・リスクそのものがリスクとして経済的な意味をもつのは、総資産リターン R_W のボラティリティのように本源的なリスクの場合だけである。それ以外の経済変数（いまの例でいえば個別証券のリターン R_i）の場合、その変動が本源的なリスクの発生にどの程度かかわっているかを示すシステマティック・リスクの部分だけがリスクとして経済的な意味をもつ。そのようなリスクとリスクプレミアムの間にあるトレードオフの関係を、証券市場の需給均衡のもとで明らかにするのが、第5節で説明する資本資産価格決定モデルなどのアセットプライシングの理論である。

④「タダほど高いものはない（「タダ飯」などない）」——一物一価・裁定価格

同じモノ・資産に違った価格がついていると、低い方の値で買って高い価格で売れば儲けが出る。このように売買の両方を行うことで価格差や利ザヤから利益を得ようとする取引を「裁定（アービトラージ：arbitrage）」という。裁定が活発に行われると、低い値での買い、高い値での売りが増えるので価格差は縮小し早晩1つの価格に収束する。こうして同じモノや資産に同じ価格がつくことを「一物一価の法則（law of one price）」という。

ファイナンス理論では、裁定活動の結果、資産価格はつねに一物一価が成立するように決定されると考える。ホモエコノミカスとしての合理的な投資家が、裁定利益という「タダ飯（フリー・ランチ）」の機会を見逃すはずはないからである。ファイナンスでは、一物一価はとくに3つの形でアセットプライシングに関連してくる。裁定理論、効率的市場仮説、およびマーティンゲール性である。これについては第6節と第7節で説明する。

5. 資本資産価格決定モデル（CAPM）

期待効用理論を用いて前節の③で説明した考え方をモデルで表現し、市場均衡における危険証券の期待リターンとリスクの関係を明らかにしたのが、ウィリアム・シャープらによる「資本資産決定モデル（capital asset pricing model：

CAPM）」である。CAPMのメッセージは、以下で説明する「証券市場線（security market line：SML）」と「資本市場線（capital market line：CML）」という2つの関係にまとめられる。

5.1. 証券市場線

　理論的な導出については本補論の付録に譲るとして、ここではCAPMにもとづいてリスク・プライシングの考え方を説明したい。いま市場を代表する平均的な投資家を考えよう。すべての証券について需給が一致した状況では、代表的な投資家が保有するポートフォリオは、市場にあるすべての危険資産を時価総額のシェアに等しいだけ含むポートフォリオに一致しなければならない。これを市場ポートフォリオ（またはマーケットポートフォリオ）という。先の議論からわかるように、市場ポートフォリオのリターンR_Mのボラティリティ・リスクこそが代表的な投資家が負担しなければならない本源的なリスクである。そのリスク負担に対して、期待リターン$E(R_M)$から安全利子率r_fを差し引いた分（$E(R_M)-r_f$）だけの報酬が期待できる。これが市場ポートフォリオに対するリスクプレミアムである。それは、本源的なボラティリティ・リスク（$\sigma(R_M)$）に対して市場が投資家たちに保証する対価である。両者の割合（$E(R_M)-r_f$）$/\sigma(R_M)$は、いわばリスク1単位の市場価格を表している。

　市場ポートフォリオ以外のポートフォリオや個別の証券——これを証券iとしよう——のリスクプレミアム（$E(R_i)-r_f$）は、このリスクの市場価格によって以下のようにプライシングされる。先の議論からわかるように、個別証券のボラティリティ・リスクのうち、補償されるリスクは市場ポートフォリオとの相関を考慮したシステマティック・リスク（$\rho(R_i,R_M)\cdot\sigma(R_i)$）の部分だけで、分散化できるアンシステマティック・リスク（$(1-\rho(R_i,R_M))\cdot\sigma(R_i)$）はリスクプレミアムに反映されない。個別証券のリスクプレミアムはそのシステマティック・リスクをリスクの価格（$(E(R_M)-r_f)/\sigma(R_M)$）で評価した水準に決まる。

$$E(R_i)-r_f = \underbrace{\rho(R_i,R_M)\cdot\sigma(R_i)}_{\text{個別証券のシステマティック・リスク}} \times \underbrace{\frac{E(R_M)-r_f}{\sigma(R_M)}}_{\text{リスクの市場価格}} \quad （1\text{H-}3）$$

　ここで、証券iのシステマティック・リスクと市場ポートフォリオのボラテ

図1H-2 証券市場線

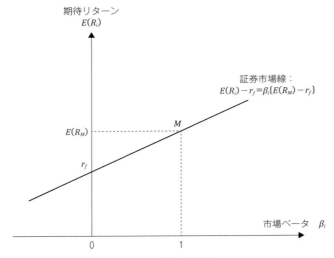

注：市場ポートフォリオ M は、市場ベータが 1 の場合に対応する。

ィリティ・リスクの割合を、

$$\frac{\rho(R_i, R_M) \cdot \sigma(R_i)}{\sigma(R_M)} = \beta_i \qquad (1\text{H-}4)$$

と表記しよう。β_i は、証券 i の「市場（マーケット）ベータ」とか、単にベータとか呼ばれるパラメーターである。市場ベータを用いて、上で示した証券 i のリスクプレミアムを、証券市場線と呼ばれる次の関係によって表すことができる（図1H-2を参照）。

証券市場線（security market line：SML）：
　市場で取引されているどの証券やポートフォリオ i も、そのリスクプレミアムは以下のように決まる。

$$E(R_i) - r_f = \beta_i \{E(R_M) - r_f\} \qquad (1\text{H-}5)$$

証券やポートフォリオの市場ベータは　市場ポートフォリオのボラティリティ・リスク単位で換算したシステマティック・リスクである。それを市場ポートフォリオへのリスクプレミアムで評価することによって、リスクプレミアムが決まる。結果、証券やポートフォリオのリスクプレミアムは、それぞれの市場ベータに比例する。これが証券市場線のメッセージである。

（1H-4）左辺の分母分子に $\sigma(R_M)$ を掛けると、分母は R_M の分散 $Var(R_M)$ $(=\sigma(R_M)^2)$、分子は R_i と R_M の共分散 $Cov(R_i, R_W)$ $(=\rho(R_i, R_M)\sigma(R_i)\sigma(R_M))$ に等しくなる。したがって、市場ベータは、

$$\beta_i = \frac{Cov(R_i, R_M)}{Var(R_M)}$$

とも表せる。これは、ベータが、証券リターン R_i を市場ポートフォリオのリターン R_M で回帰した場合の回帰係数に等しいことを表している。

5.2.　資本市場線

投資家が最適なポートフォリオを選ぶとき、リスクが同じならリスクプレミアムが最も大きく、リスクプレミアムが同じなら負担すべきリスクが最も小さいポートフォリオの中から選択する。こうしたポートフォリオを効率的なポートフォリオ、または簡単に「効率ポートフォリオ（efficient portfolio）」という。証券市場線は、市場ポートフォリオに反映されたリスク価格を用いてすべての危険証券や危険ポートフォリオのプライシングを説明するものであり、効率的なポートフォリオに限定しているわけではない。効率ポートフォリオの場合、それは以下に述べる資本市場線の形に変形される。

まず、危険証券だけからなるポートフォリオ（危険証券ポートフォリオ i）の中で効率的なものは、市場ポートフォリオだけであることに留意されたい。というのは、危険証券ポートフォリオのボラティリティ・リスクのうち、リスクプレミアムに反映されるのはシステマティック・リスク $\rho(R_i, R_M)\sigma(R_i)$ の部分だけなので、危険証券を市場ポートフォリオ以外の形で保有した場合、補償されるリスクプレミアムが、ボラティリティ・リスクの割に市場ポートフォリオの場合に比べて小さくなるからである。実際、市場ポートフォリオ以外の危

険証券ポートフォリオ i では $\rho(R_i, R_M) < 1$ となるので、証券市場線（1H-3）式を合わせて考慮すると、

$$\frac{E(R_i) - r_f}{\sigma(R_i)} < \frac{E(R_i) - r_f}{\rho(R_i, R_M) \cdot \sigma(R_i)} = \frac{E(R_M) - r_f}{\sigma(R_M)}$$

が成り立つ。つまり、（市場ポートフォリオ以外の）どんな危険証券ポートフォリオ i に投資しても、ボラティリティ・リスク1単位当たりのリスクプレミアムは市場ポートフォリオに投資する場合よりも低くしかならない。言い換えれば、市場ポートフォリオ以外の形で危険資産ポートフォリオを保有すると、リスクプレミアムの形で補償されないボラティリティ・リスクを負担しなければならないために投資対象として不利（非効率的）になる。危険証券だけからなるポートフォリオの中で市場ポートフォリオだけが効率的であるのはこのためである。

　他方、市場ポートフォリオと安全資産からなるポートフォリオは効率的である。このポートフォリオの場合、リスクプレミアムもボラティリティ・リスクも、市場ポートフォリオにおけるそれらの値に市場ポートフォリオの構成比率を掛けたものにそれぞれ等しいので、ボラティリティ・リスク1単位当たりのリスクプレミアムは市場ポートフォリオの場合と等しくなるからである。

　結局、すべての効率ポートフォリオ p^e は、市場ポートフォリオ自体も含めて、市場ポートフォリオと安全資産からなるポートフォリオとして表される。前の段落で説明した理由から、効率ポートフォリオにおけるボラティリティ・リスク1単位当たりのリスクプレミアムは、市場ポートフォリオにおけるそれと等しい。

$$\frac{E(R_{p^e}) - r_f}{\sigma(R_{p^e})} = \frac{E(R_M) - r_f}{\sigma(R_M)}$$

　この式を書き換えることで、資本市場線と呼ばれる以下の関係が得られる。

資本市場線（capital market line：CML）：

　効率ポートフォリオ p^e のリスクプレミアムは以下のように決まる。

図1H-3　資本市場線

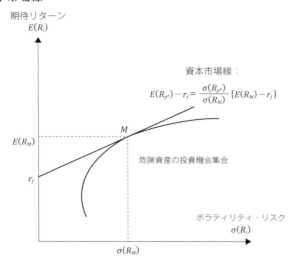

注：Mは市場ポートフォリオを表す。曲線で囲まれた部分は個別の危険資産や危険資産ポートフォリオに投資することで到達できる集合（危険資産の投資機会集合）を表す。資本市場線は、安全資産と危険証券からなる効率ポートフォリオの集合である。

$$E(R_{p^e}) - r_f = \frac{\sigma(R_{p^e})}{\sigma(R_M)}\{E(R_M) - r_f\} \qquad (1\text{H-}6)$$

　図1H-3に資本市場線を図示している。詳細は省くが、危険証券だけに投資することで実現できる期待リターンとボラティリティ・リスクの組み合わせ――危険証券の投資機会集合――は、図にあるような曲線とその内側によって表される。境界の曲線が左上に向かって凸型をしているのは、ポートフォリオで保有することで分散化の利益が働くからである。この場合、効率ポートフォリオの集合――これを「効率フロンティア（efficient frontier）」という――は、縦軸の安全利子率から危険証券の投資機会集合に引いた接線で表されることに注意されたい。そして、どの効率ポートフォリオも安全資産と接点のポートフォリオ（接点ポートフォリオ）から成り立っている。つまり、全投資家は接点ポートフォリオの形でしか危険証券を保有しない。したがって、需給が一致す

る均衡において接点ポートフォリオは市場ポートフォリオに等しくなければならない。資本市場線（1H-6）は、こうして定義される効率フロンティア上の、リスクとリターンの関係を表している。

　ちなみに、図1H-3に示されるように、すべての効率ポートフォリオ——したがって全投資家の最適ポートフォリオ——は、安全資産と接点ポートフォリオという共通の2つのポートフォリオの組み合わせとして表すことができる。このことを「2ファンド分離（two fund separation）」という。2ファンドの中身を決める意思決定と、2ファンド間の比率を決める意思決定が分離できるからである。図1H-3から見て取れるように、この2ファンドは安全資産と接点ポートフォリオである必要はない。接線上の任意の2つのポートフォリオを2ファンドとして2ファンド分離を捉え直すことができる。

5.3.　投資パフォーマンスの尺度
　CAPMに関連して、証券やポートフォリオの投資パフォーマンスを測る尺度として、以下の3つの尺度が考案されている。

①シャープ比（シャープ・レシオ）
　証券（またはポートフォリオ）iのリスクプレミアム（安全利子率を上回る期待超過リターン）をそのボラティリティで割った値、

$$\frac{E(R_i) - r_f}{\sigma(R_i)}$$

を証券iの「シャープ比（Sharpe ratio）」または「シャープ・レシオ」という。負担するボラティリティ・リスク1単位当たりでいくら超過リターンが期待できるかで投資パフォーマンスを測る尺度である。

　5.2項の議論からわかるように、CAPMどおりにプライシングがなされているとすれば、危険資産だけからなるすべてのポートフォリオの中で、シャープ比が最大になるポートフォリオが市場ポートフォリオである。そして、図1H-3からわかるように、効率ポートフォリオ（資本市場線上のポートフォリオ）のシャープ比は市場ポートフォリオのそれに等しい。実際、市場ポート

フォリオを含めたすべての効率ポートフォリオのシャープ比は、等しく資本市場線の傾きの大きさで表されている。

②トレイナー比（トレイナー・レシオ）

証券 i のリスクプレミアム（安全利子率を上回る期待超過リターン）をその市場ベータで割った値、

$$\frac{E(R_i) - r_f}{\beta_i}$$

を証券 i の「トレイナー比（Treynor ratio）」または「トレイナー・レシオ」という。

CAPM の観点からいえば、証券のリスクはシステマティック・リスクを反映した市場ベータで測られるので、投資パフォーマンスを測る際に、ボラティリティ・リスクではなく市場ベータで割るのが理にかなっている。それがトレイナー比である。

証券市場線（（1H-5）式）からわかるように、CAPM どおりに価格決定がなされているとすれば、どの危険証券のトレイナー比も、証券市場線の傾き──つまり市場ポートフォリオのリスクプレミアム──に等しくなる（図1H-2参照）。しかし実際には各証券のリスクプレミアムは証券市場線上にきっちり乗ることはなく、トレイナー比は違う値をとる。

③ジェンセンのアルファ

証券市場線（（1H-5）式）で予測される期待リターンを上回る期待超過リターン、つまり

$$\alpha_i = E(R_i) - r_f - \beta_i\{E(R_M) - r_f\}$$

を「ジェンセンのアルファ（Jensen's alpha）」という。ジェンセンのアルファがプラスの場合、その証券が CAPM によって期待される超過リターンよりも高いリターンを平均的に獲得することを意味している。

表1H-3　標準ファイナンスにおけるアセットプライシングのモデル

	CAPM/APT	対応するリターン生成	アセット・プライシングモデル	リスクファクター（システマティックリスクの源泉）
均衡アプローチ	CAPM（資本資産価格決定モデル）	マーケット・モデル：$R_i = \alpha_i + \beta_i R_M + e_i$	CAPM	市場ポートフォリオ
	マルチファクターCAPM	マルチファクターマーケット・モデル：$R_i = \alpha_i + \beta_i R_M + \gamma_{1i} F_1 + \cdots + \gamma_{Si} F_S + e_i$	ファーマ＝フレンチ3ファクターモデル	市場ポートフォリオのほか、小型株効果（SMB）、バリュー株効果（HML）
			ファーマ＝フレンチ3ファクターモデルの拡張	市場ポートフォリオのほか、小型株効果（SMB）、バリュー株効果（HML）、モーメンタム効果（WML）、投資効果（CMA）、収益性効果（RMW）など
			多期間CAPM	市場ポートフォリオのほか、安全利子率や生産技術を決める確率要因など
			非期待効用CAPM	市場ポートフォリオのほか、総消費の増加率など
裁定アプローチ	APT（裁定価格理論）	マルチファクター・モデル：$R_i = \alpha_i + \gamma_{1i} F_1 + \cdots + \gamma_{Si} F_S + e_i$	因子分析に基づくAPT	リターンデータの因子分析から得られたファクター
			マクロファクターAPT	鉱工業生産指数、期待インフレ率、インフレ率の予想外の変化、信用リスク、金利の長短スプレッドなど

5.4.　マーケットモデル

　CAPMでは、各証券のリスクプレミアムは市場ベータの値に比例する。先述のように、市場ベータはその証券リターンの市場ポートフォリオリターンに対する回帰係数として推定される。こうした関係は、証券リターンが市場ポートフォリオリターンの線形モデル、

$$R_i = \alpha_i + \beta_i R_M + e_i$$

によって生成されると考えることで理解しやすい。ここで e_i は誤差項を表す。このリターン生成モデルを「マーケットモデル」という。

　マーケットモデルは、市場ポートフォリオのリターンという唯一のファクターによってシステマティック・リスクが生成されるシングルファクターモデルの1つである。上で説明した最も単純なCAPMの場合、市場ポートフォリオの変動がシステマティック・リスクの唯一の源泉になるので、リターンの生成

リスクプレミアムの決定式	代表例	日本の検証
$E(R_i)-r_f=\beta_i\lambda_M$	Sharpe (1964)	榊原 (1986)
$E(R_i)-r_f=\beta_i\lambda_M$ $+\gamma_{1i}\lambda_1+\cdots+\gamma_{si}\lambda_S$	Fama and French (1992)	久保田・竹原 (2007)
	Fama and French (2015)	Kubota and Takehara (2018)
	Merton (1990)	
	Epstein and Zin (1991)	羽森 (1995), 齊藤 (2007)
$E(R_i)-r_f=\gamma_{1i}\lambda_1$ $+\cdots+\gamma_{si}\lambda_S$	Roll and Ross (1980)	Blin 他 (1997)
	Chen et al. (1986)	Hamao (1988)

注：第3列で、R_M は市場ポートフォリオのリターン、F_s はそれ以外のリスクファクターを表し、それらの係数 β_i、γ_{si} は各ファクターに対する証券 i の感応度(ファクター・エクスポージャー)を表す。第4列で、ファーマ=フレンチ3ファクターモデルとその拡張は、CAPM の拡張と位置づけられることから均衡アプローチに分類している。ファーマ=フレンチ3ファクターモデルのリスクファクターで SMB(small − big)は小型株銘柄群と大型株銘柄群のリターン差、HML(high − low)は簿価時価比率の高い銘柄群と低い銘柄群のリターン差、WML(winners − losers)は値上がり銘柄群と値下がり銘柄群のリターン差、CMA(conservative − aggressive)は投資比率の低い銘柄群と高い銘柄群のリターン差、RMW(robust − weak)は営業利益率が高い銘柄群と低い銘柄群のリターン差をそれぞれ表す。第5列の λ_s は、ファクターsの変動を複製するポートフォリオ(ファクター・ポートフォリオ)に対するリスクプミアム(ファクター・プレミアム)を表す。ファクター・プレミアムはファクター・リスクの価格である。第6列は、証券 i のリスクプレミアムが、ファクター感応度で測られるファクター・リスクをファクター・プレミアムで評価し合計したものとして決まることを表す。

過程はマーケットモデルというシングルファクターモデルで捉えることができる。

5.5. マルチファクター CAPM

さらに表1H-3にまとめたように、さまざまな新しい実証知見を統合したり、CAPM の基本的な仮定を緩めたりすることによって、CAPM は、市場ポートフォリオを複数のリスクファクターをもったマルチファクターの形に拡張される。これをマルチファクターCAPM という(表1H-3の第2列参照)。

たとえば、CAPM に対する批判的検討の中で、小型株効果や割安株効果などの影響から、リスクプレミアムが市場ベータだけでは説明できない事実が報告された。ユージーン・ファーマとケネス・フレンチ(Kenneth French)は、企業規模によるリスクと割安株に反映されるリスクをそれぞれ SMB(スモール・マイナス・ビッグ)と HML(ハイ・マイナス・ロー)という2つのファ

クターで捉え、それに市場ポートフォリオリターンを合わせた3ファクターモデルを提案している。これを「ファーマ=フレンチの3ファクターモデル」という（表1H-3、第4列、第5列）。同モデルや、それをさらに拡張した4ファクターモデル、ファーマ=フレンチの5ファクターモデルについては、第6章と第8章を参照されたい。

CAPMで前提になっていた静学的なモデル構造や期待効用の仮定を緩めることによって、マルチファクターの形にCAPMを拡張する提案もなされている。たとえば、安全利子率や生産技術などが変動する多期間のモデルでは、投資機会を確率的に振らせるこうしたファクターにも証券リターンのシステマティック・リスクは依存する。その結果、CAPMはマルチファクター化することになる[26]。

こうしたCAPMのマルチファクター化に対応して、リターン生成過程もマーケットモデルから次のようなマルチファクター・マーケットモデルに拡張される（表1H-3、第3列）。

$$R_i = \alpha_i + \beta_i R_M + \gamma_{1i} F_1 + \cdots + \gamma_{Si} F_S + e_i$$

ここで、$F_1, \cdots, F_S$は証券リターンに影響を与える（市場ポートフォリオ以外の）確率的なファクターを表している。たとえば、ファーマ=フレンチの3ファクターモデルであれば、F_1としてSMBファクター、F_2としてHMLファクターが採用される（第4ファクター以降はなし）。

マルチファクターCAPMの場合、表1H-3の第6列にあるように、市場ベータを含めたファクター感応度（上式の$\beta_i, \gamma_{1i}, \cdots, \gamma_{Si}$）がシステマティック・リスクとしての各ファクターリスクの大きさを測る「ベータ」として回帰分析によって推定される。そして各証券のリスクプレミアムが、以下のようにファクターリスクの線形和として評価されるというのが、マルチファクターCAPMのメッセージである。

---

26) 多期間モデルへの拡張としてMerton (1990) を、非期待効用モデルへの拡張としてEpstein and Zin (1991) を参照のこと。

$$E(R_i) - r_f = \beta_i \lambda_M + \gamma_{1i} \lambda_1 + \cdots + \gamma_{Si} \lambda_S$$

ここで、λ_s $(s=M,1,\cdots,S)$ は、ファクターs の変動を複製するポートフォリオ——これをファクターポートフォリオという——のリスクプレミアムを表す。市場ポートフォリオ（$s=M$）の場合は、言うまでもなく $\lambda_M = E(R_M) - r_f$ である。

6. 裁定理論

6.1. 裁定アプローチ

4.2項の④で説明したように、一物一価のもとでは、同じキャッシュフローをもたらす証券には同じ価格が成立しなければならない。この条件を「無裁定条件（no-arbitrage condition）」、あるいは簡単に、裁定条件という。ファイナンス理論では、すべての証券価格は無裁定条件を満たすように決定されると考える。CAPM のように投資家の期待効用最大化や市場の需給均衡を前提にすることなく、もっぱら無裁定条件によって証券のプライシングを理解することも多い。表 1 H- 3 の第 1 列では、CAPM などのように市場均衡を前提にしたアプローチを均衡アプローチ、無裁定条件によってプライシングを説明する方法を裁定アプローチと呼んでいる。

裁定アプローチの代表例としてAPT（arbitrage pricing theory：裁定価格理論）がある[27]。APT では、以下のようなマルチファクターのリターン生成過程を前提にする。

$$R_i = \alpha_i + \gamma_{1i} F_1 + \cdots + \gamma_{Si} F_S + e_i$$

投資家の期待効用最大化を前提としないので、市場ポートフォリオがファクターとして入ってくる必然性はない。ファクターについては、因子分析によってリターンデータそのものから同定する方法と、証券マーケットに影響を与えているマクロ変数をファクターによってアドホックにリターン生成過程をモデル化する方法がある。

---

27) Ross (1976) を参照。

各ファクターに対する係数 γ_{si} を証券リターンのファクター感応度（または
ファクター・エクスポージャー）という。CAPMの市場ベータと同じように、
ファクター感応度はシステマティック・リスクを構成するファクターリスクの
大きさを表している。各ファクターの変動とリターンが完全に相関するポート
フォリオ、言い換えれば、そのファクターの変動を複製するポートフォリオを
そのファクターのファクター・ポートフォリオという。ファクターsのファク
ター・ポートフォリオに対するリスクプレミアム λ_s ——これをファクター・
プレミアムという——はファクターリスクのいわば市場価格である。無裁定条
件のもとでは、証券のリスクプレミアムは、ファクターリスクの大きさ γ_{si} を
ファクター・プレミアム λ_s で評価し全ファクターについて合計したものと等
しくなければならないだろう（表1H-3の第6列最下段参照）。こうして危険
証券のプライシングを説明するのがAPTである。

　裁定アプローチは派生資産のプライシングを考える場合に最も有効である。
たとえば、株式オプションを保有することで得られるペイオフの確率的なフロ
ーは、その原資産株式と安全資産をうまく組み合わせることによってそれとま
ったく同じペイオフの確率過程を複製することができる。無裁定条件を満たす
ためには、株式オプションの価格はこの複製ポートフォリオの価値に等しくな
ければならない。これが、裁定によるオプション・プライシングである。ブラ
ック＝ショールズの公式として利用されているオプション価格公式は[28]、原資
産株式の価格に対数正規分布を仮定することで得られるそうした裁定価格から
導かれる。オプション・プライシングについては第5章で取り上げる。

6.2.　マーティンゲール性

　フェアな賭けを続けて行うとき、ある将来時点の累積賞金額の期待値は、い
ままでに獲得した累積賞金額に等しい。このように利用可能な情報にもとづい
て計算される期待値が現在の値に等しいような確率過程を「マーティンゲール
（martingale）」という。賭けや証券投資の文脈でいえば、その期待リターンが
もしゼロであれば、その累積賞金額や証券価格はマーティンゲールになってい

---

28)　Black and Scholes (1973) 参照。

る。フェアな賭けでは期待リターンはゼロなので、マーティンゲールである。ファイナンス関係の書物が株価の確率過程を形容するのによく用いるランダムウォークもマーティンゲールの一例である（ただし、ランダムウォークであるためにはいつかの技術的な条件が必要になる）。

ファイナンス理論では、一物一価が成り立っている市場——つまり裁定機会のない効率的な市場——での証券価格をこのマーティンゲール性によって特徴づける。ただし、証券の期待リターンは金利とリスクプレミアムを反映してゼロではないので、株価がそのままマーティンゲールになるわけではない。そうではなく、安全利子率という時間コストとリスク負担の心理的コストの両方を差し引いた調整済みリターンで考える。効率的な市場では、そうした調整済みの期待リターンがゼロでなければならない。そうでなければ裁定機会が発生するからである。結局、効率的な市場は時間とリスクのコスト調整後の証券価格のマーティンゲール性によって特徴づけられる。そしてこのマーティンゲール性から、証券価格は将来のコスト調整済み価格の期待値として簡単に求めることができる。ブラック＝ショールズの価格公式もその応用例として理解することができる。

7. 効率的市場仮説

証券の市場価格は、市場で利用可能な情報を反映していると考えられる。もし利用可能な情報を使って市場を上回る利益を得ることができれば、そこには裁定機会という「タダ飯」の機会が存在していたことになる。その場合、情報を反映した価値とそれを反映していない市場価格という2つの価格が併存していたという意味で一物一価が成立していないと解釈できる。投資家が合理的で取引や情報のコストが無視できるほど小さければそのような機会は裁定によって早晩消滅するだろう。証券価格が利用可能な情報をすみやかに反映する結果、そうした裁定機会が存在していない状態を効率的といい、証券市場がいつも効率的だとする仮説を「効率的市場仮説(efficient market hypothesis)」という[29]。

市場の効率性は、投資家にとって「利用可能な情報」をどこまで考えるかによって強さが変わってくる。「利用可能な情報」を過去の価格情報だけに限る

場合を、「ウィークフォームの効率性」、過去のすべての公開情報を含める場合を「セミストロングフォームの効率性」、インサイダー情報までも含める場合を「ストロングフォームの効率性」と呼ぶ。

標準ファイナンスが想定するように投資家たちがすべてホモエコノミカスの前提を満たすのであれば、少なくともセミストロング型の効率性が成立しているはずであるが、本書の各章で示すように、市場の非効率性を示すエビデンスが数多く提出されていて、ウィークフォームの効率性でさえ満たされていないケースも少なくない。

補論 1-1 付録　CAPM の導出

ここでは、期末の期待効用を最大にする投資家を前提にした簡単なモデルを使って CAPM の証券市場線と資本市場線がどのように導出できるかを説明しよう。前提として以下の仮定を置く。

仮定 1　投資家は期待効用を最大化する。
仮定 2　資産市場は完全である（取引コストやビッドアスクスプレッドなどはない）。
仮定 3　情報は完全で、証券リターンの確率分布で表される予想は投資家間で等しい。

29）効率性という言葉は経済学でも用いられるが、意味が違うので注意を要する。経済学で用いる効率性は、パレート効率性などの言葉に見られるように、資源配分の無駄のなさを表す「配分効率性（allocation-efficiency）」のことである。これに対して、本文で説明したファイナンス理論における効率性は「情報効率性（information-efficiency）」を表している。2つの概念は異なるけれども関連している。とくに情報効率的であることは配分効率的な資源配分の必要条件である。たとえば、裁定機会（＝タダ飯の機会）がそのまま残っている状態は、その機会を使えば誰かのウェルビーイングを改善する余地があるので配分効率的な資源配分ではない。しかし裁定機会がないからといって、その価格体系が配分効率性を満たすとは限らない。たとえば、なんらかの市場の失敗が生じている場合である。したがって情報効率性は配分効率性の十分条件ではない。

補論1-1 標準ファイナンス理論の基礎 **99**

仮定4　各資産の供給ストックは一定。

　いま話を簡単にするために2種類の危険証券1、2と安全証券（リスクを伴わない貸借証券）があり、投資家 h（$h=1,\cdots,H$）は、期末の総資産 W^h へのリターン R_{Wh} からの期待効用 U^h を最大にするように各証券の保有比率を決めるとしよう[30]。この関数は（1H-2）式で紹介したものと同じである。$\gamma^h(>0)$ は投資家 h の危険回避度である。

$$U^h = E(R_{Wh}) - \frac{\gamma^h}{2}\sigma(R_{Wh})^2$$

　2つの危険証券1、2と安全証券 f の保有比率を w_1^h, w_2^h, w_f^h（ただし、$w_1^h+w_2^h+w_f^h=1$）、各リターンを R_1, R_2, r_f とすれば、総資産へのリターン R_{Wh} は、

$$R_{Wh} = w_1^h R_1 + w_2^h R_2 + w_f^h r_f$$
$$= (R_1-r_f)w_1^h + (R_2-r_f)w_2^h + r_f$$

と表されるので、その期待値とボラティリティは、

$$E(R_{Wh}) = \big(E(R_1)-r_f\big)w_1^h + \big(E(R_2)-r_f\big)w_2^h + r_f$$
$$\sigma(R_{Wh})^2 = \big(w_1^h\sigma(R_1)\big)^2 + 2w_1^h w_2^h \mathrm{Cov}(R_1,R_2) + \big(w_2^h\sigma(R_2)\big)^2$$

と求められる。両式を期待効用 U^h に代入すると、それは保有比率 w_1^h, w_2^h の関数として表される。これを w_1^h, w_2^h それぞれで偏微分してゼロと置くことで、次のような最適条件が得られる。
$\partial U^h/\partial w_1^h=0$ より、

$$E(R_1)-r_f = \gamma^h\{w_1^h\sigma(R_1)^2 + w_2^h\mathrm{Cov}(R_1,R_2)\}$$
$$= \gamma^h\mathrm{Cov}(R_1,R_{Wh}) \qquad\qquad（1\mathrm{H}\text{-}7\,\mathrm{a}）$$

$\partial U^h/\partial w_2^h=0$ より、

30）3種類以上の危険証券がある場合でも、行列やベクトルを用いて導出が煩雑になるだけで、以下で示す結果は同じように成立する。

$$E(R_2) - r_f = \gamma^h \{ w_1^h \mathrm{Cov}(R_1, R_2) + w_2^h \sigma(R_2)^2 \}$$
$$= \gamma^h \mathrm{Cov}(R_2, R_{W^h}) \qquad (1\mathrm{H}\text{-}7\mathrm{b})$$

証券市場線（1H-5）の導出

期首の資産額を W_0^h、期末の資産増分を ΔW^h（$= W^h - W_0^h$）と置けば、期末の総資産へのリターン R_{W^h} は、$R_{W^h} = \Delta W^h / W_0^h$ と表せる。（1H-7a）、（1H-7b）式右辺の共分散 $\mathrm{Cov}(R_i, R_{W^h})$（$i=1,2$）はこれを使って $\mathrm{Cov}(R_i, \Delta W^h) / W_0^h$ と変形できる。これを上2式に代入し、各式の両辺に W_0^h / γ^h を掛ければ、

$$\frac{W_0^h}{\gamma^h} \{ E(R_i) - r_f \} = \mathrm{Cov}(R_i, \Delta W^h), \quad i = 1, 2$$

となる。この式はすべての投資家 h（$h = 1, \cdots, H$）について成立する。そこで各投資家の式の辺々を合計すると、以下の関係が得られる。

$$\left(\sum_{h=1}^{H} \frac{W_0^h}{\gamma^h} \right) \{ E(R_i) - r_f \} = \mathrm{Cov}\left(R_i, \sum_{h=1}^{H} \Delta W^h \right) \qquad (1\mathrm{H}\text{-}8)$$

安全資産のネットの供給はゼロなので、すべての証券市場が均衡しているとき、全投資家が保有する危険資産の合計は市場ポートフォリオと等しい。したがって市場ポートフォリオの期首の価値 W_0^M と市場ポートフォリオへのリターン R_M はそれぞれ以下で与えられる。

$$\sum_{h=1}^{H} W_0^h = W_0^M, \quad \frac{\sum_{h=1}^{H} \Delta W^h}{W_0^M} = R_M$$

これらの関係を使って（1H-8）式を市場ポートフォリオによって書き改め、両辺を $\left(\sum_{h=1}^{H} \frac{W_0^h}{\gamma^h} \right)$ で割って整理すれば次式を得ることができる。

$$E(R_i) - r_f = \gamma^M \mathrm{Cov}(R_i, R_M), \quad i = 1, 2 \qquad (1\mathrm{H}\text{-}9)$$

ただし、γ^M は投資家の平均的なリスク回避度であり、以下で定義される。ϖ_h は投資家 h の資産が市場ポートフォリオに占める割合（W_0^h / W_0^M）である。

$$\gamma^M = \left[\sum_h^H \varpi_h \frac{1}{\gamma^h}\right]^{-1}$$

（1H-9）式は、危険資産の均衡リスクプレミアムが、市場ポートフォリオとの共分散リスクを平均的なリスク回避度 γ^M で評価した水準に決まることを示している。これが CAPM の基本的な結果である。

（1H-9）式は市場ポートフォリオの場合にも当然成立するので、

$$E(R_M) - r = \gamma^M \text{Cov}(R_M, R_M)$$
$$= \gamma^M \sigma(R_M)^2$$

が成り立つ。これより $\gamma^M = (E(R_M) - r)/\sigma(R_M)^2$、つまり、市場ポートフォリオの分散リスク1単位当たりのリスクプレミアムは市場の平均的なリスク回避度によって決まる。この関係を（1H-9）式の γ^M に代入すれば、（1H-5）式の証券市場線を得る。

資本市場線（1H-6）の導出

危険証券への最適な投資比率 w_1^h, w_2^h は、（1H-7a）、（1H-7b）式の2つの最適条件を以下のように連立させて、w_1^h, w_2^h について解けばよい。

$$\begin{pmatrix} E(R_1) - r_f \\ E(R_2) - r_f \end{pmatrix} = \gamma^h \begin{pmatrix} \sigma(R_1)^2 & \text{Cov}(R_1, R_2) \\ \text{Cov}(R_1, R_2) & \sigma(R_2)^2 \end{pmatrix} \begin{pmatrix} w_1^h \\ w_2^h \end{pmatrix}$$

この式を注意深く見ると、これを解いて得られるだろう2つの危険証券への投資比率の比 w_1^h/w_2^h は投資家間で共通すること、つまり、どの投資家の最適な危険資産ポートフォリオも同じ構成をもたなければならないことが見て取れる。もちろん、投資家間で異なるリスク回避度 γ^h が右辺に掛かっているので、投資比率 w_1^h, w_2^h の大きさは投資家間で違ってくるが、両者の割合 w_1^h/w_2^h は γ^h の大きさに依存しない。というのは、γ^h は w_1^h, w_2^h に等しくしか掛かってこないからである。

最適な危険資産ポートフォリオがこのように投資家間で共通しているとすれば、需給が一致する均衡においてそのポートフォリオは市場ポートフォリオで

なければならない。言い換えれば、どの投資家の最適ポートフォリオも市場ポートフォリオと安全資産の2ファンドの組み合わせから構成されなければならない（2ファンド分離）。投資家の最適なポートフォリオになりうるという意味で効率的なポートフォリオは、したがって、市場ポートフォリオと安全資産からなるポートフォリオである。

効率ポートフォリオへのリターン R_{pe} は、市場ポートフォリオへの投資比率を θ、安全資産への比率を $1-\theta$ とすれば、$R_{pe}=\theta R_M+(1-\theta)r_f$ で表される。したがって、

$$Cov(R_{pe}, R_M) = \theta\sigma(R_M)^2, \ \sigma(R_{pe}) = \theta\sigma(R_M)$$

なので、

$$\beta_{pe} = \frac{\theta\sigma(R_M)^2}{\sigma(R_M)^2} = \theta = \frac{\sigma(R_{pe})}{\sigma(R_M)}$$

が成り立つ。したがって、効率ポートフォリオの場合、証券市場線（1H-5）式は資本市場線（1H-6）式に簡略化される。

第 2 章
限定合理的な認知処理と金融・投資行動

要 約

　認知能力に限界があるために、人びとの判断や行動は多くの場合、理性的な熟慮よりも情動的な直感に左右されて限定合理的なものになる。金融・証券市場における意思決定では、処理すべきデータが複雑で認知負担が大きいために、とくに限定合理性の影響が出やすい。前章でも紹介した二重処理理論の観点から考えると、金融・証券市場に参加する人びとの判断や行動の合理性は、直感的・情動的な認知処理（タイプ1の処理）が犯すエラーを熟慮的・理性的な認知処理（タイプ2の処理）がどの程度うまくモニターし修正できるかに大きく依存している。この自己モニタリングの能力を、本章では認知熟慮テスト（CRT）と呼ばれる簡単なテストを使って測定し、ファイナンシャルな意思決定に関連した選好（リスク態度、時間選好など）や金融・投資行動（投資態度、ポートフォリオ選択、株式市場参加率、負債保有など）との関係を調べる。自己モニタリング力が弱い直感思考型の意思決定者とそれが強い熟慮思考型の意思決定者を比べることで、限定合理性がファイナンシャルな意思決定やそれに関連した選好にどのように影響するかを示すのが本章の関心である。

　データは以下の傾向を示している。第一に、直感思考型の意思決定者は、熟慮思考型の意思決定者に比べて、現在指向性が強くリスクへの感応度が強い傾向があり、その一方でアウトカムの確率分布に曖昧さがあるような不確実性に対しては回避的な傾向が弱い。第二に、直感思考型の人は熟慮思考型に比べて、現預金・国公債など安全資産のポートフォリオ比率が高くなる一方、高度な確率判断が必要になる株式などリスク資産への投資比率は低くなる傾向がある。さらに、株式に投資する場合には、直感思考型の投資家は情報にもとづかない情動的でアグレッシブな投資に走る結果、その投資パフォーマンスは熟慮思考型の投資家の場合よりも低くなる傾向がある。債務整理や過剰負債に陥る可能性も、直感思考型の人びとの方が高い。

キーワード：限定合理性、二重処理理論、認知能力、直感、熟慮、自己モニタリング、認知熟慮テスト（CRT）、リスク態度、時間選好、投資、負債

1. 認知処理の限界とファイナンシャルな意思決定

　第1章で説明したように、私たちの判断や意思決定のもとになる認知処理には、情動的な直感処理を行うタイプ1と理性的な熟慮処理を行うタイプ2がある。タイプ1処理は反応的で速いかわりに、合理的な演算規則にもとづかないために誤った判断に陥りやすい。これに対してタイプ2処理は、合理的な判断をしようとするがメンタルな負荷がかかって消耗的な（意思決定者を疲れさせる）特性をもつ。投資などの多くのファイナンシャルな意思決定では、処理しなければならない情報が大きく複雑であったり、スピードが求められたりするために非常に高度な認知処理が求められる。それにもかかわらず——むしろそうであるからこそ——大きな認知負荷を小さくするためにタイプ2の熟慮処理を節約し、負荷がかからないタイプ1の処理を用いるよう無意識的な圧力が意思決定者にかかる。その結果、認知処理は過度に直感処理に依存してしまい、これが判断や評価にバイアスを生じさせ、意思決定や行動のパフォーマンスを下げる。

　本章では、こうした直感による判断や行動が、金融・投資行動にどのようなバイアスをもたらし、金融・証券市場にどう影響しているのかについて考えていく。そもそも直感にもとづく判断・評価上のバイアスが実際に選択や意思決定の結果として行動に表れるのは、タイプ1の直感処理がタイプ2による監視——モニタリング——をすり抜けてしまうからである。その一方で、タイプ2のモニタリングがどの程度うまくいくかは、行動主体の認知能力にかかっている。タイプ1の直感処理がタイプ2の熟慮処理によってうまく監視できている人は、熟慮型の意思決定者といえる。逆に直感型の人の場合、タイプ2の処理がタイプ1の認知処理の監視にまで十分に行き届かない。結果として、タイプ2処理が優位な熟慮型の人は、タイプ1処理が優位な直感型の人よりも、直感に起因する判断・評価バイアスの弊害が少ないことになる。こうした認知処理特性の違いによって、実際に個々人の金融・投資行動の質にどのような違いがもたらされるかを調べ、認知能力とファイナンシャルな意思決定の関係を明らかにするのが本章の目的である。

最初に次節で、意思決定の前提になる認知処理のメカニズムを直感と熟慮の二重構造の視点に立って理解していく。そのあと第3節で、ウェブ調査で行った簡単なテスト——認知熟慮テスト（CRT）——の結果を用いて、各参加者が直感型なのか熟慮型なのかを識別する。

　第4節では、直感型と熟慮型でリスクや時間に関する選好がどのように異なってくるかについて調べる。その結果、直感思考型の意思決定者は、熟慮思考型の意思決定者に比べて、現在指向性やリスク感応度が強く、その一方でアウトカムの確率分布の曖昧さに対しては回避的な傾向が弱いことが示される。

　第5節では、認知処理特性の違いが実際に金融・投資行動にどのような違いをもたらすのかを調べ、以下の点を明らかにする。第一に、直感型の人は熟慮型の人に比べて、現預金・国公債など安全資産のポートフォリオ比率が高くなる一方、高度な確率判断が必要になる株式などリスク資産への投資比率は低くなる傾向がある。第二に、株式に投資する場合、直感型の投資家は、情報にもとづかない情動的でアグレッシブな投資に走る結果、投資パフォーマンスは熟慮思考の投資家の場合よりも低くなる傾向がある。第三に、債務整理や過剰負債に陥る可能性も、直感型の人びとの方が高い。

2. 直感と熟慮——認知処理の二重性

　一般に論理的に推論したり理解したりするような高度な認知作業を行う場合、その作業に必要なさまざまな情報を同時に利用できるよう一時的に記憶しておくことが必要になる。それを可能にする脳内の認知機能をワーキングメモリ（作業記憶）という[1]。人びとの認知処理には、ワーキングメモリを使うことなく直感的に処理するタイプのものと、ワーキングメモリを用いて熟慮的に処理するタイプのものがある。本書では、社会心理学者のジョナサン・エヴァンズ（Jonathan Evans）とキース・スタノヴィッチに従って、前者の直感処理をタイプ1の処理、後者の熟慮処理をタイプ2の処理と呼ぼう[2]。タイプ1と2という対照的な2種類の認知処理によって人びとの判断や行動を理解するのが二

---

1 ） Baddeley (2010)。

表2-1　2つの認知処理タイプ

	タイプ1の処理 （直感）	タイプ2の処理 （熟慮）
基本特性	ワーキングメモリを用いない自動処理	ワーキングメモリを用いた仮想思考
付随特性	速い	遅い
	自動的	制御的
	認知容量への負荷小	認知容量への負荷大
	並列	直列
	連想的	規則に基づく
	文脈に依存	文脈から独立（抽象的）
	経験依存的決定	結果指向的決定
	認知能力に無関係	認知能力に依存
	情動的	情動中立的
知覚（視覚など）の処理 特性との類似性	錯視、錯覚などのバイアスと類似	より論理的・意識的
自己モニター （セルフコントロール）	モニターされる	モニターする

注：Kahneman (2003)、Evans and Stanovich (2013)、Evans (2021) を参考に作成。

重処理理論（dual process theory）である。2つの認知処理を用いることで、さまざまな判断や意思決定をそれなりに合理的に──つまり、限定合理的に──行っていくのが人間の認知処理である。

　表2-1は2つの認知処理タイプの特性をまとめたものである。ワーキングメモリを使わないタイプ1の処理は、自動的に瞬時に行われて認知負荷も小さく、いくつもの処理を同時に（並列的に）こなすことができる。またその処理は状況や文脈、情動に左右され、経験に依存して連想的である。タイプ1のこうした処理特性は、視覚などの知覚の特性と類似している。以下で議論するような直感処理による判断バイアスは、多くの場合、錯視や錯覚など知覚的な誤

2）Evans and Stanovich (2013) を参照のこと。カーネマンの有名な著書（Kahneman [2011]）にもあるように、従来の二重処理理論では、直感処理をシステム1、熟慮処理をシステム2と呼んでいた。しかし、システム1、2という名称が、まったく別の神経システムによって2つの認知処理が行われるという誤った印象を与えるところから、エヴァンズとスタノヴィッチは、処理の異質性だけを強調するタイプ1、2という名称を提案している。

図2-1　熟慮（タイプ2）処理が直感（タイプ1）処理を監視する──デフォルト介入者モデル

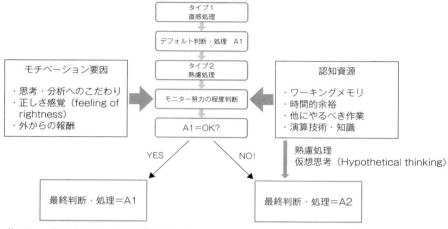

注：Evans (2021), Figure 10.1を参考に作成。

りとのアナロジーがつけやすい。

　これに対して、ワーキングメモリを使うタイプ2は、状況や文脈、情動に左右されずに論理規則にもとづいた分析的な処理を行う。したがってその処理は認知負荷が大きく時間がかかる。処理課題が複数ある場合には、1つずつ順番に（直列的に）しか対応できない。

　人びとの限定合理的な判断や意思決定は、こうした認知処理の二重性のもとで図2-1のような手順で行われると考えられている。判断や意思決定が必要な状況が生じたとき、人びとはまずタイプ1処理によって直感的な判断A1を用意する。これ以上何も考えなければこの判断が採択されるので、判断A1をデフォルト判断と呼ぼう。もちろんデフォルト判断は深く考えずにタイプ1が出した思いつきに過ぎないので、適切でない可能性がある。それをチェックし見直すのがタイプ2の熟慮処理である。

　タイプ2がどの程度デフォルト判断を丁寧にチェックし、どの程度適切な代案を用意できるかは、2つの要因に依存する[3]。1つは、その意思決定者がど

---

3) たとえば、Evans (2021) を参照。

れほど豊かな認知資源をもち、意思決定を行う際にそれがどの程度利用可能か
である。意思決定者のワーキングメモリのキャパシティーが大きく演算技術や
知識の保有量が豊富なほどタイプ2によるチェックは厳しくなる。認知資源の
キャパシティーが同じでも、そのときの時間的余裕やほかにやるべき認知作業
がどの程度あるかによっても認知資源の利用可能性が違ってくる。認知資源が
大きくても、タイプ2処理がビジーな状態であればデフォルト判断のチェック
は甘いものになるだろう。

2つ目の要因は、適切な判断を下すことに対して意思決定者がもっている広
い意味でのモチベーションである。賞金がかかった囲碁・将棋や株式投資の場
合のように、適切な判断や決定を下した場合に報酬が与えられる場合にはタイ
プ2を稼働させるモチベーションは高くなる。また物事を丁寧に考えることに
こだわりをもつ傾向のある人の場合にも、デフォルト判断へのチェックは厳し
くなる。その一方で直感的に浮かんだデフォルト判断に対して「正しい」とい
う感覚——これを「正しさ感覚（feeling of rightness：FOR）」という——を強
くもつ場合には、タイプ2のチェックは甘くなる。

こうして認知資源の利用可能性が高く、適切な判断を下すことに強いモチベ
ーションをもつ人ほど、デフォルトの直感判断A1はタイプ2の処理によって
厳しいチェックを受ける。その結果、デフォルト判断が合っていればそれを最
終判断とし、違うと判断した場合には、より適切と考えられる判断A2がタイ
プ2の熟慮処理によって用意され、それが最終判断となる。もちろん、タイプ
2の処理による丁寧なチェックが必要だと正しく判断されても、有用な演算技
術や豊富な知識の形で十分な認知資源が利用可能でなければ合理的な判断にた
どり着けるとは限らない。

このように、タイプ1の直感処理がデフォルトとなる判断をまず用意し、タ
イプ2の熟慮処理が適宜介入してそれを修正し最終判断を行う認知モデルを、
デフォルト介入者モデル（default-interventionist model）という[4]。デフォルト
介入者モデルは、限られた認知資源のもとで、意思決定者がどのようにして認
知資源を節約しながらそれなりに合理的な判断や意思決定を行っているかを説

4）　たとえば、Evans（2007, 2021）を参照。

明している。そしてそれと同時に、どのような要因によって判断や意思決定を誤るかを説明するモデルでもある。

　デフォルト介入者モデルからわかるように、大きく2つの場合に、判断や意思決定に誤りが生じる。1つは、認知資源や正しい判断へのモチベーションが低いなどして、タイプ2処理による監視が甘くなる場合、もう1つは、そもそも演算技術や知識といった狭い意味での認知能力が低いために、タイプ2の判断能力が十分でない場合である。次節以降では、こうした判断ミスを犯しやすい意思決定主体とそうでない意思決定主体を簡単な方法を使って識別し、選好や金融・投資行動の違いを明らかにしていく[5]。

3.　自己モニタリング力で認知能力を測る

3.1.　認知熟慮テスト（CRT）

　本書では金融・投資の意思決定問題を中心に扱うが、そうした問題に限らず、少しでも込み入った意思決定問題の場合、それに適切に対処するには、タイプ1が直感的に速断しようとするのをタイプ2がチェックし必要に応じて判断を訂正していく必要がある。もちろんタイプ2の熟慮処理がタイプ1の直感処理に対してどの程度優位に働くかは人によって異なるはずである。その違いを簡単に調べるためにシェーン・フレデリック（Shane Frederick）が考案したテストが認知熟慮テスト（cognitive reflection test：CRT）である[6]。

　認知熟慮テストは、図2-2に示されたようなクイズを3問解くだけの簡単なものである。どれも小学生でも理解できる簡単そうな問題であるが、正解するのはそれほど簡単ではない。あと（表2-2）で見るように、ハーバード大学の学生でさえ5人に1人は零点である。じつは、見かけほど簡単ではないところに、このテストの意図が隠されている。

　まず図2-2の3つの問題を読んで実際に答えてほしい。問題（1）は、バッ

5）　ここではデフォルト介入者モデルに従って、タイプ1の直感処理がタイプ2の処理をすり抜けて誤りを犯すという前提で話を進めていくが、直感にある卓越した処理能力を否定しているわけではない。これについては、コラム2-2で取り上げる。

6）　Frederick (2005).

図2-2　認知熟慮テスト（CRT）

（1）　いま、バットとボールが合計で11,000円するとします。バットはボールよりも10,000円値段が高いです。では、ボールの値段はいくらでしょうか。 　　　答（　　　）円 （2）　ある部品を5つ作るのに、5台の機械を使って5分かかります。では、その同じ部品を100個作るのに、100台の機械を使うと何分かかるでしょうか。 　　　答（　　　）分 （3）　ある公園の雑草は毎日倍になります。何の手入れもしなければ、その公園全体は48日で雑草に覆われてしまいます。では、公園の半分が雑草に覆われてしまうまでには、何日かかるでしょうか。 　　　答（　　　）日

注：Frederick (2005) にもとづいて作成。

トとボールの値段の合計（11,000円）と差（10,000円）の値から、ボールの価格を求める問題である。実際に考えてみればわかるように、大抵の人はすぐにボールは1,000円と答えたくなる。これがタイプ1の判断である。もちろん少し考えればわかるようにそれは誤りである。その場合、合計金額が11,000円であるためにバットは10,000円でなければならない。ところが、それではバットとボールの差が9,000円になって10,000円にならない。タイプ2の処理がもし優位であれば、タイプ1の処理が出した答えを訂正し、正答の500円にたどり着くだろう。落ち着いて500円と答えた回答者はタイプ2の処理が優位な熟慮型であり、早合点して間違えた回答者（多くが1,000円と回答）はタイプ1の処理が優位な直感型と考えられる。フレデリック自身の実験では、プリンストン大学の学生（N=93）でさえ、この問題の誤答率は50％に達している。社会人一般を対象にした筆者らのウェブ調査（HIDB2018）では、75％（N=20,160）が間違えている。

　問題（2）と（3）についても、間違えやすい直感的な答え（それぞれ100台、24日）が仕掛けてあり、正解できるかどうかでタイプ2の優位性がわかる仕組みになっている。CRTのスコア（正答数＝0～3の整数値）は、タイプ2の熟慮処理がタイプ1の直感処理に比べてどのくらい優位かを測る尺度と捉えることができる。カーネマンは、タイプ2の処理がタイプ1処理のエラーを監視する機能のことを「自己モニタリング」と呼んでいる[7]。要するにCRT

表2-2 認知熟慮テスト（CRT）スコアの分布

サンプル		平均 CRT スコア	正答数の分布（%）				N
			直感型		熟慮型		
			0	1	2	3	
日本（本書）	全サンプル	0.99	42	29	18	11	20,160
	うち大学生	0.93	48	23	16	13	471
米国	マサチューセッツ工科大学	2.18	7	16	30	48	61
	プリンストン大学	1.63	18	27	28	26	121
	ハーバード大学	1.43	20	37	24	20	51
	ミシガン州立大学	0.79	49	29	16	6	118
	トリード大学	0.57	64	21	10	5	138
	ウェブ調査	1.10	39	25	22	13	525
21カ国プールサンプル	21カ国プールサンプル	1.19	38	23	21	18	44,558
	うち大学生	1.37	31	23	23	22	18,839

注：日本(本書)サンプルの結果は、HIDB2018より算出。米国サンプルは Frederick (2005) より。21カ国プールサンプルは、Branas-Garza et al. (2019) がメタ分析に用いた118研究(2007年〜2015年)の21カ国サンプルをプールしたもの。

は、自己モニタリングの能力を測定するテストといえる。

　以下では、とくに CRT の正答数が 0（全問不正解）のグループを「直感型」と呼び、正答数 3（全問正解）のグループを「熟慮型」と呼ぶ。直感型と熟慮型では、自己モニタリング力の差を反映する形で、判断・評価や金融・投資行動に大きな違いが出てくることが予想される。ホモエコノミカスではなくヒューマンス（第 1 章参照）としての人びとの金融・投資行動の実態を、そうした認知能力の差という観点から読み解いていくのが本節の以下での関心である。

　表 2 - 2 は、全国ウェブ調査（サンプル数20,160）での正答数の分布をまとめたものである。参考までに、フレデリックによる米国での調査の一部（サンプル数1,014）と、ブラニャース-ガルサ（Pablo Branas-Garza）らが集計した21カ国118研究の結果（サンプル数 4 万4,558）を掲載している[8]。米国の調査はすべて大学生が対象なので、日本のサンプルとブラニャース-ガルサのサン

---

7 ） Kahneman (2003), p.1450。

8 ） Branas-Garza et al. (2019) を参照。

プルについても、大学生サンプルを用いた結果を併記して比較できるようにしている。

マサチューセッツ工科大学とプリンストン大学の突出したサンプルを除けば、平均正答数はどれも3問中1問前後と、全体として直感にもとづく誤答に陥りやすい傾向が見て取れる[9]。とくに、正答数の最頻値は、上の2大学とハーバード大学を除くと、日本サンプルを含めてすべて0である。日本の調査では、熟慮型が11%に過ぎないのに対して、直感型の割合は42%に達している。

また、日本では大学生の平均スコアが全体よりやや低い。この点は、ブラニャース-ガルサらが集計した21カ国のサンプルで、大学生のスコアの方が高いのと対照的である。一般に経済実験や心理実験の場合、実験を実施する大学の学生が被験者になる場合が多い。そのために、ブラニャース-ガルサらの集計サンプルには、研究系の大学の学生が多く含まれていると考えられる。これに対し日本のサンプルは全国からランダムに選ばれている。日本の大学生の成績が相対的に良くないのはそのためかもしれない。

CRTのスコアで識別される認知処理のタイプ（「直感型」か「熟慮型」か）によって、選好や金融・投資行動がどのように違ってくるかを次節で見る前に、そもそもCRTが「直感型」と「熟慮型」を識別するうえで本当に有効なのかという点について考える。

もちろん、CRTスコアが、米国大学進学適性試験（SAT）やIQを測るさまざまな知能テストのスコアと高い相関を示すことは多くの研究で実証されている。その意味ではCRTスコアで認知能力を測ることに妥当性はある。しかしながら、CRTスコアが「直感型」と「熟慮型」を識別する指標として適切かどうかは別の問題である。タイプ2の処理がタイプ1の速断を抑制する自己モニタリングの強さを調べるというCRTの趣旨は、一般的な知的能力を測る通常の知能テストとは違うからである。

CRTでの回答の誤りがタイプ1の直感処理によってもたらされたと考える

9） ブラニャース-ガルサらは、先行研究の結果を集計し分析することによって、CRTスコアは(1)金銭的なインセンティブがあってもなくても変わらない、(2)女性の方が低い、(3)コンピューター上でテストする場合は良くなる、という傾向を示している（Branas-Garza et al. [2019]）。

理由として、フレデリック自身は4つの点を挙げている[10]。第一に、誤答のほとんどが、直感的な誤答としてフレデリックが想定していた答え（1,000円、100台、24日）と一致していたこと。第二に、テストのあとで行ったインタビューで、回答者たちはこれらの誤答が最初に心に浮かんだ答えだったと表明したこと。第三に、回答者に各問題の正答率を予想させたところ、誤答者の方がはるかに高い正答率を予想したこと。このことは、誤答者の自己モニタリング力が弱いことを表している。第四に、もう少し計算が必要な類似の問題を出してみると、逆に正答率が上がったこと。これは、適当な答えが直感処理で見つからない込み入った問題の場合には、タイプ2の処理が稼働するので、タイプ1による早合点の余地が減るためと考えられる。

　これらの根拠はある程度説得的ではあるけれども、もう少し実証的な論拠がほしい。ここでは、CRT スコアで「直感型」と「熟慮型」を識別することの妥当性を、回答者の回答時間とセルフコントロール力の2つの観点から簡単にチェックしておきたい（CRT の問題点とその改訂版については、コラム2 - 1を参照されたい）。

3.2.　回答時間とCRT スコア

　まず、認知処理にかかる時間に着目し、それが CRT で「直感型」に分類された人と「熟慮型」に分類された人で実際にどのように違っているかを調べよう。というのは、カーネマンがその著書『ファスト＆スロー』のタイトルで表したように[11]、そしてまた表2 - 1でも説明したように、直感処理はその速度が速く（ファスト）、熟慮処理は遅い（スロー）。したがって、もし CRT の正答率が高い回答者ほど認知処理に要する時間が長いという傾向が検出されれば、それは CRT のスコアがタイプ2（遅いタイプ）処理の優位性の程度を反映しているという1つの間接的な証拠になる。

　もう少し正確にいえば、次のようになる。考案者のフレデリック自身も指摘しているように、そもそも CRT スコアは数学的な演算能力を含めた一般的な

10）Frederick (2005), pp.27-28を参照。
11）Kahneman (2011) を参照。

知能レベル（IQ）と高い相関をもっている。したがって CRT スコアが高い人ほど演算能力が高いと考えられるので、CRT スコアが高いという特性は、与えられた認知課題に対する処理時間を速くし反応時間を短くする方向にも働く。それにもかかわらず、CRT スコアが高い回答者ほど回答時間が長いという結果が得られたとすれば、それは CRT スコアの高さが、自己モニタリングに時間をかける熟慮処理の優位性を十分に反映している証拠と考えられるだろう。

　たとえばインマキュラダ・オテロ（Inmaculada Otero）とパメラ・アロンソ（Pamela Alonso）は CRT での回答時間とそのスコアの間に誤差の範囲を超える正の相関が見られることを報告している[12]。このことは、CRT スコアの高い参加者ほど、時間のかかるタイプ 2 の処理を行っていたことを示唆している。

　筆者たちの調査データ（HIDB2018）ではどうだろうか。ここでは CRT を含めた質問に回答するのに要した 1 問当たり平均時間（秒）を比べてみる[13]。表 2 - 3 の「平均回答時間」の欄を見てほしい。「直感型」に分類された参加者が回答にかかった平均時間（19.04秒）は予想どおり、「熟慮型」（21.88秒）に分類された参加者よりも誤差の範囲を超えて短いことが示されている。CRT で正解できない参加者は、文字どおり思考に時間をかけない直感型であり、正解者は時間をかけて熟慮するタイプであると考えられる。

表2-3　認知処理タイプとウェブ調査回答時間・セルフコントロール力

| | 認知処理のタイプ | | CRT スコアとの相関 |
	直感型	熟慮型	（デモグラ調整済み）
平均回答時間（秒）	19.04	21.88 ***	0.22 ***
セルフコントロール力	43.67	44.19 ***	0.02 ***

注：データは HIDB2018(N=20,160)。「平均回答時間」は、同ウェブ調査の各質問への回答に要した平均時間(秒)。「セルフコントロール力」は、Tangney et al. (2004) による質問票に準拠した質問に対する回答のスコアから特性セルフコントロール力を算出。「直感型」は CRT スコアが 0 (全問不正解)のグループ、「熟慮型」はそのスコアが 3 (全問正解)のグループを表す。「CRT スコアとの相関(デモグラ調整済み)」は、年齢と性差の影響をコントロールした場合の CRT スコア(0 ～ 3 の整数)とのスピアマン順位相関係数。*** は、グループ間の差や相関が 1 ％水準で有意であることを示す。

---

12)　Otero and Alonso (2023).
13)　この調査には、回答者の選好や心理特性、金融知識、および投資行動に関連する質問が含まれているので、それに対する回答時間は、認知処理の速度を測るデータとしては大きな誤差を伴うものかもしれない。

もっとも、回答時間は、なんらかの理由で男女の違いや年齢の影響を受けているかもしれない。そこで念のために、性差と年齢の影響を取り除いた場合に回答時間とCRTスコアの順位がどの程度相関しているかについても計算している。表2-3の最右列に示したように、この場合も有意な正の相関が示されている。つまり、予想どおり、CRTスコアが高い回答者ほど時間をかけて回答する「熟慮」の傾向が見て取れる。

3.3. セルフコントロール力とCRTスコア

2つ目のチェックとして、回答者のセルフコントロールとの関係を調べよう。この調査で私たちは、ロイ・バウマイスター（Roy Baumeister）ら社会心理学者のグループが設計した質問を使って[14]、日常生活における回答者のセルフコントロール力——これを「特性セルフコントロール」という——を測っている[15]。そもそもセルフコントロール、つまり自制とは、タイプ1が引き起こす衝動的な行動をタイプ2の熟慮で抑制することなので、特性セルフコントロールのスコアが高い回答者ほど、タイプ2を使ってタイプ1を適切にコントロールしていると考えられる[16]。したがって、もしCRTスコアが実際に熟慮タイプ（タイプ2）の優位性を反映しているのであれば、特性セルフコントロールのスコアとプラスの相関を示すはずである。

推定の結果を表2-3の「セルフコントロール力」の欄に示している。予想どおり、CRTで識別した「熟慮型」の回答者は「直感型」の回答者よりもセルフコントロール力が高く、タイプ2の処理がタイプ1の処理よりも優勢である傾向が示されている。

表2-3の2つの結果は、CRTスコアによる「直感型」「熟慮型」の識別が決して的はずれでないことを示している。

---

14) Tangney et al. (2004)。
15) 人が性質としてもっている自制心を「特性（trait）セルフコントロール」と呼ぶのに対して、疲れなど、その時々の要因によって変わる一時的な自制心のレベルは、「状態（state）セルフコントロール」として区別される。
16) セルフコントロール力と二重処理タイプの相関性を理論的に論じ、実験によってそれを検証したものとして Hofmann et al. (2009) がある。

4. 認知処理タイプによる選好の違い

それでは、こうした認知処理のタイプの違いによって、選択や行動はどのように変わってくるのだろうか。まず、リスク下の選択や異時点間の選択に関わる選好について見ていきたい。金融市場でのさまざまな意思決定が認知処理のタイプでどう変わってくるかを考えるうえで重要な意味をもつはずである。

4.1. リスク・不確実性下の選択に関わる選好

表2-4は、HIDB2018のデータを使ってリスクや不確実性下の選択に関わる選好が認知処理のタイプにどのように関係しているかを調べたものである。

表2-4の1行目と2行目は、リスク選択に関わる選好の違いを見ている。両方とも、クジに対する確実性等価額の形でクジの主観的評価を尋ねることによってリスク選好の大きさを調べている。1行目は、50％の確率で10,000円が当たるクジがある場合に、それを最低いくらなら手放すかという許容売却価格（willingness to accept：WTA）を「直感型」と「熟慮型」で比べている（具体的な質問については、本章付録の図2A-1のQ1を参照してほしい）。賞金の期待値が5,000円であるこのクジに対して、「直感型」は3,529.8円、「熟慮型」は3,759.6円の価値をWTAの形で表明している。

さて、1行目のこの結果から何がわかるだろうか。2つの傾向を読み取っ

表2-4　認知処理タイプと不確実性下の選択に関わる選好

| | 認知処理タイプごとの平均 | | CRTスコアとの相関 |
	直感型	熟慮型	（デモグラ調整済み）
50％で10,000円当たるクジの確実性等価額（円）	3,529.8	3,759.6 ***	0.12 ***
50％で10,000円損するクジの確実性等価額（円）	-1,582.2	-1,812.8 ***	0.04 ***
曖昧さ回避	65.8%	220.5% ***	0.19 ***

注：データはHIDB2018（N=10,682）。「50％で10,000円当たるクジの確実性等価額」と「50％で10,000円損するクジの確実性等価額」の質問は本章付録Q1とQ2を参照。「曖昧さ回避」は、わからない確率で10,000円が当たるクジに対する確実性等価額（本章付録のQ3のデータ）をA円とし、「確率50％の確率で10,000円当たるクジの確実性等価額」をB円として、B/A－1で算出。「CRTスコアとの相関」は、年齢と性差の影響をコントロールした場合の、CRTスコア（0〜3の整数値）との相関係数。***は、平均値の差や相関が1％信頼水準で有意であることを示す。

てほしい。第一に、どちらの認知処理型の回答者も平均的にリスク回避的な選択をしている。どちらも、賞金の期待値よりもクジを低く評価しているからである。たとえば、「直感型」が、リスクのあるクジをその期待値5,000円の70%程度（3,529.8円）に低く評価しているのは、クジのリスクをそれだけ強く回避しているからである。

　第二に、「直感型」の方が、クジの評価（WTA）が低い。したがって、リスク回避性の程度は、「直感型」の方が高いといえる。言い換えれば「熟慮型」の方がリスクを負担して利益を得ようとする傾向が強い。

　表2-4の2行目は、50%の確率で10,000円の損が発生するクジについて、確実性等価額を2つの認知処理型で比べている。1行目のクジが、賞金10,000円が当たるいわば利益領域のクジであったのに対して、これは10,000円の損がかかった損失領域のクジである。損失のかかったこのクジを引かなければならないとき、それを免除してもらうのに最高いくらまでなら払うだろうか。その支払い意思額（Willingness to Pay：WTP）を尋ねることで確実性等価額を測っている。いわば許容できる保険料を尋ねることで、損失リスクに対する態度を調べている（具体的な質問については、図2A-1のQ2を参照）。

　2行目の結果には、利益領域のクジの場合（1行目）とは対照的な傾向が示されている。まず、確実性等価額は、両タイプともクジの期待値（−5,000円）よりも大きい。つまり、どちらの回答者もリスク愛好的な選択をしている。プロスペクト理論（第4章）のところで詳しく説明するように、じつは、利益領域でのリスク選択ではリスク回避的に、損失領域での選択ではリスク愛好的になる傾向が一般的に見られる[17]。表2-4の1行目と2行目に表れているのは、まさにその傾向である。

　さらに、いまの場合、「直感型」の方がクジに対する確実性等価額が高い（マイナスで絶対値が小さい）。つまり、損失領域のクジについては「直感型」の方が高く評価するという意味でリスク愛好性が強い。

　以上、表2-4で示されていることをまとめると、以下のようになる。

17）ただし、当選確率が小さい場合には、確率評価にオーバーウェイティングという歪みが生じるために、利益領域と損失領域でのリスク態度がいまの場合と逆になる。詳しくは、第4章を参照。

「直感型」は「熟慮型」に比べて、プラスのアウトカム（利益）がかかったリスク選択（クジの選択）ではよりリスク回避的な選択をし、マイナスのアウトカム（損失）がかかったリスク選択ではよりリスク愛好的な選択をする。要するに、利益局面でリスク回避的に、損失局面ではリスク愛好的になるという一般的な傾向は[18]、「直感型」で強く、「熟慮型」で弱く表れることになる。言い換えると、「熟慮型」の方が、利益局面でも損失局面でもリスクにとらわれない、よりリスク中立的な選択を行う傾向がある。

CRT スコアとリスク態度の間に見られるこうした傾向は、じつは、これまでにもいくつかの研究で指摘されている。たとえば、イェルク・エクスラー（Jörg Oechssler）らがドイツで行ったウェブ実験（$N=564$）では[19]、A）確実に得られる10ユーロか、B）75％の確率で当たる20ユーロかを選ばせると、CRT スコアが低い参加者ほど、リスクを回避して A を選択する傾向が強い。これに対して、C）確実に失う10ユーロか、D）75％の確率で失う20ユーロかを選ぶ損失領域の選択の場合には、CRT スコアが低い参加者ほど逆にリスクをとって D を選ぶ傾向が高い。これは「直感型」ほど利益局面ではリスク回避的に、損失局面ではリスク愛好的になるという、表2-4で示した結果と整合的である。

それでは、なぜ「熟慮型」の方がよりリスク中立的な選択を行う傾向があるのだろうか。言い換えれば、タイプ2が優勢になると、なぜリスクに対して中立的になるのだろうか。これには2つの理由が考えられる。

1つ目の理由として、リスク選択をタイプ1が評価する場合、クジならクジというその選択対象だけを切り離して個別に評価してしまうことが考えられる。これをマシュー・ラビンらは「ナロー・ブラケティング（narrow bracketing：狭い括り分け）と呼んでいる[20]。ナロー・ブラケティングのもとでは、クジのリスクはそのまま意思決定に伴うリスクとして意識される。ところが、タイプ2の処理を働かせてよく考えてみると、クジを引くことで確率的に発生する賞金は、選択者が保有する資産のほんの一部分でしかない。そして保有資産の全

18）この点は、プロスペクト理論を議論する第4章を参照のこと。
19）Oechssler et al. (2009) を参照。このほか、Frederick (2005) でも同じ傾向が報告されている。
20）Read et al. (1999)、Rabin and Weizsacker (2009) を参照。

体の中でクジを考えると、その当たりはずれのリスクは無視できるほど小さくなる。というのは、多くの場合、保有資産に比べてクジの賞金額は非常に小さく、さらに、クジのリスクは保有資産の価値変動リスクの中で分散化されてしまうからである。その結果、タイプ2の認知処理がリスク選択を評価する場合、選択対象を全体の中で包括的に捉える「ブロード・ブラケティング（broad bracketing)」の効果によって、選択のリスクは小さくなり、「熟慮型」はそれだけリスク中立的になると考えられる[21]。

　さらに、利益領域でのリスク回避にしても、損失領域のリスク愛好にしても、リスク中立的でないこれらのリスク態度は、利益や損失という刺激に対して感覚が情動的に麻痺していくことに起因している。タイプ1の処理が強い直感型ほど、リスク態度がリスク中立から離れていく2つ目の理由はこのことに関連していると考えられる。いま、プラスの賞金が徐々に大きくなっていくことを考える。それにつれて賞金から得られる満足感も大きくなるものの、人はその刺激に次第に馴れていくために満足感の増え方は徐々に鈍くなっていく。その結果、タイプ1の認知処理が満足感という情動で賞金を評価する場合、賞金が増えても価値は比例的には増えない。つまり10,000円の満足は5,000円の満足の2倍にはならない。ということは、50％の確率でもらえる10,000円の価値は、確実にもらえる5,000円の価値よりも情動的には小さい。こうしてタイプ1の認知処理はリスク回避的に確実な5,000円の方を選ぶ。対照的に、タイプ2の認知処理は、賞金が増えてもその刺激に馴れることなく、何番目の1円も同じ1円として客観的に評価する。その結果、10,000円は5,000円の2倍と価値づけされ、50％の確率でもらえる10,000円は確実にもらえる5,000円に等しいと評価される。つまり、リスクに対して中立的になる。これが2つ目の理由である。

　損失の場合も同じである。損失が少しずつ増えると、不満足感は増えるものの、その増え方は馴れによって鈍化する。結果、10,000円の損に感じる不満足は、5,000円の損に感じる不満足の2倍に満たなくなり、50％の確率で損をする10,000円の不満足は、確実に失う5,000円の不満足よりも情動的には小さく

---

21)　同様の議論は、Dohmen et al. (2010) を参照。

なる。こうして、損失のかかったリスク選択ではタイプ１の認知処理はリスク愛好的になる。これに対して、10,000円の損を5,000円の損の２倍と客観的に評価するタイプ２の認知処理は、ここでもリスクに対して中立的になる。

こうして、タイプ１の処理は利益局面ではリスク回避的に、損失局面ではリスク愛好的になり、その一方でタイプ２の処理はどちらの局面でも選択をリスク中立的な方向に引っ張ろうとする。その綱引きの結果として、タイプ２の認知処理が強い「熟慮型」は、利益局面でも損失局面でも「直感型」に比べてよりリスク中立的な傾向を示すものと考えられる。

4.2. 曖昧さに対する回避性

上では、賞金の発生確率がはっきりとわかっているクジを考えて、リスクに対する選好を調べた。それでは、確率がわからないケースはどうだろうか。ダニエル・エルスバーグ（Daniel Ellsberg）は、アウトカムの確率分布がわからないような不確実性を「曖昧さ（ambiguity）」と名付けた[22]。曖昧さはまた、確率分布がわからないような不確実性に最初に着目した経済学者フランク・ナイト（Frank Knight）にちなんで[23]、「ナイト流の不確実性（Knightian uncertainty）」と呼ぶこともある。そして、人びとにはこうした曖昧さなりナイト流不確実性なりを避ける傾向——曖昧さ回避性（ambiguity aversion）——のあることが知られている。「エルスバーグの逆説」と呼ばれる以下の例は、曖昧さ回避を理解するうえで重要である。

例：エルスバーグの逆説

２つの箱A、Bがある。どちらにも、赤と黒の２種類のボールが合わせて100個入っている。箱Aには２色のボールが50個ずつ入っているが、箱Bでは何個ずつ入っているかはわからない。

１．ボールの色を宣言してから、箱からランダムに１つ取り出し、そのボー

---

22) Ellsberg (1961) を参照。
23) Knight (1921) を参照。

ルの色が最初に宣言した色であれば賞金がもらえるゲームを行う。A、B
どちらの箱でこのゲームを行っても、人びとがどちらの色に賭けるかに差
は生じない。

2. 1の賭けをするときに、箱Aと箱Bのどちらで賭けをしたいかを選択さ
せる。このとき、1でどちらの色を宣言する場合にも、多くの人が箱A
を選ぶ。

　1の結果のもとで、2の結果が逆説的であることは次のように考えればわか
る。1の結果から、赤ボールと黒ボールの構成がわからない箱Bにおいても、
どちらの色に賭けるかに差が生じないので、人びとはどちらの色が出る確率も
主観的に50％と想定していることになる。ところが、1で宣言する色にかか
わらず、2で箱Bよりも箱Aを選ぶということは、どちらの色についても、
箱Bでそれが出る確率が箱Aで同じ色の出る確率50％より小さいことを意味
している。これは1の結果と整合的ではないうえに、確率の和が1より小さ
くなるという意味で矛盾である。

　さて、曖昧さ回避のもとでは、賞金額が同じなら、当選確率がわからないク
ジは、それがわかるクジよりも曖昧さがある分低く評価される。実際に上のエ
ルスバーグの逆説では、箱Bで賭けるよりも箱Aで賭ける方を選ぶのは、曖
昧さをもった箱Bの賭けをより低く評価した結果である。人びとの金融・投
資行動が、こうした曖昧さへの回避性によって大きく左右されることは簡単に
想像できるだろう。

　曖昧さに対する回避傾向を測るために、HIDB2018の調査では、上の例の箱
Bにおけるように、わからない確率で10,000円が当たるクジについて確実性等
価額を尋ねている（補論のQ3を参照）。50％の確率で当たるクジ――上の例
の箱Aに対応する――に対する確実性等価額（表2-4の1行目）が、その確
実性等価額よりも何％高いかを計算することによって、曖昧さ回避の強さが測
定できる。

　表2-4の3行目に、こうして計測された曖昧さ回避の大きさを示している。
どちらの認知処理タイプも、曖昧さのないクジをあるクジよりも高く評価し、

曖昧さを回避していることがわかる。

ここでのポイントは、その割合が、「直感型」の65.8％に対して、「熟慮型」では220.5％ときわだって高い点である。つまり、「熟慮型」の方が曖昧さを回避する傾向がはるかに強い。

こうした結果は次のように解釈できる。不確実なアウトカムを論理的な思考によって評価する場合、なんらかの確率分布の情報が必要になるので、それがわからない曖昧なクジをタイプ2の認知処理で評価することはきわめて難しい（曖昧さへの選好と曖昧さの計測については第6章補論で取り上げるので、関心のある読者は参照されたい）。これに対してタイプ1の処理の場合、元々論理的な価値付けとは別の直感処理によってクジを評価するので、そこに曖昧さが入っても大きな支障は生じない。曖昧さに対する回避傾向が「熟慮型」の方が強くなるのはそのことを反映していると考えられるかもしれない。

CRTスコアや認知能力と曖昧さ回避の強さの関係については、筆者たちが知るかぎりこれまでほとんど研究が行われていないが、例外としてジェフリー・バトラー（Jeffrey Butler）らイタリアの研究グループの研究がある[24]。彼らは、認知処理速度についての自己評価やウェブ調査への反応時間のデータにもとづいて、認知処理速度の速い直感的思考者（intuitive thinkers：ここでいう「直感型」に当たる）と、それが遅い熟慮的思考者（deliberative thinkers：「熟慮型」に当たる）をグループ分けし、曖昧さ回避の強さを比較している。本項で示されたように、そこでも熟慮的思考者の方が直感的思考者よりも曖昧さに対して回避的である傾向が示されている。

4.3. 時間選好

家計や個人のパーソナル・ファイナンスでの行動、とくに貯蓄や負債の行動は、その人その人の現在指向性の高低に大きく左右される。将来よりも現在にウェイトを置く現在指向的な人ほど、貯蓄性向が低く、負債傾向は強くなるだろう。逆に将来指向性が強い人は、貯蓄性向が高く、借金も少ないと考えられる。

24）　Butler et al. (2014) を参照。

経済学や心理学では、現在指向性を時間割引率で測る。時間割引率（rate of time discounting）とは、文字どおり将来の価値を現在の価値に割り引いて評価するときの時間当たりの主観的な割引率のことである。時間割引率が高い人ほど将来を大きく割り引くので、それだけ現在指向性が高い。時間割引率を現在指向性の尺度と考えるのはこのためである。

それでは、このように時間割引率で測った現在指向性は、「直感型」と「熟慮型」でどのように異なるだろうか。じつは、「直感型」の人は「熟慮型」の人よりも高い時間割引率をもち、したがって強い現在指向性を示すことが知られている[25]。

実際に、表2-5を見てほしい。HIDB2018の調査から、2つの時間割引率を計測している。1行目は、1カ月後のカネを1カ月分割り引いて現在の価値に換算するのに用いる時間割引率を示している。今日もらえる10,000円を1カ月延期する場合に割増額（利息）を何円要求するかを尋ねることで推定している。同表2行目は、13カ月後のカネを12カ月後の価値に1カ月分割り引くための時間割引率を表している。1行目が直近の異時点間選択に用いる時間割引率であるのに対して、これはより遠い先の異時点間選択に適用される時間割引率である。表2-5から、直近選択でも遠い先の選択でも「直感型」の方が「熟慮型」より高い時間割引率を示し、現在指向性が強いことがわかる。

なぜだろうか。利益でも損失でも、いまもらえる（または失う）10,000円のように、すぐに発生するアウトカムは具体的にイメージできて情動にアピールしやすい。これに対して、1年後にもらう（または失う）10,000円のように、将来実現するアウトカムは抽象度が高く実感することが難しい。そのために、将来指向的な選択を行うには、情動にアピールする目前（現在）のアウトカムよりも、抽象度の高い将来のアウトカムを優先させるタイプ2の処理が必要になる。「熟慮型」の方が「直感型」より時間割引率が低く将来指向的になるのはそのためだと考えられる。

シカゴ大学のアレックス・イマス（Alex Imas）らは、実験参加者に異時点

---

25) CRTスコアと現在指向性の負の相関関係については、Frederick (2005) と Oechssler et al. (2009) を参照。認知能力と現在指向性の負相関は、たとえば Dohmen et al. (2010) を見られたい。

表2-5 認知処理タイプと時間選好

	認知処理タイプごとの平均		CRTスコアとの相関（デモグラ調整済み）
	直感型	熟慮型	
時間割引率（今日 vs 1カ月後）	28.8%	20.6%***	-0.12***
時間割引率（1年後 vs 13カ月後）	29.6%	21.6%***	-0.12***
差	-0.8%	-1.0%	-0.01**

注：データは HIDB2018(N=20,160)。「CRTスコアとの相関」は、年齢と性差の影響をコントロールした場合の、CRTスコア（0～3の整数値）との相関係数。「時間割引率（今日 vs 1カ月）」は、今日もらえる10,000円と等価になる1カ月後の受け取り金額から計算された時間割引率。「時間割引率（1年後 vs 13カ月）」は、1年後にもらえる10,000円と等価になる13カ月後の受け取り金額から計算された時間割引率。「差」は、「割引率（今日 VS 1カ月）」と「割引率（1年後 VS 13カ月）」の差を表し、現在バイアスの程度を表す。***、**は、平均値の差や相関が、それぞれ1%、5%信頼水準で有意であることを示す。

表2-6 認知処理タイプと投資態度

投資態度	質問（回答5段階：1 あてはまらない～5 よくあてはまる）	認知処理のタイプ		CRTスコアとの相関（デモグラ調整済み）
		直感型	熟慮型	
1. 金融商品や手数料の情報把握（5段階）	金融商品の内容や売買手数料をちゃんと把握している	2.75	3.12***	0.08***
2. 将来リターン・価格の見通し（5段階）	金融商品の将来のリターンや価格についてちゃんと見通しをつけている	2.64	2.94***	0.07***
3. 大穴への投資意欲（5段階）	確率が高くなくても高いリターンに賭けたい	2.42	2.38	-0.04**
4. 株式投資センチメント（5段階）	株価指数が上がって株式市場が賑わってくると、投資意欲が増す	2.52	2.53	-0.02**

注：質問文とデータは HIDB2018による (N=20,160)。「CRTスコアとの相関」は、性差と年齢の効果をコントロールした後のスピアマン順位相関係数。***、**は平均値の差や相関が、それぞれ1%、5%水準で有意であることを表す。

間の選択をしてもらう前に待ち時間を設定することで、選択の結果がより将来指向的になることを示している[26]。たとえば、今日の10,000円か1年後の11,000円のどちらを選ぶか、というような選択課題をまず知らせる。そのあとすぐに選択させるのではなく、一定の待ち時間を置いた後に選択させると、すぐに選択させる場合よりも将来指向的な選択肢（いまの場合、1年後の11,000円）を選びやすくなる、というのがイマスらの結果である。待ち時間があることでタイプ2の熟慮処理が働く余裕が生まれる結果、選択が将来指向的になると解釈すれば、この結果は「熟慮型」の方が将来指向性は高いという表2-5の結果と辻褄が合う。

5. 認知処理タイプによる投資行動の違い

先に見たように、「直感型」と「熟慮型」ではリスクや不確実性に対する選好が大きく違ってくる。熟慮型はリスク選択には積極的であり、高い期待リターンを目指したよりリスク中立的な利益追求を行う傾向があるのに対して、「直感型」は、利益局面でも損失局面でも確率的なリスクに反応しやすい。その一方で「直感型」は、確率がわからない曖昧な不確実性に対しては「熟慮型」ほど物怖じしない。こうした傾向は投資行動の違いとなって表れるはずである。

5.1. 投資態度

情報の把握や将来見通しなどについての投資態度を調べるために、HIDB2018の調査では、回答者に次の4つの点について尋ねて、どの程度当てはまるかを5段階で回答してもらっている。

1. 金融商品の内容や取引手数料についての情報を把握している。
2. 将来のリターンや価格について見通しを立てている。
3. イチかバチかの大穴商品に投資したい。
4. 株式市場の盛り上がりに影響を受けやすい。

---

26) Imas et al. (2022) を参照。

の４点である（質問文は、表2-6の第2列を参照）。

どの項目も合理的な投資を行うのに必要な投資態度に関連している。１（情報把握）と２（将来見通し）が合理的に投資を進めるうえで最低限必要な要素であることはいうまでもない。これに対して、３（大穴投資）や４（投資センチメント）は投資の情動的傾向を捉えている。

こうした投資態度は認知処理タイプによってどのように異なってくるだろうか。表2-6に結果をまとめている。予想どおり、「直感型」は「熟慮型」よりも投資にあたって情動に流される傾向があるのが見て取れる。「熟慮型」は「直感型」よりも、投資に必要な情報を把握し（質問の１）、将来の投資見通しを立てる傾向が強い（質問の２）。対照的に、デモグラフィックス（性差と年齢）の効果を取り除けば、大穴への投資意欲（質問の３）や投資センチメント（質問の４）は「直感型」の方が強い。

「熟慮型」はタイプ２の処理によって分析的な投資を行う。対して、「直感型」はタイプ１の処理に従って情動的な投資を行ってしまう。人びとの投資態度がこのように認知処理上の特性によって大きく違ってくることを表2-6の結果は示している。

5.2. ポートフォリオ選択

具体的にどのような資産に投資するのか、つまりポートフォリオの構成比率をどのようなものにするのかという意思決定も、認知処理のタイプによって違ってくることが考えられる。売買したり保有したりするのに必要な情報処理の量や質が証券によって異なるからである。

リスクのない安全資産の場合、リスクを考慮する必要がないので、タイプ２の処理を動員してあれこれと分析する必要はない。これに対して、価格やリターン（利回り）がさまざまな経済要因に依存して確率的に変化するリスク資産の場合、その保有に関わる適切な意思決定にはタイプ２による情報処理が必要になる。そのため、タイプ１の処理が相対的に優位な「直感型」の投資家ほど安全資産の比率が高く、タイプ２の処理が優位な「熟慮型」ほどリスク資産の保有比率が高くなることが予想される。

実際はどうだろうか。図2-3はCRTスコアによってポートフォリオ構成

図2-3 CRTスコアとポートフォリオ比率

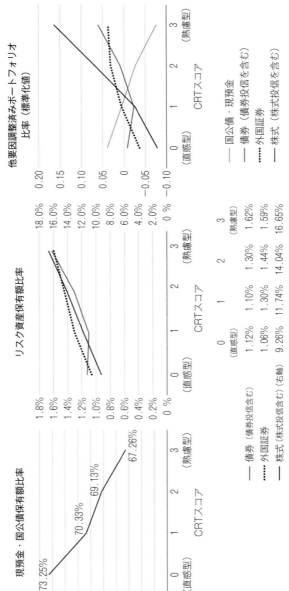

注：データはHIDB2018(N=15,380)。CRTスコアは、CRTへの正答数（0～3）を表す。質問「あなた名義の金融資産のおおよその内訳をお答えください。」への回答は、8種類の資産（現預金、財形貯蓄、債券投資信託、株式投資信託（国公債以外）、自社株、株式投資信託（ETF含む）、債券（国公債は除く）、債券投資信託、外貨預金・外貨金融資産、生命保険・損害保険、個人年金保険）について、合計が100%になるように回答した数値。（c）は、各証券保有額比率を他要因で回帰した残差とあとの残差をとることでこれら他要因の影響を除去したもの。データ値は、回答者の属性（年齢、性差、個人所得、個人金融資産額、個人実物資産額）で回帰した残差。プラス値は平均より高いこと、マイナス値は低いことを表し、値の大きさは平均からの乖離を標準偏差の個数で表示している。値は標準化してあるので、プラス値は平均より高いこと、マイナス値は低いことになる。

比率——各種の証券保有額が金融資産総額に占める割合——がどのように違っ
てくるかを調べたものである。パネル（a）は、安全資産として現預金と国公
債の比率を示しているのに対して、（b）は、国公債以外の債券、外国証券、お
よび株式といったリスク資産の比率を表している。ただし、（b）の債券と株式
にはそれぞれの投資信託も含めている。パネル（c）は、年齢、性差、個人所得、
個人の金融・実物資産総額といった認知処理タイプ以外の要因の影響を取り除
いた場合のポートフォリオ構成比率の違いを CRT スコア間で比べている。値
は標準化してあるので、プラス値は平均より高いことを表し、マイナス値は低
いことを示している。値の大きさは平均からの乖離を標準偏差の個数で表示し
ている。

　図からわかるように、現預金・国公債という安全資産については（(a)）、
CRT スコアが低い「直感型」ほど保有比率が高くなるのに対して、株式など
のリスク資産の保有比率は（(b)）、「熟慮型」ほど高くなる傾向がある。どち
らも単調でわかりやすい相関関係を示している。これらの単純な計算結果によ
れば、「直感型」（CRT スコア＝ 0 ）は「熟慮型」（CRT スコア＝ 3 ）よりも、
現預金・国公債保有比率がおよそ 6 パーセンテージ・ポイント高くなる一方で、
株式の保有比率は 7 パーセンテージ・ポイント以上低い。そして、パネル（c）
に示されるように、こうした傾向は、回答者の社会経済属性をコントロールし
ても変わらない。

　予想どおり、「直感型」はタイプ 1 の処理にまかせて安全資産で資産運用し、
「熟慮型」ほどタイプ 2 の処理を使ってリスク資産の運用比率を高めている実
態が示されている。こうした関係は、リスク回避や曖昧さ回避の違いを分析に
考慮しても変わらない。

5.3.　株式市場参加率

　上では株式のポートフォリオ比率が認知処理のタイプによって違うことを見
たが、そもそも情報集約的な性格をもつ株式を保有するかどうか、つまり、株
式市場に参加するかどうかも「直感型」と「熟慮型」で異なってきそうである。
分析的でない直感型の投資家にとって、株式は非常にリスキーな投資対象に映
る。理性的にリスクを分析し管理できる熟慮型の投資家にとって株式は、長期

的なプレミアムを獲得できる投資対象である。その結果、「熟慮型」投資家の方が情報処理コストの点で株式市場への敷居が低く、株式市場への参加率（株式保有者の比率）も高くなることが予想される。株式市場参加の問題は第5章で詳しく議論するが、ここでは認知処理の観点からこの問題に触れておきたい。

そもそも株式市場への参加態度が投資家の認知能力（IQ）のレベルによって大きく異なってくることはすでに広く知られている。

たとえば、カリフォルニア大学ロサンゼルス校のマーク・グリンブラット（Mark Grinblatt）らは、フィンランドの15万人あまりの男性のフィールドデータを使ってそのことを示している[27]。フィンランドでは徴兵前（19〜20歳）に士官訓練への適性を調べるために心理・知能検査が行われる。グリンブラットらはそのデータから各サンプルのIQ値を算出する一方で、2000年末時点のフィンランド中央証券保管台帳の電子データから各人の株式保有の実態を調べることで、IQと株式保有の相関を調べている。その結果、IQ値が高くなるほど、単調に株式市場参加率が高くなることが示されている。たとえば、IQレベルが上から4％以内に入るクラスの人は、下から4％以内に入る人よりも株式市場への参加率が20.5パーセンテージ・ポイントも高い。

ディミテリス・クリステリス（Dimiteris Christelis）らのグループは[28]、「ヨーロッパ健康・高齢化・退職調査（SHARE）」の第1回調査データから、ヨーロッパ11カ国に属する50歳以上の高齢者19,548人のサンプルについて調べている。そこでも株式市場への参加率は、計算力、言語力、記憶力のいずれのIQレベルともプラスの相関を示している。さらに彼らは、債券の保有とIQレベルの相関についても調べ、株式市場参加率の場合に比べてその相関がずっと小さいことを示している。株式という資産が債券に比べてより情報集約的な性質をもっていると考えれば、自然な結果といえるだろう。

それでは、CRTスコアで測られる認知処理のタイプによって株式参加率はどのように変わるのだろうか。図2-4を見てほしい。最初に予想したように、CRTのスコアが高いクラスほど、株式市場参加率が単調に高くなっていくの

---

27) Grinblatt et al. (2011) を参照

28) Christelis et al. (2010) を参照。

図2-4 CRT スコアと株式市場参加率

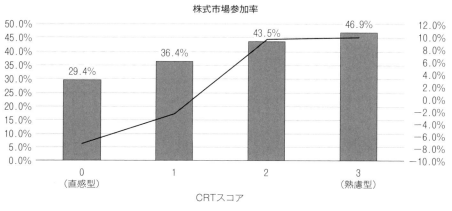

注:データは HIDB2018(N=15,380)。CRT スコアは、CRT への正答数(0〜3)を表す。「他要因調整済み」の値は、株式を保有していれば1をとる二値変数を他要因(年齢、性差、個人所得、個人金融資産額、個人実物資産額、学歴)でプロビット回帰したあとの残差を標準化したもの。

がわかる。「熟慮型」(CRT スコア = 3)の参加率がほぼ50%に達するのに対して、「直感型」(CRT スコア = 0)のそれは30%足らずであり、17.5パーセンテージ・ポイントの差がある。タイプ2による認知処理のコストが高い「直感型」の投資家は、自然と株式市場への参加に消極的になってしまうものと考えられる。

このように、認知処理タイプが「熟慮型」であったり、認知能力のレベルが高かったりするほど、株式市場への参加やリスク資産への投資比率が高い傾向が広く見られる。このことは大きく2つの点で問題だろう。

1つ目の問題として、資産格差が増長される。元々認知処理の能力差によって、雇用機会や賃金に差が生じている。それによって当然、富の社会的分布に偏りが生じる。ところが、タイプ2の認知処理が優位な「熟慮型」は株式などのリスク資産に投資することによって「直感型」よりも平均的に高いリターンを長期的に獲得するので、富分布の偏りはますます拡大していくことが予想される。

2つ目は、公営企業が株式会社化される場合の逆進性の問題である。公営企

業が株式会社化し上場する場合、所有権は国民全体から株主に移転される。株式会社化した企業はそれまでの公益優先の経営から企業価値最大化を追求するようになる。その結果として生じる価値の増分は、認知レベルの高い投資家に偏って分配されることになり、富の分布をますます偏らせるだろう[29]。

5.4. 株式投資でのアグレッシブさ

認知処理タイプの違いは、株式市場への参加態度に影響を与えるばかりでなく、株式市場での取引態度にも影響することが予想される。

HIDB2018の調査では、株式取引におけるアグレッシブさを調べるために、実際に株式を保有している回答者に対して以下の4つの項目について尋ねている。

(1) 株式取引頻度（1年当たり日数）：平均的にどのぐらい頻繁に取引を行っているか、
(2) 株式取引視野（年）：何年先を見て投資をしているか、
(3) 株式信用買い経験：株式の信用買いをしたことがあるか、
(4) 株式空売り経験：株式を空売りしたことがあるか、

の4項目である。短い視野で高頻度の取引を行い、さらに信用買いや空売りを利用する回答者ほどアグレッシブな投資家と判断できるだろう。

さて、こうして測られるアグレッシブさは認知処理のタイプによってどのように変わってくるだろうか。表2-7を見られたい。「直感型」は「熟慮型」よりも短い視野で高頻度の株式取引を行っていて、信用取引や空売りの経験者の割合も高い。先に見たように「直感型」は株式市場への参加に対しては消極的だが、一度参加すると、「熟慮型」よりもアグレッシブに取引を行っていることがわかる。

もし「直感型」のそうしたアグレッシブな行動が短絡的な認知処理から来て

---

29) 公益企業が株式会社化する場合の逆進的な効果は、IPO時に初期超過リターンが発生する場合にはさらに大きくなる（Grinblatt et al.［2011］）。

第2章　限定合理的な認知処理と金融・投資行動　133

表2-7　認知処理タイプと株式投資でのアグレッシブさ

| | 認知処理のタイプ | | CRT スコアとの相関 | |
	直感タイプ	熟慮タイプ	（デモグラ調整済み）	N
株式取引頻度（日／年）	17.44	11.54 ***	0.05 ***	2,235
株式投資視野（年）	5.84	6.86 ***	0.08 ***	2,629
株式信用買い経験＝1	0.21	0.15 ***	-0.04 **	4,727
株式空売り経験＝1	0.19	0.14 ***	-0.02 **	4,727

注：データは HIDB2018。「株式取引頻度」は質問「平均するとどのぐらいの頻度で、株式の売買を行っ
ていますか。」（回答は、1「1日に1回以上」〜7「めったに取引しない」の7段階）への回答から計算
した1年当たり日数。「株式投資視野」は、質問「株式・株式投資信託（ETF を含む）へは、何年くらい先
を見て投資してますか。」（回答は、1「1週間以内」〜8「11年以上」の8段階）への回答から計算した
年数。「CRT スコアとの相関」は、性差と年齢の効果をコントロールした後のスピアマン順位相関係数。
***, ** は平均値の差や相関が、それぞれ1％、5％水準で有意であることを表す。

いるものだとすると、その取引傾向は彼らの投資パフォーマンスをかえって損
なうものであるかもしれない。たとえば、米国の7万人近い投資家の株式取引
口座を調査したブラド・バーバー（Brad Barber）とテランス・オディーン
（Terrance Odean）は、ポートフォリオの組み換え頻度が高い階層ほど、取引
コスト調整後のリターンが低い傾向を報告している[30]。5分位で最も高い頻度
で組み換えを行った投資家グループにいたっては、S＆P500指数で見た市場
リターンより6パーセンテージ・ポイント以上も低いリターンしか得ていな
い。もちろん、投資家の組み換えが合理的判断にもとづくものかどうかは直接
には観察できないが、平均的な投資パフォーマンスから判断するかぎり、アグ
レッシブな多頻度組み換えは、「熟慮」にもとづかない非合理的な性質をもつ
ものと予想できる。アグレッシブな投資行動については、次章で自信過剰の観
点からもう一度取り上げる。

5.5.　株式投資パフォーマンス

　それでは、認知処理のタイプによって投資パフォーマンスは実際にどのよう
に違ってくるだろうか。たとえば、ヴォルカー・トーマ（Volker Thoma）ら
英国の研究者たちがプロの証券トレーダーを対象に行ったウェブ調査では[31]、

---

30)　Barber and Odean (2000) を参照。

CRT スコアが高いトレーダーほど、収入が高く、トレーダーの仕事にとどまってきた年数が長いことが示されている（ただし、有意水準は低い）。さらには、大学生の参加者が仮想的なマーケットで相互に資産取引を行うラボ実験では、CRT スコアが高い参加者ほど、ファンダメンタルズの価格に近い合理的な価格で取引を行い、より高いリターンを得る傾向のあることが示されている[32]。これらの結果は、熟慮型の投資家ほど高い投資パフォーマンスをもたらすことを間接的に示唆している。

　その一方で、先にも触れたグリンブラットらの研究は、認知能力と投資パフォーマンスの関連性を明らかにしている。彼らが調べた個人投資家の株式取引データでは、認知処理能力の高い投資家ほど、資産運用実績のシャープ・レシオが高く、したがって負担するボラティリティ・リスクの割に平均的に高い超過リターンを獲得していることが示されている。ただし、そこで使われているのは IQ テストのスコアであって、CRT で識別されるような認知処理タイプの違いで投資パフォーマンスを比べているわけではない。

　HIDB2018の調査では、株式を保有している回答者たちに過去1年、5年、10年の株式投資によって獲得した累積リターンを尋ねているので、ここでは「直感型」と「熟慮型」の間で投資パフォーマンスがどのように違うかを直接較べることができる。

　図2-5を見てほしい。単純平均を比較したパネル（a）のグラフからわかるように、投資期間が長くなるにつれて、「熟慮型」の投資パフォーマンスが「直感型」のそれに比べて累積的に良くなっている。過去1年のリターンでは差がないものの、5年で4パーセンテージ・ポイント以上、10年で7パーセンテージ・ポイント以上高いリターンを「熟慮型」は獲得している。社会経済要因の影響を取り除いたパネル（b）の結果を見ると、こうした違いがもっと明確に見て取れる。「熟慮型」の累積リターンが投資期間に応じて単調に上昇しているのに対して、「直感型」のそれは投資期間が伸びても上昇さえしていない[33]。「直感型」と「熟慮型」の間に見られる投資パフォーマンスのこうした

31）Thoma et al. (2015) を参照。
32）Corgnet et al. (2014, 2018) を参照。

図2-5 認知処理タイプ別株式投資累積リターン

(a) 株式投資平均累積リターン

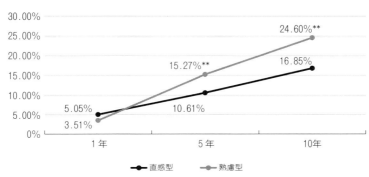

(b) 他要因調整後の比較

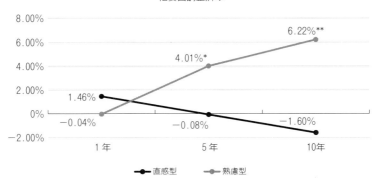

注：データは HIDB2018（N=1,770（1年）、1,670（5年）、1,530（10年））。「株式投資累積リターン」は次の質問に対する回答から計算。質問「これまでの株式・株式投資信託（ETFを含む）へのあなたの累積の投資成績として、最も当てはまるものを選んでください。」として、1「投資していなかった」、2「−30％未満」、3「−30％−0％未満」、4「0％−10％未満」、……、11「300％以上」の11の選択肢を設定。「他要因調整済み」は、累積リターンを定数項、年齢、性差、個人所得、個人金融資産、個人実物資産、教育水準で回帰したあとの残差。**、*は差がそれぞれ5％、10％水準で有意であることを表す。

33）「直感型」の「他要因調整済み」の1年累積リターンは10年累積リターンより高いが、その差は有意ではない。

差は、自己モニタリング力という認知処理能力の差が投資期間とともに累積した結果と解釈できるかもしれない。

5.6. 政策へのインプリケーション

一般家計の財産形成を助けるとともに、家計からリスク資産への投資を促進するために、投資収益を一定限度内で非課税にする「少額投資非課税制度（Nippon Individual Savings Account：NISA）」が2014年に発足した。2024年からは非課税期間を無期限化し、投資上限額を引き上げるなどしてその拡充が進められている。本節の結果からすれば、この政策には2つの点で合理性があると考えられる。

第一に、上の分析が示すように、自己モニタリング力の低い直感型の投資家ほど株式や投資信託などのリスク資産への投資割合は低いので、株式の未保有層には高い割合で直感型の人が含まれていると予想される。そうした人びとを株式市場に呼び込むには金銭的利益に直結するインセンティブが有効だと考えられる。その意味でNISAにおける投資収益の非課税化は直感型の家計を株式市場に呼び込むためにある程度有効かもしれない。

第二に、上で見たように、直感型の投資家がリスク資産に投資する場合には、将来の見通しや取引コストを考えずに頻繁に取引を行う傾向がある。株式投資リターンもきわめて低い。この問題に関連して、NISAでは投資家が過度なリスク投資ができないように投資枠が設定されている[34]。たとえば、長期の財産形成を目的とした「つみたて投資枠」では投資対象商品は代表的なインデックス投信など、長期の分散投資に適したものに限定されている。企業へのリスク資金還流を目的とする「成長投資枠」の場合でも、ヘッジ目的以外でデリバティブ取引を行うなど過度なリスクを伴う投資信託は適用対象外となっている。

投資家の限定合理性——とりわけ、自己モニタリング力で見た認知能力の欠如——を考慮すると、インセンティブによって投資を促進する際には、他方で過度のリスク負担を回避させる工夫が必要になる。NISAはその点を工夫した有効な政策設計になっていると考えられる。

34）金融庁「非課税口座に受け入れることができる上場株式等の範囲に関する基準」。

6. 認知処理タイプによる負債行動の違い

4.3項で見たように、「直感型」と「熟慮型」では時間に対する選好も違う。「直感型」は「熟慮型」よりも短期長期にかかわらず現在指向的であり、現在バイアスの程度も強い。当然の結果として、認知処理のタイプによって負債行動が大きく違ってくることが考えられる。

6.1. 負債の有無と総額

表2-8のパネル（a）は、住宅ローン以外の有利子負債を保有している回答者の比率と平均負債額を「直感型」と「熟慮型」で比べたものである。現在指向性の強い「直感型」の方が、負債者比率で見ても、負債額で見ても、負債傾向が強いことがわかる。

6.2. 過剰負債

さらに過剰負債傾向の違いを見るために、表2-8のパネル（b）では、債務整理経験者（自己破産経験者を含む）の割合と、対所得比で30%以上の負債を保有している人の割合を認知処理タイプで比べている。どちらで見ても、「直感型」の方が過剰負債の傾向が強いのがわかる。とくに債務整理経験者の比率は、デモグラフィックスや資産状況など他要因の影響をコントロールしても

表2-8 認知処理タイプと負債行動

| | | 認知処理のタイプ | | CRTスコアとの相関 |
		直感型	熟慮型	（他要因調整済み）
（a）負債（住宅ローンを除く）	負債あり＝1	12.97%	11.06% **	−0.03 ***
	負債額（万円）	46.66	39.34	−0.03 **
（b）過剰負債	債務整理経験	2.7%	1.0% ***	−0.04 ***
	対個人所得30%以上負債	24.1%	16.4% ***	−0.01

注：データは HIDB2018(N=14,305)。「債務整理経験」は、債務整理や自己破産の経験者の割合。「対個人所得30%以上負債」は、住宅ローン以外の負債額が個人所得の30%以上になる回答者の割合。「CRTスコアとの相関」は、性差、年齢、個人所得、個人金融資産、個人実物資産、学歴の効果をコントロールした後の相関係数。***、** はそれぞれ1%、5%水準で有意であることを表す。

CRT スコアとの間に有意なマイナスの相関のあることが示されている。

こうした傾向は、たとえば、アトランタ連銀のクリストファー・ジェラーディ（Kristopher Gerardi）らがサブプライムローン債務者を調査したフィールド研究の結果とも整合的である[35]。ジェラーディらは、リーマンショックに先立つ2006〜2007年にサブプライムローンの契約を行った債務者を対象に認知能力などを調べる調査を行ったあと、2008年後半に金融危機が発生して以降、彼らの債務不履行行動が認知能力とどのように関連しているかを調べた。その結果、事前に測定された認知能力（とくに計算能力）が低かった債務者ほど、金融危機下でより深刻な債務不履行を経験していることが示されている。

7. おわりに

ファイナンシャルな意思決定や行動に見られる限定合理性を理解する手始めとして、本章では、人びとの認知処理の二重性から生じる認知上のエラーの影響を取り上げた。タイプ1の直感処理が犯す認知的なエラーをタイプ2の熟慮処理がどの程度うまくモニターできるかによって選択や行動の質は大きく異なってくる。この自己モニタリング力が弱い直感思考型の意思決定者は、それが強い熟慮思考型の意思決定者に比べて現在指向性が強くリスクへの感応度が強い傾向がある反面、アウトカムの確率分布に曖昧さがあるような不確実性に対しては回避性が傾向的に弱い。

認知処理の二重性からみた能力差は、こうした選好への影響を通して間接的に、あるいは認知エラーを通じて直接的に、人びとの金融・投資行動に影響を及ぼす。直感思考型の人は熟慮思考型に比べて現預金・国公債など安全資産へのポートフォリオ比率が高く、高度な確率判断が必要になる株式などリスク資産への投資比率は低くなる傾向がある。さらに株式に投資した場合には、直感思考型の投資家は、情報にもとづかない情動的でアグレッシブな投資に走る結果、その投資パフォーマンスは熟慮思考の投資家の場合よりも平均的に低くなる傾向がある。債務整理や過剰負債に陥る可能性も、直感思考型の人びとの方

35）　Gerardi et al. (2013) を参照のこと。

第2章　限定合理的な認知処理と金融・投資行動　139

が高い。

　このように本章ではデフォルト介入者モデルの立場から、人びとの非合理的な金融・投資行動を直感による選好の偏りや判断ミスから説明したが、このことで私たちは直感処理のもつ卓越した可能性を否定するわけではない。しかしコラム2-2でも説明しているように、インスピレーションやスマート・ヒューリスティックのような高度な直感処理は、タイプ2処理の反復と学習によってはじめて獲得されるものであり、金融・投資行動を含めて通常の判断や意思決定を記述するものではない。ビジネスの現場、とりわけイノベーションの発生に卓越した直感がどのように関わっているかなど、直感のポジティブな可能性については今後の研究を待つ必要がある。

付録　クジの選択質問

　本章の4.1項と4.2項で議論し、結果を表2-4にまとめたリスク態度を調べる際に用いた質問を以下に掲載する。

Q1「50％で1万円当たるクジの確実性等価」（表2-4）を調べる質問
　箱の中に、「当たり」のボールと「ハズレ」のボールが10個ずつ入ったクジがあります。ボールを1個取り出して「当たり」が出たら10,000円の賞金がもらえます。ただし、このクジを引かない場合は、決まった金額のお金がもらえます。
　あなたは、A：「クジを引く」とB：「引かずに決まったお金をもらう」のどちらかを選べるとします。最低いくらのお金をもらえればB：「クジを引かずに、決まったお金をもらう」を選びますか。最も当てはまるものをお選びください。

- 選択肢1　　最低200円もらえれば、Bを選ぶ
- 選択肢2　　最低500円もらえれば、Bを選ぶ

- 選択肢 3　　最低 1,000 円もらえれば、B を選ぶ
- 選択肢 4　　最低 1,500 円もらえれば、B を選ぶ
- 選択肢 5　　最低 2,000 円もらえれば、B を選ぶ
- 選択肢 6　　最低 3,000 円もらえれば、B を選ぶ
- 選択肢 7　　最低 4,000 円もらえれば、B を選ぶ
- 選択肢 8　　最低 5,000 円もらえれば、B を選ぶ
- 選択肢 9　　最低 6,000 円もらえれば、B を選ぶ
- 選択肢 10　6,000 円もらえても、A を選ぶ

注：HIDB2018 の質問票より。

Q2「50％で1万円損するクジの確実性等価」（表2-4）を調べる質問

　箱の中に、「当たり」のボールと「ハズレ」のボールが 10 個ずつ入ったクジがあります。ボールを 1 個とり出して「ハズレ」が出たら 10,000 円を**支払わなければなりません**。「当たり」の場合は何も支払う必要がありません。ただし、決まった金額のお金を支払うことで、このクジを引かないですませることもできます。

　あなたは、A：「クジを引く」か、B：「クジを引かずに、決まったお金を支払う」、のどちらかを選べるとします。最高いくらまでなら B：「クジを引かずに、お金を支払う」を選びますか。最も当てはまるものをお選びください。

- 選択肢 1　　6,000 円の支払いまでなら、B を選ぶ
- 選択肢 2　　5,000 円の支払いまでなら、B を選ぶ
- 選択肢 3　　4,000 円の支払いまでなら、B を選ぶ
- 選択肢 4　　3,000 円の支払いまでなら、B を選ぶ
- 選択肢 5　　2,000 円の支払いまでなら、B を選ぶ
- 選択肢 6　　1,500 円の支払いまでなら、B を選ぶ
- 選択肢 7　　1,000 円の支払いまでなら、B を選ぶ
- 選択肢 8　　500 円の支払いまでなら、B を選ぶ

- 選択肢 9　200 円の支払いまでなら、B を選ぶ
- 選択肢10　200 円支払うより、A を選ぶ

注：HIDB2018 の質問票より。

Q3 「曖昧さ回避」（表2-4）を調べる質問

　箱の中に、「当たり」のボールと「ハズレ」のボールが全部で 20 個入ったクジがあります。**「当たり」がいくつ入っているかは分かりません。**ボールを1個取り出して「当たり」が出たら 10,000 円の賞金がもらえます。ただし、このクジを引かない場合は、決まった金額のお金がもらえます。あなたは、A：「クジを引く」と B：「引かずに決まったお金をもらう」のどちらかを選べるとします。最低いくらのお金をもらえるのなら B：「クジを引かずに、決まったお金をもらう」を選びますか。最も当てはまるものをお選びください。

- 選択肢 1　最低 200 円もらえれば、B を選ぶ
- 選択肢 2　最低 500 円もらえれば、B を選ぶ
- 選択肢 3　最低 1,000 円もらえれば、B を選ぶ
- 選択肢 4　最低 1,500 円もらえれば、B を選ぶ
- 選択肢 5　最低 2,000 円もらえれば、B を選ぶ
- 選択肢 6　最低 3,000 円もらえれば、B を選ぶ
- 選択肢 7　最低 4,000 円もらえれば、B を選ぶ
- 選択肢 8　最低 5,000 円もらえれば、B を選ぶ
- 選択肢 9　最低 6,000 円もらえれば、B を選ぶ
- 選択肢10　6,000 円もらえても、A を選ぶ

注：HIDB2018 の質問票より。

コラム2-1 認知熟慮テスト（CRT）──その問題点と改訂版

　フレデリックが考案した認知熟慮テスト（CRT）（図2-2）は、これまで各国で広く用いられてきたなかで問題点がいくつか指摘されている。本章ではこのテストのスコアを使って人びとの認知処理特性を識別し、金融・投資行動との関係を見ていくので、CRTの問題点と最近の発展について説明しておこう。

　まず、フレデリックのCRTはすでに20年近くにわたって広く利用され紹介されているために、回答者が問題をすでに知っている可能性がある。回答者がテストの問題を知っていると、当然そのスコアで回答者の認知特性を識別することはできない。

　しかし、本章で用いているCRTスコアの正答率の分布（表2-2を参照）を見てみると、フレデリックや他の研究者が行った先行調査の場合と大きくは違っていない。それどころか、平均正答数で見ても正答数ゼロの回答者の比率で見ても、本調査サンプルの値はどの先行研究のサンプルよりも成績が悪い。少なくとも著者たちがテストを実施した2018年時点では、日本でCRTを知る人の割合はこのテストを無意味にするほど多くはなかったと考えてよいだろう。

　とはいえ、フレデリックのCRTが広く知れ渡った近年、とくに欧米では彼の問題だけを使ってCRTを行うことを避けて、新バージョンのCRTを使うことが多くなっている。表2C-1に代表例をまとめておこう。この中でマギー・トプラック（Maggie E. Toplak）らが提案したCRT4は、フレデリック版の直系というべきものである。トプラックらは、CRT4とフレデリック版の3問を合わせたCRT7を使うことを勧めている。

　第二に、CRTの正答率は回答者が問題に取り組むときの気質（disposition）──たとえば、物事を分析的に考えたいという気質やそれを楽しいと思う性格──にも大きく依存している可能性がある。バットとボールの価格を答える問題（図2-1の（1））で誤った答えを出す人は、自己モニタリングができないのではなく、そもそもこうした問題に興味をもってあれこれ考えることが好きではないだけかもしれない。もしCRTのスコアがこうした気質に大きく左右されるのであれば、自己モニタリング力を識別する指標として問題かもしれない。

第2章　限定合理的な認知処理と金融・投資行動　143

表2C-1　新版認知熟慮テスト

	質問	正答	タイプ1処理で答えた場合の回答例	備考	出典
CRT-2	1．競走会に参加しているあなたは、いま2位走者を追い抜いた。いまあなたは何位か？	2位	1位	言語的CRT	Thomson and Oppenheimer (2016)
	2．農夫が15頭の羊を飼っていたところ、8頭以外は死んでしまった。何頭残っているか？	8頭	7頭		
	3．由紀夫の父には3人の息子がいる。上から一郎、二郎である。3番目の名前は？	由紀夫	三郎		
	4．深さ1m横1m縦1mの穴には何立方メートルの土が入っているか？	0立方メートル	1立方メートル		
CRT 4	1．太郎は6日間で1バレル飲む。花子は12日間で1バレル飲む。2人で1バレル飲むのに何日かかるか？	4日	9日	数量的CRT フレデリックのCRT 3問と合わせてCRT 7を構成	Toplak, West, Stanovich (2014)
	2．次郎の点数は、クラスで上から15番目であり、下から15番目だという。クラスには何人いるか？	29人	30人		
	3．最初に6,000円で買ってきた豚一匹を7,000円で売り、さらに8,000円で買い戻して9,000円で売った。いくら儲かったか？	2,000円	1,000円		
	4．次郎は、2008年のある日に100万円を株式に投資した。その後7月17日に、その株は50%値下がりしたが、幸運なことに同年10月17日には75%上昇した。この時点で次郎はこの株式投資で儲けているか、損しているか、それとも損得は出ていないか。	損している	儲けている		
CRT-V	1．メアリーの父には娘ばかり5人の子供がいる。上からナナ、ニニ、ヌヌ、ネネ。5番目の名前は？	メアリー	ノノ	言語的CRT	Sirota et al. (2021)
	2．競走会に参加しているあなたは、いま2位走者を追い抜いた。いまあなたは何位か？	2位	1位		
	3．嵐の夜NYを離陸した飛行機は、嵐でクラッシュして半数の乗客がUSAに、残りの半数がカナダに着陸した。このときどちらの国に生存者を埋葬するか？	埋葬しない	USA		
	4．サルとリスと鳥がヤシの木のてっぺんまで競争している。どれが最初にバナナを手に入れるか。	ヤシの木にバナナはない	NA		
	5．ピンク色の1階建ての家がある。ピンクの人、ピンクの猫、ピンクのPC、ピンクの椅子、ピンクのテーブル、ピンクの電話・・全部ピンク！それでは階段は何色か？	階段はない	ピンク		
	6．モーゼは箱舟に何頭ずつの動物を乗せたか？	0頭	2頭		
	7．西風が吹いている中、電車が東向きに走る。蒸気の煙はどちら向きに流れるか？	煙は立たない	西		
	8．マッチを1つもって暗い部屋に入る。部屋には、オイルランプ、新聞、木がある。あなたが最初に火をつけるものは何か？	マッチ	オイルランプ		
	9．男性が、彼の亡くなった妻の妹と結婚することは倫理的だろうか？	結婚できない	倫理的ではない？		
	10．どちらの文が正しいか：(a) the yolk（黄身）of the egg are white. (b) the yolk of the egg is white.	黄身は黄色い	b		

この問題については、前述のトプラックらがCRT 7を使って検証している。彼らは、アンケートによって回答者の気質を測定し、CRT 7のスコアから気質の影響を除去しても、そのスコアが回答者の自己モニタリング力を予測する能力は依然として高いことを示している。

　第三の問題は、フレデリックが考案したCRTはどの問題も計算問題の形をとっているので、その正答率は自己モニタリング力だけではなく、計算能力（numerical ability）の高さにも大きく依存しているのではないかという点である。実際に、ルールにもとづいた計算処理の能力も自己モニタリングの能力もともにタイプ2処理――より正確にいえば、ワーキングメモリを用いた実行機能――の能力によるので、フレデリックのCRTのような単純な計算問題で自己モニタリング力だけが純粋に計測できていると期待するのは楽観的すぎるかもしれない。

　これについても、トプラックらは、CRT 7のスコアから計算能力の影響を（上で述べた気質の影響とともに）コントロールしても自己モニタリング力との相関が強いことを示している。ただ、フレデリックのCRTと同じようにCRT 7も計算問題だけで構成されているので、そのスコアデータから計算能力の影響をどこまで除去できるのかについては議論の分かれるところである[36]。たとえば、アレクサンダ・シナイエヴ（Aleksandr Sinayev）とエレン・ピータース（Ellen Peters）やインマキュラダ・オテロ（Inmaculada Otero）らは、CRTのスコアから計算能力の影響を除去すると、CRTが自己モニタリング力を検知する能力が大きく減少すると主張している。

　こうした反省から、計算能力ではなく、より言語能力に関連した新しいCRTを開発する努力が進んでいる。表2C-1にある、キーラ・トムソン（Keela Thomson）とダニエル・オッペンハイマー（Daniel Oppenheimer）によるCRT-2や、それをさらに発展させたミロスラフ・シロタ（Miroslav Sirota）など（Sirota et al. [2021]）のCRT-Vなどがそれである。

---

36)　Sinayev and Peters (2015), Otero et al. (2022) を参照。

コラム2-2　直感は非合理的か？

　図2-1で説明したように、デフォルト介入者モデルで非合理的な判断や意思決定を理解する場合、タイプ1の直感は、誤った判断を引き起こす非合理的な認知処理として位置づけられている。

　はたして直感は、つねにこのように非合理的なのだろうか。

　もちろん、タイプ1による直感処理は時間も認知コストもかからないので、速断が求められるような日常的な判断にタイプ1処理で対応することは、認知資源の制約を考慮した合理的な処理といえる。標準的なファイナンスで前提されるホモエコノミカスが認知資源の制約を考慮しない非現実的な合理性を想定するのに対し、タイプ1を用いた判断は現実性をもった合理的な認知処理とはいえるだろう。フォーク・リーダー（Falk Lieder）とトーマス・グリフィス（Thomas Griffiths）はこれを資源合理性と呼んでいる[37]。直感はまず資源合理的な認知処理である。

　しかし、直感がもつ合理性はこれだけにとどまらない。直感には経験や学習の繰り返しによって習得された高度な判断力があり、場合によってはタイプ2の熟慮処理を凌ぐ能力を発揮することがいろいろな形で報告されている。たとえば、自然科学や芸術の分野で報告されるインスピレーションや、ビジネスで重視されつつあるスマート・ヒューリスティックと呼ばれるものがそれである。

インスピレーション

　直感力の優れた可能性を示す最も顕著な例は、数学や音楽など、高度な認知処理を要する専門領域で時折報告されるインスピレーションだろう。アンリ・ポアンカレ（Jules-Henri Poincaré、フランスの数学者）やアマデウス・モーツアルト（Wolfgang Amadeus Mozart）といった天才たちが経験したインスピレーションの数々については、やはり著名な数学者であるジャック・アダマール（Jacques Salomon Hadamard）の著書に詳しい[38]。フェルマーの定理を証明した功績でフィールズ賞を受賞したアンドリュー・ワイルズは、それを

37）Lieder and Griffiths (2020) を参照。
38）Hadamard (1945) を参照。

証明するときに閃いた美しい瞬間のことをインタビューアーに説明している[39]。わが国の卓越した数学者の1人である岡潔は、彼が行ったいくつもの定理の証明に、意識的な思考を超越したインスピレーションが不可欠であったことを自著で述べている[40]。

これらのインスピレーションには驚くほど類似した発生パターンがある。まず、直面する問題を解決しようとする意識的な努力とその失敗が一定期間に集中して経験される（準備段階）。そのあと、他の仕事への移行や睡眠などの理由から、その問題から距離を置く期間が何時間か何日間か続く（孵卵〈または潜伏〉段階）。そしてなんらかの状況をきっかけに突然インスピレーション（啓示）が閃き、意識することなく自動的に問題が解けたり、作品ができたりする。こうした「準備（preparation）段階」→「孵卵（または潜伏：incubation）段階」→「インスピレーション（啓示：illumination）」というパターンは、アダマールが数学者や芸術家の経験を類型化したものであるが、上に挙げたアンドリュー・ワイルズや岡潔が告白した経験も驚くほど同じパターンを示している[41]。そしてそのインスピレーションには、「無意識的」で「自動的」で「速い」というタイプ1の処理特性（表2-1参照）が備わっている。タイプ2の処理では行えない高度な認知処理をタイプ1の直感が行える可能性を上の例は示している。

スマート・ヒューリスティック

マネジメントの現場のように、統計処理が難しい不確実性や曖昧さが付きまとう環境においては、仕事を熟知したエキスパートの直感が、タイプ2の処理による意思決定よりも優れたパフォーマンスを示す可能性のあることが指摘されている。ドイツマックス・プランク研究所の心理学者ゲルト・ギゲレンツァー（Gerd Gigerenzer）らは、これをスマート・ヒューリスティック（smart heuristic：賢い直感）と名付け[42]、ビジネスシーンでの重要性を強調している。

大きな不確実性がある環境では、環境要因が多すぎてデータにもとづいた統計分析の信頼性が期待できない。そうした環境下では、予測しようと努力

---

39) Singh (1997), Chap. Ⅶを参照。
40) 岡 (1963)。
41) とくに岡 (1963) の節「インスピレーション型発見の実例」を参照されたい。
42) Gigerenzer et al. (2022) を参照。

すればするほど無駄な情報が入り込んで予測精度を低下させてしまうので、熟練者が直感的に予測する方がかえって高い精度が得られる可能性がある。ギゲレンツァーらが「少ないほど良い（Less-Is-More）」法則と呼ぶこうした傾向が、スマート・ヒューリスティックを可能にする1つの要因になる。たとえば、小売業とエアライン産業の企業35社を対象とした調査では、ある消費者が今後リピーターとなるかどうかを予想する場合、マーケティングや機械学習にもとづいた複雑なモデルよりも、熟練担当者の直感の方が高い的中率を示す傾向があるという[43]。

　ギゲレンツァーらのインタビュー調査によれば、国際的な自動車メーカーのトップマネジメント50人のうち50人が、経営上の意思決定の半分以上を結果的に自分の直感（gut feeling）にもとづいて行っていると語っている。国際的な技術プロバイダー企業の中堅管理職レベルの32人中24人も同様の回答を寄せている。

平行競合モデル

　本書が前提とするデフォルト介入者モデルは、早とちりして誤りやすい認知処理として直感を捉える。上で見たような優れた直感は、したがってデフォルト介入者モデルが想定している直感ではない。直感がもちうる高度な能力に着目して、2つの処理タイプ1、2が同時並行的に機能しながら適切な判断を下そうとする競合関係にあると考える立場がある。この二重処理理論モデルを平行競合モデル（parallel-competitive model）という[44]。このモデルでは、なんらかの認知課題に直面した場合に、タイプ1と2が同時にレスポンスを提案し、最終案としてどちらかが選択される。ギゲレンツァーらが列挙した卓越した経営者たちは、デフォルト介入者モデル的な直感ではなく、この平行競合モデル的な直感をもっているのかもしれない。

直感をどのように考えるか？

　それでは、意思決定を考えるうえで直感というものをどのように捉えればよいのだろうか。

---

43)　次段落の例も含めて、Gigerenzer et al. (2022), pp.174-175を参照。
44)　Evans (2007) を参照。

直感という認知処理には、一語でまとめられない多様性があると筆者たちは考えている[45]。たとえばアダマールは、無意識の認知処理（ここでいう直感）には、反射的な処理からインスピレーションに至る階層的な構造があると主張している。

　本コラムで取り上げた直感は、インスピレーションにしてもスマート・ヒューリスティックにしても、特定の領域でなされたタイプ 2 の集中的な処理とその失敗によって獲得された「プロの勘」であり、「暗黙知」の発露である。これに対して、デフォルト介入者モデルを前提にして本書で捉えている直感は、認知資源を節約するために無意識的に行う精度の低い当て推量であり、アダマールの言う反射処理に近い階層の直感である。

　どちらも「直感」ではあるが、人びとの判断バイアスや誤りに関連し、自己モニターされなければならないのは、精度の低い当て推量としての直感であり、CRT スコアの低い人を直感型と識別しているのは、そのような直感で判断してしまいがちな人である。タイプ 2 の熟慮処理を酷使することでインスピレーションやスマート・ヒューリスティックを獲得してきた人は、自己モニタリング力を含めて高い実行機能を有していると考えられる。そうした意味で直感力の鋭い人たちを、CRT は直感型ではなく熟慮型に分類する可能性が高いだろう。

　以上の問題に絡んで最後に 2 点付け加えておきたい。第一に、本書がデフォルト介入者モデルの立場に立って、直感を非合理性の原因として扱っているのは、人びとの判断バイアスや非合理的行動に焦点を当てたいからであって、直感のもつ卓越した可能性を否定しているわけではない。インスピレーションやスマート・ヒューリスティックの問題は、発明や技術革新を可能にする認知メカニズムや、タイプ 1 と 2 の認知処理の相互性を解明するうえで、重要な問題を孕んでいる。

　第二に、しかしながら、スマート・ヒューリスティックの存在や、それを前提とする平行競合モデルを支持する実証的なエビデンスは、筆者たちが知るかぎりそれほど頑健なものとはいえない。たとえば前述の「少ないほどよい」法則は、予測の努力が少ないほど予測精度が高いことを主張している。しか

---

45)　アダマール（1990），pp.37-38。

しながら、予測精度を高めるためにどの情報を使うのか、という問いに答えなければ意思決定の現場では使えない。それをエキスパートの「勘」で決めるというのがギゲレンツァーの主張であるが、そうした「勘」がいつも予測精度を高める方向に働いているということを検証することはきわめて難しい。

　国際企業の経営者にインタビューした結果では、大半の経営者が半分以上の意思決定を自分の直感によって行っているとしているものの、実際には、決定に際して必ずデータにもとづいた検討がなされていることが但し書きされている。こうしたエピソードは、熟練経営者の直感が認知資源の効率利用の観点から高度に資源合理的な判断であるという可能性を示唆しているものの、それがデータにもとづいたタイプ2処理の意思決定を本当に凌駕するものかどうかはこれだけではまったく判断できない。挿話的ともいえるこの程度の「エビデンス」から、マネジメントの現場で直感が重要だというメッセージとして受け取るのは危険だろう。スマート・ヒューリスティックが、たまたま生じたエピソードに対する後講釈でないと言うためには、さらにエビデンスを重ねた科学的な研究が必要である。

第3章
判断バイアスと金融・投資行動

要　約

　本章では、ヒューリスティックと自信過剰に起因する判断バイアスに焦点を当て、それがどのような限定合理的な金融・投資行動につながっていくかを見ていく。ヒューリスティックには、「代表性のヒューリスティック」「利用可能性のヒューリスティック」、および「アンカリングと調整」という３タイプがある。事象の「それらしさ」にとらわれる「代表性のヒューリスティック」によって、人びとは基準率の無視、同時発生の誤り、少数の法則などの判断ミスを犯す。

　直近に見た出目と反対の出目が出る確率を過大に評価する「ギャンブラーの誤り」と、直近に続いて出た出目と同じ出目の確率を過大に見積もる「ホットハンドの誤り」という対照的な判断ミスが少数の法則から生じる。その結果、株式リターンの反転頻度が高ければギャンブラーの誤りによって逆張り戦略が、低ければホットハンドの誤りによって順張り戦略が優勢になり、それがリターンリバーサルやモーメンタムなどのリターンの予測可能性を生み出す。

　「目立ち」にとらわれる「利用可能性のヒューリスティック」によって、投資家は目立つニュースに過度に反応し、目立たないニュースへの反応は過小になる。同じ理由から、投資家の注意が散漫になる状態では市場のニュース感度は弱くなる。それがまたリターンの予測可能性を生じさせる。

　先行する無意味な数値情報が判断を左右するアンカリング効果のもとでは、外生的に与えられた価格の初期値によって、人びとの支払い意思額が大きく影響される。ヒューリスティックは自己に対する過大評価をもたらし自信過剰を生じさせる。投資家の自信過剰は、多頻度取引のような過度にアグレッシブな取引行動——アクティブ投資パズル——を引き起こす。

キーワード：ヒューリスティック、代表性、利用可能性、アンカリング、少数の法則、ギャンブラーの誤り、ホットハンドの誤り、注意散漫効果、自信過剰、アクティブ投資パズル

1. ヒューリスティックと自信過剰から 金融・投資行動を考える

　経済学が想定してきたホモエコノミカスの場合と違い、私たちの情報処理や判断の能力には大きな限界がある。そのためにファイナンシャルな判断や意思決定にもバイアスやエラーが生じる。第1章でも触れた限定合理性の問題である。本章の目的は、ヒューリスティック（heuristic）と自信過剰に起因する判断バイアスに焦点を当て、その視点から限定合理的な金融・投資行動を理解していくことにある。

　前章では認知能力のレベルから限定合理的な判断や行動について考え、タイプ1処理による速断がさまざまな判断バイアスや非合理的行動を引き起こすことを見た。このタイプ1の認知処理をヒューリスティックと自信過剰という具体的な形で捉え、限定合理的な金融・投資行動へのインプリケーションを考えていくのが本章の関心である。

　ハーバート・サイモンは限定合理性を「満足化（satisficing）」とヒューリスティックという2つのキーワードによって特徴づけている[1]。満足化というのは、「満足させる（satisfy）」と「こと足りる（suffice）」という2つの言葉を合わせたサイモンの造語である。認知処理の負担が大きかったり、情報の制約が大きかったりすると、ベストな解を見つけるのに膨大なコストがかかる。そこで、人びとは満足できる許容水準をゴールに設けることで、代案や情報のサーチを現実的なところで打ち切ってそこそこの意思決定を目指す。たとえば、各証券の将来の投資リターンをどのように予想し、どのようなポートフォリオに投資するのか。どの判断にも膨大な認知処理コストがかかるので、情報収集や分析をある程度のところでとどめておいて、そのうえで満足できる（だろう）判断と選択を行う。これが満足化原則による意思決定である。

　もう1つのキーワードであるヒューリスティックは、さまざまな情報処理の複雑さを減らしたり、確率的な判断を目の子算で行ったりして直感的に行う認

1）Simon (1956, 1990) を参照。

知処理のことを指す。満足化原則によって意思決定を行う場合には、必ずどこかで情報や演算の処理を省略し、ヒューリスティックによる「だいたい」の判断に頼ることになる。その意味でヒューリスティックは満足化による意思決定には付き物の認知処理といえる。とりわけファイナンシャルな意思決定に不可欠な確率判断においては、処理すべきデータが複雑で大きかったり、高度な演算処理が必要になったりするので、ヒューリスティックによる判断が多くなり、その影響を受けやすい。

　次節でまずヒューリスティックを3タイプに分類し、各ヒューリスティックのもとで陥りやすい判断ミスを説明していく。そしてそれらの判断ミスが実際の金融・投資行動にどのような影響を及ぼしているかを、日米の株式市場や宝くじのフィールド研究の成果などに照らしながら議論していく（第3節～第5節）。

　第6節で自信過剰を取り上げる。自信過剰は、文字どおり自分の能力や判断を過大評価してしまう性向であり、いわばヒューリスティックがもたらした自己評価の歪みと捉えることもできる。この節では、投資家たちが証券取引やポートフォリオの組み換えを短期間に多頻度で行うなどの「アクティブ投資パズル」といわれる現象を取り上げ、それが彼らの自信過剰とどのように関連するかを日本のデータも交えながら見ていく。

2.　3タイプのヒューリスティック

　人びとが意思決定に際してさまざまな判断を行う場合、すべての判断材料を細かく検討することはない。だいたいの目算で済ませるのがふつうである。前章の議論に沿っていえば、いちいちタイプ2を立ち上げて熟慮するのではなく、タイプ1の直感によってだいたいの見当をつけ、ヒューリスティックによって無意識的に判断を下していく。

　ヒューリスティックによる判断は、タイプ2を使ってさまざまな情報を合理的に処理した場合の判断からは外れたものになる。その外れが、平均すればゼロになるようなランダムなものであればよいが、多くの場合、システマティックな誤り、つまりバイアスをもつ。とくに、金融市場での意思決定のように合

理的な確率判断が不可欠になる場合、ヒューリスティックによる判断バイアスは、わかりやすい形で金銭的な損失をもたらすだろう。

　ここではまず、エイモス・トゥヴァースキーとダニエル・カーネマンに倣って[2]、ヒューリスティックを以下の3つのタイプに分類する。

1.　代表性のヒューリスティック
2.　利用可能性のヒューリスティック
3.　アンカリングと調整

　以下で詳しく説明するように、代表性のヒューリスティックとは、対象の「それらしさ」、言い換えればステレオタイプに引きずられて行う判断である。利用可能性のヒューリスティックは、目立つ情報に引きずられた直感的判断のことをいう。アンカリングと調整は、最初に脳裏に焼き付いた情報をアップデートしないままに行ってしまう直感的判断である。

3.　代表性のヒューリスティックと金融・投資行動

3.1.　「それらしさ」にとらわれる

　往々にして私たちは、印象に引きずられて確率的な判断を行う。それらしい事象ほど起こりやすいと考えて過大な確率を振る一方、それらしくない事象には過度に小さな確率を振る。結果、その判断はバイアスをもつことになる。このようにものごとの起こりやすさや確率をその事象の「それらしさ（代表らしさ）」に従って見積もる直感的判断のことを「代表性のヒューリスティック」（representative heuristic）という。

　たとえば、ある人物A氏の性格について「規則にうるさく神経質なところがある」という説明を受けたときに、その人の職業を想像する場合を考えてみよう。多くの人は、その人がたとえば「販売店員」である確率よりも「公認会計士」である確率を高く見積もるだろう。「規則にうるさく神経質」という性

　2）　Tversky and Kahneman (1974), Tversky and Kahneman (1983) を参照。

質が「販売店員」よりも「公認会計士」の方に似つかわしい――つまり、高い代表性をもつ――と考えるからである。このように代表性の高さに従って確率を振るのが代表性のヒューリスティックである。

　しかし、日本には300万人以上の販売店員がいるのに対して、公認会計士は4万人程度に過ぎない[3]。A氏がいくら規則にうるさいからといっても、確率的には販売店員である可能性の方がはるかに高いはずである。にもかかわらず、「規則にうるさく神経質」という相対的な会計士らしさに引っ張られて、A氏が会計士であるという確率を過大に見積もってしまう。同じように販売店員らしくないという印象から、同氏が販売店員である可能性を過小に判断してしまう。代表性のヒューリスティックでは、このように「それらしさ」というステレオタイプによって確率分布が歪められる。その結果、判断にバイアスが生じ、たとえばベイズの定理のような合理的な論理演算の法則を無視した判断がなされてしまう（ベイズの定理については補論3-1を参照）。

　代表性のヒューリスティックは、あくまでも限られた認知資源のもとで、複雑な判断をこなしていくための限定合理的な方法の1つである。したがってそこには「合理的」な側面と、その合理性が「限定的」でしかないという側面の両方がある。

　まず「合理的」な側面として、代表性のヒューリスティックによる判断はまったくの事実無根のものではなく、あくまでも実際の傾向を反映したものである。実際に、公認会計士は販売店員よりも「規則にこだわる」傾向が多少とも強いだろう。ペドロ・ボルダーロ（Pedro Bordalo）らは、代表性のヒューリスティックに反映された事実のことを「一片の真実（a kernel of truth）」と呼んでいる[4]。つまり「規則にうるさく神経質」なA氏を「公認会計士」だとする判断には、公認会計士が販売店員よりも高い確率で「規則にうるさく神経質」という性質をもつという一片の事実が反映されている。

3）　平成17年総務省国勢調査、日本公認会計士協会「2021年4月の会員数（会員数等調）」より。

4）　Bordalo et al. (2016) を参照。元々「一片の真実」という言葉は心理学でステレオタイプの性質を表す言葉として用いられる言葉である。「規則にうるさく神経質」は「公認会計士」の1つのステレオタイプである。

しかし、代表性のヒューリスティックのもつこうした合理性は限定的なものでしかない。一片の真実として切り取られた本当の傾向が誇張した形で見積もられるからである。A氏が公認会計士である確率は、公認会計士と販売店員の人口比を考慮すれば、販売店員である確率より大きいとは考えられない。タイプ2の記憶力や情報処理能力には大きな限界があるので、代表的な性質が真っ先に頭に浮かんでタイプ1の処理を促し、それが主観的な確率判断を歪めてしまう。

代表性のヒューリスティックによって生じる判断バイアスにはいくつかの典型的なパターンがある。基準率の軽視、同時発生の誤り、および少数の法則と呼ばれる3つのアノマリーがそれである。

3.2. 基準率の無視

代表性のヒューリスティックでは、「規則にうるさく神経質」なA氏が販売店員である確率よりも公認会計士である確率を高く見積もる。そこでは、そもそも販売店員の人口が公認会計士よりもはるかに多いこと、言い換えれば、ランダムに人を選んだときにその人が販売店員である確率の方が大きいという事実が考慮されていない。このような判断ミスを基準率（base rate）の無視という。

ここで基準率と言っているのは、ランダムに選んだ人がたまたま公認会計士である確率——つまり公認会計士である無条件確率 P（公認会計士）——や、たまたま販売店員である確率——販売店員である無条件確率 P（販売店員）——を指す。「規則にうるさく神経質」という条件のもとでその人が「販売店員」である条件付きの確率 P（販売店員|神経質）や、同じ条件のもとでその人が「公認会計士」である条件付き確率 P（公認会計士|神経質）を考える場合、販売店員であったり公認会計士であったりする無条件確率が基準率としてベースになる。ところが、代表性のヒューリスティックのもとでは、これらの条件付き確率の大小を比べるときに、本来ベースとすべき無条件確率の違いを忘れてしまう。これが基準率の無視である。

そして基準率を無視してしまうことから、さまざまな深刻な判断ミスが生じることが知られている。たとえば、医療現場において罹患検査の結果を判断する際に生じるミスである。ある病気に罹患しているかどうかチェックする検査

をして結果が陽性と出たとき、その陽性者の罹患確率を過大に見積もってしまう傾向が広く観察される。とくに罹患率が低い病気の場合にそうした判断ミスが発生する。

たとえば、新型コロナ感染症（COVID-19）について考えよう。PCR検査で陽性と出た場合、この陽性者が実際にCOVID-19に罹患している確率は何％くらいだろうか。次の3つから選んでほしい。

①90％以上、②50％以上90％未満、③50％未満
ただし、
・COVID-19の罹患確率：0.1％
・PCR検査の陽性確率：0.17％
・COVID-19の罹患者がPCR検査を受けたときに陽性と出る確率：70％
としておこう[5]。

多くの人は90％以上の高い確率で陽性者の罹患確率を見積もるだろう。ところが、ベイズルールという確率法則を使って論理的にこの確率を計算してみると、41.2％にしかならない[6]（ベイズルールと代表性のヒューリスティックについてのフォーマルな議論は本章の補論3-1を参照）。PCR陽性者はそうでない人よりも高い確率で罹患しているという事実から、罹患者という属性は陽性者の一種のステレオタイプとみなされてしまう。その結果、そもそもCOVID-19への感染確率自体が0.1％と非常に低いという事実——つまり基準率——を無視して、陽性者が罹患者である確率を過大に見積もってしまうと考えられる。

実際に、高度な医療知識を備えた人でも、しばしばこうした判断ミスを犯すことが知られている。たとえば、ハーバード公衆衛生大学院のウォード・カッ

5）武見基金COVID-19有識者会議　2020年「COVID-19に対するPCR検査体制」https://www.covid19-jma-medical-expert-meeting.jp/topic/3344。

6）ベイズルールより、

$$P(罹患|陽性) = \frac{P(陽性|罹患)P(罹患)}{P(陽性)} = \frac{0.7 * 0.001}{0.0017} = 0.412。$$

セルズ（Ward Casscells）らが行った有名な報告によれば[7]、調査対象となったハーバード大学メディカルスクール関連病院の医師の多く（調査対象者の82%）が、罹患確率0.1%の病気について、罹患検査の陽性者が実際に感染者である確率を過大に見積もっている。医師たちが答えた平均的な罹患率（55.9%）は正しい推定値（2%弱）の約30倍に達している。こうした判断ミスの背後には、陽性者＝罹患者というステレオタイプに引きずられるあまり基準率を無視してしまう誤りがある。

3.3. 同時発生の誤り（連言錯誤）

代表性のヒューリスティックがもっと極端な形で起きるのが、これから説明する同時発生の誤りと呼ばれる判断ミスである。

一般に2つの事象AとBの両方が同時に発生する確率$P(A \text{ and } B)$は、当然それぞれ個別事象の確率$P(A)$、$P(B)$よりも大きくはなれない。これを交差則（conjunction rule）という。たとえば、サイコロを振ったときに「4以下で偶数の目が出る」確率（1/3）は、「4以下が出る」確率（2/3）と比べても、「偶数が出る」確率（1/2）と比べても小さい。交差則が成り立つのは、そもそも個別事象A（「4以下が出る」）とB（「偶数が出る」）の中に、AとBが同時に起きる（「4以下で偶数の目が出る」）という事象が含まれているからである。

交差則は、合理的な確率判断であれば当然満たされるべき性質であるが、代表性のヒューリスティックが働く場合にはこれが満たされないことがしばしば起きる。その判断ミスを、「同時発生の誤り（conjunction fallacy）」という[8]。

リンダ問題といわれる以下の問題を考えてほしい[9]。リンダという女性の人となりについて最初にヒントが与えられ、彼女が①単に「銀行の窓口係」であるのか、②「銀行の窓口係」であり、かつ「フェミニスト運動に積極的」であるのか、を判断するクイズである。あなたはどう考えるだろうか。

7） Casscells et al. (1978) を参照。
8） 心理学では、連言錯誤と訳される場合があるが、ここでは原語（conjunction）の意味を明確に反映させるために「同時発生の誤り」で統一している。
9） Tversky and Kahneman (1983) を参照。リンダ問題には選択肢の与え方が異なるいくつものバージョンがあるが、ここで取り上げたのは同時発生の誤りが起こりにくいと考えられる最も単純な質問のバージョンである。

〈リンダ問題〉

リンダは31歳で独身、素直でたいへん聡明な女性です。哲学を専攻していました。学生時代は差別と社会正義の問題に深い関心をもち、反核デモにも参加しました。いまのリンダを説明するものとして、ありそうなのはどちらですか。

① リンダは銀行の窓口係である。

② リンダは銀行の窓口係であり、フェミニスト運動にも積極的である。

　合理的な確率判断に従えば、交差則から当然、リンダが①「窓口係である」の確率は、②「窓口係かつフェミニストである」の確率より小さくなれない。窓口係の中にはフェミニストも含まれているからである。ところが、トゥヴァースキーらが実際にカナダ・ブリティッシュコロンビア大学の大学生142人に尋ねてみると、85％もの人が②の方がありそうだと答えた。これが同時発生の誤りである。

　このような判断ミスが起きるのは、条件にあるような左翼系学生だったリンダの現在として、フェミニスト運動をしているのがもっともらしいからである。つまり、「フェミニスト運動」は「窓口係」よりも、元左翼系女子大生としてのリンダに対して強い代表性をもつ。そのために私たちは、リンダが単に「窓口係」であるよりも「窓口係でフェミニスト運動をしている」ことにもっともらしさを感じる。これが同時発生の誤りを引き起こす。「フェミニスト運動をしている」というわかりやすいステレオタイプに引っ張られるあまり、じつは「窓口係」の中に「フェミニスト運動をしている」人も含まれているという事実が忘れられ、「窓口係でフェミニスト運動をしている」確率が「窓口係である」確率よりも小さいという基準率の差が無視されてしまうのである。その意味では、同時発生の誤りも、基準率の無視から発生する判断ミスの１つである。

3.4.　少数の法則

　ギャンブルや投資など、利益を得るためには適切な確率判断が求められる場になると、代表性のヒューリスティックはもっと直接的な影響を与える。こうした場面で実際に意思決定する場合、限られたデータやサンプルにもとづいて

アウトカムの確率を判断しなければならない。もちろん、そのサンプルが大きければ、母集団の確率分布を使って判断できる。アウトカムの相対頻度の分布は、そのサンプルが十分に大きい場合には母集団の確率分布に近いものになるからである。これを大数の法則（law of large numbers）という。

ところが、人びとは、サンプルが小さい場合でも、よく考えずに母集団の確率分布を当てはめて確率的な判断をしてしまう。極端な場合、コイン投げをして最初に表が出たときに次に裏が出ると考えてしまう人は、2つのサンプルでも表裏が50％ずつ出るものと勘違いしている。トゥヴァースキーとカーネマンはこれを少数の法則（law of small numbers）と名付けている[10]。

少数の法則もまた、代表性のヒューリスティックである。母集団に見られる「それらしい」（代表性をもった）確率分布によって小さなサンプルの確率判断を行うからである。少数の法則に起因する誤った確率判断として、ギャンブラーの誤りとホットハンドの誤りと呼ばれる典型的な2つの判断ミスを取り上げよう。

3.4.1. ギャンブラーの誤り

いま、コインの表か裏かにカネを賭けるコイン賭けを続けて行う場合を考えよう。表が出る確率も裏が出る確率も50％なので、それまでにどちらの出目が出ようが、次に表が出る確率は50％で変わらないと考えるのが合理的な判断である。ところが、何度か続けて表が出ると、次に表が出る確率を小さく見積もるミスを犯してしまう。表裏の相対頻度がそれぞれ50％になるという確率法則を、たかだか数回のサンプルに当てはめてしまうからである。このように小さなサンプルの頻度分布として、母集団の分布を当てはめてしまう行動をギャンブラーの誤り（gamblers' fallacy）という。

実際の賭けや投資の現場でも、次々とランダムに起きる結果を見ながら次にどう賭けるか（投資するか）を考えていくような状況がある。以下の実例に挙げるように、ギャンブラーの誤りが観察されるのはそのような場合である。

---

10) Tversky and Kahneman (1971) 参照。

ケース1　カジノのルーレット賭け

カジノで行われているルーレット・ゲームの現場で、ギャンブラーの誤りが観察されることが知られている。ルーレット・ゲームには、勝つと掛け金が倍になって戻ってくるイーブンマネー・ベット（even-money bet）という賭け方がある。たとえば、回転盤で次にボールが落ちるポケットが、偶数番号か奇数番号か、黒色か赤色か、小さい数（1 -18）か大きい数（19-36）かのどちらかに賭けて、当たれば賭けたカネとそれに等しい額の配当（even money）が戻ってくるゲームである[11]。

ボールがどのポケットに落ちるかは毎回ランダムに決まるので、イーブンマネー・ベットの片方のアウトカム（たとえば偶数）が出る確率はもう一方（たとえば奇数）の確率といつも等しく、配当の期待値も違わない。したがって、参加者が合理的であれば、どちらに賭けるかは片方に偏らないはずである。

ところが、片方のアウトカムばかりが連続して出続けると、もう片方のアウトカムに賭ける割合がしだいに高くなる傾向が見られる。実際に、レイチェル・クロソン（Rachel Croson）とジェイムス・サンダーリ（James Sundali）がカジノ店で3日間のデータを調べたところ[12]、同じアウトカムが連続して出る回数が少ない場合には、次に賭ける割合は2つのアウトカムで大きく変わらないのに対し、同じ目が5回以上続くと、反対のアウトカムに賭ける割合がにわかに高くなった。6回以上続いた場合には、じつに85％が反対のアウトカムに賭けている。文字どおりギャンブラーの誤りがカジノで起きていたことになる。

ただ、ルーレットの賭けでは、このように誤った確率判断を行っても損にならない。どちらに賭けても配当の期待値は変わらないからである。これに対して、参加者がどこに賭けるかによって賞金額が変わってくる場合には、ギャンブラーの誤りはそのまま選択者の損得に関わってくる。それが次の例である。

ケース2　パリ・ミュチュエル賭け

宝くじや競馬の賭けの場合のように、券の総売り上げから主催者の取り分を

11）ただし、玉が0か00に落ちた場合は、賭けたカネは没収されるので、2つの出目の確率は足しても1にはならない。フェアでないこの部分が、場代としてカジノ側の儲けになる。
12）Croson and Sundali (2005) 参照。

差し引いた残りを当選者で山分けする方式の賭けをパリ・ミュチュエル賭け（pari-mutuel betting）という。パリ・ミュチェエル賭けでは、当選確率の割に人気がある券の賞金の期待値は低く、人気がない券ほど賞金の期待値は高くなる。その結果、ギャンブラーの誤りによってバイアスのある確率判断をすると、期待値の低いアウトカムに賭ける結果に陥ってしまう。

たとえば、米国の各州で毎日行われている3並び数当てクジ（"ピック3ゲーム"）のケースである。このクジの参加者は、1枚50セントのチケットを買って、000〜999の1,000通りの3並びの数のどれかに賭ける。ランダムに決まるその日の3並び数を当てた人たちに総売り上げの52%が払い戻される。残りの48%は州の取り分である。どの3並び数も当たる確率は同じ0.1%なので、人気が同じならどれに賭けても賞金額は同じ（1枚当たり50セント×0.52×1,000＝260ドル）になるはずである。

ところが、デク・テレル（Dek Terrell）が5年間1,785回の当選結果を集計してみると[13]、配当賞金額に大きくバラつきが見られた。具体的には、どれくらい直近に同じ数が当たり数になっていたかによって配当金が大きく違ってくることがわかった。

図3-1を見てほしい。直近1週間以内に当たり数となった数がたまたま当たり数になった場合、平均配当金は349.06ドルと、偏りがない場合の賞金額（260ドル）に比べて34.3%も高い結果になっている。このことは、多くの参加者が、前週に出た数と同じ数が出る確率を低く見積もってしまうギャンブラーの誤りを犯していたためと考えられる。当たる確率が変わらないのに人気のないこうした当たり数に賭けていれば、30%を超える超過リターンが得られていたことになる。

こうしたギャンブラーの誤りは、実験的に被験者にランダムなアウトカムの系列を作らせることでうまく観察できる。この場合、被験者は過度にバランスのとれたジグザグ（出目の反転）を想定し、負の系列相関をもつ系列を提示してしまう。同じように、ランダムな系列を見て次の出目を予想する場合には、直近に見た出目と反対が出る確率を過大に評価し、反対の出目に賭けようとす

---

13) Terrell（1994）参照。

図3-1 パリ・ミュチュエル賭け——最後に同じ当たり数が出た日と平均配当額の関係

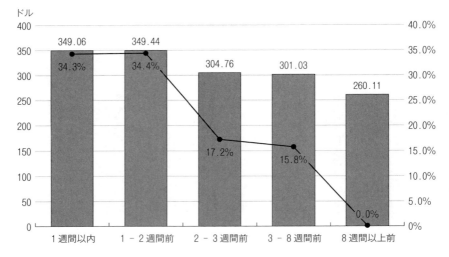

注：Terrell (1994), Table 1 より作成。米国ニュージャージー州の3並び数当てクジの5年間の結果をまとめたもの。最後に同じ当たり数が出た日と平均配当額の関係を表す。超過配当率は、ギャンブラーの誤りが発生しない場合の期待配当額（260ドル）に比べた場合の超過率を表す。この値が大きいほど、ギャンブラーの誤りの程度が大きい。

る。これがギャンブラーの誤りである。

これとは逆に、ランダムな系列にたまたま同じ出目が続くと、その出目がもっと続くと予想してしまう判断ミスがある。次に述べるホットハンドの誤りである。そこでは、ギャンブラーの誤りとは反対に、ランダムな系列に正の系列相関があると信じてしまう。

3.4.2. ホットハンドの誤り

バスケットボールや野球などスポーツの世界では、ショットの成功が続くと、ますますショットの成功率が高くなると信じられている。こうした傾向は、「好調」とか「当たり」を意味する慣用句——ホットハンド（hot hand）——を用いてホットハンド効果と呼ばれている。ところが、トーマス・ギロヴィッチ

（Thomas Gilovich）がトゥヴァースキーらとともに米国の名門プロバスケットボールチーム（フィラデルフィア・セブンティシクサーズ）のショットの記録を調べたところ[14]、各プレーヤーのショット成功率に有意な自己相関は見られず、ショットが成功するかどうかはその前にどれだけショットの成功が続いているかにまったく依存していなかった。ホットハンド効果を信じる多くの人びとは、ショットの成功が続くのを見ると次の成功確率を過大に見積もっていることになる。このようにたまたま同じ出目が続くと、同じ目が出る確率を過大に見積もってしまう判断ミスがホットハンドの誤り（hot hand fallacy）である。

　こうしたスポーツの場合には、プレーのアウトカムが本当にランダムに発生するかどうかを厳密に判断するのは難しい。そのために、ホットハンド効果と信じられているすべてがホットハンドの誤りなのかどうかについては結論が出ていない（コラム3-1を参照）。これに対して、アウトカムがランダムに決定されるギャンブルの現場では、もっとはっきりした形でホットハンドの誤りが観察される。たとえば、次のロトの例である。

ケース3　ロトのラッキー店効果

　ロトや宝くじでは、高額当選の出た店舗の一覧表が出回って、当選店の売上額が急増する現象がしばしば見られる。当選がランダムに決まるにもかかわらず、このように当たり券を出した店でこれから売られる券の当選確率が上がると予想するのは、ホットハンドの誤りである。

　実際に、ジョナサン・グリアン（Jonathan Guryan）とメリッサ・カーニー（Melissa Kearney）が、米国のロトテキサス販売店の売り上げデータを分析したところ、当たり券を出した販売店の売り上げは数カ月以上にわたって高止まりすることがわかった[15]。ホットハンドの誤りに起因すると考えられるこの現象を、彼らは「ラッキー店効果（luck store effects）」と呼んでいる。

　図3-2は、彼らの推定結果をもとに、ラッキー店の売り上げが、当たりの出た日（当選日）を境にしてどのように急増するかを図示している。ただこう

14）　Gilovich et al. (1985) 参照。
15）　Guryan and Kearney (2008) を参照。

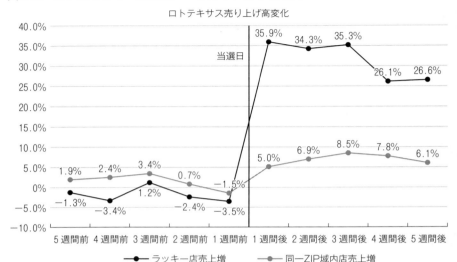

図3-2 ロトのラッキー店効果——ホットハンドの誤り

注：Guryan and Kearney (2008), Table 2 より作成。当たりクジが出たロト販売店をラッキー店とし、その店と ZIP コードで同一地域にあるロト販売店との間で、当選週の前後10週間での売り上げの推移を比べている。縦軸は平均からの乖離率を表す。

した現象は、単に当たりが出たことで地域内にロト・ブームが起き、それがラッキー店の売り上げ増につながっただけかもしれない。その可能性を考慮するために、図では、ラッキー店と同じ郵便番号（zip コード）の地域内販売店全体の売り上げの動きも示している。グラフからわかるように、地域内の売り上げも当選日を境にわずかながら増加しているものの、ラッキー店の売り上げ増の方がはるかに大きい。ラッキー店効果が、単にその地域にブームが起きたために生じたのではなく、当たりの出た店で売られるロトに高い当選確率を見積もるというホットハンドの誤りが発生したことに起因していることがわかる。

3.4.3. フレディ・モデル

ギャンブラーの誤りでは、直近に見た出目と反対の出目が出る確率を過大に評価し、その出目に賭ける。これに対して、ホットハンドの誤りでは、直近に連続して出た出目と同じ出目の確率を過大に見積もる。2つの「誤り」は一見

反対に見えるが、以下に説明するように共に少数の法則に起因する判断ミスとして理解できる。

　直感的にいえばこうなる。小さなサンプルに母集団の確率分布をむりやり当てはめてしまうのがギャンブラーの誤りであり、これに対して偏ったサンプルが得られたときにそれに合わせて母集団の確率分布を変えてしまうのがホットハンドの誤りである。どちらも、小さなサンプルに見られる相対頻度分布と母集団の確率分布の間で整合性をとろうとして生じる誤りである。その意味で両方とも少数の法則に起因していることに変わりない。

　こうした議論を正確に理解するために、マシュー・ラビンが提案したのがフレディ・モデルである[16]。フレディ（Freddy）とは、少数の法則に従って確率判断をしてしまう人のいわばステレオタイプでありラビンが知人にちなんで名付けたものである。フレディは、賭けに臨んでなんらかの確率判断をする場合、いつも限られた個数の色つきボールが入った壺を使って確率の計算をする。たとえば、コイン賭けを続けて行う場合、赤と白のボールが5個ずつ入った壺から1つを取り出してボールの色を当てる賭けに問題を置き換えて考える。

　合理的な人であれば、ボールを引くたびにそれを壺に戻して確率を考える。その場合、続けて賭けをしても、壺の中のボールの構成は変わらないので、次に赤が出るか白が出るかは半々の確率で変わらない。結果、コイン賭けではそれまでのコインの出方がどうであろうと（たとえば、表、裏のどちらかに偏っていても）、次に表が出る確率は50％で変わらないと正しく判断する。

　ところがフレディは、ボールを引いてもある回数まではボールを壺に戻さないで——つまり壺の中身をアップデートしないで——次に引く色の確率判断を行い、そのためにつねに少数の法則による誤りを犯してしまう。たとえば、1回目に赤を引くと、2回目に引こうとする壺には赤が減っているので白が出やすいと考えて白に賭ける。こうしてフレディはコイン賭けでは1回目に表が出れば2回目には裏にかけるギャンブラーの誤りを犯す。

　ある回数まで壺の中身をアップデートしない確率判断がなぜ少数の法則につながるのだろうか。引いたボールを戻さない壺で確率を考えるフレディは、少

16）Rabin (2002) を参照。

数の要素（ボール）からなる「母集団」を考えていることになる。それが少数の法則につながる。そしてボールを引くたびに推定する「母分布」が変化し、それがギャンブラーの誤りや以下に説明するホットハンドの誤りを引き起こす。

10回引くまでボールを戻さない（アップデートしない）極端な場合を考えればわかる。この場合10個という小さなサンプルを取り出すだけで赤と白の構成比率が必ず50％ずつになる。つまりフレディは10個という小サンプルの中でも赤白各50％という本当の分布（母分布）——大数の法則から、それは無限個のサンプルを無作為に取り出さないかぎり確実には得られないはず——が得られるという意味で少数の法則を信じていることになる。アップデートしない回数がもっと少ない場合（たとえば、3回引くまではボールを戻さない場合）でも、次の出目の予想がアップデートされない直前のアウトカムに影響されて少数の法則的な行動が引き起こされるのは同じである。

さて、ギャンブラーの誤りは、赤白各50％のように壺の中身の構成がわかっている場合に起きる。その場合、1つの色のボールが出ると、フレディの壺ではその色の数が必ず減るからである。その結果、次に同じ色のボールを引く確率は低くなり、ギャンブラーの誤りが起きる。

ところが、壺の中身が不確実な場合には、新しい効果が加わる。少数の法則に従って、少ないサンプルでも半々に出るはずだと考えるフレディは、たまたま同じ色のボールばかりが続けて出ると、それが本当にランダムに発生したものであっても、壺の中身の構成（確率分布）が当初考えていたものと違うのではないかと考え始めるからである。つまり、本当の壺の中身（確率分布）がわからないために、片寄ったサンプルに合わせて壺の中身（確率分布）についての予想を修正してしまう。その結果、サンプルの構成に見られるステレオタイプに引っ張られる形で、次にも同じボールが出る確率を過大に見積もる。これがホットハンドの誤りを引き起こす。

バスケットボール・プレーヤーの例で言えば、たまたまショットの成功が続くと、それがランダムであっても、少数の法則からフレディはプレーヤーの能力や調子（ホットハンド！）（壺の中身）を過大に見積もる。その結果、次のショットも成功すると過度に予想してしまう。

壺の中身が不確実なケースは、アウトカムが1つの壺から発生するのではな

表3-1　投資ファンドのタイプ

	投資ファンド		
	タイプL	タイプM	タイプH
G が出る確率	0	$\frac{1}{2}$	0
マーケットでの比率（相対分布）	$\frac{1}{3}$	$\frac{1}{3}$	$\frac{1}{3}$
フレディの壺	(B, B, B, B)	(G, G, B, B)	(G, G, G, G)

注：G、Bはそれぞれ投資ファンドの運用パフォーマンスが市場より良い結果、悪い結果になることを表す。

く、アウトカムを発生させるいくつかの異なった壺があると考えればわかりやすい。どの壺からアウトカムが発生する（ボールが取り出される）かは、さまざまな環境の状態——たとえば、選手の調子、ファンドマネジャーの能力、景気——によって確率的に決まる。同じ出目が続くような偏ったサンプルを見ると、それがどの壺から出たのかを予想するときにフレディはステレオタイプに引きずられた誤った確率判断をしてしまう。これがホットハンドの誤りの原因になる。

　投資ファンドのパフォーマンスを予想する場合を考えてみよう。表3-1にまとめているように、多数ある投資ファンドは、パフォーマンスの高低によって大きくH（高）、M（中）、L（低）という3種類に分類されるとする。タイプHのファンドなら、必ず市場を上回るリターンを獲得し、タイプMは1/2の確率で市場リターンを上回る。タイプLのパフォーマンスは、必ず市場を下回る。どのタイプも全ファンドの1/3ずつ占めているが、どのファンドがどのタイプに属するかはわからない。

　いま、あるファンドに投資したところ、2年にわたって（つまり2回連続で）市場を上回るリターンが得られたとしよう。このファンドで運用を続けた場合、今年のリターンが市場を上回る可能性はどれくらいあるだろうか。もちろんその確率判断は、このファンドがタイプH、M、Lに属する確率がそれぞれどのくらいあるかにかかっている。

　少数の法則にとらわれたフレディは、このときにタイプHである確率を過大に見積もってしまい、それがホットハンドの誤りを引き起こす原因になる。

フレディの判断を説明するために、各タイプのファンドを壺H、M、Lで考えよう。どの壺にもG（良いパフォーマンス）またはB（悪いパフォーマンス）と書いたボールが合計4つ入っている。タイプの設定から、壺HにはGのボールが4つ、壺MにはG、Bのボールが2つずつ、壺LにはBのボールが4つ入っている。壺からボールを引くことで、運用パフォーマンスが決まる。

2回続けてGが出た場合、投資先の壺はタイプHかMのどちらかになる。このとき、フレディはこの壺がタイプMである確率を合理的な判断より小さく見積もり、タイプHである確率を大きく見積もってしまう。なぜなら、彼の場合一度引いたボールは壺に戻さないので、{G,G}という出目がタイプMの壺から出る確率（(2/4)*(1/3)=1/6）を実際（ボールを引くたびに壺に戻して計算される確率、(1/2)^2=1/4)）よりも過小に評価してしまうからである。このように、同じ出目に偏ったアウトカムの系列が出たときに、そうした偏りが出やすい状態（壺のタイプ）が生じている確率を過大に見積もることを過大推定（over-inference）という。母集団の確率分布がわからないときに、少数の法則にしたがって、たまたま出た片寄ったアウトカムの相対頻度に似せて母集団の分布に歪みをもたせてしまうのが過大推定である。

そして過大推定によって歪められた確率分布を使って判断すると、偏ったアウトカムがさらに続くと予想してしまう。これがホットハンドの誤りである。正確に言えば、フレディの判断の場合、タイプHである確率が過大推定される一方で、ギャンブラーの誤りが働いて、壺がタイプMであった場合にGの出る確率は低下する。壺のタイプを判断するときに働くこの過大推定の効果と、壺ごとに働くこのギャンブラーの誤りという2つの相反する効果の大小によって、3年目に続けてGが出るかどうか、つまりホットハンドの誤りが起きるかどうかが決まる。一般に、アウトカムの系列が短い短期では、1つ目の過大推定の効果が弱いのでギャンブラーの誤りが発生するのに対して、長い系列が観察される長期では、偏った出目が長く続いた場合に過大推定の効果が勝って、ホットハンドの誤りが発生する[17]。

ところで表3-1の例では、話を簡単にするために、どのタイプのファンド

---

17) Rabin and Vayanos (2010) を参照。

も同じだけ存在し、さらに投資家たちはそのことを正しく認識していると仮定していた。各タイプの市場シェアを投資家が正しく知らないような現実的なケースでは、彼らは各タイプの分布を予想し、その予想をファンドの運用成績のアウトカムを見ながら毎年修正していくことになる。その場合、たとえば、{G,G}のような偏った出目が観察されると、ホットハンドの誤りによって、タイプ間の相対分布がGの出やすいタイプHの方に歪んで修正される。その結果、Gが続けて起こる確率が過大推定される。

　ホットハンドの誤りにもとづいたこうした判断ミスは、実際にはタイプMのファンドしか市場に存在しない場合にも起きるかもしれない。つまり、本当はタイプMのファンドから良いパフォーマンスGと悪いパフォーマンスBがまったくランダムに生じているに過ぎないのに、3つのタイプL、M、Hがあると思い込んでいる場合である。その場合、フレディは{G,G}というサンプルを見て、（実際にはない）Hの方に歪んだ確率分布を想定し、Gのストリークが出る確率を過大推定してしまう可能性がある。

　これまで見てきたように、一見逆の判断ミスに見えるギャンブラーの誤りとホットハンドの誤りという2つの判断ミスを、等しく少数の法則に起因する誤りとして理解することができる。実際に、1つのギャンブルを何度も繰り返して行うような場合、両方の誤りが同時に観察されることも少なくない。たとえば、以下の場合である。

ケース4　ロトの賭け金に見るギャンブラーの誤りとホットハンドの誤り
　「システム・ロト」と呼ばれる、デンマークの公営インターネット・ロトでは、1〜36の数から7つの数字を選び、チケット（1枚3デンマーククローネ〈50円程度〉）を購入してその数に賭ける。毎週土曜日に行われる抽選会で、7つの当たり数がランダムに決まる。賞金は、その当たり数との合致の仕方や合致数によってパリ・ミュチュエル方式で支払われる（払戻金は売り上げの45%）。
　人びとが毎週どの数にいくら賭けたかを調べることで、ギャンブラーの誤りやホットハンドの誤りが起きているかどうかを調べることができる。たとえば、ギャンブラーの誤りを犯す参加者であれば、ケース2の3並び数当てクジの

図3-3 ロトの賭け金に見るギャンブラーの誤りとホットハンドの誤り

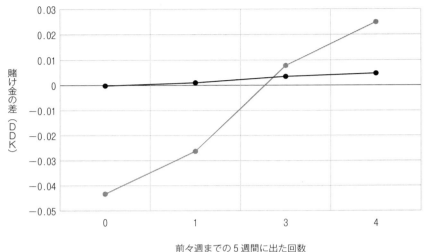

注：デンマーク公営のインターネットロトのデータにもとづいたスエテンスらの回帰結果（Suetens et al. [2016], Table 2, active sample）より計算し作成。過去6週間の抽選で出なかった数への平均賭け金を基準とし、それとの賭け金の差を表している。表示通貨はDDK（デンマーククローネ、1 DDK＝約18円）。ギャンブラーの誤りは、前週出た数への賭け金が出なかった数への賭け金よりも小さいとき発生している。ホットハンドの誤りは、前々週までの5週間に出た回数が多い数ほど、賭け金が増加しているところに見て取れる。

場合と同じように、前の週に出た当たり数に賭けるのを避けたり、その数への賭け金を減らしたりするはずである。さらにホットハンドの誤りのもとでは、直近の数週間に頻繁に出た数があれば、その数をあえて選んだり、そこへの賭け金を増やしたりすることが予想される。

シグリッド・スエテンス（Sigrid Suetens）らは[18]、こうした予想にもとづいて、システム・ロトの電子データから、ギャンブラーの誤りやホットハンドの誤りが起きているかどうかを検証している。図3-3は、各数字（1〜36）への平均的な賭け金が、2つの要因、つまり（1）その数が前週に当たり数として引かれたかどうか、（2）前々週までの直近5週の間にその数が何回当たり数に

---

18) Suetens et al. (2016) を参照。

なったか、によってどのように違ってくるかを調べた結果である。ただし、ここでは、前週にも前々週までの直近5週間にも（つまり直近6週間に）当たり数にならなかった数への平均賭け金を基準とし、それとの差を示している。前週当たった数への賭け金が前週当たらなかった数への賭け金よりも小さければ、ギャンブラーの誤りが起きていると判断できるだろう。図3-3からわかるように、前々週までの直近5週間に多くても1回しか当たり数にならなかったホットでない数の場合に、前週出た数への掛け金（薄い線）が前週出なかった数（濃い線）の掛け金よりも小さくなっている。ギャンブラーの誤りである。スエテンスらの推定によれば、ホットでない数の場合、前週の当たり数への賭け金はギャンブラーの誤りによって2％程度減少する。

　その一方で、図3-3の2本の右上がりのグラフは、前々週までの5週間に当たった回数が多い数ほど、賭け金が大きくなることを示している。多頻度で出た数ほど今後も出やすいと予想するホットハンドの誤りを示す結果である。とくに、前週当たった数への賭け金の場合、グラフの傾きが急になっていて、ホットハンドの誤りが顕著になっているのがわかる。前週当たらなかった数では、運の連続（ストリーク）が前週で切れているのに対して、前週の当たり数の場合、前週を含めて過去6週間とストリークが長くなり、その数のホットさ（ツキの印象）が強まるからである。前週の当たり数の場合、ストリークが1回伸びるごとに賭け金が平均1％増えるというのがスエテンスらの推定である。

　これらは全参加者を集計した平均的な傾向である。システム・ロトでは参加者個人のロトの購入データがあるので、上で見たようなギャンブラーの誤りやホットハンドの誤りの強さをさらに個人レベルで推定することができる。フレディ・モデルのところで説明したように、2種類の「誤り」とも少数の法則という共通の判断ミスに起因しているのであれば、少数の法則に陥りやすい人ほど両方の「誤り」とも犯しやすく、したがって、片方の「誤り」——たとえばギャンブラーの誤り——を犯しやすい人ほど他方の「誤り」——たとえばホットハンドの誤り——も犯しやすいことが予想される。

　このことを調べたのが図3-4である。横軸の「ギャンブラーの誤りの強さ」は、前週当たった数への賭け金が、当たらなかった数の場合よりどのくらい小さくなるかを推定し基準化した値で測っている。横軸のプラスの領域は、ギャ

図3-4 ギャンブラーの誤りが強い人ほど、ホットハンドの誤りも強い

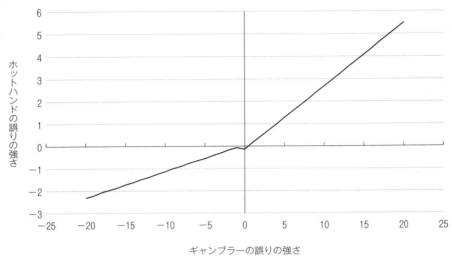

注：スエテンスらの回帰結果(Suetens et al. [2016], Figure 2, 図注)にもとづいて計算し作成。横軸の「ギャンブラーの誤りの強さ」は、ロトで前週出た数への賭け金が、出なかった数の場合よりどのくらい小さくなるかを推定し基準化したもの。プラス値は、ギャンブラーの誤りが発生していることを表す。「ホットハンドの誤りの強さ」は、前々週までの5週間で出た回数が1回増えるとその数への賭け金をどれだけ増やすかで計測し基準化したもの。

ンブラーの誤りが発生していることを表している。縦軸の「ホットハンドの誤りの強さ」は、前々週までの5週間に出た回数が1回増えるごとに、その数への賭け金をどれだけ増やすかで計測し基準化した値である。予想どおり、図は、ギャンブラーの誤りの傾向が強い個人ほど、ホットハンドの誤りを犯しやすいことを示している。

3.5. 金融・投資行動に見る代表性のヒューリスティック

これまで見てきたように、ギャンブルのように、意思決定に確率的な判断が要求され、そのアウトカムが金銭で評価される場合には、代表性のヒューリスティック、とくに少数の法則の影響が観察されることが多い。とりわけ、価格などの情報が何度も繰り返して発信されサンプルに加わってくる株式市場の現場では、類似の現象が観察されやすい。

ケース5　反転頻度（ストリークの短さ）によって順張り・逆張りが決まる

　前項で説明したように、マーケットの動きによって次つぎと新しいデータが加わる資産市場の場合、たとえば株価の上昇・下落のような出目の続き方──ストリーク──によって将来価格についての確率判断が少数の法則の影響を受けて大きく変わってくる可能性がある。株価の動きに反転が多く、したがって一方向のストリークが短い場合には、ギャンブラーの誤りから直前に上昇していれば売り、下落していれば買いというように、直前の価格変化と逆の方向に賭ける逆張り戦略が支配的になる。逆に、価格系列に反転が少なく、一方向のストリークが長い場合には、ホットハンドの誤りによってさらに長いストリークが予想され順張りの取引が優勢になる。

　こうした関係は経済実験やフィールドデータでも報告されている。たとえば、参加者に過去の株価系列を見せて、その株に対する売買価格を表明させる経済実験である。ロバート・ブルームフィールド（Robert Bloomfield）とジェフリー・ヘイルス（Jeffrey Hales）は[19]、半々の確率で毎日1ドルずつ上下する株価であることを説明したうえで、過去8日間の系列を参加者に見せる（図3‐5の例を参照）。翌日（9日目）に株価が上がれば100ドル、下がれば0になるという前提で、実験参加者はそれをいくらで売り買いするかを表明する。確率的に翌日の株価が100ドルか0ドルかが決まり、売買代金との差が参加者の取り分になる。参加者に見せる株価系列として、反転回数の違う16通り（ミラーイメージの2枚を8通り）が用意されていて（図3‐5の例は1回反転して上昇する場合）、見せられる株価系列によって売買価格がどのように違うかを調べるのがこの実験の目的である。

　図3‐6に結果をまとめている。少数の法則から予想されるとおり、反転頻度が低い（したがってストリークが長い）株価系列を見た参加者は順張り（プラスの投資額）の投資を行い、反転頻度の高い（ストリークの短い）系列を見せられた参加者は逆張り戦略をとっていることがわかる。

　ストリークが長いほど順張りが強くなる傾向は、実際に株式のCFD（contracts for difference：差金決済先物）取引でも報告されている。CFDとは、

───────────────

19）　Bloomfield and Hales (2002) を参照。

図3-5 反転頻度が1で上昇する場合

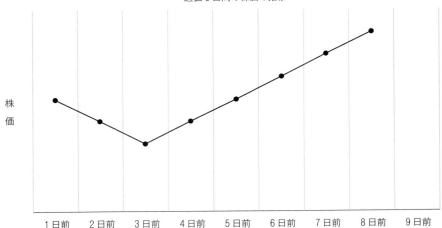

注：Bloomfield and Hales (2002) の経済実験では、このような図が16通り用意され、実験参加者の意思決定に先立って見せられる。

決済を反対売買の差額（差金）だけで行う先物商品である。CFD取引を仲介する証券会社には、携帯電話のプッシュ通知機能を使って、株価の一方向変化（上昇・下落）が何日続いたかというストリークの長さを顧客投資家に通知するサービスを行っているところが多い。マティアス・ペルスター（Matthias Pelster）は[20]、そうした証券会社がもつ顧客のCFD取引データを使って、日次株価変動に見られるストリークの長さがそれを通知された投資家の株式売買にどのような影響を与えるかを調べている。そこでは、株価の日次変化が長いストリークを示す場合ほど、投資家が順張り取引をする確率が高まることが示されている。

ケース6　外挿予想にもとづく株式投資

株式などの金融資産のマーケットでは、市場参加者は資産の価格・リターン

---

20) Pelster (2020) を参照。

図3-6　反転頻度が低いと順張り、高いと逆張り

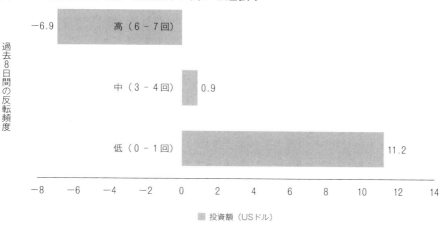

注：Bloomfield and Hales (2002) の実験結果（Table 1）から作成。半々の確率で毎日1ドルずつ上下するランダムウォークに従う株価を8日間観察した後、その株をいくらで売買するかを決める経済実験。9日目に上がれば100ドル、下がれば0になる前提。図の数値は、平均売買価格と期待値50との差を表す。プラスなら直前の株価変化に照らして順張り（直前に上昇なら買い、下落なら売り）の取引を行うことを表し、マイナスなら逆張り（直前に上昇なら売り、下落なら買い）の取引を表す。

やファンダメンタルズのデータを高い頻度で長期間観察しながら、将来のリターンを予想し、投資の決定を行う。そのために、価格にせよ、企業の利益情報にせよ、上昇か下落の一方が続く長いストリークが観察されると、ホットハンドの誤りによってそのストリークを単純に外挿して将来を予想する傾向が出てくる。ストリークが起きやすい経済状態を少数の法則（ホットハンドの誤り）によって過大推定したためにそのような外挿的な予想が生じた場合、将来にストリークが続く確率が過大に見積もられてシステマティックな予想エラーが発生することになる。

　たとえば、ニコラ・ジェンナイオーリ（Nichola Gennaioli）とアンドレイ・シュライファーが、1998～2021年の期間について、米国企業のCFOによる自社の収益成長率予想が過去の収益成長率実績とどのような関係があったかを調べたところ、両者の間に明確な正の相関が見られた[21]。つまり、過去の利益成

21）ジェンナイオーリ＝シュライファー (2021), pp.122-123。

長率が高い場合に CFO は将来の利益成長率を過大に予想し、低い利益成長率を経験した CFO は将来の利益成長率を過小に予想してしまう。こうした外挿的な予想は、予想誤差が過去の情報によって予測されてしまうという意味で合理的ではなく、明らかに確率判断の誤り——ホットハンドの誤り——を犯している。

　投資家が企業の利益成長率をこのように外挿的な形で行うとすれば、それまでに高い利益成長率を示した企業の株ほど過大に評価され、その後低いリターンを示すことが予想される。このことを調べるために、ペドロ・ボルダーロ（Pedro Bordalo）らは、1981〜2015年の各年に証券アナリストらが行った米国企業の長期利益予想にもとづいて、10分位の株式ポートフォリオを作り、その後1年間のリターンを比べている[22]。その結果、予想どおり、高い利益予想に対応するランキングポートフォリオほど、その後1年間のリターンが低くなる傾向が見られた。とりわけ、最も高い利益予想のポートフォリオのリターンが平均3％であったのに対して、最も低い利益予想のポートフォリオのリターンは15％に達している。その差は誤差の範囲を大きく超えている。

ケース7　少数の法則とリターンの予測可能性

　ケース6で見たように過去のストリークに応じた外挿的な確率判断で利益などのファンダメンタルズの予想が行われる場合、たまたま好ましいショックが続くと良好なファンダメンタルズがそのまま続くと予想され（ホットハンドの誤り）、しばらくの間株式は超過リターンを生じてリターンに正の系列相関が観察されることになる。これがモーメンタム現象である。この現象を最初にレポートしたのがナラシマン・ジャガディッシュ（Narashiman Jegadeesh）とシェリダン・ティットマン（Sheridan Titman）である[23]。彼らは、過去3カ月から12カ月の間に相対的に値上がった株（ウィナー株）は、同期間に値下がった株（ルーザー株）よりもその後3カ月から12カ月の平均リターンが年率で12ポイントも高かったことを示している。

22）　Bordalo et al. (2019) 参照。
23）　Jegadeesh and Titman (1993) 参照。

こうしたモーメンタム現象は、世界のほとんどの株式市場で観察されるものであるが、日本市場だけは例外であることが飯原・加藤・徳永によって最初に発見されている[24]。その後、ファーマとフレンチは1990〜2010年のデータを使って、さらにジャガディッシュとティットマンは2000〜2020年のデータを使って、北米、欧州、日本・アジアにおけるモーメンタム効果の有無を調査しているが、やはり日本市場だけモーメンタム現象が見られないことが報告されている[25]。ホットハンドの誤りが日本市場にだけ見られないという現実は、日本の市場参加者だけが合理的なのかという実証的な課題を残した。モーメンタム効果が観察されないという日本市場の特殊性について理由はわかっておらず、海外の研究者も日本の文化の特殊性に着眼するなど、さまざまな角度から究明に取り組んでいるテーマである[26]。

　さて、実際に直近の日本市場においてモーメンタム現象がどの程度観察できるか（できないか）について見ておこう。図3-7は、2000年から2024年までの直近期間において、ウィナー株に投資するモーメンタム戦略を続けた場合の累積リターンと、ルーザー株に投資するリバーサル戦略を続けた場合の累積リターンを示している。計算方法はジャガディッシュとティットマンと同じであるが、対象とする銘柄の範囲と検証期間は異なっている。彼らは1965〜1989年を標本期間として、ニューヨーク証券取引所と当時のアメリカン証券取引所の全銘柄を対象としているのに対して、ここでは、米国市場についてはＳ＆Ｐ500種平均の採用銘柄、日本市場については東証上場の時価総額上位500銘柄を対象としている。彼らのように全上場銘柄を対象とした場合は、規模の小さな株式も対象となり現実の投資戦略にそのまま応用する場合に取引コストの問題が発生するためである。流動性が高い銘柄群に限定している本書の検証の方が、実務的含意があるといえよう。

　ポートフォリオの構成プロセスは以下のとおりである。直近の1カ月を除いた過去1年間における収益率の上位10％の銘柄群を時価総額加重ウェイトで保有するポートフォリオをウィナーポートフォリオ、下位10％を同様のウェ

24）Iihara, Kato and Tokunaga (2004)、城下・森保（2009）を参照。
25）Fama and French (2012), Jegadeesh and Titman (2023) を参照。
26）Chui, Titman and Wei (2010) 参照。

図3-7 日米株式市場における2000年以降のモーメンタム現象

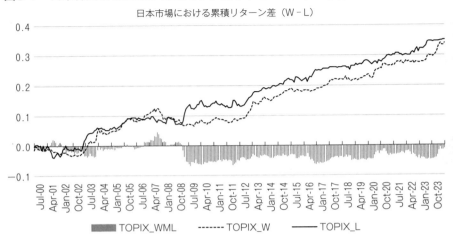

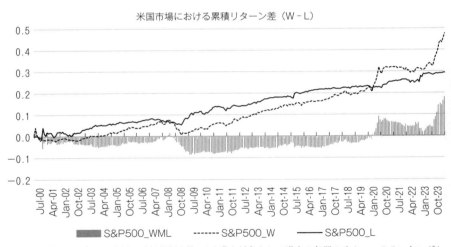

注：日本市場については東証の時価総額上位500企業を対象として過去1年間のリターンのランキングから上位10％のTOPIXウィナーポートフォリオ（TOPIX_W）と下位10％のTOPIXルーザーポートフォリオ（TOPIX_L）を作成（ただし、時価総額加重平均で計算）。米国市場については同様にS&P500種平均採用企業を対象としてS&P500_WとS&P500_Lを作成。Jegadeesh and Titman (1993) の方法にしたがって、保有期間3カ月の各ポートフォリオの累積リターンを計算。TOPIX_WML、S&P500_WMLはそれぞれ日本と米国における、ウィナーポートフォリオとルーザーポートフォリオの累積リターンの差を表す。

イトで保有するポートフォリオをルーザーポートフォリオとする。ただし、リターンのランキングが経時的に変わるので、ポートフォリオの中身は3カ月ごとにリバランスしていく。図では、2000年から2024年までのウィナーポートフォリオの累積リターンを破線で、ルーザーポートフォリオのそれを実線で表し、ウィナーポートフォリオとルーザーポートフォリオの累積リターンの差を棒グラフで示している。この棒グラフがプラス方向に拡大している期間では、モーメンタム現象が生じており、逆の期間ではリバーサル現象が起きていると判断できる。

図3-7から、まず米国市場においては、2020年からの1年間と、2023年の後半からモーメンタム現象が強くなっていることが見て取れる。しかし、それ以外の期間においては強いモーメンタム現象は見られない。日本市場では、どちらかといえばルーザーポートフォリオが優位に推移し、弱いリバーサル傾向が観察されているのがわかる。概して、日本においてモーメンタム現象が弱い。米国においても、かつてジャガディッシュらが報告した年率12ポイントという強いモーメンタム現象は、2000年以降のS&P500では見られない[27]。

こうしたモーメンタム現象は比較的短期の株価変動について見られる現象である。より長期の株価変動については、過去に成績の悪かった株式ほど長期にわたって上昇するというリターンリバーサル現象が報告されている。たとえば、ワーナー・デボンツ（Werner De Bondt）とリチャード・セイラーは1926年から1982年のサンプルから、過去3年の間に値下がった株（ルーザー株）が同じ期間に値上がった株（ウィナー株）よりもその後の3年間において25ポイントも高かったことを示している（De Bondt and Thaler［1985］）。日本では、加藤（2003）や城下・森保（2009）でも最長5年の長期において同様の傾向が見られることを報告している。

1年程度の短期においてはモーメンタム現象が観察されやすく、数年にわたる長期においてはリバーサル現象が生じやすいというこれらの結果は、少数の法則によって次のように解釈できるかもしれない。短い期間においては、株価の一方向の動きが目に付きやすくストリークが長く感じられるために投資家が

---

27) 同様の結果は、Jegadeesh and Titman (2023) でも示されている。

ホットハンドの誤りを犯しやすくなり、それがモーメンタム現象につながる。これに対して、長い投資スパンにおいては投資家が株価の反転を感じやすく、ストリークが投資スパンの割に短く感じられるためにギャンブラーの誤りが生じやすくなる。それがリバーサル現象を引き起こすのかもしれない。

4. 利用可能性のヒューリスティックと金融・投資行動

4.1. 「目立ち」にとらわれる

われわれが物事の起こりやすさや発生確率を見積もるときに、その物事や発生がどのくらい頭に浮かびやすいかで判断する傾向がある。この直感的判断を利用可能性（availability）のヒューリスティックという。

なんらかの判断を行う場合、われわれはメモリー（記憶）に蓄えられている情報を随時取り出して判断の材料にする。利用可能性のヒューリスティックの「利用可能性」とは、その時の思い出しやすさや想起容易性を指す。

メモリーという倉庫にさまざまな情報が断片的な荷物として格納されていると考えればわかりやすい。正確な確率判断を行うにはそれらすべての情報を考慮する必要があるものの、われわれの認知処理能力、とくに熟慮処理（タイプ2）のキャパシティーはそれを行うほど大きくない。そのために、直感処理（タイプ1）が、認知負荷を節約するために簡単に取り出せる荷物——つまり利用可能性の高い情報——だけを利用して判断する。これが利用可能性のヒューリスティックである。

もちろん、実際に起こりやすい物事や観察されやすい事象ほどメモリーから早く取り出せると考えれば、利用可能性は確率判断を行ううえで有用な糸口になると考えられる。しかしそれ以上に、情報の利用可能性はその目立ち（salience）によって大きく左右される。つまり実際の起こりやすさとは無関係の目につきやすい要因にとらわれて、われわれは物事の起こりやすさや発生確率を安易に判断してしまう。これが確率判断に大きなバイアスをもたらすことになる。

たとえば、1990年代後半に米国を中心に発生したITバブルでは、社名にドットコム（.com）を付けるだけで株価が急上昇した。投資家たちは、情報技術（IT）のイメージを喚起させる社名にとらわれるままにその会社を評価し

投資をしていたと考えられる。

日本でもITバブル期におけるドコモ社とそれを保有するNTT社の企業価値をめぐるエピソードは、投資家の利用可能性のヒューリスティックの影響を物語るわかりやすい事例である。米国のITバブルと同時期に、日本の株式市場においてもIT関連銘柄というだけで高く評価されている銘柄が多く存在した。当時は携帯電話が普及し始めた頃で、電話をインターネットに接続するという新しいコンセプトのサービスi-modeを商品化したNTTドコモ社は、特に将来性を高く評価され、IT銘柄の中心的存在であった。親会社のNTTの数ある子会社の中でも最も「目立ち」をもっていた銘柄だといえよう。

さて、ここでNTTドコモの株主構造を見てみると、親会社のNTTが同社株の66％を保有し、残りの34％を一般投資家が保有している。ITバブルが発生したことで、NTTドコモ社が「目立ち」の効果から非常に高く評価され、

図3-8　NTT社とNTTドコモ社の時価総額の推移：1999～2005年

注：NTT社はNTTドコモ社の66％を保有するので、NTT社が保有するドコモ社株時価はドコモ社の時価総額の66％として計算。

親会社の価値よりも親会社がもっている NTT ドコモ株式の価値が上回るという現象まで見られたのである。図 3 - 8 に示すのは、1999年 1 月から2005年12月までの両社の株式時価総額の変化を見たものである。棒グラフで表しているのは、NTT の時価総額から同社が保有する NTT ドコモ株式の時価総額を引いた額である。この値が2000年 2 月頃から負になっている点に注目してほしい。これは、NTT のもつ移動通信以外の他の事業価値が負になっていることを意味しており、理論的にいえば、NTT 社を買収し、同社保有の NTT ドコモ社を市場で売却すれば、巨額の裁定利益が得られることになる。NTT がその基盤の電話事業だけではなく、NTT データ社を含む有力子会社をもつ複合企業であることを考えれば、こうした事態は合理的に解釈できない変則的な状況である。「目立ち」の効果が、大きなミスプライシングを引き起こした 1 つの例といえよう[28]。

4.2. 投資家はニュースの目立ちに反応する

利用可能性のヒューリスティックが働く場合、メディア発信の目立ちによって証券市場の反応が大きく異なってくる。

たとえば、米国ノースウェスタン大学のピーター・クリバノフ（Peter Klibanoff）らの調査によれば、ニューヨーク証券取引所で取引されるクローズエンド型のカントリーファンドは、有名紙の記事になった情報ほど早く証券価格に反映される。彼らが25カ国39銘柄のカントリーファンドを調べたところ[29]、通常のファンド価格はファンドの純資産価値の変動に対して過小にしか反応しないのに対して、純資産価値の変動ニュースがニューヨーク・タイムズ紙の第 1 面に取り上げられた場合には、過小反応の程度が大きく低下することがわかった。

このエピソードは、目立つメディアによって情報が発信されることで価格がそれにすばやく反応するようになることを示している。利用可能性のヒューリスティックがもたらすこのような影響は、たとえ発信される情報が新しいもの

---

28) このケースを「目立ち」効果と解釈しているが、NTT ドコモ社が IT 企業の代表性を強くもつため「代表性ヒューリスティック」のケースとしても解釈できるかもしれない。

29) Klibanoff et al. (1998) を参照。

でなくても発生することがある。つまり、既報の情報であってもそれが有力メディアによって発信されることで、情報に目立ちが生じマーケットに多大な影響をもたらす場合がある。米国バイオテクノロジー企業エンターメッド（EntreMed）社の有名な事例である。

1998年5月3日のニューヨーク・タイムズ紙日曜版第1面に、エンターメッド社が特許をもつガン新薬開発の記事が掲載されるや、同社の株価が翌月曜日終値で4倍に高騰し、その後も3週間にわたって2・5倍の高値で推移した。ところが、この記事の内容は、すでに5カ月前にネイチャー誌やニューヨーク・タイムズ紙自身によって報じられたものであり、新規性のまったくないものであった。このエピソードを分析したガー・フーバーマン（Gur Huberman）とトマー・リゲブ（Tomer Regev）の言葉を借りれば、目立つ記事で取り上げられたために同社株は「何もないのに暴騰（Nonevent that made stock prices soar）」（Huberman and Regev［2001］の論文タイトル参照）したことになる。

有名紙の1面に報じられることで、ガン新薬の情報が目立ちを増し、利用可能性のヒューリスティックを使う投資家たちの行動を刺激したものと考えられる。その後、1998年11月にガン新薬の治験結果が再現できないことが発表される。それ以降エンターメッド社は低迷を続け、2021年に株主からの要請を受けて社名をCASIファーマシューティカルズ（CASI Pharmaceuticals）に変更している。

4.3. 不注意と注意散漫効果

すでに述べたように、情報の利用可能性は、その内容がどれだけ簡単に想起されるように意思決定者のメモリーに格納されているかを表している。意思決定者の目にとまり注意を引きやすいものほど、情報の利用可能性が高くなる。逆にいえば、利用可能性のヒューリスティックのもとでは、注意を引きにくい「目立ち」の弱い情報に対して反応は弱くなる。実際に、先に示したカントリーファンドやエンターメッド社の例は、目立つニュースにマーケットが強く反応することを示していると同時に、目立ちの弱い情報にはマーケットが反応しないことを示している。

同じように、注意が行き届かないような環境や状態のもとでは、同じ情報で

あっても認知上の利用可能性が低くなり、そのために意思決定者の反応は弱くなる。その意味で利用可能性のヒューリスティックの問題は不注意（inattention）の問題と表裏をなしている。

典型的な例が、デヴィッド・ハーシュライファー（David Hirshleifer）らが「注意散漫効果（distraction effects）」と名付けた現象である[30]。情報量が多かったりその処理負担が重かったりする場合に、情報の受け手の注意力が散漫になり、判断がかえっておざなりになる現象を指している。

たとえば、企業の利益情報に対する株価の反応は、株式市場の週末である金曜日の方が他の平日よりも小さくなる傾向がある。週末は情報に対する投資家の注意が散漫になるからである。米国のステファノ・デラヴィグナ（Stefano Dellavigna）とジョシュア・ポレット（Joshua Pollet）は、このことを示すために1984年から2006年の日次の株式リターンが四半期利益のアナウンスに含まれるニュースにどのように反応したかを調べている[31]。それによれば、利益情報が金曜日にアナウンスされた場合、それ以外の平日にアナウンスされた場合よりも株価の即日反応が15％小さく、2日目以降へ反応の持ち越しが70％も大きくなる。そのために、たとえば企業利益が予想以上に高かったというグッドニュースが金曜日にリリースされた場合、その日のうちにその株をロングすれば翌週には市場を上回るリターンが期待できる。投資家の注意散漫によって、このような超過リターンの機会がマーケットに残されていることになる。

株価への注意散漫効果は、投資家にかかる情報負荷をニュースの件数で計測することで調べることもできる。ハーシュライファーらは、ニュースの件数が多い日にリリースされた利益情報ほど、それに対する株価の即日反応が小さく、翌日以降に反応が持ち越される度合いが大きいことを示している[32]。

5. アンカリング、不完全な調整、および金融・投資行動

われわれが何かの数量や価格の目安を立てるときに、その直前に触れたまっ

30）Hirshleifer et al. (2009) を参照。
31）Dellavigna and Pollet (2009) を参照。
32）Hirshleifer et al. (2009) を参照。

たく無関係な数値に影響されてしまう傾向がある。これをアンカリング（anchoring）という。たとえば、見積もりたい数量や価格のターゲット x_T を当てるのに最初に触れた無関係なヒント x_0 からの認知的な調整が十分になされないために、その見積もりがアンカー（錨）x_0 に引きずられてしまうのがアンカリングである。アンカリングは、したがって「アンカリングと（不完全）調整」とセットにして言われることも多い。

たとえば、以下のような実験を考えよう。

手順1　参加者に各自持参しているクレジットカード番号の下4桁の数値を紙に記入してもらう。

手順2　ベルギーチョコレートを1箱提示して、買い値を尋ねる次の2つの質問に順に答えてもらう。

（1）このチョコレートを、手順1で紙に記録した数に等しい値段（円）で買いますか？

（2）最高いくらまでなら、このチョコレートを買いますか？

このとき、（2）で答えたチョコレートの買い値が、カード番号下4桁の数値に左右されるのがアンカリングである。

上の実験は、米国の心理学者ダン・アリエリー（Dan Ariely）らがアンカリング効果を調べるために設計したパラダイムにもとづいている（アリエリーらの実験では、クレジットカード番号の代わりに社会保障番号が使われる[33]）。アリエリー実験では、最初に（1）で買うか買わないかを検討した値段が高かった参加者ほど、（2）で高い買い値をつける傾向が示される。（1）で検討した値段は回答者にとってはランダムに選ばれた意味のない数値である。その無関係な値がアンカーになって買い値が引きずられるのがアンカリングである。

図3-9は、スウェーデンで行われたアリエリー実験の結果の一部を示している[34]。（1）の問いでは、社会保障番号の下2桁をスウェーデンクローナ（1

33）　Ariely et al. (2003) を参照。

34）　Bergman et al. (2010) を参照。

図3-9 アンカリング——大きな番号を見た人ほど、買い値が高くなる

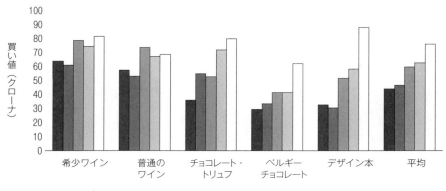

注：Bergman et al. (2010) の結果から、筆者作成。希少ワイン、普通のワイン、チョコ・トリュフ、ベルギーチョコ、デザイン本のそれぞれに対する買い値の平均値を比べたもの。各項目ごとに並んだ5本のグラフは、社会保障番号の下2ケタの大きさによる五分位階層に対応。

クローナ＝約13円）でカウントした価格が使われている。そして（2）で、希少なワインからデザイン本まで5つの商品を見せて、その買い値を尋ねる。どの商品についても、社会保障番号というまったく関係のない数値に買い値がつけられているのが見て取れる。

アンカリングは、実際の取引や交渉に強い影響を与えることが知られている。とくに、不動産価格への影響はダニエル・カーネマンらが取り上げて以来、数多くのエビデンスが報告されている。たとえば、14,000件の住宅取引を調べた米国の研究では、最初の売り出し価格を10～20％高く設定することで、売り値を117～163ドル引き上げられることが示されている[35]。

日本の株式市場では、株式分割が行われたときに、分割前の株価がアンカーになって、株価が分割を十分に反映しないために分割後しばらく超過リターンが発生することが指摘されている[36]。

---

35) Bucchianeri et al. (2013) を参照。
36) 俊野（2004）、第4章を参照。

6. 自信過剰

　ファイナンスや経済に関連した判断にバイアスをもたらす重要な心理的要因として、最後に自信過剰（overconfidence）を取り上げよう。投資上の自信過剰とは、投資判断に必要な将来の見通し、知識や分析能力、取引スキルについて、自分の能力を実際よりも高く評価したり、他者の能力を低く見積もったりすることを指している。自信過剰は人びとの投資行動を過度にアグレッシブなものにし、無駄に幾度も取引を行うような非合理的な行動を引き起こす。

6.1. アクティブ投資パズル

　標準的なファイナンス理論（第1章補論参照）にあるとおり、そもそも合理的な投資家であれば、マーケット全体を代表するようなポートフォリオ（市場ポートフォリオ）を保有し続けるパッシブな投資戦略を採用するので、証券取引やポートフォリオの組み換えは頻繁には行われないはずである。もちろん投資家たちがもつ情報に違いがある場合に取引が発生するが、彼らが合理的であればそうした取引を通じて互いの情報が共有されるようになるので、情報差による取引は徐々に減少していくはずである[37]。

　しかし現実には、多くの投資家が証券取引やポートフォリオの組み換えを短期間に多頻度にわたって行い続けている。たとえば、われわれの調査データによれば、株式取引の1年当たり回数は平均で14.5回（中央値6回）、株式購入時に考慮する平均期間（何カ月先まで考えるか）は6.18カ月（中央値5カ月）である[38]。つまり、平均的な株式投資家でさえ1カ月に一度以上は取引を行っており、取引に際しては半年先しか見ていない。標準的なファイナンス理論の予測に反して、証券取引の頻度やポートフォリオの組み換えが多頻度にのぼるこうした現実を、ケント・ダニエル（Kent Daniel）とデヴィッド・ハーシュライファーは「アクティブ投資パズル（active investing puzzle）」と呼んでい

37）Daniel and Hirshleifer (2015), p.62。
38）HIDB2018データ。サンプル数は4,727。

る[39]。

　アクティブ投資パズルの実態は、実際の証券取引データにもとづいた研究からも数多く報告されている。たとえば、66,000件を超える証券取引口座を調査したブラド・バーバー（Brad Barber）とテランス・オディーン（Terrance Odean）による有名な研究によれば[40]、米国の投資家たちはポートフォリオ価値の平均75パーセント相当額を毎年組み換えており、さらに組み換え頻度が高い投資家ほど、取引コスト調整済みの投資リターンが低くなる傾向がある。調査期間における S&P500のリターンが平均17.9%であったのに対して、組み換え頻度上位20%のグループでは11.4%のリターンしか得られていない。さらにこうした「多頻度取引＝低リターン」の傾向が、オンライン取引を活用している投資家ほど顕著になることをバーバーとオディーンは示している[41]。

　そして、これらのアクティブ投資が自信過剰に起因することを裏付けるように、過去に高い投資リターンを経験しているほど取引頻度が増加する傾向が知られている。たとえば、米国における1960〜2000年の株式の月次リターンを調べたマイヤー・スタトマン（Meir Statman）らによれば[42]、マーケット全体の組み換え取引額はそれ以前のマーケットリターンと数カ月にわたって正相関を示している。こうした傾向は、さらに日本を含む46カ国の株式市場でも観察されることが報告されている[43]。

　過去リターンの高さに応じて株式取引へのアクティブさが増すこうした現象は、その背後に投資家の自信過剰があると考えることでうまく説明できる。高い投資リターンを経験したときに、自信過剰な投資家であれば、たとえそれが偶然生じた幸運によるものだとしても、自分の投資スキルや将来を予想する能力の高さによるものと過信する結果、株式投資により積極的になるからである。

---

39) Daniel and Hirshleifer (2015), p.64を参照。このパズルを「取引パズル（trading puzzle）」
　　と呼んで最初に指摘したのは、デボンツとセイラーである（De Bondt and Thaler [1995]）。

40) Barber and Odean (2000) を参照。

41) Barber and Odean (2002) を参照。

42) Statman et al. (2006) を参照。

43) Griffin et al. (2007) を参照。

6.2. 3タイプの自信過剰

　通常、自信過剰は、「過大評価（overestimation）」「過大配置（overplacement）」「過大精度（overprecision）」という3つのタイプに分けられる[44]。過大評価は、自分の能力や予想されるパフォーマンス、成功の確率などを実際よりも過大に見積もる傾向を指す。過大評価による自信過剰はさまざまな領域で広く見られることが知られている。ビジネスや金融の分野に限っても、たとえば多くの経営者は自分の経営能力を実際よりも高いと過信している[45]。株式投資家の多くは、自分のポートフォリオについて事後的に実現したリターンよりも平均的に高いリターンを事前に予想している[46]。

　過大配置は、同じく自分の能力などを他人に比べて過大に見積もることを指す。過大評価が自分の実力のレベルを過信するのに対して、他人との比較で自分の実力を実際より高いランクに配置するのが過大配置である。たとえば、経営者は自らの経営能力を他の経営者よりも優れていると過信して楽観的な経営計画を立てる傾向がある[47]。多くの投資家は自分のポートフォリオがマーケットインデックスよりも高いリターンをもたらすと予想している[48]。

　過大精度は、自分の予想が過度に正確であると見積もってしまう傾向である。過大精度による自信過剰を計測する方法として、なんらかの確率変数について回答者が主観的にもっている信頼区間を尋ねることが多い。たとえば、S&P500の今後1年のリターンについて、以下の各問のカッコ内に自分の予想を記入してもらう。

　①S＆P500の今後1年のリターンが（　　　　　%）以下になる確率はせいぜい10％しかない。

　②S＆P500の今後1年のリターンが（　　　　　%）以上になる確率はせいぜい10％しかない。

44）Moore and Healy (2008) を参照。
45）たとえば、Malmendier and Tate (2005, 2008, 2015) を参照。
46）Merkle (2017) を参照。
47）Larwood and Whittaker (1977) を参照。
48）Merkle (2017) を参照。

これらの問題に答えることで回答者は、今後1年のS&P500のリターンとして80％の確率で実現する値の範囲——統計学でいう80％信頼区間——を主観的に見積もっていることになる。実際にリターンの実現値の80％がその範囲に入るようであれば、回答者はリターンのばらつきの範囲を正しく見積もっていることになる。しかし多くの場合、人びとが予想する信頼区間は実際よりも狭く、したがって、確率事象のばらつきを過度に狭く見積もる傾向がある。これが過大精度である。

イツアク・ベン-デヴィッド（Itzhak Ben-David）らは[49]、米国企業の上級財務担当役員に対して10年間にわたる四半期サーベイ調査を行い、上の①、②のような質問を使ってS&P500リターンについて彼らがもつ主観的な80％信頼区間を計測している。その結果、実際に1年後の実現リターンが主観的な80％信頼区間に入った割合は10年平均で36％に過ぎなかったことが示されている。財務担当役員が平均的にかなり強い過大精度を示していたことがわかる。さらにそうした過大精度の強い役員の企業ほど、将来の業績を楽観視し、積極的な負債マネジメントと投資を行っている実態が明らかにされている。

6.3. 自信過剰と金融・投資行動

6.1項では、投資家の自信過剰を想定することでアクティブ投資パズルが理論的に説明できる可能性のあることに触れた。実際に投資家の自信過剰を計測し、アグレッシブな投資行動が自信過剰に関連することを明らかにした研究が少なからずある。

いくつかの例を挙げよう。1つはフィンランドの全投資家の取引データ（FCSDデータ）と兵役の19～20歳時点に受検する心理テストの結果を合わせて分析したマーク・グリンブラット（Mark Grinblatt）とマティ・ケロハージャ（Matti Keloharju）の研究である[50]。兵役時の心理テストには自分の能力などについての自己評価（自信）を尋ねる質問がある。グリンブラットらは、その回答データで表明された自信のレベルから、テストの成績など実際の能力を示す変数で

---

49) Ben-David et al. (2013) を参照。
50) Grinblatt and Keloharju (2009) を参照。

表3-2　自信過剰と投資行動のアグレッシブさ――英国のケース

	取引頻度	リスク分散の過小性	リスク資産投資割合
過大評価		+	
過大配置	+		+
過大精度		+	+

注：Merkle (2017)，Fig. 2 を改変して作成。リスク分散化の過小性（ポートフォリオにおける保有証券の集中度）はハーフィンダール＝ハーシュマン指数（HHI）で計測。

は説明できない残差の部分を取り出し、それを各人の自信過剰の程度の尺度とする。この自信過剰は能力のレベルに関するものなので、先の分類でいえば過大評価に該当する自信過剰である。そしてこの過大評価の程度が強い投資家ほど、取引頻度もポートフォリオの組み換え率も高い傾向のあることが示されている。

　クリストフ・メルクル（Christoph Merkle）のフィールド研究では[51]、英国のある投資銀行に口座をもつ投資家たちに直接、FTSE 指数や自分のポートフォリオの将来リターンの予想を尋ねることで、彼らの過大精度、過大配置、過大評価 3 タイプの自信過剰の程度を計測する。その一方で、投資行動のアグレッシブさを測る指標として、口座の取引データから取引頻度、リスク分散化の過小性（ポートフォリオにおける保有証券の集中度）、およびリスク資産への投資割合を調べ、3 タイプの自信過剰との関連性を調べている。ポートフォリオの集中度は、ハーフィンダール＝ハーシュマン指数（HHI、後述）によって計測される。その結果、各タイプの自信過剰が表 3 - 2 に要約される形で投資行動のアグレッシブさを強めることが示される。自分の投資スキルに対する過大評価がリスク分散化を過小にする一方で、過大配置は取引頻度とリスク資産への投資を過剰なものにしている。自分のもつ将来予想への過信――過大精度――は、リスク分散化を過小に、リスク資産への投資を過大なものにするというのがメルクルの結果である。

　自信過剰がアグレッシブな投資に関連しているという証拠は、経済実験によっても確認されている。たとえば、エレナ・ピクリナ（Elina Pikulina）らが学

51）Merkle (2017) を参照。

生（111人）と社会人（金融関連業33人）を対象に行った投資の実験がある[52]。実験の第一段階でまず実験参加者たちに金融の知識を尋ねる20問の質問に回答させ、参加者自身が見積もる正答数（スキルレベルの「自信」）と実際の正答数（本当のスキルレベル）の差をとることによって参加者の自信過剰（過大評価）の大きさを計測する。その際、実際の正答数にできるだけ近い正答数を申告するように回答へのインセンティブが設定されているにもかかわらず、学生も社会人も平均的に自信過剰を示している。

　そして実験の第二段階で、参加者は代替的な投資プロジェクトが示された表からどれに投資するかを決める。そこで選択された投資行動が、第一段階で計測された自信過剰の大きさとどのように関連しているかというのがピクリナたちの関心である。実験データは、自分のスキルレベルを過大評価した参加者ほど、また自分のスキルレベルが他の人より高いと考える参加者ほど、投資額が大きくなる傾向を示している。とくに、過大評価の大きさが上位25％に入るグループでは平均投資額が過大になり、下位25％グループではそれが過小になることが示されている。こうした傾向は、実際のスキルレベルの影響を除去しても、また、参加者間のリスク回避度や属性の差（学生か金融関連業勤務者か）を考慮しても変わらない。

　以上のように、フィールドでも経済実験でも、データは自信過剰がアクティブ投資パズルを引き起こす重要な要因であることを示している。実際に、自信過剰についての34件の実証研究を調べたマタス・グレゾ（Matúš Grežo）のメタ分析によれば[53]、自信過剰は平均的に人びとの金融・投資行動をアグレッシブなものにしている。もっとも、そこには日本の投資家についての分析が含まれていない。次に、われわれのデータを用いて日本人の投資行動を自信過剰の観点から見てみよう。

6.4.　日本の投資家の自信過剰

　本書で用いている HIDB2018データの調査では、投資行動に対する自信過

52）　Pikulina et al. (2017) を参照。
53）　Grežo (2021) を参照。

剰の影響を計測するために、以下の各項目を尋ねている。

1. 自分がいま株式に投資した場合の今後1年の予想リターン
2. 過去1年、5年、10年における株式投資の累積リターンの実績
3. 金融リテラシーの自己評価（7段階）
4. 金融リテラシーを測る質問（6問）
5. 他の投資家と比べてどのくらい投資スキルが優れているかの自己評価（他の投資家を50として、0〜100で回答）
6. 他の投資家と比べてどのくらい多くの投資知識を持っているかの自己評価（他の投資家を50として、0〜100で回答）
7. 日経平均の1カ月後の値がほぼ確実に入ると思う範囲（円）

　これらのうち2と4を除く質問は、すべて投資に関わる将来予想やスキルについての自己評価（自信）を尋ねるものである。これらの回答スコアから、上述のグリンブラットらが行ったように、実際にもっている知識（質問4への正答率）や投資実績（質問2の回答）、所得・資産、学歴、デモグラ情報を使っても説明できない残差の部分を測ることで自信過剰の大きさが推定できる（詳しくは本章付録を参照）。このうち1と3の質問は投資スキルに関する自信の絶対レベルを聞いているので、そこから投資に関わる過大評価を推定する。他の投資家に対する回答者自身の相対的優越性を尋ねる5と6の質問からは過大配置の強さが計測される。最後に、7で得た日経平均の信頼区間のデータを、日経平均の月次リターンのヒストリカルデータから推定される標準偏差±1つ分の変動幅と比較することで、回答者の予想が過大精度の特性をもつかどうかを識別する。

　こうして計測された各回答者の自信過剰の大きさが彼らの投資行動のアグレッシブさとどのように関連しているかを調べたい。ここでは、投資行動のアグレッシブさを測る指標として、以下の項目を取り上げよう。

（1）株式取引の頻度（1年当たり回数）
（2）株式投資の視野（何年先まで考えて株式に投資するか）

（3）借り入れ（レバレッジ）による株式投資の経験（あれば1、なければ0）

（4）空売りの経験（あれば1、なければ0）

（5）オンライン取引の利用（普段利用していれば1、していなければ0）

（6）全株式投資額に占める個別株投資額の割合

（7）リスク資産への投資比率

投資の視野（2）は、計画上の平均保有年数と考えられるので、それが低いほどアグレッシブな投資をしていると解釈できる。（6）では、リスク分散化の過小性を測るために全株式投資額に占める個別株の割合を計算する。株式投資の視野（2）以外の指標については、大きな数値ほど投資がアグレッシブであることを示すので、自信過剰の程度が強い投資家ほど高い数値を示すことが予想される。（2）についてはその逆が予想される。

表3-3は、3タイプの自信過剰性の強さによって、投資におけるこれらのアグレッシブさがどのように異なってくるかを調べた結果である。過大評価と過大配置の列は、その値がサンプル内で1標準偏差だけ大きくなった場合の効

表3-3　自信過剰とアグレッシブな投資行動

投資行動のアグレッシブさ	（予想される相関）	自信過剰の効果			R^2	サンプル数
		過大評価	過大配置	過大精度		
（1）株式取引頻度（回／年）	（＋）	6.222***	1.181*	1.021	0.061	1,878
（2）株式投資視野（年）	（−）	−0.428***	−0.151*	−0.843***	0.048	2,119
（3）借入による株式投資の経験がある確率	（＋）	0.062***	0.024***	−0.006	0.096	1,878
（4）空売りの経験がある確率	（＋）	0.055***	0.027***	0.000	0.123	1,878
（5）オンライン取引者の確率	（＋）	0.066***	−0.002	0.000	0.088	1,878
（6）個別株式保有額／株式保有額比率	（＋）	0.020***	0.001	0.023	0.017	2,119
（7）リスク資産投資割合（％）	（＋）	2.113***	2.102***	−2.293	0.068	2,119
（8）アグレッシブ性指数	（＋）	0.321***	0.107***	0.032	0.142	1,878

注：3タイプの自信過剰(過大評価、過大配置、過大精度)それぞれが上昇した場合の投資行動のアグレッシブさ(1)～(8)への効果(限界効果)と有意性を示す。各タイプの自信過剰の計測については、本章付録を参照。過大評価と過大配置については、その値がサンプル内で標準偏差1つ分大きくなった場合の効果を表し、過大精度については、それがある場合(過大精度＝1)とない場合(過大精度＝0)でのアグレッシブさの違いを表す。推定にあたって、性差、年齢、所得、保有金融資産、学歴、金融リテラシー、リスク選好、過去の投資パフォーマンスの効果は多重回帰分析によって除去してある。(3)～(5)はプロビット回帰、それ以外は最小二乗法による。「R^2」欄は、(3)～(5)についてはマクファーデンのR^2を、それ以外は補正R^2を表す。*** は1％、* は10％で相関が有意であることを示す。データはHIDB2018。

果（限界効果）を表し、過大精度の列は、それがある場合（過大精度＝1）とない場合（過大精度＝0）のアグレッシブさの違いを表す。これらの効果を推定するにあたって、性差、年齢、所得、保有金融資産、学歴、金融リテラシー、リスク選好、過去の投資パフォーマンスの効果は除去している。表の（8）にある「アグレッシブ性指数」は、（1）～（7）の変数の主成分スコアによって各回答者の投資におけるアグレッシブさを指数化したものである。数値は平均がゼロになるように標準化してあるので、平均よりもアグレッシブさが高ければプラス、低ければマイナスの値をとる。

　表からわかるように、全体として、自信過剰が強い投資家ほどアグレッシブな投資行動をとる傾向がある。過大精度の効果はあまり明確ではないものの、全体として効果の方向（符号）はほぼ予想どおりである。とりわけ過大評価は、（1）～（7）のどの指標についても有意にそのアグレッシブさを強めていることがわかる。たとえば、過大評価が1標準偏差分強まると、株式の取引頻度は年6.22回増え、株式の投資視野は5カ月程度（0.428×12＝5.136）短くなる。さらに、借り入れによる株式投資経験を有する確率が6.2ポイント、空売りによる株式投資経験を有する確率は5.5ポイント上昇し、アグレッシブ性指数の値は、標準偏差0.321個分大きくなる。

　こうした傾向をさらに明確に示したのが図3-10である。ここでは、各自信過剰スコアの高さによって回答者を20%ずつ5分位にグループ分けし、グループ間で投資のアグレッシブ性指数の平均値を比較している。ここでも、性差、年齢、所得、保有金融資産、学歴、金融リテラシー、リスク選好、過去の投資パフォーマンスの効果は除去されている。（c）の過大精度とアグレッシブ性には有意な相関性が見られないものの、（a）過大評価と（b）過大配置については、高い5分位階層ほど単調に株式投資のアグレッシブ性が高くなる様子が示されている。

6.5.　自信過剰とリスク分散投資

　先行研究の結果も、上に示した本書の結果も、自信過剰がアグレッシブな投資行動を引き起こす重要な要因であることを示している。ただし、投資家の自信過剰がリスク分散化を過小にする効果については注意を要する。自信過剰は

図3-10　自信過剰と投資のアグレッシブさ

(a) 過大評価と株式投資におけるアグレッシブ性

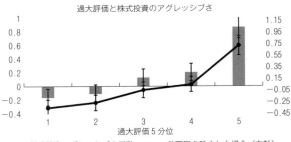

(b) 過大配置と株式投資におけるアグレッシブ性

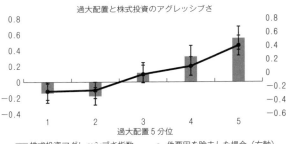

(c) 過大精度と株式投資におけるアグレッシブ性

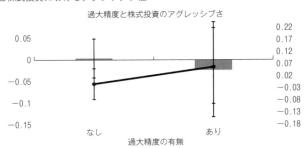

注：アグレッシブ性指数で測った回答者のアグレッシブさが(a)過大評価、(b)過大配置、(c)過大精度の各自信過剰とどのように関連しているかを示したもの。過大評価と過大配置についてはそのスコアで5分位階層に分けて、アグレッシブ指数の平均値を比較。過大精度はその有無で2階層に分けて比較。ヒストグラムはアグレッシブ性指数の階層ごとの平均を表し、折れ線グラフは、他要因（性差、年齢、所得、金融資産、学歴、金融リテラシー、リスク選好、過去の投資パフォーマンス）の効果を除去した標準化済み残差を表す。エラーバーは95%信頼区間。データはHIDB2018。

リスク分散化行動に正・負両方の影響を与える可能性があるからである。もちろん、自信過剰な投資家は、自らのリスク評価や将来見通しなどを過信するためにこれはと思う少数の銘柄に投資を集中させる傾向があるだろう。実際に、表3-3では、過大評価が強い投資家ほど、個別株式保有額／全株式保有額比率で測ったリスクの過小分散化傾向が強くなる傾向が示されている。

その一方で、自信過剰が強い投資家は、派生証券や外国証券など一般には馴染みのない多様な金融商品にも投資する自信をもつ可能性がある。その場合、彼らは投資する銘柄数を増やして結果的にリスクを大きく分散化させるかもしれない。事実、ジョン・グラハム（John Graham）らによる米国投資家の調査では、投資能力に自信のある投資家ほど、外国証券への投資比率が高くなる傾向が報告されている[54]。結局、自信過剰がリスク分散化の過小性（少数銘柄への集中投資）の程度を強めるかどうかは、こうした相反する効果のどちらが強いかによって変わってくると考えられる[55]。

たとえば、表3-2のメルクルによる英国の分析では、ハーフィンダール＝ハーシュマン指数（HHI）で見た投資の集中度（「リスク分散の過小性」の欄）は自信過剰が高まるほど上昇している[56]。これに対して、日本のデータで同様の分析を行ってみると、表3-4の欄（1）に示すように過大評価や過大配置の自信過剰が強い回答者ほど、保有ポートフォリオのHHI値は低くなり幅広い種類の資産に投資している傾向が見て取れる。日本の結果は、自信過剰な投資家たちが多様な資産に果敢に投資することを通じてHHI値で見たリスク分散

---

54) Graham et al. (2009) を参照。グラハムらは、投資能力への自信とは別に、自他のポートフォリオに対する今後1年の予想リターンを尋ねることで自信過剰の程度を計測し、投資能力への自信と自信過剰を区別している。投資能力への自信の方が外国証券保有率や取引頻度に与える効果が大きいというのが彼らの結論である。ただ、それらの概念的な区別はそれほど明確ではなく、定量的にどの程度識別できているのかも疑問が残る。ハーシュライファー（Hirshleifer [2015]）はグラハムらの結果を自信過剰に関する知見として整理している。本書では、過大評価と過大配置の自信過剰性を推定する際に、回答者の投資スキルや関連知識への自信の影響は取り除いている。
55) Hirshleifer (2015), p.137に同様の議論がある。
56) ポートフォリオのHHIは、全構成銘柄の比率の、それ自身をウェイトとした加重平均（×10,000）として定義され、全構成銘柄の比率の2乗和（×10,000）に等しい。1つの銘柄に集中投資していれば、最大値である10,000になる。

表3-4　自信過剰と分散投資

リスク分散化	自信過剰の効果			補正 R^2	サンプル数
	過大評価	過大配置	過大精度		
（1）HHI	−0.013***	−0.016***	0.001	0.034	2,119
（3）外国証券保有比率	0.226	0.341***	−0.732*	0.019	2,119
（2）その他の金融商品保有比率	0.374**	−0.045	−0.039	0.017	2,119

注：3タイプの自信過剰（過大評価、過大配置、過大精度）それぞれが上昇した場合に、投資におけるリスク分散化に関連する指標（1）～（3）にどのような効果（限界効果）を及ぼすかを示している。過大評価と過大配置については、その値がサンプル内で標準偏差1つ分大きくなった場合の効果を表し、過大精度については、それがある場合（過大精度＝1）とない場合（過大精度＝0）でのアグレッシブさの違いを表す。HHIは各種証券保有比率のハーフィンダール＝ハーシュマン指数（保有比率の加重平均）を表す。HHI値が高いほど、少ない種類の証券に投資が集中していること（過小なリスク分散化）を表す。証券の種類区分は、現預金、株式（自社株以外）、自社株、株式投資信託、債券・債券投資信託、外国証券、生命保険・損害保険、個人年金保険、その他の金融商品。「その他金融商品」は、すべての金融商品から、この区分の現預金～個人年金保険を除いたもの。派生証券などが含まれる。推定にあたって、性差、年齢、所得、保有金融資産、学歴、金融リテラシー、リスク選好、過去の投資パフォーマンスの効果は多重回帰分析によって除去してある。推定は最小二乗法による。*** は1％、** は5％、* は10％で有意であることを示す。データはHIDB2018。

化傾向を結果的に高める可能性を示唆している。この推論を裏付けるように、グラハムらの報告と同様日本のデータでも、自信過剰な投資家ほど外国資産や派生資産などの「その他の金融商品」への投資比率が高くなる傾向を表3‐4は示している。

7.　おわりに

　本章では、ヒューリスティックと自信過剰がどのような判断バイアスをもたらし、どのように限定合理的な金融・投資行動につながっているかを見た。代表性のヒューリスティックによって人びとは小さなサンプルにも母集団の確率分布を機械的に当てはめる誤り――少数の法則――を犯す。その結果、アウトカムがランダムに発生する場合でも、過去に出たアウトカムの連なり（ストリーク）によって確率判断が左右される。たとえばストリークが短く高い反転頻度を経験した場合には、ギャンブラーの誤りによって逆張り戦略が優勢になる。長いストリーク（低い反転頻度）を経験した場合には、ホットハンドの誤りによって順張り戦略が優勢になる。人気によってオッズが変わるクジや賭けのフ

ィールドでは、このために予測可能な超過リターンが発生する。株式市場では外挿予想にもとづいた投資やリターンの予測可能性を生じさせる。

ギャンブラーの法則とホットハンドの誤りは逆の判断バイアスを引き起こす。しかしフレディ・モデルで考えることで、これらが等しく少数の法則に起因する確率判断の誤りであることが理解できる。

利用可能性のヒューリスティックのもとでは、ニュースの目立ちや投資家の注意の状態によって投資家の反応に過不足が生じる。その結果、たとえばニュースが発信された時点で株価のミスプライシングが生じ、その後に予測可能な価格修正プロセスが続くような非効率的な現象が生じる。アンカリング効果のもとでは、外生的に与えられた価格の初期値によって人びとの支払意思額が大きく影響される。

ヒューリスティックはまた自信過剰を生じさせる。過大評価、過大配置、過大精度という3タイプの自信過剰によって投資家の取引行動は過度にアグレッシブなものになる。自信過剰の投資家は、高頻度で取引を行い、投資視野も短い。リスク資産への投資比率も高く、投資信託よりも個別株の形で株式に投資する傾向がある。

本章で取り上げた現象は投資家の判断が必ずしも合理的でなく、マーケットがそれほど効率的でない可能性を示している。自信過剰が資産価格決定に与える影響については第6章の補論でも取り上げる。

付録　自信過剰変数の作成

ここでは、第6節で用いた3タイプの自信過剰——過大評価、過大配置、過大精度——の強さを表す変数をどのように作成したかを簡単に説明する。

過大評価

回答者の投資判断における過大評価を調べるために、HIDB2018の調査では、以下の2つの質問を行っている。

質問Ａ：株式投資をした場合の今後1年のリターンの自己予想を尋ねる質問
　　　これから1年にわたって、あなたが資金を株式や株式投資信託（ETF を
　　　含む）で運用するとしたら、何％ぐらいの収益が得られると思いますか。
　　　ただし、株式運用にかかる手数料は収益から差し引いて考えてください。
　　　（回答は11の選択肢から1つ選択）

質問Ｂ：金融リテラシーの自己評価を尋ねる質問
　　　あなたは投資や金融全般のことをどれくらい理解していると思いますか。
　　　あなたが思っている理解の程度を「1（たいへん低い）」から「7（たい
　　　へん高い）」の7段階で答えてください。

　　質問Ａの回答データを、過去1年、5年、10年の累積リターンの実績、個
人所得、保有金融資産、性差、年齢、および定数で回帰した後の標準化残差を
作成。同様に、質問Ｂの回答データを、これらの説明変数と金融リテラシー
テスト（6問）での正答数で回帰した後の標準化残差を作成。これら2つの標
準化変数の第一主成分を過大評価の尺度とした。

過大配置
　　他人に対して相対的優越性を過信する過大配置の程度を識別するために、
HIDB2018調査に盛り込んだ以下の2つの質問Ｃ、Ｄへの回答を用いている。

質問Ｃ：他の投資家に比べてどのくらい投資スキルが優れているかの自己評価
　　　　を尋ねる質問
　　　他の投資家と比較して、自分の投資行為がどれほど優れているかを評価し
　　　てください。（0〜100のスライダーで回答）

質問Ｄ：他の投資家に比べてどのくらい豊富な投資知識を持っているかの自
　　　　己評価を尋ねる質問
　　　他の投資家と比較して、自分の知識がどれほど多いかを評価してください。
　　　（0〜100　スライダー回答）

質問 C、D のそれぞれに対する回答データを、過去 1 年、5 年、10年の累積リターンの実績、個人所得、保有金融資産、性差、年齢、および定数で回帰した後の標準化残差を作成。得られた 2 つの標準化残差の第一主成分を過大配置の尺度とした。

過大精度

自分の将来予想の正確さを過信する過大精度の程度を調べるために、HIDB2018調査では以下の質問を行っている。

質問 E：日経平均の 1 カ月先の値が入ると予想する上下限の幅を尋ねる質問
2018年06月18日の日経平均株価の終値は22,680円でした。1 カ月後の日経平均株価はいくらになっていると思われますか。かなり確信を持って言える上限株価と下限株価の範囲を予想してください。（単位：円）

過去60カ月の日経平均リターンのヒストリカルデータから標本標準偏差 σ を求め、$\pm\sigma$ の変動幅から求められる価格幅よりも小さい範囲を答えた場合に過大精度と判定した。

コラム3-1 ホットハンド効果とホットハンドの誤り ――ストリーク選別バイアス

ホットハンド効果は存在しないのか？

　バスケットボールや野球などスポーツの現場の人びとや観戦者の間では、ホットハンド（好調）効果が長く信じられている。これに一石を投じたのが、本文で触れたトーマス・ギロヴィッチとエイモス・トゥヴァースキーらである。彼らはホットハンド効果がスポーツの現場で本当に起きているのかを調べるために、実際に行われたバスケットボールの試合のデータを調べてみた。その結果、ショット成功の相対頻度は、その直前にどれだけ連続してショットを成功させたかで有意な違いは見られなかった。たとえば、ショットの成功が3回続いたあとにショットが成功した相対頻度が52%だったのに対して、失敗が3度続いたあとにショットが成功した相対頻度を調べると54%になった。このことからギロヴィッチらは、スポーツの現場でホットハンド効果と信じられていたのは、ホットハンドの誤りという判断バイアスに過ぎないと結論づける。ホットハンド効果を否定する結果は、その後もスポーツのフィールドデータを用いた同じような検証方法によって確認される。たとえば、シミシャ・アヴュゴウズ（Simcha Avugos）らは30件の出版研究をまとめたメタ分析を行って、ホットハンド効果が認められないことを示している[57]。

　それでは、スポーツの現場でホットハンド効果として日常的に信じられてきた現象は本当に存在しないのだろうか。じつは、ギロヴィッチらの研究から30年以上経ってから、彼らの検証手続きに重大な誤りが発見された。その誤りを修正してデータを調べ直してみるとホットハンド効果が実際に存在している可能性が高い。このことを示したのが、ジョシュア・ミラー（Joshua Miller）とアダム・サンホルホ（Adam Sanjurjo）という2人の行動経済学者である[58]。

ストリーク選別バイアス

　ギロヴィッチらがホットハンド効果を検証するために行った方法は、3回

57）Avugos et al. (2013) を参照。
58）Miller and Sanjurjo (2018, 2019) を参照。

なら3回連続してショットが成功した場合のサンプルだけを集めて、その次のショットが成功した相対頻度を調べるというものであった。ところがミラーとサンホルホは、このように同じ出目が続くストリーク（いまの場合、ショット成功の連続）のあとのサンプルだけを集めると[59]、そのサンプル内での同じ出目（ショットの成功）の構成比率はその出目が出る無条件の確率より平均的に小さくなることを示した。つまり同じ出目が出る確率は本当の確率に比べて過少推定されることとなる。2人はこれをストリーク選別バイアス（streak selection bias）と呼ぶ。

たとえば、コイン投げを3回行う場合を考えよう。1回という短いストリーク（たとえば、1回の「表」）のあとに同じ出目（たとえば、「表」）が出る相対頻度（条件付き確率）は、最初にコインを投げて表が出る確率1/2より小さい。これがストリーク選別バイアスである。

表3C-1を見てほしい。第2列に、コイン投げを3回行った場合の出目のパターンを①～⑧としてすべて示している。第3列には、その各パターンについて、一度表が出た直後に再度表が出る割合を示している。2列目の出目にある下線付きの「表」は、1回の「表」の直後に出た「表」としてカウントされた出目を表している。たとえば、最下段⑧の「表表表」では、問題になる（長さ1の）ストリークは最初と2番目の「表」の2回あり、その2回とも次に「表」が出ているので、2番目と3番目の「表」には下線が付けられている。この場合、発生した2回のストリークについてすべて「表」が出ているので続けて「表」が出る割合は1（100%）となる。こうして長さ1のストリークの次に同じ出目「表」が出る割合を数え上げる。第1列に示した③～⑧のどの出目も同じ確率で発生するので、1回の「表」の直後に「表」が出る相対頻度の期待値は、1/6をウェイトとして第3列の数値の加重和をとったものとして求められる。最下段に示したようにそれは5/12となる。ストリーク選別バイアスが示すように、これは「表」が出る無条件の確率1/2よりも小さい。

それでは、なぜこのようなことが起きるのだろうか。いま〈表〉が出た直後の結果をランダムに1つ選ぶことを考えよう。もちろん2投目か3投目の

---

59) ストリーク（streak）は、筋という元の意味から、勝ち負けなど「同じ出目の連続」の意味にも用いられる英単語。適切な日本語がないので、本書ではそのままストリークとして用いる。

表3C-1　ストリーク選別バイアス：コイン投げ3回の場合

	3回のコイン投げの結果	一度「表」が出たときに続けて「表」が出た割合
①	裏裏裏	NA
②	裏裏表	NA
③	裏表裏	0
④	表裏裏	0
⑤	裏表表	1
⑥	表裏表	0
⑦	表表裏	1 / 2
⑧	表表表	1
	〈表〉が出た直後の出目が〈表〉となる割合の期待値	5 / 12

注：Miller and Sanjurjo (2018), Table 1 より筆者作成。3回コイン投げをした場合の8通りの各出目（第1列の①～⑧）について、一度〈表〉が出たときに次の出目が〈表〉となる割合を計算し（第3列）、一度でも〈表〉が出た場合にその直後の出目が〈表〉になる割合の期待値を最下行で求めている。③～⑧の出目はどれも同じ確率で起きるので、求める期待値は、1/6をウェイトとして第3列の数値の加重平均をとることによって最下段の値5/12となり、表が出る無条件の確率1/2よりも小さい。

どちらかが同じ確率で選ばれる。いま2投目が選ばれたとしよう。直前は〈表〉なので、その場合「1投目＝〈表〉、2投目＝〈裏〉」か「1投目＝〈表〉、2投目＝〈表〉」のどちらかということになる。どちらの確率が高いか、というのがここで考えたい問題である。

　もちろんコインを投げる前には、どちらのケースも同じ確率で起きる。問題は、いまの場合「一度〈表〉が出た直後の投げをランダムに選んだ結果が2投目だった」という条件を前提にしている点である。じつはその場合、「1投目＝〈表〉、2投目＝〈裏〉」となる確率が高くなる。

　なぜだろうか。「1投目＝〈表〉、2投目＝〈表〉」の場合、3投目も「〈表〉が出た直後」に該当するので、その分、「〈表〉の直後」として2投目が選ばれる可能性が低くなる。これに対して、「1投目＝〈表〉、2投目＝〈裏〉」の場合には、「〈表〉の直後」として選ばれるのは2投目しかないので、「ランダムに選んだら2投目だった」という条件が必ず満たされることになる。つまり、「一度〈表〉が出た直後の投げをランダムに選んだ結果が2投目だった」という事象は、「1投目＝〈表〉、2投目＝〈表〉」の場合より「1投目＝〈表〉、2投目＝〈裏〉」の場合の方が起こりやすい。逆にいえば、「一度〈表〉が出た直後

の投げをランダムに選んだ結果が2投目だった」という条件のもとでは、「1投目＝〈表〉、2投目＝〈表〉」より「1投目＝〈表〉、2投目＝〈裏〉」が起きている可能性が高いと考えられるのである。

　正確にいえば、「一度〈表〉が出た直後の投げをランダムに選んだ結果が2投目だった」という事象が満たされる可能性は、「1投目＝〈表〉、2投目＝〈表〉」の場合より「1投目＝〈表〉、2投目＝〈裏〉」の場合の方が2倍高い。実際に、「1投目＝〈表〉、2投目＝〈裏〉」と「1投目＝〈表〉、2投目＝〈表〉」のケースを表3C-1からすべて書き出してみると、

④　表裏裏
⑥　表裏表
⑦　表表裏
⑧　表表表

の4通りある。このリストから、直前に〈表〉が出たスポットをランダムに選ぶと、「1投目＝〈表〉、2投目＝〈裏〉」の④と⑥では必ず2投目が選ばれるのに対して、「1投目＝〈表〉、2投目＝〈表〉」の⑦、⑧の場合では、〈表〉の直後として3投目もカウントされるので、2投目が選ばれるのは2/4＝1/2の確率でしかない。言い換えれば、表が出た直後のスポットとして2投目が選ばれたあとでは、「1投目＝〈表〉、2投目＝〈裏〉」の確率は「1投目＝〈表〉、2投目＝〈表〉」の確率の2倍になる[60]。その結果、「1投目＝〈表〉、2投目＝〈裏〉」の確率は2/3、「1投目＝〈表〉、2投目＝〈表〉」の確率は1/3となる。

　〈表〉が出た直後の投げとして3投目が選ばれた場合には、「2投目＝〈表〉、3投目＝〈裏〉」と「2投目＝〈表〉、3投目＝〈表〉」の間に今見たような確率の歪みは生じない。というのは、「2投目＝〈表〉、3投目＝〈表〉」であっても、4投目はないので〈表〉の直後として選べるのは3投目しかないからである。この場合、「2投目＝〈表〉、3投目＝〈裏〉」と「2投目＝〈表〉、3投目＝〈表〉」が起きる確率は等しく1/2である。

　まとめると、〈表〉の直後の投げとして2投目が選ばれる確率も3投目が選ばれる確率もともに1/2で等しいが、2投目が選ばれた場合には、その出目

60）　補論3-3の（3H-13）式を参照。

が〈表〉（「１投目＝表、２投目＝表」）である確率は１／３しかない。３投目が選ばれた場合には、それが〈表〉である確率も〈裏〉である確率も半々になる。結局、〈表〉が出た直後に〈表〉が出る確率は、

$$\frac{1}{2}*\frac{1}{3} + \frac{1}{2}*\frac{1}{2} = \frac{5}{12}$$

となり、表３C-１に示された値となる（ベイズ公式にもとづいた議論については、補論３-３を参照）。

ホットハンド効果は存在する

さて、ストリーク選別バイアスを考慮に入れると、これまでギロヴィッチら心理学者たちがホットハンドなど錯覚に過ぎないと主張してきた結果が逆転する可能性が出てくる。ギロヴィッチらが結論づけたようにショットが連続して成功した直後のショットの成功割合——これはストリーク選別バイアスによって過小に出てくる——が、連続して失敗した後の成功割合と変わらないのであれば、ストリークの後でショットが成功する真の条件付き確率はショットを最初に打って成功する確率よりも高い——つまり、ホットハンドが発生している——ことになってしまうからである。

実際に、ストリーク選別バイアスを考慮して、ギロヴィッチらのデータを計算し直すと、ホットハンド効果が有意に検出される。彼らのデータによれば、コーネル大学のバスケットボール選手が３回続けてショットを成功させた直後のサンプルだけを集めるとショット成功の割合が52％だったのに対して、３回続けてミスしたあとのサンプルではその割合が54％と２ポイント上回っていた。このことからギロヴィッチらはホットハンド効果が存在しないと結論づけたわけだが、ストリーク選別バイアスの影響を考慮して計算すると、３回続けてショットが成功した直後に期待される成功の相対頻度は、３回続けてミスした場合の期待相対頻度の場合よりも20ポイント低くなければならない。ということは、ギロヴィッチらのデータでは、３回続けてショットが成功したあとの方が、３回ミスした後よりも差し引きで18ポイントもショット成功率が高かった計算になる。

つまり、スポーツのフィールドデータから心理学者たちが「ホットハンドの誤り」として存在を否定してきたホットハンド効果は、スポーツ関係者が

信じていたとおり、少なくとも部分的にはリアルな現象であったことになる。

ホットハンドの誤りは誤りか？

しかし話はこれで終わらない。すぐ上で「部分的には」と限定したとおり、ホットハンド効果が実際に起きていることが示されたからといって、予想されるホットハンドが常に正しい（合理的である）とは限らない。実際のホットハンドよりも強いホットハンドが予想されていれば、やはりホットハンドの誤りが生じているからである。

もちろん、コイン賭けのようにまったくランダムに発生するアウトカムの場合には、そこにホットハンドは絶対に発生しないので、もしなんらかのホットハンド（この場合は正の系列相関）を予想する人がいれば、その人はホットハンドの誤りを犯していると断定することができる。その意味では、先に紹介したロトのラッキー店効果（当たりの出た店でのロト売り上げが増える）や、システム・ロトでのホット数効果（直近に当たった頻度が高い数ほどそこへの掛け金が増える）のエピソードは、実際にホットハンドの誤りが起きていることを示している。

その一方で、バスケットボールのショットのように本当の確率分布がわからないようなアウトカムの系列の場合には、実際にホットハンドが発生する可能性がある。その場合、予想したホットハンドが正しい判断なのか、「誤り（ホットハンドの誤り）」なのかは、予想されたホットハンド効果と実際のホットハンド効果のどちらが大きいかという定量的な問題になる。実際よりも大きなホットハンドが予想されていれば、やはりホットハンドの誤りが生じていることになる。

このコラムでは、ホットハンドの誤りを検証するうえで、ギロヴィッチらに始まる素朴な検証手続きに重大な欠陥があることを説明した。そしてその点（ストリーク選別バイアスの効果）を修正すれば、スポーツの現場で強く信じられているとおり、ホットハンド効果はリアルな現象として浮かび上がってくる。しかしだからといって、人びとの予想がまったく正しいことを意味するわけではない。彼らが実際よりも強いホットハンドを予想しているかもしれないからである。

実際に、ホットハンド効果が起きている現場で人びとがそれ以上のホット

ハンドを予想している逸話的な例がいくつか示されている。たとえば、米国大リーグ野球のデータは、バッターにもピッチャーにも強いホットハンド効果が見られることを示している。その一方で、ピッチャーは「当たっている」バッターに対して、フォアボールを与えるなどして過度に反応する傾向が観察されている。つまり、ピッチャーはバッターのホットハンドを過度に予想しているという意味でホットハンドの誤りを犯している可能性がある。日本のプロ野球でも、大量得点を記録した次の試合では平均以上に得点するホットハンド効果が観察される[61]。それにもかかわらず「大量得点の次の試合では打てない」というジンクスが広く信じられている。このことは人びとのホットハンドの誤りを反映している可能性がある。ホットハンド効果による大量得点の可能性を人びとが実際よりも大きく予想していると考えることで、次試合で平均以上に得点しても「（予想していたほどには）打てない」と感じてしまう現象がうまく説明できるからである。

---

61) 加藤・山崎（2008, pp. 120-121）を参照。

第3章　判断バイアスと金融・投資行動　　211

コラム3-2　CRT スコアが低いほど、判断バイアスを示しやすいか?

　前章では、認知処理の二重性のもとで熟慮より直感に頼る傾向のある人ほど判断を誤る可能性の高いことを説明した。本章で見たヒューリスティックや自信過剰に起因する判断バイアスについても同じことが予想される。表C3-2は、ヒューリスティックや自信過剰による判断ミスがCRTのスコア(前章参照)とどのように関連しているかを調べた研究をまとめている。

　表からわかるように、CRT スコアの低い直感型の人ほど代表性のヒューリスティックによる判断ミスに陥りやすいことが知られている。たとえば、モハンメド・アルカス(Mohammed AlKhars)らが行ったラボ実験(ALKhars et al. [2019])では、CRT スコアが低い参加学生ほど、基準率の無視や保守性バイアスなど代表性ヒューリスティックによる6種類の判断バイアスを犯しやすいことを示している。また、マギー・トプラックらのカナダの研究グループ(Toplak et al. [2011])は、基準率無視、ギャンブラーの誤り、同時発生の誤りなど代表性のヒューリスティックを含む15種類の判断バイアスの集計値から「ヒューリスティック‒バイアス複合」のスコアを参加学生ごとに計測し、それが CRT スコアと逆相関することを報告している。

　利用可能性のヒューリスティックによる判断バイアスを CRT スコアに関連づけた研究として、マーティン・エイベル(Martin Abel)らによるオンライン実験がある(Abel et al. [2021])。彼らは、COVID-19感染症の年齢階層別死亡リスクに関する主観的な予想が被害情報の利用可能性によってバイアスをもつことを実験によって示したうえで、利用可能性ヒューリスティックによるこの判断バイアスが CRT スコアの低いグループほど大きいことを報告している。同じくオンライン実験にもとづいたゴードン・ペニクック(Gordon Pennycook)らの研究では、CRT スコアが低い学生参加者ほど、COVID-19感染症に関して得られた誤情報を簡単に信じたり他者とシェアしたりする傾向のあることが示されている。ペニクックらは、こうした傾向を利用可能性のヒューリスティックに関連づけているわけではないが、獲得した目前の情報を安易に判断に直結させる認知処理は利用可能性のヒューリスティックの1つと考えられる。

　上の2つのヒューリスティックとは対照的に、アンカリングによる判断バイアスと CRT スコアの関連性ははっきりしない(Oechssler et al. [2009],

表3C-2 CRTスコアとヒューリスティックや自信過剰による判断ミス

研究者 (論文)	ヒューリスティック 自信過剰	方法・参加者	結果
エクスラーなど。 (Oechssler et al., 2009)	・代表性のヒューリスティック ・アンカリング	・オンライン質問 (N=564、90%が大学生、ドイツ)。	・CRTスコアが低い参加者ほど、同時発生の誤り(リンダ問題)と保守性バイアスという、代表性ヒューリスティックによる判断の誤りを犯しやすい。 ・アンカリングによる確率判断の誤りはCRTスコアとは相関しない。
トプラックなど。 (Toplak et al., 2011)	・代表性のヒューリスティック	・対面？(記載なし) (N=346、大卒12人と大学生、カナダ)。 ・基準率軽視、ギャンブラーの誤り、同時発生の誤りなど代表性のヒューリスティック関連質問を含む15の質問を実施し、その集計値を「ヒューリスティックバイアス複合」スコアとしてCRTスコアとの相関を検証。	・代表性とヒューリスティックを含む「ヒューリスティックバイアス複合」スコアはCRTスコアが低い参加者ほど高い傾向。 ・「ヒューリスティックバイアス複合」スコアに対する予測力は、認知能力テストスコアの中でCRTスコアが最も高く、他の認知能力テストスコアの影響をコントロールしてもCRTの予測力は小さくない。
ホペとクステラー。 (Hoppe and Kusterer, 2011)	・代表性のヒューリスティック ・自信過剰、賦存効果など	・ラボ実験 (N=414、大学生、ドイツ)。 ・基準率の無視、保守性バイアスという代表性ヒューリスティックのほか、自信過剰、賦存効果の傾向を計測し、CRTスコアとの相関を検証。	・代表性ヒューリスティックにもとづく基準率の無視および保守性バイアスは、CRTスコアが低い参加者ほど示しやすい。 ・CRTスコアが低い参加者ほど、自信過剰(過大評価)が強い傾向。
アルカスなど。 (AlKhars et al., 2019)	・代表性のヒューリスティック	・ラボ実験 (N=303、大学生、米国)。 ・基準率の無視、保守性バイアスによる6つの判断バイアスの強さとCRTスコアの相関を検証。 ・さらに、判断バイアスの可能性を教える「トレーニング」を受ける処置群を設け、その効果を検証。	・代表性ヒューリスティックによる6つの判断バイアスの強さはいずれもCRTスコアと正の相関。 ・代表性のヒューリスティックについての教育を行ったグループでは、判断バイアスが緩和。

著者	バイアス	実験内容	結果
エイベルなど。(Abel et al., 2021)	・利用可能性のヒューリスティック	・オンライン実験 (N=1,315)。・COVID-19の死亡リスク評価にビリスク評価バイアスと情報の利用可能性の関連性を実験によって検証し、同時にそのバイアスとCRTスコアの相関を推定。	・COVID-19の死亡リスク評価には大きなバイアスがあり、それは利用可能性のヒューリスティックに起因している。・そのバイアスは、CRTスコアが低い参加者ほど大きい。
ペニークックなど。(Pennycook et al., 2020)	・利用可能性のヒューリスティック	・オンライン実験 (N=1,709、米国)。・COVID-19に関する誤情報に対する対応とCRTスコアの関連性を検証。	・CRTスコアが低い参加者ほど、COVID-19に関する誤情報の真偽を疑わずに他人とシェアする傾向がある。
ベルグマンなど。(Bergman et al., 2010)	・アンカリング	・ラボ実験 (N=116、大学生、スウェーデン)。・社会保障番号を使って買い値 (WTP) を表明させる実験を実施し、そこで観察されるアンカリング効果がIQと関連するかを検証。	・IQスコアが低い参加者ほど強いアンカリング効果を示す一方、CRTスコアはアンカリング効果と関連性はない。
ツェルヴォォンカ。(Czerwonka, 2017)	・アンカリング ・自信過剰	・ラボ実験 (N=143、MBA学生、ポーランド、インド)。・アンカーを与えて世界最高の木の高さを答えさせる実験でアンカリング効果を検証。CRTスコアとの相関を検証。米国の公的負債額の98%信頼区間を予想させる実験で自信過剰(過大精度)の程度を計測し、アンカリング効果やCRTスコアとの相関を分析。	・CRTスコアが低い参加者ほど、アンカリング効果を示しやすい。・CRTスコアと自信過剰には有意な相関はない。
ダトル。(Duttle, 2016)	・自信過剰	・ラボ実験 (N=100、ドイツ)。・レーヴェン漸進的マトリックス検査に回答させ、その正答数と相対順位をインセンティブのもとで自己申告させることで過大評価と過大配置の大きさを推定。50期間のランダムな価格系列を見せて、100期目の価格の90%信頼区間をインセンティブのもとで予測させることで過大精度の大きさを推定。CRTスコアとの相関を検証。	・CRTスコアが高い参加者ほど過大配置が強くなる傾向、過大評価はされない。CRTスコアが高い参加者ほど、過大精度は弱くなる傾向。CRTスコアの相関は観察されない。

Bergman et al. [2010], Czerwonka [2017]）。たとえば、本章で紹介したアリエリー実験をスウェーデンで行ったオスカー・ベルグマン（Oscar Bergman）らの研究では、アンカリングの影響は知能指数（IQスコア）と逆相関する一方で、CRTスコアとは有意な相関が観察されていない。対照的にモニカ・ツェルヴォンカ（Monika Czerwonka）のラボ実験は、CRTスコアの低い参加者ほど、アンカリングによる認知バイアスを示しやすい傾向を報告している。認知能力とアンカリング効果の関係については、さらに実証知見を重ねる必要があるだろう。

　CRTスコアと自信過剰の関連性についても、結果はそれほど明確ではない。表3C-2に挙げた、自信過剰に関連する3つの研究（Hoppe and Kusterer [2011], Czerwonka [2017], Duttle [2016]）も、三者三様の結果になっている。とりわけ、カイ・ダトル（Kai Duttle）のラボ実験では、CRTスコアの高い参加者ほど過大配置が強くなる一方で過大精度は低くなる傾向が示されている（過大評価には影響なし）。

　この結果を含めて、CRTスコアと自信過剰の相関性が安定しない理由の1つとして、自信過剰の大きさを測る際に能力の影響がコントロールされていない点が挙げられるかもしれない。たとえば、ダトルの分析では、参加者の過大配置の強さを測る際、認知能力の効果を取り除いていない。そのために、CRTで測った認知能力が高い参加者ほど、過大配置の程度が高く出ているのかもしれない。

　日本のデータを用いて、CRTスコアと投資の自信過剰の関連性を見たのが、図3C-1である。CRTスコアのグループ間で過大評価、過大配置、過大精度それぞれの平均値を比べている。どのタイプの自信過剰についても、CRTスコアが低い回答者ほど単調に強くなる傾向が示されている。先行研究に見られる前述の問題を考慮して、ここでは、回答者の過大評価と過大配置の大きさを測る際、彼らの能力を説明する変数の影響は取り除いてある（本章付録を参照）。

図3C-1　CRTスコアと投資の自信過剰

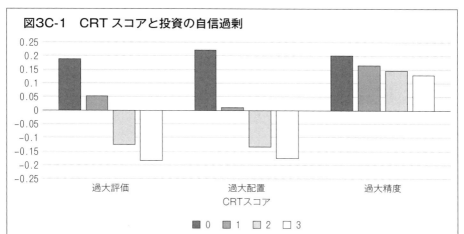

注：CRTスコアごとに、各自信過剰の大きさの平均値を比較したもの。データはHIDB2018。過大評価、過大配置、過大精度の推定については、本章付録を参照のこと。

補論3-1　ベイズルールと代表性の
ヒューリスティック

　ここでは、ベイズルールにもとづいた合理的な確率判断をまず説明し、代表性のヒューリスティックによる確率判断がそこからどのように乖離するのかをややフォーマルに説明する。

ベイズルールにもとづく条件付き確率

　ある証拠（evidence）E が得られたときに、事象 A が起きる確率——つまり、条件付き確率 $P(A|E)$ ——をどのように求めればよいかを考えよう。それには、事象 A と E が同時に発生する確率 $P(A \text{ and } E)$ が、条件付き確率を使って、

$$P(A \text{ and } E) = P(A|E)P(E) = P(E|A)P(A)$$

と2通りに表されることを思い出せばよい。ここで、$P(A)$、$P(E)$ は、それぞれ事象 A、E が起きる確率である。上式の2つ目の等式を変形して $P(A|E)$ を求めると、ベイズルール（Bayes' rule）と呼ばれる以下の関係が得られる。

＜ベイズルール＞

$$P(A|E) = \frac{P(E|A)P(A)}{P(E)} \qquad （3H-1）$$

　（3H-1）式は複雑に見えるものの、以下のように考えればわかりやすい。つまり、新しい情報として証拠 E が得られたときに、以下の2つのステップにもとづいて事象 A が起きる確率（$P(A|E)$）を求めればよいというのがベイズルールである。

- ステップ 1　まず事象 A がどれだけ起きやすいかを無条件確率 $P(A)$ で考える。
- ステップ 2　事象 E がどの程度事象 A と結びついて起きやすいかを表す割合 $P(E|A)/P(E)$ を無条件確率 $P(A)$ に掛け合わせる。

　本文で述べた基準率は、ステップ 1 で出発点として考える無条件確率 $P(A)$ のことを指している。基準率（無条件確率）は、事象 E が起きたという情報が入る前の事象 A の事前確率（prior probability）と考えればわかりやすい。ステップ 2 では、その事前確率に $P(E|A)/P(E)$ を掛け合わせる。これによって、事象 E が起きたという情報を加味したあとの事象 A の事後確率（posterior probability）$P(A|E)$ を求める。これがベイズルールである。

代表性と代表性のヒューリスティック

　次に、代表性と代表性のヒューリスティックをフォーマルな形で定義しよう。トゥヴァースキーとカーネマンは、代表性を次のように明確に定義している。

> 「あるクラスにおいて、ある属性が非常に診断的（diagnostic）であるとき、つまり、その属性がそのクラス内で見られる相対頻度が、適切な参照クラスで見られる相対頻度よりもずっと高いとき、その属性はそのクラスの代表性をもつ（という）」（Tversky and Kahneman [1984], p.296）。

ここで参照クラス（以下、参照グループともいう）というのは、そのときの比較の対象となるクラスのことであり、その時々の文脈で決まる。

　たとえば、「低身長」という属性が「日本人」というクラスに対してもつ代表性について考えよう。「日本人」の特性を考えるので、参照クラスとして「日本人以外の人」をとるのが自然だろう。トゥヴァースキーらの定義に従って、「背が低い」人が「日本人」というクラスの中で見られる相対頻度 P(低身長|日本人)と、「日本人以外の人」のクラスに「背が低い」人が見られる相対頻度 P(低身長|日本人以外)を比べる。その結果、P(低身長|日本人)の方が目立って大きければ、「低身長」が「日本人」のクラスを代表する属性と考えようとい

うのが上の定義である。

　「日本人」というクラスの中に、「日本人以外」のクラスにおけるよりも高い頻度で「低身長」の人が見られるのであれば、「低身長」という属性は、「日本人」を「日本人以外の人」から区別する——つまり、「日本人」と診断する——のに役立つ情報を含んでいることになる。そこでこの属性を代表的だとするのが定義の意味である。

　もう少し明確に、a という属性がグループ G に対してもつ代表性の程度を表す尺度を、ジェンナイオーリらに倣って以下の指標 $R(a,G)$ で考えればわかりやすいだろう[62]。

$$R(a,G) = \frac{P(a|G)}{P(a|G_r)} \qquad （3H-2）$$

　ここで、G_r は参照グループを表す。$R(a,G)$ の値が大きいほど、属性 a は、グループ G に対して高い代表性をもつ。たとえば、R(低身長,日本人)（＝P(低身長|日本人)/P(低身長|日本人以外)）が高いほど、「低身長」は「日本人」に対して診断的であり、高い代表性をもつ。

　ここで注意しておきたいのは、単にある属性 a の相対頻度（$P(a|G)$）が高くても、参照グループとの相対頻度に比べてそれが大きくなければ、その属性は代表性をもつことにならない点である。たとえば、「髪が黒い」という属性は、「日本人」に高い頻度で見られても、「日本人」を代表する属性とは言えない。「日本人以外」にも高頻度で「黒髪」が見られるからである。逆に、相対頻度が高くない属性でも、その相対頻度が参照グループにおけるよりも高ければそのグループの代表性をもつ。「赤毛」の人がアイルランド人全体に占める割合が高くなくても、その割合が他国に比べて高ければ、「赤毛」は「アイルランド人」を代表する属性になる[63]。

　さて、代表性のヒューリスティックでは、その属性がもつ代表性に引きずられて、実際にその属性がそのグループ内で発生する確率を過大に見積もり、逆に、代表性をもたない属性の確率を過小に見積もってしまう。つまり、「低身長」

---

62)　Gennnaioli, N. and Shleifer, A. (2018), Gennaioli and Shleifer (2010) を参照。

63)　Gennnaioli, N. and Shleifer, A. (2018) の例である。

が「日本人」に代表性をもつとき、日本人に低身長の人がいる確率を実際よりも大きく評価してしまうのが代表性のヒューリスティックである。

（3H-2）式で述べた代表性の定式化を使って言い換えれば、属性 a（低身長）がクラス G（日本人）に対してもつ代表性 $R(a,G)$ の値が大きいほど、属性 a がクラス G 内で発生する条件付き確率 $P(a|G)$（ある日本人が低身長である確率）を過大に見積もり、それが小さいほど過小に見積もってしまう。これが代表性のヒューリスティックである。

ジェンナイオーリたちは、主観的な条件付確率 $P^\theta(a|G)$ を以下のように定式化することによって、代表性のヒューリスティックを具体的に定式化している[64]。

$$P^\theta(a|G) = R(a,G)^\theta P(a|G)Z \qquad （3H-3）$$

ここで、$\theta(\geq 0)$ は代表性のヒューリスティックの強さを表すパラメーターであり、Z は、P^θ が確率の数学的条件を満たすように大きさを調整する定数である[65]。

代表性が強い属性 a では $R(a,G)$ が 1 より大きいので、代表性のヒューリスティックの程度 θ が強いほど、その属性がクラス G で起きると考える確率判断 $P^\theta(a|G)$ は、合理的な（または客観的な）確率判断 $P(a|G)$ に比べて誇張されたものになる。（3H-3）式はこのことを表している。

基準率の無視

3.2項で罹患検査の判断例として取り上げたように、検査結果の陽性者は罹患者の代表性をもつために、罹患している確率が過大に評価される。このことを上の定式化に沿って説明しよう。

最初に、参照クラスを「未検査の人」として、「罹患者」が「陽性者」というクラスに対して代表性をもつことは、（2）式を使って、

---

64) Gennnaioli, N. and Shleifer, A. (2018)。
65) ある属性 a（「低身長」）について、a でないという属性（「身長が低くない」）を a' とすると、$P^\theta(\cdot|G)$ が確率であるためには、$P^\theta(a|G)+P^\theta(a'|G)=1$ でなければならない。Z は、この条件が満たされるようにスケールを調整するための定数である。

$$R(\text{罹患},\text{陽性}) = \frac{P(\text{罹患}|\text{陽性})}{P(\text{罹患}|\text{未検査})}$$

の値を考えてみればわかる。陽性者の中にかなりの偽陽性者が混じっていても、罹患者の比率は未検査グループよりも陽性者グループの方がかなり高い。その結果、「罹患」は「陽性者」クラスを強く代表することになり、代表性のヒューリスティック（3H-3式）から、陽性者が罹患していると判断される主観的な確率（P^{θ}（罹患|陽性））は、実際（P（罹患|陽性））よりも過大に評価されたものになる。

$$P^{\theta}(\text{罹患}|\text{陽性}) > P(\text{罹患}|\text{陽性})$$
$$= \frac{P(\text{陽性}|\text{罹患})}{P(\text{陽性})} \underset{\text{基準率}}{\underline{P(\text{罹患})}} \qquad （3H\text{-}4）$$

上で、2行目に等号で結んだ関係は、P（罹患）を基準率としてベイズルールから計算される確率である。

（3H-4）式からわかるように、代表性のヒューリスティックが強く働くと、罹患する確率P（罹患）が小さくても、主観的な判断P^{θ}（罹患|陽性）はそれから大きくかけ離れてしまう。これが基準率の無視である。

同時発生の誤り

リンダ問題での確率判断について考えよう。この問題では、「左派系学生運動を行っていた」という情報を使って、現在のリンダの職業として「銀行の窓口係」か「銀行の窓口係でフェミニスト運動家」のどちらがありそうかを判断する。

代表性のヒューリスティックのもとでは、学生運動を行っていたリンダの現在として、どちらの説明がもっともらしいか（代表的か）ということが判断を左右する。（3H-2）式に従って、「窓口係」と「窓口係でフェミニスト」の代表性の値R（窓口係, 学生運動）、R（窓口係でフェミニスト, 学生運動）を比べると、

$$R(窓口係,学生運動) = \frac{P(窓口係|学生運動)}{P(窓口係|ノンポリ)}$$
$$\ll \frac{P(窓口係でフェミニスト|学生運動)}{P(窓口係でフェミニスト|ノンポリ)} = R(窓口係でフェミニスト,学生運動)$$

となることが考えられる（ここで、参照クラスとして、学生時代にノンポリだった人をとっている）。現在「フェミニスト」であることが「学生運動」を強く代表するからである。

　もちろん交差則から、「学生運動」クラスに含まれる「窓口係でフェミニスト」の割合は「窓口係」の割合よりも小さく、

$$P(窓口係|学生運動) \geq P(窓口係でフェミニスト|学生運動)$$

となるが、「ノンポリ」クラスの場合と比べれば「窓口係でフェミニスト」の割合は高い。これが上式の意味である。こうして「窓口係でフェミニスト」は「窓口係」よりも、学生運動をしていたリンダに対して代表性をもつことになる。

　その結果、代表性のヒューリスティックの程度 θ が十分強ければ、（3 H- 3）式から、

$$P^{\theta}(窓口係でフェミニスト|学生運動) > P^{\theta}(窓口係|学生運動)$$

となる。つまり、リンダが「窓口係でフェミニスト」である方が、「窓口係」であるより確率が高いと判断されてしまう。これが同時発生の誤りである。

補論3-2 少数の法則をフレディ・モデルで考える

　ここでは、3.4.3項で取り上げたフレディのモデルを使って、少数の法則によって引き起こされるギャンブラーの誤りとホットハンドの誤りのメカニズムを説明しよう。

設定

　3.4.3項で取り上げた投資ファンドの例を少しだけ一般的な形に拡張したモデルを考える。マーケットには、運用パフォーマンスの違うL、M、Hの3タイプのファンドがある。ファンドの運用成績には、（市場を上回る〈G（good）〉、市場を下回る〈B（bad）〉）という2つの可能性がある。本文の例と同様に、タイプLのファンドでは運用成績がGとなる確率は0、タイプMでは1/2、タイプHでは1とする。つまり、L、M、Hの各タイプのファンドでGというアウトカムが発生する確率θ_L、θ_M、θ_Hは、表3H-1の第2列で示されたようになる。

　3.4.3項では、各タイプのファンドがマーケットの1/3ずつを占めるケース

表3H-1　投資ファンドのタイプ

	Gが出る確率	マーケットでの構成比率 （真の相対頻度）	フレディの予想	フレディの壺
タイプL	$\theta_L=0$	q	r	(B, B, B, B)
タイプM	$\theta_M=1/2$	$1-2q$	$1-2r$	(G, G, B, B)
タイプH	$\theta_H=1$	q	r	(G, G, G, G)

注：パラメーターq,rは、$0 < q, r < 1/2$を満たすとする。

を考えたが、ここでは、もう少し一般的に、タイプL、M、Hのファンドが市場に占める比率をそれぞれ $(q, 1-2q, q)$ とする（ただし、$0<q<1/2$）（表3H-1の第3列を参照）。投資家が運用を委任しているファンドがどのタイプなのかは投資家にわからない。市場に占める各タイプの比率は、投資家がランダムにファンドを選んだときに、そのファンドが各タイプに属している確率を表している。

読者によっては、各タイプの構成比率を $(q, 1-2q, q)$ と設定することを奇異に感じるかもしれない。この設定は、マーケット全体から無作為に選んだファンドが半々の確率で良いパフォーマンス（G）か悪いパフォーマンス（B）を示す——つまり、G と B がランダムに発生する——という状況から議論を進めるために置いている。そうすることで、次期の出目についての確率判断がそれまでに出た G や B の出目に影響されてどのように偏っていくかがわかりやすくなるからである。

本文では、投資家（フレディ）が各ファンドの構成比率（そこでは1/3ずつ）を正しく知っているという前提で話を進めた。ここでは、フレディはファンドの構成比率を知らずに、ランダムに選ばれたファンドがタイプL、M、Hである確率をそれぞれ $(r, 1-2r, r)$ と考えているとしよう（ただし、$0<r<1/2$）（表3H-1の第3列を参照）。この $(r, 1-2r, r)$ という設定は、ファンドの構成比率を知らないフレディが、ファンドLとHが同じだけあり、したがってパフォーマンスとして G と B が半々の確率で起きると正しく予想していることを意味する。これも恣意的に感じられるかもしれないが、本補論の目的は、フレディが少数の法則によって確率判断をどのように誤るかを説明することにあるので、正しい確率判断（G と B が半々に生じる）からスタートしたいというのが著者たちの意図である。無条件確率を正しく知っているフレディが、出目を見ながら少数の法則によって予想を間違えていく。そのプロセスを理解するのが以下の目的である。

フレディは、3種類の壺によって3タイプのファンドを考える。壺には G か B と書かれた4つのボールが入っている。各タイプに対応する壺の中身は、G が出る確率に応じて、表3H-1の第5列に示されるとおりである。たとえば、タイプMでは G が50%の確率で出るので、その壺には、G と B のボールが2

つずつ入っている。

さて、ファンドに資産運用を任せているフレディは、毎期実現するファンドの運用成績を見ながら——つまり、毎期壺から取り出されたボールが G なのか B なのかを見ながら——、そのファンド（壺）がタイプ L、M、H である確率をそれぞれ見積もり、そのうえで来期の運用成績が G や B である確率がどのくらいかを判断していく。

最後に、少数の法則にとらわれたフレディは、2 期間ごとにしか壺の中身をアップデートしないと仮定しよう。つまり、2 期の間に取り出されたボールは壺に戻されず、3 期目になってようやく壺の中身は元に戻る。

ギャンブラーの誤り

その結果、ファンド（壺）のタイプの分布が正しく予想されているかぎり——つまり、$r=q$ であるかぎり——壺の中身がアップデートされた後の 1 期目にフレディがあるサンプル（たとえば G）を観察すると、その次の期にはそれと逆の出目（たとえば B）が出る確率を必ず過大に見積もることになる。これがギャンブラーの誤りである。

(G,G) の次に G が出る確率

フレディが犯すホットハンドの誤りを説明するために、アップデートされた壺から二度続けて G が出たとして、その後にまた G が出る条件付き確率を考えよう。最初に、合理的な確率判断を説明し、次にフレディの判断を記述して比較する。

〈合理的な確率判断〉

合理的な確率判断を説明するために、ファンド（壺）のタイプの分布を正しく知っていて、さらに引いたボールをその都度壺に返す（壺をその都度アップデートする）場合を考える。その場合に条件付確率 $P(G|GG)$ はどのように計算できるだろうか。

投資家は投資しているファンド（壺）がどのタイプかを確率的にしか知らないので、条件付確率 $P(G|GG)$ を

$$P(G|G,G) = P(G|G,G;L)P(L|G,G) + P(G|G,G;M)P(M|G,G) + P(G|G,G;H)P(H|G,G)$$

$$(3\text{H-}5)$$

のように求める。ここで、表3H-1の設定から、出目（G,G）を条件としたときの G の確率は、壺のタイプごとにそれぞれ以下のように求められる。

$$P(G|G,G;L) = 0 ; P(G|G,G;M) = \frac{1}{2} ; P(G|G,G;H) = 1 \qquad (3\text{H-}6)$$

さらに、出目（G,G）が出たときにその壺のタイプが M である確率 $P(M|G,G)$、および H である確率 $P(H|G,G)$ は、ベイズ公式を使ってそれぞれ次のように求められる。

$$P(M|G,G) = \frac{P(G,G|M)(1-2q)}{P(G,G)} = \frac{P(G,G|M)(1-2q)}{P(G,G|M)(1-2q) + P(G,G|H)q}$$

$$= \frac{\frac{1}{4}(1-2q)}{\frac{1}{4}(1-2q) + 1q} = \frac{1-2q}{1+2q} \qquad (3\text{H-}7)$$

$$P(H|G,G) = \frac{P(G,G|H)q}{P(G,G|M)(1-2q) + P(G,G|H)q} = \frac{q}{\frac{1}{4}(1-2q) + 1q}$$

$$= \frac{4q}{1+2q} \qquad (3\text{H-}8)$$

（3H-5）式に、（3H-6）～（3H-8）式を代入することによって、2年続けて投資パフォーマンスが良かった場合に来年のパフォーマンスも良い確率は、

$$P(G|G,G) = \frac{1+6q}{2+4q} \qquad (3\text{H-}9)$$

と計算できる。これが合理的な確率判断である。たとえば、3.4.3項で想定したように各タイプのファンドが同じ割合で分布する場合（$q=1/3$）、$P(G|G,G)=9/10$になる。

〈フレディの確率判断〉

壺の中身を2期間ごとにしかアップデートしないフレディの確率判断を考えよう。後の議論のために、フレディはタイプの正しい分布を知らず、表3H-1にあるように、タイプL、M、Hの割合がそれぞれ $(r, 1-2r, r)$ だと考えているとする。

フレディの考える確率を表すために上付き添え字 f を添えて P^f のように表そう。出目 (G, G) が出たときに来期にも続けて G が出る確率 $P^f(G|G,G)$ は、（3H-5）式と同じように、

$P^f(G|G,G)$
$= P^f(G|G,G;L)P^f(L|G,G) + P^f(G|G,G;M)P^f(M|G,G) + P^f(G|G,G;H)P^f(H|G,G)$

（3H-5f）

として求められる。

仮定から、玉を2回引いた後、壺はアップデートされるので、3期目に G が出る条件付き確率は合理的な判断の場合（（3H-6）式）と変わらない。

$$P^f(G|G,G;L) = 0; \; P^f(G|G,G;M) = \frac{1}{2}; \; P^f(G|G,G;H) = 1 \quad （3H-6f）$$

その一方で、壺の中身は2期間にわたってアップデートされないので、各タイプの壺で2回続けて G が出る確率は、

$$P^f(G,G|L) = 0$$
$$P^f(G,G|M) = \frac{2}{4} * \frac{1}{3} = \frac{1}{6}$$
$$P^f(G,G|H) = 1$$

となる。G のボールを壺に戻さないために、タイプMの壺では2回続けて G が出る確率が、合理的な計算の場合（$\frac{1}{2} * \frac{1}{2} = \frac{1}{4}$）よりも過小に見積もられるのがわかる。これが先に述べたギャンブラーの誤りの原因である。

これらの関係からフレディは、G が2回続いた場合にその壺がタイプMである確率とHである確率をそれぞれ次のように計算する。

$$P^f(M|G,G) = \frac{P^f(G,G|M)(1-2r)}{P^f(G,G)} = \frac{P^f(G,G|M)(1-2r)}{P^f(G,G|M)(1-2r) + P^f(G,G|H)r}$$

$$= \frac{\dfrac{1}{6}(1-2r)}{\dfrac{1}{6}(1-2r) + 1r} = \frac{1-2r}{1+4r} \tag{3H-7f}$$

$$P^f(H|G,G) = \frac{P^f(G,G|H)q}{P^f(G,G|M)(1-2r) + P^f(G,G|H)r}$$

$$= \frac{r}{\dfrac{1}{6}(1-2q) + 1q} = \frac{6r}{1+4r} \tag{3H-8f}$$

（3H-6f）～（3H-8f）式を（3H-5f）式に代入すると、フレディによる確率判断 $P^f(G|G,G)$ は、

$$P^f(G|G,G) = \frac{1+10r}{2+8r} \tag{3H-9f}$$

と求められる。

　本文3.4.3項で考えたように、各タイプのファンドが同じ確率で分布する場合（$q=1/3$）、（3H-9f）式から、$P^f(G|G,G)=13/14$ となる。この値は、合理的な計算による $P(G|G,G)=9/10$ よりも大きい。つまり、二度続けて G が出た場合、そのあとにさらに G が出る確率を過大に見積もるホットハンドの誤りをフレディは犯している。以下では、この点をもう少し一般的に説明しよう。

フレディの確率判断と合理的な確率判断の比較

　以上の議論を整理したものが表3H-2である。この表にもとづいて、まずタイプの無条件分布についてのバイアスが一切ない状態（$q=r$）を想定して、少数の法則にもとづくフレディの確率判断にどのようなバイアスが生じるかを説明する。じつは、フレディは (G,G) のような偏ったシグナルを受け取ると、そのような出目が出やすい方向にファンドのタイプの分布を修正してしまう。そのような予想の修正が終了したあとの確率判断について、さらに議論しよう。

表3H-2　シグナル（*G,G*）を得たときの条件付き期待値

	フレディの確率判断	合理的な確率判断
シグナル (*G,G*) が出る確率	$P(G,G)= \frac{1}{4} + \frac{1}{2}q$	$P^f(G,G)= \frac{1}{6} + \frac{2}{3}r$
シグナル (*G,G*) が出たときの条件付確率		
ファンド（壺）がタイプHである確率	$P^f(H\|G,G)= \frac{6r}{1+4r}$	$P(H\|G,G)= \frac{4q}{1+2q}$
ファンド（壺）がタイプMである確率	$P^f(M\|G,G)= \frac{1-2r}{1+4r}$	$P(M\|G,G)= \frac{1-2q}{1+2q}$
次に *G* が出る確率	$P^f(G\|G,G)= \frac{1+10r}{2+8r}$	$P(G\|G,G)= \frac{1+6q}{2+4q}$

〈フレディが予想するタイプの分布が真の分布にたまたま等しい場合：*r=q*〉

この場合、少数の法則にもとづいたフレディの確率判断は以下の1～3のようなバイアスをもつ。

1．ファンドがタイプHである確率：フレディはタイプHである確率を過大推定する。

$$P^f(H|G,G)\big|_{r=q} - P(H|G,G) = \frac{4q\left(\frac{1}{2}-q\right)}{(1+4q)(1+2q)} > 0$$

2．ホットハンドの誤り：フレディは (*G,G*) の次に *G* が出る確率を過大推定する。

$$P^f(G|G,G)\big|_{r=q} - P(G|G,G) = \frac{4q(1-2q)}{(2+8q)(2+4q)} > 0$$

3．シグナル (*G,G*) が発生する確率：フレディが予想する確率よりも多頻度で (*G,G*) が出る。

$$P^f(G,G)\big|_{r=q} - P(G,G) = -\frac{1}{6}\left(\frac{1}{2}-q\right) < 0 \qquad （3 H\text{-}10）$$

1で示したように、（*G,G*）というシグナルを得るとそのファンドがタイプHである確率をフレディは過大推定してしまう。これは、タイプがHでない

場合に二度続けて G が出る確率をギャンブラーの誤りのために過小に見積もってしまうためである。ファンドが運用成績の良いタイプＨである確率を実際よりも過大に推定するために、次に G が出る確率も過大に見積もられる。これがホットハンドの誤りである。

ただし、ここでホットハンドの誤りが発生するのは、壺が２期ごとにアップデートされているために (G,G) というシグナルを受け取った次の期の出目を予想するときに、壺ごとで発生するはずのギャンブラーの誤りが起きず、１の過大推定の効果だけが効いてくるからである。長い間壺の中身がアップデートされない、より一般的な場合には、(G,G) のように続いて同じシグナルが出ると、ファンドのタイプごとにギャンブラーの誤りが働いて同じ出目（いまの場合、G）の出る確率が過小に評価される。ホットハンドの誤りが生じるのは、こうした短期のギャンブラーの誤りの効果に比べて１の過大推定の効果が大きい場合に限られる。

最後に３が示すように、フレディが予想するタイプの分布が本当の分布に等しい場合（$r=q$）、フレディはそもそも (G,G) というシグナルが出る確率を過小に見積もってしまう。２期間まで壺はアップデートされないのでギャンブラーの誤りが発生し、その結果、G の次に B が出る確率が過大推定されてしまうからである。

〈ファンドタイプ分布の歪んだ予想修正〉

３で示したように、フレディは、自分の予想よりも高い頻度で極端なストリーク（いまの場合 (G,G)）を観察することになる。このような事態が続くと、フレディは自分が設定しているファンドタイプの分布が間違っていると判断して、経験しているストリーク (G,G) の相対頻度と自分の予想をちょうど一致させるようにファンドタイプの分布パラメーターr を修正する。そのようなパラメーター値を r^* で表そう。r^* は、

$$P^f(G,G) = P(G,G)$$

を r について解くことによって、

$$r^* = \frac{1}{8} + \frac{3}{4}q$$

と求められる。

　要するに、フレディは少数の法則で歪んだ自分の確率予想に合うように、ファンドタイプの分布の予想を修正する。観察されるストリークの相対頻度に自分の予想を一致させるように修正した r の値が上で求めた r^* である。元々歪んだ確率判断の辻褄を合わせるために修正しているので、以下に示すように、r^* は (G,G) というストリークが出やすいように、タイプHの比率を増やす方向に歪みをもたらす。

　フレディの予想が $r=r^*$ と改められると、確率判断は以下の1〜3のようなバイアスをもつ。

1．ファンドがタイプHである確率：フレディはタイプHの確率を過大推定する。

$$P^f(H|G,G)\big|_{r=r^*} - P(H|G,G) = \frac{1-2q}{2(1+2q)} > 0$$

2．ホットハンドの誤り：フレディは (G,G) の次に G が出る確率を過大推定する。

$$P^f(G|G,G)\big|_{r=r^*} - P(G|G,G) = \frac{1-2q}{4+8q} > 0$$

3．タイプMしか存在しなくても、フレディはタイプH、Lに正の確率を振る。

$$q = 0 \ \text{でも、} \ r^* = \frac{1}{8} > 0$$

　1と2の結果は、先の1，2の結果をそのまま受け継いでいる。3に示されるように、実際には、G と B が完全にランダムに発生するタイプMのファンドしかない場合（$q=0$）でも、少数の法則に従う投資家（フレディ）は、タイ

図3H-1　フレディはタイプHの割合を過大に見積もる

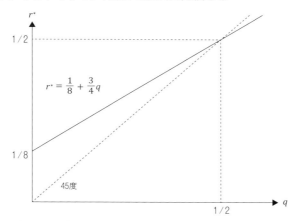

注：$0 \leq q \leq 1/2$。r^*は、フレディがストリーク(G, G)を観察しながら修正したタイプHおよびタイプLのファンドの割合を表す。

プHとタイプLがある割合（ここでは1/8）で市場に存在すると考えて確率判断バイアスの辻褄合わせをする。その結果、純粋にランダムに発生する投資パフォーマンスに系列相関を予想してしまう。

補論3-3　ストリーク選別バイアスの導出

　コラム3-1の表3C-1で考えたコイン投げを例にとって、ストリーク選別バイアスをベイズ公式によって導出しよう。表3C-1と同様に、コインを3回投げた場合に、一度でも表が出たときに、その直後にも表が出る確率 P（その直後に表が出る｜一度でも表が出る）を求める。

　コラムで説明したように、それは

P(その直後に表が出る｜1度でも表が出る)
$= P$(2投目＝表｜表が出た直後の投げ＝2投目)$*P$(表が出た直後の投げ＝2投目)
$+ P$(3投目＝表｜表が出た直後の投げ＝3投目)$*P$(表が出た直後の投げ＝3投目)

（3H-11）

と求められる。ここで、表が出た直後の投げが2投目に当たるか3投目に当たるかは同じ確率なので、

$$P(表が出た直後の投げ＝2投目) = P(表が出た直後の投げ＝3投目) = \frac{1}{2}$$

（3H-12）

である。

　他方、P（2投目＝表｜表が出た直後の投げ＝2投目）は、以下のように求められる。まず、ベイズ公式を用いて、

補論3-3　ストリーク選別バイアスの導出　233

$$P(2投目 = 表|表が出た直後の投げ = 2投目)$$

$$= \frac{P(表が出た直後の投げ = 2投目|2投目 = 表)}{P(表が出た直後の投げ = 2投目)}P(2投目 = 表)$$

$$P(2投目 = 裏|表が出た直後の投げ = 2投目)$$

$$= \frac{P(表が出た直後の投げ = 2投目|2投目 = 裏)}{P(表が出た直後の投げ = 2投目)}P(2投目 = 裏)$$

なので、辺々の比をとると、

$$\frac{P(2投目 = 表|表が出た直後の投げ = 2投目)}{P(2投目 = 裏|表が出た直後の投げ = 2投目)}$$

$$= \frac{P(表が出た直後の投げ = 2投目|2投目 = 表)}{P(表が出た直後の投げ = 2投目|2投目 = 裏)}$$

$$= \frac{1}{2} \qquad\qquad (3\,\text{H-}13)$$

を得る。ここで最後の等号は、コラム3-1で説明した理由から、「一度『表』が出た直後の投げをランダムに選んだ結果が2投目になる」可能性が「1投目＝『表』、2投目＝『表』」の場合に比べて「1投目＝『表』、2投目＝『裏』」の場合2倍高いことによる。

　この関係に、

$$P(2投目 = 表|表が出た直後の投げ = 2投目)$$
$$+ P(2投目 = 裏|表が出た直後の投げ = 2投目) = 1$$

であることを考慮すると、

$$P(2投目 = 表|表が出た直後の投げ = 2投目) = \frac{1}{3} \qquad (3\,\text{H-}14)$$

を得る。同様の計算から、

$$P(3投目 = 表|表が出た直後の投げ = 3投目) = \frac{1}{2} \qquad (3\,\text{H-}15)$$

が得られる。

　結局、（3 H-12）、（3 H-14）、および（3 H-15）式を（3 H-11）式に代入

すると、

$$P(その直後に表が出る \mid 一度でも表が出る) = \frac{1}{3} * \frac{1}{2} + \frac{1}{2} * \frac{1}{2} = \frac{5}{12} \left(< \frac{1}{2} \right)$$

を得る。これは表3C-1で示された値に等しい。ストリーク選別バイアスが主張するように、この値は表の出る無条件確率1/2よりも小さい。

第4章
プロスペクト選択の理論

要　約

　本章では、ダニエル・カーネマンとエイモス・トゥヴァースキーが開発した プロスペクト理論（prospect theory）に沿って、人びとの限定合理的なリスク選択について考えていく。プロスペクトとは、リスクを伴った選択対象の総称である。標準ファイナンスの基礎である期待効用理論は実際のリスク選択をいくつかの点で説明できない。そのことは、すでにモーリス・アレ（Maurice Allais）の逆説やマシュー・ラビンの逆説としても指摘されている。

　要約すれば、期待効用理論は現実のリスク選択に見られる次の4つの変則的な特性と矛盾する。1）リスク選択では、保有資産の価値そのものではなく、選択による資産保有価値の変化が評価の対象になる（参照点依存）。2）利益よりも損失からのインパクトが大きい（損失回避）。3）選択結果（アウトカム）の正負や発生確率の大小といった選択の条件によってリスクへの態度が変わる。4）リスク選好はアウトカムの確率に比例しない。プロスペクト理論は、これらの特性を矛盾なく説明できるように設計される。

　まずアウトカムを評価するツールとして、効用関数に代えて価値関数（value function）を導入する。さらに発生確率に応じてアウトカムの重み付けを決めるツールとして、確率ウェイト付け関数（probability weighting function）を導入する。ところが、ゼロでない2つ以上のアウトカムが確率的に発生するプロスペクトを評価するとき、確率ウェイト付け関数を用いると一次確率優位なプロスペクトの方が低く評価されてしまう可能性が生じる。これを回避するために、累積確率で定義される確率順位にもとづいて意思決定ウェイト付け関数（decision weighting function）が導入される。価値関数と意思決定ウェイト付け関数によってリスク選択を記述するのが累積プロスペクト理論である。期待効用理論が保有資産の全体を考えるブロード・フレーミングのリスク選択理論であったのに対して、累積プロスペクト理論は、人間の限定的な合理性からくるナロー・フレーミングを反映している。

キーワード：プロスペクト理論、価値関数、確率ウェイト付け関数、意思決定ウェイト付け関数、累積プロスペクト理論、参照点、損失回避、ラビンの逆説、アレの逆説

1. プロスペクトの選択

本章では、実際のリスク選択をうまく説明するための理論として、プロスペクト理論（prospect theory）を取り上げる。

「プロスペクト」とは元々「見通し」や「見込み」という意味の言葉であるが、リスクを伴った選択対象を総称するためにカーネマンとトゥヴァースキーがとくにこの言葉を用いた。クジのことだと考えればわかりやすい。ポートフォリオの選択でも投資プロジェクトの決定でも、リスクを伴ったすべての選択は、一定の結果（アウトカム）が一定の確率で発生するクジ（＝プロスペクト）の選択とみなすことができる。リスク選択とは要するにクジの選択であり、プロスペクト理論は、クジの選択行動を説明する理論である。

以下ではまず、標準的なファイナンス理論の基礎となる期待効用理論（第1章補論参照）が、実際に人びとが見せるクジ選択の行動とどのように矛盾しているかを見ていく。それがプロスペクト理論を構成していくモチベーションになる。

とくに、実際のクジ選択に見られる以下の4つの特徴を取り上げる。

(1) リスク選択では、保有資産全体ではなく、選択による資産の変化が評価の対象になる（参照点依存）。
(2) 利益よりも損失からのインパクトの方が大きい（損失回避）。
(3) リスクへの態度は、①アウトカムの正負と、②その発生確率の大小、という選択の条件によって違う。
(4) リスク評価はアウトカムの確率に比例しない。

プロスペクト理論では、期待効用理論では説明できないこれらの選択特性を記述するために、価値関数、確率ウェイト付け関数、意思決定ウェイト付け関数という3つのツールを導入する。

アウトカムを評価するのに、期待効用理論では効用関数を用いるのに対して、プロスペクト理論では価値関数を用いる。価値関数は、上の（1）、（2）、およ

び（3）の①の特性がうまく説明できるように設計される。

　さらに期待効用理論では、確率的に発生する異なったアウトカムからの価値（効用）を合計するときに、それぞれの確率によってウェイト付けを行う。これに対して、プロスペクト理論では、各アウトカムの確率がもたらすインパクトがそのアウトカムの順位（ランク）によって変わると考え、意思決定ウェイト付け関数によるウェイト付けを提案する。先の（4）の特性、つまり確率に比例しないウェイト付けがここに反映される。

　アウトカムの価値へのウェイト付けがアウトカムの順位に依存する広い意味での効用を「順位依存型効用（rank-dependent utility)」という。上の議論からわかるように、プロスペクト理論は、順位依存型効用理論の1つの応用である[1]。プロスペクト理論は、カーネマンとトゥヴァースキーによる1979年と1992年の2本の論文によってまとめられたが[2]、順位依存の考え方にもとづかない最初の論文には、後に説明する大きな理論的な問題が含まれている。順位依存の考え方を入れてその問題を解決したのが1992年の論文である。第1論文の理論と区別するために、第2論文のそれを累積プロスペクト理論と呼ぶ場合があるが、理論的に完成しているのは第2論文の方だけなので、本書では、とくに区別の必要がないかぎりこれをプロスペクト理論と呼んでいる。

　順位にもとづいた意思決定ウェイトの考え方は、慣れるまでやや複雑に感じられるかもしれない。そこで本章の後半では、クジの具体例を取り上げて意思決定ウェイトを作る手順を説明していく。

　最後に、期待効用理論では説明できなかったクジ選択のデータが、実際にプロスペクト理論によってどの程度説明できるのか（またはできないのか）を見る。本章でプロスペクト理論を理解したうえで、それが金融・証券市場での意思決定や現象を理解するうえでどのように応用されるかは次の章で扱う。

　本論に入る前に、クジの表し方について説明しておこう。以下では、クジを表すのに、カーネマンたちに従ってそのアウトカムの賞金額と確率を並べ、（賞金額1、確率1；賞金額2、確率2；……）のようにカッコ書きで表記する。

1）　Wakker (2010) や Dhami (2016) を参照のこと。
2）　Kahneman and Tversky (1979) と Tversky and Kahneman (1992)。

たとえば、

　1．50%の確率で、20,000円もらえる
　2．30%の確率で、10,000円損する
　3．20%の確率で、 0 円もらえる

というクジは、

$$（20,000円, 0.5; -10,000円, 0.3）$$

と表される。正確に表せば、（20,000円, 0.5; -10,000円, 0.3; 0円, 0.2)だが、賞金額ゼロのアウトカムはとくに必要がなければ省略される。

2．期待効用理論では説明できないリスク選択

　半世紀にわたってリスク選択の実証分析が行われてきた結果、実際のリスク選択行動を説明するには期待効用理論に深刻な問題があることがわかってきた。先に挙げた（1）〜（4）の選択特性が説明できないという点である。順に見ていこう。

2.1．参照点依存
　期待効用理論では、個別のリスク選択を行う場合でもそのアウトカムを自分の保有資産（富）W に合算して評価すると考える。効用関数を U とするとき、たとえば、クジを引いて x 円が当たった場合の効用は、$U(x)$ ではなく $U(W+x)$ と考える。したがって、半々の確率で10,000円得するか10,000円損するかのクジの期待効用は$0.5U((W+10,000)$ 円)$+0.5U((W-10,000)$ 円)となる。このクジを引くか引かないかの選択は、引かなかった場合の効用 $U(W)$ よりもこの期待効用が大きいか小さいかで決まる。これが期待効用理論のロジックである。
　リスク選択の文脈に関わりなく、選択者の保有資産 (W) の全体を大きくす

るという広い枠組みで選択のアウトカムを評価するという意味で、ブロード・フレーミング（broad framing）が期待効用理論の前提になっている。このことは、第1章で説明したホモエコノミカスの前提の1つである。その意味で、期待効用理論は、二重処理理論の熟慮処理によるリスク選択の理論と考えることができる。

しかしクジがその選択者に満足や不満足をもたらすのは、多くの場合それによって保有資産の価値がどのくらい大きくなるかということではなく、クジのアウトカムそのものがどの程度大きいか——つまりクジによる損得の大きさ——である。このことは、クジの選択をするときに、背後にある富全体を基準にして、そこからの変化だけを評価していることを意味している。その評価の基準となる点のことを「参照点（reference point）」という。

人びとのリスク選択が富そのものの大きさではなく、参照点からの損得の大きさに依存すると考える理由は大きく2つある。第一に、実際にリスク選択が参照点に依存するという多くのエビデンスがある。カーネマンたちの以下の実験結果はよく知られている。

質問1　最初に10,000円が与えられます。あなたはクジAとBのどちらを選びますか。
　　　　・クジA（10,000円, 0.5）　　・クジB（5,000円, 1）

質問2　最初に20,000円与えられるとします。あなたはクジCとDのどちらを選びますか。
　　　　・クジC（-10,000円, 0.5）　　・クジD（-5,000円, 1）

参加者の多くは、質問1ではクジBを選び、質問2ではクジCを選ぶ[3]。しかし、最初にもらえる金額をクジの賞金額に合わせて考えると、質問1のクジAと質問2のクジCは同じであり、クジBはDと等しい。にもかかわらず、

3）Kahneman and Tversky (1979), Problems 11 and 12。ただし、金額は日本人向けに変更してある。

クジBとCを選んだのは、参加者が最初にカネが与えられた資産レベルを参照点にして、そこから損得を発生させるクジの賞金だけを見て選択肢を評価したからである。このことは、参加者のリスク選択が参照点に大きく依存することを示している。

　人びとのリスク選択が参照点に依存していると考えた方がよい2つ目の理由は、次のような2つのクジに関係している。それぞれのクジについて、引くか引かないかを考えてほしい。ともに半々の確率で損得が生じるクジである。

$$クジ S（-1,000円, 0.5; 1,050円, 0.5）を引く・引かない$$
$$クジ L（-20,000円, 0.5; 1億円, 0.5）を引く・引かない$$

　まずクジ S（S は small を表す）については、保有富の大小にかかわらず「引く」と答える人は少ないだろう。S の賞金の期待値はプラス（25円）なので、それを「引かない」という選択はリスク回避的な行動である。クジ L（L は large を表す）はどうか。50%の確率で20,000円の損になるが、半々の確率で1億円が当たるこのクジを引かない人は少ないと考えられる。

　ところが以下で説明するように、期待効用理論では、保有富にかかわらず「クジ S は引かないが L だと引く」という当たり前の行動がうまく説明できない。この理論で考えていくと、クジ S のように少額賞金のクジに対してリスク回避的な行動をとる人は、クジ L のような有利なクジに対して極端にリスク回避的になってそれを引くことはない。逆に、クジ L のように大きな賞金がかかった有利なクジを引く行動を認めると、今度は、クジ S のように小さな賞金しかもらえないリスキーなクジを回避する行動が説明できなくなる。期待効用仮説のもとで起きるこうした矛盾を、これを指摘したマシュー・ラビンの名を冠して「ラビンの逆説（Rabin's paradox）」という。

　実際にラビンは、保有する富の大小にかかわらずクジ S を引かない人は、期待効用理論のもとでは、

$$クジ L'（-20,000円, 0.5; +\infty円, 0.5）$$

表4-1　ラビンの逆説──期待効用理論の矛盾

もし以下の50/50のクジを引かないなら		→	必ず以下のクジも引かない	
はずれ	当たり		はずれ	当たり
−5円	6円		30円	∞
−10円	11円		−100円	∞
−100円	101円		−9,000円	∞
−100円	105円		−1,800円	∞
−100円	110円		−1,000円	∞
−300円	350円		−1,800円	∞
−500円	600円		−3,000円	∞
−1,000円	1,010円		−90,000円	∞
−1,000円	1,050円		−20,000円	∞
−1,000円	1,100円		−10,000円	∞
−1,000円	1,250円		−6,000円	∞
−10,000円	11,000円		−100,000円	∞
−10,000円	12,500円		−60,000円	∞

注：Rabin (2000a) の数学付録を参考に作成。右パネルの「当たり」列の∞は、当たりの賞金がいくら大きく設定されてもそのクジを引かないことを表す。計算方法については、コラムを4-1参照のこと。

も決して引かないことを示している[4]。つまり、50％の確率で−20,000円という損が出るクジは、当たり賞金がどんなに大きくても（！）選ばれることはない。小さなクジに対してよく見られるようなリスク回避が、とんでもなく臆病なリスク回避行動に帰着してしまうことになる。20,000円の損のために50％の確率で1億円が当たるクジをあきらめるリスク回避は実際にはほとんどありえないだろう。

　表4-1は、期待効用仮説のこうした逆説的な例をまとめている。左パネルの各行の少額クジを「引かない」という選択をすると、いくら大きな当たり賞金がかかっていても右パネルのクジを「引かない」ことを表は示している。上で議論したクジ S とクジ L' のケースは、9行目に示されている。

　それではなぜ、このようなことが起きるのだろうか。原因は、期待効用理論が参照点への依存性を無視してクジのアウトカムを富に合計して評価し、富全

4）　Rabin (2000a, b) や Rabin and Thaler (2001) を参照のこと。

体の限界効用の逓減によってリスク回避を説明しようとしている点にある。

　クジSの賞金の期待値がプラスであるにもかかわらずそれを引かないということは、はずれて1,000円を損した場合に生じる効用の減少が、1,050円が当たったときの効用の増加ではカバーできないことを意味している。富の限界効用がそれだけ急速に減少するからである（より詳しい説明はコラム 4 - 1 を参照）。そしてどの富のレベルでもクジSが選ばれないとすると、その急速な限界効用の減少が、効用曲線のどの点でも生じなければならない。その結果、当たりとはずれの賞金額に大きな差がある場合には、当たった場合に得られる効用に比べて、はずれた場合の不効用が非常に大きなものになる。これが強いリスク回避を引き起こす。その結果、10億円が当たるクジでもリスクを嫌がってこれを引かない選択につながってしまう。

　クジからのアウトカムを保有富に合わせて評価し行動を決めるのではなく、保有している富を参照点として、富の変化、つまりクジの賞金だけに効用が依存していると考えると、そのようなことは起きない。クジが当たった場合の満足も、はずれた場合の不満足も、保有富とは関係なくその額だけに依存する場合、どの富レベル（参照点）のもとでクジSを引かない選択をしても、大きな賞金がかかったクジLに対する、同じ参照点でのリスク態度がそれで決まるわけではないからである。リスク選択に参照点依存を導入することによって、「クジSは引かないが、クジLなら引く」という普通の選択が矛盾なく説明できるようになる[5]。

　以上のように、富からの効用を考えるブロード・フレーミングの前提に立った期待効用理論では、実際のリスク選択は説明できない。実際の選択のベースになる私たちの選好は参照点に依存していると考えられる。そして選択のアウトカムは、参照点からの変化によって評価される。

　期待効用理論は、熟慮処理を前提とするブロード・フレーミングの考え方であるのに対して、現実を説明するのに必要なのは直感処理に左右されるナロー・

---

5 ） より正確な議論は、ピーター・ワッカー（Peter Wakker）が行っている（Wakker [2010], pp. 242-245)。

フレーミング（narrow framing）のモデルである。本章で説明するプロスペクト理論を含めた参照点依存のモデルは、富からの効用という全体的な枠組みを無視したナロー・フレーミングの考え方である。

2.2. 損失回避

多くの人が実感するように、損失から受けるインパクトは利益のインパクトよりも大きい。たとえば、10,000円を失うことのショックと、10,000円をもらうことのうれしさを比べてみればわかる。損失と利益のインパクトに見られるこうした非対称性をカーネマンたちは「損失回避（loss aversion）」と名付けた[6]。

期待効用理論では、利益も損失も対称的に評価されるので[7]、損失回避の行動や選択を説明することはできない。そもそも基準を設定することなく損失を定義することはできないので、損失回避という選好自体、参照点があることを前提としている。参照点への依存を考えない期待効用理論に損失回避を導入することはできないのである。

意思決定者がどのくらい損失回避的であるかを知るには、損得が半々の確率で発生する混合クジについて考えてもらえばよい。たとえば、はずれると10,000円の損をするクジの場合に、当たりの賞金額が最低いくらであれば引いてもよいかを尋ねる。損失回避の程度が強い人ほど、大きな当たり賞金を要求するので、その大きさによって損失回避の大きさを近似的に測ることができる。

もう少し一般的に、半々の確率で損得が発生する混合クジ、

$$(-l円, 0.5; g円, 0.5)$$

（ただし、$l, g \geq 0$）を考える。損失額 l 円をより大きな L 円（ただし、$L>l$）に変えたときに、当たりの賞金額をいくらまで大きくすればクジの価値が変わらないかを尋ねる。その回答額を G 円で表そう。$(G-g)$ 円は、クジの価値を変

---

6) Kahneman and Tversky (1979)。

7) 正確にいえば、期待効用理論のもとでも、10,000円をもらうことから得られる追加的な効用は、10,000円を失った場合に感じる不効用よりも小さい。限界効用が減少的であることが仮定されているからである。しかしこうした差は、得失の大きさ（ここでは10,000円）が小さくなるにつれて減少していき極限ではゼロに収束する。期待効用理論のもとで利益評価と損失評価が対称的だとされるのは、この意味においてである。

えないために必要な賞金額の補償増分である。そして、一定の損失額の変化 $(L-l)$ 円に対して、損失回避が強いほど、この補償増分 $(G-g)$ 円は大きくなるはずである。カーネマンたちは、損失回避の大きさを割合 $(G-g)/(L-l)$ によって近似的に測定している。彼らは、それが 2 より少し大きい程度（2.25）であることを示している[8]。

　損失回避は、損得両方のアウトカムが発生するようなリスク選択に対してリスク回避性を強める方向に働くことに注意されたい。参照点のところで損失回避が働く場合、それを挟んだ混合クジでは、賞金の損得の差が小さくても評価関数の凹性が維持されるからである。ラビンは、先に述べた逆説（ラビンの逆説）を解消するために、参照点依存モデルに損失回避を導入することを提案している。損失回避によって参照点のところで局所的にリスク回避性が働く場合、前項のクジ S のように賞金の損得の差が小さいクジであれば、それを引かないリスク回避的な選択を行う。その一方で、クジ L のように損失額に比べてプラスの賞金額が十分に大きいクジの場合には、リスク回避の影響が及ばずにクジを引く選択をする。クジ S を引かずにクジ L を選ぶ現実的な選択が損失回避を考慮することで説明しやすくなるのはこのためである。

2.3. クジの条件によってリスク態度が変わる

　期待効用理論では、選択者はつねにリスク回避的であることが前提されているが、日常生活でリスク愛好的な行動が観察されることは少なくない。とくにリスク選択の研究者たちを悩ませたのが、保険に加入する一方でギャンブルを行う人たちの行動である。保険料という一定のコストを支払うことで、確率的に発生する損失をカバーするのが保険である。保険への加入はリスク回避的な行動である。その一方で期待利益がマイナスであるにもかかわらず馬券を買うのはリスク愛好的な選択である。こうした事例は、同じ人が場合によってリス

8）Kahneman and Tversky (1992), table 2を参照。2つのクジがあるときに、両者の価値が選択者にとって同じであることを記号〜で表すことにすると、カーネマンたちの方法は、所与の (l, g, L) について、

$$(-l円, 0.5; g円, 0.5) 〜 (-L円, 0.5; G円, 0.5)$$

を満たすような当たり賞金 G 円を尋ねるものである。

表4-2　選択対象の性質とリスク態度

		アウトカム（賞金）の正負	
		正（利益）	負（損失）
アウトカム（賞金）の	中以上	①リスク回避	②リスク愛好
発生確率	小	③リスク愛好	④リスク回避

ク回避的であったりリスク愛好的であったりする可能性を示している。

　それでは、どのような場合にリスク回避的になり、どのような場合にリスク愛好的になるのだろうか。この点は、カーネマンとトゥヴァースキーがクジ選択の実験結果から表4-2のように結論づけている。

　表4-2に示されているように、私たちのリスク態度——リスクに対して回避的であるか愛好的であるか——は、対象となるリスク選択の次の2つの性質によって逆転する。

（1）アウトカムがプラス（利益）なのか、マイナス（損失）なのか。
（2）アウトカムの発生確率がどのくらい大きいか。

　たとえば、当選確率が比較的大きい場合は、プラスの賞金が当たるクジの選択ではリスク回避的になるが（表4-2の①）、マイナスの賞金が当たるクジではリスク愛好的になる（②）。このように、利益領域のリスク選択でリスク回避的に、損失領域でリスク愛好的になることを、ペイオフ（賞金）に対する「限界感応度逓減（diminishing marginal sensitivity）」という[9]。利益や損失の大きさが増大していくにつれて、そこから受けるインパクトが弱まっていくことを意味している[10]。利益や損失の変化に対する感覚が麻痺していくと考えればわかりやすいかもしれない。

9）Tversky and Kahneman (1992) を参照。
10）リスク回避のもとでは限界効用が逓減的なので、利益が増えるにつれてそこからのインパクト（限界効用）は小さくなる。反対にリスク愛好下では、限界効用逓増が働くので、損失が増えるにつれて（ペイオフが小さくなるにつれて）、限界不効用で測られるマイナスのインパクトが小さくなる。

これに対し、当選確率が小さい場合には、プラスの賞金がかかったクジの選択ではリスク愛好的に（③）、マイナスの賞金の場合にリスク回避的になる（④）。

それでは、以上に要約したリスク態度を、クジに対する実際の選択を見ながら具体的に説明していこう。表4-3は、カーネマンたちが行った選択実験を日本人用に改変して行った実験の結果をまとめたものである[11]。プロスペクト理論の根拠となったカーネマンらの結果をどれもきれいに再現している。

たとえば、

　質問 G1　クジ G1A（40,000円, 0.8）か クジ G1B（30,000円, 1.0）の
　どちらを選びますか。

という問題では、多くの参加者（83.5%）がクジ G1B を選ぶ（表4-3では、平均的な回答者が選んだクジ番号に <u>G1B</u> のように下線を引いている）。賞金の期待値はクジ G1A の方が大きいので、この選択はリスク回避的な行動である。当選確率が比較的大きくプラスの賞金が当たるクジの選択の場合にリスク回避的になるという表4-3の①は、こうした傾向を指している。

　同じ傾向は、

　質問 G2　クジ G2A（60,000円, 0.25）か クジ G2B（40,000円, 0.25; 20,000
　円, 0.25）のどちらを選びますか。

　質問 G3　クジ G3A（60,000円, 0.45）か クジ G3B（30,000円, 0.9）の
　どちらを選びますか。

に対する選択にも表れている。質問 G2ではクジ G2B を選ぶことが、また質問 G3ではクジ G3B を選ぶことがリスク回避的である。表4-3は、実際に多くの参加者がそうしたリスク回避的な選択を行っていることを示している。

　これに対して、上のクジの賞金の符号をすべてマイナスにした以下のような

11）Kahneman and Tversky（1979）を参照。

表4-3　プロスペクト選択の結果

質問		クジLA 選択者の比率		クジLB 選択者の比率	リスク態度	表4-2
	G1	G1A 確率80%で40,000円当たる 16.5%	G1B	確率100%で30,000円当たる 83.5% リスク回避		①
	G2	G2A 確率25%で60,000円当たる 16.8%	G2B	確率25%で40,000円当たり、 確率25%で20,000円当たる 83.2% リスク回避		①
	G3	G3A 確率45%で60,000円当たる 15.4%	G3B	確率90%で30,000円当たる 84.6% リスク回避		①
利益領域のクジ選択	G4	G4A 確率0.1%で60,000円当たる 90.2%	G4B	確率0.2%で30,000円当たる 9.8% リスク愛好		③
	G5	G5A 確率0.1%で50,000円当たる 75.6%	G5B	確率100%で50円当たる 24.4% リスク愛好		③
	G6	G6A 確率20%で40,000円当たる 74.0%	G6B	確率25%で30,000円当たる 26.0% NA		①
	G7	G7A 確率100%で24,000円当たる 69.1%	G7B	確率33%で25,000円当たり、 確率66%で24,000円当たる 30.9% リスク回避		①
	G8	G8A 確率34%で24,000円当たる 27.4%	G8B	確率33%で25,000円当たる 72.6% NA		①
	L1	L1A 確率80%で40,000円損する 78.0%	L1B	確率100%で30,000円損する 22.0% リスク愛好		②
	L2	L2A 確率25%で60,000円損する 71.0%	L2B	確率25%で40,000円損し、 確率25%で20,000円損する 29.0% リスク愛好		②
損失領域のクジ選択	L3	L3A 確率45%で60,000円損する 69.4%	L3B	確率90%で30,000円損する 30.6% リスク愛好		②
	L4	L4A 確率0.1%で60,000円損する 27.4%	L4B	確率0.2%で30,000円損する 72.6% リスク回避		④
	L5	L5A 確率0.1%で50,000円損する 29.8%	L5B	確率100%で50円損する 70.2% リスク回避		④
	L6	L6A 確率20%で40,000円損する 40.7%	L6B	確率25%で30,000円損する 59.3% NA		②

注：回答者数369。各質問は、Kahneman and Tversky (1979) の質問を円表示に改変して作成。データは、2015～2018年の各年に大学経済学部授業内で実施したサーベイの回答をプールしたもの。下線のくじは、平均的に選好された方のくじを示す。選好者比率はすべて有意水準 1 ％で0.5と異なっている。「リスク態度」は、回答者比率から推定される平均的回答者のリスク選好を表す。NA はその選択結果からはリスク態度が判別できないことを示す。「表 4 - 2 」は、該当する同表のケース番号を表す。

クジに対しては、選択はリスク愛好的になる。

　質問 L1　クジ L1A（−40,000円, 0.8）か クジ L1B（−30,000円, 1.0）の
　どちらを選びますか。

　質問 L2　クジ L2A（−60,000円, 0.25）か クジ L2B（−40,000円, 0.25;
　−20,000円, 0.25）のどちらを選びますか。

　質問 L3　クジ L3A（−60,000円, 0.45）か クジ L3B（−30,000円, 0.9）の
　どちらを選びますか。

　表4-3に示されるように、質問 L1 では、ペイオフの期待値が小さくてリス
クが大きい方のクジ L1A を選ぶ人の方が多い（78％）。質問 L2でも L3でも、
期待値が同じで、リスクのより大きなクジ（クジ L2A、L3A）が選ばれている。
どちらもリスク愛好的な選択である。
　上の議論からわかるように（そして以下でも同じように）、賞金のプラス・
マイナスが変わると選ばれるクジが反対になる。こうした傾向を「反射効果
（reflection effect）」という。反射効果は、じつはリスクがない場合の選択にも
当たり前のように観察される。たとえば、どの人も30,000円もらうより40,000
円もらう方を選ぶ。その一方で、40,000円払うより30,000円払う方を選好する
だろう。反射効果が強いインプリケーションをもつのは、リスクが入る場合で
ある。リスク選択の場合、反射効果は、アウトカムのプラス・マイナスによっ
てリスク態度が逆転することを意味する。
　プラスの賞金の場合でもマイナスの賞金の場合でも、小さな確率でしか賞金
が発生しないクジでは、さらにリスク態度が反転する。たとえば、

　質問 G4　クジ G4A（60,000円, 0.001）か クジ G4B（30,000円, 0.002）の
　どちらを選びますか。

を考える。表4-3に示されるように、ほとんどの回答者（90.2％）が、クジ

G4A を選ぶ。2つのクジの賞金の期待値は同じなので、この選択はリスク愛好的である。賞金はプラスであるにもかかわらず、当選確率が小さくなるとこのようにリスク愛好的になるというのが、表4-2の③である。

対照的に、

質問 L4　クジ L4A（−60,000円, 0.001）か　クジ L4B（−30,000円, 0.002）のどちらを選びますか。

では、多くの人（表4-3では、72.6%）がクジ L4B を選ぶリスク回避行動を示す。表4-2の④がそれである。

小さな当選確率のもとでリスク態度が逆転する傾向は、以下の質問 G5、L5での選択にも表れる。

質問 G5　クジ G5A（50,000円, 0.001）か　クジ G5B（50円, 1.0）のどちらを選びますか。

質問 L5　クジ L5A（−50,000円, 0.001）か　クジ L5B（−50円, 1.0）のどちらを選びますか。

表4-3に示されるように、過半数の回答者が、質問 G5では期待値が同じでリスクの高い方のクジ G5A を選ぶリスク愛好的な選択をする。その一方で、損失領域の質問 L5では、リスクの度合いが小さい方のクジ L5B を選ぶリスク回避選択が行われている。これらの結果は、比較的大きな当選確率の選択（表4-2の①や②）で見られたリスク態度と対照的である。

質問 G5、L5の結果が、先に述べた「ギャンブルをする一方で、保険に加入する」行動に対応していることに注意してほしい。私たちには、クジ G5A のような当たりの可能性が薄いクジを選ぶリスク愛好的な選択傾向がある一方で、質問 L5で示されるように、50円という保険料を払って、小さな確率でしか起こらない50,000円の損失を回避する傾向がある。こうした両方向の選択は期待効用仮説では説明できない。

2.4. クジの評価は当選確率に比例しない

期待効用理論でクジを評価する場合、賞金から得られる効用の期待値をとる。期待値は、確率をウェイトとした効用の加重平均なので、期待効用理論では賞金の当選確率をそのままインパクトとして効用に重み付けを行っていることになる。その結果、クジの価値は、賞金の当選確率の一次関数として表される。選好の確率比例性と呼ばれる性質がこれである。

ところが、実際のリスク選択ではそうなっていない。以下で示すように、とくに確率0（絶対起こらない）や1（必ず起きる）という極端な確率に近いところでは、少し確率が変わるだけで大きなインパクトをクジの評価や選択に与える。その一方で、極端でない中途半端な確率の周りでは、その確率が少々変化しても評価はあまり変わらない。つまり、発生確率がクジの評価や選択に及ぼす影響は期待効用理論が想定するように一定ではなく、その確率が0か1の両端近くにあるか中ほどにあるかで違ってくる。

よい例が、先ほど見た2つの質問G4とL4での選択である。質問G4への回答では、クジG4A（60,000円, 0.001）の価値の方がクジG4B（30,000円, 0.002）より高かった。クジG4Bに比べて、G4Aでは賞金が2倍になる代わりに当選確率が半分になっている。この選択結果は、60,000円が当たった場合のインパクトが半分にも減少していないことを意味している[12]。言い換えれば、当選確率の変化ほどにはインパクトが変化していない[13]。つまり、クジG4Aを評価するときに、賞金60,000円の価値に対して当選確率0.001より大きなウェイトを掛け合わせていることになる。これを「オーバーウェイティング（overweighting）」という。

オーバーウェイティングは、損失領域の質問L4での回答からも読み取ることができる。クジL4A（−60,000円, 0.001）の当選確率0.001のインパクトが大きいために、60,000円の損失を避けてL4B（−30,000円, 0.002）の方を選

---

12) 正確にいえば、限界効用が逓減する場合、60,000円の価値（効用）は30,000円の価値（効用）の2倍にはならない。にもかかわらずクジ L_{G4A}（60,000円, 0.001）の価値がクジ L_{G4B}（30,000円, 0.002）よりも高くなるためには、確率0.001のインパクトが確率0.002のインパクトの半分よりもずっと大きくなければならない。

13) こうした性質を「劣加法性（subadditivity）」という。

択していると考えられる。

　質問 G5 と L5 にも、オーバーウェイティングの効果が読み取れる。利益領域の質問 G5 では、賞金50,000円のインパクトが確率0.001よりも大きいために G5A が選択され、損失領域の質問 L5 では、インパクトの大きい損失を避けるために L5B が選ばれたと考えられる。

　これらの傾向は、小さい確率でしか起こらないイベントが意思決定者の評価や選択に確率以上の強いインパクトを与えることを示している。「起こりえる」という可能性が与える効果という意味で、これを「可能性効果（possibility effect）」という[14]。可能性効果は、確率 0 の近くでの確率の違いが評価や意思決定に大きく影響することを表している。

　クジの評価が当選確率に比例しないことを示す例として、さらに次のクジの選択、質問 G6 を考えよう。ここで、2 つのクジ G6A、G6B は、質問 G1 の 2 つのクジ G1A（40,000円, 0.8）と G1B（30,000円, 1.0）の当選確率をそれぞれ 4 分の 1 にしてできるクジである。

　　質問 G6　クジ G6A(40,000円, 0.2) か クジ G6B(30,000円, 0.25) のどちらを選びますか。

　表 4 - 3 に示されるように、この質問に対して過半数の回答者（74.0％）がクジ G6A を選んでいる。つまり、質問 G1 で選んだクジ（G1B）に対応するのとは違う方のクジが選択されている。

　じつはこうした選択の逆転は、期待効用理論のもとでは起こらない。先に説明したように、期待効用でクジを評価する場合、当選確率が 4 分の 1 になるのに比例して 2 つのクジの価値が下がるだけで、それによって価値の大小が逆転することはないからである[15]。

---

14)　Wakker (2010) を参照のこと。

15)　2 つのクジ A と B があって A が B より選好されるとしよう。このとき、期待効用理論の前提となる独立性公理という性質のもとでは、確率 p でクジ A が当たる複合クジ（クジ *A,p*）は、同じ確率 p でクジ B が当たる複合クジ（クジ *B,p*）より必ず選好される。独立性公理については、たとえば酒井（1982）を参照のこと。

質問 G1 と G6 の事例は、賞金が確実にもらえるクジが強く好まれる傾向を示している。小さくない確率ではずれる可能性のあるクジの選択（質問 G6）では、はずれるリスクが大きいことを気にせずに期待値の高い方のクジ G6A を選ぶのに対して、確実なクジの入った質問 G1 では期待値が小さくても確実なクジ（G1B）を選ぶ傾向がある。このことは、当選確率が、0.25 から 1 に 4 倍になることのインパクトが、0.2 から 0.8 に 4 倍になることのインパクトよりも強いことを表している。このように、アウトカムの確実性がクジの評価や選択に強いインパクトを与える傾向のことを「確実性効果（certainty effect）」という[16]。賞金がプラスであるような利益領域のクジの場合、確実性効果のもとでは、わずかなはずれの可能性がなくなるだけでクジの価値は大きく上がる。逆に、確実だった賞金にわずかでもはずれる可能性が入るとクジの価値が大きく下がる。

損失領域における確実性効果は、質問 L1 と質問 L6 に対する回答に表れている。質問 L6 では、クジ L6B（−30,000 円, 0.25）がクジ L6A（−40,000 円, 0.2）より選好されている一方で、当選確率が 4 倍になっている質問 L1 では、確実な損失をもたらすクジ L1B（−30,000 円, 1.0）よりクジ L1A（−40,000 円, 0.8）の方が好まれている。損失が確実になったことで、マイナスのインパクトが強められたものと考えられる。確実性効果は、利益領域では確実な利益を強く選好させ、損失領域では確実な損失を強く回避させる方向に働く。

期待効用理論に対する反例として、最後に次の 2 つの選択問題を考えよう。

質問 G7　クジ G7A（24,000 円, 1.0）かクジ G7B（25,000 円, 0.33; 24,000 円, 0.66）のどちらを選びますか。

質問 G8　クジ G8A（24,000 円, 0.34）かクジ G8B（25,000 円, 0.33）のどちらを選びますか。

表 4 - 3 にあるように、多くの人が質問 G7 ではクジ G7A を選び、質問 G8 で

---

16)　Kahneman and Tversky (1979), Wakker (2010) を参照のこと。

はクジ G8B を選ぶ。ところが、各クジの期待効用を前提にするとこれらの選択は矛盾している。実際、表の選択結果を、クジの期待効用の大小によって表すと次のようになる。ただし、W は回答者が保有している総資産、u は効用関数を表している。

$$u(W+24,000)>0.33u(W+25,000)+0.66u(W+24,000) \qquad (1)$$
$$0.34u(W+24,000)<0.33u(W+25,000) \qquad (2)$$

（2）式の両辺に $0.66u(W+24,000)$ を加えると、（1）式とは逆の不等式が得られることがわかる[17]。つまり、期待効用理論では、質問 G7 でクジ G7A を選ぶ一方で、質問 G8 ではクジ G8B を選ぶ行動を説明できない。

じつは、こうした選択も確実性効果の一例と考えられる。質問 G8 で G8B を選んでいても、質問 G7 では、確実な賞金が得られるクジ G7A が強く選好されると考えられるからである。

可能性効果として先に説明したように、確率 0 の近くでの確率の違いはその差以上に大きなインパクトの違いをもたらす。確実性効果は、確率 1 の近くで見られる同様の傾向である。確率 0（絶対起こらない）や 1（必ず起きる）という極端な（したがってはっきりした）状況のもと――累積確率分布の端の部分――では、わずかな確率の違いも目につきやすい。ナロー・フレーミングにとらわれた意思決定者は、その差をクジの評価に過大に反映させてしまう。その結果として確率 1 の近くで生じるオーバーウェイティングが確実性効果であり、確率 0 の近くで発生するオーバーウェイティングが可能性効果である。

確率的に両極端のイベントで生じるこうしたバイアスとは対照的に、極端でない確率のレンジ――累積確率分布の中間の範囲――では、確率の違いはその差に見合ったのインパクトをクジの評価や選択にもたらさない。たとえば、上の質問 G8 のクジでは、34% と 33% という当選確率の違いよりも、24,000円と

17）この議論は次のようにも言い換えることができる。質問 G8 の 2 つのクジそれぞれに、「0.66 の確率で2万4,000円が当たる」というアウトカムを加えて新しいクジ（24,000円, 1.0）と（25,000円, 0.33; 24,000円, 0.66）を作る。じつはそれによってクジ G8A からクジ G7A ができ、クジ G8B からクジ G7B ができる。2 つのクジに同じアウトカムを加えただけなので、クジの価値を期待効用で測るかぎり、その操作によってクジの価値の大小が逆転することはない。

25,000円の賞金額の違いの方が大きな影響をもたらしたために、クジ G8B（25,000円, 0.33）が G8A（24,000円, 0.34）より選好されたと考えられる。質問 G6でも同じように、当選確率が25％から20％に減るマイナス効果よりも、賞金額が30,000円から40,000円に増えるプラス効果が上回っている。どちらのケースも、20％や30％という極端でない確率の場合に、その違いがクジの評価や選択に大きく影響しないことを示している。こうした傾向のことを、「確率への非感応性（insensitivity to probabilities）」という。

確率への非感応性もまたわれわれ選択者の認知能力の限界に起因していると考えられる。確率0や1の極端な確率で生じるイベントと違って、極端でない中途半端な大きさの確率の違いは識別することが認知的に難しいと考えられるからである。

以上のように、実際のクジの選択では賞金などのアウトカムの客観確率がそのまま反映されるわけではない。第一に、確率0と1の両極端の確率レンジでは確実性効果と可能性効果というオーバーウェイティングが発生する。第二に、極端ではない確率レンジでは確率への非感応性が生じる。これらの特質は、確率の極端さが減るにつれて、確率の違いがもたらすインパクトが低下していく性質としてまとめることができる。この性質を、「確率インパクトへの限界感応度逓減（diminishing marginal sensitivity）」という[18]。

3. プロスペクト理論

3.1. リスク選択の性質とプロスペクト理論

前節で見たように、私たちが行う実際のリスク選択には、期待効用理論では説明できない際立った特性がある。プロスペクト理論は、それらの選択特性を整合的に説明するために、カーネマンとトゥヴァースキーが2つの論文によって開発したモデルである[19]。

プロスペクト理論は、価値関数（value function）、確率ウェイト付け関数

---

18) Tversky and Kahneman (1992) や Wakker (2010), Chap. 7を参照のこと。
19) Kahneman and Tversky (1979), Tversky and Kahneman (1992)。

（probability weighting function）、および意思決定ウェイト付け関数（decision weighting function）という3つのツールから構成される。表4-4は、前節で見たリスク選択バイアスとこれらの分析ツールの関係をまとめたものである。以下、この表を参照しながら、プロスペクト理論の道具立てを説明していこう。

3.2. 価値関数

前節で見た3つの選択特性、（1）参照点依存、（2）損失回避、（3）アウトカムに対する限界感応度逓減に特徴づけられるリスク選択を記述するために、プロスペクト理論では価値関数を導入する。

価値関数は、効用関数に代わって利益や損失（参照点からの乖離）x の価値を評価する関数である。以下では $v(x)$ と表記しよう。効用関数と違って、価値関数では参照点からの差が問題になる。たとえばクジの選択の場合、多くの場合、背後にある総資産が参照点となる。そこを基準としてクジのアウトカムを評価するのが価値関数である。

価値関数 $v(x)$ は以下の性質をもつ。

1. アウトカムがゼロなら、価値もゼロ：$v(0)=0$
2. アウトカムが大きいほど、価値も大きい：$v'(x)>0$

表4-4 リスク選択バイアスとプロスペクト理論

期待効用理論のツール		観察されるリスク選択バイアス	プロスペクト理論のツール
価値評価	効用関数	（1）参照点依存 （2）損失回避 （3）アウトカムに対する限界感応度逓減 　　利益領域：リスク回避 　　損失領域：リスク愛好	価値関数
ウェイト付け	確率 （確率比例性）	（4）確率インパクトへの限界感応度逓減 　　極端な確率イベント：オーバーウェイティング 　　極端でない確率イベント：非感応性	確率ウェイト付け関数 意思決定ウェイト付け関数

注：「観察されるリスク選択バイアス」は、期待効用理論のツールでは説明できない実際の選択や判断上のバイアスを表す。リスク選択バイアス（1）～（4）を説明するために、右欄の「プロスペクト理論のツール」が考案されていることを示す。

3．アウトカムの大きさが同じなら、損失の不満足の方が利益の満足より大きい（損失回避）：$-v(-x)>v(x)$ $(x>0)$

4．利益領域では、リスク回避的になる(限界感応度逓減)：$v''(x)<0$ $(x≥0)$

5．損失領域では、リスク愛好的になる(限界感応度逓減)：$v''(x)>0$ $(x<0)$

1と2から、利益（$x≥0$）にはプラスの価値が、損失（$x<0$）にはマイナスの価値が付く。3は損失回避性を表している。損失に対する不満足感（$-v(-x)$）が同じ大きさの利益から得られる満足感（$v(x)$）より大きいことを表す。アウトカムに対する感応度の逓減性は4と5で示されている。4により、利益領域（$x≥0$）ではxが増えると限界効用は逓減し、利益に対する感応度が逓減するので、リスクに対して回避的になる。反対に損失領域（$x<0$）では、xが増すと5から限界効用が逓増し、したがって損失（xの絶対値）に対する感応度は（損失が増すと）逓減するのでリスク愛好性が生じる。

これらの性質を満たす具体的な価値関数として、トゥヴァースキーとカーネマンが提案した次のような関数形が用いられることが多い[20]。

$$v(x) = \begin{cases} x^{\alpha_+} & (x \geq 0) \\ -\lambda(-x)^{\alpha_-} & (x < 0) \end{cases} \tag{3}$$

ここで、価値関数の形を決める選好パラメーターα_+、α_-、およびλは、以下のように定義される。

- α_+ $(\alpha_+>0)$：利益領域（$x≥0$）でのリスク回避の程度を示すパラメーター。$\alpha_+<1$のとき、リスク回避的であり、小さいほどリスク回避性が強い。
- α_- $(\alpha_->0)$：損失領域（$x<0$）でのリスク愛好の程度を示すパラメーター。$\alpha_-<1$のとき、リスク愛好的であり、小さいほどリスク愛好性が強い。
- λ $(\lambda>0)$：損失回避の強さを表すパラメーター。$\lambda>1$のとき、α_+とα_-の大きさに差がなければ損失回避的である。

20）　Tversky and Kahneman (1992) を参照。

表4-5　価値関数のパラメーター値

	α_+ $(x \geqq 0)$		α_- $(x < 0)$		λ		N
	平均	中央値	平均	中央値	平均	中央値	
トゥヴァースキー＝カーネマン	NA	0.88	NA	0.88	NA	2.25	25
アブデラウイ他	0.86	0.72	0.80	0.73	2.04	1.69	48
ボウイ他	0.86	NA	0.83	NA	1.58	NA	1,935
本書	0.82	0.71	0.58	0.52	1.66	1.60	15,431

注：トゥヴァースキー＝カーネマンは Kahneman and Tversky (1992)、アブデラウイ他は Abdellaoui et al. (2007)、ボウイ他は Booij et al. (2010) による経済実験の推定値。本書の値は HIDB2018データから著者らが計算。

　価値関数（3）は、クジの選択データから推定することができる。表4-5は、代表的な推定値の例と、日本のサンプル（HIDB2018）からわれわれが得たパラメーターの値をまとめたものである（日本のパラメーター値の導出については本章付録A1を参照[21]）。

　表からわかるように、リスク態度を決める α_+ と α_- の値はどれも1よりも小さな正の値をとっている。どのデータでも感応度逓減が起きていることを示している。

　損失回避のパラメーターλ の値は平均でも中央値でも1より大きく、損失回避が広い範囲で観察されることが見て取れる。トゥヴァースキーたちは、自身の推定値の大きさ（中央値2.25）から、損失回避の大きさが2を少し超える程度だと予想していたが、最近の推定では2を下回る結果も少なくない。いずれにしてもλはどの研究でも1よりも有意に大きく、損失回避が観察されている。

　図4-1は、日本のデータ（HIDB2018）を用いて価値関数を描いたものである。感応度逓減は、価値関数が、利益領域（$x \geq 0$）では凹型に、損失領域（$x < 0$）では凸型になっているところに示されている。λ（ここでは、1.66）が1よりも大きいこと（損失回避）を反映して、曲線は利益領域より損失領域でより急になっている[22]。

---

21) プロスペクト理論パラメーターの推定方法については、Dhami (2016) を参照。

図4-1 価値関数

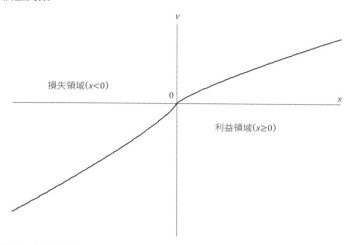

注:価値関数((3)式)を表す。$\alpha_+ =0.82$、$\alpha_- =0.56$、$\lambda =1.66$として計算。値は、HIDB2018データからの推定値の平均値。

3.3. 確率ウェイト付け関数

　確率ウェイト付け関数は、アウトカムが発生する確率のインパクトを決める関数である。期待効用を考える場合にはアウトカムが生じる確率 p そのものであるが、実際の選択では、確率から受ける心理的なインパクトによってアウトカムへのウェイトにバイアスが生じる。表4-4にまとめたように、確率が0や1の両端近辺ではオーバーウェイティングが生じ、極端でない内側のところでは確率が違ってもウェイトはあまり変わらない(非感応性)。

　こうしたオーバーウェイティングと非感応性を同時に説明するためにトゥヴァースキーらが提案したのが、次の確率ウェイト付け関数 $w(p)$ である(確率ウェイト付け関数の他の関数例については、コラム4-3を参照されたい)。

---

22) 損失回避があるために価値関数は原点で角(キンク)をもつとしばしばいわれる(たとえば、Benartzi and Thaler [1995])。しかし、価値関数が利益領域と損失領域のそれぞれで線形でないかぎり、この説明は不正確である。利益 $x(>0)$ と損失 $-x$ での価値関数の接線の傾き($\alpha_+ x^{\alpha_+ -1}$, $\lambda \alpha_- x^{\alpha_- -1}$)は、想定されるとおり α_+、α_- がともに1より小さければ、原点に入るところで双方とも無限大になるからである。ただし、$\alpha_+ = \alpha_-$ であれば、損失 $-x$ での傾きは利益 x のそれの λ 倍につねに等しい。

$$w(p) = \begin{cases} w_+(p) \, (x \geq 0) \\ w_-(p) \, (x < 0) \end{cases} \tag{4}$$

ただし、

$$w_+(p) = \frac{p^{\delta_+}}{\left(p^{\delta_+} + (1-p)^{\delta_+}\right)^{\frac{1}{\delta_+}}}, \quad w_-(p) = \frac{p^{\delta_-}}{\left(p^{\delta_-} + (1-p)^{\delta_-}\right)^{\frac{1}{\delta_-}}} \tag{5}$$

である。$w_+(p)$ はプラスのアウトカム（利益）が発生する確率のインパクトを決定し、$w_-(p)$ はマイナスのアウトカム（損失）の確率インパクトを測る。δ_+、δ_- は、それぞれ利益領域と損失領域で、オーバーウェイティングや非感応性の程度を決めるパラメーターである。どちらの場合も、0と1の間の値をとるとき、オーバーウェイティングと非感応性が生じ、パラメーターの値が小さいほどそれが顕著になる。ただし、これらのパラメーターが0.279より小さくなると、p が上昇しても $w(p)$ が上昇しない p の領域ができてしまうことが知られている[23]。それらの値が1のとき、期待効用理論のケースと同じように、確率インパクトの値はつねに確率 p に等しくなる。

表4-6は、δ_+、δ_- の推定値の例をまとめている。平均値で見ても中央値で見てもその値は0.279と1の間に入っている。たとえば、日本のサンプルで得た推定値の平均は、δ_+ が0.55、δ_- が0.47で、どちらも有意に1よりも小さく、0.279より大きい。

パラメーターδ_+、δ_- が0.279と1の間に入るような標準的なケースでは、確率ウェイト付け関数は図4-2のように逆S字の形に描かれる[24]。確率0に近い領域では45度線よりも傾きが急になっている。この形状は、小さな確率で生じるアウトカム、言い換えれば「ひょっとしたら起きるかもしれない」アウトカムに対して、比例以上に大きなウェイトを置いてしまう意思決定者のバイアスを反映している。これが前節で見た可能性効果を引き起こす。

同じように、確率1の手前の領域でも急勾配になっている。これは「ひょっとしたら起きないかもしれない」小さな可能性を過大に感じるバイアスを表す。

---

23) Wakker (2010), p.206を参照。

24) 発生確率との主観的評価がこのように逆S字型をしていることは、じつはプロスペクト理論が考案されるよりずっと以前から指摘されてきた。コラム4-2参照。

図4-2　確率ウェイト付け関数

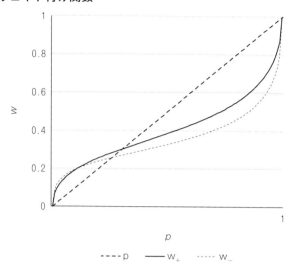

注：利益領域における確率ウェイト付け関数 w_+ と損失領域における確率ウェイト付け関数 w_-（（5）式）を表す。パラメーター値 $\delta_+ = 0.55$、$\delta_- = 0.47$ は、HIDB2018からの推定値の平均値。

表4-6　確率ウェイト付け関数のパラメーター値

	$\delta_+(x \geq 0)$ 平均	$\delta_+(x \geq 0)$ 中央値	$\delta_-(x<0)$ 平均	$\delta_-(x<0)$ 中央値	N
トゥヴァースキー＝カーネマン	NA	0.61	NA	0.69	25
ボウイ他	0.62	NA	0.59	NA	1,935
本書	0.55	0.49	0.47	0.40	15,431

注：トゥヴァースキー＝カーネマンは Kahneman and Tversky (1992)、ボウイ他は Booij et al. (2010) による経済実験の推定値。ボウイ他が確率ウェイト付け関数の推定する際には、客観確率ゼロでのジャンプを仮定。本書の値は HIDB2018データから著者らが計算。

　この形状のもとでは、確率が1より少し小さいだけで確率ウェイトは大きく低下する。これが、前節で見た確実性効果につながる。どちらのケースも、「起きるかもしれない」あるいは「起きないかもしれない」という小さな可能性が大きく評価されるという意味でオーバーウェイティングが生じている。

　これに対して、確率が極端でない、確率軸（横軸）の中ほどの部分では、確

率ウェイト付け関数は45度線よりも緩い傾きを示す。たとえば、確率が50％でも51％でも私たちの意思決定にはさほど大きな違いは生じないだろう。確率の違いが確率ウェイトに大きく影響しないこうした非感応性がここに表れている。

このように確率ウェイト付け関数には、確率インパクトへの限界感応度逓減（表4-4のリスク選択特性（4））の性質が盛り込まれている。

3.4. 問題点

さて、確率ウェイト付け関数の値を一種の主観確率と解釈すれば、効用関数の代わりに価値関数を用い、確率の代わりにこの確率ウェイトを用いることでクジの主観的価値を測ればよいように思われるかもしれない。たとえば、n 個のアウトカムがあるクジ $(p_1, x_1; \cdots; p_n, x_n)$ の価値をアウトカムの価値 $v(x_i)$ の主観的な期待値、

$$\sum_{i=1}^{n} w(p_i)v(x_i) = w(p_1)v(x_1) + \cdots + w(p_n)v(x_n) \tag{6}$$

で測ればどうだろうか。実際、カーネマンとトゥヴァースキーが最初に考案したプロスペクト理論ではこうした評価基準が提案されていた[25]。

じつは、この評価方法には重大な問題がある。以下に説明するように、この基準に従うと、明らかに劣っているクジの方をより高く評価してしまう可能性があるからである。

いま大小2通りの賞金のアウトカム（出目）が出るクジAがあるとしよう。そしてそのクジAの小さい方の賞金が当たる確率の一部（または全部）を減らして、大きい方の賞金の確率をその分大きくしたクジBを作る。こうしてできたクジBは、明らかに元のクジAより有利である。このとき、クジBはAに対して「一次確率優越（first-order stochastic dominance）」をもっているという[26]。どのような評価方法にせよ、それが合理的なものであるためには、当

---

25) Kahneman and Tversky (1979)。
26) Wakker (2010) を参照のこと。

然、一次確率優越をもつ方のクジ（いまの場合、クジB）を必ずより高く評価する方法になっていなければならない。ところが、（6）式の評価方法は、以下で見るようにこの一次確率優越の条件を満たさない。

たとえば、以下のクジA、Bを考えよう。

　　クジA：(10,000円, 0.1; 10100円, 0.1)　　　クジB：(10,100円, 0.2)

少し見れば、どちらを選べばよいかは明らかだろう。クジBは、Aの小さい方の賞金10,000円が当たる確率10%をゼロにし、大きい方の賞金10,100円の確率にそれを上乗せして作られている。つまり、クジBはAに対して一次確率優越をもっているので、クジBはAより価値が高い。にもかかわらず、通常のパラメーターの値を使って、カーネマンたちの最初のプロスペクト理論（（6）式）で計算してみると、クジAの価値の方が高くなってしまう。

なぜだろうか。これにはオーバーウェイティングが関係している。図4-2に示されているように、10%という小さな確率のもとではオーバーウェイティングが起きる。そのために、クジAでは賞金のインパクトが発生確率に比べて過大になる。ところが、2つの10%を1つの20%にまとめたクジBでは、オーバーウェイティングの程度が弱まってしまい、対応するウェイトの大きさ（$w(0.2)$）は10%のウェイト2つ分（$2w(0.1)$）より小さくなる（$w(0.2)<2w(0.1)$）。その結果、クジBの価値の方が低くなってしまうようなことが生じる。もちろん、クジBの賞金の方が大きいので、それがクジBの価値を高める方向に働くが、通常のパラメーター値のもとではオーバーウェイティングが低下する効果の方が断然大きい。その結果、（6）式のもとでは、Aの価値の方が高くなる逆説的なことが起こる。

実際に、トゥヴァースキーらの推定値（$\alpha_+=0.88, \delta_+=0.61$）を用いても、われわれの用いてきたパラメーターの値（$\alpha_+=0.82, \delta_+=0.55$）を用いても、クジAの価値の方が高くなる。逆に、（6）式のもとでこのような逆説的なことが起きずにクジBが選ばれるためには、大きい方の賞金額（上の例では10,100円）が小さいほうの賞金額（10,000円）に比べて十分に大きくなければならない。小さいほうの賞金額を固定しながら、大きい方の賞金額だけを上げていってその閾値を求めてみると、トゥヴァースキーらのパラメーターセット

のもとでは24,508円、われわれのパラメーターセットのもとでは40,059円にも大きな額になる。それだけ、(6)式のもとで上のパラドックスが起こりやすい。

以上は、小さな確率で発生するオーバーウェイティングが災いして一次確率優越条件が満たされない例である。同様に、確率1に近いところで生じるオーバーウェイティングのために、一次確率優越の条件が満たされない例を作ることもできる。たとえば、

クジ C：(10,000円, 0.45; 10,100円, 0.45)　　　クジ D：(10,000円, 0.9)

の2つを考えた場合、クジ C は D に対して一次確率優越をもっている。しかし(6)式のもとではクジ D が選ばれる可能性が高い。確率1の近くでウェイトが急激に上昇するために、$w(0.9) > 2w(0.45)$ となってクジ D の方が高く評価されてしまうからである（詳しくは本章付録 A 2 を参照のこと）。

3.5. 意思決定ウェイト付け関数

こうした問題を解決するために、トゥヴァースキーたちが考案したのが意思決定ウェイト付け関数である[27]。元のプロスペクト理論（(6)式）では、確率を確率ウェイト付け関数に代入して得られる値を賞金に対するウェイトと考えていた。これに対して、意思決定ウェイト付け関数では、その額を超える賞金が得られる累積確率からウェイトを考えていく。それによって修正されたプロスペクト理論を、元の理論と区別して「累積プロスペクト理論（cumulative prospect theory）」と呼ぶこともある。理論的に正しいのはこの修正版の方なので、これ以降本書でプロスペクト理論という場合は累積プロスペクト理論を指している。

いまクジ X を使って、意思決定ウェイト付け関数を説明しよう。このクジでは確率 p_i で賞金 x_i が当たる（サブスクリプト i はアウトカムのインデックスを表す）。賞金 x_i はプラスの場合もマイナスの場合もある。最も小さい賞金額を x_{-m}（番号 m は正の値）、最大の賞金額を x_n、x_0 を 0 とする。クジのアウトカムを小さいものから昇順に並べて、

---

27) Tversky and Kahneman (1992)。

$$x_{-m} < \cdots < x_{-1} < x_0 = 0 < x_1 < \cdots < x_n \qquad (7)$$

と表す[28]。サブスクリプトがマイナスの場合はマイナスの賞金を、プラスのときはプラスの賞金を表していることになる。クジ X は、次のように表せる。

$$\text{クジX}: (x_{-m}, p_{-m}; \cdots; x_{-1}, p_{-1}; x_0, p_0; x_1, p_1; \cdots; x_n, p_n)$$

意思決定ウェイト $\pi(x_i)$ $(i = -m, \cdots, -1, 0, 1, \cdots, n)$ は、クジの各アウトカム x_i が全体の出目の中で意思決定者の注意を引く度合い、言い換えれば、そのアウトカムのインパクトを表すものである。それは、次のように定義される。

$$\pi(x_n) = w(p_n) \qquad (8a)$$

$$\pi(x_i) = w(p_n + \cdots + p_i) - w(p_n + \cdots + p_{i+1}) \quad i = 0, \cdots, n-1 \qquad (8b)$$

$$\pi(x_i) = w(p_{-m} + \cdots + p_i) - w(p_{-m} + \cdots + p_{i-1}) \quad i = -1, \cdots, -m+1 \qquad (8c)$$

$$\pi(x_{-m}) = w(p_{-m}) \qquad (8d)$$

両端のアウトカム x_n と x_{-m} への意思決定ウェイトは、（6）式で考えたのと同じように、それぞれの確率の確率ウェイト値に等しい（(8a)、(8d) 式）。その一方で、内側のアウトカムについては、確率の合計——累積確率——の確率ウェイト値の差で意思決定ウェイトが定義されている（(8b)、(8c) 式）。こうした考え方について詳しく見てみよう。

3.5.1　意思決定ウェイトの考え方

意思決定ウェイト $\pi(x_i)$ は、x_i がプラスならそのアウトカムの相対的な良さに応じて決まり、マイナスなら相対的な悪さに応じて決まる心理的なインパクトである。以下のステップに従って考えていくとわかりやすい。

● **ステップ 1**：クジのアウトカムを大きさの順番に並べる。

28）同じ賞金額の出目 x_k と $x_l(x_k = x_l)$ がある場合、それらを一緒にして、確率 $p_h = p_k + p_l$ で賞金 x_h $(= x_k = x_l)$ が当たる1つのアウトカムに置き換えることで、賞金の出目にイコールが成立するケースを排除することができる。

各アウトカムに対する意思決定ウェイトは、それがどのくらい大きな心理的インパクトをもつかを反映する。そのために、そのアウトカムが、全体のアウトカムの中でどの順位に位置するかが重要になる。クジXでは、(7) 式でアウトカムの順序付けが昇順で行われている。

　さらに、アウトカムの心理的インパクトは、それが利益なのか損失なのかにも依存するだろう。それを考慮するのが次のステップである。

● **ステップ2**：クジのアウトカムがゼロ以上のケース（利益ケース）とマイナスのケース（損失ケース）に分ける。
　クジXでは、アウトカム $(x_0, \cdots x_n)$ が利益ケース、$(x_{-m}, \cdots x_{-1})$ が損失ケースである。

● **ステップ3**：利益ケースの各アウトカム $x_i (\geq 0)$ について、賞金がその額以上になる確率 $\mathrm{Prob}(x \geq x_i)$ とその額を超える確率 $\mathrm{Prob}(x > x_i)$ を求め、それぞれのインパクトを確率ウェイト $w(\mathrm{Prob}(x \geq x_i))$、$w(\mathrm{Prob}(x > x_i))$ によって測る。
　賞金がプラスの賞金額 x_i 以上になる確率は、上からの累積確率 $p_n + \cdots + p_i$ で表される。同じように、x_i を超える確率は、上からの累積確率 $p_n + \cdots + p_{i+1}$ と求められる。したがって、ステップ3で求めるべき2つの確率ウェイトの値はそれぞれ、

$$w(\mathrm{Prob}(x \geq x_i)) = w(p_n + \cdots + p_{i+1} + p_i) \tag{9a}$$

$$w(\mathrm{Prob}(x > x_i)) = w(p_n + \cdots + p_{i+1}) \tag{9b}$$

で与えられる。

　これらの累積確率は、すべての出目の中でそのアウトカムがどのような順位にあるかを反映している。とくに、アウトカム x_i を超える確率 $\mathrm{Prob}(x>x_i)$ はそのアウトカムの「確率利益順位（probability gain-rank）」または「利益順位」と呼ばれる[29]。これを r_i^G で表そう。大きいアウトカムほど、それより高い賞金が当たる確率が低いので利益順位 r_i^G の値は小さい。(9b) 式右辺の累積確

29）Wakker (2010) を参照のこと。

率 $p_n + \cdots + p_{i+1}$ は x_i の利益順位 r_i^G であり、（9a）式の $p_n + \cdots + p_i$ は x_{i-1} の利益順位 r_{i-1}^G を表している。ここで、r_{i-1}^G が $r_i^G + p_i$ に等しいことに注意されたい。すると、（9a）と（9b）の2式は、p_i 分だけ違う隣り合った順位の、確率ウェイト値 w で測った心理的インパクトを表していることがわかる。この差が後に意思決定ウェイトになる。

- **ステップ4**：損失ケースの各アウトカム x_i ($i<0$) については、賞金がその額以下になる確率 $\mathrm{Prob}(x \le x_i)$ と、それより小さくなる確率 $\mathrm{Prob}(x<x_i)$ を考え、それぞれの確率ウェイト $w(\mathrm{Prob}(x \le x_i))$、$w(\mathrm{Prob}(x<x_i))$ を求める。

  ステップ3と同様に、この場合の確率ウェイトは、下からの累積確率を用いて、

$$w\big(\mathrm{Prob}(x \le x_i)\big) = w(p_{-m} + \cdots + p_{i-1} + p_i) \tag{10a}$$

$$w\big(\mathrm{Prob}(x < x_i)\big) = w(p_{-m} + \cdots + p_{i-1}) \tag{10b}$$

で与えられる。

　マイナスのアウトカム x_i ($i<0$) について、賞金がその額より小さくなる確率 $\mathrm{Prob}(x<x_i)$ をそのアウトカムの「確率損失順位（probability loss-rank）」、または簡単に「損失順位」という。これを r_i^L で表そう。損失ケースでは、小さいアウトカム（絶対値が大きいアウトカム）ほど、それより悪い賞金が当たる確率は低いので順位 r_i^G の値も小さい。利益ケースと同じように、（10a）、（10b）式は、p_i 分だけ違う隣り合った確率損失順位 r_{i+1}^L、r_i^L の心理的インパクトを表している。

- **ステップ5**：利益ケースと損失ケースにおける意思決定ウェイト $\pi(x_i)$ を、それぞれステップ3と4で求めた確率ウェイトの差をとることで求める。

$$利益ケース \ (x_i \ge 0): \pi(x_i) = w(\mathrm{Prob}(x \ge x_i)) - w(\mathrm{Prob}(x > x_i)) \tag{11a}$$

$$損失ケース \ (x_i < 0): \pi(x_i) = w(\mathrm{Prob}(x \le x_i)) - w(\mathrm{Prob}(x < x_i)) \tag{11b}$$

　（11a）式が、意思決定ウェイトの定義にある（8a）式と（8b）式を表し、（11b）式が（8c）式と（8d）式を意味していることに注意されたい。とくに（8a）式

は、(11a) 式で $i=n$ と置くことで得られる。というのは、設定から賞金が x_n より大きくなることはないので、$\text{Prob}(x>x_n)=0$ となるからである。同じように、(8d) 式は、(11b) 式で $i=-m$ と置けば得られる。

ステップ3と4で説明した確率順位を用いて、上の2式を以下のように表すことで、意思決定ウェイトの意味がよく理解できる。

$$\text{利益ケース } (x_i \geq 0) : \pi(x_i) = w(r_i^G + p_i) - w(r_i^G) \quad (12a)$$

$$\text{損失ケース } (x_i < 0) : \pi(x_i) = w(r_i^L + p_i) - w(r_i^L) \quad (12b)$$

つまり、利益ケースでも損失ケースでも、アウトカムの確率 p_i が加わることで確率順位（累積確率）のインパクト（w 値）がどれだけ変わるかによって、そのアウトカム x_i の意思決定ウェイト $\pi(x_i)$ が決まる。意思決定ウェイトは、いわば確率 p_i の、順位インパクトに対する限界効果である。

以上が、意思決定ウェイト $\pi(x_i)$ の正確な意味である。図4-3は、利益ケ

図4-3　確率順位と意思決定ウェイト

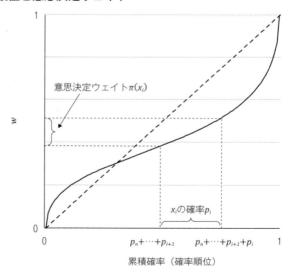

ースを例にとってその決まり方を示している。曲線の形は、図4-2の確率ウェイト付け関数 w_+ と同じだが、ここでは横軸に利益順位をとっている。上で説明したように、意思決定ウェイトは、x_i の順位 $p_n + \cdots + p_{i+1}$ とその下の順位 $p_n + \cdots + p_i$ それぞれの確率ウェイト値の差で決まる。

　期待効用理論では、クジを評価するときに、確率そのものをウェイトにしていた。この単純な方法は、じつは上のウェイト付け関数の特殊ケースになっている。実際に、確率ウェイトがつねに確率に等しい（$w(p_i) = p_i$）場合には、意思決定ウェイト $\pi(x_i)$ も必ず確率 p_i に等しくなる。図4-3で $w(p_i)$ が45度線で与えられる場合を考えればこのことが理解できるはずである。

例：クジY（1,000円, 2％; 2,000円, 2％;・・・; 49,000円, 2％; 50,000円, 2％）
　例として、1,000円～50,000円の1,000円きざみの賞金が同じ確率2％で当たる利益領域のクジYを考えよう。実際に意思決定ウェイトを計算したのが、表4-7である。表では、クジのアウトカムを最大の50,000円から降順に並べている（ステップ1）。3列目に、各アウトカムの利益順位を計算している（ステップ3）。たとえば、賞金が50,000円より高くなる確率は0なので、50,000円の順位は0。49,000円の順位は、0＋0.02＝0.02、48,000円では、0＋0.02＋0.02＝0.04、……のように求められる。確率ウェイト付け関数（5）式の δ_+ を0.55と設定して、各確率順位の確率ウェイト値を求めたのが、4列目である（ステップ4）。5列目で、各アウトカムに対する意思決定ウェイトを、1つ下のアウトカムの w 値からそのアウトカムの w 値を引いたものとして求めている（ステップ5）。

3.5.2.　意思決定ウェイトの感応度逓減と悲観・楽観
　前節の表4-4にまとめたように、人びとは確率が0や1に近い極端な確率領域では、その違いに過度に反応する（オーバーウェイティング）。これに対して、内側の中途半端な領域での確率の変化に対しては反応が鈍くなる（確率に対する非感応性）。確率の極端さが弱まるにつれて反応が弱まっていく感応度逓減の性質である。3.3項では、この性質が確率ウェイト付け関数の逆S字型によって表されていることを見た。

表4-7　意思決定ウェイトの計算例

賞金 x_i （千円）	確率 p_i	利益順位 （賞金 $> x_i$ の確率）	確率 ウェイト w	意思決定ウェイト π $(w(r+p)-w(r))$
50	0.02	0	0.000	0.097
49	0.02	0.02	0.097	0.036
48	0.02	0.04	0.132	0.025
47	0.02	0.06	0.158	0.020
46	0.02	0.08	0.178	0.017
45	0.02	0.1	0.195	0.015
6	0.02	0.88	0.627	0.025
5	0.02	0.9	0.652	0.029
4	0.02	0.92	0.681	0.035
3	0.02	0.94	0.716	0.045
2	0.02	0.96	0.761	0.064
1	0.02	0.98	0.824	0.176
0	0	1	1.000	

注：1,000～50,000円の1,000円刻みの賞金が確率2％で当たるクジ（1,000円，2％; 2,000円，2％; …… ; 49,000円，2％; 50,000円，2％）を考え、各賞金額に対する確率ウェイトと意思決定ウェイトを計算している。確率ウェイト付け関数のパラメーターδ_+の値として、日本のサンプル（HIDB2018）からから求められた平均値0.55を採用。

　じつは、意思決定ウェイトを考えるともっと直観的に理解できる。つまり、オーバーウェイティングとは、意思決定ウェイトの値がそのアウトカムが発生する客観確率よりも高くなっている状態のことを指す。反対に、非感応性とは、意思決定ウェイトが客観確率よりも低い状態である。したがって、感応度逓減のもとでは、確率順位（累積確率）が0や1の両極近くのアウトカムでは、意思決定ウェイトは発生確率より高く（オーバーウェイティング）、内側の順位領域では、発生確率よりも低くなる（非感応性）。その結果、意思決定ウェイト付け関数はU字型になる。

　図4-4は、表4-7で計算したクジYの意思決定ウェイトをプロットしたものである。横軸に賞金のアウトカムを0から昇順に並べ、対応する当選確率（いまの場合、一律2％）を点線で、意思決定ウェイトを実線で描いている。両端のアウトカムでオーバーウェイティングが生じ、内側のアウトカムで非感応性が起きているのがわかる。7,000円くらいから下の左端のアウトカムでは、

図4-4　意思決定ウェイトの感応度逓減

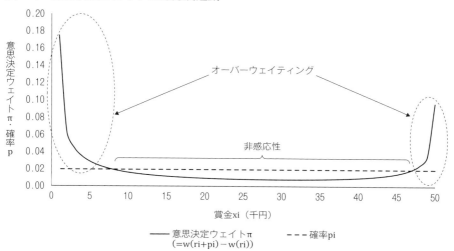

注：1,000〜50,000円の1,000円刻み賞金が確率2％で当たるクジY(1,000円, 2％; 2,000円, 2％;･･･; 49,000円, 2％; 50,000円, 2％)を考え、賞金の小さい方から出目の番号 i を1〜50とつけた場合の、各出目に対する確率ウェイトと意思決定ウェイトを計算したもの。確率ウェイト付け関数のパラメーターの値として、HIDB2018データから求められた平均値0.55を用いて計算。

その確率利益順位（累積確率）は1に近く（1に近い確率でそれを超えるアウトカムが発生する）、最大賞金額50,000円近くの右端のアウトカムでは、確率利益順位は0に近い（それを超えるアウトカムはほとんど発生しない）。7,000円あたりから47,000円くらいまでの中側のアウトカムについては、極端でないほどほどの確率利益順位が対応している。

　要するに、利益順位が1に近いような極端に「悪い」アウトカムや、それが0に近い極端に「良い」アウトカムに対しては過大なウェイトを置き、順位が中途半端な目立たないアウトカムへのウェイトは過少になる。極端さに引っ張られるナロー・フレーミングがこうした認知バイアスを引き起こしている。

　この認知バイアスは、次のようにも言い換えることができる。利益順位が0に近い「良い」アウトカムについては、その起こりやすさを「楽観的」に評価し、利益順位が1に近い「悪い」アウトカムについては、それを「悲観的」に見積もる。そのような認知バイアスを意思決定ウェイト付け関数は反映してい

る。これに対して、利益順位が中途半端な「良くも悪くもない」アウトカムについては、無関心に低いウェイトしか置かない。

図4-4は利益ケースについて描かれているが、感応度に見られる逓減的な性質は損失ケースの意思決定ウェイトでも確かめることができる。ただ、損失領域の順位は損失確率順位なので、順位と楽観・悲観の関係が逆になる。損失確率順位が0に近い「悪い」アウトカムについては、それを過大に考える悲観が生じ、1に近い「良い」アウトカムについては楽観が生じることになる。中途半端なアウトカムに対して、低いウェイトしか置かない点は利益の場合と同じである[30]。

3.6. 累積プロスペクト理論

以上で道具立ては出揃っている。累積プロスペクト理論では、意思決定のアウトカムの価値を価値関数で測り、それに確率順位に応じたウェイト付けを意思決定ウェイト付け関数によって行う。たとえば、前節のクジXの価値$V(X)$を、次のようにして評価する。

$$V(X) = \sum_{i=-m}^{n} \pi(x_i)v(x_i) = \pi(x_{-m})v(x_{-m}) + \cdots + \pi(x_n)v(x_n) \tag{13}$$

これによって、確率ウェイトをそのまま用いた元のプロスペクト理論（(6)式）の場合と違い、望ましい方のクジの価値が必ず高く評価される。つまり、一次確率優越性の条件が満たされるようになる。

たとえば、前節で議論したクジＡ：(10,000円,0.1;10,100円,0.1)とクジＢ：(10,100円,0.2)を考えよう。前節で見たように、クジＡの小さい方の賞金10,000円の当選確率10％を10,100円の確率にシフトさせて作ったのがクジＢである。したがって、クジＢの方が明らかに望ましい（ＢはＡに対して一次

---

30) クジのアウトカムが利益領域で定義されているこの例では、意思決定ウェイトの合計は1に等しい。したがって、図4-4において、意思決定ウェイトの曲線が客観確率（0.02）を表す破線の上側にある面積と破線の下側にある面積は等しくなっている。アウトカムが正負にまたがった混合クジの場合は、意思決定ウェイトの合計は必ずしも1にならない。このケースは第5章で扱う。

第4章 プロスペクト選択の理論 **273**

表4-8 クジA、Bの意思決定ウェイト

アウトカムx_i（円）	クジA 確率p_i	利益順位	意思決定ウェイトπ^A	クジB 確率p_i	利益順位	意思決定ウェイトπ^B
10,100	0.1	0	$w(0.1)$	0.2	0	$w(0.2)$
10,000	0.1	0.1	$w(0.2)-w(0.1)$	0	0.2	0
0	0.8	0.2	$w(1)-w(0.2)$	0.8	0.2	$w(1)-w(0.2)$

確率優越性をもつ）。ところが、元のプロスペクト理論（（6）式）のもとでは、クジ A が選ばれた。

　累積プロスペクト理論（13）式のもとでは、このような変なことは起きない。クジ A と B におけるそれぞれのアウトカムに対する意思決定ウェイト π^A、π^B は、前節のステップから表4-8のように求められる。最大のアウトカム10,100円に対するウェイトは、クジ A では $w(0.1)$、クジ B では $w(0.2)$ である（（8a）式参照）。これはもとのプロスペクト理論と変わらない。他方、クジ A のアウトカム10,000円に対するウェイトは $w(0.1)$ ではなく、ここでは $w(0.2) - w(0.1)$ となる。その結果、10,100円へのウェイトと10,000円へのウェイトを合計すると、クジ A でも B でも同じ $w(0.2)$ になる。つまり、クジ A で10,000円の当選確率10%を10,100円の確率にシフトさせてクジ B を作っても、ウェイトの合計は変わらない。その結果、元のプロスペクト理論の場合と違って、賞金額が大きいクジ B の方が必ず高く評価される[31]。つまり、累積プロスペクト理論（13）式のもとでは、一次確率優越性の条件が満たされるようになる。（6）式のもとでは、各金額のウェイトの合計がクジ A では $2w(0.1)$、クジ B では $w(0.2)$ となり、このことがオーバーウェイティングのもとでクジ A を選ばせる原因になったことを思い出してほしい。

31）　実際に、各クジの価値は、
$$V(A) = w(0.1)v(10,100) + \{w(0.2)-w(0.1)\}v(10,000)$$
$$V(B) = w(0.2)v(10,100)$$
　と求められるので、
$$V(B)-V(A) = \{w(0.2)-w(0.1)\}\{v(10,100)-v(10,000)\} > 0$$
　より、クジ B の価値の方が高く評価される。

4. プロスペクト理論によるクジの評価

それでは、プロスペクト理論（断らないかぎり、以下では累積プロスペクト理論を指す）は私たちのリスク選択に対してどの程度の説明力があるのだろうか。

第1節表4-3で議論したクジ選択の結果について考えてみよう。14問の二者択一の問題に出てくるすべてのクジについて、まずその価値をプロスペクト理論（(13)式）で評価する。その価値をプロスペクト理論価値と呼ぼう。パラメーターの値として日本のデータ（$\alpha_+=0.82, \alpha_-=0.56, \delta_+=0.55, \delta_-=0.47, \lambda=1.66$）を用いてプロスペクト理論価値を計算する。プロスペクト理論に説明力があれば、プロスペクト理論価値の高い方のクジが選ばれるはずである。

表4-9は、その計算結果である。各クジの下に表記したプロスペクト理論価値を比べると、質問G2とL2を除くすべてについて、プロスペクト理論が実際の選択を予測できているのがわかる。この点は、トゥヴァースキーらが得た他の推定値を用いても変わらない。このことは、アレやカーネマンたちが期待効用仮説を批判するために提出したアノマリー（表4-4の(1)～(4)を参照）がほとんど説明できていることを表している。

ただ、質問G2とL2の選択結果を説明することはできていない。実際の回答者たちが質問G2でリスク回避的な選択を、L2ではリスク愛好的な選択を行っているにもかかわらず、プロスペクト価値は逆の選択を予想している。これは計算に用いたパラメーターセットの問題である。いまの場合、価値関数の限界感応度逓減にくらべて意思決定ウェイトの限界感応度逓減が強く働きすぎている。言い換えると、α の推定値に比べて δ 値が小さすぎる。そのために、たとえばクジG2Bでは2番目のアウトカム20,000円のウェイトが小さくなり、クジG2Aのプロスペクト価値の方が大きくなってしまっている。実際に、δ を0.75前後の値にすると、G2、L2を含めてすべてのクジ選択がうまく説明できる[32),33),34)]。

表4-2にまとめたように、利益に対するリスク態度も損失に対するリスク

第4章　プロスペクト選択の理論　275

表4-9　実験結果とプロスペクト理論の予想

質問		くじLA		くじLB	プロスペクト理論の予測 本書	TK	ボウイ他
G1	G1A	確率80%で40,000円当たる	G1B	確率100%で30,000円当たる	○	○	○
G2	G2A	確率25%で60,000円当たる	G2B	確率25%で40,000円当たり、確率25%で20,000円当たる	×	×	×
G3	G3A	確率45%で60,000円当たる	G3B	確率90%で30,000円当たる	○	×	×
G4	G4A	確率0.1%で60,000円当たる	G4B	確率0.2%で30,000円当たる	○	○	○
G5	G5A	確率0.1%で50,000円当たる	G5B	確率100%で50円当たる	○	○	○
G6	G6A	確率20%で40,000円当たる	G6B	確率25%で30,000円当たる	○	○	○
G7	G7A	確率100%で24,000円当たる	G7B	確率33%で25,000円当たり、確率66%で24,000円当たる	○	○	○
G8	G8A	確率34%で24,000円当たる	G8B	確率33%で25,000円当たる	○	○	○
L1	L1A	確率80%で40,000円損する	L1B	確率100%で30,000円損する	○	○	○
L2	L2A	確率25%で60,000円損する	L2B	確率25%で40,000円損し、確率25%で20,000円損する	×	×	×
L3	L3A	確率45%で60,000円損する	L3B	確率90%で30,000円損する	○	×	○
L4	L4A	確率0.1%で60,000円損する	L4B	確率0.2%で30,000円損する	○	○	○
L5	L5A	確率0.1%で50,000円損する	L5B	確率100%で50円損する	○	○	○
L6	L6A	確率20%で40,000円損する	L6B	確率25%で30,000円損する	○	○	○

利益領域のくじ選択 — 損失領域のくじ選択

注：回答者数369。質問の作成については表4-3の表注を参照。下線のくじは、平均的な回答者が選んだくじを示す。「プロスペクト理論の予測」では、表4-5、4-6で挙げたパラメーターの平均値を用いてプロスペクト理論価値を計算し、平均的な回答者の選択を予測した。その予測が下線のくじと同じであれば「○」、違っていれば「×」を記入している。TK は Tversky and Kahneman (1992)、ボウイ他は Booij et al. (2010) を表す。

32）　プロスペクト理論パラメーターの推定値でクジの選択結果が説明できないもう１つの理由として、クジ選択のアンケートが大学生を対象としている一方で、パラメーターの推定に使った HIDB2018データが一般社会人を対象としたものであることが考えられる。

33）　パラメーターδの値を大きくしすぎると、ウェイトの限界感応度逓減が弱くなるために、質問G2とL2は説明可能になる一方で質問G4とL4の結果が説明できなくなる。

34）　Tversky and Kahneman (1992) など、表5や表6でまとめた他研究のパラメーターセットで計算した場合、質問G2、L2に加えて、質問G3、L3の結果も説明できなくなる。

態度も、賞金の当選確率が小さいかどうかで逆転する。プロスペクト理論では、このように相反するリスク態度を価値関数と意思決定ウェイト付け関数を導入することで同時に説明しようとしている。質問 G2のような利益領域の選択でいえば、価値関数がリスク回避的な行動を記述する一方で、意思決定ウェイト付け関数は、極端なアウトカムへのウェイトを大きくすることでリスク愛好的な行動を説明する。このように価値関数はリスク回避の方向に、意思決定ウェイト付け関数はリスク愛好の方に選択を引っ張るので、質問 G2の2つのクジのように、当選確率がほどほどに小さい（25％）場合には、パラメーターαとδの相対的な大きさによって、リスクに対して回避的になったり愛好的になったりする。表4-2の「当選確率中以上」と「小」の境界がどこに引けるかというのは純粋に実証的な問題といえる。プロスペクト理論の実証研究は、この問いに明確に答えるほど精度が上がっているとはいえないだろう[35]。

5. おわりに

本章では、人びとのリスク選択を説明するために考案されたプロスペクト理論の考え方を説明した。標準的なファイナンス理論や経済学は、これまで主に期待効用理論を通して人びとのリスク選択行動を理解しようとしてきた。しかし実際に人びとが示すリスク態度には、期待効用理論では説明できない特性が観察される。第一に、多くのリスク選択では、保有資産の全体ではなく、選択によってもたらされる、参照点からの改善や悪化が評価の対象になる。第二に、損失回避が見られる。第三に、発生確率の大小やアウトカムの正負（利益か損失か）によってリスク態度が逆転する。第四に、アウトカムの発生確率の違い

35）大垣・田中（2018）は、プロスペクト理論でもうまく説明できない例として、アレが提示した以下のような2つの二者択一問題を挙げている。質問 O1：クジ1（1億円, 1）かクジ2（5億円, 0.1; 1億円, 0.89）、質問 O2：クジ3（1億円, 0.11）かクジ4（5億円, 0.1）。期待効用理論では、クジ1と3、またはクジ2と4が選ばれるが、実際には多くがクジ1と4を選ぶ（アレの逆説）。トゥヴァースキーらのパラメーター値で計算した場合、プロスペクト理論でもこの選択結果は説明できないというのが大垣らの指摘である。上で用いたパラメーターセットや、表4-5や表4-6で紹介したほかのパラメーター値を用いても説明できない。大垣らは、クジが提示されたときの参照点への影響を考慮する必要性を指摘している。

は、確率 0 や 1 という両極端のレンジでは大きなインパクトをもつ（オーバーウェイティング）一方、中ほどの確率レンジではそのインパクトは弱い（確率非感応性）。価値関数、確率ウェイト付け関数、意思決定ウェイト付け関数という 3 つの新しいコンセプトを導入することによって、これらの、いわば変則的なリスク選択特性を説明できるように設計された理論がプロスペクト理論である。

　プロスペクト理論は、人間の限定合理性に起因するナロー・フレーミングを反映している。したがって、プロスペクト理論的な意思決定は、なんからの非合理的なリスク選択行動をもたらすことが予想される。次章では、変則的な金融・投資行動と、金融・投資市場に観察されるいくつかのアノマリーをプロスペクト理論の観点から考えていく。

付　録

A.1　プロスペクト理論パラメーターの計算と推定

　以下では、本書で用いているプロスペクト理論のパラメーターを HIDB2018 のデータからどのように導出しているかを簡単に説明する。HIDB2018 の調査では、以下に示すような利益領域でのクジ選択の問題を 2 問（G1, G2）、損失領域での問題を 2 問（L1, L2）、利益と損失をまたいだ混合クジの問題を 1 問（M）尋ねることで、回答者のリスク選択を調べている。

質問 G1：利益領域のクジ

　0.1％の確率で50,000円当たるクジがあります。はずれれば何ももらえません。あなたは、（A）このクジを引くことができますが、（B）引かずに決まった金額をもらうこともできます。最低いくらもらえるのであれば、クジを引かずにそのお金をもらう方（（B））を選びますか。最も当てはまるものを以下から 1 つ選んでください。

- 選択肢1　　最低 20円もらえれば、Bを選ぶ
- 選択肢2　　最低 50円もらえれば、Bを選ぶ
- 選択肢3　　最低 80円もらえれば、Bを選ぶ
- 選択肢4　　最低100円もらえれば、Bを選ぶ
- 選択肢5　　最低150円もらえれば、Bを選ぶ
- 選択肢6　　最低200円もらえれば、Bを選ぶ
- 選択肢7　　最低500円もらえれば、Bを選ぶ
- 選択肢8　　最低700円もらえれば、Bを選ぶ
- 選択肢9　　最低1,000円もらえれば、Bを選ぶ
- 選択肢10　1,000円もらうより、Aを選ぶ

質問 G2：利益領域のクジ

箱の中に、「当たり」のボールと「ハズレ」のボールが10個ずつ入ったクジがあります。ボールを1個取り出して「当たり」が出たら10,000円の賞金がもらえます。ただし、このクジを引かない場合は、決まった金額のお金がもらえます。あなたは、A：「クジを引く」とB：「引かずに決まったお金をもらう」のどちらかを選べるとします。最低いくらのお金をもらえればBの「クジを引かずに、決まったお金をもらう」を選びますか。最も当てはまるものを以下から1つ選んでください。

- 選択肢1　　最低 200円もらえれば、Bを選ぶ
- 選択肢2　　最低 500円もらえれば、Bを選ぶ
- 選択肢3　　最低1,000円もらえれば、Bを選ぶ
- 選択肢4　　最低1,500円もらえれば、Bを選ぶ
- 選択肢5　　最低2,000円もらえれば、Bを選ぶ
- 選択肢6　　最低3,000円もらえれば、Bを選ぶ
- 選択肢7　　最低4,000円もらえれば、Bを選ぶ
- 選択肢8　　最低5,000円もらえれば、Bを選ぶ
- 選択肢9　　最低6,000円もらえれば、Bを選ぶ
- 選択肢10　6,000円もらえても、Aを選ぶ

第4章　プロスペクト選択の理論　279

質問 L1：損失領域のクジ

0.1％の確率で50,000円損をするクジがあります。あなたは、（A）このクジを引くことができますが、（B）決まった金額を支払うことでこのクジを引かずに済ませることもできます。最高いくらの支払いまで、クジを引かずに済ませる方（（B））を選びますか。最も当てはまるものを以下から1つ選んでください。

- 選択肢1　　最高1,000円の支払いまでなら、Bを選ぶ
- 選択肢2　　最高　500円の支払いまでなら、Bを選ぶ
- 選択肢3　　最高　300円の支払いまでなら、Bを選ぶ
- 選択肢4　　最高　200円の支払いまでなら、Bを選ぶ
- 選択肢5　　最高　150円の支払いまでなら、Bを選ぶ
- 選択肢6　　最高　100円の支払いまでなら、Bを選ぶ
- 選択肢7　　最高　80円の支払いまでなら、Bを選ぶ
- 選択肢8　　最高　50円の支払いまでなら、Bを選ぶ
- 選択肢9　　最高　20円の支払いまでなら、Bを選ぶ
- 選択肢10　20円の支払いでも、Aを選ぶ

質問 L2：損失領域のクジ

箱の中に、「当たり」のボールと「ハズレ」のボールが10個ずつ入ったクジがあります。ボールを1個取り出して「ハズレ」が当たら10,000円を**支払わなければなりません。**「当たり」の場合は何も支払う必要はありません。ただし、決まった金額のお金を支払うことで、このクジを引かないで済ませることもできます。あなたは、A：「クジを引く」とB：「引かずに決まったお金を支払う」のどちらかを選べるとします。最高いくらまでなら、Bの「クジを引かずに、決まったお金を支払う」を選びますか。最も当てはまるものを以下から1つ選んでください。

- 選択肢1　　最高6,000円の支払いまでなら、Bを選ぶ
- 選択肢2　　最高5,000円の支払いまでなら、Bを選ぶ
- 選択肢3　　最高4,000円の支払いまでなら、Bを選ぶ
- 選択肢4　　最高3,000円の支払いまでなら、Bを選ぶ

- 選択肢5　　最高2,000円の支払いまでなら、Bを選ぶ
- 選択肢6　　最高1,500円の支払いまでなら、Bを選ぶ
- 選択肢7　　最高1,000円の支払いまでなら、Bを選ぶ
- 選択肢8　　最高　500円の支払いまでなら、Bを選ぶ
- 選択肢9　　最高　200円の支払いまでなら、Bを選ぶ
- 選択肢10　200円の支払いでも、Aを選ぶ

質問M：混合クジ

半々（50%,50%）の確率で当たりはずれが出るクジがあります。はずれ
の場合、2,500円支払わなければなりません。当たれば決まった金額がも
らえます。当たりの金額が最低いくらなら、あなたはクジを引きますか。
最も当てはまるものを以下から1つ選んでください。

- 選択肢1　　当たりの賞金額が最低2,500円なら、クジを引く
- 選択肢2　　当たりの賞金額が最低3,000円なら、クジを引く
- 選択肢3　　当たりの賞金額が最低3,500円なら、クジを引く
- 選択肢4　　当たりの賞金額が最低4,000円なら、クジを引く
- 選択肢5　　当たりの賞金額が最低4,500円なら、クジを引く
- 選択肢6　　当たりの賞金額が最低5,000円なら、クジを引く
- 選択肢7　　当たりの賞金額が最低5,500円なら、クジを引く
- 選択肢8　　当たりの賞金額が最低6,000円なら、クジを引く
- 選択肢9　　当たりの賞金額が最低6,500円なら、クジを引く
- 選択肢10　当たりの賞金額が6,500円でも、クジを引かない

　上の5問への回答データから、回答者の各クジに対する確実性等価額を求め
る。作成された確実性等価額のデータから、プロスペクト理論の5つのパラメ
ーター（$\alpha_+, \alpha_-, \delta_+, \delta_-, \lambda$）を求めていく。その解法の流れは以下の①〜③のとお
りである。本文で紹介した価値関数（3）式と確率ウェイト付け関数（5）式
を前提として、まず、①利益領域の2問（G1、G2）から得られた確実性等価
額の値から、利益領域のパラメーターα_+、δ_+を回答者ごとに求める。同様に、
②損失領域の2問（L1、L2）のデータから損失領域のパラメーターα_-、δ_-を

回答者ごとに求める。最後に、③こうして得られた4つのパラメーターを用いて、混合クジ M の確実性等価額のデータから各回答者の損失回避パラメーターλ を求める。

①から説明しよう。利益領域での質問 G1、G2への回答から得られた確実性等価額を x_{G1}、x_{G2} と表記することにすれば、それらは以下を満たす。

$$v(x_{G1}) = w_+(0.001)v(50{,}000), \quad v(x_{G2}) = w_+(0.5)v(10{,}000)$$

これらを価値関数で表すと、

$$x_{G1}^{\alpha+} = w_+(0.001)(50{,}000)^{\alpha_+}, \quad x_{G2}^{\alpha+} = w_+(0.5)(10{,}000)^{\alpha_+}$$

となり、両辺の対数をとると、

$$\alpha_+ \ln(x_{G1}) = \alpha_+ \ln(50{,}000) + \ln(w_+(0.001))$$

$$\alpha_+ \ln(x_{G2}) = \alpha_+ \ln(10{,}000) + \ln(w_+(0.5))$$

が得られる。これより以下の2式が得られる。

$$\frac{\ln\left(\dfrac{x_{G1}}{50{,}000}\right)}{\ln\left(\dfrac{x_{G2}}{10{,}000}\right)} = \frac{\ln(w_+(0.001))}{\ln(w_+(0.5))} \qquad (4\,A\text{-}1)$$

$$\alpha_+ = \frac{\ln(w_+(0.5))}{\ln\left(\dfrac{x_{G2}}{10{,}000}\right)} \qquad (4\,A\text{-}2)$$

（5）式の確率ウェイト付け関数 w のパラメーターδ_+ は、（4A-1）式から計算できる。w 関数が求まると、（4A-2）式から価値関数の α_+ が求まる。

手続き②で損失領域のパラメーターα_-、δ_- を決める場合にも、（1）とまったく同じ方法を使えばよい。（3）式にあるように、損失領域のクジを評価するときに損失回避のパラメーターλ が入ってくるように見えるが、損失領域のクジの確実性評価額を考える場合、λ は両辺でキャンセルアウトされて関係式から消える。

③の手続きは以下のとおりである。混合クジ M から得られる確実性等価額

を x_M とすると、

$$w_-(0.5)v(-2,500) + w_+(0.5)v_+(x_M) = 0$$

関数で表すと、

$$-\lambda w_-(0.5)(2,500)^{\alpha_-} + w_+(0.5)(x_M)^{\alpha_+} = 0$$

が得られる。これを λ について解けば、

$$\lambda = \frac{w_+(0.5)(x_M)^{\alpha_+}}{w_-(0.5)(2,500)^{\alpha_-}}$$

が得られる。この式に①と②で得られたパラメーターを代入することにより、各回答者の損失回避パラメーターを計算することができる。

　上の方法は、確実性等価額が満たすべき5つの非線形方程式を解くことによって各回答者の5つのパラメーター値を解析的に導出するものである。代替的な方法として、確実性等価額が満たすべき5本の非線形方程式を連立させた方程式システムを、回答者全員の確実性等価額データを用いて推定することも可能である[36]。

A.2　Kahneman and Tversky（1979）のプロスペクト理論の問題点

　カーネマンとトゥヴァースキーが最初の論文（Kahneman and Tversky [1979]）で提案したプロスペクト理論が一次確率優越性の条件を満たさないことは、以下のようにより一般的な形で説明できる。いま確率ウェイト付け関数が、

$$w(p) + w(q) > w(p+q), \quad p+q < 1 \qquad （4A\text{-}3）$$

を満たすような2つの確率 p と q を考える[37]。$p=q=10\%$ としたのが本文3.4

---

36)　この点については、Ikeda, Yamamura, and Tsutsui (2023) を参照のこと。この論文では、上で説明した方法と、システム方程式を推定する代替的な方法の両方でプロスペクト理論パラメーターを推定している。

項のクジ A、B の例である。いまクジ A、B をもっと一般的に次のように表す。

$$A\ (X, p; X + a, q) \quad X > 0, a > 0$$
$$B\ (X + a, p + q)$$

クジ A の小さい方のアウトカム X の確率 p を大きい方のアウトカム $X+a$ の確率にシフトさせたのがクジ B である。明らかにクジ B の方が望ましい。ちなみに本文の例は、$X=10{,}000$円,$a=100$ と置いたものである。

元のプロスペクト理論（（6）式）のもとで、各クジの価値 $V(A)$、$V(B)$ は、

$$\begin{aligned}
V(A) &= w(p)v(X) + w(q)v(X + a) \\
&= \{w(p) + w(q)\}\, v(X + a) - w(p)\{v(X + a) - v(X)\} \\
V(B) &= w(p + q)v(X + a)
\end{aligned}$$

と求められるので、その大小は

$$V(A) - V(B) = \{w(p) + w(q) - w(p + q)\}v(X + a) - w(p)\{v(X + a) - v(X)\} \gtreqless 0$$
$$\Leftrightarrow \frac{w(p) + w(q) - w(p + q)}{w(p)} \gtreqless \frac{v(X + a) - v(X)}{v(X + a)}$$

となる。最後の不等式の左辺と右辺はそれぞれ関数 w と関数 v にしか依存しないので、不等式（4A-3）を満たす p と q の値を固定しておいて、クジ B の有利さを決める賞金のパラメーター a を十分に小さくとることで、$V(A) > V(B)$、つまり、一次確率優越条件を満たさない例を必ず作ることができる。

条件（4A-3）が成立しない場合でも、一次確率優越条件を満たさない例を必ず作ることができる。いま、

$$w(p) + w(q) < w(p + q), \quad p + q < 1 \qquad （4A\text{-}4）$$

を満たすような 2 つの確率 p と q を考え、利益領域で定義される以下のクジ C、

37）確率ウェイト付け関数では、必ずこの不等式か逆向きの不等号の式の少なくともどちらか一方を満たすような 2 つの確率 p と q を見つけることができる（Wakker [2010]）。

Dを考える：

$$C \ (X, p; X + a, q) \quad X > 0, \quad a > 0$$
$$D \ (X, p + q)$$

$p=q=45\%$ としたのが3.4項のクジC、Dの例である。クジCの方が明らかに望ましいことに留意されたい。

ところが、元のプロスペクト理論（(6) 式）のもとで2つのクジの価値は、

$$V(C) = w(p)v(X) + w(q)v(X + a)$$
$$\qquad = \{w(p) + w(q)\} \, v(X) + w(q)\{v(X + a) - v(X)\}$$
$$V(D) = w(p + q)v(X)$$

と求められるので、その大小は

$$V(C) - V(D) = -\{w(p + q) - (w(p) + w(q))\} \, v(X + a) + w(p)\{v(X + a) - v(X)\} \gtreqless 0$$
$$\Leftrightarrow \frac{w(p + q) - (w(p) + w(q))}{w(p)} \lesseqgtr \frac{v(X + a) - v(X)}{v(X + a)}$$

で決まる。ここでも最後の不等式の左辺と右辺はそれぞれ関数wと関数vにしか依存しないので、不等式（4A-4）を満たすpとqの値を固定しておいて、クジCの有利さを決める賞金のパラメーターaを十分に小さくとることで、$V(D)>V(C)$という、一次確率優越条件を満たさない例を必ず作ることができる。

こうした問題を解決するために、確率ウェイト付け関数を累積確率（確率順位）上で定義し直して改めたのが、トゥヴァースキーとカーネマンの累積プロスペクト理論（Tversky and Kahneman [1992]）である。

コラム4-1　ラビンの逆説のメカニズム

　ラビンの逆説のメカニズムは、おおまかに以下のように説明できる。クジ S（−1,000, 0.5; 1,050, 0.5）では、当たれば1,050円獲得し、はずれれば1,000円失う。当たり賞金の方が大きいこのクジを引かないという選択は、当たったときに得る賞金 1 円当たりに感じる平均的な満足感が、はずれたときに失う 1 円当たりの不満足の1,000/1,050より小さいことを意味する[38]。さらに、リスク回避のもとでは富が増えると限界効用は減少する。つまり、富が増えるときに得られる満足度がだんだんと減っていくのに対して、富が減るときは失う満足度がどんどん大きくなる。当たったときに得られる賞金 1 円当たりの満足感が、はずれたときに失う 1 円当たり満足感の1,000/1,050より平均的に小さいという先の関係は、したがって、当たったときの賞金の最後（つまり1,050番目）の 1 円の満足感（限界効用）が、はずれたときに失う最後（1,000番目）の 1 円の満足（限界効用）の1,000/1,050よりまだ小さいことを意味する[39]。

　こうして、保有している富の大きさにかかわらずクジ S でリスク回避的な選択をする人の場合、図 4 C- 1 の①に示されるように、富が2,050円（当たった場合の賞金1,050円とはずれたときの賞金−1000円の差）増えるごとに、富が 1 円増えることの満足（限界効用）が、4.7％を超える（正確には（1−1,000/1,050）を超える）率で急速に小さくなっていく。その結果、半々で損得が生じるクジで、はずれた場合の損失額がたとえば20,000円のように一定以上に大きくなると、当たりの賞金額をいくら大きくしても、当たった場合の満足ではずれた場合の不満足がカバーできなくなってクジを引く価値が失われてしまう。これがラビンの逆説である。

---

38)　保有している富の大きさが W のとき、クジ S を引かない場合の効用は $U(W)$、引く場合の期待効用は、$0.5U(W-1,000)+0.5U(W+1,050)$ なので、クジ S を引かない選択をする場合、$0.5U(W-1,000)+0.5U(W+1,050)<U(W)$ が成り立つ。これを移項すると、

$$\frac{U(W+1,050)-U(W)}{1,050} < \frac{1,000}{1,050}\left(\frac{U(W)-U(W-1,000)}{1,000}\right)$$

　となる。

39)　つまり、$U'(W+1,050) < \dfrac{1,000}{1,050}U'(W-1,000)$。

図4C-1は、クジS（−1,000, 05; 1,050, 0.5）を引かない人が、クジL（−20,000, 0.5; 1億, 0.5）も引かないことを示したものである。②で示された満足（効用）の水準は、クジがはずれて20,000円の損を被った場合の不満足（不効用）$U(W-20,000)-U(W)$（図では、○印の大きさ）をちょうどカバーするのに必要な当たりの満足水準を示している。言い換えれば、半々という確率のもとでは、当たったときに②で示された水準以上の満足をもたらす賞金額が得られなければ、はずれたときに20,000円の損をするこのクジを引く価値はない。そして図の③は、効用曲線の傾きが急速に（2,050円ごとに4.7％を超える率で）緩やかになっていく場合（つまり、クジSを引かない選択をする場合）に、当たりの賞金額がたとえ1億円であっても②の満足が得られないこと、つまりクジ（−20,000, 0.5; 1億, 0.5）を引く価値がないことを表している。

図4C-1では説明の都合上、当たり賞金が1億円の場合を考えたが、この額がいくら大きくなっても引かない場合の期待効用に届かないというのがラビンの逆説である。ここで奇異な印象をもたれる読者がいるかもしれない。賞金額が無限に大きくなれば満足（効用）も際限なく大きくなるので、クジ

図4C-1　ラビンの逆説のメカニズム

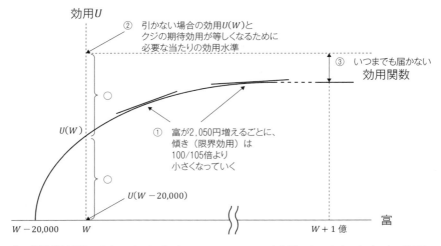

注：期待効用理論のもとでは、クジS（−1,000, 05; 1,050, 0.5）を引かない人は、クジL（−20,000, 0.5; 1億, 0.5）も引かないことを示している。Wは保有する富の大きさを表す。

の期待効用も大きくなり、当たりの賞金が十分に大きければクジを引くのではないかという疑問である。じつは、どんな富水準でもクジ S を引かない人の場合、そうはならず、どんなに富が大きくなっても効用の値はそれ以上になれない上限が効用関数にできてしまう。その結果、賞金額をいくら大きくしても、クジの期待効用はその上限に遮られる形で②の水準に達しない。そのことを解析的に示したのがラビンの貢献である。

　ラビンの逆説をより正確にまとめておこう。いまクジ S の、はずれた場合の損失額を l 円、当たった場合の賞金額を g 円（$g>l>0$）と表すことにすれば、ラビンの結論は、以下の命題としてまとめることができる[40]。

〈ラビンの逆説命題〉

　　どんな富の大きさのもとでもクジ S（$-l$ 円, 0.5; g 円, 0.5）を引かない意思決定者がいるとしよう。このとき、50％の確率でどんなに大きな賞金が当たるクジであっても、50％の確率ではずれた場合の損失額が l 円の（$\ln(9/4)/\ln(g/l)$）倍以上であればその人はそのクジを引かない。

　本文で考えたクジ S（$-1{,}000$, 0.5; $1{,}050$, 0.5）の場合、損失額1,000円の $\ln(9/4)/\ln(g/l)$ 倍は、約16,621円と計算できる。クジ L がはずれたときの損失額20,000円はこの額より大きいので、上の命題から、当たった場合の賞金がいくら大きくてもクジ L を引かないと結論づけられる。表4-1の各行のクジについても同じように計算できる。

　最後に、参照点に依存してクジを評価する場合にはラビンの逆説が起きないことに注意してほしい。その場合、仮にクジ S を引かないという選択をしても、そのことで表明されるリスク態度は、その参照点を挟んだ局所的な損得——上の例であれば（$-1{,}000$, 1,050）——に対するリスク回避度を表すのに過ぎない。つまり、参照点を挟まない損得への評価にそれを拡張して、たとえば前述の、2,050円ごとに効用関数の傾きが急速に低下するというような議論は成立しない。その結果、クジ S を引かないリスク回避性を示す人がクジ L を引いてもなんら矛盾が生じず、逆説は生じないのである。

---

40) Rabin (2000a) の数学付録補題から導出。

コラム4-2　プレストンとバラッタの心理的確率

クジの評価に表れる主観的な確率評価が、確率ウェイト付け関数に示されるように逆S字型をしていることは、プロスペクト理論よりずっと以前から心理学の分野で指摘されてきた知見である。たとえば、ペンシルベニア大学の心理学者だったマルコム・プレストン（Malcolm Preston）とフィリップ・バラッタ（Philip Baratta）の2人は、1948年の研究で、42枚のカードを使った賭けのゲームから、主観的確率と客観確率が逆S字の形で関連づけられることを示している（Preston and Barrata [1948]）。図4C-2は、彼らの実験結果を表す逆S字型のデータポイントを、確率ウェイト付け関数で近似してみたものである。そこで得られたδの推定値は0.62であり、カーネマンたちの推定値（0.69）にかなり近い。そのほかの例については、Wakker (2010) に詳しい。

図4C-2　プレストン＝バラッタ(1948)の心理的確率と確率ウェイト付け関数

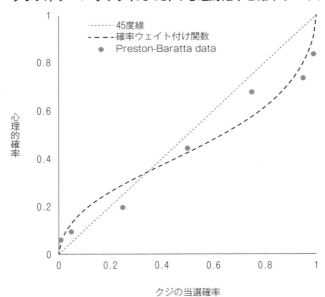

注：Preston and Baratta (1948) の実験結果（7つのデータポイント, 同論文 Fig.1のポイント）と、それを近似する確率ウェイト付け関数(実線)をプロットしたもの。推定される確率ウェイト付け関数のδは、0.62（2乗誤差を最小にするよう試算）。Tversky and Kahneman (1992) などの推定値とほとんど違わない。

コラム4-3　確率ウェイト付け関数の例

　本論では、確率ウェイト付け関数として、トゥヴァースキー＝カーネマンが考案した関数を用いている。確率判断のバイアス（表4-4参照）を説明する逆S字型の曲線が、1つのパラメーター（δ）だけで描ける便利さがあるためである。データへの当てはまりを良くするために、2つのパラメーターによって定義される別の関数型が提案されている。代表例が、ドレイゼン・プレレック（Drazen Prelec）と、ウィリアム・ゴールドスタイン（William Goldstein）＝ヒレル・アインホーン（Hillel Einhorn）による確率ウェイト付け関数である。表4C-1にその概要をまとめる。各関数の形とパラメーターの効果については、図4C-3と図4C-4を参照のこと。

表4C-1 確率ウェイト付け関数の例

	トゥヴァースキー=カーネマン (Tversky and Kahneman [1992])	プレレック (Prelec [1998])	ゴールドスタイン=アインホーン (Goldstein and Einhorn [1987])
関数型 $w(p)$	$\dfrac{p^\delta}{\{p^\delta+(1-p)^\delta\}^{1/\delta}}$	$exp(-b(-\ln(p))^a)$	$\dfrac{hp^c}{hp^c+(1-p)^c}$
係数の範囲と意味	$0.279 \le \delta \le 1$ δ：曲率（曲がりの強さ）と不動点を決める（$\delta<0.279$のとき、$w(p)$ が右下がりになる区間がある）。	$0<a<1, b>0$ a：曲率を決める。b：変曲点を決める。$b=1$で $a=1$のとき、関数は、$p=1/e≈0.37$のとき、変曲点と不動点をもつ。	$0<c<1, h>0$ c：曲率を決める。h：高さ (elevation) を決め、変曲点を決める。
推定例	表4-6参照	Bleichrodt and Pinto (2000)： $(a_+,b_+)=(0.53,1.08)$ Donkers et al. (2001)： $a_+=a=0.413$ （$b=1$と仮定）	Fehr-Duda et al. (2006)： $(c_+,h_+)=(0.51,0.87)$ $(c_-,h_-)=(0.35,1.07)$ Booij et al. (2010)： $(c_+,h_+)=(0.62,0.77)$ $(c_-,h_-)=(0.59,1.02)$
特徴	1. 低確率の領域で、劣比例性が成立せず、したがって同率効果が説明できない。 2. 曲率（曲がり方）と不動点が独立に決められない。	1. つねに劣比例性が成立し、同率効果が説明できる。 2. 曲率と不動点を独立に決める。	1. 低確率の領域で劣比例性が成立しない場合があるので、同率効果が説明できない可能性がある。 2. 曲率と不動点を別々に決められる。

注：「係数の範囲」は、確率ウェイト付け関数 $w(p)$ が右上がりで逆S字型になるために必要な係数値の範囲を表す。不動点は、$w(p)=p$ を満たす p を表し、変曲点は、$w''(p)=0$ となる p を表す。[推定例] の欄は、係数の下付き符号は、対象の確率が利益領域の確率であるか、損失領域の確率であるかを表す。同率効果 (common ratio effect) とは、2つのプロスペクト L と L' の選好順序が、それらを複合クジ $(L,p)(L',p)$ に含めると逆になる現象のこと。確実性効果は、この現象の1例である。たとえば、本論の質問 G1 と質問 G6 のところで見た確実性効果では、クジ G1A よりクジ G1B が好まれたのに対して、クジ G6B よりクジ G6A が選ばれた。クジ G6A、クジ G6B は、25%の確率でそれぞれクジ G1A、クジ G1B が当たる複合クジである。

第4章　プロスペクト選択の理論　291

図4C-3　プレレックの確率ウェイト付け関数

(a) 曲率パラメーター a の効果

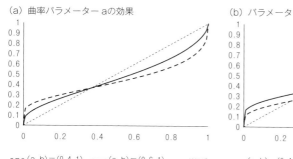

(b) パラメーター b の効果

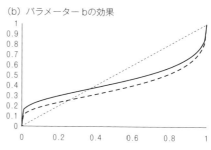

--- (a, b) = (0.4, 1)　── (a, b) = (0.6, 1)　···· w=p　　--- (a, b) = (0.4, 1)　── (a, b) = (0.4, 1.2)　···· w=p

注：プレレック型の確率ウェイト付け関数 $\exp(-b(-\ln(p))^a)$ をプロットしたもの。(a) は、曲率パラメーター a が 0.4 から 0.6 に上昇した場合の効果を表す。(b) は、パラメーター b が 1 から 1.2 に上昇した場合の効果を表す。

図4C-4　ゴールドスタイン＝アインホーンの確率ウェイト付け関数

(a) 曲率パラメーター c の効果

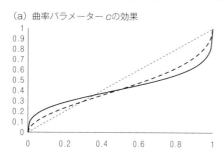

(b) 高さパラメーター h の効果

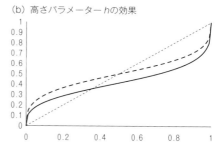

── (c, h) = (0.4, 0.7)　--- (c, h) = (0.6, 0.7)　···· w=p　　── (c, h) = (0.4, 0.7)　--- (c, h) = (0.4, 1)　···· w=p

注：ゴールドスタイン＝アインホーン型の確率ウェイト付け関数 $hp^c/(hp^c+(1-p)^c)$ をプロットしたもの。(a) は、曲率パラメーター c が 0.4 から 0.6 に上昇した場合の効果を表す。(b) は、高さパラメーター h が 0.7 から 1 に上昇した場合の効果を表す。

第 5 章
プロスペクト理論と金融・投資行動

要　約

　前章で説明したように、プロスペクト理論は人びとのリスク評価や判断に見られるクセやバイアスを考慮して、実際のリスク選択に対して高い説明力をもつように設計されている。本章では、プロスペクト理論によって、これまでアノマリーと考えられてきたさまざまな金融・投資行動や証券市場の動きがどのように理解できるようになるかを考える。

　最初に株価指数（東証株価指数、S&P500）のリターンデータを例にとって、プロスペクト理論的な投資家が投資の価値をどのように評価するかを考える。プロスペクト理論的な投資家は、アウトカムのインパクトを反映した意思決定ウェイトによってリターンの分布を捉えるために、オーバーウェイティングの影響から、リターンのボラティリティを過大に見積もり、元の分布に歪みがある場合にはリターンの主観的な期待値にもずれが生じる。さらに、損失回避によってリターンの低下リスクが強調される。こうした効果を考慮することによって、実際の金融・証券市場で報告されているいくつかのアノマリー——株式市場参加パズル、歪みをもつ株式リターンに対する過大評価、オプションのボラティリティ・スマイル、過剰保険など——が説明できる可能性がある。さらに、一般の株式投資家に広く見られる気質効果——早い利益確定売りと遅い損切り——が、プロスペクト理論によってうまく説明できる可能性を指摘する。最後に、株式プレミアムパズルを取り上げる。長期のヒストリカルデータから推定される株式リスクプレミアムが、標準的な期待効用では説明できないほど高いというこの現象を、シロモ・ベナルジ（Shilomo Benartzi）とリチャード・セイラーらが発案した近視眼的損失回避性というアイデアで説明する。

キーワード：プロスペクト理論、株式市場参加パズル、歪度選好、ボラティリティ・スマイル、過剰保険、気質効果、株式プレミアムパズル、近視眼的損失回避

1. プロスペクト理論で見る金融・投資現象

　前章で見たように、私たちがアウトカムの発生確率に感じるインパクトは、株価が暴騰したり暴落したりというようなアウトカムの極端さに引きずられる（オーバーウェイティング）一方で、目立たない発生確率の違いには鈍感なところ（非感応性）がある。また利益領域での変動リスクには回避的である一方、損失領域ではリスク愛好的になる（限界感応度逓減）。損失に感じる不満足感は、同じ大きさの利益から感じる満足感よりはるかに大きい（損失回避）。プロスペクト理論は、人びとのリスク評価や判断に見られるこうしたクセやバイアスを考慮に入れることで、実際のリスク選択に対して高い説明力をもつように設計されている。

　それでは、プロスペクト理論によって人びとのリスク選択を捉えることで、これまでアノマリーとされてきた、さまざまな金融・投資行動や証券市場の動きはどのように理解できるようになるのだろうか。本章では、この点について具体的に見ていきたい。

　プロスペクト理論では、人びとがリスク選択を行う場合に、各選択肢（クジ）の価値をプロスペクトの価値で測る。ここでプロスペクトの価値とは、前章で説明したように（3.6項の（13）式）、各アウトカムの価値を価値関数で測り、確率に応じた意思決定ウェイトで重み付けをして得られる全アウトカムの価値の合計である。これをプロスペクト理論価値（prospect-theory value）と呼ぼう[1]。

　プロスペクト理論価値によって投資価値を測る場合、意思決定ウェイトのもつ感応度逓減性（オーバーウェイティングと非感応性）が投資行動に大きな影響を及ぼす。たとえば、株式リターンの分布を意思決定ウェイト関数というフィルターを通して見ると、その形が大きく変わる。リターン分布の両端が実際よりも厚くなり（オーバーウェイティング）、分布の中央部は実際より低くなる（確率インパクトの非感応性）。

　こうしたバイアスは、2つのチャネルで投資行動に影響を与える。第一に、

---

1 ）たとえば、Barberis et al. (2016) を参照。

意思決定ウェイトで捉えられるリターン分布のばらつき——いわば、主観的なボラティリティ——は、実際のそれよりも大きくなる。そのために、大きなリターンが期待できないかぎり、株式への投資割合は低下し、極端な場合はまったく投資しないようなことが生じる。実際に、家計の多くが株式や投資信託をまったく保有していないことが知られている。「株式市場参加パズル（stock market participation puzzle）」といわれるこの問題は、プロスペクト理論的な投資家に株式投資のリスクが過度に大きく感じられることと関係しているかもしれない。2.2項でこの問題を考える。

　第二に、株式リターンなどのアウトカムの分布が左右対称でなく、どちらかに歪みがある場合、オーバーウェイティングはアウトカムの期待値に影響を与え、投資行動を変える。たとえば宝くじのように、リターンの分布の右裾が非対称に長い場合、右端の高いリターンに対するオーバーウェイトの影響が大きくなるので、インパクトを反映した主観的な期待リターンは実際よりも高くなる。そのために、客観的な期待リターンが同じなら、イチかバチかで大きなリターンが発生する「宝くじ」的な株ほど株価が過大に評価され、客観的な期待リターンはその分低くなる。一般に分布の歪みは、歪度（skewness）という統計量で表される。分布の右裾が長いとき、歪度はプラス、逆の場合はマイナスの値をとる。要するに、株式リターンの歪度が大きい株式（「宝くじ株」）ほど、オーバーウェイティングの影響によって株価が過大評価され、リターンが平均的に低くなる可能性がある。これについては、2.3項で見る。

　同じ理由から、オーバーウェイティングは、株式オプションの価格決定にも影響を与える可能性がある。オプションのペイオフには歪みがあるからである。とりわけ、本質的な価値がゼロとなるアウト・オブ・ザ・マネー（OTM）にあるオプションほど、そのペイオフは大きな正の歪みをもつので、オプションへの需要が高まり、オプションプレミアム（オプション価格）が過大になる。その結果、ブラック＝ショールズ公式を使ってオプション価格から逆算されるインプライド・ボラティリティ（IV）は、アウト・オブ・ザ・マネーにあるオプションほど高くなる。いわゆる「ボラティリティ・スマイル」という現象である。株式オプションのこうした問題は、第3節で取り上げる。

　逆に、自動車の破損事故のように、その確率分布が左に偏ってマイナスの歪

度をもつ場合、プロスペクト理論的な投資家はそれを強く回避しようとする。小さな確率で発生する損失のインパクトをオーバーウェイトするからである。結果、そのリスクに対応した損害保険の価値は過大に評価されるだろう。実際に、損害保険市場のさまざまなフィールドデータから、人びとが非常に割高な保険料を払って損害保険に加入していることが報告されている。第4節では、「過剰保険（overinsurance）」と呼ばれるこうした現象を、サーベイデータを使いながら、プロスペクト理論の観点から説明していく。

　よく知られているように、投資家、とくに個人投資家には、値上がりして含み益がある株を早く売りすぎる一方で、含み損のある株をなかなか損切りできない傾向がある。ハーシュ・シェフリンとマイヤー・スタトマンが、「気質効果（disposition effect）」と名付けたアノマリーである[2]。価値関数に反映されている限界感応度逓減がこの現象に関係している可能性がある。つまり、購入価格を参照点として株価がそこから値上がりして利益領域にある場合には、投資家はリスク回避的になるのでその分売却が早まる。逆に、値下がりして損失領域にある場合、リスク愛好的にリスクをとって損失領域から抜けようとして損切りが遅れてしまう。第5節では、プロスペクト理論にもとづいたこうした仮説が、気質効果を本当に説明できるのかどうかについて考えていく。

　最後に、「株式プレミアムパズル（equity premium puzzle）」を取り上げる。ノーベル経済学賞を受賞したエドワード・プレスコットらによって指摘されたこの現象は、長期のヒストリカルデータから推定される株式リスクプレミアムが、標準的な期待効用では説明できないほど高いことを指している[3]。第6節では、シロモ・ベナルジとリチャード・セイラーが提案した近視眼的損失回避のアイデアを使って、株式プレミアムがどのように説明できるかについて、日本のデータにもとづいて議論する。

2）　Shefrin and Statman (1985) を参照。
3）　Mehra and Prescott (1985)。

2. プロスペクト理論で見る株式リターン

2.1. 株価指数のリターンをプロスペクト理論で評価する

　プロスペクト理論が人びとの投資や金融行動に及ぼす影響を見るために、まず例として東証株価指数（TOPIX）と米国 S & P500のリターンを取り上げ、プロスペクト理論のもとでそれがどのように評価されるかを考えてみよう。

東証株価指数 TOPIX

　ここでは、1983年1月〜2021年6月のサンプル期間で、安全金利（国債利回り）との差をとった TOPIX の月次超過リターン（観測数461）を考えよう。サンプルから計算される平均値は0.29％、ボラティリティ（標準偏差）は5.39％である。

　TOPIX への投資リターンをプロスペクト理論で評価するために、その投資を1つのクジ（プロスペクト）のように考える。具体的には、国債利回りを参照点として、リターンの1つひとつの観測値を 1/461の確率で発生するクジのアウトカムと考える。前章3.5項で行ったように、超過リターン r のアウトカムを最小のもの（r_{-m}）から最大のもの（r_n）まで昇順にならべて、

$$\left(r_{-m}, \frac{1}{461}; \cdots; r_{-1}, \frac{1}{461}; r_0, \frac{1}{461}; r_1, \frac{1}{461}; \cdots; r_n, \frac{1}{461}\right)$$

と表す（ただし、$m+n+1=461$）。r_{-m} から r_{-1} はマイナスのリターンを、それより右側のリターンはゼロ以上のリターンである。あとは、3.5項で説明した手順を、この「プロスペクト」に当てはめて TOPIX を評価すればよい。

　確率ウェイト付け関数のパラメーター（δ_+, δ_-）を前章と同じ（0.55, 0.47）に設定し、各リターン値に対する意思決定ウェイトを求めたのが、図5-1（a）である。平たい U 字型に表れているように、内側の領域（−10％から9％）で確率に対する非感応性が見られる一方、その両側の端の領域ではオーバーウェイティングが生じている。つまり、大幅下落という最悪の事態が過度に悲観視され、大幅上昇という最良のイベントが過度に楽観視されている。

図5-1 TOPIX投資の意思決定ウェイトの分布

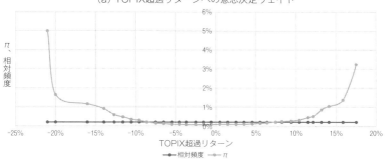

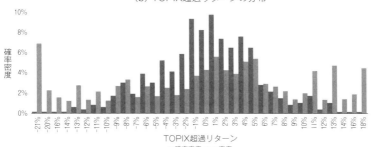

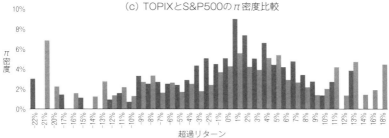

注：1983年1月～2021年6月におけるTOPIXおよびS&P500種平均の月次超過リターンの頻度分布と意思決定ウェイトπで見たリターン分布。確率ウェイト関数のパラメーター(δ_+, δ_-)は日本の場合は$(0.55, 0.47)$、米国の場合は$(0.62, 0.59)$として計算。(a)はTOPIX月次超過リターンの各実現値に対応する意思決定ウェイトの値を示す。(b)はTOPIX月次超過リターンについて、ヒストリカルな頻度分布と、意思決定ウェイトから計算される分布を示す。超過リターンの小数第1位を四捨五入して超過リターンを階層化し、同一階層内でウェイトπの合計をとって各階層のπ密度を計算。(c)はπ密度分布をTOPIXとS&P500で比較したものを示す。密度分布の計算方法は(b)と同じ。データ出所は「NPM日本上場株式 月次リターンデータ」とHIDB2018。

表5-1　TOPIX および S&P500の超過リターンの統計量とプロスペクト理論価値

	ヒストリカル分布	意思決定ウェイト分布
	(a) TOPIX	
期待超過リターン（月次）	0.29%	-0.20%
ボラティリティ（標準偏差）	5.39%	10.49%
シャープ・レシオ	5.38%	-1.93%
歪度	-21.46%	-37.18%
プロスペクト理論価値		-8.17%
	(b) S&P500	
期待超過リターン（月次）	0.75%	0.11%
ボラティリティ（標準偏差）	4.31%	7.48%
シャープ・レシオ	17.39%	1.45%
歪度	-71.80%	-83.81%
プロスペクト理論価値		-6.98%

注：1983年1月〜2021年6月における TOPIX と S & P500の月次超過リターンから求めたヒストリカル分布と意思決定ウェイト分布の統計量。分布の作成については図5-1を参照。意思決定ウェイト分布は、意思決定の各値をその合計で割って正規化した場合の分布を表す。シャープ・レシオは、期待超過リターンをボラティリティで割って算出。プロスペクト理論価値は、日本については、$(\alpha_+, \alpha_-, \lambda, \delta_+, \delta_-)=$ (0.82, 0.58, 1.66, 0.55, 0.47) として算出。米国については(0.62, 0.59, 1.66, 0.82, 0.58)として算出。データの出所は「NPM 日本上場株式月次リターンデータ」と HIDB2018。

　図5-1(b)では、意思決定ウェイトを分布密度とした場合に描かれるTOPIX超過リターンの分布と、ヒストリカルデータから直接求められる相対頻度分布を比べている。後者がデータから得られる客観分布であるのに対して、前者は各アウトカムの確率インパクトを反映した、いわば主観的な分布である。図5-1(a)の意思決定ウェイト曲線の形状を反映して、その主観分布では、中央部が低く、左右の両裾が厚くなっている。とくに両端の意思決定ウェイトが非常に大きいために、そこから得られる主観分布は平たい山の字型をしている。ヒストリカル分布が単峰性の山形をしているのと対照的である。

　2つの分布の違い、つまり、プロスペクト理論に反映されている確率判断バイアスが、株式リターンの分布にどのような歪みをもたらすのかは、図5-1(b)の2つの分布の統計量を比べることでわかる。ただ、いまのようにアウトカムが正負にまたがる「混合クジ」のケースでは、意思決定ウェイトの合計は1にならない（いまの場合、0.72）ので、これを確率とみなすことができない。そこで、意思決定ウェイトの各値をその合計値0.72で割ることで正規化しよう。

そうしてできた人工的な確率分布を用いて TOPIX の超過リターンの統計量を求める。それをヒストリカル分布の統計量と比べたのが、表 5 - 1 のパネル（a）である。最も際立った違いは、意思決定ウェイトから求まる主観的なボラティリティ（10.49％）がヒストリカル分布から求まる客観的なボラティリティ（5.39％）よりもはるかに大きい点である。このことは、図 5 - 1 （b）で、意思決定ウェイトを反映した主観分布のばらつきがヒストリカル分布より大きくなっていることから容易に想像できる。つまり、プロスペクト理論に反映される確率判断バイアスのもとでは極端なアウトカムが強調されるために、投資家は株式リターンのボラティリティを客観的な大きさよりも大きく感じることになる。

期待超過リターンについては、ヒストリカル分布の0.29％に対して、意思決定ウェイトからの主観分布は－0.20％とより低い値になっている。これには分布の歪みが関係している。図 5 - 1 （b）をよく見るとわかるように、ヒストリカル分布ではピークがやや右寄りに、左裾が長い分布になっている。意思決定ウェイトによる主観分布のもとでは、ピークあたりの確率が確率非感応性の影響で過小に評価される一方で、両端の小さなリターンが生じる確率はオーバーウェイティングによって過大に見積もられる。その結果、左裾が長いこの分布では主観的な期待超過リターンが、客観値よりも小さくなる。表 5 - 1 で主観的な超過期待リターンが客観値よりも小さくなっているのはこのためである。実際に、分布の歪みを測る歪度をヒストリカル分布について計算してみると、マイナスの値（－21.46％）が得られる。あとで説明するように、これは分布が左に歪んでいることを表している。

一般に、プロスペクト理論的なバイアスのもとでは、分布の歪みが主観的な期待リターンに影響を及ぼす。上で見たように、リターンの分布が左に歪んでいる場合には、左端の小さなリターンのインパクトのせいで、期待リターンが客観値より低くなる。逆に、分布が右に歪んでいる場合には、右端の高いリターンへのオーバーウェイティングが効いて、主観的な期待リターンが高くなる。その結果、株式への期待リターンは、他の条件が同じであれば、リターンの分布が左へ歪むほど過小に、右へ歪むほど過大に評価されることになる。

オーバーウェイティングがボラティリティと期待リターンの評価に対して上述のようなバイアスをもたらす結果、TOPIX のシャープ・レシオ（期待超過

リターン／ボラティリティ）の値は、プロスペクト理論から得られる主観分布の方が小さくなる。実際に、表5-1にあるように、その値はヒストリカル分布下の5.38%に対して、意思決定ウェイト下ではマイナスの値（−1.93%）になっている。このことは、プロスペクト理論的な投資家にとって、TOPIXは安全資産に比べて魅力的な投資対象とは映らない可能性を示している。

　最終的にプロスペクト理論的な投資家がTOPIXに投資するかどうかは、その投資がもつプロスペクト理論価値Vがプラスになるかどうかで決まるはずである。プロスペクト理論価値がプラスなら投資するし、マイナスなら投資しない。そしてTOPIXへの投資の魅力をプロスペクト理論価値で考える場合、上で議論したマイナス効果に加えて、損失回避によるマイナス効果が関わってくる。超過リターンのアウトカムのうち、マイナス（損失）の領域にあるものは、その負の価値が損失回避（λ）の分だけ強調して評価されるからである。その結果、損失回避はTOPIXへの投資価値を低下させる方向に働くだろう。

　実際に、プロスペクト理論のパラメーターのセットを前章と同じ（$\alpha_+, \alpha_-, \lambda, \delta_+, \delta_-$）=(0.82, 0.58, 1.66, 0.55, 0.47)に設定し、前章3.6項で説明した方法でTOPIXのプロスペクト理論価値を求めてみると、表5-1(a)にあるようにそれは負の値（−8.17%）になる。プロスペクト理論的な特性をもつ平均的な投資家にとって、TOPIXは安全資産に比べて投資する価値がないものと判断されることになる。

　ただしその投資価値の評価は、オーバーウェイティングなどの評価バイアスの結果もたらされたものであり、実際の投資価値が過小に評価されていることに注意されたい。

米国 S&P500

　プロスペクト理論的な投資家の立場から、米国のS&P500株価指数についても見てみよう。表5-1のパネル(b)は、TOPIXと同じサンプル期間（1983年1月～2021年6月）の月次リターンを使ってパネル(a)と同様の計算をS&P500について行ったものである。図5-1のパネル(c)では、S&P500とTOPIXのそれぞれから計算される意思決定ウェイトの分布を比較している。

　表5-1(b)からわかるように、TOPIXの場合とまったく同じ傾向が

S&P500についても観察される。第一に、意思決定ウェイト分布を用いた場合、TOPIX の場合と同様にボラティリティが大きくなる（ヒストリカル分布下での4.31％に対して7.48％）。第二に、その一方でヒストリカル分布に負の歪み（歪度−71.80％）があるために[4]、期待超過リターンはヒストリカル分布下での0.75％に対して0.11％と大きく低下する。これらの評価バイアスの結果、シャープ・レシオは意思決定ウェイトのもとで大きく低下し（ヒストリカル分布下での17.39％に対して1.45％）、S & P500の場合も投資対象としての魅力はプロスペクト理論的な投資家にとっては大きく減じられることがわかる。

　安全資産投資を参照点として S & P500に投資することのプロスペクト理論価値を求めると、ここでもマイナスの値（−6.98％）となる。TOPIX の場合と同様に、プロスペクト理論的な投資家にとって、S & P500もまたリスクをとってまで投資する価値がないことになる。

2.2.　プロスペクト理論で株式市場参加パズルを考える

　実際に、投資の収益性から予想されるよりも株式に投資する個人投資家が少ないことが広く知られている。2019年の全国消費実態調査によれば、図 5 - 2 のパネル(a)に示すように、 2 人以上の世帯のうち株式や株式投資信託に投資している世帯は16.6％に過ぎない。つまり 8 割以上の世帯が株式をもっていない。投資額の割合で見ても、全金融資産のうち株式や株式投資信託に投資されている割合はたった7.8％である。パネル(b)に示すように米国では、確定拠出型年金などを通じた間接的な株式投資を含めれば株式市場参加率は53％に達するが、個別株式と投資信託への直接的な株式投資に限定するとたかだか20％前後と決して高くない[5]。

　先進国に広く見られるこうした現象は、「株式市場参加パズル（stock market participation puzzle）」と呼ばれて問題視されている[6]。家計からの余剰資金が

---

4 ）　ここでは S&P500のヒストリカル分布は掲載していないが、それが左に歪みをもつことは、図5-1パネル（c）に示した米国（S&P500）の意思決定ウェイト分布から見て取れる。
5 ）　図5-1(b)で個別株式と投資信託への参加率を合わせると24.2％になるが、Survey of Consumer Finances のカテゴリー「投資信託（pooled investment funds）」には債券など株式以外の証券だけからなる投資ファンドも含まれるので、直接的な株式参加率は24.2％より低い。Gomes et al. (2021) も同様の指摘を行っている。

図5-2 少ない株式市場参加――株式市場参加パズル

(a) 日本

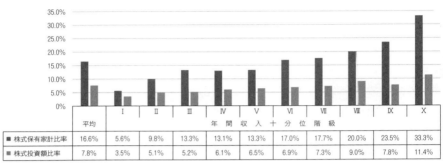

株式保有世帯比率と株式投資額比率

	平均	I	II	III	IV	V	VI	VII	VIII	IX	X
株式保有家計比率	16.6%	5.6%	9.8%	13.3%	13.1%	13.3%	17.0%	17.7%	20.0%	23.5%	33.3%
株式投資額比率	7.8%	3.5%	5.1%	5.2%	6.1%	6.5%	6.9%	7.3%	9.0%	7.8%	11.4%

年間収入十分位階級

(b) 米国

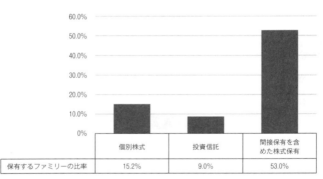

保有するファミリーの比率

	個別株式	投資信託	間接保有を含めた株式保有
保有するファミリーの比率	15.2%	9.0%	53.0%

注：(a)日本は、2019年「全国家計構造調査」(旧全国消費実態調査)総務省の「全国　家計資産・負債に関する結果「資産所得集計」」、2人以上世帯の年間収入10分位階級別1世帯当たり資産・負債の現在高と保有率より作成。株式保有世帯比率は、2人以上世帯のうち、株式を保有している世帯の割合。株式投資額比率は、2人以上世帯の金融資産保有額に占める株式保有額の割合。株式には投資信託は含まれない。(b)米国は、Survey of Consumer Finances、2019年(Federal Reserve Bulletin 106, 2020)に基づいて筆者作成。「投資信託(pooled investment funds)」には株式を含まないものも含まれる。「間接保有による株式保有」は確定拠出年金(401k型)などを通じた株式保有が含まれる。

企業のリスク資本の形成にスムーズにつながっていないことを意味するからである。

　この株式市場参加パズルの原因を考えるうえで、プロスペクト理論は1つのヒントになる。実際に、前項で見たように、過去30年以上の時系列データにもとづくかぎり、平均的なプロスペクト理論的投資家にとってはTOPIXもS&P500もリスクを負担して投資する価値はないと考えられる。これらの株価指数が日米の株式市場全体を代表し、さらに個人投資家の多くがプロスペクト理論的な特性をもっているとすれば、こうした結果は、株式市場に参加する個人投資家が少ないという事実と整合的である。

　前節の議論からもわかるように、プロスペクト理論的な投資家は3つの理由から株式市場への参加に消極的になると考えられる。第一に、株式リターンの分布が左に歪んでいる場合（歪度がマイナスの場合）、オーバーウェイティングを反映して主観的な期待リターンが実際より低く見積もられ、株式投資の魅力が低下する。

　第二に、やはりオーバーウェイティングによって、リターン分布の両裾における極端なアウトカムが強調されるために、株式リターンのボラティリティが大きく映り、株式市場への参加意欲を低下させる。正確にいえば、プロスペクト理論的な投資家の場合、損失領域ではリスク愛好的になるので、その分だけ、ボラティリティの上昇が投資価値を減じる効果は弱くなる。それにもかかわらず、他方で損失回避（$x>0$について$-v(-x)>v(x)$）が働く（参照点で価値関数が凹型になる）ために、株式リターンのようにアウトカムが損益両方の領域にまたがった混合クジに対してリスク回避性が維持される。その結果、リターンのボラティリティが大きくなると、投資価値は低下すると考えられる。

　そして第三に、損失回避が働くことで、株式の下落リスクが大きく評価され、株式投資の魅力を減じる。

　こうした予想が正しいとすれば、株式リターンの分布に大きな右への歪みがないかぎり（歪度がプラスで大きくないかぎり）、(1) 意思決定ウェイト付け関数に見られるオーバーウェイティングが強く、(2) 損失回避が強い投資家ほ

6）　たとえば、Mankiw and Zeldes (1991)、Badarinza et al. (2016)、Gomes et al. (2021) を参照。

ど、株式への参加率（保有確率）が低くなるはずである[7),8)]。

　実際に、日本のサーベイデータ（HIDB2018）を用いて、この予想の妥当性を調べたのが、図5-3である。ここでは、回答者を、オーバーウェイティングと損失回避それぞれの強弱で4つのグループに分けている。各回答者のオーバーウェイティングの強さは確率ウェイト付け関数のパラメーターδ_+とδ_-の平均値で捉える。その値がサンプル平均よりも低い回答者をオーバーウェイティングが強いグループ、平均よりも高い回答者をオーバーウェイティングが弱いグループに分類する。同様に、損失回避の強弱をそのパラメーターλの値がサンプル平均よりも高いか低いかで識別する。こうしたクロス分類によって分けられた4つのグループで株式市場参加率（株式を保有している回答者の比率）を比較したのが図5-3のパネル(a)である。

　予想したように、オーバーウェイティングが強い回答者は弱い回答者よりも株式市場参加率が低く、損失回避が強い回答者は弱い回答者よりもそれが低いことが示されている。オーバーウエィティングと損失回避がともに強いグループ（34.3%）は、ともに弱いグループ（40.7%）よりも参加率が6ポイント以上低くなっている[9)]。グループ間のこうした差は統計的に強く有意である。

　図5-3のパネル(b)に示しているように、株式市場参加に影響を与えそうな他の要因（価値関数の限界感応度逓減、所得、資産、年齢、性差、学歴、金融リテラシー）の効果を除去しても、同じ傾向は変わらない。数値は標準化された値を示し、プラス値は株式市場への参加傾向が平均よりも高いことを、マイナス値は低いことを表している。オーバーウェイティングが強いほど、また損失回避が強いほど株式参加率が低い傾向がここでもはっきりと見て取れる。こ

---

7) 価値関数の限界感応度逓減の程度も株式投資のプロスペクト理論価値に影響を与えると考えられるが、利益局面と損失局面でリスク態度が逆になるので、限界感応度逓減の強さが株式市場参加を促す方向に働くのか、抑制する方向に働くのかは先験的に決められない。
8) プロスペクト理論を用いたポートフォリオ選択のフォーマルな分析については、Ingersoll (2014) や Bariberis et al. (2016) を参照。
9) 図5-3に示した株式市場参加率は、図5-2で示されている値（株式保有世帯比率）よりも大きくなっている。これは、図5-2が、訪問調査や郵送調査などによる政府調査のデータ（全国消費実態調査）にもとづいているのに対して、図5-3の方はインターネット調査のデータ（HIDB2018）を使っているためと考えられる。インターネット調査の場合、ITリテラシーの高い回答者（若中年、高学歴、高所得）にサンプルが偏る傾向があるからである。

図5-3 オーバーウェイティング、損失回避、および株式市場参加パズル

(a) 単純に比較した場合

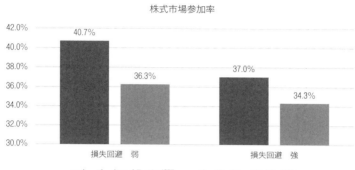

(b) 他要因の効果を除いた場合

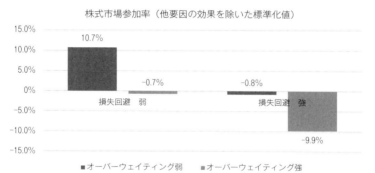

注:オーバーウェイティング(意思決定ウェイトの限界感応度逓減)と損失回避がそれぞれ平均より強いか弱いかによって4つのグループに分けて株式市場参加率(株式保有者比率)を比較したもの。確率ウェイト付け関数のパラメーターδ_+とδ_-の平均値がそのサンプル平均よりも低い回答者を「オーバーウェイティング強」グループ、低い回答者を「オーバーウェイティング弱」グループとする。予想どおり、オーバーウェイティングと損失回避の程度が強い回答者ほど、株式市場への参加率が低いことを示している。図(a)は、他の要因を考慮せずに株式参加率を各グループで比較。図(b)は、株式参加に影響を与えると考えられる他の要因(価値関数の限界感応度逓減、所得、資産、年齢、性差、学歴、金融リテラシー)の影響を回帰分析によって除いた場合を表す。数値は標準化しているので、プラス値の場合は参加率が平均よりも大きいことを表し、マイナス値は平均以下であることを表す。(a)、(b)のどちらの場合も、分散分析のF検定の結果は0.1%で有意。データはHIDB2028(N = 12,152)。

れらの差はやはり統計的に有意である。

　以上で見てきたように、プロスペクト理論的な特性をもつ平均的な投資家にとって、株式への投資は魅力的なものではない。しかしその投資価値へのネガティブな評価は、あくまでもオーバーウェイティングや損失回避という評価バイアスにもとづいている。株式市場参加パズルは、こうして生じた投資価値の過小評価によって生じている可能性がある[10]。

2.3. 株式リターン分布の歪みとミスプライシング

　2.1項で見たように、プロスペクト理論的な投資家が株式リターンの分布を評価するとき、分布の両端にある極端なリターンがオーバーウェイトされるために、その分布に歪みがあれば主観的な期待リターンにも大きな違いが生じる。

　一般に分布の歪みは、歪度（skewness）で測る。右裾が長い分布はプラスの歪度を、左裾が長い分布はマイナスの歪度をもつ[11]。たとえば、宝くじや大穴馬券の賞金のようにめったに当たらない大きな賞金がある場合、歪度はプラスで大きな値になる。逆に飛行機事故のようにめったに起こらない大きな損失がある場合、歪度は大きなマイナスの値をとる。

　プロスペクト理論的な投資家は、リターン分布の歪度がプラスで大きい株式ほど、その期待値を過大に評価する。オーバーウェイティングの影響で、まれに発生する大きなリターンの可能性に大きなインパクトを感じるからである。

10）　株式市場参加パズルの発生原因として、これまで4つの可能性が指摘されている（Gomes et al. [2021]）。第一に、1階のリスク回避（first-order risk aversion）、第二に、金融リテラシーの欠如や認知コストを含めた、株式市場参加への固定費用、第三に、労働所得と株式の共変性、第四に、ピア効果である。ここで1階のリスク回避というのは、リターンの変動可能性がわずか（微小）であってもそれをリスクとして知覚し回避しようとする性向を表している。プロスペクト理論にもとづいた本節の議論は、この1階リスク回避によって株式市場参加パズルを説明しようとするものと考えられる。

11）　確率変数 x の分布の歪度は、標準偏差を $\sigma(x)$、期待値を E で表して、次のように定義される。

$$歪度 = E\left(\frac{x - \mu(x)}{\sigma(x)}\right)^3$$

非対称に右裾が長い場合、右端の大きな x の値の影響で歪度の値はプラスの値になる。逆の場合は左端の小さな x の値に引っ張られて歪度はマイナスになる。

表5-2　歪度と株式リターン：米国株式市場

予想歪度 5 分位	平均リターン（%）	歪度	CAPM アルファ（%）	FF アルファ（%）
1　（低）	1.189	-0.604	0.143 **	0.140 **
2	1.115	-0.789	0.005	-0.005
3	1.105	-0.690	0.005	-0.208
4	1.059	-0.195	0.054	-0.178
5　（高）	0.515	0.219	-0.655 **	-0.855 ***
低歪度 1 買い・高歪度 5 売り	0.674 ***		0.797 **	0.993 ***

注：Boyer et al.（2010）、Table 3 を改変して作成。米国ニューヨーク証券取引所（NYSE）、アメリカン証券取引所（AMEX）、ナスダック（NASDAQ）に上場の株式の1988年 1 月〜2005年12月の月次リターンデータから、予想歪度によって 5 分位に分けた各銘柄群に投資した場合の加重平均リターンを推定したもの。予想歪度は、過去の時系列データからファーマ＝フレンチ 3 ファクターモデルを推定した際の残差の各銘柄のボラティリティと歪度、および企業特性で翌期の残差歪度を回帰するクロスセクションモデルを推定し、そこから予想される歪度を表す。第 3 列の歪度は、各分位ポートフォリオにおけるヒストリカルリターンの歪度を表す。CAPM アルファ、FF アルファはそれぞれ、CAPM およびファーマ＝フレンチ 3 ファクターモデルを推定した場合の超過リターン（ジェンセンの a）を表す。**、*** はそれぞれ 5 ％、 1 ％で有意であることを示す。

その結果、宝くじや大穴馬券のような株は過大評価されるので、逆にその後のリターンは低くなるだろう。

　リターンの分布に見られる歪み（歪度）が株価の過大評価をもたらし、平均リターンを悪化させる傾向については、いくつかのエビデンスがある。たとえば、米国ブリガムヤング大学の研究グループは[12]、米国株式市場における過去のリターンデータから予測されるリターンの固有変動部分の歪度が高い銘柄群ほど、その後のリターンが低くなる傾向のあることを示している。表 5 - 2 は、予想歪度で 5 分位に階層化された銘柄群をポートフォリオとして保有した場合の加重平均リターンと超過リターンを推定した結果である[13]。超過リターンは、CAPM で予想されるリターンを上回る度合い（CAPM アルファ）とファーマ＝フレンチ 3 ファクターモデルで予想されるリターンを上回る度合い（FFアルファ）で示されている。どちらのアルファで見ても、予想歪度の高い銘柄群ほどリターンが低い傾向がある。最下行に示されるように、第 1 分位の低歪

12）　Boyer et al.（2010）参照。
13）　ファーマ＝フレンチ 3 ファクターモデルについては第6章および第 8 章を参照。

図5-4 歪度と株式リターン：東証１部上場銘柄（1980年１月〜2010年12月）

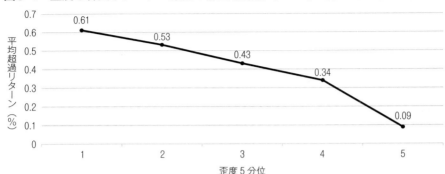

注：内山・岩澤(2012)が1980年１月〜2010年12月の東証１部上場銘柄の月次リターンからまとめた同論文の表１をもとに作成。東証１部上場の全銘柄について、月ごとに、その前月から過去60カ月のリターンデータから歪度を計算し、そこから作成された５分位ポートフォリオの平均リターンを比べている。

度銘柄を買って第５分位の高歪度銘柄を売る裁定戦略は、統計的に有意な超過リターンをもたらしている。

　日本については、内山朋規と岩澤誠一郎の両氏が、1980年１月〜2010年12月の東証１部上場の全銘柄について、月ごとに、その前月から過去60カ月のリターンデータから歪度を計算し、そこから作成された５分位ポートフォリオの平均リターンを比べている[14]。図５-４に示したように、歪度が高い分位ポートフォリオほど、平均リターンが低く株価が過大評価されている。この差は、第８章で議論するファーマ＝フレンチの３つのリスクファクターからの影響をコントロールしても有意である。

　つまり、まれに高いリターンが得られる宝くじ的な株式ほど、高いリスクを負担しても低いリターンしか期待できない。プロスペクト理論的な投資家が、「当たり」の可能性を過大に評価するからである。

　ただし、こうした「高歪度＝低リターン」の関係を検証した研究はそれほど多くなく、それがどの程度安定して観察されるかについては最近のデータまで標本期間を延ばすなどして追試してみる必要がある。これについては補論５-１で詳しく議論する。

---

[14] 内山・岩澤（2012）参照。

3. プロスペクト理論で見る株式オプションプレミアム

オプションとは、ある特定の株式を、あらかじめ決められた期日（満期日）に決められた価格（行使価格）で買ったり（コールオプション）売ったり（プットオプション）する権利である。個別銘柄の株式はもちろん、日経225株価指数やTOPIXなどの株価指数について、それを原資産とするオプションが取引されている。

プロスペクト理論は、実際に市場で観察されるオプション価格（プレミアム）の特性を理解するうえでも有用である。というのも、以下で説明するように、オプションのペイオフは歪みをもっているので、投資家がその歪みに対して情動的に振る舞う場合、理論的に適正と考えられる水準から乖離してしまう。プロスペクト理論は、そうした乖離の原因を理解するうえで重要である。

以下では、ヨーロピアン・オプションを取り上げて、その評価についての標準的な考え方を説明したのち、現実のオプションの価格がそこからどのように乖離し、それが、プロスペクト理論によってどのように説明できるかを見ていく。

3.1. オプションプレミアムとブラック＝ショールズ公式

株式コールオプションについて考えよう。コールの場合、原資産株式の価格 S が満期の日 T に行使価格 K より高くなってはじめて権利を行使する価値が生じる。その場合、株価が行使価格を上回る部分 (S_T-K) がコールのペイオフ（利益）となる。満期日の株価が行使価格よりも低ければ、コールの価値はゼロになる。これをまとめると、満期日 T のペイオフは、$\max(S_T-K,0)$ と表すことができる。つまり、満期日のコール価格は $\max(S_T-K,0)$ の水準に決まる。

満期日に限らず、その時点 $t(t \leq T)$ の原資産株式の価格 S_t を用いて計算される同様の価値 $\max(S_t-K,0)$ をコールオプションの本質的価値という。前述のとおり満期日のコール価格は本質的価値に等しくなるが、後述するように満期前のコール価格は本質的価値よりも大きい。

オプションは、原資産価格 S_t と行使価格 K の大小によって、「イン・ザ・マネー）（in-the-money：ITM)」「アット・ザ・マネー（at-the-money：ATM)」、および「アウト・オブ・ザ・マネー（out-of-the-money：OTM)」という3領域に区分される。コールオプションの場合、図5-5(a)に示すように、$S_t > K$ のとき ITM、$S_t = K$ のとき ATM、$S_t < K$ のとき OTM と定義される。要するに、ITM とはプラスの本質的価値が発生している領域であり、OTM は本質的価値がゼロとなる領域、ATM はそれらの境界点である。満期時点においては、ITM 以外でオプション価格はゼロになるが、満期より前の時点では、ATM や OTM でも価格はプラスの値をとる（図5-5参照）。満期時点までに原資産価格が変化して（コールの場合上昇して）ITM の状態になる可能性があるためである。このように満期日までに原資産価格が変わって行使条件が改善する可能性を反映した価値の部分をオプションの時間価値という。オプションの価格は、本質的価値と時間価値を合わせた水準に決まる。したがって前述のように、満期前のオプション価格は時間価値分だけその本質的価値よりも高い。

プットオプションでは、満期日に原資産株価が行使価格を下回った場合に、売る権利を行使することでプラスのペイオフが実現する。株価の方が高い場合には、プットの価値はゼロになる。満期日におけるプットのペイオフは、$\max(K - S_T, 0)$ と表される。同様にプットの本質的価値は $\max(K - S_t, 0)$ で与えられる。図5-5(b)に示すように、$S_t < K$ のとき ITM、$S_t > K$ のとき OTM、$S_t = K$ のときは ATM である。

もちろん、コールでもプットでも、オプションが取引される満期前の時点では、満期日の株価がいくらになるかはわからない。投資家たちは株価を予想しながら満期日におけるオプションのペイオフの期待値を割り出し、現在の価値に割り引いた割引現在価値を計算する。ただ、期待が外れるリスクがあるので、なんらかの形でそのリスク分を余分に割り引いて、期待割引現在価値を算定する必要がある。そのリスク調整をどうするかというのがオプション評価理論の長年の問題であった。

これを解いたのがフィッシャー・ブラックとマイロン・ショールズである[15]。2人は、裁定条件を満たすオプションプレミアムが、リスク中立的な投資家を想定して得られる満期ペイオフの期待割引現在価値に等しいことを示した。リ

図5-5 株式オプションプレミアムと原資産株価

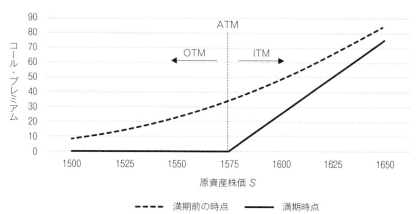

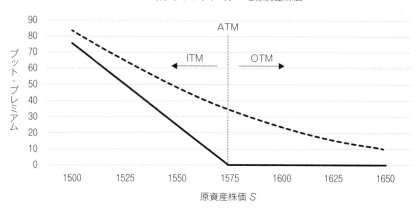

注：行使価格 K を1,575円とする。ATM、ITM、OTM はそれぞれ、アット・ザ・マネー、イン・ザ・マネー、アウト・オブ・ザ・マネーを表す。

---

15) Black and Sholes (1973) を参照。

スク中立的な投資家を想定すると、リスクプレミアムはゼロとなり、株式の期待リターンは安全利子率という低い水準に等しくなるので、その分だけ将来の株価予想が悲観的な方向に修正される。満期ペイオフの期待値を求めるときに一度このようなリスク調整を加えておけば、その期待ペイオフを安全利子率で割り引くだけで、オプションプレミアムを求めることができる。これが2人のアイデアである。

　具体的に、たとえば、満期前の時点 t ($t \le T$) におけるヨーロピアン・コールオプションのプレミアム c_t は、

$$c_t = \underbrace{\exp(-r_f(T-t))}_{\text{安全利子率による割引}} \underbrace{E_t^Q[max\,(S_T-K,0)]}_{\text{満期ペイオフのリスク中立期待値}}$$

と求められる。r_f は安全利子率、記号 E_t^Q は、現時点 t の株価 S_t のもとで、リスク中立を想定して得られる条件付き期待値を表している。プットオプションの場合も、満期のペイオフを $max(K-S_T, 0)$ に変えるだけでまったく同じように議論できるので、以下ではコールオプションに焦点を絞って議論しよう。

　ブラックたちは、株式リターンが平均、ボラティリティともに一定値をとる正規分布に従うと仮定したうえで、上の評価式から次の価格公式を導いた。ブラック＝ショールズ公式である。

$$c_t = S_t N(d_1) - \exp(-r_f(T-t))KN(d_2); \tag{1}$$

$$d_1 = \frac{\ln(S_t/K) + (r_f + \sigma^2/2)(T-t)}{\sigma\sqrt{T-t}}, \quad d_2 = d_1 - \sigma\sqrt{T-t}$$

ただし、N は正規分布の累積密度関数を表し、σ は株式リターンのボラティリティである。パラメーター d_1, d_2 を定義するにあたって安全利子率 r_f が出てくるのは、E_t^Q の定義から、計算するときにリスク中立（期待リターン $= r_f$）が想定されているからである。

　ブラック＝ショールズ公式は、安全利子率と原資産（いまの場合、株式）のボラティリティのデータさえあれば、正規分布の分布関数を用いて簡単に計算できる利便性がある。たとえば、第2節で取り上げた TOPIX を原資産とする

図5-6 TOPIXコールオプションのブラック=ショールズ価格

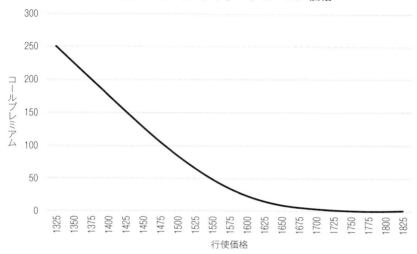

注：満期までの期間を1カ月、現在のTOPIX値を1,575として、ブラック=ショールズ公式から計算。ボラティリティは、TOPIX月次リターンデータ(1983年1月〜2019年12月)から計算される標準偏差5.42％を、安全金利は、2020年6月の10年物国債利回り0.002％を採用。

コールオプションのプレミアムをブラック=ショールズ公式を使って求めると、図5-6のようになる。この図は、時点 $t(t \leq T)$ のTOPIX値を1,575としたとき、コールオプションのプレミアムが行使価格の違いによってどのように変わるかを示している。ボラティリティの値として、月次リターンデータ（1983年1月〜2019年12月）から計算される標準偏差5.42％を、安全利子率として0.002％（2020年6月の10年物国債利回り）を用いている。行使価格が高くなるにつれて、コールオプションの行使条件が悪くなるのでコールプレミアムは低下していく。

ブラック=ショールズ公式はまた、投資家たちが予想する株式リターンボラティリティ σ を見積もることにも利用できる。つまり、市場で成立しているオプションプレミアムが公式（(1)式）から導出される理論価格に等しいと置くことで、(1)式に入っているボラティリティの値を逆算することができる。ブラック=ショールズ公式を使ってマーケット情報から逆算されるこのボラティリティを「インプライド・ボラティリティ（implied volatility）」という。コー

ルでもプットでも、投資家が予想する株式ボラティリティが高いほどオプショ
ンをもつ価値が高まるので、他の条件が変わらなければオプションプレミアム
が高いほどインプライド・ボラティリティの値は高くなる。

3.2. オプション・スマイル

しかし、実際にオプションプレミアムのデータを観察してみると、ブラック
＝ショールズ公式による理論価格（以下、BS 価格）との間にシステマティッ
クな乖離のあることが知られている[16]。現在の株価を S_t、行使価格を K とす
るとき、とくに観察されるのは以下の 2 つの傾向である。

1. アウト・オブ・ザ・マネー（OTM）にあるオプションほど、BS 価格に比
   べて過大評価される傾向がある。
2. BS 公式で逆算されるインプライド・ボラティリティは、マネネス（K/S_t）
   に対して下方に凸型のカーブ――スマイル（ボラティリティ・スマイル）
   ――を描く傾向がある。

1 の傾向は、OTM の状態が強まるほど（OTM がディープになるほど）、
プレミアムの BS 価格に対する倍率が高くなる傾向として捉えることができる。
ロバート・シラーにならって[17]、この傾向をオプション・スマイルと呼ぼう。

2 のボラティリティ・スマイルは、1 のオプション・スマイルと密接に関
連している。オプション・スマイルのもとでは、OTM にあるオプション価格
ほど BS 価格に対して過大評価されているので、BS 公式によってそこから逆
算されるインプライド・ボラティリティは BS 価格を計算するときに用いた一
定値のボラティリティより大きい（先に説明したように、オプション・プレミ
アムが高いほどインプライド・ボラティリティは高くなる）。コールの場合、
マネネス（K/S_t）が高くなるにつれて――したがって OTM が深くなるにつれ
て――オプション価格は低くなるが、過大評価が強くなる 1 の影響がブレーキ

---

16) たとえば、Whaley (2003) に詳しい。
17) Shiller (1999)。

になって価格の低下速度が逓減的になる。その結果、そこから示唆されるインプライド・ボラティリティは下に向かって凸型を示し、スマイルを描くことになる。

3.3. プロスペクト理論でオプションを評価する

オプションプレミアムのこれらの特性を理解するうえで、プロスペクト理論は有用である。というのは、図5-7に示すように、オプションの満期ペイオフの分布は正の歪みをもっていて、その歪みはOTMの程度がディープであるほど強い。たとえば、行使価格が現在の株価水準を大きく上回っているOTMのコールオプションの場合、満期時のペイオフは大抵の場合ゼロに終わる一方で、まれに（小さな確率で）株価が行使価格を上回る水準まで上昇して正のペイオフがもたらされる。投資家がプロスペクト理論的なクセをもっていると、こうした歪みが大きく評価される結果、オプションが過大に評価される

図5-7　オプションはディープなOTMほど歪度が大きい

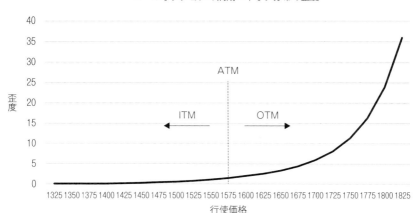

注：TOPIXの現在値を1,575として、各行使価格のTOPIXコールオプションについて、1カ月後の満期ペイオフ分布の歪度を求めたもの。ATM、ITM、OTMはそれぞれ、アット・ザ・マネー、イン・ザ・マネー、アウト・オブ・ザ・マネーを表す。月次TOPIXリターンは、平均0.495％、標準偏差5.438％の正規分布に従うと仮定。歪度は、満期ペイオフxについては$E((x-\mu(x))/\sigma(x))^3$で計算（$\mu$は平均、$\sigma$は標準偏差）。

と考えられるからである。

　実際にオプションペイオフの歪みがオプションの過大評価と関係していると
いうエビデンスがある。たとえば、ブライアン・ボイヤー（Brian Boyer）たち
は、アイビー・オプションメトリックス所収の株式指数オプションの膨大なデー
タを調べることで、オプションプレミアムがそのペイオフに観察される歪度
の大きさに応じて過大に評価されていることを示している[18]。

　それでは、プロスペクト理論的なクセをもった投資家であれば具体的にオプ
ションをどのように評価するだろうか。そのことを説明するために、TOPIX
を原資産とするコールオプションを例にとり、買い手にとっての支払い意思額
の観点から、TOPIX コールの評価について考えてみよう。

　コールの買い手は、満期前の時点 t にプレミアム c_t を払うことで、満期 T
に $max(S_T-K, 0)$ を受け取ることができる。ここではキャッシュフローのタ
イミングを合わせるために、プレミアム分の代金を借り入れで賄って、満期時
点に元利合計を返済すると考えよう。その場合、$c_t exp(r_f(T-t))$ だけの支払
いが満期時点に発生する。プロスペクト理論的な投資家は、コールの購入に伴
うキャッシュインとキャッシュアウトを価値関数 v で評価する。

　ここでは議論を簡単にするために、マルティナ・ナルドン（Maritina
Nardon）とパオロ・ピアンカ（Paolo Pianca）に倣って、購入時に確定する支
払額）$c_t exp(r_f(T-t))$ と満期時点に確定する受け取り $max(S_T-K, 0)$ を別々
に評価するものとしよう[19]。つまり、満期時点に、$v(-c_t exp(r_f(T-t)))$ だけ
の不満足を支払って、$v(max(S_T-K, 0))$ だけの満足を得る[20]。もちろん、い
まの時点 t では、ペイオフ $v(max(S_T-K, 0))$ は確率的にしかわからないので、
期待値をとる必要がある。その期待値は、S_T の客観分布ではなく、意思決定

18）　Boyer and Vorkink (2014) を参照。

19）　Shiller (1999)。

20）　Nardon and Pianca (2019) を参照。フレーミング効果を伴ったこうした評価行動を、ナ
　　　ルドンたちは時間隔離（time segregated）評価と呼んでいる。これに対してキャッシュア
　　　ウトとキャッシュインの合計 $-c_t exp(r_f(T-t))+max(S_T-K, 0)$ を一括して評価する方式
　　　を時間集計（time aggregated）評価と呼ぶ。ナルドンらは、どちらの評価方法を用いても
　　　プロスペクト理論的なバイアスがオプション評価に与える影響は大きく変わらないことを
　　　数値計算で確かめている。

ウェイト付け関数によって評価される。意思決定ウェイト付け関数による期待値を E_t^π で表そう。投資家は、結局、支払いの不満足 $v(-c_t exp(r_f (T-t)))$ とペイオフに期待される満足 $E_t^\pi(v(max(S_T-K,0)))$ がちょうど打ち消し合うところまで、プレミアムを支払ってよいと考えるはずである。

　買い手にとってフェアな TOPIX コール・プレミアムは、こうして以下の関係を満たすように決まるだろう。

$$v(-c_t exp(r_f(T-t))) + E_t^\pi(v(max(S_T-K,0))) = 0$$

第4章の価値関数と確率ウェイト付け関数によって上の式を表し、コール・プレミアム c_t について解くことで、フェアなコール・プレミアムは、次のように求められる。

$$c_t = \left[\frac{1}{\lambda} exp(-r_f (T-t))E_t^\pi[(max(S_T - K,0))^{\alpha_+}] \right]^{1/\alpha_-} \tag{2}$$

　実際に、(2) 式を用いて、TOPIX コールのプレミアムをさまざまな行使価格のもとで計算することができる。その結果をブラック＝ショールズ（BS）価格と比較したのが、図5-8である。図5-6と同じように、現時点のTOPIX 値を1,575としている。プロスペクト理論のパラメーターは前節と同じく $(\alpha_+,\alpha_-,\lambda,\delta_+,\delta_-) = (0.82, 0.58, 1.66, 0.55, 0.47)$ を用いている。BS価格は、図5-6と同じ設定で求めているので、そこでの結果と同じである。

　(2) 式から求められるプロスペクト理論価格（フェアなコールプレミアム）とBS価格の相対比を破線で示している。プロスペクト理論にもとづくコールプレミアムは、行使価格が高くなるにつれて（OTM の程度が高くなるにつれて）相対的に高くなる傾向が見て取れる。前節冒頭1で述べたオプションスマイルである。図5-7で示したように、OTM の程度が増すとペイオフの正の歪みが大きくなるために、プロスペクト理論的なクセをもつ投資家の目にはそれが大きなメリットに映る結果、オプションの価値が過大評価されるのである。このロジックを考えればわかるように、OTM の程度が増すほど、プロスペクト理論的な投資家のオプション評価がBS価格に対して過大になるのは、プットオプションの場合も同じである。

図5-8　プロスペクト理論によるコールオプション評価とBS価格

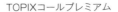

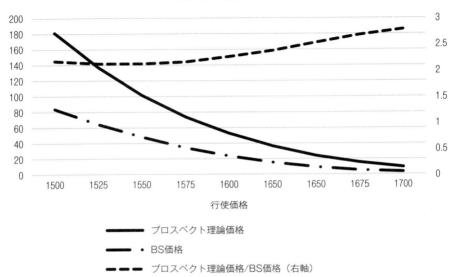

注：現在のTOPIX値を1,575、安全利子率を0.002%（2020年6月の10年物国債利回り）として、満期まで1カ月のTOPIXコールのプレミアムを計算している。プロスペクト理論価格は、プロスペクト理論を前提に買い手にとってのコール支払い意思額を(2)式から計算。$(\alpha_+, \alpha_-, \lambda, \delta_+, \delta_-) = (0.82, 0.58, 1.66, 0.55, 0.47)$ として算出。BS価格は、ブラック＝ショールズ公式から計算。ボラティリティは、TOPIX月次リターンデータ（1983年1月〜2019年12月）から計算される標準偏差5.42%。

　最後に、ボラティリティ・スマイルについて考えよう。TOPIXオプションのプロスペクト理論価格から、BS公式を用いてインプライド・ボラティリティを逆算することができる。このインプライド・ボラティリティは、行使価格の変化に伴って3.2項で説明したようなスマイルを描くだろうか。

　図5-9は、TOPIXコールのプロスペクト理論価格とインプライド・ボラティリティが行使価格によってどのように変わるかを示している。確率ウェイト付け関数のパラメーター δ_+ の値として、3通りの値0.45、0.55（これまでの設定値）、および0.65を想定している。

　ここでは2つの点に注意したい。第一に、図5-9(b)を見てほしい。プロスペクト理論価格のインプライド・ボラティリティはどのケースでも下向きに凸型を示し、スマイルを描いていることがわかる。このことは、ブラック＝ショ

図5-9　ボラティリティ・スマイル：TOPIX コールのプロスペクト理論価格

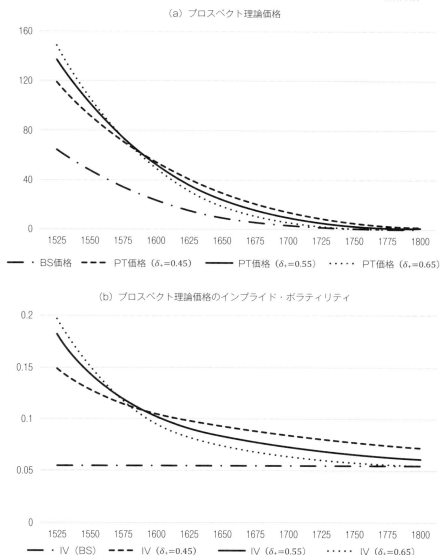

注：1か月先を満期とする TOPIX コールオプションのプロスペクト理論(PT)価格と BS 価格、およびそれらのインプライド・ボラティリティ(IV)を示す。現時点の TOPIX 値を1575に設定。プロスペクト理論価格は、プロスペクト理論を前提に買い手の支払い意思額（(2式)）を計算。$(\alpha_+, \alpha_-, \lambda, \delta_+, \delta_-) = (0.82, 0.58, 1.66, 0.47)$ として算出。BS 価格は、ボラティリティを5.42%（TOPIX 月次リターンデータ(1983年1月～2019年12月)から計算される標準偏差）としてブラック＝ショールズ公式から計算。

ールズモデルの限界を示すボラティリティ・スマイルが、プロスペクト理論で指摘された投資家の判断バイアスから説明できる可能性を示している。

2つ目の点は、意思決定ウェイトのオーバーウェイティングを決めるパラメーターδ_+の大きさとインプライド・ボラティリティの大小の関係である。図5-9(b)をよく見ればわかるように、その関係はITM（行使価格が1,575より小さい領域）とOTM（行使価格が1,575より大きい領域）で逆になっている。ITMでは、δ_+が大きいほどインプライド・ボラティリティが大きくなっているのに対し、OTMでは、大きいδ_+に小さなインプライド・ボラティリティが対応している。図5-9(a)に示されているように、この傾向は、ITMではδ_+が大きいほどオプションの過大評価が強く、OTMではそれが弱くなっているのに対応している。それでは、なぜこうしたことが生じるのだろうか。

プロスペクト理論的なクセをもつ投資家は、レアなイベントに大きなウェイトを置いて価値を評価する。したがってオプションを評価する場合、満期のペイオフが正になるイベントとゼロになるイベントのどちらがレアかによって、評価バイアスの表れ方が違ってくる。大きな確率でペイオフがゼロになるOTMのオプションの場合、正のペイオフが発生するレアイベントが大きく評価されるので、オーバーウェイティングの程度が強いほど（δ_+値が小さいほど）オプションの過大評価が大きくなる。

これに対してITMのオプションでは、ペイオフがゼロになるイベントの方がレアイベントとしてオーバーウェイトされる。その結果、δ_+値が小さいほどオプションに対する過大評価が弱まり、インプライド・ボラティリティも相対的に小さくなると考えらえる。

4. 過剰保険

保険市場では、わずかな確率でしか発生しない損害に対して、期待損失の割に高い保険料を支払って保険に加入しようとする行動がしばしば観察される。時として「過剰保険（over-insurance）」と呼ばれる現象である[21]。こうしたアノマリーもまた、プロスペクト理論によって理解できる。プロスペクト理論的な消費者であれば、小さな確率でしか発生しない損失をオーバーウェイトする

ので、その分だけ損失リスクを強く回避し、合理的な水準以上に保険に加入しようとするからである。

4.1. 事例

過剰保険は、自動車保険や住宅損害保険、電話などの電気機器への保険などのフィールドデータからしばしば報告されている。よく知られた事例として、たとえば、次の2つがある。どちらも米国の事例である。

（例1）家内電話配線保険の保険料

チャールズ・シケティー（Charles Cicchetti）とジェフリー・デュービン（Jeffrey Dubin）が1990年に調査した1万人の家内電話配線保険のデータによれば[22]、平均的な消費者は、平均55ドルの修理費用がかかる家内電話配線トラブルのリスクに対して、月45セントの保険料を支払っている。損害の発生確率は月当たり0.5%程度（したがって、16.7年に1回）、損害発生時の月当たり修理費用は27.5ドルと推定されている。したがって、消費者は修理費用の期待値（27.5ドル×0.5%＝13.8セント）の3倍以上の保険料を支払ってまで通話トラブルに備えていることになる。

保険に加入するかどうかの選択は、損害リスクを負担するか保険料を支払うかという、損失領域での意思決定である。そのことを考慮すると、この家内電話配線保険への加入はさらに過剰なものに見えてくる。前章の表5-4にまとめたように、人びとは損失領域の選択ではリスク愛好的な傾向を示すからである。

こうした行動は、小確率に対するオーバーウェイティングが作用していると考えることで理解できる。ためしに、リスク選好のパラメーターの値として、トゥヴァースキーらの推定値（$\alpha_-=0.88, \delta_-=0.69$）を用いて、電話トラブルの損失プロスペクト——0.5%の確率で27.5ドルの損が出るクジ（−

---

21) Cutler and Zeckhauser (2004), Sydnor (2010), Fels (2020) を参照。
22) Cicchetti and Dubin (1994) を参照。ただし、この研究は、こうした保険行動を期待効用理論の立場から合理的に解釈しようとする立場に立っている。ラビンとセイラーは、これに対して痛烈な批判を行っている（Rabin and Thaler [2001]）。

27.5, 0.005）——のプロスペクト理論価値を計算してみると、$w(0.005)v(-27.5) = -46.2$ と計算される。その一方で、45セントの保険料支払いの価値は、$v(-0.45) = -49.5$ となり、プロスペクト理論価値ではあまり変わらない大きさになる。このようにプロスペクト理論の視点に立てば、消費者は主観的な損失価値にほぼ見合った保険料を負担していると解釈できる。

（例2）自動車・住宅損害保険のデダクティブル選択

リーヴォン・バーセギヤン（Levon Barseghyan）ら米国コーネル大学の研究者を中心とするグループは[23]、自動車と住宅に対する損害保険の購入データ4,170件を調べることで過剰保険の実態を報告している。

概要を理解するには、「デダクティブル（deductible）」という保険契約の仕組みを知っておく必要がある。米国では、自動車や住宅に損害保険をかけても、損害が発生したときに損害額の全額が補償されるわけではない。一定額まではまず自己負担しなければならない。この必要自己負担額のことを「デダクティブル」という。たとえば、デダクティブルが500ドルの保険契約の場合、1,200ドルの損害があったときには500ドルをまず自分で負担し、残りの700ドルだけが保険によって補償される。したがってデダクティブルが低いほど、保険のカバレッジが大きいことになるが、その分保険料は高く設定される。保険を購入する場合、消費者はさまざまな商品メニューの中から、保険料とデダクティブルの組み合わせを選ぶことになる。

保険商品を選ぶにあたって、消費者はデダクティブルの低い商品を強く好む傾向のあることが知られている。彼らはその分高い保険料を支払うことになる。デダクティブルを下げるためにどれだけ高い保険料を支払っているかを調べることで過剰保険の実態を調べることができる。

バーセギヤンらは、2006年から2007年の間に、自動車衝突保険、自動車包括保険、住宅全災害保険という3保険すべてに加入した4,170家計の保険選択データを調べている。表5-3は、そのデータをもとに筆者らが試算した結果の一部である。保険会社が提供している保険商品のさまざまなデダクティブル

23）Barseghyan et al. (2013) を参照。

表5-3　損害保険のデダクティブル（必要自己負担額）選択と過剰保険

		自動車衝突 損害保険	自動車包括 損害保険	ホーム 全災害保険
デダクティブル500ドルの保険の平均保険料		180	115	679
損害発生確率		0.069	0.021	0.084
デダクティブルを500ドルから 1,000ドルに上げる場合	①期待自己負担額の上昇	34.50	10.50	42.00
	②節約される保険料支払い	41	23	74
	③プロスペクト理論から予測 される WTP 低下	56.36	25.35	70.79
	④「購入非損失」仮説のもと での WTP 低下	122.09	55.93	167.94

注：Barseghyan et al.(2013)の結果をもとに作成。金額はすべてドル／年。「プロスペクト理論から予測される WTP 低下」は、デダクティブルを500ドルから1,000ドルに変更した場合の WTP（支払意思価格）の変化を、プロスペクト理論にもとづいて（3）式から筆者が計算したもの。この値が大きいほど、デダクティブルを引き上げるのに、より大きな保険料の引き下げを要求すること、つまり保険のカバレッジがそれだけ過剰であることを表す。同様に「『購入非損失』仮説のもとでの WTP 低下」は（4）式から筆者が計算。計算には、Tversky and Kahneman(1992)のパラメーター推定値($\alpha\_ = 0.88, \delta\_ = 0.69, \lambda = 2.25$)を利用。

のメニュー（50〜5,000ドル）のうち 3 種類のどの保険についてもデダクティブル500ドルの保険商品の契約シェアが最も高い。そこで表の 1 行目には、各損害保険のデダクティブルが500ドルの保険商品について 3 保険の平均年間保険料をまとめてある。2 行目には、損害イベントの発生確率（実績）を示している。

　ここで注目してほしいのは 3 行目以降の項目である。消費者たちが、実際に（多くが）選択したデダクティブル500ドルの保険商品の代わりに、デダクティブルが 1 ランク高い1,000ドルの商品を購入した場合の損得が計算されている。その場合、デダクティブルが500ドル上がるので、それに損害発生確率を掛けた分だけ自己負担額の期待値が上がる。その増額が①「期待自己負担額の上昇」にまとめられている。その一方で、デダクティブルを上げることで保険料が節約できる。②「節約される保険料支払い」は、フィールドデータによる推定値である。表からわかるように、消費者はデダクティブルを1,000ドルに上げることで自己負担が増える以上に保険料が節約できる。にもかかわらず、低い500ドルのデダクティブルを選択している。つまり、それだけ高い機会費用を支払って保険のカバレッジを過剰に高めていることになる。

バーセギヤンらは、上の過剰保険を説明するために、関数の形を仮定しない
セミ・ノンパラメトリック推定法を使って確率ウェイトを推定し、損害発生確
率に対してオーバーウェイティングが生じていることを示している。ただ彼ら
は、リスク回避的な従来の効用関数を仮定しているので、損失領域でのリスク
愛好（限界感応度逓減）の効果が考慮されていない。

　ここでは、トゥヴァースキーらの価値関数と確率ウェイト付け関数を使って、
デダクティブルを500ドルから1,000ドルに変更した場合にプロスペクト理論的
な人のWTP（支払い意思価格：willingness to pay）がどれだけ下がるかを計
算してみよう。損害発生確率を p とするとき、デダクティブル500ドルの保険
に保険料 r_{500} ドルを支払っている消費者は、デダクティブル1,000ドルの保険
に対して、以下の式（3）を満たす保険料 $r_{1,000}$ まで支払ってもよいと考えるだ
ろう。この $r_{1,000}$ がデダクティブル1,000ドル保険に対するWTPである。

$$\underbrace{w_-(p)v_-(-r_{500}-500) + \{1-w_-(p)\}v_-(-r_{500})}_{\text{デダクティブル500ドルの保険に入った場合のプロスペクト理論価値}}$$
$$= \underbrace{w_-(p)v_-(-r_{1,000}-1,000) + \{1-w_-(p)\}v_-(-r_{1,000})}_{\text{デダクティブル1,000ドルの保険に入った場合のプロスペクト理論価値}} \tag{3}$$

ここで、v_- は損失領域における価値関数を表す。左辺はデダクティブル500ド
ルの保険を購入した場合のプロスペクト理論価値を表し、右辺はデダクティブ
ル1,000ドルの場合のプロスペクト理論価値を表している。

　価値関数と確率ウェイト付け関数のパラメーターとして、トゥヴァースキー
らの値（$\alpha_-=0.88, \delta_-=0.69$）を使い、3種類の保険について、表5-3の第1
行目、第2行目にある r_{500} と p の値を代入することで、$r_{1,000}$ がWTPとして
求められる。

　表5-3の③の「プロスペクト理論から予測されるWTP低下」がその試算
結果である。表5-3の1行目にある r_{500} の値から、上で求めた $r_{1,000}$ を差し引
いた結果を示している。これらの値を、②に示された実際に節約されるだろう
保険料の平均水準と比べてほしい。自動車衝突保険ではいくぶん大きな開きが
見られるものの、プロスペクト理論の予測（③）が実際に節約できる保険料（②）
をかなりよく捉えていることがわかる[24]。

第5章　プロスペクト理論と金融・投資行動　**327**

4.2.　プロスペクト理論パラメーターと保険加入行動

　上の事例で見たように、フィールドデータに表れた過剰保険行動はプロスペクト理論を前提にすればうまく理解できる。それでは、実際に人びとの保険加入行動は、個人個人の価値関数や確率ウェイト付け関数の形（α や δ などの値）に左右されているのだろうか。他の事情が同じなら、損失領域でのリスク愛好の程度が小さく、小確率に対するオーバーウェイティングの程度が強いほど、保険への選好が強くなるはずである。

　HIDB2018の調査では、保険特約などを使って回答者が保険のカバレッジをどれくらい広くとっているかを簡単に調べている。表5-4の質問がそれである。住宅保険、自動車保険、医療保険、旅行保険のそれぞれについて、回答者は、「1．あてはまらない」～「5．よくあてはまる」の5段階で回答することが求められている（ただし、車や住宅をもっていないなどの理由で、回答者に該当しないときは「0．該当しない」を選ぶ）。

　大きい回答番号ほど、保険によるカバレッジを広くとっていることを示す。回答者がプロスペクト理論価値に従って保険加入やカバレッジを決めているとすれば、損失領域において小確率に対するオーバーウェイティングの程度 ($1 - \delta_-$) が大きく、リスク愛好の程度 ($1 - \alpha_-$) が小さいほど、保険によるカバ

表5-4　保険特約への需要を尋ねる質問

保険への加入についてお尋ねします。
以下の文章について、選択肢0～5のうち最も当てはまるものをお選びください。

選択肢　0．該当しない：1．当てはまらない：2．あまり当てはまらない：3．どちらでもない：4．ままあまあ当てはまる：5．よく当てはまる

（1）	住宅には通常の火災保険以外に、地震保険などいろいろな損害保険（または保険特約）に入っている	（　　）
（2）	自動車保険は、いろいろなリスクに対応できる任意保険に加入している	（　　）
（3）	公的医療保険（国民健康保険、社会保険、共済保険など）以外に、いろいろな医療保険（または保険特約）（年金型を除く）に入っている	（　　）
（4）	海外に行くときは、クレジットカードの特約以外に旅行保険に加入する	（　　）

注：HIDB2018の質問票より作成。

24）デダクティブルの選択データからバーセギヤンらが推定した確率ウェイトは、ふつうの確率ウェイト付け関数の場合と違って、客観確率がゼロに近づいても急勾配にならず、ゼロに連続的に近づかない性質をもっている。

レッジへの選好が強くなり、回答する番号が大きくなるはずである。

　回答番号を被説明変数として、オーバーウェイティングの程度 $(1-\delta_-)$ と
リスク愛好度 $(1-\alpha_-)$ で順序プロビット回帰した結果を表 5 - 5 に示している。
デモグラフィック要因などはコントロールしてある。保険カバレッジへの選好
との相関関係は係数の正負で示されている。予想どおり、小確率へのオーバー
ウェイティングが強く、リスク愛好度が小さい回答者ほど、保険によるカバレ
ッジを広くとる傾向のあることがわかる。プロスペクト理論的な選好バイアス
が保険への強い選好につながっていることを示唆する結果といえよう。

4.3.　損失回避と保険加入

　それでは、損失回避は保険に関わる意思決定にどのような影響を及ぼすのだ
ろうか。

　損失回避という語感からすれば、それはいかにも保険加入を促しそうである。
しかし、前節の議論には損失回避は出てこない。理由は簡単で、損失回避が影
響するのは確率的に利益が出たり損失が出たりする混合クジの場合だけで、保
険のように、ペイオフが損失領域だけで定義されているプロスペクトの評価に
は損失回避は関わってこないからである。

表5-5　プロスペクト理論パラメーターと保険カバレッジへの需要

	予想される符号	保険の対象			
		（1）住宅	（2）自動車	（3）医療	（4）旅行
オーバーウェイティング	＋	0.336	0.278	0.222	0.226
$(1-\delta_-)$		(4.003)***	(3.311)***	(2.473)**	(3.027)***
リスク愛好度	－	-0.232	-0.028	-0.183	-0.275
$(1-\alpha_-)$		(-3.997)***	(-0.479)	(-2.875)***	(-5.256)***
損失回避 λ	（＋？）	-0.053	0.015	0.004	-0.038
		(-3.724)***	(1.074)	(0.232)	(-2.968)***
観測数		10,982	10,671	13,881	9,366

注：プロスペクト理論選好パラメーターと保険特約への需要の相関関係を示したもの。（1）～（4）は、
表 5 - 4 の質問番号を表す。回答番号を被説明変数として順序プロビット回帰モデルを推定した結果をま
とめている。保険（特約）の選択は、損失領域での意思決定なので、説明変数として、α_-、δ_- を用いている。
所得・資産やデモグラフィックスをコントロール済み。係数の正負に応じて、正負の相関を示す。「0. 該
当しない」を選んだ回答者は除外。カッコ内は、z値を表す。***、** はそれぞれ、1 ％、5 ％水準で有
意であることを表す。

実際に（3）式を見ると、損失領域の価値関数 v_- が入っているので、損失回避係数 λ がデダクティブルの選択に効いてきそうに見えるが、すべての項にそれが入っているので、損失回避係数は両辺でキャンセルアウトされて保険選択に影響を与えない。

しかし、保険料の支払いは、あらかじめそれが予想されたものとして家計支出に織り込まれている場合、「損失」として心理的な痛みを伴わないかもしれない。そもそも一般的に考えて、何かを購入するときの代金は、とくにそれが予想されたものである場合、代金を差し引いたあとの富が参照点になって、代金支払いは損失として計上されない可能性がある。これを「購入非損失（No loss in buying）」仮説という[25]。この場合、逆に購入を取りやめた場合には、支払わずに済んだ代金分が予想外の収入としてプラスの利益を生じることになる。

「購入非損失」仮説に従えば、保険料支払いに損失感がなくなるので、損失回避は保険加入を促す方向に働くだろう。正確にいえば次のようになる。いまの場合、保険加入時の保険料 r の支払いは損失とみなされない一方で、保険に入らない場合には、予定していた保険料支出 r が節約できる分だけ満足（$v_+(r)$）を生み出す。したがって保険に入る場合に発生するのは、その（節約の）満足が得られないという機会費用（$-v_+(r)$）であって、保険料の支出という損失（$v_-(-r)$）ではない。他方で、保険に加入したあと自動車事故に遭って損害が出た場合には、デダクティブル D の分だけ損失（$v_-(-D)$）が発生する。つまり、保険加入の機会費用が利益領域で評価されるのに対して、事故発生時の損害は損失領域で評価される。その結果、損失回避が働く場合には、保険に対する支払い意思価格（WTP）がその分だけ高くなる。これが保険に対する選好を強めることになる。

同じ理由で、前節で見たデダクティブルの選択でも、「購入非損失」仮説のもとでは損失回避が過剰保険を高める方向に働く。具体的に考えれば、この場合、デダクティブルが500ドルの保険と1,000ドルの保険がプロスペクトの純価

---

25) 購入非損失仮説は、参照点がアウトカムについての合理的な予想に依存するとしたコゼジとラビンのモデルの一例である（Köszegi and Rabin [2006, 2007]）。

値でみて等しくなるための条件は、(3) 式ではなく、次式のようになる。

$$\underbrace{w_-(p)v_-(-500)-v_+(r_{500})}_{\substack{\text{デダクティブル500ドルの保険に}\\\text{入った場合のプロスペクトの純価値}}}=\underbrace{w_-(p)v_-(-1,000)-v_+(r_{1,000})}_{\substack{\text{デダクティブル1,000ドルの保険に}\\\text{入った場合のプロスペクトの純価値}}} \tag{4}$$

　両辺とも、保険に加入した場合のプロスペクト理論価値から、加入の機会費用を差し引いた純価値を表していることに注意されたい。そして (3) 式の場合と違って、損失回避係数 λ が各辺の第1項の v_- にキャンセルアウトされずに残っている。この損失回避の分だけ、選択者はデダクティブルを低く設定し、保険によるカバレッジを広くとることになる。

　このことは、価値関数のパラメーター α_+、α_- がともに1の場合、つまり原点の両側で価値関数が直線になっている場合を考えるとわかりやすい。購入代金が損失と評価される前節の場合、(3) 式から、デダクティブル500ドルと1,000ドルそれぞれの保険料は、デダクティブルの差と、

$$r_{1,000}-r_{500} = w_-(p)(500-1,000)$$

によって関係づけられる。これに対して、「購入非損失」仮説のもとでは、(4) 式から、その関係は、

$$r_{1,000}-r_{500} = \lambda w_-(p)(500-1,000)$$

となる。デダクティブルを500ドルから1,000ドルに変更するためには、損失回避分 ($\lambda>1$) だけ、より大きな保険料の低下が要求されることがわかる。逆にいえば、それだけ保険料が安くならなければ、500ドルという、より低いデダクティブルが選ばれることになる。こうして、「購入非損失」仮説のもとでは、損失回避が過剰保険をもたらす1つの原因になる。

　ウィスコンシン大学のジャスティン・シドナー（Justin Sydnor）は[26]、やはり米国住宅保険市場における5万件のデダクティブル選択データを使って強い過剰保険の傾向があることを示している。そのうえで、その過剰保険を説明するには、損害発生確率に対するオーバーウェイティングだけではなく、「購

---

26) Sydnor (2010) を参照のこと。

入非損失」仮説にもとづいた損失回避を前提にする必要があると主張する。

　ただシドナー自身はこれを過剰保険への「可能な説明（possible explanation）」として議論しているだけで、損失回避などのパラメーターを推定しているわけではない。実際に検証しているのは、損失回避パラメーターまで推定した先述のバーセギヤンたちである。彼らは、「購入非損失」仮説にもとづく損失回避がデータと整合的でないことを指摘している。

　たとえば、バーセギヤンたちの結果を使ってデダクティブル500ドルを1,000ドルに引き上げる場合に消費者が要求する保険料の値下がり（WTPの低下）幅を、「購入非損失」仮説のもとで試算してみることができる。4.2項と同じようにトゥヴァースキーらのパラメーターを使うと、表5-3の④のような結果が得られる。どの保険についても、WTPの低下幅が実際の保険料の低下幅（②）に比べて過大推定されてしまうことがわかる。

　「購入非損失」仮説の妥当性を含めて、実際に損失回避が保険加入の意思決定にどのように関わるかについては追加的な実証研究が必要だろう。たとえば、カーネマンを含む研究グループは、ラボ実験によって「購入非損失」仮説を棄却する結果を示している[27]。HIDB2018で得たわれわれのデータでも、「購入非損失」仮説の予測とは逆の結果が得られている。つまり、表5-5に示しているように、損失回避の係数が有意に推定された住宅保険と旅行保険については、損失回避傾向の強い回答者ほど保険カバレッジを小さくとる傾向がある。損失回避傾向の強い人ほど、危険を伴う海外旅行を避けるなどして損害が発生する行動自体をあらかじめ回避しようとするために、保険のカバレッジを無理に高めないのかもしれない。

5. 値上がり株は売り急ぎ、値下がり株は損切りできない

　投資家には、値下がりした株よりも、値上がった株を早く売る傾向がある。つまり、購入価格を上回って含み益が出た株は利益を確定させるために売り急ぐのに、購入価格より値下がりして含み損が出てもすぐに損切りすることがで

27）Bateman et al.（2005）を参照。また、Cartwright（2011）にもわかりやすい解説がある。

きない。米国の投資信託取引のデータを調べて最初にこのことを指摘したハーシュ・シェフリンとマイヤー・スタットマンは[28]、「勝ち株を売り急ぎ、負け株をもちすぎる気質（disposition）」という意味で、これを「気質効果（disposition effect）」と名付けた。この現象は、米国の株式・投資信託市場をはじめ、フィンランド、イスラエル、中国の株式市場や韓国指数先物市場など、さまざまな証券市場で広く観察されている[29]。

　気質効果は、投資家のナロー・フレーミングによって引き起こされる非合理的な行動と考えられる。とくに、想定する株式リターンの分布がまったく同じ場合でも、含み益があるか含み損があるかで意思決定が変わってくるとすれば、そこには2つのナロー・フレーミングが働いていると考えられる。1つは、そもそも含み益も含み損も、購入価格という参照点を前提にしている。さらに、（リターンの分布が同じなのに）含み損をもつ株よりも、含み益をもつ株の方が売却されやすいということは、利益であれ損失であれ、株の売却によってそれが実現化してはじめて価値として認識されることを意味している。ニコラス・バーベリス（Nicholas Barberis）とウェイ・シオン（Wei Xiong）はこれを「実現化効用（realization utility）」と呼んでいる[30]。実現化効用のもとでは、投資家は含み益の出た株式を売却することによって利益を実感しようとする一方で、含み損はこれを実現化しないことで不満足感を回避しようとする。

5.1. サーベイデータで見る気質効果

　筆者たちの調査（HIDB2018）では、回答者の気質効果を調べるために、2万160人の回答者に2種類の質問を行っている。1つは、普段の金融商品の売買行動として、

---

28) Shefrin and Statman (1985) 参照。
29) フィンランド株式市場における気質効果については Grinblatt and Keloharju (2001)、イスラエルについては Shapira and Venezia (2001)、中国については Feng and Seasholes (2005)、韓国指数先物市場については Choe and Eom (2009) を参照。経済実験ラボ内でも、株式取引を模した実験の取引で気質効果が再現されている。たとえば、Weber and Camerer (1998) や Fischbacher et al. (2017) をはじめとして、日本でも城下・森保 (2009)、Kohsaka et al. (2017)、安藤 (2021) などがある。
30) Barberis and Xiong (2012)。

Q1　もっている金融商品が値上がると、早めに売って利益を確定させる。

Q2　もっている金融商品が元本割れをすると、それをなかなか売れない。

のそれぞれについて、どの程度当てはまるかを、「1（当てはまらない）」～「5（よく当てはまる）」の5段階で答えてもらうものである。

　どちらの質問に対しても、「3（どちらでもない）」以上の番号を選び、少なくとも1問に「4」以上を答えた場合に気質効果が生じていると判断することにすれば、回答者2万160人の29.33％に気質効果が観察された。

　もう1種類の質問は、仮想的な株式取引について尋ねるものである。キャピタルゲインが生じているという設定（キャピタルゲイン条件）のもとで株式の売買について尋ねるQ3と、キャピタルロスが発生している設定（キャピタルロス条件）で同様の質問を行うQ4である。

　キャピタルゲイン条件の質問Q3は次のようなものである。

　Q3　1年前に1株900円で購入したX社株式が現在1,000円まで値上がりしています。あなたはいまこの株を保有し続けるか、売却して利益を確定させるかを考えています。今後1年のX社の株価は、景気の良し悪しによって違ってきます。景気が良くなるか悪くなるかは半々（それぞれ50％の確率）です。景気が悪くなった場合1株900円になります。良くなった場合の株価が最低いくらだと売却せずに保有しますか。以下の①～⑨よりお選びください（選択肢は図5-10の（Q3）を参照）。

　つまり、1年前に購入した株式が値上がりしている状況（キャピタルゲイン条件）で、その株に今後1年間にどれだけ値上がりの可能性（期待リターン）があれば、それを保有し続けるかを尋ねている。大きな番号を答えた回答者ほど、それだけ高い期待リターンを要求していることになるので、他の事情が同じなら保有している株式を売却しやすい。

　キャピタルロス条件の問題Q4では、購入価格が現在の価格1,000円より低く（900円）設定されるために、回答者はキャピタルロスが生じている状況で、Q3と同じ投資判断を行う（図5-10の（Q4）を参照）。キャピタルゲイン、

図5-10 気質効果を調べる質問

(Q3) キャピタルゲイン条件：いまの株価 > 購入株価

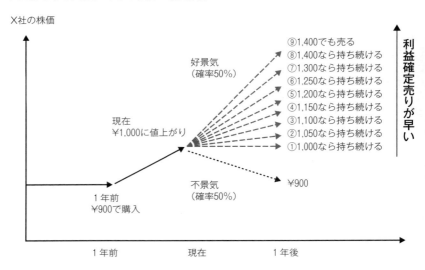

(Q4) キャピタルロス条件：いまの株価 < 購入株価

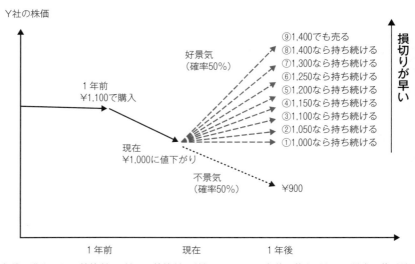

注：1年前に購入したX社株((Q3))、Y社株((Q4))について、1年後に値上がりした場合に値が最低いくらまで上がればそのまま持ち続けるかを①〜⑨の番号で答える質問。選んだ番号が大きいほど売却しやすいことを表す。

ロスの両条件での回答を比較することで、回答者が気質効果を示すかどうかがわかる仕掛けである。キャピタルゲイン条件の方で、より大きな番号を選んだ場合に——言い換えれば、株式を保有するために要求する1年後の値上がりがより大きい場合に——気質効果が生じていると判断できる。Q3、Q4では、回答者2万160人のうち20.33%が気質効果を示している。

　回答者の気質効果の強さを簡単に測るために、上で説明した2種類の質問——質問（Q1、Q2）と質問（Q3、Q4）——に対する回答から、表5-6に示すような気質効果スコアを考えよう。どちらの質問でもまったく気質効果を示さなかった回答者には0、どちらかの質問で気質効果を示した回答者には1、両方の質問で気質効果を示した回答者に2として、回答者の気質効果の強さをスコア化するものである。表からわかるように、気質効果スコアが1以上の回答者は43.18%（36.13%＋7.05%）にのぼる。

5.2.　気質効果と投資パフォーマンス

　保有株の含み損・益に応じて将来のリターンの分布が違ってくるような特殊なケースを除いて、気質効果を投資家の合理的な行動として理解するのは難しい。

　実際に、UCバークレー校のテランス・オディーン（Terrance Odean）が、1987〜1993年の個人投資家1万人の取引口座データを調べたところ、利益確定売りを急いだり、損切りが遅れたりすることによって、非常に大きな機会損失が発生していることがわかった[31]。つまり、投資家は、利益確定売りのタイ

表5-6　気質効果スコア

気質効果スコア	意味	割合
0	質問（Q1、Q2）と（Q3、Q4）のどちらにも気質効果を示さない。	56.82%
1	質問（Q1、Q2）と（Q3、Q4）のどちらか1つに気質効果を示す。	36.13%
2	質問（Q1、Q2）と（Q3、Q4）の両方に気質効果を示す。	7.05%

注：HIDB2018データより作成（N=20,160）。

---

31)　Odean（1998）を参照。

図5-11　気質効果が強いほど、投資パフォーマンスが低い

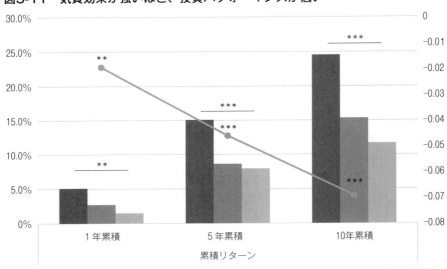

注：HIDB2018データより作成（N = 3,342）。ヒストグラムは、累積リターンの平均値を表す。折れ線グラフは、他要因（所得、保有資産、デモグラフィックスなど）の効果をコントロールした場合の、累積リターンに対する気質効果スコアの限界効果を表す。***、**は、それぞれ、1％、5％有意水準で有意であることを示す（3つのスコア間の差についてはF検定の結果を表す）。

ミングを遅らせ、損切りを早めることで追加的な利益を稼ぐことができたことになる。気質効果は投資家のなんらかの非合理性を反映していると考えるのが自然だろう。

われわれのサーベイデータ（HIDB2018）からもそうした傾向が確認できる。同サーベイでは、回答者の株式投資リターンを申告ベースで尋ねている。そこで、上で説明した気質効果スコアの値（0〜2）で回答者を3つのクラスに分け、回答時点での株式投資の累積リターンを比べてみよう。

図5-11がその結果である。ヒストグラムは、気質効果スコアの各クラス内で累積リターンの平均を求め、クラス間で比べている。折れ線グラフは、気質効果スコアが1上昇した場合に、累積リターンがどの程度違ってくるかを表す限界効果を示す。ただし、一定の統計処理を行って、資産・所得、デモグラフィックスなど他要因の影響は取り除いてある。過去1年、5年、10年のどの

累積リターンで見ても、気質効果が強いグループほど投資パフォーマンスが悪くなっていくのがはっきり読み取れる。たとえば限界効果で見ると、気質効果スコアが1増えると、5年の累積でおよそ5ポイント、10年の累積ではおよそ7ポイント、リターンが低くなっている[32]。

5.3. 気質効果をプロスペクト理論で考える

こうした不利益を伴った行動も、プロスペクト理論から考えると理解しやすい。保有している株式が購入価格を上回ったときに、そのままそれを持ち続けるかどうかという意思決定は、購入価格を参照点とすれば利益領域での選択である。プロスペクト理論的なクセをもつ投資家は利益領域でリスク回避的になるので、株を売って利益を確定しようとするだろう。

反対に、もっている株が購入価格を下回った場合、損失領域での選択になるので、プロスペクト理論的な投資家はリスクを負担しても損失が縮小する方に賭ける。このように、利益領域でのリスク回避、損失領域でのリスク愛好、つまり限界感応度の逓減という投資家の選好特性を考えることで、気質効果がうまく説明できる可能性がある。

実際に、データを使ってそのことを検証したのが、図5-12である。ここでは、価値関数のパラメーターα_+、α_-の平均値で各回答者の限界感応度逓減の強さを測る。その値がサンプル平均より低い「限界感応度逓減 高」グループとそれが高い「限界感応度逓減 低」グループの間で、気質効果スコアの平均値がどのように違ってくるかを調べている。これまでの議論から、限界感応度逓減が強いグループの方が高い気質効果を示すはずである。図のヒストグラムに示されているように、予想どおり「限界感応度逓減 高」グループの方が、有意に高い気質効果スコアを示す結果になっている。図では、所得・資産、デモグラフィックスなどの他要因の効果を除去し、平均値がゼロになるように標準化した気質効果スコアを線グラフで表している。他要因の効果をこうしてコントロールした場合も、限界感応度逓減が強いグループの方が気質効果スコアが高

---

32) 日本では城下・森保（2009）が、株式市場を模したラボ実験によって、気質効果と投資リターンに負の相関が見られることを示している。

図5-12　限界感応度逓減が強いほど、気質効果が強い

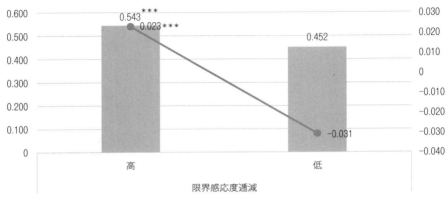

注：HIDB2018データより作成(N＝11,514)。各回答者の価値関数の限界感応度逓減の強さをパラメーター$α_+$と$α_-$の平均値で測り、その値がサンプル平均よりも低い回答者を限界感応度逓減「高」のグループに、平均より高い回答者を「低」のグループに分類。2つのグループで気質効果のスコアの平均を比較している。「他要因調整済み」は、気質効果スコアを他要因(所得、保有資産、デモグラフィックス)で順序プロビット回帰したあとの標準化された残差項の平均値を表す。＊＊＊は、1％有意水準で差が有意であることを示す。

いという傾向は変わらない。気質効果という変則的な行動に、プロスペクト理論が想定する投資家の限界感応度逓減が関わっていることを示唆する結果といえよう[33]。

　プロスペクト理論で気質効果を考える場合、損失回避と気質効果の関連性については注意が必要である。損失回避が気質効果を引き起こすと指摘されることがあるが、理論的には説得的ではない。こうした指摘は、シェフリンたちが、はじめて気質効果のことを取り上げた記念碑的な論文の要旨の中で、気質効果の原因を「損失実現の回避(aversion to loss realization)」(Shefrin and Statman [1985], p.777)と表現したことにも起因しているのかもしれない。このフレー

---

[33] 筒井義郎氏らの研究グループは、ラボ実験によって、損失領域でのリスク愛好度が強い実験参加者ほど損切りが遅くなる傾向を示すことで、気質効果が限界感応度逓減に起因することを示している。Kohsaka et al. (2017)を参照。

ズはあくまでも、株を売って損失を実現化（損切り）することを回避するという意味であって、先に説明した実現化（不）効用のことを指している。損失回避ではない。

　理論的に考えると、損失回避は逆に気質効果を弱める方向に働くことが予想される。いま話を簡単にするために、限界感応度逓減が働かず（$\alpha_+, \alpha_- = 1$）、損失回避バイアス（$\lambda > 1$）だけをもつ投資家を考えよう。この場合、限界感応度逓減がなくても、損失回避的な投資家はリスクに対して回避的になる[34]。利益よりも損失が大きなインパクトをもつために、分布のバラつきが大きなクジほど評価が低くなるからである。そのため、損失回避的な投資家は、期待リターンが十分に高くなければ株を買わない。結果として、利益領域で株式を保有している可能性が高い。そのうえで、いま、その株が値上がりしたあとと、値下がりしたあとの状況を比べてみると、株が値下がりした場合の方が値上がりした場合よりも投資家はリスク回避的になる。値下がりした場合の方が株価が参照点を下回って損失領域に落ちるリスクが高くなるからである。その結果、損失回避が強い投資家ほど、値下がり株を早く売却しようとし、気質効果が表れにくくなると考えられる[35]。こうした予想を裏付けるように、たとえばヤン・リー（Yan Li）とリヤン・ヤン（Liyan Yang）は数学モデルを使ったシミュレーションを行うことで、投資家の損失回避が強いほど気質効果とは逆の行動が発生しやすいことを示している[36]。

　それでは実際に、損失回避と気質効果の相関性を直接調べてみるとどのような結果になるだろうか。図5-12の分析を拡張すればそれがチェックできる。図5-13を見られたい。ここでは、図5-12で分けた限界感応度逓減の高・低2つのグループそれぞれをさらに損失回避のパラメーター（λ）値がサンプル平均より高いか低いかで分け、計4つのグループに回答者を分類している。他の要因の効果を除去して気質効果の強さを4グループで比べたのが同図である。

34）このことは価値関数 $v(x)$ の形を考えればわかる。そのグラフは、損失回避分だけ参照点（$x=0$）で折れ曲がった「くの字」型、つまり凹型になる。第1章の補論第1節で説明したように、凹型の評価関数はリスク回避性を意味する。

35）この議論は Barberis (2018) による。数学モデルを使った議論については、Barberis and Xiong (2009) を参照されたい。

36）Li and Yang (2013) を参照のこと。

図5-13　損失回避は気質効果を弱める

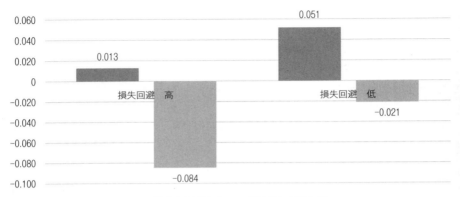

注：HIDB2018より作成（N = 11,514）。価値関数の限界感応度逓減の高低と損失回避の高低で回答者を4つのグループに分類し、気質効果の程度を比べたもの。価値関数パラメーター α_+ と α_- の平均値がサンプル平均よりも低い回答者を「限界感応度逓減高」グループ、それが高い回答者を「限界感応度逓減低」グループとしている。同様に、損失回避パラメーター λ がそのサンプル平均よりも高いか低いかで「損失回避　高」と「低」グループに階層化している。「他要因調整済み」は、気質効果スコアを他要因（所得、保有資産、デモグラフィックス）で順序プロビット回帰したあとの標準化された残差項の、各クラスの平均値をとっていることを表す。

予想したとおり、限界感応度逓減の高低にかかわらず、損失回避性の強いグループの方が気質効果が弱いことがわかる。

6. 株式プレミアムと近視眼的損失回避

6.1. 株式プレミアムパズル

投資家はリスク資産である株式に対して、政府債券などの安全資産よりも高い期待リターンを求める。安全金利を上回る株式期待リターンの部分が、株式リスクプレミアムである。以下では簡単に株式プレミアム（equity premium）と呼ぶ。株式プレミアムは、株式のもつリスクの大きさと、それに対する投資家の回避性の強さによって決まると考えられる。ところが、ラジニシ・メーラ

(Rajnish Mehra）とエドワード・プレスコット（Edward Prescott：2004年ノーベル経済学賞）が1世紀近い米国 S&P 株価指数と財務省証券のデータを調べてみると、リスクの大きさと投資家のリスク回避度の大きさでは説明できない大きな株式プレミアムが観察された。この現象は、彼らの論文タイトルにちなんで「株式プレミアムパズル」と呼ばれている[37]。

図5-14は、先進諸国の株式プレミアムをまとめたものである。1900～2017年のヒストリカルデータから推計された各国の株式プレミアムと、ニューヨーク大学アスワス・デモダラン（Aswath Damodaran）によって推定された投資家の要求株式プレミアムの両方を記載している[38]。メーラとプレスコットが1985年に「パズル」として示した米国の株式プレミアム値はおよそ6％（7％－1％）であったから、長期的にはいまなお、その水準とあまり変わらない高い株式プレミアムが観察されることになる。

図5-14　各国の株式プレミアム

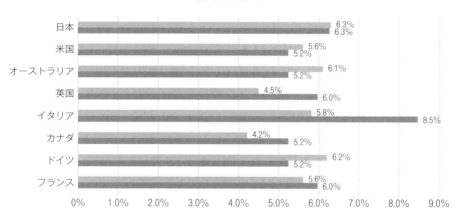

注：ヒストリカル株式プレミアムは、Dimson et al. (2018) の推計による。1900-2017年の年次リスクプレミアム実現値（対短期政府債券レート）の幾何平均。推定値は、Damodaran (2020) による2020年7月時点の推定値。

37）Mehra and Prescott (1985) を参照。
38）Dimson et al. (2018) と Damodaran (2020) を参照。

6.2. 近視眼的損失回避

　この株式プレミアムパズルをプロスペクト理論によって説明しようとするのが、シロモ・ベナルジとリチャード・セイラーによる「近視眼的損失回避（myopic loss aversion)」の理論である[39]。ここで「近視眼的（myopic)」というのは、投資パフォーマンスを評価する期間が1年のように短いことを指している。投資の評価期間が短いほど短い運用期間でリターンが評価されるので、損失が観察される可能性が高くなる。損失回避的な投資家にはこれが大きなリスクになるために、高い株式プレミアムが要求されることになる。これまで理論的に解釈できないほど過大だとされてきた株式プレミアムを、投資家のこうした近視眼的損失回避性を想定することで説明しようとするのがベナルジとセイラーのアイデアである。

（例3）クジ $L(20,000, 0.5; -10,000, 0.5)$

　簡単なクジの例を使って説明しよう[40]。半々の確率で、20,000円もらえるか、10,000円損するかが決まるクジ $L(20,000, 0.5; -10,000, 0.5)$ がある。投資家は次のような価値関数をもっているとしよう。

$$v(x) = \begin{cases} x & (x \geq 0) \\ 2.5x & (x < 0) \end{cases} \tag{5}$$

ここでは、損失回避係数 λ を2.5と設定し、さらに損失回避の効果だけに注目したいので、第4章（3）式の価値関数のパラメーター α を1としている。

　いま、クジ L を1日に1回ずつ2日にわたって引くチャンスがあるとしよう。クジの価値を1日ごとに評価する「短期評価」の投資家と、2日まとめて評価する「長期評価」の投資家がいるときに、クジを引くか引かないかの決定は2つのタイプの投資家でどのように違ってくるだろうか。

　1日ごとにクジ L を個別に評価する「短期評価」の投資家の場合、どちらの日においてもクジのプロスペクト理論価値 $V(L)$ は、

---

39) Benartzi and Thaler (1995) を参照。
40) この例は、ベナルジとセイラー（Benartzi and Thaler [1995]）が用いた例を少し改変したものである。

$$V(L) = 0.5 * 20{,}000 - 0.5 * 2.5 * 10{,}000 = -2{,}500$$

とマイナスの値になるので、1日目も2日目もクジを引くことはない。

　これに対して、クジの価値を2日まとめて評価する「長期評価」の投資家は、2回のクジをまとめた複合クジ $L'(40{,}000, 0.25; 10{,}000, 0.5; -20{,}000, 0.25)$ として選択を評価する[41]。複合クジの価値は、

$$V(L') = 0.25 * 40{,}000 + 0.5 * 10{,}000 - 0.25 * 2.5 * 20{,}000 = 2{,}500$$

とプラスになるので、彼らは2日にわたってクジを引くことを選ぶ。

　まとめると、「短期評価」の投資家はクジを引かないが、「長期評価」の投資家は引く。つまり「短期評価」の投資家は、「長期評価」の投資家よりもリスクをとる意思決定ができない。「短期評価」の投資家がクジ L を引くには、当たった場合の賞金額が（ほかの設定が同じとして）、外れた場合の損失感に匹敵する満足感をもたらす25,000円程度に大きくなければならない。期待値はその場合7,500円になる（元の L では5,000円）。ところが、そうした賞金の期待値は、合理的な「長期評価」の視点からすると不必要に高い。株式プレミアムパズルというアノマリーをこうした視点から理解しようとするのが、近視眼的損失回避の考え方である。

　それではなぜ、投資の評価期間が短いと損失リスクが高まるのだろうか。これはリスクの時間分散（time diversification）の効果に起因している。一般に、複数の資産を同時にもつことでリスクは分散されるので、ポートフォリオのリスク（標準偏差）は個別資産のリスクの加重平均よりも低くなる。こうした分散化の効果は、1つの資産を複数年保有する場合にも当てはまる。つまり、1つの資産を複数年保有する場合の1年当たりのリターンリスク（標準偏差）は、1年だけ保有する場合のリスクよりも小さくなる。これが時間分散の効果である。たとえば、リターンのリスクが一定で系列相関がない場合、年次リターンのリスクを σ で表すと、T 年間保有した場合のリスクは $\sqrt{T}\sigma$ になるので、1年

41）　2日連続で20,000円が当たる確率は0.25、2日連続で10,000円の損をする確率も0.25、2日のうち1日は20,000円が当たり、もう1日は10,000円の損をする確率は0.5である。

当たりのリスクは $\sigma/\sqrt{T}$ に減少する。

　投資の評価期間が短いと、評価時点から評価時点までの運用期間が短いので、時間分散の効果がその分小さくなる。その結果、期間当たりのリスクが大きくなり、株式リターンが損失領域に落ちる確率も高くなる。投資の評価期間が短いほど、株式リターンの損失リスクが高まるのはこのためである。

6.3.　近視眼的損失回避と株式投資をプロスペクト理論で考える

　ここでは、本章第2節で行ったように、安全債券に投資した場合を参照点として株式投資の有利さを評価したい。そのために、株式超過リターン（株式リターンと安全金利の差）のプロスペクト理論価値を考えよう。ここでは話を簡単にするために、確率のインパクトが客観確率に等しいと仮定し、第4章（5）式の確率ウェイト付け関数のパラメーター（δ_+,δ_-）を1と置く。投資家は株式超過リターンがプラスなら利益と感じ、マイナスなら損失ととる。確率的に発生するそうしたアウトカムの価値を1つひとつ価値関数 v で測り期待値をとったものが、安全債券投資を参照点とした場合の株式投資のプロスペクト理論価値である。

　もしマーケットのデータから計算される株式投資のプロスペクト理論価値がプラスの値であれば、債券投資より株式投資の方が有利である。言い換えれば、株式プレミアムがリスクの割に大きすぎることになる。逆にプロスペクト理論価値がマイナスなら、リスクの割に小さすぎる株式プレミアムがマーケットで成立していることになる。したがって、もし株式プレミアムがリスクを過不足なく反映した水準に決まっているなら——つまり、株式プレミアムがパズルでないなら——、データから求められる株式投資のプロスペクト理論価値はゼロになるはずである。

　株式プレミアムパズルが主張するように株式プレミアムが投資家のリスク態度に照らして本当に過大なものかどうかは、したがってそのプロスペクト理論価値を推計してみればわかる。

　実際に、ベナルジとセイラーは、トゥヴァースキーらが推定した価値関数と確率ウェイト付け関数を使って、1928〜1990年のデータをもとに米国 S&P500 株価指数投資と財務省証券（安全資産）投資のプロスペクト理論価値を推計し

ている。その結果、年率6.5%もの「高い」株式プレミアムが観察されるものの、評価期間1年という近視眼的な投資家を想定すると、投資のプロスペクト理論価値がS＆P指数と財務省証券の間でちょうど等しくなることが示されている。

　同じように、近視眼的損失回避と株式プレミアムの関係を日本のデータを使って試算してみたのが図5-15の(a)と(b)の2つのグラフである。図5-14で用いたエルロイ・ディムソン（Elroy Dimson）らの推計値（年率平均6.3%、標準偏差は27.3%）に正規分布を仮定して、株式の年次超過リターンの分布を作り、安全債券投資を参照点とした場合の株式投資のプロスペクト理論価値を求めている。価値関数のパラメーター値はHIDB2018からの推定値を用いている（$\alpha=0.56$、$\lambda=1.66$）。先に断ったように、ここでは確率ウェイトではなく客観確率でプロスペクト理論価値を計算している。

　図5-15(a)は、投資評価期間（月数）によって、株式投資のプロスペクト理論価値がどのように変わるかを示している。評価期間が短いほど時間分散の効果が小さいので、期間当たりのリスクが大きくなって損失確率（超過リターンがマイナスに落ちる確率）も高くなる。損失回避のもとでは損失が生じた場合の不満足が倍増（1.66倍）されるので、これがリスクを高め、株式プレミアムのプロスペクト理論価値を下げる。近視眼的損失回避の効果である。その結果、図5-15(a)に示されているように、評価期間を横軸にとると株式投資のプロスペクト理論価値のグラフは右上がりになる。株式投資のプロスペクト理論価値がゼロになる評価期間を求めると12.73カ月になる。この値は、ベナルジとセイラーが推定した値よりもやや大きいが大きくは変わらない[42]。つまり、投資家が12.73カ月の評価期間で投資パフォーマンスを評価しているとすれば、年率6.3%の株式リスクプレミアムは、ちょうど損失リスクを含めたリスクの大きさによって説明される。つまり、株式プレミアムパズルは解消される。

　図5-15(b)では、投資家の評価期間を12カ月に固定しておき、損失回避のパラメーターλの大きさを1.4から2.3まで動かした場合に、株式投資のプロスペクト理論価値がどのように変わるかを描いたものである。損失回避が強いほ

---

42) ベナルジとセイラーの推定値は、確率ウェイト付き関数を用いた場合、12カ月弱、客観確率を用いた場合は、10カ月である（Benartzi and Thaler [1995], p.83）。

図5-15　評価期間、損失回避、および株式投資のプロスペクト理論価値

(a) 投資評価期間と株式投資のプロスペクト理論価値

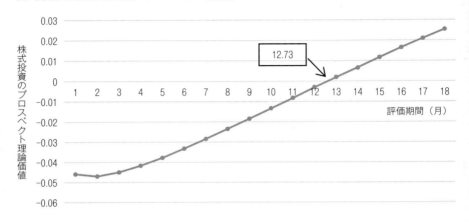

(b) 損失回避と株式投資のプロスペクト理論価値

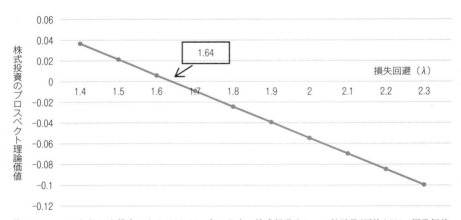

注：Dimson et al. (2018) 推定による1900-2017年の日本の株式超過リターン統計量（平均6.3%、標準偏差27.3%）に正規分布を仮定して株式の年次超過リターンの分布を作成、安全債券投資を参照点とした場合の株式投資のプロスペクト理論価値を求めている。(a)は、評価期間（月数）と株式投資のプロスペクト理論価値の関係を表す。年次の株式超過リターンの正規分布から、各評価期間（投資期間）における株式超過リターンの平均と標準偏差を求め、対応するプロスペクト理論価値を計算。価値関数のパラメーターとして、HIDB2018のサンプル平均$(\alpha, \lambda) = (0.56, 1.66)$を採用。ただし、$\alpha$は$\alpha_+$と$\alpha_-$の平均。確率ウェイトは線形を仮定。(b)は、損失回避パラメーターλと株式投資のプロスペクト理論価値の関係を表す。評価期間を12カ月に固定し、λを1.4から2.3まで動かしてプロスペクト理論価値を計算。それ以外のパラメーター設定は(a)と同じ。

第5章　プロスペクト理論と金融・投資行動　347

どマイナスの超過リターンが大きな不満足を生じるので、株式投資のプロスペクト理論価値は小さくなっていく。右下がりのグラフはそのことを表している。ここで、株式投資のプロスペクト理論価値がゼロになる損失回避レベルを求めると、1.64が得られる。図5-15(a)の結果からも予想できるように、この値はサーベイデータのλのサンプル平均1.66とほぼ一致している。

　これらの試算結果からわかるように、投資家が1年ぐらいの短い期間で投資パフォーマンスを評価していると考えることで、日本における年率6％程度の株式プレミアムはプロスペクト理論によってかなり説明できる。その意味で近視眼的損失回避のアイデアは、日本の株式プレミアムを理解するうえでもある程度有効と考えられる。

　以上の議論は、確率ウェイト付け関数のパラメーターを1と置いて、オーバーウェイティングの影響を考慮しなかった。それを考慮した場合、近視眼的損失回避はより強いものになると考えられる。というのは、損失回避のもとではリターンから得られる価値vの確率分布がマイナスの歪みをもつので、投資の評価期間が短い場合に生じる損失確率の増大は、オーバーウェイティングによって増幅された形でプロスペクト理論価値の低下につながるからである。

7. おわりに

　プロスペクト理論は、期待効用理論が想定していなかった人びとの歪んだリスク選択を説明するために考案されたものである。この章では、そのプロスペクト理論を用いることによって、金融・証券市場に見られるさまざまな変則現象がどのように整合的に理解できるかを説明した。株式市場参加パズル、歪度選好、気質効果、株式プレミアムパズル、過剰保険、オプションのボラティリティ・スマイルなどの問題である。

　期待効用理論がリスク選択を期待効用で評価するように、プロスペクト理論ではプロスペクト理論価値でリスク選択を評価する。その結果、たとえば、意思決定ウェイト付け関数で表される確率判断の歪み（レアなイベントへのオーバーウェイティングなど）が、株式市場においては株式リターンのリスクを高めて株式市場参加パズルをもたらし、リターン歪度の高い宝くじ的な株式への

過度な選好と過大評価につながる。同様に、オプションは、そのペイオフが正の歪度をもつために、プロスペクト理論的な投資家によって過大に評価され、それがボラティリティ・スマイルにつながる。歪度への選好は、さらに過剰な保険加入という変則現象とも整合的である。

　価値関数に見られる限界感応度逓減は、投資家に利益確定売りを促し、損切りを躊躇させる（気質効果）。投資期間が短いと時間分散が機能しない分リスクが大きくなり、損失回避性をもった投資家は高いリスクプレミアムを要求することになる。それが株式プレミアムパズルを説明する可能性がある。

　ただ、これらの結果にどの程度頑健性があるかについては、データを追加しながら引き続き検証する必要がある。実際に補論5 - 1 で議論するように、プロスペクト理論から予測される「高歪度＝低リターン」の関係は日本ではそれほど頑健ではないように見える。この点を含めて、日本ではプロスペクト理論──とくに、意思決定ウェイト付け関数を用いた累積プロスペクト理論──にもとづいた実証研究が少ないので、今後の展開を期待したい。

　ここでは株式市場参加パズルと株式プレミアムパズルの議論をする際、株価指数（TOPIX）のプロスペクト理論価値を試算することで株式市場に投資する価値があるかどうかだけに焦点を当てたが、株式の個別銘柄ごとのプロスペクト理論価値を推定することで株価と期待リターンの決定を分析することができる。この問題については、次章の補論で取り上げる。

補論 5-1　日本で宝くじ株は買われてきたか？

　本章2.3項で見たように、プロスペクト理論的な投資家は、オーバーウェイティングの影響で、まれに発生する大きなリターンの可能性に大きなインパクトを感じるので、リターン分布がプラスの歪度をもつ——つまり右側のテールが長い——株式ほど、その期待値を過大に評価する。その結果、リターンの歪度が大きい宝くじ的な株式ほど、平均的にリターンが低くなることが予想される。本章の表5-2と図5-4で示したボイヤーらや内山・岩澤の分析結果は[43]、少なくとも2010年前後までの限られたサンプル期間では、そうした予測を支持する結果となっている。しかしながら、こうした「高歪度＝低リターン」仮説は、以下に示すように少なくとも日本の場合はそれほど頑健なものではない。

　表5H-1は、内山・岩澤の方法にならって、過去60カ月の月次リターンから歪度——これをヒストリカル歪度といおう——を推定し、毎月そのヒストリカル歪度を基準にして組成される5つの分位ポートフォリオのパフォーマンスを調査した結果を示している。ただし、標本期間として、(1) 1985年1月～2010年12月という内山・岩澤と同じサンプル期間と、(2) 2011年1月～2023年12月のサンプル期間の2期間について推定している。内山・岩澤と同じく東京証券取引所市場第1部（当時）上場銘柄を対象とするが、利用データのベンダーの差によって株価データが異なる可能性があるため、内山・岩澤と同じサンプル期間である (1) の結果については比較できるように、内山・岩澤の結果をパネルAに転記し、新たに筆者らの結果をパネルBに掲載している。

---

43)　Boyer et al. (2010)、内山・岩澤（2012）を参照。

表5H-1　ヒストリカル歪度でソートした5分位ポートフォリオの平均超過リターン

	内山・岩澤（2012）の推定（標本期間：1985年1月—2010年12月）						
パネルA	第1分位（低）	第2分位	第3分位	第4分位	第5分位（高）	第1 – 第5	t値
超過リターン（EW）	0.61	0.53	0.43	0.34	0.09	0.52	*4.73*
歪度	-0.05	0.31	0.59	0.96	1.74		
簿価時価比率	0.69	0.70	0.70	0.72	0.66		
時価総額比率	27.40	21.60	20.00	18.00	13.00		
	本書の推定（標本期間：1985年1月—2010年12月）						
パネルB	第1分位（低）	第2分位	第3分位	第4分位	第5分位（高）	第1 – 第5	t値
超過リターン（EW）	0.44	0.42	0.28	0.22	-0.02	0.46	*3.33*
超過リターン（VW）	0.82	0.61	0.61	0.49	0.55	0.28	1.44
歪度	-0.04	0.30	0.56	0.91	1.65		
簿価時価比率	0.69	0.70	0.70	0.72	0.67		
時価総額比率	26.93	22.20	19.35	18.65	12.86		
	本書の推定（標本期間：2011年1月—2023年12月）						
パネルC	第1分位（低）	第2分位	第3分位	第4分位	第5分位（高）	第1 – 第5	t値
超過リターン（EW）	0.81	0.84	0.92	0.89	0.79	0.02	0.17
超過リターン（VW）	1.23	1.06	1.24	1.25	1.05	0.18	1.04
歪度	-0.36	-0.03	0.21	0.50	1.26		
簿価時価比率	1.00	1.00	1.00	1.04	1.03		
時価総額比率	24.60	25.74	22.42	18.10	9.14		

注：パネルAは内山・岩澤（2012）の推定結果をそのまま転記したものである。パネルBは同じ検証を同じ手順で実施した結果であるが、用いている価格データソースが異なっているために、結果はまったく同じではない。各分位ポートフォリオのリターンを等加重平均（EW）と時価総額加重平均（VW）の両方を求めた。超過リターンは算出したリターンから無リスク利子率を控除して求めた月次超過リターンの期間平均（月率％）である。各分位の簿価時価比率は前月の分位内の中央値を標本期間で平均した値であり、時価総額比率は各分位の前月末の時価総額を全上場企業の時価総額で除した値を標本期間で平均した値である（分位間の合計は100になる）。最右列は第1分位と第5分位の平均超過リターンの差を示し、斜体太字で表したt値は1％で有意であることを意味する。

　表5H-1から2つの事実が読み取れる。第一に、筆者らの分析結果（パネルB）でも、内山・岩澤（パネルA）が示したように、2011年以前の期間では歪度が高い分位ポートフォリオほどリターンが低い傾向が見て取れる。とりわけ等価平均（EW）リターンでは、低歪度ポートフォリオをロングし高歪度ポートフォリオをショートする裁定ポートフォリオは有意にプラスのリターンをもたらしている（ただし、時価総額加重リターンでは有意ではないので、規模効果を拾っている可能性が疑われる）。

第二に、パネル C に示されるように、内山・岩澤の検証期間外の2011年1月から2023年12月の期間においては、低歪度分位ポートフォリオのパフォーマンスの優位性は消滅し、第1分位（低歪度）と第5分位（高歪度）の差は有意でなくなっている。つまり、2011年以前に観察された歪度選好の影響は、以降のマーケットにおいては頑健に観察されない。その原因が何かについては今後の課題であるが、表面的には、第1分位と第2分位の平均歪度が負になっており、全体として歪度が下方にシフトしているように見える。これは、2011年から2023年の期間では宝くじ的株式が従来よりも減少していることを示している。歪度選好が生じるためには歪度の絶対的な水準が関係しているのかもしれない。

以上の分析はヒストリカル分布から計算される歪度をそのまま用いたものであるが、投資を左右するのは将来リターンに予想される歪度である。そこで本章の表5-2で説明したボイヤーの方法によって予想歪度を推定し、その予想歪度とリターンの関係を日本のデータで調べた結果を表5H-2に示す。ここでは、2つの標本期間、(1)1990年1月〜2010年12月（パネル A）と(2)2011年1月〜2023年12月（パネル B）、およびそれらを合わせた(3)全期間1990年1月〜2023年12月（パネル C）で推定している。表5H-1の結果と比較できるように、パネル B の期間を両表で揃えてある。ただ、パネル A の期間の開始年については表5H-1と同じにせず1990年としている。これは、ボイヤーらの手順に従って予想歪度の値を推定するために標本期間の前に10年間のヒストリカルデータが必要となるからである（筆者たちは1980年以降の株価データしか保有していない[44]）。

表5H-2からわかるように、予想歪度を用いた場合、日本市場においてはどの標本期間においても、予想歪度の高い銘柄ほど期待リターンが高い傾向が見られる。つまり、歪度選好から予想される関係とは逆の「低歪度＝低リターン（高歪度＝高リターン）」の関係が成り立っている。とりわけ、時価総額加重平均（VW）リターンで見た場合、低歪度をロングし高歪度をショートする

---

44) ボイヤーたちに従って企業特性を用いて予想歪度を推定する際、ここでは東証33業種のダミーを用いた。ナスダック銘柄ダミーについては日本市場に該当する市場がないと考え、使用していない。

表5H-2　予想歪度でソートした5分位ポートフォリオの平均超過リターン

	標本期間：1990年1月—2010年12月						
パネルA	第1分位（低）	第2分位	第3分位	第4分位	第5分位（高）	第1－第5	t値
超過リターン（EW）	-0.28	-0.11	-0.22	-0.21	-0.19	-0.09	-0.31
超過リターン（VW）	0.07	0.28	0.30	0.51	0.59	-0.52	-1.66
予想歪度	0.29	0.49	0.70	0.91	1.20		
簿価時価比率	0.69	0.74	0.82	0.90	0.81		
時価総額比率	48.36	26.06	12.92	7.32	5.35		
	標本期間：2011年1月—2023年12月						
パネルB	第1分位（低）	第2分位	第3分位	第4分位	第5分位（高）	第1－第5	t値
超過リターン（EW）	0.71	0.82	0.77	0.96	0.99	-0.28	-1.24
超過リターン（VW）	1.10	1.21	1.23	1.51	1.50	-0.41	-1.64
予想歪度	0.08	0.37	0.71	1.09	1.69		
簿価時価比率	0.94	0.90	1.06	1.24	1.27		
時価総額比率	48.82	32.65	11.98	4.40	2.15		
	標本期間：1990年1月—2023年12月						
パネルC	第1分位（低）	第2分位	第3分位	第4分位	第5分位（高）	第1－第5	t値
超過リターン（EW）	0.10	0.25	0.16	0.24	0.26	-0.16	-0.81
超過リターン（VW）	0.46	0.64	0.66	0.89	0.94	-0.48	**-2.22**
予想歪度	0.21	0.45	0.70	0.98	1.39		
簿価時価比率	0.78	0.80	0.91	1.03	0.99		
時価総額比率	48.54	28.58	12.56	6.20	4.12		

注：パネルAはBoyer et al. (2010) の方法で予想歪度を算出し、1990年から2010年の期間で計算した結果である。リターンは各分位ポートフォリオを等加重平均（EW）して算出したリターンと時価総額加重平均（VW）で算出したリターンの両方を求めた。超過リターンはそこから無リスク利子率を控除して求めた月次超過リターンの期間平均（月率％）である。各分位の簿価時価比率は、前月の分位内の中央値を標本期間で平均した値であり、時価総額比率は、各分位の前月末の時価総額を全上場企業の時価総額で除した値を標本期間で平均した値である（分位間の合計は100になる）。パネルBは標本期間を2011年1月から2023年12月の期間に、最右列は第1分位と第5分位の平均超過リターンの差を示し、太字で表したt値は5％有意を意味する。

投資戦略はどの標本期間においても有意にマイナスのリターンを記録している。予想歪度から判断するかぎり、投資家は歪度の高い宝くじ株ほど回避していることになる。

　これらの結果は、リターンの歪度と期待値の関係がそれほど単純なものではないことを示唆している。その関連性は標本期間によって不安定に変化しているように見えるが、一方で、表5H-2が示すように、ある種の（プロスペクト理論の予測とは逆の）規則性のようなものが見て取れないわけではない。今

後この分野の知見が深まるのを期待したい。

　本章ではプロスペクト理論の金融・投資行動へのインプリケーションを考え、その１つとして歪度選好を取り上げた。歪度選好はしかしながらプロスペクト理論におけるオーバーウェイティングがもたらす一特性に過ぎない。証券投資へのインプリケーションを考えるには、プロスペクト理論の包括的な意味合いを考える必要があるだろう。そのためには本章の株式市場参加パズルのところで考えたように、証券の主観的な投資価値をプロスペクト理論価値で捉えるのが１つの方法である。この点については第６章補論で取り上げる。

第6章
効率的市場仮説と合理的アセットプライシング

要　約

　証券投資やコーポレートファイナンスの教科書に必ず出てくる用語が「効率的市場仮説（efficient market hypothesis）」である。一般的な金融資産の価格決定モデルを考えるとき、効率的市場仮説はその礎となる。本章では、効率的市場仮説や投資家の合理的期待から導かれる資産価格決定モデルを含む（標準的）ファイナンスのパラダイムについて直感的に説明する。また、理論的導出については本章補論で解説する。

　最初に、投資家のリスク回避的選好、合理的期待形成、同一投資ホライゾン、資本市場が完備であることを前提に導出された均衡理論モデルである資本資産価格決定モデル（CAPM）について触れる。その後、CAPM では説明できないアノマリーを説明するために考案された2つの新たなリスクファクター、「規模ファクター」と「簿価時価比率ファクター」を加えたファーマ＝フレンチの3ファクターモデルを議論する。行動ファイナンスの発展は、既存理論では説明できない多くのアノマリーの発見を背景としているが、アノマリー発見のための中心的な手法であるイベントスタディについてもコラムで説明する。

キーワード：効率的市場仮説、資本資産価格決定モデル CAPM、規模ファクター、簿価時価比率ファクター、3ファクターモデル

1. 株価のランダムウォーク

　誰も有利な設定になっていない賭けのことを「フェアな賭け（fair betting）」という。どのギャンブラーも少しでも有利な条件で賭けをしたいと思う一方で、そのような不公平な賭けには誰も乗ってこないはずである。賭けが成立するとすれば、少なくともその賭けはフェアでなければならない。株式取引でも買い手と売り手の取引が市場で成立するためには、両者が価格について合意する必要がある。したがって、株価形成も両者が納得できるフェアなものになっている——つまり、株式投資がフェアな賭けになっている——と予想される。

　株式投資がフェアな賭けであれば、その変動が読めないのは当然である。仮に株価動向になんらかのパターンが発見されたとしよう。単純な例として、アナリストがある株式についてつねに水曜日に価格が上昇するという規則性を発見したとしよう。この法則が本当であれば、投資家は火曜日にその株式を購入しようと殺到するが、翌日に株価が上がることを知っている売り手は上昇することを織り込んだ価格でしか売買に応じない。結局、火曜日に株価は先に上昇してしまい、水曜日には上がる余地がなくなってしまうだろう（そして火曜日以前に同じことが前倒しに生じるだろう）。こう考えると株価動向がわかりやすい法則性を継続的に示さないのは納得できる。株価の動きをランダムウォークと形容するのはこうした性質を表すためである[1]。

　株式市場の動向がランダムウォークだという事実を最初に発見したのは20世紀初頭の数学者バシュリエ（Louis Bachelier）である[2]。高名な数学者ポアンカレ（Jules-Henri Poincaré）の弟子だったバシュリエは、博士論文「投機の理論」においてパリ証券取引所で取引されていたワラント（オプションの1種）の価格形成を研究し、投機における数学的期待値がゼロであることを示した。将来

1）　株価を含めた証券価格の場合、金利やリスクプレミアムを反映したプラスの期待リターン分だけドリフトするので、証券価格の確率過程をランダムウォークと表現するのはじつは正確ではない。ここでは、超過リターンの発生過程がランダムであることを、ランダムウォークだと表現している。

2）　Bachelier (1900) を参照。

の証券価格を予想し投機利益を上げることが投資家の関心事であり、学術界も株価は予想可能だと考えていた当時、この結果は驚きをもって受け取られ、そしてその後長い間無視されたのである[3]。しかし、証券を買いたい場合には売り手が必要であり、売りたい場合には買い手が必要だという事実を考えると、「フェアな賭け」しか存在しない証券市場において証券価格の動きがランダムウォークとなるのは自然な結果である。

図6-1に示すのは、東証1部銘柄から任意に選択した4社(極洋、東レ、TOTO、コマツ)の1989年から30年間の株価の日次データから配当落ちと分割の影響を調整した後の日次リターンを計算し、当日のリターン($R(t)$)と翌日のリターン($R(t+1)$)をプロットした散布図である。ここから見て取れるように、どの銘柄についても2日のリターン間に明確な相関関係はなく、した

図6-1　1989年9月〜2019年9月までの日次リターン(配当・分割修正済み)

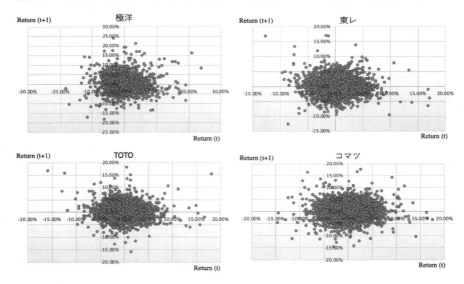

注：任意の4銘柄のt日のリターンとt＋1日のリターンをプロットした。

---

3) Bernstein (1996)を参照。バシュリエの仕事はその後数十年後にポール・サミュエルソンに再評価されるまでは忘れられたのである。

がって、当日のリターンの情報を使っても翌日のリターンを予測することはできない。比較の対象を翌々日や1週間後などと変化させてもこの結果は同じであり、当日のリターンを使って将来のリターンを簡単に予測することはできないのである。コインの裏表の出現パターンをいくら分析しても、次の試行で表が出るか裏が出るかを予想できないのと同じと考えればよいだろう。

2. 効率的市場仮説

2.1. 効率的市場仮説

これまで株式市場を念頭に置いていたが、穀物価格はどうだろうか。穀物はその供給量が天候に依存している。たとえば、悪天候が続けば穀物の供給量が不足して穀物価格は上昇するだろう。その天候の変動パターンはランダムウォークではなく、ある程度予測できることがわかっている。それでは穀物価格も予想できないものであろうか。この点について1953年統計学者モーリス・ケンダール（Maurice Kendall）が小麦の価格変動を調査したところ、やはりランダムウォークだったという[4]。どうして天候の変動がランダムウォークでないのに、小麦の価格がランダムウォークとなるのだろうか。ポール・サミュエルソンは、小麦価格にすでにそれまでの情報が反映されているからだと説明する[5]。投資家が将来の価格に与えるインパクトを現時点で知っているならば、その情報はすでに価格に反映されている。だから、将来の天候情報はすでに現在の価格に反映されており、穀物価格動向は天候の変動そのものとは異なるのである。これは効率的市場仮説の考え方そのものであるが、この時はまだその用語は出現していない。

「効率的市場（efficient market）」という言葉をはじめて使ったのは2013年にノーベル経済学賞を受賞したユージーン・ファーマである。ただ、当初から論文の中に使われた言葉ではなかったらしい。YouTube で視聴できるファーマへのインタビューでは、彼はシカゴ大学の学内コラムで「効率的市場」と書いた

4） Kendall (1953) を参照。
5） Samuelson (1965) を参照。

のがきっかけとなり、学者の多くが使うようになったと語っている。効率的とは、機械などが無駄なく動くという意味での効率的ではなく、情報が株価に反映されているという意味である。ファーマは、「この言葉を考え出したときには深く考えていなかった。後に、もう少し良い表現があったかもしれないと思った」と語っている。

第1章の補論でも説明したように、効率的市場とは、資産価格にはすべての情報が反映されているため、投資家がいかに情報を集め、株式分析したとしてもリスクに見合った以上のリターンは達成できない市場である。市場の効率性は、考慮する情報の範囲によって、ウィークフォームの効率性（weak form efficiency）、セミストロングフォームの効率性（semi-strong form efficiency）、およびストロングフォーム効率性（strong form efficiency）という3つの段階を区別して考える。ウィークフォームの効率性は、過去の価格情報がすべて市場価格に織り込まれており、過去の価格情報を用いて将来価格を予測できないような市場の状態を指す。未来を示唆するものはないという考え方である。これは最も緩い効率性の定義である。セミストロングフォームの効率性では、すべての公開情報が証券価格に織り込まれており、ストロングフォーム効率性では非公開情報（インサイダー情報など）までも株価に織り込まれている市場の状況である。定義からわかるように、ウィーク、セミストロング、ストロングの順に効率性の程度が強い。

では、市場がどの程度効率的であるかを1つの事例で考えてみよう。2015年に東芝が不正会計のスキャンダルで混乱し、その後東京証券取引所市場第2部に指定替えになった。証券取引等監視委員会に届いた内部通報により、東芝が不適切会計を発表したのは2015年の4月3日である。その後5月22日に東芝は不適切会計問題で第三者調査委員会が調査する範囲を発表した。当初の不適切会計問題は、東芝の一部の問題だと認識されていたが、その後調査対象範囲が拡大し、主力事業の大半が対象になる可能性が報道されたのが5月23日（日本経済新聞朝刊）である。こうした背景を考えて株式市場がどのように反応したかを見てみよう。

図6-2に示すとおり、不正会計の発表直後に株価が大幅に下落している。証券取引等監視委員会に内部通報があったのは4月3日以前だと推察され、そ

図6-2 東芝不正会計発覚前後の株価動向（終値）

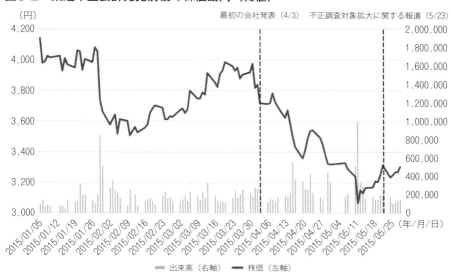

れ以前には株価は下落していないため、インサイダー情報までは反映していないといえるだろう。その後、不正会計の深刻さや範囲の拡大報道があったのは5月23日である。それまでに株価は大幅下落を継続している。不正会計の発覚直後から、そのインパクトについての株式市場の評価は迅速であり、ほぼ瞬時に事の重要性を反映したと考えられよう。つまり、株式市場が少なくともセミストロングフォームの意味で効率的な価格形成を行っているように見える。

同様の事例はほかにも観察されている。アンドリュー・ロー（Andrew Lo）は、1986年にスペースシャトルチャレンジャー号が爆発した事故に関して株式市場が行った評価がいかに正確であったかに言及している[6]。爆発の原因となったNASAへの部品供給メーカーMorton Thiokol社は、事故日に2億ドルの時価総額を失っている。この2億ドルという金額は、同社がその後に費やした補償費用、裁判費用、失ったキャッシュ・フローの額と概ね一致したという。

株式市場には多くの投資家が参加し、情報と専門知識を駆使してさまざまな

6）Lo (2017) を参照。

関連イベントが企業価値に与える影響を分析している。株式市場で売買の合意が成立する価格水準は、その時点における参加者全員がもつ情報を反映したものである。上で述べた事例はそうして形成される価格が、外生的に発生したファンダメンタルなショックをかなり効率的に反映している事実を示している。

2.2. 効率的市場とそのテスト

市場の効率性を別な角度から考えてみよう。たとえばある投資家が、今後ロボット産業が成長すると見込んで関連領域の銘柄群に投資したところ、彼が買ったポートフォリオは倍以上の価値をもつようになったとしよう。このように短期間に100%以上の投資リターンを得られたことと、市場が効率的であることは整合的であろうか。

そんなに高いリターンが得られる投資が存在するのは、株価に十分に情報が反映されておらず割安だったからだと考えるかもしれない。しかし、効率的市場が意味するところは、彼がそのポートフォリオを構築した時点の情報がすべて同時点の株価に織り込まれているということである。したがって、事後的になんらかの追加的な情報が発生し、その情報が株価に反映される過程で価値が倍になったとしても市場の効率性と矛盾しない。ポートフォリオの価値が短期間に倍になったという事実に目が奪われがちであるが、それは事後的に見た結果である。株価が安すぎたのではなく、ポートフォリオの構築時点で投資家が高いリスクをとったからだとも解釈できる。

市場の効率性は、投資家の合理性を前提にすれば納得のいく性質であるが、一方で現実の市場が本当に効率的かどうかをテストするのは難しい。まず、比較対象として「あるべき価格」が計算できなければならない。これを求めるためには資産価格決定モデル（アセットプライシングモデル）が必要である。いわば合理的水準を定める基準を決めるモデルである。ここで研究者が、あるモデルに依拠して市場価格をテストし、合理的価格から乖離することを指摘したとしよう。この場合、市場は効率的でないといえるだろうか。ここで考えなければならないのは、市場は効率的であるが、テストに使用したモデル自体が間違っているという可能性である。資産価格決定モデルが定まらない場合、市場効率性の検証は、「モデルが適切である」という仮説と「市場が効率的である」

という2つの複合仮説を検証していることになるのである。これが複合仮説検定の問題と呼ばれるものである。

これに対してファーマは、アノマリーとされるどの現象についても長期的に見れば、それと逆方向の現象が同じ程度の頻度で観察されていると指摘している[7]。複合仮説検定の問題を認めるとしても、長期的・平均的にマーケットは効率的であるというのが彼の主張である。

いずれにしても、現在までのところ誰もが納得するアセットプライシングモデルは確立されておらず、さらにはファーマの主張にかかわらず、市場の効率性と矛盾するデータがいくつも提出されている。第7章以降ではその点をいろいろな視点から明らかにしている。

2.3. 市場の効率性に疑問を投げる逸話的証拠

市場の効率性に疑問をいだかせる逸話的証拠がいろいろな形で報告されている。米国のインターネットバブル期に生じた、ドットコム社名への名称変更に関わる事例がその1つである。20世紀の終わりにインターネットが普及しはじめた頃、投資家は電話やテレビの普及が社会を変えたのと同等の社会的・経済的インパクトがあると期待し、多くのインターネット関連企業の価値が高騰した。このブームにあやかろうと、多くの企業がインターネット関連企業であることを強調するために、社名を.comの入ったものに変更する事態が発生した。こうした社名変更の株式価値に与える影響は大きく、事業内容にほとんど変化がないにもかかわらず、その社名変更だけで企業価値が急上昇したことが知られている。

図6-3に示すのは、マイケル・クーパー（Michael Cooper）らが、インターネットバブル期に、「.com」を含めた名称に社名変更した企業群の株価動向をイベントスタディによって分析した結果である（イベントスタディについてはコラム6-3を見られたい）。イベントスタディの方法に従って、図では、「.com」社名への名称変更が行われた「イベント日」を第0日として、その前後の相対日数（横軸）に従って株式リターンがどのように推移したかを累積超

7）Fama (1998) を参照。

図6-3 インターネットバブル期に.comを用いて社名変更を行った企業群の短期的動向

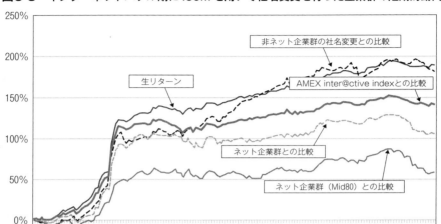

注：Cooper et al. (2001) より筆者加筆作成。社名変更発表時点を0日としたイベントスタディの枠組みを用いた検証。Y軸は累積超過リターンを示す。

過リターン（cumulative abnormal returns：CAR）の形で描いている。超過リターン（abnormal returns：AR）は当該株式のリターンから比較対象にするベンチマークリターンを控除したものであり、それを日ごとに累計したのが累積超過リターンである。ここではベンチマークとして、AMEXinter@ctive Index、ネット企業群、ネット企業指数（Mid80）、非ネット企業指数の4つを取り上げ、対応する4つの累積超過リターンを描いている。「生リターン」はベンチマークを控除する前の累積リターンである。

図6-3から見て取れるように、社名を.comの入ったものに変更した企業群の企業価値はイベント日にベンチマークに比較して倍以上（CAR100%以上）に跳ね上がっている。.com以外の社名変更企業群をベンチマークとした場合のCARの推移（「非ネット企業群の社名変更との比較」）でもその事実は歴然としている。.comと名乗ることが企業価値を高める有効な手段だったことになる。

しかし、.com と名称を変えたとしても当該企業群の事業が大きく変わったわけではない。社名変更というイベントが極端な価値増加をもたらした理由を想像すれば、時代の空気も重なって投資家に過度の楽観をもたらし、それが将来期待キャッシュフローの推定値を急速に高めたのかもしれない。市場で観察される株価形成は、図6-2で示した東芝のケースのように、市場が合理的に判断していると思えるケースばかりではない。こうした現象は、投資家がつねに合理的に行動しているわけではないことを示す1つの証拠であるといえよう。

2.4. 市場の効率性と超過利潤

市場の効率性を主張する根拠として、長期にわたって市場に勝つことが困難である事実を挙げる論者がいる。これは、もし市場がミスプライスしているのであれば、それを利用することで簡単に超過利潤を獲得できるはずだという認識にもとづいている。しかし実際にはたとえ市場価格が正しくなくても、それを利用して利益を出すことはそれほど簡単ではない。具体的に考えてみよう。

先に紹介した.com社名変更に伴う株価の大幅な変動では、明らかに株価がミスプライスされていた。こうしたミスプライスを見つけた投資家には2つの選択肢がある。1つは、市場価格は合理的水準に収斂すると考え、.com と社名変更した株式を空売りすることである。もう1つは、このブームに乗ってひともうけしようと.com株に投資することである。このいずれの選択をした投資家も、利益を上げることを確約されていない。.com株へのブームはいつまで続くのか、合理的水準に収斂するのはいつなのかについてはわからないからである。

現実には、インターネットバブルの崩壊とともにこうした変則的な現象は見られなくなったので、.com と社名変更した企業群を空売りすることが正解だったということになる。しかしながら、バブルの崩壊のタイミングは誰にも予測できないため、バブル崩壊のかなり前からこうした投資戦略を実施した投資家は、その過程で大きな損失を被ったことであろう。市場が間違った価格形成を行い、非効率的であるからといって、投資家がそのミスプライシングを利用して利潤を上げることができるとは限らない。ミスプライシングは超過利潤獲

得の必要条件であるが十分条件ではないのである。

　第1章補論で説明したように、間違った価格は市場における裁定取引で正しい価格へと是正される。しかし、現実の市場においては裁定取引を阻害する多くの要因が存在し、すぐに価格が是正されないことも多い。このことを「裁定の限界（limits to arbitrage）」という[8]。上で述べた社名変更をめぐる事例で、.comへの社名変更によって生じたミスプライシングが比較的長い期間にわたって解消されなかったのは、こうした裁定の限界のもとでそのミスプライシングを利用した裁定が働かなかったためと考えられる。

3. 証券投資のリスク

3.1. 投資のリスクをどう測定するか

　リスク回避的な投資家が投資案件に支払ってもよいと考える価格（確実性等価）はその投資から得られるキャッシュフローの期待値よりも小さい。この差がリスクプレミアムである。リスクが高ければ高いほど投資家が許容できる価格は低くなるので、そのことを反映した市場価格のもとではハイリスク＝ハイリターンの関係が成立する。投資家は、投資対象としている事業リスクが高いようであれば、それを勘案して当該事業から将来生まれると見込まれる期待キャッシュフローの現在価値を低く見積もるのである。この期待キャッシュフローの現在価値とリスクを定量的に測定することができれば、期待効用最大化の理論モデルに沿って株価の評価モデルができるはずである。

　いま、リスクを標準偏差で測ることを考えよう。仮に企業の将来の利益分布が正規分布に従っていると仮定することができれば、その期待値と標準偏差を

8）Shleifer and Vishny (1997) は、裁定の限界をもたらす要因として以下の5つを挙げている。ⅰ裁定取引をしたとしても価格が正しい方向にすぐに修正されるとは限らず、時には価格がさらに裁定業者にとって不利な方向に変動する可能性があること。ⅱ裁定業者の資金に限りがあるため、評価損が累積した場合には反対売買を余儀なくされること。ⅲ裁定業者がプロの投資家として背後に顧客を抱えている場合、評価損が継続すると顧客から資金が引かれてしまうこと。ⅳまだ知られていないファンダメンタルズの情報が株価に反映されている可能性があること。ⅴ価格動向だけを見て取引するノイズトレーダーがさらに価格を歪める可能性があること。

図6-4 正規分布と標準偏差

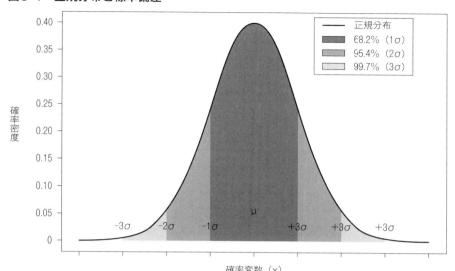

注：確率密度関数は $f(X)=\frac{1}{\sqrt{2\pi^2}}\exp[-\frac{(x-\mu)^2}{2\sigma^2}]$ で表される。

使って将来利益の変動を確率的に表現することができる。

図6-4に示したのは、期待値を0、標準偏差をσとしたときの正規密度分布である[9]。この釣り鐘型の形状の面積は1（100％）である。将来発生する事象の確率を知りたい場合は、X軸上の値の幅に該当するY軸の面積を求めればよい。釣り鐘の横方向の広がりは、分布のばらつきを表現した標準偏差で決まる。正規分布では図で示されるように、期待値±1標準偏差（σ）の範囲の値が実現する確率は68.2％、期待値±2標準偏差の範囲に入る確率は95.4％、期待値±3標準偏差の範囲は99.7％になる。たとえば、ある会社の来期の1株当たりのキャッシュフローが期待値100円、標準偏差10円の正規分布に従う場合、来期の1株当たりキャッシュフローは68.2％の確率で90円から110円の間の値をとり、確率95.4％で80円から120円の間の値をとることを示している。

---

9) 確率変数Xが正規分布に従うとき、その期待値をμ、標準偏差をσとして確率密度関数は $f(X)=\frac{1}{\sqrt{2\pi^2}}\exp\left[-\frac{(x-\mu)^2}{2\sigma^2}\right]$ で表される

では現実の企業を評価するときに、期待キャッシュフローはどう求めるのだろうか。期待キャッシュフローは $E(C)=\sum p_s C_s$ である。ここで p_s は将来 s という状況が発生する確率、C_s は s という状況が発生した場合のキャッシュフローである。企業価値を算出するときは、将来にわたって当該企業の期待キャッシュフローを推定する必要がある。ある企業の価値を推定しようとする場合には、当該企業の属する業界に詳しい専門家やアナリストがさまざまな将来シナリオを考え、p_s と C_s を推定しながら期待キャッシュフローを算出して求める。

次に標準偏差は $\sigma = \sqrt{\sum p_s [C_s - E(C)]^2}$ として求められる。この値についても、推定する必要がある。十分な過去の情報があれば、それらを標本として推定することも考えられるが、ビジネス環境はつねに変化しており、現実には実務をよく知る専門家の判断で推定しながら決定することになる。したがって、現実の企業価値の算定は評価者がどのように期待値と標準偏差を推定するかに大きく依存する。非上場企業の場合は、公開情報が少なく歴史も浅い場合が多いため、こうした推定が難しい場合が多い。

3.2. 証券投資のリスクは標準偏差で測れるのか

上では、投資によって得られるキャッシュフローのリスクをその標準偏差の大きさで捉えて議論した。では証券投資を考える場合、そのリスクはリターンの標準偏差で捉えることができるのだろうか。もしリターンの標準偏差がリスクの大きさを表すのであれば、ハイリスク＝ハイリターンが成立する株式市場では、過去における実現リターンの標準偏差が高い銘柄ほど平均的に高いリターンを示しているはずである。しかし、以下に説明するように株式市場のデータはそうはなっていない。

図 6 - 5 に示すのは、1983年から2023年までの月次の配当込みリターンの平均リターンと標準偏差を銘柄ごとにプロットした散布図である。横軸に標準偏差、縦軸に平均リターンを示している。標準偏差がリスクであるとすれば、ハイリスク＝ハイリターンの関係を反映して標準偏差が高い銘柄ほど平均リターンが高い傾向が見られるはずである。しかしこの散布図からそうした傾向は読み取れない。つまり、リターンの標準偏差は適切なリスク測度となっていない可能性がある。

図6-5 標準偏差と平均リターン

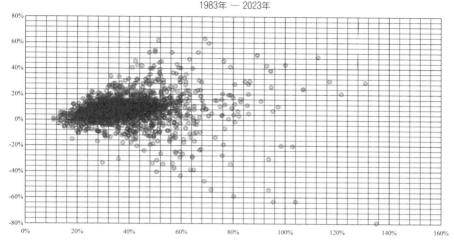

注：2009年9月時点で上場している全銘柄について月次平均リターンと月次標準偏差を算出し散布図としてプロットした。

　ハリー・マーコウィッツは投資家が複数の危険資産に分散投資できることに着眼し、標準偏差では投資家のリスクを測定することができないことを示した。以下では、分散投資の理論について概観し、資産価格評価モデルのパイオニア的存在である資本資産価格決定モデル（capital asset pricing model：CAPM）に沿ってアセットプライシングについて考える。

4. 資本資産価格決定モデル（CAPM）

4.1. リスク分散化の効果

　リターンの標準偏差はその証券のリスクの一面を捉えているが、図6-5で見たように、実際の株式市場ではリターンの標準偏差が高い株式ほど平均的に高いリターンがもたらされているわけではない。これは、高い標準偏差の企業を必ずしも高いリスクをもつと市場が評価していないことを示している。なぜだろうか。これは、標準偏差で表される価格変動のリスクの一部は、他の証券

表6-1　分散投資の例

		リターン		
		傘会社	アイスクリーム会社	ポートフォリオ (傘会社50%、アイスクリーム会社50%)
天候	晴天（確率50%）	-10%	30%	10%
	雨天（確率50%）	40%	-10%	15%
期待リターン		15%	10%	12.5%
リターン標準偏差		25%	20%	2.5%

と組み合わせて保有することで分散化できるからである。リスク分散は次のような簡単な例を考えるとわかりやすい。

　市場に傘を売る会社とアイスクリームを売る会社があるとしよう。表6-1を見てほしい。両社とも天候というリスク要因に直面している。傘を売る会社は、雨が降ると利益を出すが、晴れると赤字になるので、同社の株式リターンは晴れた場合に－10%、雨が降った場合に＋40％となる。簡単化のために雨の降る確率を50%だとすれば、期待リターンは15%となる。他方、アイスクリームを売る会社は、天気が良いと増益、雨が降ると減益となるので、晴れれば株式リターンは30%になるが、雨が降れば－10%となる。アイスクリーム会社の期待リターンは10%と計算できる。さて、この場合、投資家は傘会社とアイスクリーム会社の両方に投資することで、リターンの変動リスクは分散させることができる。どちらも天候という共通のリスク要因を抱えており、雨の日にリターンが高い傘会社と、晴れの日にリターンの高いアイスクリーム会社の両方を保有することで、天気によるリスクを除去できるのである。

　表6-1では、傘会社とアイスクリーム会社を半分ずつ保有するポートフォリオのリターンを計算している。晴天時には＋10%、雨天時には＋15%のポートフォリオリターンになるので、12.5%もの期待リターンが得られる。その一方で、値下がりリスクは完全に除去できている。さらには、リターンの標準偏差は2.5%と両株式の場合に比べて際立って低くなることが表から見て取れる。実際にこの値は、両株式の標準偏差の平均22.5%よりも大幅に小さい。これが分散化の利益である。

　このように個別株式の変動リスクが分散化によって軽減できることを考える

と、個別株式の標準偏差はもはや投資家が負担しなければならないリスクでは
ない。ポートフォリオの形で保有することで、その一部は分散化されてしまう
からである[10]。そしてこうした分散化の効果を考慮するとき、個別証券を保
有する際に投資家が負担しなければならないのは、価格変動リスクのうちの、
分散化できない部分、言い換えれば、自分の保有するポートフォリオと共変動
する部分ということになる。

4.2. 共通の要因に対する感応度（共分散）

表6-1の例の場合、両社の株価リターンを決める共通の要因は天候であっ
た。傘会社の業績は天候と負の相関関係にあり、アイスクリーム会社の業績は
正の相関関係にあった。ここで天候を経済全体の景気と置き換えて考えてみよ
う。

いま、すでに広く分散された株式ポートフォリオを保有している投資家を考
えよう。彼の富は、将来景気が良くなれば株式ポートフォリオが生み出すプラ
スのリターンによって増え、景気が悪化すると減少する。その意味で彼にとっ
てのリスク要因は景気の変動であるから、新たに投資対象を選ぶときには、景
気に対してできるだけ反応が鈍い株式を安全だと評価し、景気に敏感な株式を
リスクが高いと評価する。彼にとってリスクの評価基準は、その投資対象がど
の程度大きな標準偏差をもつかではなく、それがどの程度景気に共変動するか
である。つまり、標準偏差ではなく、景気との「共分散」がリスクを測る尺度
となる。

ファイナンスでは景気全体の動向を反映した危険（リスク）資産ポートフォ
リオとして、マーケットポートフォリオを考える。マーケットポートフォリオ
とは市場に存在するすべてのリスク資産を含んだポートフォリオである[11]。そ
こでは分散化の利益が最大限発揮されるので、1単位のリスク（標準偏差）に

---

10) 第1章補論「標準ファイナンス理論の基礎」では、「卵を1つのカゴに盛るな」という言
　葉で分散化の利益について説明している。傘会社とアイスクリーム会社の事例は各リター
　ンの相関が完全に負（相関係数が−1）のケースであるが、分散投資で得られるリスクの
　減少は相関が完全に正（相関係数が1）の場合以外はどんな銘柄を組み合わせることでも
　一定程度達成することができる。

対して最も高いリスクプレミアムが得られる[12]。その結果、投資家が合理的であればマーケットポートフォリオの形でリスク資産を保有し、株式のリスクを評価する際もマーケットポートフォリオとの共分散で考えることになる[13]。つまり、マーケットポートフォリオとの共分散が大きい銘柄ほど、それを保有することで自分の保有ポートフォリオの変動リスクが増すのでリスクが大きいと評価される。これから議論する資本資産価格決定モデル（CAPM）がリスク指標として提案する市場ベータ (β) ——または、簡単にベータ——は、マーケットポートフォリオのリターンとの共分散によって定義される。

4.3. 資本資産価格決定モデル（CAPM）

第1章補論で説明したように、マーケットポートフォリオとの共分散を用いて定義される市場ベータ (β_i) で個別証券（またはポートフォリオ）i のリスクを測り、そのリスクプレミアムの決定を説明するのが資本資産価格決定モデル（CAPM）である。市場ベータはマーケットポートフォリオとの共分散をマーケットポートフォリオの分散で除したものとして定義される。つまり、証券 i およびマーケットポートフォリオのリターンをそれぞれ、r_i、R_M とし、R_M の標準偏差を σ_M（したがって、分散を σ_M^2）とするとき、市場ベータは、

$$\beta_i = \frac{Cov\,(r_i, R_M)}{\sigma_M^2} \tag{1}$$

---

11) 現実にはマーケットポートフォリオのリターンは測定できず、実証研究においては株価指数で代替することが多い。日本市場において代表的な株価指数としては、東証株価指数（TOPIX）や日経平均株価指数（日経225）がある。ほかにも MSCI が算出する指数やラッセル社が算出する指数がある。マーケットポートフォリオとしてどの指数を用いるかについての決まりはないが、日本市場における実証研究においては TOPIX が用いられることが多い。

12) シャープ・レシオ（Sharpe Ratio）が最大になるようなポートフォリオを指す。本書補論を参照。

13) 合理的投資家は究極的に分散されたマーケットポートフォリオをもち、そのような投資家にとってのリスクは、マーケットポートフォリオとの共分散である。この点をしっかり理解するためには、資本市場線（CML）と証券市場線（SML）についての解説が必要である。気になる読者は本書補論「標準ファイナンス理論の基礎——リスクに対する態度」を参照のこと。

で定義される。したがって、$Cov(r_i, R_M)$ で捉えられる共分散リスクが大きいほど市場ベータ β_i は大きくなる。CAPM では、証券 i のリスクプレミアム $E(r_i) - r_f$（r_f は安全利子率）は、この市場ベータ β_i をマーケットリスクプレミアム $(E(R_M) - r_f)$ に乗じたものとして決まると考える[14]。

$$E(r_i) - r_f = \beta_i [E(R_M) - r_f] \tag{2}$$

　資産価格の変動を引き起こすさまざまな要因があるなかで、分散投資を考慮した市場ベータという1つのリスク指標によって個別資産のリスクプレミアムが説明できることを示したのが CAPM の貢献である。分散投資の方法とその含意を明らかにしたマーコウィッツと、それを応用して CAPM という新視点のアセットプライシングのモデルを開発したウィリアム・シャープは共に1990年にノーベル経済学賞を受賞している[15]。

4.4.　CAPM の説明力

　それでは CAPM は証券市場、とりわけ株式市場における現実のプライシングをどの程度説明しているのだろうか。第1章補論で説明したように、CAPM には多くの前提がある。投資家たちは期待効用を最大にするようにポートフォリオを選択し、リスク証券のリターンの確率分布は平均と分散だけで記述される。いわゆる完全市場の前提が成り立っており、取引コストや情報の不完全性はない。もちろん、こうした前提条件を無条件に受け入れることはできないにせよ、CAPM が主張する市場ベータと資産価格の期待リターンの関係は、マーケットにおけるハイリスク＝ハイリターンの関係をいくらかでも説明するのであろうか。

　図6-6は、1963年から1990年までの米国株のベータ別ポートフォリオの平

---

14)　詳しい導出については第1章補論を参照。

15)　資本資産価格決定モデル（CAPM）はウィリアム・シャープが最初に考案したとされノーベル経済学賞を受賞しているが、ジョン・リントナー（John Lintner）、ジャック・トレイナー（Jack Treynor）による貢献も大きい。

図6-6 米国株におけるベータ別ポートフォリオの月次平均リターン
1963年7月～1990年12月

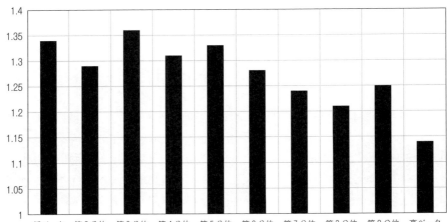

注：Fama and French (1993) より筆者作成。1963年から1990年までの期間において、毎月、過去データから推定したベータによって全銘柄を10分位にランキングする。こうして組成された10分位ポートフォリオは、翌年6月末に再計算されるベータの値にもとづいてリバランスされる。ベータの推定は過去5年（60カ月）の月次リターンを用いて行う。各分位ポートフォリオは時価総額加重平均法を用いてリターンが計算され、この値を、期間を通じて平均することで月次平均リターンが算出される。横軸は推定ベータによる分位、縦軸は平均月次リターン（%）である。

均リターンを示している。ベータの推定は過去5年間の月次リターンを用いて行い、年に1回ポートフォリオのリバランスを行っている。たとえば、1963年時点に上場銘柄が全部で1,000銘柄あったとしよう。全銘柄のその時点のベータ値を過去5年の月次リターン（60カ月の観察リターン）から推定し、それを軸にランキングを行う。そして、1つの分位に100銘柄ずつ入った計10分位に分ける。分位ポートフォリオのリターンを1年間観察し、翌年には同様の手続きで再度ベータを推定し、その値を軸に10分位に分ける。こうしてベータを軸に毎年更新される分位ポートフォリオを継続保有した平均リターンを比べたのがこの図である。現実の株式市場が高いベータほど（リスクが高いので）高いリターンをもたらすのであれば、棒グラフは右に行くほど高くなっているべきである。しかし、このCAPMの予測に反して、高いベータ値の分位ポートフォリオが必ずしも高い平均リターンを示すわけではない。むしろ、市場ベ

ータが高いポートフォリオほど、低い平均リターンが観察されており、理論的予測とはまったく異なる結果を示すのである。

CAPM という均衡理論モデルが現実の市場価格をうまく説明できていない理由として、いくつかの理由が列挙できる。1つには前提条件が現実的ではないという理由が挙げられるだろう。また、過去データから推定される期待リターンや、共分散、ベータの推定誤差が大きい可能性もある。

この問題解決の方向として、正確にリスクを表現する資産価格決定モデルを開発していこうとする方向と、意思決定主体である投資家の合理性を再検証し、人間のバイアスやそれによってもたらされる行動からモデルを考えようとする2つの方向性が存在する。前者は「標準ファイナンス」の立場であり、後者が「行動ファイナンス」の立場であるということができる。

5. ファーマ＝フレンチ 3 ファクターモデル

5.1. 規模・簿価時価比率の違いと株式リターン

1992年と1993年にユージーン・ファーマとケネス・フレンチは、1990年代に最も権威あるファイナンスの専門雑誌の中で引用回数が最大となった論文を発表した。両論文で彼らは、過去の銘柄間の株式リターンの差が CAPM の市場ベータではなく、規模（時価総額）と簿価時価比率の違いによって相当程度説明できることを示している。その根拠となったデータを詳細に見ていこう。

表 6 - 2 は、ファーマらが1963〜1990年における米国の全上場銘柄の株式を、規模（パネル A）、市場ベータ（パネル B）、簿価時価比率（パネル C）という3つの基準で毎年12のクラスにソートし、ソートされた分位ポートフォリオの標本期間における平均的な特性を要約したものである。パネル B では、各年の直近5年のリターンデータから事前に推定された値によって銘柄がソートされている。12クラスにソートするにあたっては、まず全銘柄を各規準によって10分位に階層化し、第1分位と第10分位をさらに2分位にソートしてそれぞれ階層 1 A、1 B および階層10A、10B としている。

各パネルには、標本期間における各分位の平均月次リターン、市場ベータ

表6-2 規模・市場ベータ・簿価時価比率別のポートフォリオの月次リターン（%）

	パネルA（規模でソートした場合）											
	1A	!B	2	3	4	5	6	7	8	9	10-A	10-B
月次平均収益率	1.64	1.16	1.29	1.24	1.25	1.29	1.17	1.07	1.10	0.95	0.88	0.90
β	1.44	1.44	1.39	1.34	1.33	1.24	1.22	1.16	1.08	1.02	0.95	0.90
規模（対数）	1.98	3.18	3.63	4.10	4.50	4.89	5.30	5.73	6.24	6.82	7.39	8.44
簿価時価比率（対数）	-0.01	-0.21	-0.23	-0.26	-0.32	-0.36	-0.36	-0.44	-0.40	-0.42	-0.51	-0.65
	パネルB（事前に推定するβでソートした場合）											
	1A	!B	2	3	4	5	6	7	8	9	10-A	10-B
月次平均収益率	1.20	1.20	1.32	1.26	1.31	1.30	1.30	1.23	1.23	1.33	1.34	1.18
β	0.81	0.79	0.92	1.04	1.13	1.19	1.26	1.32	1.41	1.52	1.63	1.73
規模（対数）	4.21	4.86	4.75	4.68	4.59	4.48	4.36	4.25	3.97	3.78	3.52	3.15
簿価時価比率（対数）	-0.18	-0.13	-0.22	-0.21	-0.23	-0.22	-0.22	-0.25	-0.25	-0.27	-0.31	-0.50
	パネルC（簿価時価比率でソートした場合）											
	1A	!B	2	3	4	5	6	7	8	9	10-A	10-B
月次平均収益率	0.30	0.67	0.87	0.97	1.04	1.17	1.30	1.44	1.50	1.59	1.92	1.83
β	1.36	1.34	1.32	1.30	1.28	1.27	1.27	1.27	1.27	1.29	1.33	1.35
規模（対数）	4.53	4.67	4.69	4.56	4.47	4.38	4.23	4.06	3.85	3.51	3.06	2.65
簿価時価比率（対数）	-2.22	-1.51	-1.09	-0.75	-0.51	-0.32	-0.14	0.03	0.21	0.42	0.66	1.02

注：Fama and French (1993) より筆者作成。表は毎年6月末の時価総額にもとづいて10分位に分割し、第1分位と第10分位を2つに分けて12分類としたものである。パネルAは、規模別のリターンを計算したものである。計算方法は、企業規模で12分類し、毎年6月末の時価総額で全銘柄をランキングし、12個の分位ポートフォリオを組成する。この分位ポートフォリオは翌年6月にリバランスされる。パネルBはベータ別の分位ポートフォリオのリターンを示したものである。全企業のベータを過去5年（60カ月）の月次データにもとづいて事前に推定し、推定ベータ値にもとづいて12分類する。この12の分位ポートフォリオは、翌年6月末において再推定されたベータでリバランスする。パネルCは、簿価時価比率にリターンを計算したものである。毎年6月末の簿価時価比率に基づいて12分類し、翌年6月末において、再度簿価時価比率を計算してリバランスする。すべての分位ポートフォリオは分位内で時価総額加重平均リターンが計算される。表の値は1963年7月から1990年12月までの平均月次リターンである。

（β）、規模（時価総額の対数値）、および簿価時価比率（対数値）が記載されている。定義からの帰結として、パネルAでは規模の値が、パネルCでは簿価時価比率の値が昇順に並んでいる。パネルBでも、ベータ値の期間平均は事前ベータによる分位に従って大きくなっている。

　各パネルの月次平均収益率を見てほしい。標本期間における株式リターンは、規模が小さい分位ほど（パネルA）、そして簿価時価比率が高い分位ほど（パネルC）高くなる傾向が見て取れる。その一方で、パネルBは、ベータ値によってソートされた分位間で、月次平均収益率はほぼフラットであり、市場ベ

ータが平均リターンに影響していないことがわかる。

　もちろん、各パネルでソートに用いた基準以外のファクターの影響を拾っていることを疑う必要があるものの、その可能性は小さい。たとえば、パネルAからわかるように、小さな企業規模に対応する分位ポートフォリオほどベータ値が平均的に高くなっているので、規模による平均月次収益率の差がベータ値の違いを反映しているとも考えられる。しかしながら、パネルBの結果は、ベータ値の差がリターンの違いを説明しないことが示されている。また、パネルAからは、大きな規模に対応する分位ポートフォリオほど簿価時価比率が低くなる傾向が、パネルCからは、高い簿価時価比率の分位ポートフォリオほど規模が小さくなる傾向が読み取れるが、これらの相関性はそれほど強いものではない。

　要約すると、株式リターンの銘柄間の違いは企業規模と簿価時価比率の違いで相当程度説明され、CAPMの市場ベータだけでそれを説明することは難しいと考えられる。

5.2. 解釈

　この実証結果は何を意味しているのだろうか。そもそも合理的な投資家はリスクに対してリスクプレミアムを求める。理論的には高ベータ＝高リスクなので、高いベータをもつポートフォリオは平均的にリターンが高くてしかるべきである。しかしこれまでの実証研究から、現実の証券価格のリターンの変動はベータでは説明できず、企業規模と簿価時価比率がよく説明することが明らかになった。この現象については2通りの解釈が可能である。

　1つは投資家の合理性を前提とした解釈である。つまり、平均的な株式リターンが企業規模と負の相関関係にあるのは、規模の小さい企業ほどリスクが高いからと考える。中小企業の社債が、大企業の社債に比較して高利回りであるのと同様に、単純に小規模であることがリスクだという解釈である。CAPMでは証券のリターンを平均と分散（または標準偏差）という2次元で考えて市場ベータを考案しているが、企業規模が捉えている証券のリスクが、現実の株式リターンの分散や共分散によって表されない性質のものであれば、リスクプレミアムの決定要因として企業規模が追加されなければならない。

同じ意味で、簿価時価比率も CAPM では捉えられていないリスク要因と考えられる。直感的にはこれは次のようなリスクを表現している。大きな資産を抱え込んでいる装置産業などは簿価時価比率が高い傾向にある。こうした企業群は、景気の悪化に伴って不稼働資産をもつことになり、設備をあまりもたない企業に比較するとリスクが高いと考えることができる。こうした企業を堕ちた天使（fallen angel）だと呼ぶ研究者もいる。つまり、昔日には一世を風靡した産業にあった企業群が、その後の衰退時期において巨大な設備を抱えたまま株価が簿価に比べて割安に放置される。成長が見込めないこのような企業の株式を保有することはリスクが高いといえるだろう。

　もう1つの解釈として、投資家が非合理的に振る舞っているからだと考えることもできる。投資家はなんらかの理由で規模が小さい企業を過小にしか評価できておらず、結果として小規模な企業群は平均的に高いリターンを示す。同様に、今後の見通しが悪い簿価時価比率の高い企業が投資家から過小評価されていると考える。

　ファーマとフレンチは、規模と簿価時価比率がなんらかのリスクを反映したリスクファクターと考え、マーケットファクターを加えた計3つのファクターでリスクを捉える資産価格決定モデルを提案している。これがファーマ＝フレンチ3ファクターモデル（FF3）である。

5.3.　3ファクターモデルにおけるプライシング

　前節では、ファーマとフレンチの議論に沿って、規模と簿価時価比率によって株式リターンがどのように異なってくるかを見た。彼らはリスクファクターの候補として、1株利益に対する価格（E/P）とレバレッジについても検証しているが、結論からいえば、E/P とレバレッジのそれぞれ単独でソートしたときには平均リターンに差が出るが、規模と簿価時価比率を同時に説明変数に入れると、これら影響は消滅してしまう。そこで彼らは、個別銘柄の株式リターンが、マーケットリターン、企業規模ファクター、簿価時価比率ファクターの3つのリスクファクターによって生成されるとする以下の3ファクターモデルを提唱する[16]。

$$r_i = \alpha_i + \beta_i(r_m - r_f) + \gamma_i SMB + \delta_i HML + \varepsilon_i \tag{3}$$

ここで、SMB は規模ファクターを表し、small minus big、つまり小規模企業群と大規模企業群のリターン差によって定量化される。簿価時価比率ファクターHML は、high minus low、つまり高簿価時価比率企業群のリターン－低簿価比率企業群のリターンとして定量化される。

　CAPM でリスクをマーケットに対するエクスポージャー（つまり市場ベータ）によって測ったように、ここでは、証券のリスクを3ファクターに対するエクスポージャーβ_i、γ_i、および δ_i によって捉える。各証券のリスクプレミアムは次式に示すように、3つのエクスポージャーβ_i、γ_i、δ_i を、対応するリスク価格、$E(r_m) - r_f$、λ_{SMB}、λ_{HML} でそれぞれ評価して合計した水準に決まる。

$$E(r_i) - r_f = \beta_i(E(r_m) - r_f) + \gamma_i \lambda_{SMB} + \delta_i \lambda_{HML} \tag{4}$$

λ_{SMB} と λ_{HML} は、それぞれファクターSMB、HML に対して感応度1で反応するポートフォリオのリスクプレミアムである。

　3ファクターモデルはその登場以降、CAPM の説明力の弱さを補うアセットプライシングのモデルとして実証研究の標準モデルとなっている。ただ、CAPM が均衡モデルから導出された関係であるのに対して、ファーマ＝フレンチの3ファクターモデルは、小型株効果とバリュー株（割安株）効果という経験的な事実から帰納的に導かれたモデルに過ぎない。ファーマらは、これが標準ファイナンスにおける CAPM の後継モデルだと主張し、実際に追加された2つの変数はリスクファクターとして認定されている感がある。しかし、それがなぜリスクファクターとして機能するのかを説明する理論モデルが提出さ

16）　規模ファクターと簿価時価比率ファクターは教科書によって複数の呼称があるため整理しておこう。規模ファクターはサイズファクター、小型株ファクター、小型ファクターと呼ばれる。簿価時価比率ファクターは、バリューファクター、バリュー株ファクター、割安株ファクターと呼ばれる。また、簿価時価比率が低いことを、成長株、グロース株と呼ぶこともある。呼称が統一されていないため、注意してほしい。

れているわけではない。事実、本章の補論で触れるように、簿価時価比率や企業規模が、たとえば自信過剰によるミスプライシングの影響を拾っている可能性なども指摘されている。第8章では、さらに3ファクターモデルの拡張版について議論していくが、新しく提案される「ファクター」が効率的な価格形成を反映したリスクファクターなのか、投資家の限定合理性に起因したミスプライシングなのかは明確でないので、注意して考えていく必要がある。

6. おわりに

本章では効率的市場仮説を中心として、合理的市場における価格形成について議論した。実際には合理的市場では生じえないような株価形成が見られる一方で、一見、非効率的に見えるそのような現象を利用して超過利潤を得ることは難しい。裁定の限界があるためである。市場が効率的なのか否かという議論はいまだ決着がついておらず、効率的だと考えるグループと非効率的だと考えるグループが存在する。ただ、メカニズムは未解明ながら企業規模や簿価時価比率のように比較的頑健に株式リターンに影響を与える要因は厳然と存在している。その一部をリスクファクターとして認定し、CAPMの説明力の弱さを補うべく開発されたのがファーマ＝フレンチの3ファクターモデル（FF3）である。

資本資産価格決定モデル（CAPM）は、合理的投資家と完全市場を前提とした非現実的な仮定のもとで均衡価格の決定を記述する理論モデルである。FF3にはこうした理論的な裏付けはないものの、高い説明力を背景に、CAPMを後継する標準モデルとしてその後の実証研究の出発点となっている。第8章では、FF3を起点としながらFF3では説明できない要因を探し当てることで新しい資産価格決定モデルの可能性を考える。

コラム6-1　世界のマーケットリスクプレミアム

　CAPMでは、市場ベータで測られるリスクをマーケットポートフォリオの
リスクプレミアム——マーケットリスクプレミアム——で評価することで個
別銘柄のリスクプレミアムが計算される。しかしそのマーケットリスクプレ
ミアムは、過去のどの標本期間から推定するかによって大きく異なってくる
ことが知られている。

　表6C-1に示すのは、3つの標本期間で推定した各国の実質株式リターン、
実質短期国債リターン、インフレ率、株式リスクプレミアムの推定値である。

表6C-1　主要国株式・債券の期間別実質年率リターン

	実質（インフレ調整後）の各種資産年率リターン			（単位：％）	
	期間	実質株式リターン	実質短期国債リターン	インフレ率	株式リスクプレミアム
オーストラリア	2000-2009	5.5	2.2	3.2	3.3
	1990-1999	9.0	5.1	2.3	3.9
	1900-2009	7.5	0.7	3.9	6.8
カナダ	2000-2009	3.5	1.0	2.1	2.5
	1990-1999	8.3	4.3	2.1	4.0
	1900-2009	5.8	1.6	3.1	4.2
フランス	2000-2009	-1.8	1.5	1.7	-3.3
	1990-1999	12.3	4.7	1.9	7.6
	1900-2009	3.1	-2.8	7.3	5.9
ドイツ	2000-2009	-2.5	1.6	1.6	-4.1
	1990-1999	9.9	3.5	2.4	6.4
	1900-2009	3.0	-2.4	4.8	5.4
UK	2000-2009	-1.0	1.6	2.7	-2.6
	1990-1999	11.2	4.4	3.5	6.8
	1900-2009	5.3	1.0	3.9	4.3
米国	2000-2009	-2.7	0.2	2.5	-2.9
	1990-1999	14.2	1.9	3.5	12.3
	1900-2009	6.2	0.9	3.9	5.3
日本	2000-2009	-4.8	0.5	-0.3	-5.3
	1990-1999	-5.2	1.8	1.1	-7.0
	1900-2009	3.8	-1.9	7.1	5.7

注：Dimson et al. (2013) より筆者作成。

推定期間として、IT バブル期から金融危機直後に当たる2000年から2009年までの10年間、日本のバブル経済崩壊以後1990年から1999年までの10年間、および1900～2009年までの110年間をとっている。実質株式リターンは、株式平均リターンからインフレ率を調整したもの。実質短期国債リターンも短期国債保有利回りをインフレ率で調整したものである。また、株式リスクプレミアムは、実質株式リターンから実質短期国債リターンを控除したものである。

　ここからわかるように、マーケットリスクプレミアムの推定値は、どの国においても標本期間によって大きく異なる。たとえば、日本の場合、長期（110年間）の標本期間でこそ5.7％とリーズナブルな値になるが、バブル経済崩壊直後の1990年から2009年の金融危機時までの20年間でマーケットリスクプレミアムを推定した場合、－7.0％と大きく負の値となっている。この値をCAPM に代入して個別銘柄のリスクプレミアムを算定するとどれもマイナスの値をとることになってしまう。

　実際に企業の資本コストや株式期待リターンを推定したい場合、どの期間で推定されたマーケットリスクプレミアムを用いるかについて定められた方法はなく、多くの場合、証券アナリストやエコノミストへのアンケート調査をもとにしたマーケットリスクプレミアムを参考にするのが実情である。世界の資本市場でベンチマークとなるマーケットリスクプレミアムについては、第5章でも利用したニューヨーク大学のアスワス・デモダラン（Aswath Damodaran）が毎年公表しているものが参考になる。

第6章 効率的市場仮説と合理的アセットプライシング　383

コラム6-2　日本株における規模効果と割安株効果

　フレンチは自身のホームページで企業規模や簿価時価比率などに関連するデータを公開しており、誰でも無料で手に入れることができる[17]。日本株のファクターポートフォリオについても1990年からデータがあるので、興味のある読者はデータを取得してみるとよいだろう。

　フレンチは米国投資家の立場に立って日本株投資リターンをドル建てで公開している。したがって、無リスク利子率は米国財務省債券の利回りを使っている。ここで扱う銘柄は、MSCIに採用されているものを中心にフレンチが選択しているが、構成銘柄の詳細は公表されていない。東証株価指数（TOPIX）や日経225をマーケットポートフォリオとして計算していないので、参考にする場合は留意が必要である。SMBとHMLのファクターリターンの計算は以下の手順で行っている。まず、全体を規模で2分割する。規模で2分割する場合は、時価総額を降順に並べ、上位10％を大型株、下位10％を小型株として、それ以外の銘柄については計算しない。次に、簿価時価比率を用いて、それぞれのポートフォリオの銘柄群を降順に並べ、上から30％までを割安株、30-70％までを中間的株式、70-100％を成長株と定義して3分割する。この作業を毎年繰り返すことで、規模と簿価時価比率で分割された6つのポートフォリオを年次リバランスし、それぞれの時系列リターンを観察する。ポートフォリオリターンは等加重平均（単純平均、EW）を使って計算している。

　図6C-1は、6つのポートフォリオの中から、規模が小さいグループの銘柄でかつ簿価時価比率が高い銘柄群（小型割安株）と、規模が大きい銘柄の中でかつ簿価時価比率が低い銘柄群（大型成長株）だけを取り出して、市場全体（market）と時系列リターンを比較した図である。グラフの描画は、1990年7月に100をそれぞれのポートフォリオに投資したと仮定し、その後の金額推移を表している。グラフから、小型割安株への投資が高い累積リターンを獲得しているのに対し、同期間における大型成長株への投資は、長い間元本割れしていることがわかる。市場全体の動向を表すマーケットポートフォリオ（「Market」）との比較から、大型成長株への投資は市場を大きくアン

---

17) http://mba.tuck.dartmouth.edu/pages/faculty/ken.french/data_library.html#Developed

図6C-1　日本市場の小型割安株と大型成長株の累積リターン

1990年7月〜2019年12月

………… 小型割安株　　---- 大型成長株　　――― Market

注：1990年7月に小型割安株（点線）、大型成長株（破線）、市場ポートフォリオにそれぞれ100ずつ投資したと仮定した場合のポートフォリオの価値推移を表す。小型株は全体のうち時価総額下位10%を指し、大型株は上位10%を指す。小型割安株は小型株のうち、簿価時価比率で上位30%に入る銘柄で構成されている。大型成長株は大型株のうち簿価時価比率で下位30%に入る銘柄からなる。リターンは等加重平均で算出している。

ダーパフォームすることがわかる。

　図6C-2は、6つのポートフォリオのうち、簿価時価比率で中間的株式と分類された銘柄以外の時系列パフォーマンスを示したものである。それらは、小型割安株、小型株の中でも簿価時価比率が下位30%に入る小型成長株、大型株の中でも簿価時価比率が上位30%に入る大型割安株、および大型成長株の4つである。この4つの比較から、小型割安株と大型割安株のパフォーマンスが高く、小型成長株と大型成長株のパフォーマンスは相対的に低い。このことから、日本市場においては、規模効果の影響よりもバリュー効果の影響の方が大きいことがわかる。

図6C-2 規模効果と割安株効果の比較

1990年7月～2019年12月

凡例: 小型割安株 / 小型成長株 / 大型割安株 / 大型成長株

注：小型割安株と大型成長株については、図6C-1と同じ。小型成長株は小型株のうち簿価時価比率で下位30%に入る銘柄からなり、大型割安株は大型株のうち簿価時価比率で上位30%に入る銘柄で構成されている。

コラム6-3　イベントスタディ

　イベントスタディはファイナンスの実証研究においてよく利用される方法である。イベントスタディの手法は1930年代から存在するが、1968年にレイ・ボールとフィリップ・ブラウン（Ray Ball and Phillipe Brown）や1969年にファーマ他（Fama et al.）が用いた手法が現在のイベントスタディの原型となっている[18]。ここでは、その手続きを簡単に説明しておこう。読者が自らイベントスタディを活用してなんらかのイベントの効果を検証する際に役立つはずである。図6C-3を参照いただきたい。

図6C-3　イベントスタディのタイムライン

　まず分析したいイベントが発生した時点の前後において観察する期間（イベントウィンドウ，（T_1からT_2））を定める。たとえば、業績発表をイベントと考え、業績発表によって株価リターンがどのように変化するかを見たい場合、イベント日である業績発表日を挟む前後の数日間をイベントウィンドウと定める。イベントによって超過リターンが生じたかどうかの検証をこの期間について見ていく。

　イベント発生以前の対象企業の通常のリターンを計測するために、イベントウィンドウより前に推定ウィンドウ（T_0からT_1）を設定する。この期間に利用可能な情報にもとづいて、イベントの影響がない場合の証券の期待リターンが計測される。期待リターンの推定にCAPMやFF3などのモデルを使う場合、モデルパラメーター（たとえば、市場ベータ）の推定が行われるのもこの期間である。場合によっては、イベントウィンドウを超えたポストイ

---

[18] Ball and Brown (1968)、Fama et al. (1969) を参照。

ベントウィンドウで株価動向を分析する場合もあるが、ポストイベントウィンドウの期間が長ければ長いほどイベント以外に株式リターンに影響するさまざまな要因が発生するので、長期の観察にもとづいた結果を解釈する場合には注意が必要である。ここでは推定ウィンドウ、イベントウィンドウ、ポストイベントウィンドウの日数をそれぞれL_1、L_2、L_3としている。

標本企業の収集

　分析対象となるイベントに関連する標本企業のデータを収集する。その際、たとえば「業績発表」というイベントの効果を見たい場合、その効果を純粋に見るために標本企業がイベント日周辺で他のニュースの影響を受けていないかを調査する必要がある。業績発表に近いタイミングで、たとえば「株式分割」などの企業アクションを起こした企業は、業績発表の純粋な効果が観察できないために標本から除外するべきである。このようにイベントスタディでは、リターンに影響を与えうる要因がほかに存在しないことを確認しながら標本を集める。このような標本をクリーンサンプル（clean sample）という。

　クリーンサンプルをそろえることができれば、次に、それらの平均超過リターンを計測する。証券iのt期における超過リターン（AR_{it}）は、観測リターンから期待リターンを控除したものとして、

$$AR_{it} = R_{it} - E(R_{it}|X_t) \qquad (6\,C\text{-}1)$$

と定義される。ここで、R_{it}は証券iのt期における観察リターン、$E(R_{it}|X_t)$は情報X_tを条件としたときの期待リターンである。期待リターンの推計は、リターンの生成モデルとしてどのようなものを考えるかによって変わってくる。期待リターンを最も簡便に求める方法は平均リターンモデル、すなわち、推定ウィンドウに観察されるリターンデータの単純平均をその証券の期待リターンと仮定する方法であるが[19]、近年ではあまり用いられない方法なので、本コラムでは、マーケットモデルを使った方法を説明する。

___

19）Brown and Warner(1980) を参照。

マーケットモデル（Market Model）

マーケットモデルでは、リターン R_{it} が以下のプロセスによって生成されると仮定する。

$$R_{it} = \alpha_i + \beta_i R_{mt} + \varepsilon_{it}$$
$$E(\varepsilon_{it}) = 0, \quad Var(\varepsilon_{it}) = \sigma_\varepsilon^2 \qquad (6C\text{-}2)$$

ただし、R_{mt} は t 期のマーケットリターンである。

マーケットモデルを用いた実証研究の多くは、マーケットリターンに株価指数（米国であれば S&P500 種平均やシカゴ大学が提供する CRSP 時価総額加重平均指数、CRSP 単純平均指数、日本であれば TOPIX や日経 225 株価指数）を用いる。

超過リターンの期待値と分散

クリーンサンプルとなっている各銘柄のリターン R_{it} とマーケットリターン R_{mt} の推定ウィンドウにおける時系列データからマーケットモデルを推定する。そこで得られた係数パラメーターの推定値 $\hat{\alpha}$、$\hat{\beta}$ を用いてイベントウィンドウ期間における期待リターンを算出する。イベント日 t における証券 i の超過リターン AR_{it} は、それを実現リターン R_{it} から差し引くことで以下のように算出される。

$$AR_{it} = R_{i\tau} - \hat{\alpha}_i - \hat{\beta}_i R_{mt} \qquad (6C\text{-}3)$$

イベントスタディの目的は、特定のイベントが株式価値に有意な影響を与えたかどうかを調べることにあるので、イベントがあっても超過リターンは観察されないこと、つまり、H_0：「超過リターンはゼロ」を棄却したい帰無仮説とし、多くの場合 H_1：「超過リターンがゼロではない」を対立仮説として両側検定を行う。

$$H_o:\quad E(AR_{it}) = 0 \qquad (6C\text{-}4)$$
$$H_1:\quad E(AR_{it}) \neq 0 \qquad (6C\text{-}5)$$

標本数が n 社の場合のイベント日における超過リターンの検定手順

ここで、クリーンサンプルとして n 社のサンプルを用意したときのイベントスタディの手順について説明する。各標本について（3）式にもとづいて計算した超過リターンからイベント日 t の平均超過リターン (AAR_t) を求める。

$$AAR_t = \frac{1}{n}\sum_{i=1}^{n}AR_{it} \qquad （6\,\text{C-}6）$$

ここで、超過リターン (AR_{it}) は時点 t において各証券とも独立だと仮定し、各証券の超過リターンの分散はどの時点においても一定だと仮定すると、時点 t におけるクロスセクションの不偏分散 $\sigma^2(AR_t)$ は（7）式のように推定される。

$$\hat{\sigma}^2(AR_t) = \frac{1}{n-1}\sum_{i=1}^{n}(AR_{it})^2 \qquad （6\,\text{C-}7）$$

（7）式に示す超過リターンの分散にはパラメータ $\hat{\alpha}_i$ と $\hat{\beta}_i$ の推定誤差が含まれているが、推定ウィンドウにおける日数 (L_1) を長く確保することにより無視できる。このためイベントスタディを実施する場合には概して200日程度の推定ウィンドウ $(L_1=200)$ を構えることが多い。
ここで帰無仮説 $H_0:AAR_t=0$ を検定する標準誤差（SE）は（8）式に示すように、クロスセクションの不偏分散を標本数で割って求める。

$$SE(AAR_t) = \sqrt{\frac{\hat{\sigma}^2(AR_t)}{n}} \qquad （6\,\text{C-}8）$$

である。したがって、帰無仮説を検定する t 統計量は、

$$t(AAR_t) = \frac{AAR_t}{\sqrt{\dfrac{\hat{\sigma}^2(AR_t)}{n}}} \qquad （6\,\text{C-}9）$$

となる。こうして（8）式の標準誤差を使って検定することが可能となるためには、標本企業間の分散が同じであり、企業間で超過リターン (AR_{it}) が独

立であるということ、また、イベントがすべての企業に同じように影響を与えるという条件を満たしていなければならない。そこで、標本企業間で分散の異質性が存在し個別のリスクを考慮したい場合は、マーケットモデルの残差2乗誤差を使って標準誤差を計算する方法もあるので、以下に紹介しておこう。この方法は、各企業の固有リスクを考慮しているため分散の推定が精緻であり、かつ、推定期間が長いため分散の推定が外れ値に影響を受けにくいというメリットがある。

まず、クリーンサンプルとなっている各銘柄の推定期間のリターン R_{it} をマーケットリターン R_{mt} で回帰し、その際に得られる残差 e_i の分散（MSE）を（10）式に従って企業ごとに算出する。

$$MSE_i = \frac{1}{L_1 - 2} \sum_{t=T_0}^{T_1} e_i^2 \qquad (6\text{C-}10)$$

推定期間の自由度を計算する際に $L_1 - 2$ を使用する理由はマーケットモデルのパラメータ α_i と β_i を推定する際に2つの自由度を消費するからである。ここで、イベント期間中の AR_{it} の分散は推定期間中の残差分散と等しい、すなわち $Var(AR_i) = MSE_i$ と考えると、帰無仮説 $H_0 : AAR_t = 0$ を検定する標準誤差（SE）は（11）式のとおりとなる。

$$SE(AAR_t) = \sqrt{\frac{1}{n^2} \sum_{i=1}^{n} MSE_i} \qquad (6\text{C-}11)$$

イベント日が複数日にまたがる場合の累積超過リターンの検定手順

イベントスタディにおいては、ある一定期間の超過リターンを累積した累積超過リターン（CAR）で計測することが多い。たとえば、業績発表の効果を測定する場合には、発表日以降、任意の長くなりすぎない期間（3日間から5日間程度、$L_2 = 3 \sim 5$）を選択し、その期間の超過リターンを累積した値を検定する。ここでは、標本数 n 社の累積平均超過リターン（cumulative average abnormal return：CAAR）の検定手順を述べる。棄却したい帰無仮説

は累積超過リターンが観察されないこと、つまり、H_0：「累積平均超過リターン（CAAR）はゼロ」であり、対立仮説は$H1$：「累積平均超過リターン（CAAR）はゼロではない」である。

まず、（6）式で計算した平均超過リターンを（12）式に示すようにイベントウィンドウの期間分を累積して累積平均超過リターンを求める。3日間のイベントウィンドウを設定していれば、3日分の超過リターンを合計するのである。

$$CAAR_{T_1 T_2} = \sum_{t=T_1}^{T_2} AAR_t \qquad （6 C\text{-}12）$$

ここで、イベントウィンドウ内の各日における AAR_t が互いに独立で、同じ分散をもつと仮定すると、帰無仮説 $H_0 : CAAR_{T_1 T_2} = 0$ を検定するための標準誤差は（13）式に示すとおりである。

$$SE(CAAR_{T_1 T_2}) = \sqrt{L_2} \cdot SE(AAR_t) \qquad （6 C\text{-}13）$$

ここで帰無仮説 $H_0 : CAAR_{T_1 T_2} = 0$ を検定する t 統計量は（14）式で求めることができる。

$$t(CAAR_{T_1 T_2}) = \frac{\sum_{t=T_1}^{T_2} AAR_t}{\sqrt{L_2} \cdot SE(AAR_t)} \qquad （6 C\text{-}14）$$

補論 6-1　行動資本資産価格決定モデル

　第 1 章補論と本章の資本資産価格決定モデル（CAPM）のところで説明したように、標準的なファイナンス理論によれば、リスク資産の市場価格は市場ベータで測られるリスクの大きさに応じて決定される。それでは、これまで議論してきた判断や選好上のバイアスはこうした証券価格の決定にどのような影響を及ぼすだろうか。ここではプロスペクト理論的選好、後悔回避、曖昧さ回避、自信過剰という行動経済学的な視点から投資家行動を取り上げ、それが証券市場の価格決定というマーケット現象にどのような影響を及ぼすのかを、標準理論である CAPM と対照させながら整理していきたい。

　概略的にいえば、なんらかの行動バイアス b をもつ投資家が市場にいる場合、リスク資産 j のリスクプレミアム（$E(R_j) - R_f$）は、以下のように CAPM の証券市場線で予測される水準からある大きさ——アルファ α_j^b ——だけ乖離することが考えられる。

$$E(R_j) - R_f = \alpha_j^b + \beta_j\{E(R_m) - R_f\}, \quad j = 1, \cdots, J. \qquad （6\,\mathrm{H}\text{-}1）$$

ここで、m は市場ポートフォリオを表し、β_j は資産 j の市場ベータである。この「行動アルファ α_j^b」が入った、いわば行動資本資産価格決定モデル（behavioral capital asset pricing model：BCAPM）を行動バイアスの原因ごとに説明するのが本補論のテーマである。

　本補論では、まず次節で行動バイアス b の原因を特定しない一般的な形で上式（6\,H-1）を導く。そのあとの節で、行動バイアスを引き起こす原因が、（1）プロスペクト理論的選好、（2）後悔回避、（3）曖昧さ回避、（4）自信過剰で

ある各場合を順に取り上げ、実証的なインプリケーションを要約していく。

　このようにさまざまな行動バイアスの影響を行動アルファα_j^b の形で統一的に議論していくにあたって、「行動バイアス」の意味について注意しておきたい。「バイアス」という言葉は普通「合理的な判断からのシステマティックな誤りや偏り」という意味で用いられるが、本補論では「行動バイアス」を「標準的なファイナンス理論で前提される投資行動と比較した場合の違い（偏り）」というもっと広い意味で用いる。したがって、これまでの各章で見てきたような合理的な判断や行動からの外れは当然ここでも「行動バイアス」に含まれる。それだけではなく、標準的なファイナンス理論で前提されないようなファクター———たとえばリターンの確率分布の曖昧さ、後悔を回避する投資家の性向など———によって引き起こされる行動の変化も、たとえそれが合理的な行動であ・・ってもここでは「行動バイアス」と捉える。

　たとえば、プロスペクト理論的な判断や自信過剰は合理的な確率判断からのシステマティックな誤りをもたらすので、それに起因する「行動バイアス」は投資行動を誤らせる。それが株価のミスプライシングを引き起こし、無制限の裁定が可能でないかぎり行動アルファα_j^b を生じさせるかもしれない。また別の例として、株式リターンの分布に曖昧さ（不確実性）がある場合、その曖昧さを嫌う投資家たちは、その株式を（合理的に）低く評価し高いプレミアムを要求するだろう。それが行動アルファα_j^b をもたらすかもしれない。本補論ではこのように、非合理的なミスプライシングに起因する期待リターンの変化であれ、なんらかのリスクファクターへの合理的対応による期待リターンの変化であれ、同じように行動アルファとして捉える。それによって、心理学や行動経済学で捉えられてきたさまざまな要因が標準的な CAPM の基本メッセージにどう影響するかが統一的に理解できるからである。

1.　行動バイアスを考慮したモデル

　いま、次のようなモデルを考えよう[20]。期待効用を最大にするように行動する合理的な投資家（これを期待効用投資家と呼ぶ）に混じって、なんらかの判断・選好上のバイアスをもつ投資家（バイアス投資家と呼ぶ）がいる。期待効

用投資家の割合を π、バイアス投資家の割合を$1-\pi$ とする。前述のように、バイアスの原因はいろいろ考えられるが現段階では特定しない。

　証券市場では安全資産と J 種類のリスク資産が取引されている。期待効用投資家は、仮定のとおり、期待効用を最大にするようにポートフォリオを組むので、第 1 章補論で説明したように、リスク証券を接点ポートフォリオ $\omega^T=(\omega_1^T,\cdots,\omega_J^T)'$ の形で保有する（$(')$は転置を表す）。接点ポートフォリオ ω^T は、リスク資産の分散共分散行列をΩとして、次の J 次元のベクトル式を満たすポートフォリオである。

$$E(R)-R_f\mathbf{1} = \gamma\Omega\omega^T \qquad （6\,\text{H-}2）$$

ただし、$\gamma(>0)$ はリスク回避度を反映した定数、 $\mathbf{1}$ はすべての要素が 1 のベクトルである。

　バイアス投資家は、判断・選好にバイアスがあるために、その分だけ接点ポートフォリオから乖離したポートフォリオを保有する。そのことを具体的に表すために、判断・選好バイアス b のもとでの各証券 j の主観的な望ましさを V_j^b で表し、それをバイアス下での投資価値と呼ぼう。たとえば、バイアスがプロスペクト理論的なバイアスによるものである場合、そのバイアス下での各証券の投資価値は、その証券のプロスペクト理論価値（第 4、 5 章参照）で表されるだろう。曖昧さ回避の場合は、たとえば、リターン分布の曖昧さの小ささがその証券の投資価値を決定づけることになる。

　バイアス投資家のリスク証券ポートフォリオ $\omega^b=(\omega_1^b,\cdots,\omega_J^b)'$ は、そのバイアス下での投資価値 $V^b=(V_1^b,\cdots,V_J^b)'$ に応じて、以下のように決まると仮定する。

$$\omega^b = \omega^T + k^b(V^b-\overline{V}^b\mathbf{1}) \qquad （6\,\text{H-}3）$$

ここで、$k^b(>0)$ はバイアス下での投資価値 V_j^b から受ける影響の強さを表す

20）　以下のモデルは、バーベリスら（Barberis et al., [2016]）がプロスペクト理論にもとづいた CAPM を説明するために提案したモデルを他のバイアスの場合にも適用して一般化したものである。

パラメーターであり、$\bar{V}^b$ は各証券のバイアス下投資価値 V_j^b の平均値を表す。つまりバイアス投資家は、バイアス下の投資価値が相対的に高いリスク資産に対しては、接点ポートフォリオにおけるよりも投資比率が高くなり、バイアス下投資価値が低い資産ではそれが過小になる。

　最後に、市場均衡では、割合 π だけいる期待効用投資家と割合 $1-\pi$ のバイアス投資家それぞれが保有するリスク資産の合計が市場ポートフォリオに等しくなければならない。

$$\omega^m = \pi\omega^T + (1-\pi)\omega^b \qquad (6\,\mathrm{H}\text{-}4)$$

ここで、ω^m は市場ポートフォリオのリスク資産比率ベクトルである。

　このとき、各リスク資産 j のリスクプレミアムは、（6 H-1）式のように決定され、行動アルファ α_j^b は以下によって与えられる（導出は付録を参照）。

$$\alpha_j^b = \frac{k^b(1-\pi)\{E(R_m)-R_f\}}{\sigma_m^2(1-k^b(1-\pi)\beta^{Vb})}\sigma^2(\varepsilon_j)(\bar{V}^b - V_j^b). \qquad (6\,\mathrm{H}\text{-}5)$$

ただし、$\sigma^2(\varepsilon_j)$ は資産 j の固有リスクの分散を表し、β^{Vb} は、各証券 $j(=1,\cdots,J)$ に $V_j^b - \bar{V}^b$ ずつ投資するポートフォリオのリターン R^{Vb} （$(=R'(V^b-\bar{V}^b 1))$）の市場ベータを表している。つまり、ε_j と β^{Vb} は以下を回帰推定することで得られる。

$$R_j = R_f + \beta_j(R_m - R_f) + \varepsilon_j \qquad (6\,\mathrm{H}\text{-}6)$$

$$R^{Vb} = R_f + \beta^{Vb}(R_m - R_f) + \varepsilon^{Vb} \qquad (6\,\mathrm{H}\text{-}7)$$

　（6 H-5）式は、固有リスク分散 $\sigma^2(\varepsilon_j)$ に銘柄間で大きな差がないかぎり、バイアス下の相対的な投資価値 $(V_j^b - \bar{V}^b)$ が大きい銘柄ほど、行動アルファ α_j^b が小さくなることを表している[21]。次節の議論のために、（6 H-5）式の関係を以下のようにまとめておこう。

〈命題：行動バイアスと証券価格〉

バイアスによる価値 V_j^b で投資価値が割り増しされる銘柄 j ほど、CAPM で予想されるよりも価格は高くなり期待リターン（リスクプレミアム）は低くなる。逆に、そのバイアスのもとでの投資価値 V_j^b がマイナスになって投資が回避される銘柄では、CAPM の予想より価格は低く期待リターン（リスクプレミアム）は高い。

この一般的な結果が、本書で見てきたさまざまな判断・選好上のバイアスのもとでどのように適用され検証されるのかを順を追って見ていきたい。

2. 行動バイアスとアルファ

ここでは、選好・判断上のバイアスを引き起こす原因として、（1）プロスペクト理論的なバイアス、（2）後悔回避、（3）曖昧さ回避、（5）自信過剰を順に取り上げ、それぞれのバイアスについて、上の（6H-1）式と（6H-5）式で示された関係が実証的にどの程度支持されるのかを簡単に見ていく。ただし、（6H-5）式には観察できないパラメーターが多く含まれているので、これらの式を直接検証することはできない。行動バイアスを考慮した CAPM を検証する代表的な方法の1つは、その行動バイアスのもとで過大評価される程度——つまり（6H-5）式の $V_j^b - \bar{V}^b$ の大きさやそれを決定づけるファクターの強さ——によって各リスク資産を5分位や10分位のランキングポートフォリオにグループ分けし、それらの間で超過リターン（アルファ）を比較することである。以下では、そうした検証の結果を行動バイアスの種類ごとに説明していく。

---

21)（6H-5）式右辺の分母にある $1 - k^b(1 - \pi)\beta^{Vb}$ の符号は理論的には確定できないものの、ここでは $1 - k^b(1 - \pi)\beta^{Vb} > 0$ と仮定している。というのも、市場ポートフォリオのリスクプレミアムは、$E(R_m) - R_f = \gamma\sigma_m^2\{1 - k^b(1 - \pi)\beta^{Vb}\}$ と求められるので、市場ポートフォリオのリターンが平均的に安全金利よりも高いという実証的事実から判断すると、$1 - k^b(1 - \pi)\beta^{Vb} > 0$ と想定することにはそれほど無理はないからである。

2.1 プロスペクト理論価値とアルファ

第4章と第5章で述べたように、人びとのリスク態度や確率判断は合理的な確率判断にもとづいた期待効用最大化行動ではうまく説明できない。人びとの現実的なリスク態度やバイアスをもった確率判断を記述するために開発されたのがプロスペクト理論である。そこではリスク資産の価値は、価値関数と確率ウェイト付け関数によって決まるプロスペクト理論価値で表される（プロスペクト理論価値については第4章3.5節、プロスペクト理論による株式投資の評価については第5章2.1節を参照）。

各リスク資産が投資先としてどれほど望ましいかを単に期待効用の観点から見るのではなく、プロスペクト理論的に評価する投資家がいる場合、各リスク資産はプロスペクト理論価値の大きさによって過大または過小評価される。それがマイナスまたはプラスのアルファを発生させる。プロスペクト理論的行動に起因するバイアス下での投資価値をプロスペクト理論価値で測ることで、行動アルファの（6 H-5）式の関係を検証することができる。（6 H-5）式が正しければ、プロスペクト理論価値で測った投資価値 V_j^{PR} が高い銘柄ほど、過大評価されアルファは小さくなるはずである。

ニコラス・バーベリスらは、1926～2010年における米国の月次株式リターンのデータ（CRSP データ）を用いて、この点を検証している[22]。彼らは、月ごとに過去60カ月の月次リターンデータから、市場ポートフォリオのリターンを参照点とした場合の各株式のプロスペクト理論価値を計算する。ただし、価値関数と確率ウェイト付け関数のパラメーターにはカーネマンとトゥヴァースキーが推定した値を使う。計算されたプロスペクト理論価値をバイアス投資家にとっての投資価値 V_j^{PR} と考えて、その大きさにもとづいて10分位のランキングポートフォリオ P 1 ～P10を作成する。ポートフォリオごとに、翌月のリターンデータから超過リターン（リターンから安全利子率を引いたもの）とジェンセンのアルファを推定する。バーベリスらは、それらのサンプル期間平均をとることで、プロスペクト理論価値が高いランキングポーフォリオほど予想どおりに超過リターンもアルファも低い傾向があることを示している。

---

22) Barberis et al. (2016) を参照。

図6H-1　プロスペクト理論価値とアルファ

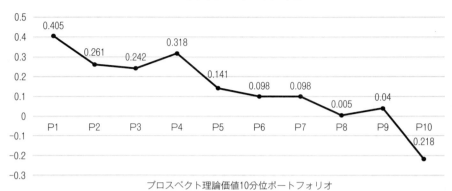

注：Barberis et al. (2016)、Table 2 にもとづいて筆者作成。1931〜2010年の毎月、過去60カ月の月次リターンから計算されるプロスペクト理論価値で10分位ランキングポートフォリオ P1〜P10を作成し、翌月リターンから各ポートフォリオ内での4ファクター・アルファを推定（4ファクターは、市場ポートフォリオの超過リターン、HML、SMB、および WML）、そのサンプル期間平均をポートフォリオごとに求めたもの。

　図6H-1は、結果の一部を要約している。ここでは、企業規模で加重平均したランキングポートフォリオのリターンを用いて、ファーマ＝フレンチの3つのファクターとモーメンタムファクターからなる4ファクターモデルのアルファ（4ファクター・アルファ）を推定している。図からわかるように、ポートフォリオP1からP10とプロスペクト理論価値のランクが高くなるにつれ、4ファクター・アルファが低くなる傾向がある。実際に投資家は、ランキングポートフォリオP10をショートし、P1をロングする裁定取引を続けることで、誤差の範囲を超えるプラスのリターン（0.622％）を平均的に獲得できたことが示されている。

2.2　後悔回避とアルファ

　ホモエコノミカスを前提とする標準的なファイナンス理論では考慮されない人間的な感情に後悔がある。たとえば、保有する銘柄Aよりも買わなかった銘柄Bが上がったときに、Aを買ってBを買わなかったことを後悔する。後悔は、なんらかの望ましくない結果が生じたときに、その前に自分が行った選

択を悔やむ感情である。事実と異なった場合を想像することを「反実仮想（counterfactual thinking）」という。後悔とは、反実仮想によって引き起こされるネガティブな感情と定義することができる[23]。保有する株式 A より保有しない株式 B が値上がりして後悔するのは、A ではなく B を買った場合を反実仮想するからである。

後悔する可能性が予想できる場合、人びとはあらかじめ後悔しないように選択することが考えられる。これを後悔回避（regret aversion）と呼ぶ。投資家が後悔回避的である場合、単純な期待効用最大化行動から乖離した資産選択を行うことになるので、前述の「命題」に整理したような形でアルファが発生する。つまり、将来後悔につながりそうな銘柄は、低く評価されてプラスのアルファが生じ、逆の銘柄（「投資してよかった」という歓喜〔rejoice〕につながりそうな銘柄）は高く評価されてマイナスのアルファを発生させるだろう。

後悔回避的な人びとが選択の結果を評価する場合、代案として選ばれなかった反実仮想選択の結果と比較してそれを評価する。たとえば、株式（またはポートフォリオ）j に投資した場合のリターン R_j からの満足感は、選ばれなかった反実仮想の株式（またはポートフォリオ）リターン R^c との大小に依存する。投資した株のリターン R_j が反実仮想のリターン R^c よりも低ければ（$R_j<R^c$）、後悔からその投資の満足感は下がる。逆に $R_j>R^c$ の場合、歓喜によって満足感は上がる。反実仮想の投資先は文脈などによっていろいろ考えられるだろう。たとえば、個別銘柄への投資を考える場合には、同じ業種のポートフォリオのリターンや業種内でのリターンの最大値などが考えられる。ポートフォリオ投資の場合は、市場ポートフォリオや他国のマーケットインデックス、あるいは商品など株式以外の投資対象などが反実仮想の投資先として考えられるだろう。

後悔回避の理論では、反実仮想投資との比較で発生する後悔や歓喜の大きさを決める行動を記述するために、後悔関数（regret function）を導入する。これまでさまざまな形の後悔関数が提案されているが[24]、ここでは後悔理論によって CAPM を拡張した秦劼氏のアイデアを紹介しよう[25]。いま、期首に富 W_0

---

23) 秦 (2021)、Arisoy et al. (2024) を参照。
24) 後悔理論と後悔関数については、Bell (1982)、Loomes and Sugden (1982)、Quiggin (1994)、Arisoy et al. (2024) を参照。サーベイとして、秦 (2021) を参照のこと。

を保有して期末の富 W_1 の期待効用を最大化する後悔回避的な投資家を考える。効用関数は $U(W_1)$ で与えられている。

$$U(W_1) = v((1 + R^p)W_0) + f[(R^p - R^c)W_0] \qquad （6H\text{-}8）$$

ここで、v は期末の富からの効用を決める通常の効用関数であり、R^p はこの投資家が選択するポートフォリオのリターン（$\sum_j^J \omega_j R_j$）を表す。f が後悔関数を表している。効用関数 v と同じように f も増加的で凹型の関数と仮定される。つまり、ある反実仮想ポートフォリオのリターン R^c を基準として、選んだポートフォリオのリターンがそれより低いほど（$(R^p - R^c)$ が小さいほど）後悔を感じて f の値は小さくなるが、その限界的な後悔の念は（$R^p - R^c$）が小さいほど大きいとする[26]。

投資家はこの効用の期待値を最大にするように期首にポートフォリオの選択を行う。その意味で期待効用の最大化が想定されるが、効用が後悔関数からも発生するので、資産選択も資産価格も標準的な CAPM から乖離したものになる。直観的にいえば、先に指摘したように、反実仮想投資よりもリターンが低くなりそうな（つまり後悔しそうな）資産ほど投資が抑制されるだろう。そして、それがその銘柄の期待リターンに影響を与える。

秦劼氏は、（6H-8）式の後悔回避型効用関数のもとで、以下の「後悔 CAPM」を導いている。

$$E(R_j) - R_f = \beta_j\{E(R_m) - R_f\} + \hat{\beta}_j^c\{E(\hat{R}^c) - \xi R_f\}, \quad j = 1, \cdots, J. \qquad （6H\text{-}9）$$

ここで、$\hat{R}^c$ は、反実仮想ポートフォリオのリターン R^c のうち、市場ポートフォリオの超過リターン（$R_m - R_f$）で説明できない部分であり、$\hat{\beta}_j^c$ は、各資産 j の $\hat{R}^c$ に関するベータ値を表す[27]。秦氏は、$\hat{\beta}_j^c$ を市場調整済み後悔ベータ

---

25) Qin (2020) を参照。

26) ここでは文献に従って後悔関数と呼ぶが、f の値の大きさは不満足ではなく満足を表しているので、正確には f は歓喜関数（rejoice function）とか後悔回避（価値）関数と呼ぶべきだろう。混乱しないように注意されたい。

と呼んでいる。ξ は、リスク回避に比べて後悔回避がどの程度強いのかを表すパラメーターである。

この後悔CAPM式と（6H-1）式を比べればわかるように、（6H-9）式右辺第2項が、後悔回避がある場合の「行動アルファ」に対応する。この項の $E(\hat{R}^c) - \xi R_f$ の部分は負の値をとる。直観的にいえば、市場リスクがなく反実仮想ポートフォリオに連動する $\hat{R}^c$ は、歓喜の可能性がある分だけ投資家が要求するリスクプレミアムはマイナスでなければならないからである。その結果（6H-9）式は、アルファの符号が、市場調整済み後悔ベータの符号と逆になることを示していることになる。$\hat{\beta}_j^c$ がプラスで反実仮想ポートフォリオと正相関する銘柄は、後悔よりも歓喜につながる可能性が高いので、CAPMで予想されるよりもリスクプレミアムが低く、$\hat{\beta}_j^c$ がマイナスの銘柄では、後悔する可能性が高い分リスクプレミアムが高くなる。これが、先に述べた命題の後悔回避バージョンである。

こうした関係を検証する1つの方法は、前節と同様に、各銘柄の後悔回避下での投資価値（これを V_j^{RE} と表そう）をなんらかの形で計測し、その投資価値によるランキングポートフォリオの間で超過リターン（アルファ）を比べることである。

エセア・エリソイ（Eser Arisoy）らは、米国における1963年6月～2020年12月の月次株式リターンのデータを用いて、そうした検証を行っている[28]。エリソイらは、各個別銘柄株式に対する反実仮想のリターンとして、同じ産業において達成されたリターンの最大値を考える。そのうえで、個別銘柄 j に投資した場合に予想される後悔を、前月における同じ産業でのリターンの最大値から同月の個別銘柄 j のリターンを引いたものとして計測する。こうして計測された後悔の可能性を、後悔回避下の投資価値 V_j^{RE}（にマイナスを付けたもの）の代理変数と考えれば、命題（そして（6H-5）式）から、後悔の可能性が大きい銘柄（V_j^{RE} の値が小さい銘柄）ほど、超過リターン（アルファ）が大きくなるはずである。エリソイらは、後悔の値によって月ごとに個別銘柄を5分

---

27) したがって、$\hat{R}^c$ は、β^c を反実仮想ポートフォリオリターン R^c の市場ベータとして、$\hat{R}^c = R^c - \beta^c(R_m - R_f)$ で求められ、$\hat{\beta}_j^c$ は、R_j を $\hat{R}^c - R_f$ で回帰したときの回帰係数である。

28) Arisoy et al. (2024) を参照。

図6H-2　後悔回避とアルファ

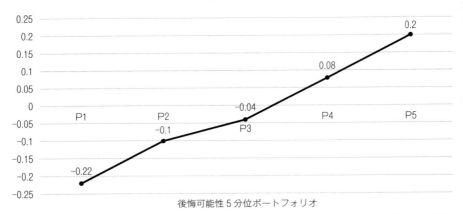

注：Arisoy et al. (2024)、Table 1にもとづいて筆者作成。米国における1963年6月〜2020年12月の月次データから、前月の後悔値（同産業個別銘柄における株式リターンの最大値—その銘柄のリターン）によって5分位ランキング・ポートフォリオP1〜P5を作成し、各ポートフォリオ内での4ファクター・アルファを推定（4ファクターは、市場ポートフォリオの超過リターン、HML、SMB、およびWML）、そのサンプル期間平均を5分位ポートフォリオごとに求めたもの。

位に階層化し、それらのランキングポートフォリオごとにアルファのサンプル期間平均を推定してこの点を検証している。

　図6H-2は、図6H-1と同様に4ファクターモデルのアルファについての結果を要約したものである。予想どおり、後悔の可能性が高いポートフォリオほど、翌月の超過リターンが平均的に高くなっていることがわかる。実際に、後悔の可能性が最も高いポートフォリオP5をロングして、それが最も低いP1をショートすることで、月0.41％の超過リターンが得られることが示されている。この値は高い水準で有意である（$t=4.36$）。

2.3　曖昧さ（不確実性）回避とアルファ

　第2章で見たように、人びとには曖昧さや不確実性を嫌う傾向——曖昧さ回避（ambiguity aversion）・不確実性回避（uncertainty aversion）の傾向がある[29]。したがって、資産リターンの分布になんらかの曖昧さがある場合には、市場リスクだけを前提とした標準的なCAPMの場合に比べて、リスク証券は低く評

価され、期待リターンとリスクプレミアムは高くなるかもしれない。そうなれば、それが前述（6H-1）式の行動アルファをもたらすことになる。

分散リスクプレミアムとアルファ

　曖昧さが資産価格にどのような影響を及ぼすかを検証する場合、証券リターンの曖昧さや不確実性をどのような形で計測するかが重要になる。ここでは最初に、米国株式市場における不確実性を表す指標として、S&P500の分散リスクプレミアム（variance risk premium：VRP）を用いたトゥラン・バリ（Turan Bali）とハオ・ジョウ（Hao Zhou）の分析を紹介しよう[30]。VRPは、オプション価格から計算される株式のインプライド・ボラティリティと、株式リターンのヒストリカルリターンから予想されるボラティリティの差として定義される。もともと株式市場における不確実性を捉えるためにティム・ボレスラヴ（Tim Bollerslev）らが考案した指標であり、1990年以降におけるS&P500リターンのかなりの部分がVRPによって予測可能であったことが彼らによって示されている[31]。そしてバリらは、S&P500のVRPが、市場環境の不確実性を表すさまざまな指標——米国企業の生産成長における変動、個別株投資家間の見通しの不一致、金融金業のダウンサイドリスクの大きさなど——と高い相関性をもつことを指摘している。

　そのうえでバリらは、各月のVRP値のうち前月のVRPで説明できない部分をデータ化し、それを株式市場に対するその月のVRPショックと捉える。データ上の制約から、個別の銘柄・ポートフォリオのVRPは利用できないので、時系列データからこのS&P500のVRPショックに関するベータを個別の銘柄・ポートフォリオごとに推定し、このVRPベータを不確実性リスクの代理変数とする。

　VRPベータで測られる不確実性リスクの大きさによって、期待超過リターンがどのように違ってくるかを調べるために、バリらはまず企業規模と簿価時

29）　曖昧さと不確実性もともに確率分布が正確にわからない状況を表す言葉として区別せずに用いることが多い。ここでもそれに従う。
30）　Bali and Zhou (2016) を参照。
31）　Bollerslev et al. (2009) を参照。

図6H-3　不確実性回避とアルファ

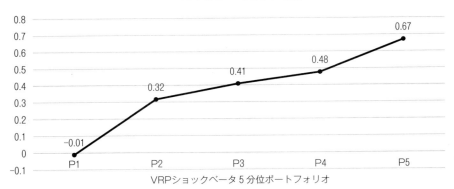

注：Bali and Zhou (2016)、Table 4 にもとづいて筆者作成。1990年1月〜2012年12月の月次データから、S&P500の分散リスクプレミアム(VRP：オプション価格から計算されるインプライドボラティリティと実際のボラティリティの差)ショックに対する個別株式のベータ感応度を推定。これを各銘柄リターンの曖昧さの程度とみなし、それによって5分位ランキング・ポートフォリオ P1〜P5 を作成。翌月リターンから各ポートフォリオの4ファクター・アルファを推定(4ファクターは、市場ポートフォリオの超過リターン、HML、SMB、および WML)し、そのサンプル期間平均をポートフォリオごとに求めたもの。

価比率それぞれで10分位に分けた100のポートフォリオを作成し、それらをVRPベータの値によって5分位に分ける。各分位の加重平均ポートフォリオについて、翌月の4ファクターモデルのアルファを推定し比較したのが図6H-3である。VRPベータで測られる不確実性リスクが大きいランキングポートフォリオほど、冒頭に予想したとおりアルファが高くなっていることがわかる。実際に、最も不確実性リスクが小さいポートフォリオP1をショートして最も大きいP5をロングする裁定ポートフォリオは、0.68％の有意な超過期待リターンをもたらしている。

　ただ、この結果はあくまでもVRPという指標で不確実性を計測した場合のものであることに注意する必要がある。以下に述べるように、株式リターン分布の不確実性をどう測るかによって、不確実性とリスク資産の期待リターンの関係が大きく変わってくる可能性があるからである。

曖昧さ尺度と株価——不確実確率下の期待効用（EUUP）理論

　リスク資産のリターンの分布に伴う不確実性の影響を考えるには、そもそもアウトカムの発生確率に不確実性がある場合に人びとがどのようにそれを評価し、どのように期待効用を計算するのかを考える必要がある。イェフダ・イザキアン（Yehuda Izhakian）は、この問題に対して、「不確実確率下の期待効用（expected utility with uncertain probabilities：EUUP）」理論という以下のアプローチを開発している。まず不確実な確率に対する選好を考え、その選好のもとで不確実な確率と等価になる確実な確率——確実性等価確率——を割り出す。アウトカムに対する確率が不確実であっても、この確実性等価確率は1つに定まるので、アウトカムごとにそれを計算することで期待効用を計算することができる。第1章補論1、2で述べた通常の（不確実性のない）リスク選択の場合と同様に、不確実な確率への選好がどのような形（凹、直線、または凸）かによって、その主体が確率の曖昧さ（不確実性）に対して回避的か、中立的か、愛好的かが決まる。

　このEUUP理論にもとづいて、イザキアンは、各出目の確率の平均的な散らばり具合で確率分布の曖昧さの程度を測ることを提案し、これを「曖昧さ尺度（ambiguity measurement）」と名付けた[32]。これにより、前述のようにVRPなどの代理変数に頼るのではなく、株式リターンの不確実性を直接計測することができる。実際に、イザキアンとメナヘン・ブレナー（Menachem Brenner）はS&P500連動型の譲渡可能投資信託（ETF）のリターンデータから各時点の米国株式（S&P500）リターンの曖昧さを測っている[33]。

　具体的には以下の手順による。まず、過去1カ月（20営業日）の各日について、5分位のリターンデータからその日1日のリターンの相対頻度分布を作成する。次に、相対頻度を表す各ビンの高さ（たとえば、リターンが0.01%以上0.02%未満のリターンの相対頻度の大きさ）が1カ月（20営業日）間にどの程度変動するかを分散値で表す。最後に、全ビンの間でその分散値の加重平均（ウェイトは平均的な相対頻度）をとる。その値がその時点における曖昧さ

---

32) Izhakian (2017, 2020) を参照。
33) Brenner and Izhakian (2018) を参照。

尺度の値である。

　こうしてS&P500リターンの曖昧さを定量化することによって、イザキアンとブレナーは、S&P500に対するリスクプレミアムが、同リターンの分散とともに曖昧さ尺度の値にも依存することを示している。この結果は個別株式のリスクプレミアムのことを述べているわけではないが、マーケットリスクに加えてリターンの曖昧さがリスクプレミアムに反映されるという意味では、ここで議論している（6H-5）式や命題と整合的な結果である。

　その一方で、イザキアンらは、株式リターンの曖昧さがそれに対するリスクプレミアムを上昇させるか低下させるかは、マーケットの状態に依存することを示している。つまり、リターンが上昇する期待確率が高い場合には、リターンの曖昧さが高いほどリスクプレミアムは高くなり、逆にリターンが下落する期待確率が高い場合には、曖昧さはリスクプレミアムを低下させる。リターンの曖昧さがリスクプレミアムを高めることは、投資家たちが曖昧さ回避的であることを意味し、逆の場合は彼らが曖昧さ愛好的であることを意味している。したがって、イザキアンらの発見は、マーケットの状態が改善すると期待される場合には投資家は曖昧さ回避的になり、逆の状況では曖昧さ愛好的になることを意味している。こうした特性は、人びとが利益局面ではリスク回避的、損失局面ではリスク愛好的になるとしたプロスペクト理論の知見と類似している。プロスペクト理論で示されたように、損失局面で人びとはリスクを冒して損失を解消する可能性に賭ける。同じように、リターンが下落する期待確率が高い場合には、投資家は不確実性が高まって少しでも望ましい確率分布が実現する方に賭けるのかもしれない。

2.4　自信過剰にもとづいた資本資産価格決定モデル

　投資家たちは、財務情報などさまざまなファンダメンタルズの情報を入手し、そこから将来の企業価値を予想して株式の取引を行う。ファンダメンタルズの情報は、将来の企業価値を示すシグナルとして機能している。ところが、そのシグナルのどこまでが本当の企業価値を反映した精度の高い情報なのかはわからない。自信過剰な投資家は、自分が得たシグナルの精度を過度に信用してしまうだろう。第3章で過大精度として説明した自信過剰である。その場合、投

資家は、シグナルとして受け取った情報がグッドニュースであってもバッドニュースであっても過剰に反応することになる。結果、良いシグナルの場合には株価は過大評価され、悪いシグナルの場合には過小評価される。

ケント・ダニエル（Kent Daniel）らは、こうした自信過剰の影響を考慮してCAPMを拡張している[34]。彼らに従って簡単な2期間のモデルを考えよう。第1期で各企業jの株式が取引され、第2期に企業価値θ_jが確率的に決まって株主に清算される。

第1期の初めに投資家は、企業の清算価値θ_jが将来（第2期）にいくらになるかについての情報を私的なシグナルS_jの形で手に入れる。しかしその情報にはノイズが伴っているので、たとえ高い企業価値を示唆するような良いシグナルであっても（S_jの値が大きくても）、企業価値が実際にどの程度高くなるか——つまり、そのシグナルがどの程度信頼できるか——は、ノイズの小ささ——つまりその情報の精度——に依存してくる。ノイズが少なく、したがって高い精度のシグナルであれば、シグナルの値は企業価値の状況をよく反映したものとなるが、精度が低ければ、シグナルは企業価値を予想するうえであまり役に立たないだろう。

第1期に開く株式市場で、投資家たちは自分の得たシグナルを見て、将来実現するだろう企業価値の値θ_jを予想し株式を取引する。その際、自信過剰をもつ一部の投資家が自分のシグナルの精度を過大に見積もるので、株価はニュースに対して過剰に反応することになる。つまり、平均的に高い企業価値を示唆する良いシグナル（グッドニュース）が発生した場合には株式は過大な価格で取引され、悪いシグナル（バッドニュース）に際しては過小な価格がつく。

第2期には企業価値の値θ_jが実現して株価はその値に等しくなるので、第1期に良いシグナルが発生していた場合、第2期に実現する株式リターンR_jは、前期に株価が過大評価される分、自信過剰がない場合より低くなり、悪いシグナルの場合、株価が過小評価される分リターンは高くなる。

こうした関係を具体的に示すために、ダニエルらは、第2期における企業jの価値が全企業に共通のK個のファクター$f_1, \cdots, f_K$とその企業に固有のファク

---

34) Daniel et al. (2001) を参照。

ターϵ_jとによって生成されると仮定する。投資家たちは株式jについて、これら$K+1$個のファクターについての情報をシグナル$S_i^\epsilon, S_1^f, \cdots, S_K^f$の形で入手する。これらの値が正であれば高い企業価値を示唆し、負であれば逆を示唆する。自信過剰な投資家は各シグナルの精度を過大に見積もってしまう。合理的な投資家はそのことを知っていて裁定者として取引に参加する。安全利子率をゼロとするなどいくつかの簡単化の仮定を置くことによって[35]、ダニエルらは以下の自信過剰CAPMを導いている。

$$E(Rj) = \underbrace{\beta_{jM}E(R_M)}_{\substack{(1)市場リスクに応じた\\リスクプレミアム}} \underbrace{-\omega_j^\epsilon S_j^\epsilon - \sum_{k=1}^K \beta_{jk}\omega_k^f S_k^f}_{\substack{(2)私的シグナルへの自信過剰に起因する\\過剰反応に対して予想される修正}} \quad (6\text{H}\text{-}10)$$

ここでMは自信過剰による歪みを除去した市場ポートフォリオを表している。この調整済み市場ポートフォリオでは、自信過剰(過大精度)の影響が相対的に大きい銘柄ほどそのウェイトが実際よりも小さく調整されている[36]。β_{jM}は、自信過剰調整済み市場ポートフォリオMに対する市場ベータ($cov(R_j, R_M)/var(R_M)$)を表す。さらにβ_{jk}は企業価値θ_jの共通ファクターf_kへの感応度(ファクターローディング)、$\omega_j^\epsilon, \omega_k^f$は、それぞれ固有ファクターと共通ファクター$f_k$に関するシグナルへの過剰反応率を表している。

ここでは安全利子率をゼロと仮定しているので、(6H-10)式の$E(R_j)$と$E(R_M)$は株式jと調整済み市場ポートフォリオの期待超過リターンを表していると読める。したがって自信過剰CAPMによれば、株式の期待超過リターンは、(1)市場との共分散リスクβ_{jM}を反映したリスクプレミアム(第1項)と、(2)自信過剰によるミスプライシングに対して予想される修正(第2、第3項)、の和によって決まる。

自信過剰CAPM((6H-10)式)の実証上のインプリケーションは、ミスプライシングを反映する(2)の部分を計測することで、株式に対する超過リ

---

35) とくに、各企業の価値θ_iが結合正規分布に従い、投資家が指数型の効用関数をもつことが仮定される。

36) したがって、自信過剰(過剰精度)の程度が銘柄間で同じであれば、調整済み市場ポートフォリオは市場ポートフォリオに一致する。

ターンが予測可能になる点である。実際に、（6H-1）式と比べればわかるように、（2）の部分こそが自信過剰に起因する行動アルファを表していると考えることができる。しかしながら、（2）を構成する変数は一般には観察できないうえに、各銘柄への自信過剰の影響を定量的に計測することは難しい。そのために、筆者たちが知るかぎり各銘柄のアルファが自信過剰の影響によってどのように異なるかを直接検証した例は見当たらない。

ダニエルたちは、自信過剰によるミスプライシング（（2）の部分）を反映する代理変数を考えることを提案し、代理変数として、たとえば簿価時価比率、株価収益倍率など、企業のファンダメンタルズを反映する変数と株価の比率が適していることを理論的に示している。1株当たりの純資産や利益などファンダメンタルズを反映した変数の値に比べて価格が高い株ほど、（自信過剰による）過大評価を反映していると解釈できるからである。その結果、たとえば、簿価時価比率が低い、いわゆる成長株では、過大評価が修正される分リターンが低くなり、簿価時価比率の高いバリュー株には逆に高いリターンが予想されることになる。さらに株価水準自体が自信過剰を反映した変数と考えられるので、企業規模もまた自信過剰によるミスプライシングを反映した代理変数と考えられるとダニエルらは主張している。

ダニエルらの議論に従えば、自信過剰CAPMは、ファーマ＝フレンチの3ファクターモデルに対する理論的な基礎を与えていると解釈できる。つまり自信過剰CAPM（（6H-10）式）でいえば、3つのファクターのうちマーケットファクターは（1）の市場リスクを反映した部分を捉えている。バリュー株効果を捉えるHMLと小型株効果を捉えるSMBの2つのファクターは、自信過剰によるミスプライシングに対する修正の効果（2）を捉えるファクターと考えられる。3ファクターモデルは伝統的なCAPMの拡張版と位置づけられながら、HMLやSMBがなぜ超過リターンを説明する追加的なファクターになりうるのかが明らかでなかった。自信過剰CAPMは、自信過剰に起因するミスプライシングの修正という観点からそうした疑問に答えているとするのがダニエルらの主張である[37]。

3. おわりに

　本補論では、標準的なファイナンスでは考慮されてこなかった投資家の心理的な要因——プロスペクト理論的な選好、後悔回避、曖昧さ回避、自信過剰——を考慮することで CAPM の結果がどのように修正されるかを説明した。実証研究は、ある程度これらの影響を支持しているものの、引き続きその頑健性を検証していく必要がある。とくに現状では日本のデータを用いた実証研究が立ち遅れている。

　ここでは統一的に議論することに主眼を置いたために、木に竹を接ぐような分析になっている点も否めない。たとえば、それぞれの行動バイアスを1つずつ扱ったけれども、実際にはさまざまな行動バイアスをもった投資家が同時に存在するので、検証する式や方法もそのような可能性を考慮したものにする必要がある。また、基本のモデル（（6H-1）式）では単純な1ファクターモデルが前提になっているが、紹介した実証研究では4ファクターモデルが前提になっている。しかし、そうした問題を緩和して分析を一般化することはそれほど困難な仕事にはならないだろう。

　これまでの各章では主として投資家個人が意思決定者として陥る判断バイアスや非合理的行動について議論してきたが、これからの各章では、逆にマーケット現象から見えてくる市場参加者たちの非合理的行動に焦点を当てていく。本補論はそうした流れのちょうど変わり目に当たる。

　ここでの考察は、個人のバイアスを説明する理論にもとづいてマーケットでの資産価格の決定を考える、いわば演繹的なアプローチによるものであった。そのために、プロスペクト理論的な選好、後悔回避、曖昧さ回避、自信過剰といった行動の類型化やモデル化が明確なものだけにトピックを限定した。しかし株式などリスク資産のマーケットを包括的に理解するには、理論にもとづいたこうした演繹的なアプローチだけでは不十分であり、マーケットデータその

37）　自信過剰と資産価格についての発展的な議論については、Daniel and Hirshleifer (2015) を参照のこと。

ものから市場参加者の行動を特徴づけていく帰納的なアプローチが必要だろう。本書後半では、マーケットデータから観察される市場の現実について考え、機械学習や AI（人工知能）などのデータ駆動的なアプローチによって市場価格形成のメカニズムに迫る。

補論 6-1 付録　（6H-1）式と（6H-5）式の導出

補論（6H-3）式を（6H-4）式に代入して ω^T を求めると、$\omega^T = \omega^m - \eta^b(V^b - \bar{V}^b \mathbf{1})$ となる。ただし、$\eta^b = k^b(1-\pi)$ である。これを（6H-2）式に代入すると、

$$E(R) - R_f \mathbf{1} = \gamma \Omega \{ \omega^m - \eta^b(V^b - \bar{V}^b \mathbf{1}) \} \tag{6H-11}$$

が得られる。両辺に $\omega^{m\prime}$ を掛けると、

$$\omega^{m\prime}\{E(R) - R_f \mathbf{1}\} = \gamma \{ \omega^{m\prime}\Omega\omega^m - \eta^b \omega^{m\prime}\Omega(V^b - \bar{V}^b \mathbf{1}) \} \tag{6H-12}$$

を得る。左辺は $E(R_m) - R_f$ に等しい。右辺のカッコ内は、

$$\omega^{m\prime}\Omega\omega^m - k^b \omega^{m\prime}\Omega(V^b - \bar{V}^b \mathbf{1}) = var(R_m) - \eta^b cov(R_m, R^{Vb})$$

と変形できる。ただし、$var(\cdot)$、$cov(\cdot,\cdot)$ はそれぞれ分散と共分散を表し、R^{Vb} は、ポートフォリオウエイトのベクトルが $V^b - \bar{V}^b \mathbf{1}$ で表されるポートフォリオのリターンを表す。したがって（6H-12）式は、

$$E(R_m) - R_f = \gamma \{ var(R_m) - \eta^b cov(R_m, R^{Vb}) \} \tag{6H-13}$$

と改めることができる。（6H-11）式の辺々を（6H-13）式の辺々で割ると、

$$\frac{E(R)-R_f\mathbf{1}}{E(R_m)-R_f} = \frac{1}{1-k^b\beta(R^{Vb})}\left\{\beta(R) - \eta^b\frac{cov(R,R^{Vb})}{var(R_m)}\right\} \qquad (6\text{H-}14)$$

を得る。ただし、$\beta(R)$、$\beta(R^{Vb})$ は、それぞれ補論の回帰モデル（6H-6）、（6H-7）式から得られる R および R^{Vb} の市場ベータを表す。（6H-6）と（6H-7）の両式から、

$$cov(R,R^{Vb}) = \beta(R)\beta(R^{Vb})var(R_m) + cov(\varepsilon,\varepsilon^{Vb})$$

となる。ε は（6H-6）式の各証券の誤差項を並べたベクトルであり、ε^{Vb} は（6H-7）式に見える、ポートフォリオ $V^b-\bar{V}^b\mathbf{1}$のリターン R^{Vb} の誤差項である。各証券の誤差項間に相関がない（$cov(\varepsilon_i,\varepsilon_j)=0,i\neq j$）と仮定するとき、$cov(\varepsilon_j,\varepsilon^{Vb})=(V_j^b-\bar{V}^b)var(\varepsilon_j)$ となる。以上のことを考慮して（6H-14）式を証券 j について見ると、

$$\frac{E(R_j)-R_f}{E(R_m)-R_f}$$
$$= \frac{1}{1-\eta^b\beta(R^{Vb})}\left\{\beta(R_j) - \eta^b\frac{\beta(R_j)\beta(R^{Vb})var(R_m) + var(\varepsilon_j)(V_j^b-\bar{V}^b)}{var(R_m)}\right\}$$
$$= \beta(R_j) + \frac{\eta^b var(\varepsilon_j)(\bar{V}^b-V_j^b)}{var(R_m)\{1-\eta^b\beta(R^{Vb})\}}$$

となる。$\eta^b=k^b(1-\pi)$ であることを思い出せば、この関係が（6H-1）式および（6H-5）式と同じであることがわかる。

第7章
株式市場における群衆行動とセンチメント

要　約

　私たちは日頃の意思決定を個人として独立に行っていると考えているが、じつは他人の選択を真似るという行為が含まれていて、時には意図せずに群衆行動に加担するような行動をしてしまっている場合がある。ここでは、そうした群衆行動がマーケットにおいて発生すると、投資家行動がどう変化し、株価形成にどのような影響が及ぶのかについて考える。

　まず、各銘柄に対して買い手となる機関投資家の数が平均的に正の系列相関をもつことを示す。このことは、機関投資家のようなプロ投資家でさえ、群衆行動的に振る舞っていることを示唆している。次に、日次で変化する株価から、リターンの銘柄間相関における密集の度合いをグラフ理論の枝密度として計測し、枝密度の高い日に取引をすることで、群衆行動を利用した超過利潤が得られることを示す。最後にセンチメントと株式市場の関連性について考える。クローズドエンド型の投資信託のディスカウント幅やIPOリターンなどの市場変数から市場センチメントを定量化し、その指標を用いることで銘柄間のリターン差が予測できることを議論する。さらに、市場変数を用いることなく、メディアで使われている言葉を自然言語処理の技術（テキストマイニング）で定量化し、市場予測を行うことを議論する。

キーワード：群衆行動、ノイズトレーダー、センチメント、自然言語処理、テキストマイニング

1. 群衆行動（ハーディング）

1.1. 群衆行動と株式市場

　金融現象、とくにバブルなどの累積的なミスプライシングの問題を考える場合、群衆行動の影響を考える必要がある。ここで群衆行動とは、互いに他人の行動を模倣する結果として生じる、人びと（群衆）の同方向への行動のことである。平和的なデモが暴徒化したり、特定の店に長い行列ができたりといった行動は文字どおり群衆行動である。しかし、何がきっかけとなり群衆行動が発生するのかははっきりしない。たとえば、19世紀の社会学者・心理学者であったガブリエル・タルド（Gabriel Tarde）は群衆の行動の基本的な規則性は真似をすることだと述べている。彼は著書『*The Law of Imitation*（模倣の法則）』で、

　　「社会の変化は後世の歴史家が考えるように、なにか根本的な大きな事柄によってもたらされると考えるのは幻想で、個人と個人の間に独立で起こっているかのように見える小さな変化が、本当のところは模倣という鎖でつながりながら起こっている」

と表現している[1]。

　たしかに日常を振り返ってみれば、私たちの社会生活のあちこちで群衆行動の影響を垣間見ることができる。身近なところでは、ファッションの流行は群衆行動の結果が反映されているものと考えることができる。人びとが選ぶジーンズの形状は時代とともに少しずつ変化し、理由はわからないが、自然と古い形は格好が悪く思えるものだ。はやりすたりがないと思われる紳士用スーツでさえ、20年前のものはどことなく古くさい形をしているように見える。気がつかないうちに、少しずつ支持される形は他人の模倣を通して変化しているのかもしれない。スマホアプリについても同様である。同じような機能をもつアプリであっても、誰もが好んで使うものとそうでないものがあり、ダウンロー

---

1 ）　Tarde (1903), Chapter 1, p. 2を参照。

ド数で見るとその差は歴然だ。ただ、何が決め手になって人びとが特定のアプリを選択しているかは定かではなく、「なんとなく」人気があるものとそうでないものがあるようである。そして、機能性や価格などが明確に劣っていなくとも、選ばれない商品やサービスは市場から退場していくのである。

　ファッションのように、明確な価値基準のないものを対象として、群衆行動が「はやり」を作り出していくのは想像できる。しかし、評価基準がはっきりしている株式にも「はやり」はあるのだろうか。

　標準ファイナンス理論では、株式価値は企業が生み出す将来期待キャッシュフローの割引現在価値である。そして将来期待キャッシュフローは、現在入手可能な情報をもとに投資家によって合理的に推定され、新しい情報の到来とともにその期待値とリスクが修正されることで株価が変動すると考える。投資家が皆同じ情報をもち、情報更新のタイミングも同時に行われるのであれば、他人の行動を真似る「群衆行動」が入り込む余地はなく、株価は合理的に決定され、情報の到来が予測できないために株価変動も予測不可能である。

　しかし、現実の株式市場では参加者のもつ情報のレベルは一様ではない。入手可能な情報はプロ投資家と素人投資家では大きく異なる。高価な情報端末をもち、情報源も多様なプロ投資家と一般投資家では、情報の質と入手速度という点において大きな差がある。また、同じプロであっても、一部の大口投資家は足繁く経営者を訪問し、当該企業のビジネス状況を熟知した証券アナリストを多く抱えている。このように、投資家間で情報は偏在しており、情報劣位の投資家は市場取引においては不利な立場に立たされているといえるだろう。

　では、情報格差があることを知っている情報劣位の投資家にとって、どのような投資戦略が合理的であろうか。情報を入手する1つの有効な方法は、株価変動そのものに着眼することである。情報をもたない合理的投資家は、株価の変化を目の当たりにしたとき、そこになんらかの情報があると考え、いち早く反応して取引しようとするだろう。そう考えると、株価変動には、新たなファンダメンタル情報が反映された結果として生み出されている部分と、株価変動から情報を推測し行動を起こす投資家によって生み出されている部分（行動的な部分）が混在している可能性がある。

　情報劣位にある投資家は、市場における価格変動を自らがもつ私的情報より

も価値ある情報を伝えていると考えるだろう。「相場は相場に聞け」という格言があるように、価格変動が伝える情報が正しい情報だと考える投資家にとっては、群衆行動は合理的な選択である。

1.2. 情報カスケード

スシル・ビクチャンダニ（Sushil Bikhchandani）、デヴィッド・ハーシュライファー（David Hirshleifer）、およびアイヴォ・ウェルチ（Ivo Welch）は、情報カスケードを通じた群衆行動（herding behavior）のモデルを提唱した[2]。

情報カスケードとは、人びとが自分の私的情報よりも他者の行動に表れた情報を優先するために生じる横並び行動である。情報カスケードのもとでは、人びとがもつ私的な情報が行動に反映されないために、そうした情報と無関係に同方向の行動が累積されていく。とくに金融市場においては、資産の本当の価値に確信がもてない投資家が、先行する他の投資家たちの取引に従う形で、この現象が発生する。彼らは、先行する投資家たちが全体としてより優れた、または、より正確な情報をもっていると判断して、その行動を模倣する。十分な人数の投資家が同じ行動をとり始めると、模倣する他人にさらに多くの人が追随することで情報カスケードが生じ、大きな価格変動やバブルといった累積的なミスプライシングを引き起こす可能性がある。情報カスケードのもとでは投資家たちの私的な情報が活用されないために、情報にもとづかない価格形成が進展するからである。

こうした群衆行動のモデルは、合理的な投資家であっても、他の投資家が全体としてより優れた知識や情報をもっていると想定して行動することで、非合理的な価格形成に集団で加担してしまう可能性を示すモデルである。では、合理的な個人が、どうして意思決定の際に私的情報を無視してしまうのだろうか。次のような身近な例で群衆行動を置き換えてみるとわかりやすい。

いま、レストランAとBは隣接して営業しているとしよう。あなたは友人の薦めでレストランAに入ろうと思ってAとBのある場所まで来たとしよう。その時、たまたまあなたの前を歩いていた2人がレストランBに入ったとする。

2）Bikhchandani et al. (1992) を参照。

この時あなたは、その2人がレストランBを選択したということを踏まえ、2人は自分の知らない（Bの方が良いという）情報をもっていると考えたとする。そして、合理的にレストランBを選択する。あなたは友人の薦めという私的情報ではなく、前の2人の行動から得た情報を重視してそのように意思決定するのである。次に、あなたのあとに来た個人も、連続して目撃した他人の行動によって「Bの方が良い」という情報を強化することにより、私的情報を無視してBを選ぶ。この連鎖が続くことで、すべての人が自らの私的情報を無視し、他人の行動を真似るだけになってしまうのである。

1.3. 機関投資家による群衆行動

　一般に機関投資家は、さまざまな情報をもったプロ投資家と考えられている。本節では、機関投資家のようなプロ投資家でさえ群衆行動的な取引を行っていることを示す。

　米国においては、1億ドル以上の運用資産がある機関投資家は1万株もしくは20万ドル以上の売買を行った場合、そのポジションについて四半期ごとに報告する義務がある。このデータを利用して、リチャード・シアス（Richard Sias）は機関投資家の資産保有のパターンが群衆行動を示していることを明らかにしている[3]。

　まず、各四半期における各機関投資家の保有株数を発行済み株式総数で割ることで、彼らの保有シェアを計算する。その保有シェアが前の四半期よりも増加していればその機関投資家を買い手（buyer）、減少していれば売り手（seller）と呼ぶ。シアスは、株式銘柄ごとに、取引を行った機関投資家のうち買い手となった機関投資家数の比率に着目する。そのために、$N_{B,k,t}$ を t 期に銘柄 k の買い手となった機関投資家の人数、$N_{S,k,t}$ を売り手となった機関投資家数として、買い手となった機関投資家数の比率 $Raw\Delta_{k,t}$ を次のように定義する。

$$Raw\Delta_{k,t} = \frac{N_{B,k,t}}{N_{B,k,t} + N_{S,k,t}} \tag{1}$$

3）Sias (2004) を参照。

この買い手比率 $Raw\Delta_{k,t}$ が 1 に近い値であれば、四半期 t 時点において銘柄 k の取引を行った機関投資家のほとんどが買い手であったことを示し、0 に近い値であれば、ほとんどが売り手であったことを意味する。

ここで、機関投資家の買い手比率を時点間で比較できるようにするために、各時点における買い手比率の平均 $\overline{Raw\Delta_t}$ と標準偏差 $\sigma(Raw\Delta_t)$ を用いて、$Raw\Delta_{k,t}$ を以下のように Z 値に標準化する。

$$\Delta_{k,t} = \frac{Raw\Delta_{k,t} - \overline{Raw\Delta_t}}{\sigma(Raw\Delta_t)} \tag{2}$$

$\Delta_{k,t}$ の値が大きいほど、マーケット平均に比べて多くの機関投資家が買い手としてポジションを増やしていることを示す。

各銘柄について機関投資家の買い手比率 ($\Delta_{k,t}$) を見たとき、売買行動の横並びがあるとすれば、その比率は系列相関をもつと予想される。そこでシアスは、買い手比率 $\Delta_{k,t}$ を被説明変数とし、前期の買い手比率 ($\Delta_{k,t-1}$) を説明変数とした (3) 式をクロスセクション回帰することによって機関投資家の各時点における横並び行動（群衆行動）を調べている。その時点において機関投資家間で群衆行動が起こっていれば係数ベータ β_t は正となる。機関投資家が恒常的に群衆行動をとっているのであれば、期間を通じてベータの係数は有意に正の値をとるはずである。

$$\Delta_{k,t} = \beta_t \Delta_{k,t-1} + \varepsilon_{k,t} \tag{3}$$

表 7 - 1 に示すのは、1983年から1997年までの全四半期において、(3) 式の回帰を58四半期分繰り返し、それぞれ推定した係数 ($\hat{\beta}_t$) の平均値を記したものである。対象銘柄を限定しない場合、つまり機関投資家が 1 人でも保有している銘柄を対象とした場合、係数の平均値は0.1194で、t 値が12.67であることがわかる。対象銘柄を機関投資家数の基準で絞っても係数が有意であることは変わらない。機関投資家が20名以上保有しているような、プロ投資家に人気のある銘柄だけに限定した方が群衆行動はより強く観察されることも示されている（係数の平均値は0.1602で、t 値は25.42である）。

表7-1　米国機関投資家の群衆行動に関する検証結果

対象銘柄	推計された係数$\hat{\beta}_t$
機関投資家が1社でも保有している全銘柄	0.1194 (12.67)＊＊＊
機関投資家が5社以上保有している銘柄	0.1755 (25.44)＊＊＊
機関投資家が10社以上保有している銘柄	0.1727 (23.32)＊＊＊
機関投資家が20社以上保有している銘柄	0.1602 (25.42)＊＊＊

注：Sias (2004) より筆者作成。1983年から1997年までの58四半期において、今期の保有比率を被説明変数とし、1期前の保有比率を説明変数とした単回帰の係数を対象銘柄分全期間で平均した値を記している。()内はt値であり、＊＊＊は1％で有意であることを示す。

表7-1から機関投資家も群衆行動的な取引を行っていることがわかった。それではなぜ、十分な知識とトレーニングを受けているはずのプロ投資家が群衆行動に走ってしまうのだろうか。その背景には、概ね以下の2つの仮説が考えられている。1つは、「調査による群衆行動（investigative herding）」、もう1つは「評判維持のための群衆行動（reputational herding）」である。

調査による群衆行動

調査による群衆行動とは、機関投資家が株式を調査するときに使うシグナルが銘柄間で相関をもっていることによって起こる。つまり、プロ投資家とはいえ、調査で得られる情報には限りがあり、結果的には多くの投資家が同じ情報源にもとづいて銘柄を判断するため、群衆行動が起こってしまうという考え方である。プロ投資家で十分な情報源と分析能力がある場合、概ね同じ結論に達することが予想され、合理的意思決定が結果として群衆行動に見えるという解釈である。

評判維持のための群衆行動

プロ投資家、とりわけ機関投資家は、他の機関投資家と異なる取引行動をすることで、失敗した場合の評判の悪化を恐れるからだという仮説も考えられている。大組織に勤務するプロのファンドマネジャーは、他の投資家と同じよう

な行動をとることで、仮に運用成績が上がらなかったとしても、相対評価の中で容認されるかもしれない。ところが、他の投資家と異なる行動をとった場合、運用成績が悪い場合は、その能力に疑問符がつく可能性がある。この場合、運用成績が悪ければ能力不足を指摘され、場合によっては職を失う可能性も生じる。他人と異なることで失敗したときの損失が成功する利得より大きいために、群衆行動をとることが最適戦略となる。預かり資産のリターン最大化という観点からは非合理的投資行動だといえるだろう。

ジョン・グラハム（John Graham）の調査によると、証券アナリストの中でも能力の高いアナリストや、逆に低いアナリストは群衆行動を起こす可能性が高いという[4]。その理由として、能力の高いアナリストは、他のアナリストと異なる意見を出した場合、間違っていれば評判を毀損するコストが非常に高くつくことが考えられる。よほどの確信がないかぎり、彼らにとっては群衆行動を選択することが合理的なのである。一方、逆に能力の低いアナリストの場合は、そもそも自らの私的情報に信頼が置けないため、群衆行動をとることが合理的選択となるのである。

1.4. 群衆行動の定量化の試み

群衆行動をリターンの銘柄間相関で表現する

1.3項で見た機関投資家の群衆行動については、四半期ごとの保有比率の変化から確認することができた。しかし、これは四半期という比較的長い期間におけるプロ投資家の群衆行動を示しているといえるが、銘柄の人気度を観察しているだけとも考えられる。群衆行動は、日々の市場の取引において発生しうる、個人投資家も含めた市場参加者全体に見られる現象であろう。それを検証するためには、市場参加者すべての日次の行動データが必要である。このようなデータは通常は入手できないが、株価データだけを手がかりに群衆行動を日次の粒度で検知することができるかもしれない。

群衆行動が発生すると、投資家は他の投資家の行動を真似るという取引に走るため、ファンダメンタル価値から乖離したところに資産価格を導いてしまう。

---

4) Graham (1999) を参照。

株式市場に群衆行動が発生していない通常状態にあれば、ファンダメンタル価値からの大幅な乖離は割安になった状態の株式を買う（割高になった株式を売る）という裁定取引を誘発し、価格を適正水準に戻そうとする力が働く。たとえば、市場が大きく下落しファンダメンタル価値を下回るような状況が発生した場合は、裁定トレーダーが買い注文を出すことで価格は適正水準に戻る。

　ところが、市場に他人の行動を真似る投資家の数が多くなると、下落過程においてさらなる売り注文が発生し、合理的な価格水準に戻そうとする裁定トレーダーの買い注文が呑み込まれてしまう。このような状況では、価格が下落し続けるため、裁定業者は取引直後から評価損を抱えるリスクを負う。そのリスクに見合う低い価格まで株価が下落することで、群衆行動の売り注文の数に見合う裁定トレーダーの買い注文が集まるのである。このタイミングは、価格が大きく下方乖離している状況なので、群衆行動による売り注文が収束すれば、急速に株価が回復することになる。

　したがって、このことからもし群衆行動に起因するような一方的な株価低下の局面で、その「売られすぎ」の状態が推定できれば、ミスプライシングからの修正プロセスを利用して、超過リターンが得られるだろう。超過リターンが得られることが示されれば、それは群衆行動によるミスプライシングが予測可能な超過リターンを生じさせるというエビデンスになる。

　日次の行動データが入手できないなか、この「売られすぎ」の状態を捉える1つの方法として、羽室・岡田・Cheung（2016）[5]、岡田・羽室（2017）では[6]、銘柄間の価格変動パターンの類似性を観察することを提案している。価格情報は瞬時に入手可能な情報である。彼らは、一定期間の価格情報から変動パターンの類似度（相関係数）を測定することで、群衆行動を日次で測定することを試みている。投資家が同じような行動をとっているのであれば、それは株価変動の類似性に表れるのではないかと、という着想である。銘柄間の価格変動の時系列相関を観察し、類似している銘柄間には類似した取引行動に従事する投資家が背後に存在すると考えれば、銘柄間の類似性が市場全体に拡散している

5）　羽室・岡田・Cheung (2016) を参照
6）　岡田・羽室 (2017) を参照

状態が起こったとき、群衆行動が発生していると考えることができる。彼らは、「グラフ」を用いて株式市場を概観する手法を提案しているので、ここで簡単にグラフ理論について紹介しておこう。

グラフで群衆行動を可視化する

グラフ理論は、「グラフ」と呼ばれる数学的構造を研究する数学の一分野である。ここでの「グラフ」とは、点（vertex）の集合Vと2点間を結ぶ辺（edge）の集合Eのペアで定義され、G=(V,E)と表す決まりになっている。点のことを頂点、あるいはノードと呼び、辺のことを枝、あるいはエッジと呼ぶ。枝に方向性があるものを有向グラフ、方向性がないものを無向グラフという。本書では詳しく解説しないが、グラフはコンピューターサイエンスにおいてネットワークの構造分析などに利用されている。ここでは株式市場を銘柄間ネットワークと考え、グラフで表現することで銘柄間のさまざまな関係性を視覚化できるようにする。彼らは、グラフを銘柄間の日次リターンの類似性という視点で株式市場におけるリターンのネットワーク構造を考えるために用いるが、いかなる複雑な関係性であっても定義さえ変えれば視覚化できるツールとして活用することができる[7]。

さて、株式リターンの類似性をグラフで表現するために、最初に定義しよう。上場銘柄をノードv_1からv_nで表そう。そして、任意の期間におけるリターンの類似性がある場合にノードとノードの間に枝を貼ることにする。この時、任意の期間d日間におけるリターンの相関係数が閾値を超えた場合に類似性があると判断する。そうすると、銘柄Aと銘柄Bの価格変動に類似性があれば、A－Bという無向グラフで表現することができる。ここでは関係性をグラフで表すだけで方向性は関係ないため、有向グラフではなく無向グラフを考える。いま株式市場に$v_1, v_2, \ldots v_n$のn個上場銘柄があるとする。興味があるのは株価リターンの類似性である。ここで各株式ペア、v_i, v_jのリターンR_i, R_jの相関係数ρ_{ij}を計算し、相関係数で十分に類似していると判断する閾値(θ)を考え、

7）ここでは企業間のリターンのシンプルな相関関係を枝で表現しているが、2社間の取引関係や企業規模で枝に重みを与えることで、複雑な関係性であっても表現可能である。

ρ_{ij} が閾値を超えるペアに枝（E）を貼ることにする。これをまとめると（4）式のとおりである。

$$G = (V, E)$$
$$V = \{v_1, v_2, ... v_n\}$$
$$E = \{(v_i, v_j | v_i, v_j \in V, i \neq j, \rho_{ij} \geq \theta\} \qquad (4)$$

　仮にいま、過去10日間（d=10）の観察期間における銘柄Aと銘柄Bのリターンの相関係数が0.9以上（$\theta \geq 0.9$）の場合に類似性があると定義し、枝を貼るというルールを定めるとしよう。このルールにもとづき、日々の株式市場全体の動向をグラフで表現することで、過去10日間に類似の株価変動パターンをもつ銘柄群がどの程度存在するかを可視化することができる。各銘柄間の時系列相関が低い場合は、ノード間に枝が貼られることはないためグラフで表現された株式市場には枝が存在しない。一方、共変動する銘柄が増えれば増えるほど、枝の数は増えることになる。株式市場を構成する銘柄全体がどの程度共変動しているかを測定するために、次に「枝密度（edge density）」というグラフにおける枝の存在割合を示す指標を用いることにする。

　いま、グラフGのノードの数を$|V|$、枝集合Eのサイズを枝の総数$|E|$で表すことにする。今回用いるような無向グラフの場合、時点tで最大に貼ることができる枝数は全ペアの数であるので、$\frac{|V_t|(|V_t|-1)}{2}$となる。枝密度（D_t）は、この最大枝数と観察されている枝数の比率として（5）式に示すように指標化される。

$$D_t = \frac{|E_t|}{|V_t|(|V_t|-1)/2} \qquad (5)$$

　株式市場に適用した場合を考えると、$|V_t|$はt日における全上場銘柄数である。仮に全上場銘柄数が3,000社だと考えると、2銘柄の組み合わせは（$3,000^2$ $-3,000$)/2で449万8,500ペアである。ある時点tにおいて、全銘柄の値動きの相関係数がすべて0.9以上であれば、全上場銘柄間すべてに枝が貼られ、その数は449万8,500になる。この場合の枝密度は（5）式から$D_t=1$となる。逆に、全上場銘柄の値動きの相関係数がすべて0.9以下であれば、（5）式の値は$D_t=0$

となる。ここからわかるように枝密度 (D_t) は 0 から 1 の値をとる。

次に、枝密度を用いて株式市場における群衆行動が観察されるかどうか見てみよう。ここではリーマンショック期における 2 つの時点における枝密度を比較してみる。図 7 - 1 は、時価総額の上位100銘柄を抽出し、金融危機時の株価変動の前後の枝密度を図示したものである。2 つの円が示されているが、その外周には銘柄を示すノードが100個（100社）配置されている。

図 7 - 1 の左に示すのは2008年 9 月22日のグラフであり、右に示すのは同年10月 6 日のそれである。9 月22日はリーマンショックの直後の時期で、大暴落後に一時的に市場が小康状態を保っていた日である。一方、10月 6 日は再び大幅な下落を示した日である。この 2 つのグラフを比較してみると、1 つの特徴が際立つことがわかる。大幅な下落を記録した日は、通常時と比較して枝密度が非常に高くなっているのである。大暴落の日に枝密度が高まるということは、銘柄間の類似度が高くなっていることを示す。これは同じ取引行動に従事する投資家が背後に存在することを意味すると考えられる。枝密度によって捉えられた群衆行動が可視化されているといえよう。こうした分析手法を用

図7-1　金融危機時の枝密度の変化

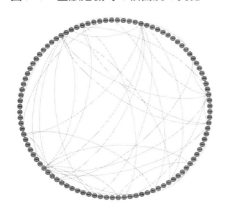
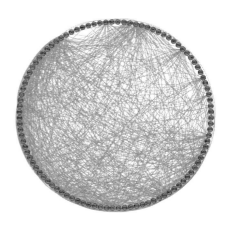

　　　　2008年 9 月22日　　　　　　　　　　　　2008年10月 6 日

注：図で表すのは、2008年 9 月22日と10月 6 日の TOPIX100銘柄の銘柄間の枝の貼られ方を可視化したものである。円周にノードとして100銘柄が配置されており、過去10日間のリターンの相関係数が0.9以上であれば枝を貼っている。

いることで、株価データを使って日次の粒度で投資家の群衆行動を観察できることを示している。

　群衆行動が発生し、ファンダメンタル価値よりも株価が下方乖離するのであれば、株価は群衆行動の収束とともに急速に回復することが予想される。実際、株式市場は2008年10月6日が最安値であり、この図7-1の右図の枝密度が観察された直後に上昇に転じている。こうした値動きは、枝密度の急上昇が、多くの投資家が他に追随するような投資行動を起こし、その結果ファンダメンタル価値から大幅な下方乖離が発生したと考える仮説と整合的である。

1.5.　市場の局面を考慮して群衆行動を考える

　これまでは、銘柄間の相関係数の時系列変動を考えていたため、株価が上昇している局面において相関が高いのか、下落している局面において相関が高いのかを区別せずに議論している。次のステップとして、上昇局面と下落局面を区別して考えることにする。この目的のためにその類似性を再定義する。(6)式で示すように、上昇局面における類似性を捉えるために、各銘柄ペアの過去10日間のリターンの相関係数$\rho_{ij} \geq 0.9$でかつ、単調増加ベクトル$A=(1,2,3,4,5,6,7,8,9,10)$と正の相関があるものE''_Aと定義し、その中で枝密度を計算する。こうすることにより、単調増加している銘柄群の中でリターンの類似度が高い銘柄群を可視化することができる。同様に、下落局面で似ている場合を捉えるために、$\rho_{ij} \geq 0.9$でかつ、単調減少ベクトル$D=(10,9,8,7,6,5,4,3,2,1)$と正の相関があるものE''_Aと定義し、枝密度を計算する[8]。

$$E' = \{(v_i, v_j) | \rho_{ij} \geq 0.9\}$$
$$E''_A = \{(v_i, v_j) | (v_i, v_j) \in E', Corr(R_i, A) > 0 \wedge Corr(R_j, A) > 0\}$$
$$E''_D = \{(v_i, v_j) | (v_i, v_j) \in E', Corr(R_i, D) > 0 \wedge Corr(R_j, D) > 0\} \qquad (6)$$

　図7-2に示すのは、東証株価指数（TOPIX）の東日本大震災前後の動向と、過去10日間の時系列リターンの相関が0.9以上で、かつ、単調増加（減少）ベ

8）　ここで相関係数の$\rho_{ij} \geq 0.9$や$Corr(R_i, A) > 0$、$Corr(R_j, A) > 0$も任意の閾値である。

図7-2 東日本大震災時のTOPIXと上昇銘柄群・下落銘柄群の枝密度の推移

注：羽室・岡田・Cheung (2016) より抜粋。下のグラフの黒線は過去10日のリターンの相関係数が0.9以上あった銘柄ペアでかつ、単調下落ベクトルとの相関が0.7以上となった銘柄ペアに枝を貼った場合の枝密度推移を示す。灰線は単調上昇ベクトルとの相関が0.7以上の銘柄ペアに枝を貼った場合の枝密度推移である。下図の左軸と右軸はそれぞれ下落時と上昇時の枝密度を示す。

クトルとの相関が閾値 (σ) 以上という2つの条件を満たす場合にのみ枝を貼ったときの枝密度の時系列推移を示したものである。ここでは、$\sigma=0.7$ として (7) 式で枝数をカウントし、(5) 式で枝密度を計算した結果を用いている。

$$E''_A = \{(v_i, v_j) | (v_i, v_j) \in E', Corr(R_i, A) > 0 \wedge Corr(R_j, A) > \sigma\}$$
$$E''_D = \{(v_i, v_j) | (v_i, v_j) \in E', Corr(R_i, D) > 0 \wedge Corr(R_j, D) > \sigma\} \quad (7)$$

図7-2からわかるように、単調下落ベクトルでスクリーニングした場合、株式市場の暴落時に枝密度が高くなっているのがわかる。一方、単調上昇ベクトルでスクリーニングした場合、株式市場の反発時に高くなっている。しかし、株価指数とのはっきりした関連性は下落局面においてより顕著であることがわかる。株価の下落局面においては出来高が減少し、上昇局面においては出来高が増加することが一般的に知られている。この現象は、損失領域においてリスク愛好的になり、利得領域においてリスク回避的になるプロスペクト理論的な投資家が市場で取引していると考えることで整合的に理解できる。枝密度の上昇が下落局面においてより正確に群衆行動を予測できるのは、市場のこうした特性と関連しているのかもしれない。

次に、株価指数との連動がより顕著な下落局面における枝密度に焦点を絞って長期の傾向を観察してみよう。図7-3に示すのは、下落局面ベクトルとの

図7-3 1987年から2015年までの下落局面における枝密度上昇時の主なイベント

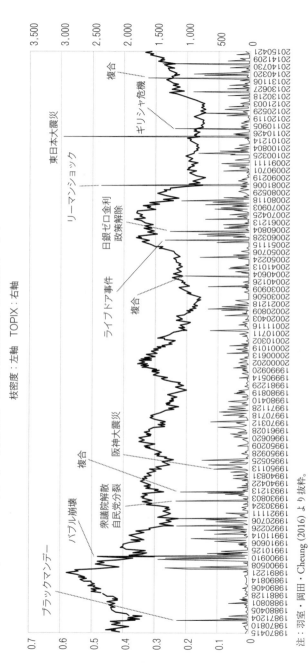

注：羽室・岡田・Cheung (2016) より抜粋。

相関が0.7以上（$\sigma \geq 0.7$）でスクリーニングした場合の枝密度の推移を1987年から2015年まで観察したものである。実線は東証株価指数（TOPIX）であり、下落局面における枝密度は細い波状型の線グラフとして示している。1987年のブラックマンデー、1990年の湾岸危機、1993年の自民党分裂、1995年の阪神・淡路大震災、2006年のライブドアショック、2008年のリーマンショック、2011年の東日本大震災、2012年のギリシャ危機まで、これまで幾度となく大幅な下落をもたらすイベントが株式市場を襲っているが、そのたびに枝密度の上昇が見られることが確認できるだろう。過去のメディア報道などから複数の要因で下落したと考えられるものについては、「複合」と記載している。

　枝密度が高まるタイミングは、投資家の群衆行動が顕在化しているタイミングと一致しているのではないだろうか。当初は一定の投資家の売りによって価格が下落しただけであるかもしれないが、それを見たことによって自らのもつ私的情報を無視し、他の投資家の真似をする投資家が数多く出現したとき、追随売りの連鎖を誘う展開となる。この場合、株価はファンダメンタル価値を下回る割安な状況まで下落をすることになるだろう。群衆行動の発生は、市場の大きなミスプライシングと連動しているため、枝密度の水準を観察することで群衆行動を事前に検知できるのであれば、枝密度を利用した投資戦略の立案が可能となるはずである。次節では枝密度を用いた投資戦略の有効性を検証する。

1.6.　枝密度を基準にした投資戦略

　筆者の1人は実務家として市場変動に対峙するが、相場変動が一時的な群衆行動に突き動かされ、やがてその揺り戻しが起こっていると直感することも多い。仮に枝密度が市場におけるこうした群衆行動を表現しているのであれば、枝密度の上昇は、ファンダメンタル価値からの乖離と相関をもつことになる。群衆行動が収束すると市場価格はファンダメンタル価値に回帰することから、枝密度が高くなったタイミングで取引するという投資戦略を考えることで、超過リターンが獲得できるはずだ。

　枝密度は、あくまでも外生的に与えられるさまざまな閾値によって変化する。したがって、群衆行動を正確に捉えるにはそうした閾値を探索的に求める必要がある。探索すべきパラメーターは6個存在する。何日間のリターンの相関を

見るかという観察日数 d の設定と、枝を貼る銘柄間相関のレベル θ、観察日数と連動して決まる単調減少（増加）ベクトルの A（**D**）、および A（**D**）への相関のレベル σ で、合計 5 個である。これら 5 個のパラメーターは次のように枝密度と関係する。θ が大きくなればなるほど枝は貼られにくくなり、σ の制約が弱ければ弱いほど他の条件が一定であれば枝密度は高くなる。さらに、6個目のパラメーターとして取引戦略のパラメーターがある。どの水準の枝密度で取引シグナルを発するかを決める枝密度のレベル e である。投資戦略の成績が良ければ、こうしたパラメーター設定で群衆行動を検知できていることになる。任意に設定されるパラメーターが多いため、表 7 - 2 にまとめておく。

　ここでは、リターンの相関を見るための観察日数 d を10日、$\theta=0.9$、$\sigma=0.7$ に固定し、売買のトリガーとなる D_t の閾値 e を0.05、0.10、0.15、0.20、0.30で実験する。取引戦略の検証期間は1987年から2015年までである。検証する取引戦略は、A・B 2 つの戦略を実験する。図 7 - 4 に示すように、戦略 A は、ある閾値 e の水準を超えピークをつけた日の引け値で TOPIX を購入する。ピークをつけたかどうかはその翌日にならないとわからないため、枝密度が最も高い日の翌日がポジションをとる日である。そのポジションはそのままホールドし、閾値 e 以下になった日の引け値で売却するという取引ルールを採用する。一方、戦略 B は、閾値 e を超えている日は毎日引け値で購入しポジションを積み上げ、閾値 e を下回った日にすべて売却するという取引ルールに従うものとする。

　表 7 - 3 にその結果をまとめている。平均リターンは1987年から2015年まで

表7-2　取引戦略のシグナル生成のためのパラメーター一覧

名称	表記	定義
観察日数	d	時点 t において銘柄間の相関係数を測定するための日数
銘柄間相関閾値	θ	枝を貼る基準となる相関係数の閾値
単調増加ベクトル	A	A=（1,2,3,4,5,6,7,8,9,10）という単調増加ベクトル。観察日数と連動して決まる
単調減少ベクトル	D	D=（10,9,8,7,6,5,4,3,2,1）という単調減少ベクトル。観察日数と連動して決まる
単調ベクトルとの相関閾値	σ	銘柄間相関係数 $\rho > \theta$ のとき、枝を貼るための必要な対象銘柄ペアの D もしくは A との相関係数の閾値
売買トリガー閾値	e	取引戦略の実行を決定する枝密度の閾値

の期間において、戦略Aと戦略Bを実施した場合の取引戦略平均日次リターンを年率換算したものである。また、ポジション保有期間の日次標準偏差を年率換算したものとシャープ比を記している。

たとえば、取引シグナルとなる枝密度の閾値を0.05とした場合、戦略Aで年率リターンは67.5％、戦略Bで平均77.5％得られている。この値を、閾値0.30と比較すれば、それぞれ平均年率リターン207.5％と557.5％であるから、閾値が厳しいほどリターンが高いことがわかる。戦略Aと戦略Bとの比較では、戦略Bの方が高い平均リターンを示しているが、標準偏差も大きい。ただし、シャープ比で比較すると、概して戦略Bの方が良い結果となっている。

こうした検証方法は一般的なファイナンス研究におけるそれとは異なるもの

図7-4　取引戦略の概略

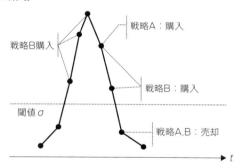

注：羽室・岡田・Cheung（2016）より抜粋。

表7-3　枝密度をシグナルとした取引シミュレーション

	戦略A			戦略B		
枝密度閾値 (e)	平均リターン (年率%)	標準偏差 (年率%)	シャープ比	平均リターン (年率%)	標準偏差 (年率%)	シャープ比
0.05	67.50	31.62	2.135	77.50	37.95	2.042
0.10	45.00	37.95	1.186	95.00	47.43	2.003
0.15	100.00	42.69	2.342	172.50	56.92	3.031
0.20	35.00	44.27	0.791	207.50	64.83	3.201
0.30	207.50	39.53	5.249	557.50	83.80	6.653

注：羽室・岡田・Cheng（2016）より筆者作成。閾値 e 以上であれば枝を貼った場合の枝密度をシグナルとしている。

であるが、検証結果から見ても非常に有用性が高い。ただ、任意に設定したパラメーターが多く、成績が良くなるパラメーターを探索したデータマイニングの結果ではないかと批判を受けるかもしれない。ただ、データからなんらかの仮説導出を行うデータ駆動のアプローチも、近年ファイナンスに取り入れられつつある。こうした研究手法の役割を否定的に捉えるべきではないだろう。

1.7. ハーディングのまとめ

市場に参加している投資家の行動データは入手困難である。そのため、群衆行動の理論研究はあるが、金融市場において群衆行動が発生している様子を実証的に明らかにしている例は少ない。機関投資家の投資行動はその持ち分情報が公開されているため検証可能であり、その結果、機関投資家においては群衆行動が確認された。しかし、個人投資家も含めた市場全体の群衆行動については、より粒度の細かい行動データがないかぎり客観的に特定することはできない。

そこで本章では、個別銘柄間のリターンデータの時系列相関を観察することで、群衆行動の代理変数として枝密度の時系列データを作成した。群衆行動は市場参加者が他者の行動を真似るため、ファンダメンタル価値からの乖離を引き起こしやすい。多くの投資家の追随行動は、市場に存在する銘柄間のリターンの相関関係を上昇させる。したがって、銘柄間相関が高まった（枝密度の水準が切り上がった）ときは、ファンダメンタル価値から乖離しているタイミングだと仮定して売買する投資戦略が考えられる。こうした判断基準にもとづく投資戦略を実行することによって超過利潤を獲得できることが示された。このことは、銘柄全体の価格系列に含まれる群衆行動の情報を利用することによって、将来の超過リターンが予測できることを意味している。

2. センチメント

2.1. ノイズトレーダーの影響

センチメント（sentiment）は金融市場の実務家が多用する言葉であるが、そのはっきりとした定義は定まっていない。市場の「雰囲気」や「気分」「投

資家心理」等々さまざまな表現方法が用いられるが、センチメントの実態はわかりにくく、標準ファイナンスのパラダイムで説明できない現象をまとめて「センチメント」という言葉で片付けてしまっている感がある。たとえば、第3章の「目立ち（salience）」の節や第6章の「市場の効率性を否定する逸話的証拠」でも紹介した、社名を「.com」と変更した企業の株価大幅上昇については、ドットコムバブル時代のセンチメントによって引き起こされたものだと説明されるだろう。また、第1章のコラム1-1で紹介した米国のゲームストップ社のケースも、巨大ヘッジファンドが運用資産の53％も失うことになったきっかけは、特定の首謀者がいたというのではなく、自然発生的に、「ヘッジファンドを懲らしめろ」という個人投資家のセンチメントが一気に高まったからだ、と片付けてしまうことでもできる[9]。

標準ファイナンス理論では説明できないこうした事例に対し、市場で非合理的に振る舞う「ノイズトレーダー」を定義し、現実に観察される現象をよりよく説明しようとする理論モデルが提案されている。たとえば、ブラッドフォード・デロング（Bradford DeLong）、アンドレイ・シュライファー、ローレンス・サマーズ（Lawrence Summers）、ロバート・ウォルドマン（Robert Waldman）らは、市場には合理的投資家と非合理的なノイズトレーダーの両方が存在すると考え、後者によってもたらされるノイズトレーダーリスクを反映したモデルを提案した[10]。

標準ファイナンスでは、非合理的なトレーダーは情報をもたずに売買を繰り返すため、一時的に価格を不安定化させたとしても、裁定トレーダーが介在することで価格水準に影響を与えることはできないと考える。価格水準に影響を与えることができなければ、たとえノイズトレーダーのような投資家がいても彼らは全体として利益を得ることはできず、やがては市場から駆逐されていくだろう。こうした標準ファイナンスの予測に対し、デロングらのモデルではノ

9）米国の株式関連のネット掲示板レディットでよく見られたメッセージに、「その男に貼り付けろ（Stick it to the man!）」というものがあった。これは権力に対して民衆が反乱する場合に使われる慣用句であり、巨額の富を持つ金融エリートへの民衆の反感が表れている（Phillips and Lorenz [2021] を参照）。

10）DeLong et al. (1990)a 参照。

イズトレーダーによって価格水準が変わってしまうと考えている。また、ノイズトレーダーは利益を上げられないどころか、むしろ、裁定トレーダーたちがじっくりと裁定取引に取り組めない状況下では、ノイズトレーダーは自らが創り出すリスクの報酬を受け取る場合があることを指摘する。じっくり裁定ポジションを保持できないときとは、ポジションの組成後に評価損が大きくなって耐えることができないようなときである。裁定トレーダーの背後には資金提供者が存在するが、彼らとて長期間に評価損を抱えるトレーダーに資金を提供し続けることはできない。資金提供者は裁定トレーダーがいくら合理的取引をしていても、どこかの時点で自らのポジションを解消して降参するように迫るだろう。こうした場合、裁定トレーダーはノイズトレーダーの価格不安定化行動に対して反対のポジションをとり続けることができず、価格水準はノイズトレーダーによって決められてしまう。このモデルのポイントは合理的投資家と非合理的なノイズトレーダーが市場に存在した場合、ノイズトレーダーは駆逐されず合理的投資家の価格是正機能が不全になるということである。

　同じ著者たちは、合理的投資家の行動を逆に考えたモデル、すなわち、価格をファンダメンタルから乖離させる方向に積極的に取引する合理的投資家のモデルも提案している[11]。著名投資家であるジョージ・ソロス（George Soros）は、ファンダメンタル価格から乖離していても、群衆がこの乖離をより大きくする方向に取引することが見込まれる場合は、反対のポジションをとるのではなく、群衆が反応すると予想する方向のポジションをとるという。こうしたソロスの話に着想を得た著者たちは、「ポジティブフィードバックトレーダー（positive feedback trader）」という戦略的な投資家を想定する。このモデルでは次のように価格が変動する。

　まず、ノイズトレーダーが非合理的な取引を行い、価格がファダメンタルより高い水準で取引される。これを見たポジティブフィードバックトレーダーは、他の多くの群衆行動的投資家が乖離を助長する方向に走ると予想した場合、真っ先に戦略的に買い注文を入れる。このような取引をするある種の合理性を備えた投資家を想定すれば、先のモデルの場合よりも価格はファンダメンタル価

11）　DeLong et al. (1990)b を参照。

値からはるかに大きく離れることになる。

　ゲームストップ社の市場での大幅な過大評価は、裁定トレーダーが参入しにくいという理由だけではなく、むしろ群衆行動を予想した合理的なポジティブフィードバックトレーダーが参加していたことによるのかもしれない。

2.2.　センチメントとクロスセクションの株価リターンの理論的関係

　標準ファイナンス理論で説明できない株価のファンダメンタル価値からの乖離は、たしかにセンチメントによるものかもしれないが、だからといってセンチメントを取り出し、それがどういう役割を果たしているかを調べることは難しい。というのは、強気のセンチメントが株価に影響を与えているといっても、長く続くバブル的な株価動向の中にノイズとともに埋もれてしまっており、外からは識別できないからである。また、仮にセンチメントを利用して株価の予測可能性が一定程度可能であったとしても、それがセンチメントによってもたらされたミスプライスなのか、時系列に変化するリスクや投資家のリスク回避度の変化を予想したものかについても区別はできない[12]。

　そこで、マルコム・ベーカーとジェフリー・ヴァーグラー（Malcolm Baker, Jeffrey Wurgler）は、センチメントの影響を可視化するために、独自の枠組みでセンチメントを捉えようとした。彼らも、先のデロングらのモデルにあるのと同じように、センチメントに惑わされない合理的投資家とセンチメントの影響を受けやすい非合理的ノイズトレーダーの2つのタイプが市場にいると考える。ここで、ノイズトレーダーは、外生的に発生する雰囲気に突き動かされながら、その時々でセンチメントに委ねた行動をとる。一方、合理的投資家はさまざまな制約を受ける。たとえば先に述べたように、投資期間の制約があるためにじっくり裁定取引に取り組めなかったり、空売りを伴った取引が必要な場合にはそれに伴うリスクやコストの制約を受けたりする[13]。この2種類の投資主体がどのような状態にあるかによって取引価格にさまざまな影響を与える

---

12)　Baker and Wurgler (2007), p.131。
13)　具体的には空売りするためには借株市場で株式調達しなければならない。あらかじめ空売りのために借りた株式でも、途中で返却要請（コール）が起こる場合がある。またダウンティックルールと呼ばれる取引執行にかかるコストも大きい。

が、合理的投資家の制約は時間を通じて一定である。

　ここで、投資家センチメントとはノイズトレーダーがギャンブルへと向かう気分のようなものだとしよう。こう考えると、その気分が高いときにはノイズトレーダーはより投機的な株式に向かい、その気分が低いときには安全な株式に向かうことになる。つまり、センチメントが良くなったとき（強気のセンチメントが拡散したとき）は投機的な株式が好まれ、センチメントが悪くなったとき（弱気のセンチメントが拡散したとき）は債券的性格をもつ株式が好まれる。

　では、投機的な株と債券的性格をもつ株はどうやって見分ければよいだろうか。ベーカーとヴァーグラーは投機的な株は真の価値がわかりにくいような企業の株で、主観的な評価で価値が左右されやすいような株だと定義している。たとえば、歴史の浅い企業で、その事業内容から、「もしかすると大化け」するかもしれないと思わせるような株などはそういった株に該当するだろう。ギャンブル性向が高まるような強気センチメントが支配する状況においては、証券アナリストやメディアもそういった企業の明るい未来を喧伝しているかもしれない。投資家の心理的バイアスの面からいえば、このような株を評価する場合、自信過剰バイアス、代表性バイアス、また保守主義の影響が色濃く出る可能性がある。その反対に、歴史が長く、長期間において安定配当している有形資産が多いような企業の株は、その評価に主観的評価が入り込む余地が少ないため、債券的性格をもつものだと言えよう。

　センチメントの影響度合いをこうした企業特性に分けて考えると、図7-5に示すような企業属性とバリュエーションの関係が成立していると考えられる。図は実証的に示されたものではなく、ベーカーとヴァーグラーの概念図である。横軸には、その企業の年齢や事業内容、有形資産など複数の次元で表現される真の価値の測りにくさの程度によって、各銘柄の投機性あるいは裁定の困難性を表している。縦軸はバリュエーションの水準を示している。ファンダメンタル価値はP*と表されている（P*は時系列で変動してもかまわない）。

　たとえば、電力やガスなどの公益事業者の株は、投資家にとって債券的な性質をもっている株と考えられ、横軸の左側に位置している。これらの株はセンチメントによって価格変動があったとしても、裁定取引が機能しやすい。一方

で、規模が小さく歴史も浅いうえに無形資産の割合が高く、今後の成長可能性が高いと目される株は右側に位置しており、裁定取引は働きにくい。センチメントが強気のときには、裁定が働きにくい株はバリュエーションが過剰に高くなりやすく、逆に弱気のときには割安になりやすいという考え方が表現されている。

図7-5では、高センチメントと低センチメントの直線が交わっている。交点が存在するということは、債券的な性質をもつ株式はセンチメントが弱気に傾いたときには適正水準以上に買われる、いわば「質への逃避」的な市場になっていることを意味している。この場合、センチメントが悪化しても株式市場全体への影響は中立でありながら、裁定のしやすい株式群が過大評価され、裁定の難しい株式群が過小評価されることになる。

こうした枠組みで考えることで、センチメントの高低や、銘柄の裁定の困難さによってクロスセクションのリターンにどのような違いが出てくるのかを明

図7-5　センチメントと株式評価（概念図）

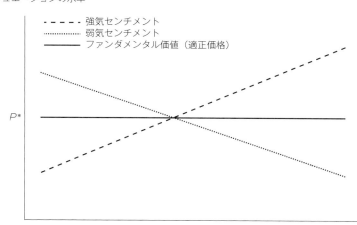

注：Baker and Wurgler (2007) より筆者作成。投機的性格の株式は歴史が浅く、有形資産が少なく投資家の主観的評価で価値が大きく変わるような株式であり、債券的性格の株式とに歴史が長く、配当実績もある公益企業のような株式を指す。P^*はファンダメンタル価値であり、その時々で変化している。

確に予測することが可能となる。次節で、センチメントの測定方法とこの枠組みにおけるセンチメントのクロスセクション予測がどうなるかを見ていこう。

2.3. 市場変数からセンチメントを測定し、クロスセクションを予測する。

センチメントの測定には、市場参加者のセンチメントを測り集計するボトムアップの方法と、市場で観測可能な変数から測定するトップダウンの方法が考えられる。ベーカーとヴァーグラーはトップダウンのアプローチで、次の6つの要因を考慮したマーケット全体の投資家センチメントの代理変数を作成している。

- クローズドエンドの投資信託のディスカウント幅：その年の途中解約ができないタイプの投資信託の純資産価値と市場価格を比較し、市場価格が下方乖離している程度の平均（$CEFD_t$）
- 株式回転率：その年の株式出来高と発行済株式数の比率の平均（$TURN_t$）
- IPO数：その年の新規上場会社数（IPO_t）
- IPOリターン：前年にIPOした企業の初期リターン平均（$RIPO_{t-1}$）
- 資金調達における株式の割合：その年に実施された資金調達額のうち株式による資金調達（S_t）
- 配当プレミアム：前年の配当支払い企業群と無配当企業群の簿価時価比率の差（P_{t-1}^{D-ND}）

彼らは、この6つの変数から市場のセンチメントが構成されていると定義し、1963年から2001年の期間における6変数の第1主成分を取り出し、センチメントを（8）式で表している[14]。

$$SENTIMENT_t = -0.241CEFD_t + 0.242TURN_t + 0.253NIPO_t +$$
$$0.257RIPO_{t-1} + 0.112S_t - 0.283P_{t-1}^{D-ND} \qquad (4)$$

ここで$SENTIMENT_t$はある月tのセンチメント指数である。クローズドエ

---

14) Baker and Wurgler (2006), p.1657を参照。

ンドファンドのディスカウント幅 $CEFD_t$ は、平時であれば純資産額と市場価値はそれほど大きく乖離しないためその値は小さいが、投資家が今後の市場動向に不安を抱いて現金化したいような状況下では、ファンドそのものを市場で売却するしか方法がないため、そのディスカウント幅は大きくなる。$CEFD_t$ が大きいとセンチメントは悪化していると考えられるので負の係数は直感と整合的である。

ニューヨーク証券取引所（NYSE）の売買代金 $TURN_t$ と、IPO 数である $NIPO_t$ はいずれも正の係数である。前年の IPO の初期収益率 $RIPO_{t-1}$ と、その年の株式による資金調達の割合 S_t も正の係数をもつ。IPO の初期リターンが高ければ高いほど、また資金調達が株式に偏れば偏るほどセンチメントが強いというのも直感と整合的である。前年に配当を支払う企業と無配企業の簿価時価比率の平均値の対数 P_{t-1}^{D-ND} の係数は負である。配当を支払う企業の方が概ね大規模で成長性が乏しい企業群であることを考えると、こうした企業に対するニーズが大きくなるということは、それだけセンチメントが悪化していると考えられる。

ここで、ベーカーとヴァーグラーによる主成分分析の結果に前年のものと今年のものが混在していることに気がついた読者もいるだろう。彼らは主成分分析を 6 つの変数とそれぞれにラグをとった合計12の変数の主成分分析を行い、2 段階で主成分分析することで（8）式を導出している[15]。

次に、図 7 - 5 の概念図が示唆する関係が現実の株式市場で観察されるかどうかを見てみよう[16]。実証するためには、どのような株式が投機的で裁定が難しく、どのような株式が債券的性格をもつのか、つまり図 7 - 5 の横軸の右側に位置するのか左側に位置するのかを特定する基準を設けなければならない。取引コストや証券アナリストの業績予想のばらつきなど複数の判断基準が考えられるが、1960年から長期にわたるデータで検証する場合、長期間に入手可

---

15) ベーカーとヴァーグラーは 6 つの変数 ($CEFD_t$, $TURN_t$, $NIPO_t$, $RIPO_t$, S_t, P_t^{D-ND}) とそのラグをとった ($CEFD_{t-1}$, $TURN_{t-1}$, $NIPO_{t-1}$, $RIPO_{t-1}$, S_{t-1}, P_{t-1}^{D-ND}) で計12の変数を使って主成分分析を行った。その結果とそれぞれの変数の相関を観察し、各カテゴリーで相関の高い 6 つの変数で選択。その後それらを使ってもう一度主成分分析した結果をセンチメントとしている。

16) Baker and Wurgler (2007), p.148 参照。

能でかつ安定した判断基準でなければならない。そこで、ベーカーとヴァーグラーは過去1年における月次リターンのボラティリティを用いてランキングしている。各月において前年1年間のボラティリティで10分位に分類し、それに従って投機的で裁定が難しい銘柄群から債券的性格をもち裁定が容易な銘柄群まで10個のランキングポートフォリオを組成する。そして各分位ポートフォリオの各月のパフォーマンスを計測し、センチメント指数が高い時期と低い時期でそれらを比較する。ここでセンチメントが高い時期とは当該月の前月の（8）式の値が全体の値の中央値よりも高い月とし、低い時期は低い月とする。

図7-6に示すのは図7-5の概念図を実証した結果である。ただし、縦軸は平均月次リターンを示し、横軸は前月のボラティリティで裁定取引の難易度を代理している。結果は概念図と似た傾向を示していることがわかる。投機的で裁定困難な株式はセンチメントが強気から弱気にシフトすることで非常に大き

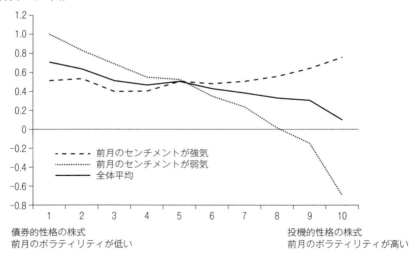

図7-6　前月のセンチメントと当月の株式評価の関係

注：Baker and Wurgler (2007) より筆者作成。月次のボラティリティでランキングし、各月でボラティリティを基準とした10分位ポートフォリオを組成。投機的性格の株式は最も前月のボラティリティが高い企業群の株式とし、債券的性格の株式は低い企業群のものとしている。縦軸はバリュエーションの代わりに平均月次リターンを用いている。図は（4）式で計算した前月のセンチメントの値が全体の中央値よりも高い場合に強気、低い場合に弱気と定義している。

く下落しているのがわかる。また債券的性格をもつ裁定が容易な株式は、センチメントが悪化することで高いリターンが達成されており、資金の質への逃避と整合的な結果になっている。

2.4. 言葉からセンチメントを測定し、リターンを予測する

ベーカーとヴァーグラーらの提唱したセンチメント指数は、長期的な投資家センチメントを反映するものだといえよう。クローズドエンドファンドのディスカウント幅や IPO の件数などは、年単位で変化する変数である。ただ、市場のセンチメントは日々の相場状況と連動してよりダイナミックに変動していると考えることができる。このように短期的に揺れ動く投資家のセンチメントをより即時的に把握するためには、センチメントを別の方法で測定する必要がある。

そこで注目されるのが、言葉遣いからセンチメントを測定しようという「テキストマイニング」という領域の技術を利用した試みである。言語の理解、生成、翻訳、感情分析、対話システムなど言語解析に関するさまざまな処理を行う研究領域である自然言語処理（natural language processing）の中で、大量のテキストデータから有用な情報やパターンを抽出するプロセスをテキストマイニングと呼ぶ。この分野の方法が、近年ファイナンスの分野にも取り入れられるようになってきている。とりわけ2000年以降、インターネット上で膨大な量のテキストが電子的に入手可能になったことで、テキストマイニングに関する技術革新が相次いだ。そうした技術はファイナンスの分析に利用されるようになってきている。その嚆矢となったのがワーナー・アントワイラー（Werner Antweiler）とマレー・フランク（Murray Frank）の研究である[17]。彼らはインターネットの掲示板の個人投資家の書き込みテキストを、ナイーブベイズ学習モデルを使ってポジティブかネガティブかを識別し[18]、株式リターンとの関係性を調査した。その結果、ポジティブな書き込みが多い銘柄の将来リターンは高く、ネガティブなものが多い銘柄の将来リターンは低いこと、また書き込みメッセージ量が将来の出来高を予測することを明らかにした。個人投資家の書

---

17) Antweiler and Frank (2004) を参照。

き込みは完全にノイズだと考える研究者にとっては意外な発見だったといえよう。

　ポール・テットロック（Paul Tetlock）もテキスト情報から将来の株価情報を抽出することに成功している。彼は、ウォール・ストリート・ジャーナル紙に毎日掲載される「本日の市況」欄に用いられる言葉遣いを調査し、記者がポジティブな意味で記事を書いているのか、あるいはネガティブなのかをアルゴリズムに判断させた。記事を読んで投資家が感じるセンチメントを定量的に表現しようとしたのである[19]。彼が用いたのは、ハーバード大学がまとめた心理学辞書をベースにした General Inquirer アルゴリズムである。これは文章を77次元のカテゴリーで解析するものだが、市況記事の場合、主成分分析すると1次元のネガティブな言葉遣いでそのほとんどが説明できたという。つまり、悲観的な言葉遣いの多寡を調べればその記事のセンチメントがわかるのである。彼は、市況欄のセンチメントを時系列で観察し、悲観的なメディアセンチメントはその後の低いリターン、とりわけ小型株ファクターリターン（SMB）に強い負の影響を与えると報告している。

　岡田克彦と羽室行信は、日本経済新聞記事の全記事を対象に同様の検証を行っている[20]。センチメントを測定するためには、ポジティブな言葉とネガティブな言葉を判定する辞書を作成する必要がある。そのために、金山博と那須川哲哉が提案する手法を利用することで辞書を作成し、その辞書にもとづいて日本経済新聞の全記事を、ポジティブ・ネガティブ・中立に分類している[21]。こうすることで、新聞記事に否定的な記事が多いのか、それとも肯定的な記事が多いのかを時系列で観察することが可能となる。

　図7-7にその時系列推移を日経平均株価指数と日本株の恐怖指数（VXJ）とともに示す[22]。VXJ はオプションのインプライド・ボラティリティから算出

18）ナイーブベイズ学習モデルは、単語の出現確率の独立性を仮定することで与えられた入力テキスト分類を簡易的に行うアルゴリズムであり、テキスト分類タスクによく用いられる。単語の出現確率は通常他の単語との組み合わせに依存することから、独立性の仮定がナイーブだという意味でこう名付けられている。

19）Tetlock (2007) 参照。

20）Okada and Hamuro (2011) を参照。

21）Kanayama and Nasukawa (2006) を参照。

図7-7 反転恐怖指数（-VXJ）、センチメント指数の z-スコアと日経平均株価指数

注：Okada and Hamuro (2011) の結果より筆者作成。薄い線は金山・那須川の手法により作成したセンチメント辞書に基づき、日本経済新聞全記事を対象として日々算出した否定語ベースのセンチメント指数を z-スコアで表現した（左軸）。黒線は日経平均オプション価格に基づいて大阪大学金融保険研究所が算出した VXJ 値の z-スコアに -1 を掛けて表現したもの（左軸）。点線は日経平均株価指数（右軸）である。

されているため、投資家の恐怖心が高まると上昇する指数である。ここでは、新聞記事に負の評価表現が増加すると下落する性質をもつセンチメント指数と比較するため、反転恐怖指数（-VXJ）として-1を掛けたものを表示している。また、日経平均株価指数はそのままの値（右軸）を記述しているが、セ

---

22) 恐怖指数（Volatility Index Japan, VXJ）は日経平均株価指数の上場オプション価格から大阪大学数理・データ科学教育センターが算出している。https://www-mmds.sigmath.es.osaka-u.ac.jp/structure/activity/vxj.php を参照。

ンチメント指数と反転恐怖指数はz-スコアに変換した値（左軸）を用いている。

　図7-7を観察すると、センチメント指数と反転恐怖指数は基本的には似た傾向を示しているものの、次の点で大きく異なっていることがわかる。株式市場が急落する局面で、反転恐怖指数がほぼ同じタイミングで大きく反応しているのに対して、センチメント指数はその急落を先取りするように大きく悪化している様子が読み取れる。たとえば、センチメント指数は2008年8月12日に2006年から計測以来最も低い値を示した。これは金融危機が顕在化する1カ月以上前である[23]。株式相場が大暴落する前に、センチメントの悪化はこれまでにない水準となっていたことを示している。この時期に反転恐怖指数はそれほど大きな負値は示しておらず、株式市場が大幅下落を始めるのと軌を一にして反転恐怖指数は急下降を始めた。逸話的証拠ではあるが、センチメント指数は金融危機の発生が顕在化するよりも早い8月中旬の段階で、市場に警鐘を鳴らしていたように見える。結局、センチメント指数は翌年2009年4月に市場が小康状態となるまでは2008年8月以前の最低値を回復しなかったのである。株式市場がある程度回復した2009年以降になると、センチメント指数と反転恐怖指数は再び似たような動きを示すようになっている。

　センチメント指数は言葉をベースに算出しているものである。株式市場の変動が指数に与える影響は直接的ではない。そのため、株式市場の急激な変動には左右されにくく、市場動向に敏感に反応する恐怖指数とは異なる市場心理を別の側面から捉えているのかもしれない。

3. おわりに

　本章では、標準ファイナンス理論が捉えていない投資家行動の中でも、群衆行動とセンチメントに焦点を当て、その資産価格への影響を議論した。群衆行動もセンチメントも測定が難しく、定量的に把握する手法について、さまざまなアプローチを提案した。

　その手法については、大きく分けてトップダウンアプローチとボトムアップ

23）　金融危機の発生をリーマン・ブラザーズの倒産と考えると2008年9月15日である。

アプローチに分類できる。群衆行動を測定するトップダウンアプローチは、誰がどの株式を何株所有しているかを時系列で観測する方法である。これらの情報を銘柄別に時系列で追うことで、特定の銘柄に特定の投資家が群れをなしているのかを判断することができる。残念ながら、この方法の欠点は、ある一定株数以上の株式保有者の情報しか取れないことと、四半期という時間粒度の粗い情報しか取れないことである。そのため、本章では機関投資家に限定してその群衆行動を議論したが、それらが本当に群衆行動なのか、つまりその情報を利用して超過利潤が獲得可能なのかについては検証できていない。

　一方、群衆行動を捉えるためのボトムアップのアプローチは、株式市場の銘柄間のリターン相関を時系列で観察する手法である。この方法は、全上場銘柄の日次の動きを俯瞰しながら群衆行動を特定するもので、市場参加者全員が形成する価格パターンから、いつ群衆行動が発生しているかを細かい時間粒度で特定することを可能にしている。実際にこの手法を利用した取引戦略を実行することで大きな超過利潤が得られることを示しており、群衆行動を的確に捉えているといえよう。

　センチメントを測定するためのトップダウンのアプローチは、市場で観察されるさまざまな資産価格や出来高からセンチメントを推定する方法である。センチメントとは、ある意味便利な言葉であり、標準ファイナンス理論で説明できない動向は何でもセンチメントと片付けてしまうことができる。そこで本章では、曖昧さを排除しセンチメントが良い場合には何が起こり、悪い場合には何が起こるのかを明確にしたうえで実施された実証研究を議論した。センチメントに影響を受けやすいノイズトレーダーが好みそうな株式の特徴を列挙し、トップダウンで定義し計算したセンチメント指数の変動と、ノイズトレーダーに好まれそうな銘柄群の評価が連動していることを示した。

　ただ、時間粒度という意味では、このセンチメント指数は残念ながら粗いと言わざるをえない。センチメント指数の重要構成要素である、たとえばクローズドエンド型の投資信託のディスカウントなどの市場変数は一定期間経過しないと変動しない変数であり、日々のセンチメントの移り変わりを表すものではない。

　本章では、自然言語処理という領域の技術を利用しながら、ボトムアップの

センチメント指数を作成した取り組みも議論した。ウォール・ストリート・ジャーナルや日本経済新聞という記事の中の言葉遣いに株価の予測可能性が含まれているのかどうかを議論した。新聞記事を情報源とするセンチメントの測定は、時間粒度という意味で、トップダウンのアプローチで作成されたセンチメント指数と補完性があるといえよう。

　センチメントは一般に浸透した概念であり、それが株式市場に一定程度の影響を与えていることは誰しも想像できるかもしれない。だがそれを定義し、定量的に表現し、それによってリターンの予測可能性が存在することを実証することは容易ではない。群衆行動やセンチメントは、これからも新しい技術を利用したさまざまな研究が出現する領域である。

コラム7-1　テキストマイニングと市場センチメント

　市場のセンチメントは定量的に捉えることが難しいため、複数の方法がこれまで提案されている。本章で紹介したベーカーとヴァーグラーは、市場参加者のムードを測定するために、市場の価格形成を情報源とするアプローチを採用した。一方、市場参加者の発する言葉に着眼したのがアントワイラーとフランクである。株価に関するメッセージボードの中身を分析することで、当該株式を売買する個人投資家のセンチメントを測定した。テットロックは、ウォール・ストリート・ジャーナル紙の市況欄の言葉遣いから市場全体のセンチメントの代理変数を作成した。

　こうした言語解析の技術を援用したファイナンス研究が始まったのは2000年以降である。同時期からインターネットが普及し、多くの人が掲示板へのメッセージ投稿をするようになった。研究が増えたのは、そうした投稿内容のデータが収集可能になったという背景があるだろう。言葉をコンピューターに解析させるために欠かせないのが、自然言語処理（natural language processing：NLP）の領域で開発されてきた技術群である。「テキストマイニング」とは、大規模なテキスト情報から必要な情報を探し当てるという意味であり、この目的のためにさまざまな技術開発がされている。テキストマイニングは2010年ごろから会計やファイナンス研究領域にも利用される頻度が高くなり、最近では統合報告書やコーポレート・ガバナンス報告書などの非財務情報をテキストマイニングの対象とする研究など、解析対象も拡大している。

機械学習と辞書によるセンチメントの判断

　会計やファイナンスに応用される自然言語処理で一般的なのは「極性判断」である。たとえば、入力した文章全体を「肯定的」なものか、あるいは「否定的」なものかの極性を分類する。こうした分類のためには2つのアプローチがある。1つは機械学習を使う方法であり、もう1つは辞書を作成する方法だ。

　機械学習を使う場合、学習用データセットを作成しなければならない。通常は実験者が標本テキストを読み、肯定的な文章か否定的な文章か、あるいはそのどちらでもないかを判断しながら「肯定」「否定」のラベル付けをする。

この教師データを手がかりに、機械はテキストの判別モデルを学習する。判別モデルにはいくつかの関数型が存在するが、どのような関数を使うかについては実験者が選択する[24]。そして十分なデータで学習されたモデルが出来上がれば、未知の文章の入力に対して肯定・否定のどちらに分類すべきかの確率が出力される。こうした機械学習を用いる方法の注意点は、学習モデルの質が教師データの質と量に依存することである。手作業でラベル付けするため、実験者が誤認してラベルを貼った場合や、不十分な量の教師データしか用意できない場合、学習モデルは信頼できないものとなる。そこで教師データを共有化し、同じデータで学習できるような環境が整えられている。

　たとえば、日本語の金融経済領域のテキストマイニングにおいては、有価証券報告書の文章をラベル付けしたchABSAというデータセットが無償公開されている[25]。これは2016年度の有価証券報告書から作成された学習用データセットである。実験者が任意の機械学習モデルで有価証券報告書のテキスト情報を解析したいと考えたとき、chABSAのデータを正解データと考えることで、複数の学習モデルの精度が比較可能となる。

　もう1つのアプローチは、肯定・否定を判断させる辞書を作成する方法である。解析対象となっているテキストを独立した単語群に分解し、それぞれの単語が否定的な意味をもつのか、肯定的な意味をもつのかを識別、肯定語と否定語の数の比率を見ることで文章全体を分類する。このためには独立した単語のそれぞれに（肯定か否定の）極性が振られていなければならない。こうした辞書を極性辞書と呼ぶ。

　英語では一般的な極性辞書としてよく利用されているのが、"Diction"である[26]。情報ベンダーが開発した極性辞書Dictionはあらゆるタイプの文章を評価することができると謳っている商業的サービスである。これに対して、ローグランとマクドナルド（Tim Loughran, Bill McDonald）は金融特有の文章をDictionで判断することの危険性を指摘している[27]。彼らの調査では、Dictionでは肯定的だとされる、"respect", "security", "power", "authority"とい

24）単純だが効果が高いと考えられているナイーブベイズ (Naïve Bayes)、サポートベクターマシン (SVM)、決定木 (Decision Tree) などさまざまな関数型が提案されている。

25）https://www.tis.co.jp/news/2018/tis_news/20180410_1.html を参照。TIS 株式会社が無償公開している。

26）www.dictionsoftware.com を参照。

27）Loughran and McDonald (2016) を参照。

第7章　株式市場における群衆行動とセンチメント　449

う語句が含まれている文章は、有価証券報告書（米国10-Kreport）の文脈では読者が否定的だと判断するという。また、Dictionの辞書全体を調査した結果、83％の肯定語、70％の否定語については10K reportの判断には使えないと主張し、自らの提案した金融専門の極性辞書で判断することを推奨している[28]。英語の会計・ファイナンス研究論文においては、彼らの作成した辞書を用いてセンチメントを判断していることが多い[29]。

　日本語についてもさまざまな辞書が考案され公開情報となっているが、株式市場のセンチメント測定や有価証券報告書の分類に用いるためには、業界における言葉の遣い方の特徴を理解したうえで構築する必要がある。たとえば、「株式市場の動きは上値が重いもののザラ場中は底堅い展開であった」という金融特有の表現が含まれるテキストの解釈については、上値が重いは否定的、底堅いは肯定的な意味をもつと解釈しなければならない。金融領域特有の言い回しを考慮した辞書については、東京大学の和泉研究室が開発し公開している[30]。

大規模言語モデル（large language model, LLM）の出現とこれからのテキストマイニング

　2022年11月に公開された大規模言語モデルの1つであるChatGPTは、コンピューターがあたかも人間のような自然言語で応答をすることで世界を驚かせた。従来の自然言語処理は、単語の出現頻度にもとづいてテキストをベクトル化するシンプルな方法に依拠していた。これに対してLLMでは、文章の最初に出てきた語句がその後にどういう影響を与えるかといった文章構造まで巨大コーパスを使って学習し、ユーザーは機械が人間の言葉を理解できているように感じるほど自然な対話を行うことができる。この背景にある機械学習モデルの詳細については本書の範囲外であり触れない。

　開発にあたったOpenAI社はモデル学習に要した電気代だけで6億円をかけたと公表しており、LLMはその驚くべき自然言語能力でこれまでのテキストマイニングのやり方を一気に旧時代のものにしてしまった。

---

28) https://researchdata.up.ac.za/articles/dataset/Loughran_McDonald-SA-2020_Sentiment_Word_List/14401178から辞書をダウンロードすることが可能である。
29) Loughran and McDonald (2011) を参照。
30) https://sites.google.com/socsim.org/izumi-lab/tools/

今後は、テキストマイニング技術を援用した応用研究も従来とは大きく変貌することが予想される。すでに、LLM を使ったセンチメント分析の研究も出始めており、定量化されてこなかったテキスト情報と企業価値との関連性の研究も増えるであろう[31]。

31）Itoh and Okada (2023), Lopez-Lora and Tang (2023) を参照。

第8章
マーケットから考える行動ファイナンス

要　約

　本章では、株式リターンを説明するためには第6章でリスクファクターとして考えてきた3つの要因（マーケットリスクプレミアム・企業規模・簿価時価比率）以外にもリスクファクターが必要であることを示す。

　その代表的なものがモーメンタム効果である。モーメンタム現象の発生メカニズムはいまだ解明されておらず、それがリスクファクターなのか投資家のバイアスを反映したものなのかはっきりしていない。モーメンタム現象はまた、世界の主要な株式市場では頑健に観察される一方で日本市場では見られない。

　次に、会計数値、とりわけ現金に裏打ちされない利益（会計発生高）に関連して生じる非合理な価格形成について考える。この会計発生高は直接資産価格決定モデルに取り込まれることはないものの、それによるミスプライシングが頑健に観察されている。

　ファーマとフレンチが会計的要因を考慮して3ファクターモデル（FF3）を拡張した5ファクターモデル（FF5）についても理論と実証の両面から議論する。実証研究の進展に伴って、報告されたリスクファクターの数は当初の3から増加し続け、現在では200を超えるまでになっている。しかし、その統計的な頑健性や経済的意義については明確になっていない。この問題をファクター動物園問題という。

キーワード：リスクファクター、モーメンタム効果、リバーサル効果、カーハート4ファクターモデル、会計発生高アノマリー、ファーマ＝フレンチ5ファクターモデル、ファクター動物園

1. 4ファクターモデル

1.1. モーメンタムについて

モーメンタム現象（効果）は、株式リターンに正の系列相関が観察される現象である。過去リターンの高い銘柄群ほど将来のリターンが高くなる傾向を指す。実際、ナラシマン・ジャガディッシュとシェリダン・ティットマンが、米国株式の各銘柄を過去のリターンの高低で階層化し、階層間でその後の平均リターンを比較したところ、過去リターンが最も高かった階層と最も低かった階層では、その後のリターンに年率12ポイントもの差が出た。これがモーメンタム現象である。

では、どうしてこのような現象が現れるのだろうか。モーメンタム現象を、第3章で議論した少数の法則によって好ましいファンダメンタルズのショックがそのまま続くと投資家が予想する「ホットハンドの誤り」に起因するものだと考えると、リスクを反映した結果生じた現象とはいえない。一方で、ジャガディッシュとティットマンは、高モーメンタムポートフォリオは市場全体との共分散が高く、リスクが高いからリターンが高いという解釈をしている。また、モーメンタム効果の時系列の発生パターンからリスクであると結論づける議論も存在する[1]。すなわち、規模ファクターポートフォリオやバリューファクターポートフォリオのリターンがそれほど変動しない傾向があるのに対して、モーメンタム効果を利用したポートフォリオの価格は急に反転したりクラッシュしたりする傾向が見られる。こうした現象をモーメンタムクラッシュと呼ぶ。モーメンタムに賭ける投資家はモーメンタムクラッシュというリスクを負担する報酬として高いリターンを受け取っているという考え方である。このほかにも、モーメンタム現象を流動性やベータの時系列変動で解釈する研究者もいる[2]。

第6章で説明したように、小規模な企業ほど、また、不稼働資産を抱える企

1）Daniel and Moskowitz（2016）を参照。本章コラム8-2を参照。
2）Pastor and Stambaugh（2003）、Grundy and Martin（2001）を参照。

業ほどリスクが高いと考えられるので、規模や簿価時価比率はどちらもリスクファクターとして解釈することはコンセンサスとなっている。しかし、モーメンタムについては意見が割れている。モーメンタムはなんらかのリスクの反映なのか、あるいはなんらかの限定合理性によって発生したアノマリー（anomaly）なのかについては、結論が得られていないのである。

1.2. モーメンタムとリバーサルのゆらぎ：観察期間に依存する効果の消長

ウィークフォームの効率性が成立していれば、過去のリターンには将来のリターンに関する情報は含まれていない。ジャガディッシュとティットマンは、銘柄ランキングを直近の1カ月を除く過去1年間リターンで実施し、モーメンタム効果を発見している。しかし、この観測期間を変えることで別の価格パターンが現れることがわかっている。

ワーナー・デボンツとリチャード・セイラーは、過去3年から5年間のリターンで銘柄をランキングして、そのパターンを検証した。その結果、過去リターンランキングの低い銘柄群は、その後の3年から5年の期間で相対的に高くなることを発見している[3]。リターンの計測期間が変われば、モーメンタム効果と逆の現象が見られるのである。こうした過去に高いリターンから将来の低いリターンが予想でき、低いリターンから将来の高いリターンが予想できる現象を「リバーサル効果（return reversal）」と呼称している。

モーメンタム効果と同様、リバーサル効果についてもリスクベースの解釈と行動ファイナンス（限定合理性）に立脚した解釈の両方の視点がある。リスクベースの解釈は、過去3～5年にリターンが低い企業群はそれだけリスクが高い企業群だと考えるものである。ファーマとフレンチは、過去3～5年のリターンが低い企業を調査し、それらの多くが簿価時価比率の高い企業であることを指摘している[4]。つまり、過去3～5年で低いリターンを示す銘柄群は、その数年間に株価が下落した結果簿価時価比率が上昇し、簿価時価比率が高い企業群となってしまうというのである。その結果、FF3のHMLに対する感

3） De Bondt and Thaler (1985) を参照。
4） Fama and French (1996) を参照。

応度が高いポートフォリオとなり、期待リターンは高くなる。こうした HML リスクを反映して翌 3 〜 5 年で高いリターンを示しているという解釈である。

これに対して、行動ファイナンス的解釈は、過去 3 〜 5 年にリターンが低い企業群はなんらかの理由によって相対的に過小評価されているため、一定期間後に上昇するというパターンが出現すると考えるものである。反対に、過去 3 年から 5 年の期間の収益ランキングの高い銘柄群は、過大評価されているため、その後の 3 年から 5 年の期間に見直されるのである。こうした現象を説明する理論モデルはハリソン・ホング（Harrison Hong）とジェレミー・スタイン（Jeremy Stein）によって提唱されているが[5]、過小評価や過大評価が 3 年から 5 年の周期で発生しているという実証的証拠を示した研究は筆者らの知るかぎり存在しない。

次に、観察期間を短くした場合にどうなるかを見てみよう。過去 1 カ月のリターンで銘柄を10分位にランキングし、上位10％と下位10％のその後 1 カ月のリターンを観察する。すると今度は、非常に強いリバーサル効果が見られるのである[6]。これは米国市場のデータでジャガディッシュが1934年から1987年の期間で確認した事実であるが、そのリターンへのインパクトは大きい。ランキングのボトム10％（過去 1 カ月のリターンが最も低い銘柄群）をロングし、トップ10％（過去 1 カ月のリターンが最も高い銘柄群）をショートして翌 1 カ月間保有するゼロ投資のロング・ショートポートフォリオは、平均月次リターンが2.37％（年率28.44％）である[7]。

まとめると、米国株式市場は 3 年から 5 年の長期ではリバーサル、 1 年程度の中期ではモーメンタム、 1 カ月の短期ではリバーサル傾向を示すのである。

1.3. モーメンタム効果のインパクト

モーメンタム効果が観察される場合、たとえば過去のリターンが低かった銘柄群をショートし、高かった銘柄群をロングすることで投資利益を得ることが

---

5)　Hong and Stein (1999) 参照。
6)　Jegadeesh (1990) 参照。
7)　この事実を反映して、Jegadeesh and Titman (1993) の検証は直近 1 カ月を除いた過去1 年で計測している。

できる。ただ、そのパフォーマンスは、過去リターンを観察する期間（観察期間）や運用する期間（保有期間）をそれぞれどの程度長くとるかによって大きく異なってくる。

　ジャガディッシュとティットマンは、モーメンタム効果を利用するポートフォリオのリターンが、過去の観察期間 J と保有期間 K の組み合わせによってどのように変化するかを計算している。表8-1はその結果を示している。計算手順は次のとおりである。過去 J カ月のリターンを軸に銘柄を降順に並べ、10

表8-1　米国株式市場におけるモーメンタム効果

J＝観察期間		K＝保有期間			
		3	6	9	12
3	売り（Short）	0.0108	0.0091	0.0092	0.0087
3	買い（Long）	0.0140	0.0149	0.0152	0.0156
3	買い－売り（Long/Short）	0.0032	0.0058	0.0060	0.0069
	t値	*1.1000*	*2.2900*	*2.6900*	*3.5300*
6	売り（Short）	0.0087	0.0079	0.0072	0.0080
6	買い（Long）	0.0171	0.0174	0.0174	0.0166
6	買い－売り（Long/Short）	0.0084	0.0095	0.0102	0.0086
	t値	*2.4400*	*3.0700*	*3.7600*	*3.3600*
9	売り（Short）	0.0077	0.0065	0.0071	0.0082
9	買い（Long）	0.0186	0.0186	0.0176	0.0164
9	買い－売り（Long/Short）	0.0109	0.0121	0.0105	0.0082
	t値	*3.0300*	*3.7800*	*3.4700*	*2.8900*
12	売り（Short）	0.0060	0.0065	0.0075	0.0087
12	買い（Long）	0.0192	0.0179	0.0168	0.0155
12	買い－売り（Long/Short）	0.0132	0.0114	0.0093	0.0068
	t値	*3.7400*	*3.4000*	*2.9500*	*2.2500*

注：Jagadeesh and Titman (1993) より筆者作成。1963年から1989年の米国株式市場について過去 J カ月の株価リターンで降順にランキングし、10分位に分割。リターンの最も低い第10分位の銘柄群を等加重でその後 K カ月間空売りした場合の平均月次リターン（上段）とリターンの最も高い第1分位の銘柄群を等加重で購入しその後 K カ月間保有した場合の平均月次収益率（下段）をそれぞれ示す。「買い－売り」は、第1分位ロング、第10分位ショートのロング・ショートポートフォリオのリターンを示している。t値は、「買い－売り」のポートフォリオの平均リターンが0であるという帰無仮説を検定するためのt統計量である。太字は5％、あるいは1％の有意水準で帰無仮説を棄却することを意味する。

分位に分ける。表に示す「売り」は、最もリターンの低い分位に属する銘柄群を等金額で空売り（ショート：short）するポートフォリオを組成し、K カ月保有した場合の平均リターンを示している。同様に、「買い」は、リターンの高い分位に属する銘柄群を等金額で購入（ロング：long）し、K カ月保有した場合の平均リターンを示している。ただし、保有期間が終了するたびに同じ手順で銘柄を再構成してポートフォリオのリバランスを行う。

たとえば、$J = 3$、$K = 12$のケースを見てみよう。過去 3 カ月（$J = 3$）で最もリターンの低かった分位ポートフォリオを等金額でショートし、12カ月（$K = 12$）保有する。12カ月後には、同じ手順で銘柄選定を行いポートフォリオをリバランスする。この年 1 回のリバランスを1964年から1989年まで継続した空売りポートフォリオの平均月次リターンが0.87%（年率10.44%）であることが示されている。同様に、過去 3 カ月（$J = 3$）で最もリターンの高かった分位ポートフォリオを等金額購入したポートフォリオの平均月次リターンは1.56%（年率18.72%）である。この 2 つの平均リターンの差を検定する t 統計量が3.53である。表から、$J = 3$，$K = 3$ 以外の組み合わせはすべて統計的に有意な差が認められる。とりわけ $J = 12$，$K = 3$ の場合に平均リターンの差（月率1.32%、年率15.84%）が最も大きくなることがわかる。

1.4. 投資信託の運用成績とモーメンタム効果

投資信託は株価指数などに連動するように設計されているパッシブ型の投資信託と、担当ファンドマネジャーに一定の裁量が与えられているアクティブ型投資信託に分けることができる。パッシブ型投資信託は、株価指数を再現するように構成銘柄を組み入れるだけであるため、運用者の技術やノウハウ、主観的な判断などが介在する余地は少ない。一方、アクティブ型投資信託は、運用者の判断で銘柄を選択するため、銘柄選択の巧拙が運用成績に反映される。そのため、ファンドマネジャーの銘柄選定スキルが高い投資信託は成績が良く、それを購入した投資家は手数料控除後でも超過リターンを得ることができる。市場には、こうしたスキルを有するファンドマネジャーが一定程度存在し、彼らは一定期間勝ち続ける傾向があることから、連続してバスケットボールでショットを決める選手になぞらえて「ホットハンド」と考えられていた[8]。仮に

ファンドマネジャーが独自の方法で超過リターンを獲得しているのであれば、アクティブファンドの超過リターンの発生パターンには関連性はなく、時系列でランダムに近いものとなるだろう。しかし、ステファン・ブラウン（Stephan Brown）とウィリアム・ゴーツマン（William Goetzmann）は独自の投資信託データセットから[9]、超過リターンの発生パターンはファンド間で相関していることを示している。とりわけ市場に勝っていたファンドが負け始めるタイミングは、その他の勝ち組ファンドが負けるタイミングと同期していることがわかった。これは、ファンドマネジャーの個別スキルと思われていたものがなんらかの市場の指標と相関をもっており、皆が同じ指標を見て取引していることを示唆している。したがって、その指標が期待どおり実現しないときに、一斉に皆で負けてしまうのであろう。

マーク・カーハート（Mark H. Carhart）はファンドマネジャーの個別スキルの存在に否定的である。彼は、投資信託で市場に勝っているファンドマネジャーが継続的に勝ち続けるのは、第3章で議論したホットハンド効果などではなく、市場のモーメンタム効果を利用しているからだと考えている。このことを示すために、モーメンタム効果を取り入れてファンドマネジャーの運用成績を評価している[10]。具体的に見てみよう。

表8-2に示すのは、すべての米国投資信託を1963年から1993年の期間で調査した結果である。これまでの検証方法と同様に、まず各年の平均月次超過リターンを基準に投資信託を10分位に並べ替える作業を行う。第1分位の投資信託ポートフォリオは成績上位10％に相当する商品で毎年構成し、それらに等金額に投資する顧客を考える。第10分位の投資信託ポートフォリオは成績下位だけで商品構成し、同様にそれらに等金額投資する。過去1年間に成績の良い投資信託だけを保有し1963年から1993年まで毎年入れ替えながら投資した場合、顧客は手数料控除前で月次超過リターン0.68％が得られることが示されている。この運用成績をCAPMで評価したとき、切片項アルファは0.22％と推定され、有意であったことを示している。ここまでの結果だけを見ると、

8） Hendricks et al. (1993) を参照。
9） Brown and Goetzman (1995) を参照。
10） Carhart (1997) を参照。

表8-2 投資信託の運用成績

| | 月次超過リターン (%) | CAPM | | | FF 3＋PR 1 YR (4ファクター) | | | | | |
		CAPM α	VWRF	Adj R-square	4 Factor α	RMRF	SMB	HML	PR 1 YR	Adj R-square
第1分位	0.68	**0.22**	**1.03**	0.834	-0.12	**0.88**	**0.62**	-0.05	**0.29**	0.933
第2分位	0.59	0.14	**1.01**	0.897	-0.10	**0.89**	**0.46**	-0.05	**0.20**	0.955
第3分位	0.43	-0.01	**0.99**	0.931	**-0.18**	**0.90**	**0.34**	-0.07	**0.16**	0.963
第4分位	0.45	0.02	**0.97**	0.952	**-0.12**	**0.90**	**0.27**	-0.05	**0.11**	0.971
第5分位	0.38	-0.05	**0.96**	0.960	**-0.14**	**0.90**	**0.22**	-0.05	**0.07**	0.97
第6分位	0.40	-0.02	**0.96**	0.958	**-0.12**	**0.90**	**0.22**	-0.04	**0.08**	0.968
第7分位	0.36	-0.06	**0.95**	0.959	**-0.14**	**0.90**	**0.21**	-0.03	**0.08**	0.967
第8分位	0.34	-0.10	**0.98**	0.951	**-0.13**	**0.93**	**0.20**	-0.06	0.01	0.958
第9分位	0.23	-0.21	**1.00**	0.926	**-0.20**	**0.93**	**0.22**	-0.10	-0.02	0.938
第10分位	0.01	-0.45	**1.02**	0.851	**-0.40**	**0.93**	**0.32**	-0.08	-0.09	0.887

注：Carhart (1997) より筆者作成。1963年から93年の期間における、全投資信託を対象に過去1年間の成績でランキングし、成績順に10分位の投資信託ポートフォリオを作成。表に示すのはCAPMおよび4ファクターモデルによる回帰結果である。ただし、月次超過リターン(%)は各分位ポートフォリオの月次超過リターンの期間平均である。太字で記載されているものは、係数がゼロであるという帰無仮説を1％の有意水準で棄却する。VWRFはCRSP(シカゴ大学が提供する株価データベース)に格納されている株式を時価総額加重平均したリターンから1カ月国債の利回りを差し引いた値である。RMRFはフレンチのホームページで公開されているマーケットリスクプレミアムである。SMBとHMLも同様にフレンチのホームページで公開されているサイズプレミアムとバリュープレミアムである。PR 1 YRは、過去1年間の株価リターンが上位10％の銘柄群で構成したポートフォリオと下位10％の銘柄群で構成したポートフォリオのリターンの差分である。

過去1年で成績の良いファンドマネジャーに銘柄選択の選球眼がある者が多く、顧客は彼らの商品を買うことでリスク調整後も高いリターン（アルファ）を達成したと考えることができる。

　次に、これら10個の投資信託ポートフォリオをもう1つのモデルで回帰分析する。FF 3のファクターである市場のリスクプレミアム、規模、簿価時価比率に加えて、過去1年間のモーメンタムファクター（PR 1 YRはジャガディッシュとティットマンのJ＝12, K＝1で算出）を加えた説明変数で回帰するのである。これら合計4つのファクターを用いたモデルで10個のポートフォリオを回帰したところ、市場ベータはほぼどれも同じで、SMBはすべて正の係数、HMLはすべて負の係数、PR 1 YRの係数は下位2つのポートフォリオを除いてすべて正の係数と推定された。投資信託全体の傾向として、小型株、および成長株の比率が高く、過去1年リターンが高いものが多いということが

わかる。そして、第1分位で観測されていた CAPM のアルファは消滅する。つまり、これまで CAPM で評価してファンドマネジャーのスキルだと解釈していたアルファは、追加された SMB ファクター、HML ファクター、PR 1 YR ファクター（モーメンタムファクター）に吸収されてしまったのである。

PR 1 YR（モーメンタムファクター）にかかる係数を分位別に見てみよう。第1分位から第10分位までこの係数を概観すると、成績順に値が小さくなっている様子がわかる。成績の振るわない第9分位と第10分位については係数が負であり、過去リターンが悪い銘柄群を保有する投資信託は、通算成績が悪い。一方、成績の最も良い第1分位の PR 1 YR への係数は有意に正でありその値が最も大きい。ファンドマネジャーの個別のスキルではなく、モーメンタム効果を投資戦略に取り入れているかどうかが、成績の分かれ目だったといえよう。

1.5. カーハート4ファクターモデル（FFC4）

前節で見たように、「マーケットリスクプレミアム $(r_m - r_f)$」「規模リスクプレミアム（SMB）」「バリュー株リスクプレミアム（HML）」に加えて「PR 1 YR」というモーメンタムファクターが過去の運用成績を説明するのに有効であることがわかった。つまり、規模と簿価時価比率という企業属性に関連した2つのリスクファクターとともに「過去リターン」が株価を予測することがわかったのである。カーハートはモーメンタムファクターを加えた4つのファクターで証券のリターンを説明する4ファクターモデルを提案している[11]。

$$r_{it} - r_f = \alpha_i + \beta_i(r_{mt} - r_{ft}) + \gamma_i(SMB_t) + \delta_i(HML_t) + \theta_i(WML_t) + \varepsilon_{it} \qquad (1)$$

カーハートにならって、（1）式ではモーメンタムファクターポートフォリオのリターンを PR 1 YR ではなく、WML（winner minus loser）で表している。

---

11) ファーマ＝フレンチの3ファクターモデルでは、規模効果を表すために small minus big（SMB）を、簿価時価効果を表すために high minus low（HML）をファクターリターンとして用いている。この表記に合わせるため、モーメンタム効果には winner minus loser（WML）を用いる。

表8 - 1で見たように、モーメンタムの計測方法にはJとKの値を任意に変更することで複数定義できるが、一般的にはJ＝12としてウィナーとルーザーを識別し、K＝1で保有する。WMLは上位10％（あるいは20％）と下位10％（あるいは20％）の等加重平均リターンの差であり、これをモーメンタムファクターリターンとして扱う[12]。

表8 - 3は米国における1963年から1993年の期間の各ファクターポートフォリオの平均収益率とそれぞれの相関をまとめたものである。VWRF（加重平均で算出したマーケットリスクプレミアム）とRMRF（フレンチが公開しているマーケットリスクプレミアム）は、注に記載されているように作成方法が異なる2つの株価指数と1カ月国債利回りの差である。1963年から1993年の期間に、年率で約5.28％（0.44％×12）のマーケットリスクプレミアムがあったことがわかる。規模ファクターもバリューファクターも大きいが、特筆すべきはPR 1 YRのインパクトである。モーメンタムファクターが年率で9.84％

表8-3　ファクターリターンとファクター間相関行列

ファクター ポートフォリオ	月次超過 リターン（％）	ファクター間相関				
		VWRF	RMRF	SMB	HML	PR 1 YR
VWRF	0.44	1.00				
RMRF	0.47	1.00	1.00			
SMB	0.29	0.35	0.32	1.00		
HML	0.46	-0.36	-0.37	0.10	1.00	
PR 1 YR	0.82	0.01	0.01	-0.29	-0.16	1.00

注：Carhart (1997) より筆者作成。1963年から93年までの月次ファクターリターン（％）の平均値と相関係数。各ファクターポートフォリオの構築方法は以下のとおり。VWRFはCRSP（シカゴ大学が提供する株価データベース）の時価総額加重平均指数と1カ月国債利回りの差分。RMRFはフレンチのホームページで公開されているマーケットリスクプレミアムである。SMBはファーマとフレンチの定義に従った小型株と大型株のリターンの差分。HMLはファーマとフレンチの定義に従ったバリュー株と成長株のリターンの差分。PR 1 YRは、過去1年間（厳密には12カ月前から2カ月前）のリターンの上位ポートフォリオをロングし、下位ポートフォリオをショートして得られるリターンの平均である。

---

12) この場合、J＝12で過去1年間を観察するが、直近の1カ月は計算期間に含めない。これは1-2節で紹介したJegadeesh(1990)の短期リバーサル効果が強いために行われる処理である。12カ月前から2カ月前までの月次収益率でランキングしてWMLを計算するのが一般的である。

（0.82%×12）と、マーケットリスクプレミアムの倍近いリスクプレミアムをもたらしている。

次に、モーメンタムファクターの独立性をチェックするために、他の3つのファクターとの相関を見てみよう。表8-3に示すように、ファクター間相関マトリクスを見るとモーメンタムファクター（PR 1 YR）は他のファクターと完全に独立ではないものの、それほど高い相関は認められないことがわかる。

1.6. 日本市場とアジア・オセアニア市場におけるモーメンタム効果

モーメンタム効果は、米国市場において大きなインパクトをもち、資産価格へ強い説明力をもつことが示された。以下では、米国以外の市場でも同じようにモーメンタム効果が観察されるかどうかを調べてみよう。

日本市場のモーメンタム効果については、第3章3.5項のケース7で、2000

図8-1　日本株式市場のモーメンタムファクターリターン
　　　（1990年11月〜2019年12月）

注：フレンチの公開データにもとづいて筆者作成。期初に100の資産を毎月WMLから得られるリターンで運用したと仮定した場合の推移（左軸）および月次のWMLリターン（%）は棒グラフで示されている（右軸の単位は%）。個別の株価をドルベースのリターンに換算し、時価総額加重平均法で求めている。データについては以下のサイトを参照。
https://mba.tuck.dartmouth.edu/pages/faculty/ken.french/data_library.html

年以降のモーメンタム効果の日米比較を行った。このとき、投資家の執行コストの低い銘柄群で検証するという意図から日米ともに流動性の高い銘柄群（S&P500とTOPIX500採用銘柄）に絞って計測した。本節では、米国以外の世界の主要株式市場におけるモーメンタム効果を同じベースで国際間比較するために、フレンチがそのホームページに公開するWMLのデータに依拠して議論する。

サイトに公開されたモーメンタムファクターリターンの算出方法は、カーハートの方法とは少し異なっており、時価総額で下位30%と上位30%の銘柄群の中の過去収益率が高いものをロングし、低いものをショートすることで算出している。つまり（small high + big high）× 1/2と、（small low + big low）× 1/2の差分でモーメンタムファクターリターンを定義している。

図8-1は、その値にもとづいてモーメンタムファクターポートフォリオを

図8-2 アジア市場のモーメンタムファクターリターン（1990年11月～2019年12月）

注：フレンチの公開データにもとづいて筆者作成。期初に100の資産を毎月WMLから得られるリターンで運用したと仮定した場合の推移（左軸）。月次のWMLリターン（%）は棒グラフで示されている（右軸の単位は%）。アジア市場には、オーストラリア、香港、ニュージーランド、シンガポールが含まれる。各国の株価をドルベースのリターンに換算し、時価総額加重平均法で求めている。データについては以下のサイトを参照。https://mba.tuck.dartmouth.edu/pages/faculty/ken.french/data_library.html

用いて運用した場合の軌跡を当初の価値を100として描いている。米国市場とは異なり、日本市場では30年間においてモーメンタムファクターリターンは負であることがわかる。これは、加藤（2003）や城下・森保（2009）で報告された事実と整合的であり、年率換算で9.84％ものモーメンタムが観察されている米国と比較すると対照的である。

アジア・オセアニアの先進国については、図8-2に示している。ここでは、日本を除くアジア・オセアニアの4カ国・地域——香港、ニュージーランド、オーストラリア、シンガポール——の上場企業を対象にしている。図に示されるように、アジア・オセアニア市場においてもかなり強いモーメンタム効果が観察される。とりわけ、金融危機後の株価変動の多くはモーメンタムファクターで説明できる。このことから、アジア市場では日本市場だけが例外的であることがわかる。

1.7. 世界市場におけるモーメンタム効果

世界のモーメンタムファクターリターンを観察するため、先進23カ国の全銘柄を対象にファクターポートフォリオを作成し、そのリターンを描いたのが図8-3である。含まれる株式市場は以下のとおりであり。日本、オーストラリア、オーストリア、ベルギー、カナダ、スイス、ドイツ、デンマーク、スペイン、フィンランド、フランス、英国、ギリシャ、香港、アイルランド、イタリア、オランダ、ノルウェー、ニュージーランド、ポルトガル、スウェーデン、シンガポール、米国の全23カ国・地域である。図からわかるように、モーメンタムファクターリターンは強い正の値を示している。

以上の結果からわかるように、先進国の中で日本の株式市場においてだけモーメンタム効果は観察されていない。それでは、比較的流動性が低い小型株に絞って観察した場合に、なにがしかの傾向は見られるのだろうか。とりわけマイクロキャップと呼ばれる超小型株であれば、流動性が低く、自由に売買ができない。その場合、執行コストが高いためにミスプライスされていても価格が是正されにくく、モーメンタム効果が強く観察されるかもしれない。ファーマとフレンチはこうしたマイクロキャップの影響を観察するため[13]、世界の株式市場のモーメンタム効果を、時価総額の中央値を基準に大きいグループと小さ

図8-3　先進国株式市場のモーメンタムファクターリターン
（1990年11月〜2019年12月）

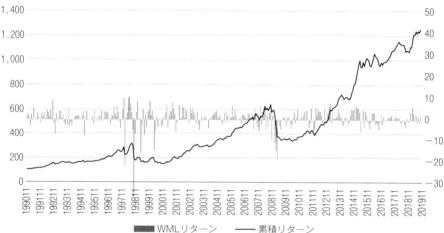

注：フレンチの公開データにもとづいて筆者作成。期初に100の資産を毎月WMLから得られるリターンで運用したと仮定した場合の推移（左軸）。月次のWMLリターン（％）は棒グラフで示されている（右軸の単位は％）。先進国は、日本、米国、オーストラリア、オーストリア、オランダ、ノルウェー、ニュージーランド、ベルギー、カナダ、英国、フランス、ドイツ、スペイン、イタリア、ポルトガル、スイス、デンマーク、スウェーデン、フィンランド、ギリシャ、香港、アイルランド、シンガポールである。各国の株価をドルベースのリターンに換算し、時価総額加重平均法で求めている。データについては以下のサイトを参照。https://mba.tuck.dartmouth.edu/pages/faculty/ken.french/data_library.html

いグループに分類したうえでモーメンタム効果をグローバルに比較している。その結果を表8-4に示す。

　ここでも日本市場の特異性が際立った結果となっている。日本の場合、小型株に限定してさえモーメンタム効果は見られないのである。日本以外のどの株式市場においても、流動性の低いマイクロキャップを含む小型株を対象としたモーメンタム効果の方が大型株に比較して大きい。日本以外の各市場における大きなモーメンタム効果は、主に小型株において生み出されていることが示されている。実際の投資家にとってみれば、小型株の取引コストは高い。モーメンタム効果を利用した運用成績の向上は見かけほど期待できないかもしれない。

---

13) Fama and French (2012) 参照。

表8-4 世界の規模別モーメンタム効果

	WML	WML_S	WML_B	WML_S - WML_B
	世界主要国平均			
平均	0.62	0.66	0.24	0.41
標準偏差	4.20	4.09	4.68	2.60
t値の平均	2.30	3.14	1.38	2.46
	北米株式市場			
平均	0.64	0.85	0.44	0.40
標準偏差	5.27	5.35	5.62	3.03
t値の平均	1.91	2.47	1.23	2.09
	欧州株式市場			
平均	0.92	1.34	0.50	0.85
標準偏差	4.26	3.98	4.99	2.98
t値の平均	3.38	5.29	1.56	4.44
	日本株式市場			
平均	0.08	0.00	0.15	-0.14
標準偏差	4.74	4.34	5.88	4.12
t値の平均	0.25	0.02	0.39	-0.54
	日本を除くアジア太平洋地域			
	0.69	0.99	0.39	0.61
	4.81	4.49	5.93	4.23
	2.24	3.47	1.02	2.25

注：Fama and French (2012) より筆者作成。WMLの平均値は、1990年から2011年までの期間で毎年6月末に過去1年間のリターンのランキングにもとづいて10分位ポートフォリオを組成。上位10%をロングし、下位10%をショートするWMLポートフォリオを毎年リバランスしながら保有した場合の平均月次リターン（%）である。WML_Sは時価総額の中央値で上場企業を2分割し、小さいグループの銘柄群だけを対象にWMLを算出したものであり、WML_Bは大きいグループの銘柄群を対象としている。平均値と標準偏差およびt値はカテゴリー内の株式市場で得られたものの平均値を表している。

　多くの研究者がなぜ日本市場にモーメンタム効果が観察されないかについて議論しているが、十分な証拠に裏付けられた仮説は提出されていない。日本の株式市場は市場規模で世界第2位あるいは第3位の大きさをもち、外国人投資家も自由に売買できる市場である。事実、外国人投資家の持ち株比率も2023年時点で30%を超えている。このような国際的市場である日本市場でモーメンタム効果が見られないのは、モーメンタム現象の発生メカニズムについての解釈をとても困難にしているといえよう。モーメンタム効果を合理的に説明するにしても、あるいはなんらかの投資家のバイアスによって説明するにこ

ても、日本市場にだけ見られないという事実があるために、いずれの説明も歯切れの悪いものになるからである。

モーメンタム現象が日本で観察されない原因を、なんらかの日本固有のファクターに求める立場もある。アンディ・チュイ（Andy Chui）とティットマン、ジョン・ウェイ（John Wei）の3人は、社会心理学者のヘールト・ホフステッド（Geert Hofstede）の個人主義と集団主義に関する指標を月いて[14]、個人主義の程度が低いという日本特有の文化的特性があるために（自信過剰バイアスがもたらす）モーメンタム現象が発生しないと解釈している[15]。心理学者によれば[16]、個人主義的傾向が強い社会においては、その構成員は自らを楽観的に捉える傾向が強く、したがって自らの信条や内的な基準に焦点を当てる度合いが強いという。これを根拠に、個人主義の程度と自信過剰バイアスを結びつけ、日本は個人主義の程度が弱く集団主義が強いため自信過剰バイアスが発生しにくいと議論している。筆者らとしては、この議論はいまひとつ説得力に欠けるものだと考える。集団主義的傾向が強いマーケットであれば、多くの人が買っている銘柄ほど継続的に買い注文が入りやすくなるため、逆にモーメンタム効果が生じやすいという解釈も成り立つからである。

2. 会計的ファクター

2.1. 会計発生高

本節では会計情報がもつリターンの予測可能性に着目して議論する。効率的市場仮説のセミストロングフォームの効率性を想定する世界では、公開情報で

---

14) Hofstede(2001) を参照。社会心理学者のホフステッドは、1960年代と1970年代に世界50カ国の IBM 社員に対して大規模なサーベイ調査を行った。この調査票をもとに、権力距離指数 (power distance index：PDI)、個人主義対集団主義（individualism vs collectivism：IDV)、不確実性回避指数（uncertainty avoidance index：UAI)、長期志向対短期志向（long term vs short-term orientation：LTO)、享楽主義対抑制主義（indulgence vs restraint index：IRI）の指標を計算している。ジャガディッシュとティットマンは IDV を使って議論している。

15) 世界の市場でモーメンタム現象を検証した Chui et al.(2010) は、日本のほか、台湾、韓国においてモーメンタム効果が比較的弱く、文化差がその背景にある裏付けとしている。

16) Markus and Kitayama (1991) 参照。

ある会計情報には企業価値についての未来情報は含まれえない。しかし以下で説明するように、現実には会計情報を用いて将来の超過リターンの予測が可能となるのである。とりわけキャッシュフローや会計発生高の情報は、将来の株価を予測するうえで重要な情報であることが知られている。ここでは、企業が発表する純利益と会計発生高がマーケットに与える影響について見ていくことにする。

リチャード・スローン（Richard G. Sloan）は、公開されている会計利益から計算される会計発生高を使って将来の株式リターンが予測可能になることを示している[17]。会計発生高（accruals：TACC）とは、会計利益（net income：NI）の構成要素のうち現金（cash：CX）増加の裏付けがない部分を指す。現金の裏付けが必要とされない分、会計利益は一定程度操作することができる。たとえば、減価償却の方法を会計基準で認められている範囲で変更することにより、ある時期の最終利益を合法的に操作することができる。ある期に多くの利益が出過ぎたと経営者が感じた場合は、当期に減価償却が大きくなるような手法に変更することにより、一時的に利益を圧縮することができる。また、逆に今期利益が不足だと考える経営者は、利益を膨らませる会計的処理に変更することもできる。このような操作を企業の利益調整（earnings management）と呼んでいる。

会計発生高はこうした利益調整の幅を表している指標である。もちろん、企業の実体に変化はないため、一時的に操作が可能であるに過ぎない。たとえば利益を圧縮した部分は翌期以降のプラスとなり、利益を増加させた場合は翌期以降マイナスになるので、全期間で見ると、会計発生高の影響はゼロである。企業がn期間存続すると考えて、これらの関係を表したのが（2-a）式と（2-b）式である。

$$TACC_t = NI_t - CX_t \tag{2-a}$$

$$\sum_{j=1}^{n} NI_{t+j} = \sum_{j=1}^{n} CX_{t+j} \Leftrightarrow \sum_{j=1}^{n} TACC_{t+j} = 0 \tag{2-b}$$

---

17) Sloan (1996) を参照。

ここで、$TACC_t$ は t 期の会計発生高、CX_t は t 期の営業キャッシュフローである。

各期の会計発生高（$TACC_t$）は見かけ上の利益（NI_t）を増加させたり圧縮させたりする役割を担うだけであって、会計利益の全期間合計（$\sum_{j=1}^{n} NI_{t+j}$）や現金の全期間合計（$\sum_{j=1}^{n} CX_{t+j}$）に影響を与えない。したがって、オンゴーイングコンサーンとしての企業のキャッシュフローの合計から評価される株価は、会計発生高には影響されない。つまり、会計発生高はその後の株価リターンに予測力をもたないはずである。にもかかわらず、投資家の限定合理性によって、株価は見かけ上の利益に惑わされることでミスプライスされ、それが修正されるプロセスで超過リターンが生じるような現象が実際に起きている。次項ではこの点を具体的に取り上げる。

2.2. 会計発生高によるリターンの予測可能性

現在はキャッシュフロー計算書の提出が義務づけられているため、会計発生高は、損益計算書の「純利益」からキャッシュフロー計算書の「営業活動によるキャッシュフロー」を控除することで求められる。しかし、キャッシュフロー計算書が義務づけられたのは、米国においては1987年、日本では2000年になってからである。それ以前の会計発生高は「営業活動によるキャッシュフロー」の値が入手できないため、貸借対照表の情報から算出する必要がある。そこでスローンは、貸借対照表の流動資産の非現金部分の変化額から未払い税金と短期借入金を除く流動負債の変化額を差し引きし、最後に減価償却費を控除することで会計発生高を求めている[18]。

$$Accruals = (\Delta CA - \Delta Cash) - (\Delta CL - \Delta STD - \Delta TP) - Dep \qquad （2\text{-c}）$$

ΔCA：流動資産の前年度からの変化額
$\Delta Cash$：現金資産の前年度からの変化額
ΔCL：流動負債の前年度からの変化額

18）　Sloan (1996) を参照。

ΔSTD：流動負債に含まれる短期債務の前年度からの変化額

ΔTP：所得税未払金の前年度からの変化額

Dep：減価償却費

　会計発生高を（2-c）式にもとづいて算出し、1962年から1992年までの米国株式市場において株式評価との関係を検証した結果を表8-5にまとめている。ここに示す値を計算する手順は以下のとおりである。まず会計発生高を全企業について算出し、その大きさによって低い順にランキングする。会計発生高の低い企業とは、純利益の中でキャッシュフローの占める部分が大きい企業、あるいは、純利益以上のキャッシュフローが発生している企業、または、キャッシュフローの伴わない支出（たとえば減価償却費）が多く利益が圧縮されているという特徴をもっている。一方、会計発生高の高い企業は、会計上の利益は

表8-5　会計発生高で10分位にランキングしたポートフォリオのその後の超過リターン

会計発生高ランキング	規模調整済リターン			CAPM α		
	1年後	2年後	3年後	1年後	2年後	3年後
最も低い（1）	**4.90**	1.60	0.70	*3.90*	0.70	0.10
2	**2.80**	1.90	0.60	2.00	2.20	1.20
3	**2.40**	*1.20*	-0.60	1.80	1.40	-0.60
4	1.20	0.10	*2.00*	*1.70*	0.20	1.70
5	0.10	0.20	0.60	1.00	0.40	1.40
6	1.00	0.50	1.60	0.60	0.20	0.30
7	-0.20	0.30	-0.60	0.40	0.60	0.50
8	**-2.10**	-0.20	-0.10	1.10	-0.40	0.20
9	**-3.50**	*-1.80*	-1.50	**-2.80**	-1.20	-1.20
最も高い（10）	**-5.50**	*-3.20*	-2.20	**-6.40**	**-4.00**	*-3.60*
Long/Short	**10.40**	**4.80**	2.90	**10.40**	*4.80*	3.80

注：Sloan（1996）より筆者作成。1962年から1992年の米国株式市場を対象とし、各年度の決算が出揃った時期に会計発生高のランキングを行う。各銘柄について、ランキング後1年間、2年間、3年間保有したと仮定して計算した保有期間リターン（buy and hold return）を集計した。規模調整済みリターンは銘柄毎にその時価総額に従って対応する規模別10分位ポートフォリオリターン（時価総額加重平均で算出）を差し引くことで算出。表の単位は％（年率）である。太字は1％で有意、斜字は5％で有意であることを示す。CAPMアルファについては12月決算企業だけを対象として、30年分のデータを用いて各分位ポートフォリオについて回帰式（$R_{pt} - R_{ft} = \alpha_p + \beta_p(R_{mt} - R_{ft}) + \varepsilon_{pt}$）を推定して得られた$\alpha_p$を示している。ただし、$R_{pt}$は第$t$年の分位ポートフォリオの保有期間リターン、$R_{ft}$は第$t$年の1年物国債利回り、$R_{mt}$は第$t$年のマーケットポートフォリオの年率リターンである。

出ているがまだ現金が入ってきていない企業、大きな設備投資を行い粗利は増えたが新設備の償却費負担が大きくなるタイミングにある企業という特徴が考えられる。会計発生高が高いということは純利益にキャッシュフローを伴っていないという意味であるから、そのようなイメージをするとよい。

表8-5では、会計発生高のランキングに従い、10分位のポートフォリオを作成し、各分位ポートフォリオについてその後1年から3年でスローンが観察した結果をまとめている。1年後の規模調整後超過リターンは、次の手順で計算されている。まず、年ごとに各分位ポートフォリオの全構成銘柄の個別のリターンと時価総額を計算する。それとは別に、銘柄全体を時価総額の大きさで10分位に分けて規模別にリターンを計算する（これを10個の規模リターンと呼ぶ）。そして各分位ポートフォリオの構成銘柄について、その銘柄が属する規模リターンをベンチマークリターンと考える。規模調整後超過リターンとは、構成銘柄のリターンからそれぞれのベンチマークリターンを控除したものである。分位ポートフォリオの各時点の規模調整後超過リターンは、その構成銘柄の超過リターンを時価総額加重平均したものである。この規模調整後リターンの1962年から1992年の期間平均を計算する。この値が1年後の規模調整後リターンである。2年後と3年後の規模調整後リターンを求めるにあたっては、それぞれ2年ごと、3年ごとに分位ポートフォリオを作成し、同じ手続きに従って規模調整後リターンを算出する。

表8-5の左側には規模調整後リターンの分位別の平均値を、右側にはCAPMで評価した場合のアルファ値を示している。最も会計発生高ランキングが低い第1分位ポートフォリオの1年後規模調整後リターンの平均値は年率4.90％（1％で統計的に有意）であり、2年後は1.60％、3年後0.70％である。一方、第10分位の場合はそれぞれ−5.50％（1％有意）、−3.20％（5％有意）、−2.20％である。ここからわかるように、1年後、2年後、3年後と時間が経過するに従って分位間のリターンの差は小さくなるが、第10分位と第1分位差は2年後まで統計的な有意差が見られる[19]。表の右側に示したCAPMアルファについても同様の傾向が見られる。初年度に会計発生高でランキングした場合の年間平均リターンを用いた場合、切片項アルファは3.90％（5％有意）、初年度に会計発生高でランキング情報を用いて2年間保有した場合の年間平

均リターンでは0.70％、3年の場合0.10％である。一方、第10分位では、それぞれ－6.40％（1％有意）、－4％（1％有意）、－3.60％（5％有意）である。第10分位をロングし、第1分位をショートする時系列ポートフォリオでは2年に一度リバランスを行う場合まで統計的な有意差が見られている。これらの証拠は、市場が見かけ上の利益によって株価をミスプライシングしていることと整合的である。

2.3. 日本市場における会計発生高アノマリー

スローンが発見した会計発生高アノマリーが、日本市場においてどの程度観察されるかを調べてみよう。

図8-4は、村宮克彦氏が東京証券取引所第1部、第2部、マザーズ、JASDAQの全銘柄を対象として、2000年から2015年までの期間において会計発生高アノマリーを検証した結果を示している。スローンと同様の手続きに従い、会計発生高で10分位に分けて規模調整済み平均超過リターンを計算した

図8-4　日本市場における会計発生高と規模調整済みリターン

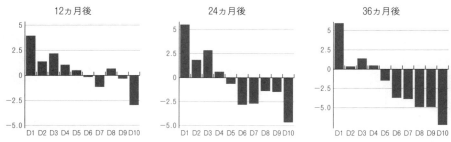

注：村宮克彦氏の検証資料より作成。検証期間は2000年から2015年である。左からポートフォリオ組成後12カ月でリバランスを行う場合、24カ月で行う場合、36カ月で行う場合のリターンを示している。横軸には会計発生高で10分位に分類した分位ポートフォリオを並べている。D1は会計発生高の少ない第1分位、D10は最も大きい第10分位を示す。縦軸は規模調整後年率リターン(％)を示す。

19）ここまで読み進まれた読者は、なぜ、簿価時価比率やモーメンタム要因を制御していないのかと不思議に思われるかもしれない。表8-5の作成に用いた論文が会計学領域の学術誌に発表された1996年時点では、規模と簿価時価比率を制御することが一般的ではなかったのが理由である。その後の研究で、規模、簿価時価比率、モーメンタムを制御しても会計発生高は株式市場のリターンを説明する有効な要因であることが明らかになっている。

ものである。会計発生高の算出は決算情報が出揃った6月末に行い、損益計算書の「純利益」からキャッシュフロー計算書の「営業活動によるキャッシュフロー」の値を控除して求め、その値を企業の総資産で除してランキングに用いている。図に示されるように、検証結果はスローンの示した傾向とよく合致している。12カ月後、24カ月後、36カ月後のどの期間においても、会計発生高が低い銘柄群ほど高いリターンを示している。さらに日本の株式市場では、スローンの結果と異なり、リバランスまでの期間を長くしても、その傾向が緩やかにはなっていないことがわかる。

これまでの会計発生高の検証においては、規模ファクターの影響だけをコントロールしている。しかし第6章で示したように、日本市場においてはバリュー株ファクターの影響が強い。そこで、規模と簿価時価比率の両方をコントロールしたあとでも会計発生高の影響が残存するかどうかを調べるために、会計発生高によって分類された分位ポートフォリオ間でFF3のアルファがどのように異なってくるかを見てみよう。

表8-6は2000年から2015年でFF3のアルファを計算した結果である。会計発生高に基づくリバランスを年1回繰り返すことで、最も低い第1分位ポートフォリオには常に会計発生高が低い銘柄群で構成され、第10分位ポートフォリオは常に会計発生高が高くなる。リターンは等加重平均（単純平均）で算出した。その結果、第1分位は年率で6%の有意なアルファを観測し、第

表8-6　日本企業を対象とした会計発生高アノマリーの検証結果

分位	1	2	3	4	5	6	7	8	9	10
FF3 α	0.498	0.239	0.244	0.201	0.169	0.119	0.058	0.083	0.080	−0.023
t 値	(2.82)	(2.27)	(2.78)	(2.47)	(2.13)	(1.46)	(0.63)	(0.91)	(0.76)	(−0.15)

L/S	第1分位 Long／第10分位 Short ポートフォリオ
FF3 α	0.521
t 値	(3.96)

注：岡田（2022）より筆者作成。2000年から2015年の東京証券取引所に上場する全銘柄を対象とし、各年度の決算が出揃った時期から（6月末）の会計発生高のランキングにもとづいて10分位に分類。FF3 α は同じ手続きで毎年リバランスする分位ポートフォリオの月次単純平均リターンをFF3で回帰した切片項である。太字は1%で有意、太字斜字は5%で有意であることを示す。表の単位は%（月率）である。

10分位には有意なアルファは検出できなかった。また、第10分位をロングし、第1分位をショートするロング・ショートポートフォリオは、年率−6.3％の有意なアルファを検出した。

　この値は、スローンの年率−10.4％と比較するとインパクトは小さい。しかし、モーメンタム効果の場合と違って、会計発生高アノマリーは日本の株式市場でもはっきりと存在していることが確認できる。とりわけこうした効果が発表され、周知された1996年から20年以上経過したあとでも、日本市場において会計発生高が超過リターンの予測力をもっている事実は注目に値するといえるだろう。一般にアノマリーは、研究者によってその存在が発表されることによって多くの場合効果が減衰し、中には消滅することも少なくないからである[20]。

2.4.　会計発生高とアノマリー

　表8-5や表8-6の検証から明らかとなったのは、会計発生高が低いポートフォリオはその後の期待リターンが高いという事実である。会計発生高はリスク要因とは考えにくく、会計発生高と株式の期待リターンが関係するということは、標準ファイナンス理論の立場から見れば「アノマリー」である。投資家は会計発生高が低い企業群を保有することで、追加的なリスクを負わずに高い期待リターンを得ることが可能なのである。

　経営者は制度が許す範囲において、タイミングを見ながら最終利益を増大させるような会計処理をしたり、圧縮させる会計処理をしたりすることができる。経営者のそうした行動に関する情報はすべて公開情報である。投資家は、有価証券報告書を分析するだけで当該企業の会計発生高を計算できるにもかかわらずこのような結果となるのは、投資家がナイーブに最終利益を基準に自らの投資行動を決定しているからだと解釈可能である。ナイーブな投資家は企業の真のファンダメンタル価値を探らず、毎年発表される有価証券報告書の利益を基準に期待形成を行うとしよう。すると表面的な会計利益に目を奪われてしまい、報告利益が小さい企業は利益を上げられていない企業だと認識してしまう。し

---

20)　McLean and Pontiff (2016) を参照。

かし、会計発生高が利益圧縮型であれば、その企業は投資家の認識よりもじつは大きい利益を上げている。そうした企業は見かけの利益は小さくとも、(2 -b)式に表されているように圧縮された額は次年度以降の決算に利益上昇要因として表れる。このことをナイーブな投資家は価格に織り込むことなく過小評価してしまうのである。株式市場では、早晩真のキャッシュフローを反映したファンダメンタル価値に収束するため、そのプロセスで超過リターンが得られるのである。会計発生高が高い利益増幅型企業については、過大評価によって反対の現象が起こる。

この会計発生高アノマリー（accrual anomaly）については、会計学の分野だけでなく、ファイナンスの分野でも再検証に取り組んでいるなかで、長期にわたってアノマリーが存在することが等しく報告されている。現実の市場が、効率的市場仮説とは整合しない1つの強い証拠だといえよう。後にファーマとフレンチは会計高アノマリーの存在を認めながらも、会計発生高を直接的に彼の資産価格決定モデルに反映させることはしていない。ただ、次節で紹介するファーマ＝フレンチ5ファクターモデル（FF5）では、利益水準と投資水準という2つの会計情報を取り入れている。

3. ファーマ＝フレンチ5ファクターモデル

3.1. FF3の改良

株式のリスクは簿価時価比率と関係があることは、どの市場においても確認されている。これに加えて利益率（profitability）と投資額（investment）が株式の平均リターンと相関していることも明らかになっている。この2つの指標と株式の平均リターンとの関係を、ファーマとフレンチの議論に従って配当割引モデルから考えてみよう[21]。

配当割引モデルの基本的な考え方は、株式をもつことの価値は、究極的には将来にわたって配当を受け取れる権利の価値であるから、t時点の価値、つまり同時点の株価（m_t）は以下のように求められる。

21）Fama and French(2015) を参照。

$$m_t = \sum_{t=1}^{\infty} E(d_{t+\tau})/(1+r)^{\tau} \qquad (3\text{-a})$$

ただし、$d_{t+\tau}$ は τ 期後に支払われる 1 株当たりの配当、r は長期の当該株式の期待リターンである。この式を少し加工することによって、「期待利益（expected profitability）」「期待投資（expected investment）」「簿価時価比率（B/M）」の関係を見ることができる。

　まず、株式時価総額（M_t）は、企業の将来の期待利益から新規の期待投資額を引いた配当可能原資の現在価値として書き換えることができる。

$$M_t = \sum_{t=1}^{\infty} E(Y_{t+\tau} - dB_{t+\tau})/(1+r)^{\tau} \qquad (3\text{-b})$$

ここで $Y_{t+\tau}$ は τ 期における株主に帰属する利益総額、$dB_{t+\tau}$ は t 期と t+τ 期の純資産の増分、つまり新規の投資額である。次に時価簿価比率（M/B）を（3 -b）式を使って表現すると、（3 -c）式となる。

$$\frac{M_t}{B_t} = \frac{\sum_{t=1}^{\infty} E(Y_{t+\tau} - dB_{t+\tau})/(1+r)^{\tau}}{B_t} \qquad (3\text{-c})$$

（3 -c）式から期待リターンと各変数の関係について次の 3 つのことがわかる。

- 現在の時価総額（M_t）、期待リターン（r）以外すべてを固定すると、時価簿価比率（M_t/B_t）が高いほど期待リターンは低くなる[22]。
- $M_t, dB_{t+\tau}, B_t,$ を固定すると、期待利益 $E(Y_{t+\tau})$ が高いほど（profitability が高いほど）期待リターンは高くなる。
- $M_t, B_t, Y_{t+\tau},$ を固定すると、$dB_{t+\tau}$ が小さければ小さいほど（investment が少ないほど）期待リターンは高くなる。

22）これまで「簿価時価比率」と記載したが、ここでは式に忠実に「時価簿価比率」で説明している。

従来の FF 3 で用いる B/M 比率は、市場参加者の将来キャッシュフローに対する予想と配当に対する予想、割引率に対する予想のすべてが内包されており、この意味で複数の次元の情報が含まれている指標となっている。そこで、B/M 比率がもつ情報を補完するためにファーマとフレンチは2015年に「期待利益（profitability）」と「期待投資額（investment）」を新たなリスクファクターとして取り入れた FF 5 を提唱した[23]。つまり FF 5 では、「マーケットリスクプレミアム」「企業規模」「簿価時価比率」に「期待利益」と「期待投資額」を加えた 5 つリスクファクターを考える。

（3 -c）式に見たように、時価簿価比率を期待利益と期待投資額を用いて表現しているが、HML そのものもモデルには残存させている。ファーマとフレンチはこの理由について、HML には期待利益と期待投資額が表現できない企業特性が含まれているからだとしている。

3.2. FF5 のリスクファクター

以下に示す（3 -d）式は、FF 5 のモデル式である。リスクファクターは、マーケットファクター（$r_m - r_{ft}$），規模ファクター、（SMB_t）とバリュー株ファクター（HML_t）、利益ファクター（RMW_t: robust minus weak）、投資ファクター（CMA_t: conservative minus aggressive）である。

$$r_{it} - r_{ft} = \alpha_i + \beta_i(r_m - r_{ft}) + \gamma_i(SMB_t) + \lambda_i(HML_t) + \theta_i(RMW_t) + \vartheta_i(CMA_t) + \varepsilon_{it}$$
$$（3 \text{-d}）$$

この具体的な計算方法について順を追って見てみよう。まず第 4 項までは FF 3 と共通である。第 5 項および第 6 項までの計算は以下の手順に従う。

規模で 2 分割と簿価時価比率 3 分割した 6 つのポートフォリオについてそれぞれ時価総額加重でリターンを計算する。これによって、小型バリュー（small value）、小型中立（small neutral）、小型成長（small growth）、大型バリュー（big value）、大型中立（big neutral）、大型成長（big growth）の 6 つのポートフォリオリターンが得られる。次に、規模と営業利益、規模と投資額との組み合わ

---

23) Fama and French (2015) を参照。

せを同様に実施してリターンを算出することにより、合計で18個のポートフォリオの時価総額加重平均リターンを計算する。表8-7に18個のポートフォリオの定義をまとめている。

　時価総額、簿価時価比率、営業利益、および投資額を基準としてどのように18個のポートフォリオに分割するかについては分析者の自由裁量に任されるのがふつうである。提唱者のファーマとフレンチは、規模は毎年6月末時点の時価総額の上位10%を大、下位10%を小とし、簿価時価比率、営業利益、投資額については上位30%を大、中位40%を中、下位30%を小とした基準を用いている。以下、1つひとつの定義を記すと煩雑になるため、アルファベットの大文字が意味する内容を以下にまとめている。

- 規模（size）　S：小型株　B：大型株
- 簿価時価比率（B/M）　H：成長株　L：バリュー株
- 営業利益（profitability）　R：ロバスト株　W：ウィーク株
- 投資（investment）　C：投資に慎重（conservative）　A：積極投資

表8-7　FF5のファクターポートフォリオの組成

	規模	
	大（上位10%）	小（下位10%）
簿価時価比率		
高（30%）	big value（BL）	small value（SH）
中（40%）	big neutral（BN_{BM}）	small neutral（SN_{BM}）
低（30%）	big growth（BH）	small growth（SW）
営業利益		
高（30%）	big robust（BR）	small robust（SR）
中（40%）	big neutral（BN_{OP}）	small neutral（SN_{OP}）
低（30%）	big weak（BW）	small weak（SW）
投資額		
高（30%）	big aggressive（BA）	small aggressive（SA）
中（40%）	big neutral（BN_{inv}）	small neutral（SN_{inv}）
低（30%）	big conservative（BC）	small conservative（SC）

注：規模は毎年6月時点の時価総額の上位10%を大、下位10%を小とする。簿価時価比率、営業利益、投資額については上位30%を大、中位40%を中、下位30%を小とする。

（aggressive）

（3 -d）式の SMB ファクターには、SMB_{BM}、SMB_{OP}　SMB_{inv} が考えられる。それぞれは、次のように定義される。

$$SMB_{BM} = 1/3(SL + SN_{BM} + SH) - 1/3(BL + BN_{BM} + BH)$$
$$SMB_{OP} = 1/3(SR + SN_{OP} + SW) - 1/3(BR + BN_{OP} + BW)$$
$$SMB_{inv} = 1/3(SC + SN_{inv} + SA) - 1/3(BC + BN_{inv} + BA)$$

したがって、FF 5 で用いられる SMB ファクターは、SL、SN_{BM}、SH、SR、SN_{OP}、SW、SC、SN_{inv}、および SA の 9 個のポートフォリオリターンの平均と、BL、BH、BR、$BNop$、BW、BC、$BNinv$、および BA の 9 個のポートフォリオリターンの平均の差として計算される。

3.3.　FF5 の実績値

FF 3 を実証的に支持する証拠は、バリュー株と成長株、および大型株と小型株の長期の平均リターンに大きな差が存在することである。バリューファクターを決定する確率要因である「営業利益」と「投資額」を取り出し、新たにファクターとして FF 3 に加えたのが FF 5 である。この資産価格決定モデルを日本市場におけるリスク評価に用いるためには、少なくとも長期の平均リターンが FF 5 の予想と整合的であることが望ましい。そこで日本市場と先進国市場のそれぞれにおいて FF 5 がどの程度実証的に支持されるかを調べた結果が図 8 - 5 である。

ここで扱っている先進国市場に関する各種指標は、以下のプロセスで計算されている。まず、先進23カ国の対象銘柄を観察期間内のマーケットデータと財務データが入手可能ものに絞る[24]。次に、対象となる全銘柄を米ドルに換算し、1 つの巨大なマーケットとみなして時価総額加重平均リターンを使って各

———————————————————

24）23カ国は以下の国・地域の株式市場を対象としている。日本、米国、オーストラリア、オーストリア、オランダ、ノルウェー、ニュージーランド、ベルギー、カナダ、UK、フランス、ドイツ、スペイン、イタリア、ポルトガル、スイス、デンマーク、スウェーデン、フィンランド、ギリシャ、香港、アイルランド、シンガポールである。

図8-5　1990～2019年までの年率平均ファクターリターン（単位％）

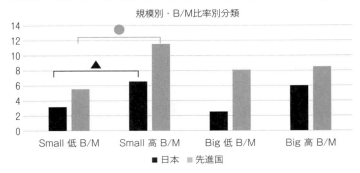

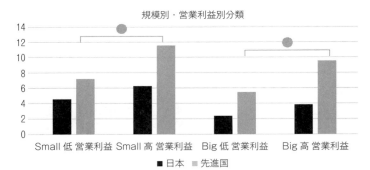

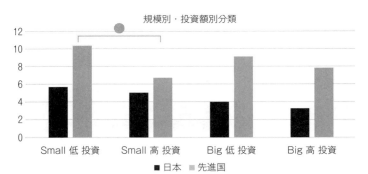

注：1990年7月から2019年12月の各ファクターポートフォリオの月次時価総額加重平均リターンをフレンチが公開するデータに基づいて計算し年率換算した。全企業を規模別に小型と大型に分け、その中で簿価時価(B/M)比率、営業利益、投資額に基づいてそれぞれ低・中・高に3分類し、計18個のポートフォリオを作成した。グラフでは低と高のみの12個のポートフォリオについて平均リターンを示している。5％の有意水準で平均リターンに差があるポートフォリオのペアを▲印で示し、10％で差があるペアは●印を付している。

種ポートフォリオの平均リターンを計算する。図 8 - 5 では18個のファクター
ポートフォリオの時価総額加重平均リターンを計算し、そこから中位を除いた
12個のポートフォリオを比較している。企業規模は毎年 6 月時点の時価総額
の上位10％を大、下位10％を小と定義し、簿価時価比率、営業利益、投資額
については上位30％を大、下位30％を小として分類して計算している。

　ここから、いくつかの事実が読み取れる。日本市場では、規模が小さいグル
ープにおいて簿価時価比率がリターンに大きく影響し有意なバリュー株効果が
観察される一方で、規模が大きいグループにおいては、その影響は統計的に有
意なほどは強くない。営業利益や投資額については、規模にかかわらず平均リ
ターンに大きな違いをもたらしていない。日本市場における株価形成は概して
FF 5 によるリスク評価とあまり整合的ではない。

　対照的に、先進国全体での検証結果は FF 5 と概ね整合的である。たとえば、
先進国小型株については、簿価時価比率、営業利益、投資額のいずれで比較し
てもリターンに有意な差異が認められる。先進国の大型株を対象とした場合の
み投資額や B/M 比率による差は有意ではなくなる。

3.4. 営業利益と投資額

　日本市場における営業利益と投資額の 2 つの新しいファクターの影響を、企
業規模との関係で見てみよう。

　表 8 - 8 に示すのは、企業規模を基準に 5 分位に分類し、さらに営業利益を
基準に 5 分位に分類した計25のポートフォリオの1990年から2019年までの月
次時価総額加重平均リターンである。規模別合計を見ると、最も小さい規模の
企業群で平均リターン0.638％であり、規模が大きくなるにしたがって0.410、
0.335、0.323、0.311と単調に小さくなっている。企業規模が小さい銘柄群ほ
ど平均リターンが高くなる規模効果を示唆する結果である。その一方で、営業
利益については、営業利益の最も少ない第 1 分位から0.281、0.385、0.452、
0.427、0.472と、営業利益の増加に伴って単調に平均リターンが高くなってい
るが、分位間に顕著な差は存在しない。さらに、企業規模と投資額による 5 ×
5 の計25分位ポートフォリオについて見ると、規模効果のみ観察され、投資
額による分類では差異はない。つまり、図 8 - 5 の示す結果と同様、日本市場

表8-8　日本市場における営業利益・投資額と平均リターン

規模別／営業利益別平均月次リターン　単位：%

	低 …	営業利益	… 高			
	Lo OP	2	3	4	Hi OP	規模別合計
規模（小）	0.501	0.653	0.602	0.568	0.864	0.638
2	0.287	0.381	0.471	0.438	0.473	0.410
3	0.273	0.319	0.351	0.347	0.386	0.335
4	0.129	0.299	0.433	0.459	0.295	0.323
規模（大）	0.215	0.274	0.401	0.322	0.340	0.311
営業利益別合計	0.281	0.385	0.452	0.427	0.472	

規模別／投資額別平均月次リターン　単位：%

	低 …	投資額	… 高			
	Lo Inv	2	3	4	Hi Inv	規模別合計
規模（小）	0.564	0.598	0.694	0.569	0.686	0.622
2	0.422	0.413	0.443	0.485	0.271	0.407
3	0.368	0.406	0.320	0.294	0.264	0.330
4	0.343	0.316	0.428	0.231	0.320	0.327
規模（大）	0.320	0.276	0.195	0.333	0.251	0.275
投資額別合計	0.403	0.402	0.416	0.382	0.358	

注：1990年から2019年までの日本株式市場における営業利益と投資額による平均リターンをフレンチの公開データより筆者作成。全銘柄を時価総額にもとづいて5分位にわけ、各分位ポートフォリオについてさらに営業利益額（上段）および投資額（下段）で5分位に分類したそれぞれ25個のポートフォリオの月次時価総額加重平均リターンを示す。営業利益額は、最大：Hi OP、最小をLo OP としている。投資額については、最大：Hi Inv、最小：Lo Inv としている。元データについては以下のサイトから取得可能である。https://mba.tuck.dartmouth.edu/pages/faculty/ken.french/data_library.html

においては、規模効果は存在するものの、簿価時価比率の構成要素である営業利益と投資額の効果は見られないことがわかる。

　最後に、図8-6にこれまでの結果を日本市場と先進国市場についてグラフで一覧できるようにまとめておく。日本と先進国市場で共通に存在するのは規模効果だけである。営業利益については、規模の小さいグループにおいてFF5の予測結果と整合的な傾向が観察されるものの、規模が大きくなるにつれて差ははっきりとは確認できなくなる。ただ、どの規模グループにおいても営業利益が大きい銘柄群ほど平均リターンが高くなる傾向が見て取れるので、一定程度の説明力があるといえよう。その一方で、投資額を軸にグループ分けしても日本市場では平均リターンに差があるとはいえない。先進国市場を合わ

図8-6　日本市場と先進国市場における追加ファクターの効果
規模別、利益別、投資額別の月次平均リターン比較一覧（1990～2019年）

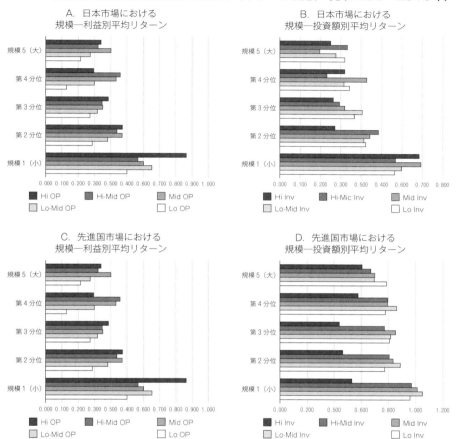

注：全銘柄を時価総額にもとづいて5分位に分け、各分位ポートフォリオについてさらに営業利益額および投資額で5分位に分類したそれぞれ25個のポートフォリオの月次時価総額加重平均リターンを示す。グラフAとBは日本市場を対象とし、CとDは先進国全体を対象としている。営業利益額の分類表記は、最大：Hi OP、大：Hi-Mid OP、中：Mid OP、中小：Lo-Mid OP、最小：Lo OP としている。投資額の分類表記は、最大：Hi Inv、大：Hi-Mid Inv、中：Mid Inv、中小：Lo-Mid Inv, 最小：Lo Inv としている。

せた傾向を見ても、投資額の大小が大きく平均リターンを決定づけている傾向
は確認できない。

4. 新しいファクターの発見と新たな課題

4.1. 新たなクロスセクションの予測ファクター

これまで CAPM、FF 3、4ファクターモデル（FFC 4）、および FF 5 を紹
介してきたが、これらは実証研究で用いられるアセットプライシングモデルの
標準として活用されている。CAPM は一定の前提条件下で導かれる均衡モデ
ルであるが、そのあとに続く FF 3 と FFC 4 は、CAPM で説明できない銘柄間
のリターン差を説明する要因が付加されることで発明されたモデルである。ま
た FF 5 は、十分統計量ではない簿価時価比率を補完する目的で付加された 2
つのリスクファクターを FF 3 に加えることで提案されたものである。ところ
が、これらのモデルを使っても、証券のリターンとリスクの関係を完全には説
明することはできていない。そのために、ある種のルーティン化された手続き
によって、新たなリスクファクターを発見する研究努力が続けられている。

証券市場に関連する多くの研究論文は、概ね図 8 - 7 にある流れに沿って検
証を行っている。まず、1つのファクターに着眼する。そのファクターにもと
づいてランキングし、第1分位から第5分位まで各分位に20％の銘柄が分類
されるように分位ポートフォリオを作成する（10分位に分ける場合は各10％）。

次に第1分位から第5分位までそれぞれのポートフォリオのリターンの時
系列データを作成する。このデータを使って、第5分位のポートフォリオをロ
ングし、第1分位のポートフォリオをショートするロング・ショートポートフ

図8-7　ファクター探索のプロセス

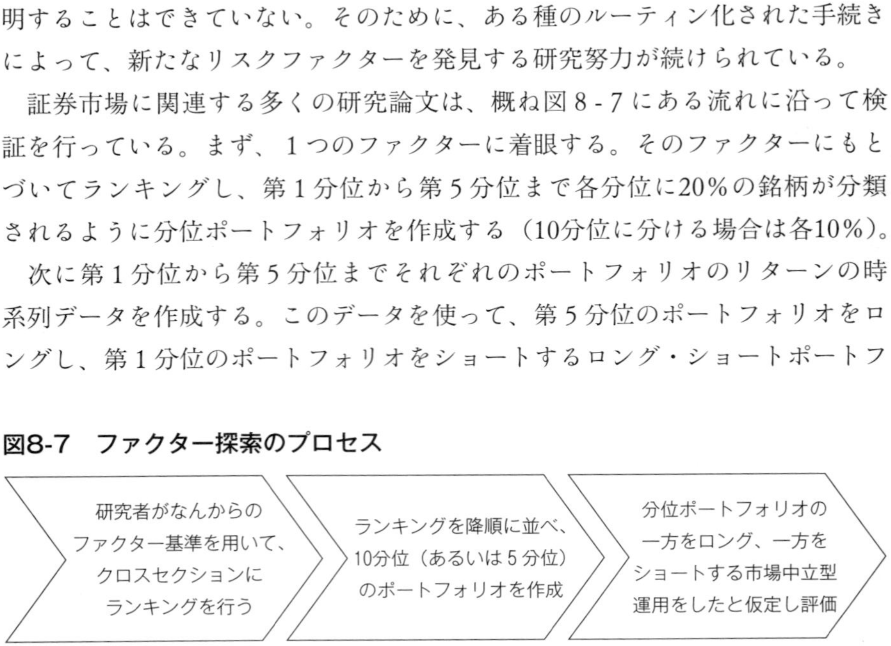

ォリオを運用した場合のリターンを計算し、CAPM や FF 3 などの資産価格決定モデルで説明できない部分を含んでいるかどうかを調べるのである。この時、説明できない部分（有意なアルファ）が観察されれば、着眼したファクターがクロスセクションの予測ファクターとして報告されるのである[25]。分位ポートフォリオリターンの計算方法には等加重平均法（EW）と時価総額加重平均法（VW）の 2 つがあるが、その両方について予測力が確認されるのが望ましい[26]。

たとえば、アンドリュー・アン（Andrew Ang）らの研究チームは[27]、FF 3 で説明できない残差リターンに着目し、世界の株式市場においてその残差リターンのボラティリティに予測力があることを示している。彼らは、各銘柄のリターンを FF 3 で回帰し、モデルで説明できなかった残差の標準偏差——固有ボラティリティ（idiosyncratic volatility : $i\text{-}vol$）——を用いて株式をランキングし、固有ボラティリティを基準として分位ポートフォリオを作成することで、将来リターンが予測可能であることを示した。彼らの検証手順を追って見ていこう。

まず、各地域（R）の株式リターンをドルベースのリターンに変換し、時価総額加重平均法を用いてマーケットファクターリターン（MKT^R）、小型ファクターリターン（SMB^R）、バリューファクターリターン（HML^R）を計算する。この時、対象地域をあたかも 1 つの国としてその地域のファクターリターンを算出する。たとえば、G 7 を 1 つの地域として考える場合、7 カ国の株式リターンをドルベースで考え、7 カ国の株式リターンからマーケットリスクプレミアムを計算するのである。そして 1 カ月の標本期間の日次リターンを用いて（4）式を推定する。

---

25) クロスセクションのリターン差に対して予測力をもつファクターは一般にクロスセクションの予測ファクター（cross sectional predictor）と呼ばれる。

26) EW でポートフォリオリターンを算出すると、時価総額の小さい小型株も超大型株もリターン貢献度においては同じ扱いをすることから、多数を占める小型株の影響が大きくなる。仮に EW でアノマリーが観測されたとしても、超過リターンの獲得実現性に疑問符がつく。VW でもその問題は残存するが、そもそも小型株を対象にするべきでないとの考え方もある。Hou et al. (2020) 参照。

27) Ang et al. (2009) 参照。

$$r_i = \alpha_i^R + \beta_i^R(MKT^R) + \gamma_i^R(SMB^R) + \delta_i^R(HML^R) + \varepsilon_i^R \tag{4}$$

（4）式の各係数の推定時に得られる残差リターン（ε_i^R）の標準偏差が固有ボラティリティである。次に、固有ボラティリティを使って銘柄ランキングをする。過去1カ月の日次データから推定された固有ボラティリティを、小さいものから昇順に第1分位から第5分位まで並べる。この5つの分位ポートフォリオには、月次のリバランスを通じて常に固有ボラティリティが低いものは第1分位に、高いものは第5分位へと分類される。このため、各分位ポートフォリオは直近のボラティリティを反映したものとなる。

表8-9には各分位ポートフォリオの月次時系列リターンを分位ごとに時価総額加重平均法で求め、それを使ってFF3で回帰し、推定された切片項アルファの値を示している。第5分位、つまり変動率の高いグループにおいては、アルファはどの地域においても年率換算で−7.54％（−0.629×12、米国を除く全地域）から−14.4％（−1.201×12、G7）と大きく負であり、統計的にも有意である。また、第5分位をロングし第1分位をショートするロング・ショートポートフォリオの時系列リターンをFF3で回帰すると、どの地域においても有意に負のアルファが観察される。第5分位と第1分位の平均リターンの差を見ても同様の傾向にあることがわかる。G7と全先進国を対象とした場合、FF3のアルファではなく、分位ポートフォリオリターンを直接使って第5分位と第1分位の差を検定しても、平均値の差は有意である。

このことから、FF3では捉えることができていない固有ボラティリティという要因は、規模と簿価時価比率とは独立の将来リターンの予測ファクターとして認められることがわかる。

4.2. あふれるクロスセクションの予測ファクター

ベータから始まり、企業規模、簿価時価比率、モーメンタム、営業利益、投資額、会計発生高、固有ボラティリティと8つのクロスセクションの予測ファクターを紹介してきた。これまで発見されてきたファクターはこれだけにとどまらない。そのすべてを列挙することは紙幅の関係上できないが、代表的なも

表8-9 クロスセクションの予測ファクター：固有ボラティリティ（*i-vol*）

i-vol を軸に構成した分位ポートフォリオの月次平均リターンのFF3α

	i-vol	G7	米国除くG7	全先進国	米国除く全先進国
Low	第1分位	*0.153*	−0.011	*0.163*	0.040
	第2分位	0.065	−0.059	0.069	−0.026
	第3分位	0.027	−0.040	0.031	−0.011
	第4分位	**−0.433**	−0.290	**−0.416**	−0.280
High	第5分位	**−1.201**	**−0.663**	**−1.144**	**−0.629**
	第5−第1	−1.354	−0.652	−1.307	−0.669
	t値	**−5.46**	*−2.77*	**−5.68**	**−3.16**
		平均リターン			
	第5−第1	−0.927	−0.388	−0.893	−0.396
	t値	*−2.55*	−1.36	*−2.62*	−1.49

注：Ang et al. (2009) より筆者作成。株式リターンはすべてドルベースリターンに変換し、ヘッダーに示す地域については、その地域に存在する株式リターンをプールし、MKT^R, SMB^R, HML^R を算出し、（4）式で回帰する。次に地域ごとに、各月において前月1カ月分の日次データから（4）式を推定した際に得られる残差リターンの標準偏差（固有ボラティリティ, *i-vol*）で5分位に分類する。各分位ポートフォリオは直近1カ月の固有ボラティリティを使って5分位に昇順に並べて作成している。表に示されるのは分位ポートフォリオの1980年から2003年までの時価総額加重平均月次リターンをFF3で回帰して得られたアルファ値である。分位ポートフォリオの構成銘柄は、毎月のリバランスにより、常に直近1カ月の固有ボラティリティの傾向が反映されるような銘柄群で構成されている。上段のt値は第5分位ロング、第1分位ショートのロング・ショートポートフォリオをFF3で時系列回帰した場合のアルファ値とそのt値である。下段は第5分位と第1分位の平均リターンの差であり、t値は第5分位と第1分位の平均値の差を検定したt値である。太字は1％有意、斜字は5％有意であることを示す。

のを紹介しておこう。ここに紹介するものはすべて著名経済雑誌で発表され、注目度の高いものばかりである。

- 1株当たり利益と価格の比率
- 業種のモーメンタム
- 業績のサプライズ[28]
- 売り上げのサプライズ
- 証券アナリストの予測変更

---

28) 業績サプライズはアナリストのコンセンサスと乖離した業績で測定する。売り上げサプライズも同様である。

- 6カ月の FF 3 残差のモーメンタム[29]
- 1株当たりのキャッシュフローと価格の比率
- 配当利回り
- 年率換算売上成長率
- 株式デュレーション[30]
- 四半期毎のペイアウトイールド[31]
- 5年間の売上成長率ランキング
- 投資額 / 総資産
- 純稼働資産
- 株式の純発行株数
- 3年間の投資成長率
- 自己資本利益率（ROE）
- ΔROE（ROE の変化率）
- 負債総額 / 時価総額
- リバーサル
- R&D 時価総額比率
- 株式売買代金
- 最大日次リターン

　これらの予測ファクターは、研究者たちが独自の視点で先述のルーティンに
従って発見したものである。このような予測ファクターはキャンベル・ハービ
ー（Campbell Harvey）らの調査によれば、2012年時点で累計240を超えると
いう[32]。図8-8は、1962年から2012年までの期間に新たに発見されたクロス

---

29) これまでの議論では、モーメンタムは過去1年のリターンでランキングしたが、リター
　ンを用いずに各銘柄の過去6カ月の日次データから算出した FF3の残差リターンを用いる。

30) 株式デュレーションは株価が金利の変化に対してどれだけ敏感かを測る指標で、デュレ
　ーションが長いほど金利に敏感だと判断される。一般に成長株の方がバリュー株よりデュ
　レーションが長いと考えられている。

31) ペイアウトイールドは配当だけではなく自社株買いも含めた株主に対する支払い総額を
　時価総額で割った値として計算される。

32) Harvey et al.(2016)

図8-8　上位学術誌に掲載された新しいファクター数の推移

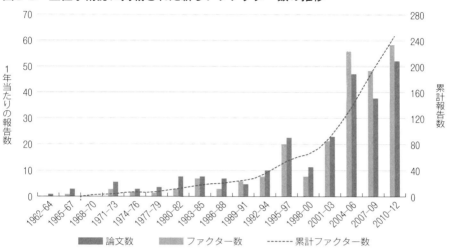

注：Harvey et al.(2016) より筆者加筆作成。黒の棒グラフは新しいファクターを扱った各年の論文数（左軸）を示し、灰色の棒グラフはファクター数（左軸）を示す。点線は累計ファクター数（右軸）である。

セクションの予測ファクターの数が 2 年ごとにどのように増えているか示すものである。ここから読み取れるように、予測ファクター数が調査当初からほぼ指数関数的に増加し続けている。とりわけ、FF 3 の登場した1993年以降に急増しているのがわかるであろう。こうした傾向に対して、統計的有意性だけを追求したファクター探しに陥っていると危惧する声が強くなってきている。

仮に研究者たちが、統計的有意性を求めるという動機で過去を説明するファクター探しに取り組んだとしよう。あらゆるランキング基準を考案し、実験を繰り返し、有意になったものだけを報告するということも可能である[33]。とりわけ、過去リターンだけを説明するファクターを探すことは、データを駆使すればそれほど難しいことではない。自分のもつ仮説を証明するために都合の良

---

[33] たとえば、論文執筆時に100のファクターを試したうえで、あるファクターをクロスセクションの予測ファクターだと報告したとする。仮にそのファクターに依拠して組成したロングショートポートフォリオが、5%で有意な正のアルファを示したとしても、有意となるファクターは100個中の 5 個程度は期待できるため、このファクターに効果があるかは結論づけられない。こうした多重検定問題 (multiple hypothesis testing problem) がファイナンスの実証研究でも指摘されている。

いデータをそろえることを時に「データマイニング」と揶揄する場合がある。論文雑誌に採択されるために競って新しいファクターを検証し、高い統計的有意性が得られるまで試行錯誤を繰り返しているとすれば、それはまさにファイナンス研究者全体で「データマイニング」の罠に陥っているのかもしれない。

この批判に答えるためには、発見されたファクターが最低限クロスセクションの予測ファクターになっているかどうかをアウトオブサンプル（out of sample）のテスト期間でしっかり確認しておく必要がある。

4.3. ファーマ＝マクベス回帰で見る、予測ファクターの有効性

これまで多くのファクターが報告されているが、それらがすべて有効であるかどうかは検証が必要である。先にも述べたように、研究者が網羅的に探索して見つけ出した結果報告されているファクターが存在する可能性は否定できない。仮に、発見されたファクターが真に有効なものであるならば、アウトオブサンプルの期間においても予測力が維持されるはずである。ところが、これまで発見されている重要なファクターでさえ、必ずしも予測力は維持されていない。ジョナサン・レウェレン（Jonathan Lewellen）はこの点を鑑みて、これまで報告されている諸研究から予測力が高いと考えられる次の15のファクターを選び、アウトオブサンプル期間における予測力の観点から有効性を検証している[34]。

- 前月の企業規模の対数
- 前月の簿価時価比率の対数
- 2カ月前から12カ月前までのリターン
- 1カ月前から36カ月前までの分割調整後発行済株式数の増分の対数
- 前年度からの会計発生高の差分
- 前年度の税引後利益／総資産
- 前年度からの対数総資産の伸び率
- 過去12カ月の配当利回り

---

34) Lewellen (2015) を参照。

- 36カ月前から13カ月前までのリターンの対数
- 過去12カ月から前月までの分割調整後発行済株式数の増分の対数
- 週次データを用いて36カ月前から前月までで推定したベータ値
- 日次データを用いて推定した過去12カ月から前月までのリターンの月次標準偏差
- 12カ月前からの平均月次回転率（出来高／発行済株式数）
- （短期負債＋長期負債）／前月末の時価総額
- 前年度の売上／前月末の時価総額

　レウェレンはファーマ＝マクベスの手法を使って[35]、各銘柄の過去10年の時系列リターンからファクターエクスポージャー（傾き）を推定し、それを使って15のファクター平均リターンから翌月（アウトオブサンプル）の各銘柄の予想リターンを計算している。

　算出された各月の予測リターンで銘柄をランキングし、10分位のポートフォリオを作成する。続いて、分位ごとの予想リターンと実現リターンを等加重平均と時価総額加重平均で算出する。この作業を移動標本期間（ローリングウィンドウ）において月次で繰り返すことで、分位ポートフォリオの時系列データが作成される。平均的な予想リターンと実現リターンの分位間順位がいずれの算出方法においてもそろっているかどうかを見ることで、アウトオブサンプル期間における予測可能性の精度を調べる。

　表8-10はその結果を示している。表の左側は等加重平均リターンで計測した予測リターン（予測R）と実現リターン（実現R）、標準偏差、シャープ比、および各分位ポートフォリオのリスクプレミアムが有意性を検定するt値を示している。表からわかるように、予測リターンのランキングどおりに実現リターンが発生していることがわかる。またシャープ比についても予測どおりのランキングとなっていることが確認できる。また、時価総額加重平均で計算した右パネルに目を移すと、分位ポートフォリオ間の差異が縮小するものの、予測どおりのランキングとなっていることがわかる。このことは、15のファクタ

35）本章コラム8-1を参照。

表8-10　ファクターモデルの予測リターンと実現リターン

	等加重平均					時価総額加重平均				
	予測R	実現R	標準偏差	シャープ比	t値	予測R	実現R	標準偏差	シャープ比	t値
第1分位（L）	-0.46	0.24	7.17	-0.08	-0.45	-0.32	0.65	5.93	0.14	0.84
第2分位	0.33	0.91	5.75	0.3	1.75	0.33	0.97	4.70	0.42	2.61
第3分位	0.63	1.10	5.38	0.44	2.55	0.63	1.10	4.56	0.52	3.27
第4分位	0.86	1.25	5.24	0.56	3.19	0.85	1.16	4.63	0.56	3.43
第5分位	1.04	1.31	5.28	0.59	3.39	1.04	1.26	4.95	0.59	3.72
第6分位	1.22	1.48	5.31	0.7	4.01	1.22	1.34	5.22	0.62	3.72
第7分位	1.41	1.58	5.47	0.74	4.16	1.40	1.45	5.58	0.65	3.76
第8分位	1.63	1.79	5.95	0.8	4.52	1.62	1.63	6.06	0.70	4.05
第9分位	1.92	2.07	6.58	0.87	4.75	1.91	1.77	6.70	0.70	4.06
第10分位（H）	2.64	2.60	7.76	0.98	5.3	2.53	2.19	8.02	0.77	4.45
H-L	3.10	2.36	4.93	1.65	10.21	2.85	1.54	6.30	0.85	5.03

注：Lewellen(2015) より筆者作成。本文に記載した15のファクターポートフォリオへのエクスポージャーとファクター期待リターンを過去10年間のデータで推定し、その結果にもとづいて翌月のリターンを予測し、各分位ごとに等加重平均リターンと時価総額加重平均リターンを計算した。表は、各月において予測月次リターンを基準に10分位にランキングして組成した分位ポートフォリオの期間(1984〜2013年)を通じた平均値を示す。予測Rはファクターモデルから推定される平均月次リターン(%)であり、実現Rは実現平均リターン(%)である。標準偏差は月次で算出し、シャープ比は年率換算している。t値は各分位ポートフォリオのリターンが正であることを検定する統計量である。表には示されていないが、同期間のマーケットポートフォリオの月次平均リターンは0.6%、年率シャープ比は0.45であった。

ーがアウトオブサンプルの株式リターンに対して平均的には予測力をもっていることを示している。

　次に、15個のファクターの予測力が時系列的にどのように変化するかについて見てみよう。図8-9のパネルAは、各分位ポートフォリオの予測リターンを説明変数とし、実現リターンを被説明変数とした場合の回帰係数（傾き）を時系列にプロットしたものである。ファクターが実現リターンをうまく予測していれば、この値は1に近くなるはずである。ここでは、回帰係数の推移を3つのユニバース別に示している。ニューヨーク証券取引所（NYSE）の「全銘柄」（実線）、「時価総額下位20％の小型株を除いた銘柄」（破線）、時価総額の中央値以上の「大型株」（灰色線）である。全銘柄で推定された傾きの推移を見てみると、2008年までは、時期によって変動するものの概ね0.7から1.1の間で推移しており、ファクターの予測力がある程度安定していることがわかる。しかし、2008年からこの係数は急速に下落し始める。つまり、ファクターに

図8-9 ファクターの予測能力の時系列推移

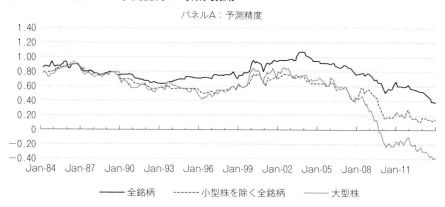

注：Lewellen (2015) より筆者加筆作成。上図はファクターモデルにより予測したリターンを説明変数、実現リターンを被説明変数とした場合の係数の時系列推移を示している。下図は予測リターンで10分位にランキングし、上位10%と下位10%のポートフォリオリターンの差を時系列にプロットしたものである。

よる予測が実現しにくくなっているといえよう。とりわけ、2009年の金融危機の局面においては、「大型株」のユニバースで回帰係数が負になっていることがわかる。これは、ファクターモデルの予想値と実現値の符号が反対であることから、ファクターの予測力が極度に低下していることを意味している。金融危機後のこの時期においては、それまで有効だったモーメンタムファクター

が、とりわけ大型株ユニバースにおいて期待とは反対の効果をもった（モーメンタム効果ではなくリバーサル効果が出現した）ことが大きな原因と考えられる。

パネルBはファクターモデルが予想する期待リターンでランキングを行い、期待リターンの高い銘柄群と低い銘柄群の差を観察したものである。ファクターモデルから推定される予想リターンの高い上位10％をロングし、下位10％をショートするというロング・ショートポートフォリオを構築し、そのパフォーマンス（「H-Lポートフォリオリターン」）を調べている。ポートフォリオリターンを等加重平均（EW）で計算する場合も、時価総額加重平均（VW）で計算する場合も、正のリターンが示されているが、その差はやはり金融危機時に小さくなっていることがわかる。つまり、過去のファクターに依存してポートフォリオを組成したとしても、金融危機以降はパフォーマンスが継続的に悪化している実態を示している。これは、運用者の視点から見ればファクターに依存したポートフォリオ構築に不安を投げかける結果である。

以上の検証結果から、レウェレンの選択した15個のファクターは平均的には一定程度の予測力をもっていることがわかった。しかし、金融危機などの特別なファンダメンタルの変化が起きると、それまで安定していた予測力は失われる。金融危機発生以降はファクターの予測力は低いままで、ロング・ショートポートフォリオのパフォーマンスも悪い。こうした傾向は、取引コストが低く運用者が参加しやすい大型株ユニバースにおいては一層顕著に観察される。長期の資産運用を考える場合にはこれらのファクターがそれほど信頼できないことを示唆しているといえよう。

4.4　次元の呪い（curse of dimensionality）と新しい方法への期待

ファーマとフレンチが新しいファクターを検証するとき、複数のファクターによって銘柄をソートしてリターンを比べる方法がとられた。たとえば、規模と簿価時価比率の効果を見るために、全上場銘柄を5分位×5分位、計25個のポートフォリオを作成し、それぞれのポートフォリオにおける平均リターンを計算している。

しかし、ファクターの数が増えれば増えるほどポートフォリオソートで対応

することはできなくなる。ファクターが1つないし2つであれば問題ない。しかし5つのファクターを5分位に分けて同時に検証しようとすると、$5^5=3,125$通りのポートフォリオを作成する必要がある。3,125の各グループに十分に分散された銘柄数を確保することは、現実の市場を解析する場合に不可能である。このように、次元が増えるにつれてデータ空間が指数関数的に大きくなり、分類する空間にデータが十分に分布することが難しくなる。このように、分類する次元が増えることによってその空間に分布するデータが疎（sparse）になってしまう問題を、データサイエンスでは次元の呪い（curse of dimensionality）と呼んでいる。ファクターの数が増えることで、まさにその問題がアセットプライシングの領域で生じているといえよう。

　これまで見てきたように、それぞれに有効性が確認されたファクターは240個以上にのぼる。では240次元の資産価格決定モデルを作ればよいのかというと、そうではないだろう。いくつかの新しいファクターは同じリスク要因を表しているかもしれない。研究者たちが新しいファクターを報告するだけで、多くのファクターが整理されないまま放置されている状況をコクランは「ファクター動物園（factor zoo）」問題と揶揄している[36]。こういう状況を打開するには新しい方法が必要であろう。

5. おわりに

　本章ではファーマ＝フレンチの3ファクターモデル（FF3）の登場以降に提案された資産価格決定モデルについて議論した。最初に取り上げたモーメンタム効果は、日本を除く多くの先進国株式市場において頑健に観察されている。モーメンタム現象は市場がウィークフォームで効率的でないことを示唆するアノマリーと捉えることもできるが、3つのファクターで捉えることのできないなんらかのリスク要因の反映として捉える見方もある。その発生メカニズムについてのコンセンサスが得られていないなかで、モーメンタムファクターをFF3に加えたカーハートの4ファクターモデル（FFC4）が提案され1つの

36）Cochrane（2011）参照。

標準モデルとして利用されている。

　会計領域の研究からも、市場の効率性に疑問が投げかけられている。たとえば、表面的な利益水準に影響されて投資家が株価をミスプライスしている事実が報告されている。会計発生高アノマリーと呼ばれるこの現象については、それをリスクの観点から説明しようとする試みは見られない。

　会計情報をモデルに取り込んだファーマ＝フレンチの5ファクターモデル（FF5）についても議論した。FF3の拡張版として登場したFF5では、簿価時価比率から定義上取り出せる利益と投資を独立したファクターとして追加する。FF5やカーハートの4ファクターモデルは、米国市場において実証的に支持されている一方で、日本市場の株価形成をうまく説明できていないという問題がある。

　ファイナンス研究では2000年以降、株式リターンを説明する多数のファクターが登場している。しかし、それらの中にはp値ハッキング的なものも多数含まれている可能性がある。真の資産価格決定モデルとは何かについての議論が混沌としているいま、アウトオブサンプルの予測力に着目することが重要であることを本章では示唆した。次章は、予測力に焦点を当てた議論を進めていく。

コラム8-1　ファーマ＝マクベス回帰

　ファーマ＝マクベス回帰とは、ファーマとジェームズ・マクベス（James Macbeth）が1973年に出版した論文において、CAPM の妥当性を実証するために考案した統計的手法の１つである。当初、この手法はシングルファクターモデルの１つである CAPM の妥当性検証のために用いられたが、その後はマルチファクターモデルにおいても活用されるようになり、現在は多くの実証研究において用いられている。1973年に開発された手法がいまでも多くの研究者に利用されているのは、複雑な統計的調整をすることなく、クロスセクションと時系列の２つの回帰を繰り返すだけでモデルの有効性を検証できるからである。ファーマとフレンチは、この手法について「分位ポートフォリオ作成による検証方法（portfolio sorts）の欠点を補うものであるが、それなりの欠点もあり、アノマリーの確認には両方の方法を用いるのがよい」（Fama and French [2008], p1654）と述べている。以下では、ファーマ＝マクベス回帰の実施プロセスを紹介する。

　ファーマ＝マクベス回帰においては、ファクターリスクに対するマーケットプライス λ とファクターリスクへのエクスポージャー β を同時に求める。

　まず、個別証券 i の期待リスクプレミアムはファクターリターンに当該ファクターへのエクスポージャーをかけたものとして決定されると考えよう。ファクターが１つであるシングルファクターモデルで考えれば、

$$E(r_i) - r_f = \lambda \beta_i \qquad \forall i \in \{1, 2, ..., I\} \qquad (8\,C\text{-}1)$$

となる。次にステップを踏んで計算過程を紹介する。

Step 1：システマティックリスクファクターを表現している経済理論を決める。たとえば、CAPM と決めるのであれば、$r_m - r_f$ がシステマティックリスクファクターである。

Step 2：資産価格とシステマティックリスクファクターのパネルデータ、$\{r_{i,t}\}_{i=1, t=1}^{i=I, t=T}$ および、$\{r_{mt} - r_{ft}\}_{t=1}^{t=T}$ を収集する。

Step 3：すべての証券 $i \in \{1,2,...,I\}$ について時系列回帰し、システマティックリスクファクターへのエクスポージャー(λ_t)を推定する。CAPMを使用する場合、$r_m - r_f$ に対するベータを推定する。

Step 4：Step 3 で得られた $\{\hat{\beta}_i\}_{i=1}^{I}$ を観察されたベータと考え、各時点においてクロスセクションの回帰を行う。時系列に推定された $\hat{\beta}$ が高い証券ほど高い実現リターンを達成しているかどうかを検証する。そのため、すべての $t \in (1,2,...,T)$ において r_{it} で以下のクロスセクション回帰を行う。

$$r_{it} = \alpha_t + \lambda_t \hat{\beta}_i + e_{it} \qquad (8\text{C-}2)$$

たとえば観察期間が500カ月あれば、500回の回帰を行うことになる。回帰の結果、以下のように時系列の $\alpha(\{\hat{\alpha}_{t=1},......,\hat{\alpha}_{t=T}\})$ と時系列の $\lambda(\{\hat{\lambda}_{t=1}),......,\hat{\lambda}_{t=T}\})$ が得られる。ファーマとマクベスは、ファクターリスクプレミアムは時点ごとに推定されたファクターリスクプレミアムの時系列平均であると定義した。

$$\hat{\lambda}_{FM} = \frac{1}{T}\sum_{t=1}^{T}\hat{\lambda}_t \qquad (8\text{C-}3)$$

そもそも最初に定義したモデルが間違っているのであれば $\hat{\beta}_i$ は説明力がないはずである。したがって、$\hat{\lambda}_{FM}$ がゼロと有意に異なるかをテストすればよい。このテストには t 検定を用いる。その場合の標準誤差 ($std(\hat{\lambda}_t)$) は、$\{\hat{\lambda}_{t=1},......, \hat{\lambda}_{t=T}\}$ は iid であるとすれば、推定された時系列の $\{\hat{\lambda}_{t=1},......, \hat{\lambda}_{t=T}\}$ から求められる標準偏差を $\sqrt{T}$ で割ったものである。

$$t_\lambda = \frac{\hat{\lambda}_{FM}}{std(\hat{\lambda}_t)/\sqrt{T}} \qquad (8\text{C-}4)$$

仮に各資産のベータが時系列に一定だとしよう。ファーマ＝マクベスの推定値はクロスセクションの推定値とまったく同じになることがわかるだろう。回帰は線形関係を表すものであるから、回帰係数の平均をとったものと、クロスセクションの平均を回帰した係数は同じである。

ファーマ＝マクベス回帰は、なんらかのファクターモデルを考案した研究者が、本当にそのモデルが妥当かを調査するのに役立つ。たとえば、任意の基準で作成したファクターリターンを考えよう。そのファクターリターンへのエクスポージャー（$\hat{\beta}_i$）を全銘柄について推定した $\{\hat{\beta}_i\}_{i=1}^{n}$ を各銘柄の平均実現リターンに回帰したところ、有意に正の係数が得られたとしよう。この結果を見て研究者は、彼の任意のファクターリターンへのエクスポージャーがクロスセクションのリターンを説明している（だから、彼の発見したファクターリターンが真のリスクファクターだ！）と結論づけてよいだろうか。

拙速にそうだとはいえない。株式リターンの場合、クロスセクションには依存関係が存在することは想像に難くない。ある企業がたまたま幸運に恵まれたときは、類似の企業も同様に幸運に恵まれている可能性が高い。つまり、回帰したときの誤差項が独立であるという前提は満たさず、誤差項間に相関が発生しているはずである。その場合、推定エクスポージャー値の一致性は満たされているとしても、標準誤差の推定は間違っている可能性が高くなる。クロスセクションの依存関係を考慮しないかぎり、有意に正の係数が得られたと断定できないのである。

ファーマ＝マクベス回帰ではこの問題を回避する手法を提案したといえよう。t時点において各銘柄の実現リターンを、推定した $\{\hat{\beta}_i\}_{i=1}^{n}$ に回帰することで得られた $\hat{\lambda}_t$ は、任意のファクターリターンへのエクスポージャー（β）が t時点でどの程度リターンを説明しているかを表現している。したがって、ファクターエクスポージャーがリターンを説明しているのであれば、（8 C-3）式で求められる $\hat{\lambda}_{FM}=0$ という帰無仮説は棄却されなければならない。棄却されなければ、その任意のファクターリターンへのエクスポージャーは実現リターンと無関係だということになる。

このようにファーマ＝マクベス回帰の手法を使うことで、どのようなファクターリターンであっても、その有効性をテストできるのである。

コラム8-2　モーメンタムクラッシュと歪度選好

　モーメンタム効果は米国の株式市場で長く確認されている現象である。1801年からの月次データを収集し、2世紀にわたる検証でもその効果が存在することが確認されている[37]。その存在は確かであるが、モーメンタムファクターに頼ったポートフォリオ運用をしていると、稀にモーメンタムクラッシュという大暴落を経験することがあることが、ケント・ダニエルとトビアス・モスコヴィッチ（Tobias Moskowitz）によって指摘されている[38]。事実、彼らが検証した1927年から2013年の87年間に大きなモーメンタムクラッシュが2回発生している。1回目は、1932年7月から8月の期間の市場の大きなリバウンド局面で、過去リターンの高い上位10％の銘柄群（ウィナーポートフォリオ）が32％上昇したのに対し、下位10％の銘柄群（ルーザーポートフォリオ）は232％上昇している。2回目は金融危機後の2009年3月から5月の市場回復局面で、ウィナーポートフォリオが8％しか上昇していないのに対し、ルーザーポートフォリオは163％も上昇している。このような局面においてモーメンタム戦略を実施していると想定元本を失う以上の損失を被ることになる[39]。この意味で、モーメンタム戦略の期待リターンは高いが、それはオプションを売っているからだと考えることができる。

　表8C-1に示すのは、米国市場において1927年から2013年の標本期間で調査したモーメンタムポートフォリオ（WML）の年率平均リターン、年率標準偏差、シャープ・レシオ、そして日次対数リターンと月次対数リターンの歪度である。モーメンタムの計算方法はジャガディッシュとティットマンに準じている。表に示されているように、第1分位のルーザーポートフォリオ（過去リターンが低い分位）を継続保有した場合の超過リターンは負であり、第10分位のウィナーポートフォリオ（過去リターンが高い分位）は年率15.3％である。この差は年率17.9％であり、（ゼロ投資ポートフォリオであるにもかかわらず）市場全体（Mkt）の年率7.7％より大きい。ただ、このリターンを

---

37) Geczy and Samonov (2016) を参照。
38) Daniel and Moskowiz(2016) を参照。
39) 想定元本100万円でモーメンタム戦略を構築すると、投資額はロング／ショートで0円であっても、1932年の7月から8月では200万円の損失、2009年の3月から5月では155万円の損失を被ることになる。

表8C-1　米国株モーメンタムポートフォリオの性質

モーメンタム10分位ポートフォリオの年率リターンとその特性　　　　単位：%

	第1分位	第2分位	第4分位	第6分位	第8分位	第10分位	WML	Mkt
$\overline{r - r_f}$	-2.5	2.9	6.4	7.1	10.4	15.3	17.9	7.7
σ	36.5	30.5	23.2	21.3	19.0	23.7	30.0	18.8
α	-14.7	-7.8	-6.4	-0.6	3.2	7.5	22.2	0.0
$t(\alpha)$	-6.7	-4.7	-2.1	-1.0	4.5	5.1	7.3	0.0
β	1.61	1.41	1.13	1.02	0.95	1.03	-0.58	1.00
SR	-0.07	0.09	0.28	0.35	0.54	0.65	0.6	0.41
SK (M)	0.09	-0.05	0.21	-0.30	-0.54	-0.82	-4.70	-0.57
SK (D)	0.12	0.29	0.27	-0.10	-0.66	-0.61	-1.18	-0.44

注：Daniel and Moskowitz (2016) より筆者加筆修正。第3,5,7,9分位は解釈に影響をあたえないため割愛している。1927年から2013年の87年間において直近1カ月を除いた過去1年のリターンでクロスセクションに10分割、各分位ポートフォリオを同様のルールで毎年リバランスしながら構成銘柄を変更する。各分位ポートフォリオの時価総額加重平均リターンから無リスク利子率を控除し、87年間の平均年率リターンが$\overline{r - r_f}$である。σは年率標準偏差、α、$t(\alpha)$、βは各分位の通期の時系列リスクプレミアムを CRSP(シカゴ大学が提供する株価データベース)に格納されている時価総額加重で計算されたマーケットリスクプレミアムのデータで回帰して得られた切片項の推定値とt値、およびβである。SR は年率のシャープ・レシオである。SK (M)は対数変換した分位ポートフォリオの月次リターンで算出した歪度、SK(D) は日次リターンで算出した歪度である。WML については $\log(1 + r_{WML} + r_f)$ で歪度を算出している。

　生み出す WML ポートフォリオの日時リターンや月次リターン系列を観察してみると、歪度が大きく負であることに気がつく。

　日次リターンの歪度（SK(D)）に焦点を当ててみると、第1分位から第4分位までは歪度は正であるが、第6分位以降に負に転じ、分位が高くなればなるほど（過去リターンのクロスセクションの位置が高くなればなるほど）、通期で見た歪度の負値が大きくなることがわかる。つまり WML の高いリターンの背景には、その分布が大きく負の歪度をもつという事実が存在する。この強い負の歪度は、モーメンタムポートフォリオが突如としてクラッシュする性質をもっていることを反映しているが、個別にその事象を見てみると、マーケットがパニック状態になったときに発生していることがわかる。つまり、投資家が最もリスクを避けたい時期と同期しているのである。このように、損失を抱えているときに、追い打ちをかけるような致命的な損失をもたらす可能性があるモーメンタムポートフォリオをもつためには、その報酬として

高いリターンが必要だと解釈することができる。

　さらに、歪度選好というプロスペクト理論から得られる投資家像を想定してみよう。第5章でも議論したように、小さい確率をオーバーウェイティングする投資家は負の歪度をもつ資産を合理的投資家よりも嫌うことが考えられる。こう考えると、モーメンタムクラッシュの発生確率は低いが、その確率をオーバーウェイティングするプロスペクト的投資家はモーメンタム銘柄群を過小評価し、結果として高いモーメンタム効果が生まれると考えることができる。

　先に述べたように、モーメンタム効果の存在は超長期データでも証明され頑健である。そのため、未解明のシステマティックなリスクを反映しているか、あるいは投資家によるシステマティックなミスプライスのどちらかに起因しているのは間違いないだろう。本章で議論したように、なぜ日本を含む東アジアの市場では弱く、欧米市場では強く観察されるのかなど多くの疑問が残されているが、今後も重要な研究テーマである。

第9章
ビッグデータ時代の資産価格決定モデル

要　約

　これまで議論したクロスセクションの予測ファクターは理論や仮説にもとづいて検証され、明らかにされてきたものが中心である。ただそれらすべてについて、リスクかミスプライスかの議論が十分に尽くされているとはいえない。本章では予測ファクターはデータマイニング的アプローチを用いることで網羅的に探索可能であることを示し、新しいファクターが見つかったからといって、それが何を意味しているかを解釈することは困難であることを議論する。

　次に、1つひとつのファクターについての意味解釈から離れ、ファクター群を将来のリターン予測力という視点から捉え直す。そのため、これまでファイナンス研究の主流であった統計的アプローチから離れ、機械学習的アプローチの導入を検討する。機械学習的アプローチについては、最初に線形モデルをベースとしたラッソ回帰から解説し、その手法を使うことによってファクター問題がどう整理できるかを議論する。

　最後に、より複雑な深層学習モデルを使い、ビッグデータを利用した株価予測モデルを考える。ここで検討するのは、画像診断に使われる深層学習技術（畳み込みニューラルネットワーク：CNN）を株価チャートに適用する応用研究である。機械学習的アプローチによって、従来のファクターリターンとは異なる情報の抽出を可能にすることを示す。CNNはファイナンス研究者には馴染みの薄い手法であるので、一定の紙幅を割いて議論する。

キーワード：データマイニング、ビッグデータ、機械学習、ラッソ回帰、深層学習、コンボリューショナルニューラルネットワーク、CNN

1. データマイニングによるファクター探索

　データマイニングとはデータからなんらかのパターンや規則性を見出すことである。その方法を研究することに特化した独立した学術領域も存在し、そこで得られた知見はデータ解析だけでなく、マーケティングを中心とした社会科学に広く応用されている。

　しかし、ファイナンス研究において「データマイニング」という言葉は、研究者が自分の仮説を支持するような都合の良い結果が出るまで検証を繰り返したのではないか、という批判に使われることがある。たとえば悪意をもった研究者がいて、彼は論文発表するための統計的に有意な結果を得ることだけを念頭に置いているとしよう。自らの仮説と整合的な都合の良い事実を見つけるためにデータを探し回り、同時に何度も複数のデータセットで検証を繰り返すなかでたった1回統計的有意な結果を得たとする。この結果をもって、あたかも当初から想定していた仮説を検証した結果だと報告し、自らの仮説を支持することもできてしまう。しかしこの有意な結果は、偽陽性の可能性があり、他のデータでは同じ仮説は支持されないことも考えられる。このような場合、この研究者は仮説検証したのではなく、データマイニングで有意になるものを掘り起こしただけだと批判されたりする。

　しかしながら、ファイナンス研究においてもデータから仮説を考えて真実に迫ろうとするアプローチは必要である。データから仮説を考えるデータ駆動型研究というアプローチは、これまで気がつかなかった新しい市場のメカニズムを明らかにしてくれるからである。これまでのファイナンス研究においてはややもすると負の含意をもって用いられる「データマイニング」であるが、今後の研究の発展には必要不可欠な技術群を提供してくれる学術領域である。

1.1. データマイニングのプロセス

　日本市場で、データマイニングアプローチで会計アノマリーファクターの発見を試みる実験を行ったのが、山田徹と後藤晋吾である[1]。そのファクター探索の手順は次のように行われる。まず、有価証券報告書に記載されている225

の会計項目のすべてについて基準化を行う。基準化には以下の会計数値を用いる。

- 総資産
- 自己資本
- 売上高
- 時価総額

　ここで、t 年度において基準化に用いる上記の変数を Y_t とする。次に、t 年度の各会計項目 (X_t) について前期と今期の差分を上記の 4 つの変数で基準化した値、$(X_t - X_{t-1})/(Y_{t-1})$ を求める。この段階で225個の会計項目それぞれに 4 つの異なる基準化が行われるので900種類の値が得られる。次に各会計項目の前期と今期の比率、(X_t/X_{t-1}) を求める。900個についてその比率も加わるため1,800種類の値がそろう。さらに、225の会計項目の前期からの成長率、$((X_t - X_{t-1})/|X_{t-1}|)$ も求める。こうして 1 つの会計項目について、 4 （分母の数）× 2 （比率へ変換したもの）＋ 1 （成長率に変換したもの）＝ 9 通りの計算を施す。つまり、 1 社について毎年合計225× 9 ＝2,025個の会計数値関連指標が作成できる。

　次に、第 8 章で議論した手順に沿ってその 1 つひとつの値を軸に銘柄をランキングし、10分位に分けた10個の分位ポートフォリオを組成する。そしてその中の最上位の分位ポートフォリオをロングし、最下位の分位ポートフォリオをショートすることでロング・ショートポートフォリオを組成する。このロング・ショートポートフォリオを会計数値が更新される 1 年ごとにリバランスし、月次リターンを計算する。それを用いて、（1）式から（4）式に示されている CAPM、FF 3 、カーハートのフォーファクターモデル（FFC 4 ）、および FF 5 の各資産価格決定モデルから、切片項アルファを推定し有意性を見るのである。

---

1 ）　山田・後藤 (2020) を参照。

$$D_{10,i,t} - D_{1,i,t} = \alpha_i + \beta_i(MRP_t) + \varepsilon_i \tag{1}$$

$$D_{10,i,t} - D_{1,i,t} = \alpha_i + \beta_i(MRP_t) + \gamma_i(SMB_t) + \lambda_i(HML_t) + \varepsilon_i \tag{2}$$

$$D_{10,i,t} - D_{1,i,t} = \alpha_i + \beta_i(MRP_t) + \gamma_i(SMB_t) + \lambda_i(HML_t) + \delta(WML_t) + \varepsilon_i \tag{3}$$

$$D_{10,i,t} - D_{1,i,t} = \alpha_i + \beta_i(MRP_t) + \gamma_i(SMB_t) + \lambda_i(HML_t) + \theta_i(RMW_t) + \vartheta_i(CMA_t) + \varepsilon_i \tag{4}$$

ここで $D_{10,i,t} - D_{1,i,t}$ は、ランキング基準（以後シグナルと呼ぶ）i にもとづくロング・ショートポートフォリオの t 月の時系列リターン、MRP_t は t 月の東証株価指数（TOPIX）の配当込みリターンから円 LIBOR 1 カ月物金利を控除したもの、SMB_t、HML_t、WML_t、RMW_t、CMA_t は t 月のファクターリターンである[2]。

　表 9 - 1 は山田と後藤が1990年から2018年までの期間でシグナルの有効性をまとめた結果である。パネル A は、分析対象を東京証券取引所第 1 部（東証 1 部）に限定し、先に説明した2,025のシグナルの中からデータの取得可能な範囲で得られた1,926個のシグナルについて検証した結果である。ここに示す「決定係数」は、各シグナルにもとづくロング・ショートポートフォリオの1,926個の決定係数の平均である。また「$|t(\alpha)|$」は各ポートフォリオの切片項の t 値の絶対値を平均したものである。「有意な割合」は、調査した1,926個のシグナルの中で $\alpha=0$ の帰無仮説を 5 ％の信頼区間で棄却したものの割合（%）である。パネル B は分析対象を超大型株（TOPIX Core 30指数の構成銘柄）に絞った場合の結果を示し、パネル C は超小型株（東京証券取引所に上場する全銘柄から 1 部上場銘柄を除いたもの）を対象とした結果を示している。

　東証 1 部を対象とした場合、CAPM の決定係数の平均値は2.9％と格段に小さく、FF 5 の決定係数は17.2％と最も大きい。また有意なアルファをもたらすシグナルの数は、概ねどの資産価格決定モデルを用いても 7 ％程度であることがわかる。パネル B では超大型株からデータ欠損を除いて生成可能な1,902個のシグナルについて有効性を示している。こちらも東証 1 部と同様に

---

2 ）　株式会社金融データソリューションズの HP を参照。https://www.fdsol.co.jp/

CAPM において決定係数が小さく（平均3.6%）、FF 5 において決定係数が最も大きい（平均15.4%）。有意なアルファはどのモデルの場合も 7 ％から11%であった。超小型株を対象としたパネル C では、生成可能なシグナルが1,876個であり、資産価格決定モデルの決定係数は1.8%から7.4%と他のユニバースと比較すると説明力が小さい。有意なアルファの数についても超小型ユニバースは超大型株ユニバースよりも低く、とりわけ FF 3 や FF 5 においては、超小型ユニバースでは8.6%と7.5%であるのに対して超大型株ユニバースでは11%と9.8%であることがわかる。

　ここで示されているように、背後に2,000回近い仮説検定を行っていたとすれば、 5 ％の有意水準でアルファを生み出すシグナルが100個見つかったとしても、それらは偶然の産物である。それらの一部あるいは全部を示して有意な結果だと議論しても、偽陽性の疑いがあるといえるだろう。研究者が背後にある2,000回の仮説検定の事実を公開することなく、発見された有意なシグナルをあたかも自らの当初設定した仮説検定をしたことで得られたと宣言することで、 1 つのアノマリーファクターが誕生することになる。ここで示した実験から200個近いアノマリーファクターを誕生させることもできるのである。一般に、同時に多くの仮説を検定することを多重検定と呼び、多重検定によって研究者が偽陽性な結果を報告してしまう問題を多重検定の問題という[3]。山田と後藤の実験は、仮説をもたずに大規模に仮説検定をすることで、多くの一見有意なファクターを見つけることができることを示唆している。

　表 9 - 1 からもう 1 つわかることは、日本の場合、有意なアルファを導く会計項目を用いたアノマリーファクターが超大型株には比較的多く（11%程度）観察されるが、超小型株においては 8 ％程度しか観察されないという事実である。これは米国とは対照的な結果である。米国においてアノマリーファクターを網羅的に再検証したカウェイ・ホウ（Kewei Hou）、チェン・シュエ（Chen

---

3 ）　多重検定の問題に対処するために、p 値を補正するさまざまな方法がある。最も厳しい補正方法としてはボンフェローニ補正が知られている。この補正を行えば、仮に 5 ％の有意水準で検定し仮説の数が2,000個あるとすれば、p 値が0.05/2000以下でないと有意とはならない。より緩い補正方法としては Benjamini-Hochberg 補正がある。この議論はHarvey et al. (2016) に詳しい。

表9-1 会計項目をシグナルとして組成したロング・ショートポートフォリオの資産価格決定モデルにおける評価

	CAPM	FF 3	FFC 4	FF 5
パネル A				
東証 1 部ユニバース（会計項目によるシグナル数：1,926）				
決定係数	2.90%	13.00%	14.70%	17.20%
$|t(\alpha))|$ の平均値	0.85	0.93	0.91	0.91
有意な割合	7.30%	7.50%	7.30%	6.90%
パネル B				
東証 1 部除く超大型株ユニバース（会計項目によるシグナル数：1,906）				
決定係数	3.60%	11.80%	13.20%	15.40%
$|t(\alpha))|$ の平均値	0.89	1.01	0.99	0.97
有意な割合	7.20%	11.00%	11.00%	9.80%
パネル C				
超小型株ユニバース（1,876）（会計項目によるシグナル数：1 876）				
決定係数	1.80%	6.30%	7.40%	7.40%
$|t(\alpha))|$ の平均値	0.94	0.96	0.96	0.93
有意な割合	9.60%	8.60%	8.20%	7.50%

注：山田・後藤（2020）から筆者作成。貸借対照表の225の会計項目（X_t）のそれぞれを総資産、自己資本、売り上げ、時価総額（Y_t）で基準化し225×4＝900個のシグナルを組成する。続いて、前期との変化幅をY_t-1で基準化した値、前期との比率をとった値、前期からの成長率を計算した値、$\{(X_t-X_t-1/Y_t-1)$、(X_t/X_t-1)、$((X_t-X_t-1)/|X_t-1|)\}$ としてシグナルを組成し、合計2,025個作成。データに欠損があるものや分母が負になるものを除くことにより、東証 1 部では1,926個、超大型株ユニバース（時価総額上位30銘柄で構成）では1,906個、超小型株ユニバース（東京証券取引所に上場する全銘柄から 1 部銘柄を除いて構成）では1,876個のシグナルにもとづいてロング・ショートポートフォリオを生成し、CAPM、FF 3 、FFC 4 、FF 5 で評価した。その際に得られる決定係数と切片項 α の t 値の絶対値の平均、有意なシグナルの割合を示している。

Xue）、ル・ジャン（Lu Zhang）らは[4]、ほとんどのアノマリーリターンは時価総額の小さなマイクロキャップに集中していると指摘しながら、小型株ユニバースでアノマリーは見つかりやすいが、それは見かけ上のアルファであり、そのファクターに依拠して取引しても裁定利益を確保しにくいと論じている。表9-1の結果は、むしろ超大型株において有意なシグナルが見つかりやすいことを示唆しており、超大型株における裁定利益の可能性を示唆している[5]。

---

4 ） Hou, Xue, and Zhang (2020) を参照。

1.2. データ主導型の仮説導出とシグナルの予測力の不安定性

さて、網羅的にシグナルを調査した結果、1割前後は有意なアルファの推定値を示すことがわかった。そもそもそれらのシグナルは仮説導出型で求められたものではなく、データマイニング的に探し出したものであるため、結果から仮説を導出する必要がある。山田と後藤は売上総利益、研究開発費、販管費、人件費の変化率などの会計項目において、有意なアルファが集中しているため、研究開発や知財に関する価値を示す変数、ガバナンスを示す変数が、株価に十分に反映されていないのではないかと推測している。

また、シグナルによって得られるアルファが不安定だということにも留意する必要がある。切片項のアルファは研究者が用いた標本期間における時系列リターンを使った推定値である。その効果は標本期間が変わることで変化する場合がある。第3章の図3-7や第5章の補論5-1で見たように、長期間の検証によって確認されている重要なファクターであっても、期間が変われば有効性も変化することがある。たとえば、山田・後藤の検証した現預金のインパクトについて見てみよう。時価総額を分母として、現金・預金を分子としたシグナル、推定された月次$\hat{\alpha}$の係数とt値は、($\hat{\alpha}$=0.37%、t値2.12)であった。しかし、標本期間を前半と後半に分割してみると、大きく切片項の有意性は異なる。1990年から2004年の期間においては($\hat{\alpha}$=0.68%、t値2.22)であり、2005年から2018年においては($\hat{\alpha}$=0.09%、t値0.41)であった。つまり、2004年にシグナルの効果を確認した投資家が、2005年から13年間このシグナルにもとづく投資戦略を実施したとしても超過リターンは得られなかったことを示している。

このように、いかなるシグナルやファクターに依存して組成するポートフォリオリターンであったとしても、資産価格決定モデルで評価した場合に検出されるアルファが有意かどうかは、推定期間に依存する可能性があることを考慮に入れておく必要がある。

---

5) 超大型株の場合は、1,906回の仮説検定を行い、そのうちFF3の場合11%(210個)についてアルファが5%有意である。確かに超小型株ユニバースを対象としたときより数は多いが、多重検定の補正を行っても有意なシグナルがあるかどうかはわからない。

第9章　ビッグデータ時代の資産価格決定モデル　511

1.3.　ファクター動物園の構成メンバー

　これまでクロスセクションのリターン差を決める要因は数多く、その研究蓄積は膨大であることを議論してきた。どのファクターが真のファクターであるかについては統一した見解はなく、それぞれが既存の資産価格決定モデルでは説明できない要因を表している。整理がされないまま有効なファクターが乱立しているため、まさに「ファクター動物園」状態にあるといえよう。本書ではそのすべてを紹介することはできない。そこで、グアハオ・フン（Guanhao Feng）、ステファン・ジーグリオ（Stephan Giglio）、ダーチェン・シュ（Dacheng Xiu）の 3 人の研究者がファクター動物園の構成メンバーとして扱っている150個のファクターを表 9 - 2 にまとめている。

　表には、銘柄分類の基準が理解しやすいような表現で 2 列目にファクター名を示している。銘柄分類基準には自明のものもあればそうでないものも混在しているため、一般的でないものについては可能な限り簡単な注釈をつけている。ただ、別のデータセットで再現を試みようという読者は、 7 列目に記載している論文タイトルから参考文献リストをたどり原論文で具体的な計算過程を確認していただきたい。 3 列目には論文の発刊年、 4 列目には論文内での検証最終年、 5 列目には平均リターン、 6 列目には年率シャープ比（年率 SR）、 7 列目には原論文の著者と発刊年、 8 列目から10列目には筆者らによるアノマリーの分類を示している。

　平均リターンと年率シャープ比の計算方法については以下のとおりである。これまでのアノマリーファクターの検証方法と同様に、まず分類基準に従って全銘柄をランキングし、10分位もしくは 5 分位に分類、それぞれ10個か 5 個の分位ポートフォリオを組成する。銘柄分類の基準が決まると、次にランキング最上位の分位ポートフォリオをロングし最下位の分位ポートフォリオをショートするロング・ショートポートフォリオを組成する。情報更新が月次で行われる基準については月次でリバランスを実施し、会計数値のように年次で情報更新が行われるものは年次でリバランスを実施する。リターンの計算は時価総額加重平均法で行う。その結果から平均月次リターンと年率シャープ比が計算されて記載されている。

　たとえば、ファクター名が「E/P 比」となっている id=3 を見てみよう。「E/

P比」とは1株当たりの利益（EPS）を株価（price）で割った値であり、この値で銘柄ランキングを行い10分位ポートフォリオを組成する。最上位ロング、最下位ショートのロング・ショートポートフォリオを年次でリバランスしながら、1976年7月から2017年12月まで時価総額加重平均法で運用した結果を評価したところ、平均月次リターンが0.28%だということが記載されている。また、この期間の平均リターンと標準偏差を年率に換算して計算したシャープ比（年率SR）は29.7%であったこともわかる。

このように、表9-2には銘柄ランキング基準がid=1のマーケットリスクプレミアムを除いた149個存在するわけだが、それらは大きく分けて3つに分類される。会計数値を基準にしたもの（A）、マーケットにおける取引実態を基準にしたもの（B）、企業属性や会計数値と市場の関係性を基準にしたもの（C）である。これらの分類がわかるように、8列目から10列目までに筆者らの基準で判断し〇印をつけている。いずれにも該当しないと判断した場合はブランクとしている。

会計数値を基準にしたファクター（A）は、会計上の情報にもとづいて作成可能なファクターである。上に例として取り上げた「E／P比」と同様に、前章で扱ったスローンの会計発生高も純利益とキャッシュフロー計算書の会計数値を基準にしたものである。これはid=31として記載されており、Aと書かれた列に〇印がつけられているのがわかる。ファクターid=37の「%⊿売り上げ－%⊿在庫」は売り上げの増加率と在庫の増加率の差分を基準にしているため、これも会計数値を基準にしたファクターに分類される。

年率シャープ比率（年率SR）は、その値が高ければ高いほど論文発刊年以降も有効であり、リターンに与えるインパクトが継続していると判断できる。

マーケットにおける取引実態を基準にしたファクター（B）は、言い換えれば過去の価格動向や出来高動向を見て基準としているものである。第8章で議論したモーメンタム効果のように、ランキングのためには過去リターンしか必要ない。このため（B）に分類されている（id=34, 46）。リバーサル効果も同様に（B）である（id=7, 23）。そのほか強い予測可能性をもつファクターとして流動性ファクターが挙げられているが、株式の出来高やビッドアスクスプレッドを基準としたもので、これも（B）として分類されている（id=61, 62）。

第9章　ビッグデータ時代の資産価格決定モデル　513

表9-2　代表的な予測ファクター

ファクター id	内容	発刊年	検証最終年	平均リターン	年率 SR	論文	A	B	C
1	マーケットリスクプレミアム（MRP）			0.64%	50.60%				
2	MRP への感応度（β）	1973	1968	-0.08%	-5.40%	Fama and Macbeth（1973）			○
3	E/P 比	1977	1971	0.28%	29.7%	Basu（1977）		○	
4	配当／価格	1979	1977	0.01%	0.6%	Litzenberger and Ramaswamy（1979）	○		
5	四半期業績のサプライズ	1982	1980	0.12%	26.3%	Rendleman, Jones, and Latane（1982）	○		
6	高配当株価	1982	1978	0.02%	2.2%	Miller and Scholes（1982）	○		
7	長期のリバーサル	1985	1982	0.34%	36.3%	De Bondt and Thaler（1985）		○	
8	レバレッジ	1988	1981	0.21%	24.3%	Bhandari（1988）			○
9	CF 負債比率	1989	1984	-0.09%	-17.0%	Ou and Penman（1989）	○		
10	流動資産比率	1989	1984	0.06%	7.7%	Ou and Penman（1989）	○		
11	流動資産変化率	1989	1984	0.00%	0.5%	Ou and Penman（1989）	○		
12	Quick 比変化率	1989	1984	-0.04%	-11.9%	Ou and Penman（1989）	○		
13	売上高／在庫比変化率	1989	1984	0.17%	46.2%	Ou and Penman（1989）	○		
14	Quick 比	1989	1984	-0.02%	-2.9%	Ou and Penman（1989）	○		
15	売上高／現金比	1989	1984	0.01%	1.5%	Ou and Penman（1989）	○		
16	売上高／在庫比	1989	1984	0.09%	16.1%	Ou and Penman（1989）	○		
17	売上高／買掛金比	1989	1984	0.14%	22.8%	Ou and Penman（1989）	○		
18	Bid-Ask スプレッド	1989	1979	-0.04%	-3.3%	Amihud and Mendelson（1989）		○	
19	減価償却／固定資産	1992	1988	0.11%	12.1%	Halthausen and Larcker（1992）	○		
20	減価償却費変化率	1992	1988	0.08%	23.1%	Halthausen and Larcker（1992）	○		
21	SMB	1993	1991	0.21%	24.5%	Fama and French（1993）			○
22	HML	1993	1991	0.28%	34.3%	Fama and French（1993）			○
23	短期のリバーサル	1993	1989	0.15%	21.7%	Jegadeesh and Titman（1993）		○	
24	6カ月モーメンタム	1993	1989	0.21%	27.8%	Jegadeesh and Titman（1993）		○	
25	超長期36カ月モーメンタム	1993	1989	0.09%	13.4%	Jegedeesh and Titman（1993）		○	

注：Feng et al.（2020）の付表に筆者加筆。2列目は著者の分位ポートフォリオ組成のための着眼点、3列目は論文発刊年、4列目は論文内の検証最終年、5列目はロング・ショートポートフォリオの1976年から2017年までの時系列平均月次リターン、6列目は年率換算したシャープ比、7列目は原論文の著者と発行年である。8〜10列には筆者らによる分類をしめした。id:1は比較のために計算された同期間のマーケットファクターリターンであり、id:11と13のQuick比率は（流動資産−在庫）／流動負債で定義される指標である。

ファクターid	内容	発刊年	検証最終年	平均リターン	年率SR	論文	A	B	C
26	売上成長率	1994	1990	0.04%	5.8%	Lakonishok, Shleifer, and Vishny (1994)	○		
27	cash flow/price 比	1994	1990	0.31%	32.5%	Lakonishok, Shleifer, and Vishny (1994)			○
28	新株発行	1995	1990	0.10%	8.7%	Loughran and Ritter（1995）			○
29	配当開始	1995	1988	-0.03%	-3.4%	Michaely, Thaler, and Womack（1995）			○
30	配当見送り	1995	1988	-0.18%	-18.0%	Michaely, Thaler, and Womack（1995）			○
31	運転資本アクルーアルズ	1996	1991	0.22%	46.0%	Sloan（1996）	○		
32	売上/Price	1996	1991	0.35%	41.8%	Barbee Jr, Mukherji, and Raines(1996)			○
33	資本回転率	1996	1993	-0.11%	-16.6%	Haugen and Baker（1996）	○		
34	モーメンタム	1997	1993	0.63%	50.2%	Carhart（1997）		○	
35	株式ターンオーバー	1998	1991	-0.02%	-2.1%	Datar, Naik, and Radcliffe（1998）		○	
36	％Δ粗利ー％Δ売上	1998	1988	-0.05%	-12.4%	Abarbanell and Bushee（1998）	○		
37	％Δ売上ー％Δ在庫	1998	1988	0.14%	42.1%	Abarbanell and Bushee（1998）	○		
38	％Δ売上ー％ΔA/R	1998	1988	0.14%	43.5%	Abarbanell and Bushee（1998）	○		
39	％Δ売上ー％ΔSG&A	1998	1988	0.09%	19.6%	Abarbanell and Bushee（1998）	○		
40	実行税率	1998	1988	-0.04%	-9.1%	Abarbanell and Bushee（1998）			○
41	労働力の効率性	1998	1988	-0.03%	-8.5%	Abarbanell and Bushee（1998）			○
42	オールソンのOスコア	1998	1995	0.05%	9.3%	Dichev（1998）	○		
43	アルトマンのZスコア	1998	1995	0.20%	22.1%	Dichev（1998）	○		
44	業種調整済設備投資％Δ	1998	1988	0.10%	20.5%	Abarbanell and Bushee（1998）	○		
45	業績上方修正の回数	1999	1992	0.01%	2.8%	Barth, Elliot, and Finn（1999）			○
46	業種モーメンタム	1999	1995	0.01%	1.4%	Moskowitz and Grinblatt（1999）		○	
47	財務報告スコア（F-スコア）	2000	1996	0.08%	18.4%	Piotroski（2000）	○		
48	業種調整済簿価時価比率	2000	1998	0.22%	38.0%	Asness, Porter, and Stevens（2000）			○
49	業種調整済CF/PRICE比	2000	1998	0.26%	52.1%	Asness, Porter, and Stevens（2000）	○		
50	業種調整済Δ従業者数	2000	1998	-0.01%	-1.5%	Asness, Porter, and Stevens（2000）			○

注：Feng et al.（2020）の付表に筆者加筆。2列目は著者の分位ポートフォリオ組成のための着眼点、3列目は論文発刊年、4列目は論文内の検証最終年、5列目はロング・ショートポートフォリオの1976年から2017年までの時系列平均月次リターン、6列目は年率換算リターンとリスクプレミアムから算出したシャープ比、7列目は原論文の著者と発行年である。8～10列には筆者らによる分類を示した。id:40の実行税率は企業の実効税率の低下が将来の正のリターンを予測するというもの。id:41の労働力の効率性は売り上げ／労働者数で算出している。id:47のF-スコアは利益率・レバレッジ・営業効率性に着眼したスコアで9個の二値変数から測定されている。詳細は原論文を参照。

第9章　ビッグデータ時代の資産価格決定モデル　515

ファクターid	内容	発刊年	検証最終年	平均リターン	年率SR	論文	A	B	C
51	業種調整済時価総額	2000	1998	0.36%	36.3%	Asness, Porter, and Stevens（2000）			○
52	売買代金	2001	1995	0.38%	35.8%	Chordia, Subrahmanyam, and Anshuman（2001）		○	
53	売買代金の標準偏差	2001	1995	0.20%	38.8%	Chordia, Subrahmanyam, and Anshuman（2001）		○	
54	株式回転率の標準偏差	2001	1995	0.02%	2.1%	Chordia, Subrahmanyam, and Anshuman（2001）		○	
55	広告費／時価総額	2001	1995	-0.13%	-15.6%	Chan, Lakonishok, and Sougiannis（2001）	○		
56	R&D 投資／時価総額	2001	1995	0.34%	36.2%	Chan, Lakonishok, and Sougiannis（2001）	○		
57	R&D 投資／売上	2001	1995	0.06%	5.5%	Chan, Lakonishok, and Sougiannis（2001）	○		
58	Kaplan Zingales 指数	2001	1997	0.22%	25.3%	Lamont, Polk, and Saa-Requejo(2001)			○
59	△在庫	2002	1997	0.18%	40.7%	Thomas and Zhang（2002）	○		
60	△納税額	2002	1997	0.09%	18.0%	Thomas and Zhang（2002）	○		
61	非流動性指標	2002	1997	0.34%	28.6%	Amihud（2002）			○
62	流動性指標	2003	2000	0.38%	38.6%	Pastor and Stambaugh（2003）			○
63	残差リターン	2003	1997	0.07%	5.1%	Ali, Hwang, and Trcmbley（2003）			○
64	長期純営業資産の成長率	2003	1993	0.22%	51.8%	Fairfield, Whisenant, and Yohn（2003）	○		
65	受注残	2003	1999	0.05%	5.7%	Rajgopal, Shevlin, and Venkatachalam（2003）	○		
66	△長期純営業資産	2003	1993	0.24%	56.0%	Fairfield, Whisenant, and Yohn（2003）	○		
67	CF/PRICE 比	2004	1997	0.27%	31.7%	Desai, Rajgopal, and Venkatachalam（2004）	○		
68	R&D 増加額	2004	2001	0.06%	11.1%	Eberhart, Maxwell, ard Siddique(2004)	○		
69	投資額	2004	1995	0.13%	36.4%	Titman, Wei, and Xie（2004）	○		
70	業績のボラティリティ	2004	2001	0.10%	10.7%	Francis et a . (2004)	○		
71	異常投資額	2004	1995	0.13%	31.2%	Titman, Wei, and Xie（2004）	○		
72	純営業資産	2004	2002	0.31%	66.6%	Hirshleifer et al.（2004）	○		
73	△純営業資産	2004	2002	0.14%	41.6%	Hirshleifer et al.（2004）	○		
74	課税収入／財務収入	2004	2000	0.14%	28.3%	Lev and Nissim（2004）	○		
75	価格遅延	2005	2001	0.07%	16.8%	Hou and Moskowitz（2005）			○

注：Feng et al. (2020) の付表に筆者加筆。2列目は著者の分位ポートフォリオ組成のための着眼点、3列目は論文発刊年、4列目は論文内の検証最終年、5列目はロング・ショートポートフォリオの1976年から2017年までの時系列平均月次リターン、6列目は年率換算リターンとリスクプレミアムから算出したシャープ比、7列目は原論文の著者と発行年である。8～10列には筆者らによる分類を示した。id:61と62は同じ流動性がクロスセクションの予測ファクターとなることを扱っているが、その測定方法がそれぞれ異なっている。id:71の異常投資額は銘柄毎のベンチマークとなる投資額をトービンの Q やキャッシュフローから算出し、実際の投資額との差分として定義している。

ファクター id	内容	発刊年	検証最終年	平均リターン	年率SR	論文	A	B	C
76	Compustatに掲載されてからの年数	2005	2001	0.01%	1.1%	Jian, Lee, and Zhang (2005)			○
77	普通株主資本成長率	2005	2001	0.15%	27.6%	Richardson et al. (2005)	○		
78	長期負債の成長率	2005	2001	0.06%	13.3%	Richardson et al. (2005)	○		
79	△流動営業資産	2005	2001	0.19%	34.6%	Richardson et al. (2005)	○		
80	△流動営業負債	2005	2001	0.03%	6.3%	Richardson et al. (2005)	○		
81	△非現金純運転資本	2005	2001	0.11%	25.2%	Richardson et al. (2005)	○		
82	△非流動営業資産	2005	2001	0.21%	44.5%	Richardson et al. (2005)	○		
83	△非流動営業負債	2005	2001	0.04%	9.6%	Richardson et al. (2005)	○		
84	△純非流動営業資産	2005	2001	0.23%	35.4%	Richardson et al. (2005)	○		
85	△純金融資産	2005	2001	0.23%	59.0%	Richardson et al. (2005)	○		
86	会計発生高 (total accruals)	2005	2001	0.19%	44.8%	Richardson et al. (2005)	○		
87	△短期投資	2005	2001	-0.03%	-8.3%	Richardson et al. (2005)	○		
88	△金融資産	2005	2001	0.18%	56.1%	Richardson et al. (2005)	○		
89	△簿価	2005	2001	0.17%	30.0%	Richardson et al. (2005)	○		
90	財務諸表上のパフォーマンス	2005	2001	0.17%	37.1%	Mohanram (2005)	○		
91	△6ヶ月モーメンタム	2006	2006	0.21%	29.8%	Gettleman and Marks (2006)			○
92	設備投資の成長率	2006	1999	0.14%	30.4%	Anderson and Garcia-Feijoo (2006)	○		
93	固有ボラティリティ (i-vol)	2006	2000	-0.02%	-1.7%	Ang et al. (2006)		○	
94	流動性指標 (ゼロ取引日の日数)	2006	2003	-0.05%	-4.4%	Liu (2006)		○	
95	3年間における投資成長率	2006	1999	0.11%	23.6%	Anderson and Garcia-Feijoo (2006)	○		
96	指数構成銘柄の株式発行	2006	2003	-0.01%	-2.2%	Daniel and Titman (2006)			○
97	純株式発行	2006	2000	0.08%	9.7%	Bradshaw, Richardson, and Sloan (2006)			○
98	純負債発行	2006	2000	0.17%	48.3%	Bradshaw, Richardson, and Sloan (2006)			○
99	純外部ファイナンス	2006	2000	0.22%	38.6%	Bradshaw, Richardson, and Sloan (2006)			○
100	収益サプライズ	2006	2003	0.05%	9.0%	Jegadeesh and Livnat (2006)			○

注：Feng et al. (2020) の付表に筆者加筆。2列目は著者の分位ポートフォリオ組成のための着眼点、3列目は論文発刊年、4列目は論文内の検証最終年、5列目はロング・ショートポートフォリオの1976年から2017年までの時系列平均月次リターン、6列目は年率換算リターンとリスクプレミアムから算出したシャープ比、7列目は原論文の著者と発行年である。8～10列には筆者らによる分類を示した。id:90 財務諸表上のパフォーマンスは、著者が資産回転率、レバレッジ、利益率を示す諸指標、研究開発投資、資本支出などのスコアから判定するオリジナルモデルに依拠して算出している。

ファクターid	内容	発刊年	検証最終年	平均リターン	年率SR	論文	A	B	C
101	産業集中度	2006	2001	0.03%	3.8%	Hou and Robinson（2006）			○
102	Whited-Wu指数	2006	2001	-0.02%	-2.6%	Whited and Wu（2006）			○
103	投下資本収益率	2007	2005	0.18%	29.3%	Brown and Rowe（2007）	○		
104	負債許容度／有形資産構成度	2007	2000	0.05%	7.1%	Almeida and Campello（2007）	○		
105	ペイアウト率	2007	2003	0.16%	17.5%	Boudoukh et al.（2007）			○
106	ネットペイアウト率	2007	2003	0.16%	17.2%	Boudoukh et al.（2007）			○
107	純負債／価格	2007	1950	0.02%	2.5%	Penman, Richardson, and Tuna（2007）	○		
108	エンタープライズB/P	2007	2001	0.14%	14.7%	Penman, Richardson, and Tuna（2007）	○		
109	△発行済み株式数	2008	1969	0.24%	36.1%	Pontiff and Woodgate（2008）	○		
110	業績発表時の異常出来高	2008	2006	-0.08%	-17.0%	Lerman, Livnat, and Mendenhall（2008）			
111	業績発表時収益率	2008	2004	0.02%	6.8%	Brandt et al.（2008）			
112	季節性	2008	2002	0.16%	17.3%	Heston and Sadka（2008）			
113	△固定資産と在庫／資産	2008	2005	0.19%	42.0%	Lyandres, Sun, and Zhang（2008）	○		
114	投資成長率	2008	2003	0.17%	39.5%	Xing（2008）	○		
115	指数構成銘柄の負債発行	2008	2005	0.08%	21.6%	Lyandres, Sun, and Zhang（2008）	○		
116	純営業資産利益率	2008	2002	0.09%	8.6%	Soliman（2008）	○		
117	利益マージン	2008	2002	0.02%	4.4%	Soliman（2008）	○		
118	資産回転率	2008	2002	0.06%	6.7%	Soliman（2008）	○		
119	業種調整済資産回転率	2008	2002	0.14%	41.1%	Soliman（2008）	○		
120	業種調整済利益マージン	2008	2002	-0.01%	-3.2%	Soliman（2008）	○		
121	現金生産性	2009	2009	0.27%	37.6%	Chandrashekar and Rao（2009）			
122	罪株（sin stocks）	2009	2006	0.44%	41.6%	Hong and Kacperczyk（2009）			
123	業績サプライズ	2009	2005	0.12%	19.3%	Kama（2009）	○		
124	CFの変動率	2009	2008	0.20%	26.6%	Huang（2009）	○		
125	会計発生高絶対額	2010	2008	-0.05%	-8.6%	Bandyopachyay, Huang, and Wirjanto（2010）	○		

注：Feng et al.（2020）の付表に筆者加筆。2列目は著者の分位ポートフォリオ組成のための着眼点、3列目は論文発刊年、4列目は論文内の検証最終年、5列目はロング・ショートポートフォリオの1976年から2017年までの時系列平均月次リターン、6列目は年率換算リターンとリスクプレミアムから算出したシャープ比、7列目は原論文の著者と発行年である。8～10列には筆者らによる分類を示した。id:102のWhited-Wu指数は企業の財務的困難さの程度を指数化したものである。id:105, 106のペイアウト率とネットペイアウト率の違いは、後者が自社株買いによるものを考慮している点にある。id:108のエンタープライズB/Pは（営業資産－営業負債）／（株式時価総額＋純負債）で求める。id:122の罪株はタバコ、酒類、武器、ギャンブルなどの商品やサービスを提供している企業群を指す。

ファクターid	内容	発刊年	検証最終年	平均リターン	年率SR	論文	A	B	C
126	設備投資と在庫	2010	2006	0.19%	42.8%	Chen and Zhang（2010）	○		
127	ROA	2010	2005	-0.09%	-13.9%	Balakrishnan, Bartov, and Faurel（2010）	○		
128	会計発生高のボラティリティ	2010	2008	0.19%	26.6%	Bandyopadhyay, Huang, and Wirjanto（2010）	○		
129	業種調整済不動産比率	2010	2005	0.11%	17.3%	Tuzel（2010）			○
130	会計発生高（NI-CFO）	2011	2008	0.16%	35.0%	Hafzalla et al.（2011）	○		
131	最大日次リターン	2011	2005	0.00%	-0.3%	Bali, Cakici, and Whitelaw（2011）		○	
132	営業レバレッジ	2011	2008	0.20%	32.8%	Novy-Marx（2011）	○		
133	在庫成長率	2011	2009	0.13%	30.1%	Belo and Lin（2011）	○		
134	営業会計発生高	2011	2008	0.15%	28.9%	Hafzalla et al.（2011）	○		
135	エンタープライズ倍率	2011	2009	0.11%	17.6%	Loughran and Wellman（2011）			○
136	現金保有	2012	2009	0.13%	15.3%	Palazzo（2012）			○
137	HML devil	2013	2011	0.23%	22.6%	Asness and Frazzini（2013）			○
138	利益率（グロス）	2013	2010	0.15%	22.5%	Novy-Marx（2011）			○
139	組織資本	2013	2008	0.21%	31.9%	Eisfeldt and Papanikolaou（2013）			○
140	BAB（betting against beta）	2014	2012	0.91%	92.8%	Frazzini and Pederson（2014）			○
141	QMJ（quality minus junk）	2014	2012	0.43%	60.1%	Asness, Frazzini, and Pederson（2019）			○
142	従業者数の伸び率	2014	2010	0.08%	12.9%	Belo, Lin, and Bazdresch（2014）			○
143	宣伝広告費の伸び率	2014	2010	0.07%	13.0%	Lou（2014）		○	
144	帳簿上の資産の流動性	2014	2006	0.09%	12.3%	Ortiz-Molina and Phillips（2014）			○
145	RMW	2015	2013	0.34%	49.8%	Fama and French（2015）			○
146	CMA	2015	2013	0.26%	46.8%	Fama and French（2015）			○
147	HXZ 投資額	2015	2012	0.34%	64.7%	Hou, Xue, and Zhang（2015）			○
148	HXZ 利益率	2015	2012	0.57%	77.5%	Hou, Xue, and Zhang（2015）			○
149	金融仲介業へのショック	2016				He, Kelly, and Manela（2017）			○
150	社債スプレッド指標	2016	2012	0.11%	26.4%	Valta（2016）			○

注：Feng et al. (2020) の付表に筆者加筆。2列目は著者の分位ポートフォリオ組成のための着眼点、3列目は論文発刊年、4列目は論文内の検証最終年、5列目はロング・ショートポートフォリオの1976年から2017年までの時系列平均月次リターン、6列目は年率換算リターンとリスクプレミアムから算出したシャープ比、7列目は原論文の著者と発行年である。8～10列には筆者なりの分類を示した。id:128はSloan (1996) の用いた会計発生高でid:134は（Δ流動資産－Δ流動負債－Δ現金）／総資産で求めた営業会計発生高を用いている。id:135のエンタープライズ倍率は（株式時価総額＋負債総額－現金および現金同等物）／EBITDAで算出している。id:137のHML devilは簿価時価(B/M)比率の計算をよりポートフォリオ組成に近いタイミングで計算したものである。id:138のグロスの利益率は（売り上げ－売上原価）／総資産と定義している。id:139の組織資本は組織構成から生まれる無形資産であり、著者は販管費をもってその代理変数としている。id:141のQMJは質の高い企業と低い企業の差のファクターリターンであり、質は利益率スコア、成長率スコア、安全性スコア、株主還元スコアの4つのスコアの平均値を指標としている。id:147のHXZの投資額は物理的資産を増加させるような投資にのみ焦点を当てている。id:148のHXZの利益率は通常の利益率と異なり主たる業務からだけの利益に焦点を当てて算出している。id:149は銀行株のリターンから金融業の安全性指標（金融仲介資本要因[ICF]）を計算し、各企業のICFへの感応度が将来リターンの予測ファクターとなるとした理論論文である。原著者は実証をしておらず、リターンの部分は空欄となっている。id:150は社債と同じ満期の国債とのスプレッドを指標としたものである。

価格情報だけを用いて作成できるその他のファクターの中にはより強い予測可能性を含むものがある。たとえば、FF3の残差リターンの標準偏差に着眼したものやCAPMベータがそれに該当する。第8章で議論した固有ボラティリティ（id=93）やベータが低い銘柄ほど期待リターンが高くなるというBABファクター（id=140）のシャープ比は大きい。とりわけBABファクターのシャープ比は92.8％であり、表9-2に取り上げた150の予測ファクターの中で最大である。

　企業属性を基準にしたファクター（C）は、ある特定の属性をもつ銘柄についてはリターンを予測できるものである。たとえば、「罪株（sin stocks）」はタバコやアルコールなど社会的に悪いイメージをもたれている商品やサービスを提供する業態の企業の株式を指す（id=122）。こうした銘柄は、そのファンダメンタル価値に比べて割安に取引されやすい（期待リターンが高い）ことが知られている。また、会計数値単独ではなく、会計数値とマーケットの評価値の関係性を参照するファクター（HML、売り上げ/価格、キャッシュフロー/価格比）も有効なファクターである（id=22, 27, 32）。これらは、マーケットの評価と会計上の値との比率をとっていることから、企業の実態がどの程度市場価格に織り込まれているのかを見る指標として機能している。また、ペイアウト率（id=105）のように、株主還元に対する態度を判断していると考えられるものについてもこの分類としている。

　複数のファクターを組み合わせて新しいファクターとして検証した例もある。HML devilというファクター（id=137）は、HMLが計算根拠としている簿価時価比率の簿価が最大18カ月前の値を使い、時価は最大6カ月前の値を使っていることから正確ではないため、より直近の簿価時価比率を見るような処理をしたファクターである[6]。より厳密にバリュー効果を抽出するアプローチである。HML devilを報告した同じ著者たちが加わった研究グループは、さらに

6）　従来のHMLの算出手順に従って、HighポートフォリオとLowポートフォリオを計算し、それぞれについて過去1カ月のリターンを用いて銘柄を5分位に分類。Highポートフォリオのリターン計算には第1分位と第5分位の銘柄だけを用いてHighポートフォリオのリターンを計算する。同様に、第1分位と第5分位の銘柄だけを用いてLowポートフォリオのリターンを算出。その差分をHML devilと名付けている。

QMJ（quality minus junk）というファクターも有効だと論じている。彼らは、企業の質を、利益率、成長性、安全性、株主還元などのファンダメンタルズ情報から定量化し、質の高い企業は低い企業に比較して長期的にはリターンが高いことを示している（id=141）。

2. 統計的推定から機械学習の利用へ

ファクター動物園問題を解決する1つの方向として、最近では積極的にデータマイニング・機械学習の方法論を取り入れて研究する学際的研究も広がりつつある。そこで本節では、機械学習と統計的推定の違いについて解説する。

ファイナンス研究では理論モデルの構築から始まり、その理論モデルの妥当性を現実のマーケットデータを用いて実証するという流れが一般的である。ここで研究者は理論と現実の関連性を、統計的推定をもって確認する。たとえばCAPM理論の実証研究においては、以下のステップを踏んで検証している。

- Step 1：任意の期間のデータを用いて、各証券のリスクプレミアムを推定する。
- Step 2：同期間のマーケットリスクプレミアムを推定する。
- Step 3：各証券のリスク測度 β、$\hat{\beta}_i$ を推定する。
- Step 4：各証券の $\hat{\beta}_i$ を観察し、低い $\hat{\beta}_i$ の銘柄群と高い $\hat{\beta}_i$ の銘柄群では後者の平均リターンが高いことを確認する。

統計的推定においては、推定量は一致性と不偏性をもつことが求められる。一致性とは（5）式に示すように、Step 3の推定量 $\hat{\beta}_i$ は、無限個推定すればその平均値が真の β_i に一致するという性質である。不偏性とは（6）式にあるように母集団の β_i と、推定した $\hat{\beta}_i$ の期待値が同じになるということである。この2つが満たされていると考えられるときにはじめて、私たちは得られた実証結果からモデルが真の資産価格評価の構造を明らかにしているかどうかを判断できるのである。

$$\lim_{n \to \infty} (\hat{\beta}_i - \beta_i) = 0 \tag{5}$$

$$E(\hat{\beta}_i) = \beta_i \tag{6}$$

　一方、機械学習はまったく異なるアプローチをとる。機械学習の目的は母集団における変数間の関係性を推定することではないため、一致性や不偏性についての前提条件は存在しない。機械学習の目的は、与えられたデータからデータ内にあるパターンを学習したモデルを構築し、そのモデルを使って未知データを予測することである。この未知データを作るために、手元にあるデータをすべて使わずに、学習するための訓練データと、予測精度を測定するためのバリデーションデータ（テストデータ、これが未知データに当たる）に分割する。機械学習においては、あらかじめ特定された関数のパラメーターを訓練データを使って学習し、バリデーションデータで有効性を確認しながら最終的に最も有効なパラメーター、つまり、最も予測誤差の少なくなるパラメーターを探すのである[7]。用いることができる関数型には、線形関数、ロジスティクス関数、決定木、ニューラルネットワークなど数多く存在するが、どの関数型を使っても上の手続きには変わりはない。これは、モデルが真のモデルでなくても予測に役立てばよいという考え方で行われるものであり、統計的推定とは目的が異なっている。学習されたモデルの係数は不偏性は担保されない。しかし、バリデーションデータではよく当たる。つまり、当てるために係数にバイアスが含まれているのである。

　機械学習も統計的推定もある関数型——これを f としよう——のもとでデータと整合的な関数のパラメーターを求める作業は同じであるが、その求め方の違いは式に表すと（7）と（8）式のように記すことができる。ここで $\hat{f}_{ML}$ は予測力が最も高いパラメータをもつ関数である。機械学習では探索を繰り返し[8]、関数 f の損失関数（L）の期待誤差（$\mathbb{E}_{(y,x)} L(f(x), y)$）を最小化するようにパラ

7）　これをチューニングと呼ぶ。
8）　損失関数（loss function）は学習モデルから予測した値と実現値の差を測定する関数である。訓練期間で学習したモデルがどの程度テスト期間で予測できているかを表すものである。

メーターと関数型を選び、$\hat{f}_{ML}$ を仮説空間 F から求める。損失関数（L）は予測された値 $f(x)$ と真の値 y の誤差を計算することで求める。また、$\mathbb{E}_{(y,x)}[\cdot]$ は探索のなかで生まれる y と x のジョイント分布に関する期待値であることを示している。一方、統計的推定では、（8）式に示すように、理論モデル $\hat{f}_{ST}$ が真のモデルになるようにパラメーターを推定することが目的である。

$$\hat{f}_{ML} = argmin_{f \in \mathcal{F}} \mathbb{E}_{(y,x)} L(f(x),y) \qquad (7)^{9)}$$

$$\hat{f}_{ST} = f \qquad (8)$$

これらの違いを理解することは、ファイナンス研究や実務において重要である。統計的推定は理論モデルの正しさを検証し、そのモデルの構造を理解することに焦点を当てている。一方、機械学習は予測性能を最大化することが主な目的であり、その過程で発見されるモデルの構造や変数間の関係は、予測精度が高ければ真の関係性を捉えていないことが許容される。

2.1. ラッソ回帰で統計的推定と機械学習の違いを考える

本書は機械学習の専門書ではないため、機械学習の技術的側面については他書に委ねることにするが、機械学習と統計的推定の問題の扱い方の違いについて以下に説明する。そのために、直感的にわかりやすいラッソ（LASSO：least absolute shrinkage and selection operator）回帰を題材にして説明する。

ラッソ回帰は説明変数の数が多いときに用いられる変数選択の手法である。たとえば $\hat{f}_{ML}$ に100を超えるような多くの説明変数があるときに回帰分析を行う場合を想定してみよう。この場合、多重共線性の問題が発生する可能性が高い。そこで、実験者は相関の高い変数を取り除く必要があるが、相関が高くともどちらも目的変数に対して説明力の高い変数である場合がある。どちらの変数も重要だが、統計的推論を行う場合にはどちらかを除く必要がある。また、単独の変数としてみた場合には説明力がなくとも、他の変数との組み合わせで

9）*argmin* は argument of the minimum の略である。関数の値（期待損失）を最小にする決定変数（f の関数型とパラメーター）の値を示す記号である。

使うことで説明力が生じるケースもありうる。こうしたケースでも相関だけを頼りに変数選択をすると、そのような変数も落としてしまうかもしれない。変数が多いときに起こるこれらの問題点を、ラッソ回帰を用いることで克服することができる。ラッソ回帰では説明変数を網羅的に評価し、目的変数と関連性の高い変数だけでモデルを作ることが可能になる。以下に詳しく手順を見ていこう。

いま、(9) 式のように n 個の説明変数で目的変数 Y を説明するモデルがあるとしよう。

$$Y = a + \beta_1 X_1 + \beta_2 X_2 + \beta_3 X_3 + \cdots \beta_n X_n + e \tag{9}$$

このように Y を説明する変数が n 個ある場合、通常の回帰分析では最小二乗法を用いて $\hat{\beta}_1 \ldots \hat{\beta}_n$ を推定する。ここで機械学習において使われる損失関数という言葉を用いると、最小二乗法は以下の損失関数 L を最小化していると表現することができる。

$$L(f(x), y) = \sum (f(x) - y)^2 \tag{10}$$

ただし、$f(x)$ は (9) を推定して得られる予測値である。一方、ラッソ回帰では、係数に対するペナルティを加えたうえで二乗誤差を最小化する。つまり (11) 式の損失関数を最小化するのである。

$$L(f(x), y) = \sum (f(x) - y)^2 + \lambda \sum_{i=1}^{n} |\beta_i| \tag{11}$$

(10) 式の損失関数を最小化した場合と異なり、(11) 式の場合は誤差の二乗和に係数の絶対値の和の λ 倍を加えて最小化することになる。$\lambda \sum_{i=1}^{n} |\beta_i|$ は正則化項（L1 ノルム）と呼ばれる。正則化項があることで、目的変数に対して説明力のない変数の係数をゼロに近づけるように調整されることになる。ある現象をモデルで説明しようとするとき、変数の数が多ければ多いほどモデルの説明力が上がり、無限に説明変数を加えることで非本質的なノイズを説明し究極まで決定係数を向上させることができる。この状態を過適合（過学習：

overfitting）と呼ぶ。しかし、そこで得た複雑なモデルを新しいデータで評価した場合の予測力は、過適合することでかえって悪くなってしまう。そこで、正則化項を加えることで、むやみに説明変数の数を増やそうとすることにペナルティを与え、過適合を抑制する。ここで、λ がゼロであれば、$\lambda\sum_{i=1}^{n}|\beta_i|$ がゼロであるため、すべての変数を使う線形回帰モデルとなる。そして、λ が正の値をとり、$\lambda\sum_{i=1}^{n}|\beta_i|$ の値が大きくなれば大きくなるほど、変数を増やすことによって損失関数の値は大きくなる。このため、モデルは極力説明変数の数を少なくしながら最小の誤差を達成できるように係数を求めることになる。この過程において、目的変数の説明に寄与しない変数の係数はゼロに近い値に圧縮されるため、結果として寄与度の低い変数は除外されることになり、変数選択が実現するのである。λ はハイパーパラメーターと呼ばれる[10]。λ が大きい値になるほど、説明変数を増やすことに対するペナルティは大きくなり、選ばれる説明変数は少なくなる。

　次に、λ と各係数はどうやって決められていくかについて、ラッソ回帰の一般的なプログラムの中身で処理されている内容に沿って具体的な手順を説明する[11]。まずデータセットをプログラムに投入しラッソ回帰を指示する際に、後に説明する交差検証（cross validation：CV）法の回数を同時に指示する。このとき、仮に1,000日分の観察データを入力し、5回の CV を実施すると決めたとしよう。プログラムは内部で、200日分のデータを5セット作成する。この5セットのデータを組み合わせ、800日分のデータを訓練に使い、200日分のデータをテスト（バリデーション）に使うとすれば[12]、図9-1に示すように訓練とテストを異なるデータの組み合わせで5回実施することが可能である。これが5回の CV を実施するという意味である。図9-1では、T が訓練デー

10）　ハイパーパラメーターとは、データから学習して得られるパラメーターではないパラメーターのことを指す。ハイパーパラメーターは試行錯誤を通じて探索する対象である。実験者が外生的に与えて試行錯誤を行いながら良いものを探索する場合と、プログラムの中で自動的に探索させる場合がある。今回のラッソ回帰の場合は後者である。

11）　プログラミング言語 Python の scikit-learn ライブラリー（https://scikit-learn.org/ ）や、R 言語の caret ライブラリー（https://topepo.github.io/caret/）などがある。

12）　通常は学習データ80%、バリデーションデータ20% が一般的であるが、この比率については可変である。

図9-1　5分割交差検証法のイメージ

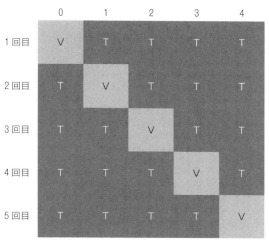

注：交差検証の回数として5回を指定した場合のデータセットの作成イメージ。Tは訓練データ、Vはバリデーションデータを意味する。このケースのように、5回の交差検証では5個の予測誤差が算出され、その平均値をあるλの平均誤差値として用いる。

タを表しVがバリデーションデータを表している。

　次に、1つの「訓練－テスト」のデータセットの中で行われる処理について説明する。プログラム内部では、λを小さい値から大きい値まで変化させながら、(11)式に示した損失関数の値(損失値)を訓練データ(800日の観測データ)で計算し、最小の損失関数の値を達成するλを探索する。最初はたとえば$\lambda=0.1$から始めるとしよう。λが決まれば訓練データにおいて損失値が最小になるような係数が求められる。ただし、このλが最適かどうかはわからないので、この$\lambda=0.1$についてテストデータ(200日の観測データ)における損失値を計算する。今回は5回のCVを行うため、200日のデータの5セットから5個の損失値が計算される。この平均値をこの$\lambda=0.1$の平均損失値とする。次に別のλの値についても同様に平均損失値を計算する。このように、次々とλの値をさまざまに変化させ、その平均損失値を計算することで、試行錯誤の結果として最小の平均損失値をもつλが最適なλとして選択される。このλの探索が終われば、ラッソ回帰の最適なモデルが学習されたことになる[13]。

一般的に LASSO 回帰は変数選択を行う回帰方法として知られている。正則化項によって、重要でない説明変数の係数が 0 になり、モデルが簡略化される。仮に、説明変数が多くなり、通常の回帰分析の枠組みでは扱えなくなるほど高次元になったとしても、学習とテストを繰り返すことにより、多くの説明変数の中から予測に意味のない変数を省くことができる有効なツールなのである。

2.2.　機械学習アプローチのメリット
高次元のモデルを扱うことが可能となる

　統計学が母集団のパラメーター推定をバイアスのない形で行うのを目的としているのに対して、機械学習は正しく予測することを目的としていると述べた。これは別の言い方をすると、統計的推定の関心はあくまでも係数の推定、つまり $\hat{\beta}$ の追求であるが、機械学習の関心は $\hat{Y}$ の精度である。したがって、機械学習では統計的推定を行う場合に必要なさまざまな条件を必ずしも満たす必要はない。その 1 つがフルランク条件である。フルランク条件は、線形回帰分析において、説明変数の列行列が線形独立であることを保証するために重要で、これを満たすことで係数の一意的な推定が可能になる。機械学習ではその条件を厳密に満たす必要がない。

　統計モデルの場合、説明変数の数に対して十分な観測数がないとき、フルランク条件が満たされず解は得られない。単純な例で考えてみよう。モデル式に説明変数が 1 つである 1 次元の線形関数を求めるためには、データに観測点が 2 つ以上必要である。仮に 1 つしかない場合は傾きが決まらず、関数を求めることができない。同様に、説明変数が 2 つになった場合はデータに観測点が 3 つ以上ないとモデルが決まらない。観測点が 2 つであれば、平面の傾きが決まらないからである。つまり、モデルが高次元になればなるほど、少なくとも説明変数の数よりも多い観測点（標本数）が必要になる。ファイナンスの場合、扱えるデータは過去の時系列データで、せいぜい100年が最大入手可能

---

13)　モデル選択には情報量基準を用いればよいと思われる読者もいるかもしれないが、赤池情報量基準（AIC）やベイズ情報量基準（BIC）は、サンプル内の精度を最大化することでモデル選択する。機械学習はあくまでもアウトオブサンプルでの予測精度を最大化する点が異なる。

なデータ区間である。したがって、月次データであれば1,200個の観測点しか
なく、統計的推定の場合、1,200個以上の説明変数のモデルを扱うことは困難
となる。

一方、先に説明したラッソ回帰の場合、十分な観測値が得られなくても、予
測誤差の最小化を目的とするかぎり、モデルを学習することはできる。$\hat{\beta}$ の追
求にはフルランク条件は満たされなければならないが、$\hat{Y}$ の精度追求であれば、
観測数よりも高い次元のモデルでも学習結果を示すことはできるのである。

説明変数間の相関を無視できる

説明変数の相関を無視できるのも機械学習の利便性が高い理由の１つであ
る。たとえば、いま、プロ野球選手の年俸を決めるモデルを、選手の出塁率、
打率、打点、ホームラン数などの説明変数から作ることを考える。この場合、
年俸を説明するモデルに出塁率や打率が関係するのは明白であり、年俸を説明
するための重要変数であることは間違いない。ただ、ここで列挙した説明変数
間には強い相関関係が存在し、これらをこのまま説明変数に加えると、係数の
標準誤差が大きくなってしまい、係数が統計的に有意だとは判定されなくなる
可能性が高い。一方、機械学習においては、予測誤差を最小化するようにモデ
ルを学習するため、$\hat{Y}$ の予測力をもつと考えられる変数はどのようなものでも
投入できる。変数間に相関があったとしても、結果として、将来の Y の予測
誤差が小さいモデルが選択されるだけであるから、関係のありそうな変数は何
でも投入してしまえばよいことになる。

経済学分野の研究では、経済現象のメカニズムを明らかにしようする。この
ため因果関係の特定に主眼が置かれている。この場合、機械学習の方法論は使
いにくいものであろう。機械学習では訓練データとバリデーションデータをど
う与えるかによって、得られる関数はその時々で異なる。手元にあるデータセ
ットの範囲で予測力が高いモデルは求められるが、それが真の母集団の関係性
を記述しているかについては何も語らないからである。したがって、真の関係
性が既知であり、それを記述した経済モデルを実証しようとするとき、統計的
推定に代えて機械学習で代替することはできない。

2.3. ラッソ回帰を用いたファクター選択

　ここまでの議論で、機械学習が予測に特化した手法であることは理解していただけたと思う。学習によって得られたモデルは、実験者が与えたデータにおいて最も予測誤差の少ないものというだけである。したがって、同じ経済モデルであったとしても投入されるデータが異なっていたり、時系列が増えることで学習されるモデルは必ず変化する。この性質を利用して、毎月クロスセクションのラッソ回帰をすることによって、どのようなファクターが選ばれるかを時系列的に観察し、多頻度に選択されるファクターが何かを同定することができる。この手法によって、ファクター動物園問題を整理できるかもしれない。

　第8章4.3項では、ファーマ＝マクベスの手法を使ってファクターのアウトオブサンプルの予測力について議論した。対象としたのはレウェレンが選択した15個のファクターであったが、平均的にはファクターの予測力は存在するものの時期によって予測力に大きな違いがあることがわかった。このときの検証は過去10年のリターンからファクターエクスポージャーを推定し、ファクター期待リターンから翌年の銘柄のランキング予想を作り実現値との差を観察するという方法であった。

　ラッソ回帰もアウトオブサンプルにおける予測力を基準に変数を選択する手法であるから、レウェレンが発見したようなファクター予測力に急激な変化が生じた場合には、それを選ばないということが考えられる。このラッソ回帰によってファクターを毎月選択させ、どのようなファクターが選ばれたかを観察した研究が、香港城市大学、イェール大学、シカゴ大学の研究グループによって行われている[14]。以下では、その内容に沿って機械学習的アプローチがどのように「ファクター動物園」問題の整理に役立つかを検討する。

　まず各時点t月において、（12）式に示すような線形関数を用い、（13）式で示すように正則化項を付加した損失関数を最小化するような係数を求める。ただし、$r_{i,t}$ は時点t月のi証券のリターン、$X_{i,k,t}$ はi証券のt月の第kファクターの値であり、$\hat{\beta}_t^{LASSO}$ はハイパーパラメーターである $\lambda_t (\lambda_t \geq 0)$ のもとで計

---

14) ガンハウ・フェング（Guanhao Feng）、ステファノ・ジグリオ（Stefano Giglio）、ダチェン・シュー（Dacheng Xiu）の3人である。Feng et al. (2020) を参照。

算された誤差を最小にする係数（パラメーター）のセットである。求められる係数のセットは表9‐1に列挙したファクターの中の135個についての係数であるから135個（$K=135$）だと考えてもらいたい。

$$r_{i,t} = \alpha_t + \sum_{k=1}^{K} \beta_{k,t} X_{i,k,t} + \varepsilon_{i,t} \tag{12}$$

$$\hat{\beta}_t^{LASSO} = argmin\beta_t \left\{ \sum_{i=1}^{N} \left(r_{i,t} - \alpha_t - \sum_{k=1}^{K} \beta_{k,t} X_{i,k,t} \right)^2 + \lambda_t \sum_{k=1}^{K} |\beta_{k,t}| \right\} \tag{13}$$

先に述べたように、ラッソ回帰では、実験者が指定するクロスバリデーションの回数に従い全銘柄を分割する。研究チームでは10回のクロスバリデーションを選択しているため、銘柄を10分割している。すなわち、仮に、t 月における全上場銘柄数が3,000銘柄だったとするならば、300銘柄を1グループとして10グループが形成される。つまり、2,700銘柄の訓練データ＝300銘柄のテストデータという組み合わせが10個できるのである。そして、これらすべてのデータセットに対して2,700銘柄で学習したパラメーターを300銘柄でテストすることにより10個のテストデータに対する予測誤差が（11）式にもとづいて計算され、10個の平均予測誤差が求められる。この平均予測誤差値は λ の値が変化することで変化する。この平均予測誤差が最小となるような最適 λ を探索し、その値のもとでそれにもとづいた係数のセットが計算される。これが t 月において学習されたラッソ回帰モデルであり、変数として選択されたファクターがラッソ回帰でクロスセクションのリターン差を最もよく説明するファクター群だといえる。

さて、研究チームではラッソ回帰という機械学習的アプローチが真のモデルを同定することができるかを検証するために、200回のランダムな「2,700銘柄の訓練データ＝300銘柄のテストデータ」という組み合わせを生成し[15]、実験している。こうすることで λ が200個生成され、それぞれの λ についてファクターが選択される。あるファクターがロバストであれば、どの λ についてもそ

15）これをランダムシードと呼ぶ。この研究においては、各銘柄をランダムに選択する試行を200回繰り返すことでデータの分割方法による λ のばらつきをコントロールしようとしている。

図9-2　LASSO 回帰を用いて選択されたクロスセクションの説明変数

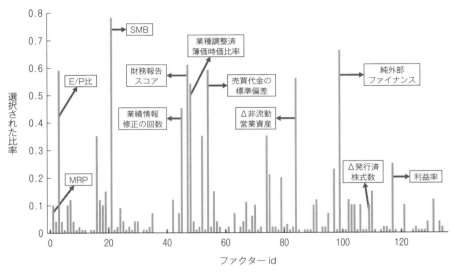

注：Feng et al. (2020) から抜粋し筆者加筆。横軸はファクターid 番号であり表 9 - 1 と対応している。ただし、全ファクター数は135である。縦軸は497カ月の検証期間を通じて当該ファクターが選択された比率を表している。たとえばE／P 比率であれば、全期間で約60％の確率でモデルに残っているという意味である。

のファクターは選択されるはずである。そこで1976年から2017年までの497カ月の検証期間について、497回のクロスセクションラッソ回帰を200回のランダムな分割方法を採用して実施する。その結果、各月において200個のλに対応して選ばれたファクターを記録し、通期でどのようなファクターが選択されているかを調べる。期待としては、クロスセクションのリターン差を説明する共通のファクターがつねに一定数存在し、それらが資産価格決定モデルのコアとなるファクターであることが示されることである。ファクター動物園の中のどの動物が資産価格決定モデルを考えるうえで有効かという問いに、答えが出せるかもしれない。

　では、その結果を見てみよう。図 9 - 2 は、選択されたファクターの頻度（確率）をまとめたものである。たとえば、最も選択された頻度が高いファクターはSMB ファクターであり、全体の約80％において選択されている。純外部フ

ァイナンス（新規に発行された負債による現金の入りと既存の負債償還のために発生する現金の出の差として認識される）を軸として計算されるファクターは65%程度、E/P比、財務報告スコア、業種調整済簿価時価比率、売買代金の標準偏差、Δ非流動営業資産などを軸として計算されるファクターは約60%程度で選ばれている。一方、MRPファクターは10%以下しか選ばれておらず、ベータのクロスセクションリターン差の説明力が限定的であることがうかがえる。しかし、一方で、BABファクター（低いベータ銘柄群を購入し高いベータ銘柄群をショートして得られる）がつねに選ばれるわけではなく、10%以下である。

　これらの結果から、予測力という観点で何が真のファクターかを特定することはできていないといえるだろう。フェングらは、「仮にラッソが真のモデルを選択することができるアルゴリズムであるならば、結果として3つから5つのファクターが100%選択されるはずである」と述べている[16]。現実には、100%選択されているファクターは存在せず、多くのファクターの中から、実験パラメーターの設定によって選択されるものとそうでないものがあるという姿が明らかになったといえるだろう。

3.　市場効率性についての再議論

3.1.　ファクター予測力の継続性

　これまでみてきたように、クロスセクションの予測ファクターの効果は期間によって変化し、ファクターが有効な期間は一様ではない。つまり、どのファクターに依拠したポートフォリオを組成したとしても、つねにプラスのファクターリターンを示すことは保証されない。市場参加者でベンチマークの株価指数をアウトパフォームしようとする実務家は、どのタイミングでどのファクターリスクをとるかという判断がつねに問われることになる。もちろん、ベンチマークに勝つためには効果の強いファクターほど重要であるため、競争が熾烈な資産運用業界では、多くのプロ投資家たちはつねに効果の強い有効なファク

---

16)　Feng et al. (2020), p.1345を参照。

ターを探しているといえよう。こうした競争の結果、効果が強く注目されるファクターほど、公知となった段階でその予測力が減衰してしまうことになる。この点について、デヴィッド・マクリーン（David McLean）とジェフリー・ポンティフ（Jeffrey Pontiff）は、主要なファクターの予測力について論文公刊との関係を実証的に明らかにしている[17]。

彼らはこれまで報告されている97個の予測ファクターについて、その詳細が記された論文が公刊される前後の期間を3つに分けて観察している。1つは公刊前の期間であり、論文に記されている検証期間を指す。第二に、論文内の実証研究の最終年と公刊年までの期間（未検証期間）に着目する。たとえば、2021年に発表された論文の検証期間が1990年から2018年までだとすると、2019年から2021年の期間が未検証期間に当たる。第三に、論文公開後の期間であり、論文が公知となった公刊年から直近までの期間を指す。

この調査の結果、第一の検証期間において強い予測力をもつファクターであっても、未検証期間の予測能力は平均して26％下落することが明らかとなっている。仮に研究者がなんらかの恣意性をもって、論文検証期間のファクターリターンが高くなるようにファクターを定義しているとすると、それがアウトオブサンプルの期間に露呈する。平均で26％も予測能力が低下した背景には、こうした研究者のバイアスが含まれているかもしれない。

さらに、論文が公知となった発刊後の期間に絞ってみれば、その予測力の低下は著しい。図9-3を参照されたい。この図は横軸に予測力の低下の程度を表している。予測力の低下の程度は、以下の手続きで計算する。検証したいファクターの値を軸として銘柄を5分位に分類し、最も高い分位ポートフォリオと低いポートフォリオを組成する。そして、第1分位と第5分位のポートフォリオのリターン差を、論文内の検証期間と公刊後から直近までの検証期間の2つで算出し[18]、その差を計算したものである。この差が負であれば、発刊後のファクターの効果が弱まっていることを意味し、横軸はその絶対値を減衰の程度として扱ったものである。縦軸には当該ファクターが報告されたときのt

---

17) McLean and Pontiff (2016) を参照。
18) McLean and Pontiff (2016) は2013年までの期間で検証している。

図9-3 論文公刊後に失われる予測力

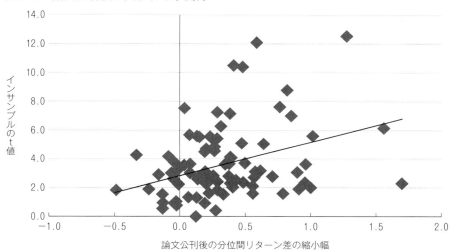

注:McLean and Pontiff (2016) の Figure 1 に筆者加筆。公刊後3年間のデータが存在する75の予測ファクターについて、予測力の減衰度合いと論文公開時点のインパクトの関係を表している。横軸は論文公刊後のクロスセクションの予測ファクターリターン(第5分位―第1分位の月率平均リターン)の縮小幅(単位%)を示し、縦軸は各予測ファクターの公刊論文内に記されているt値(インサンプルのt値)を示す。

値を示している。図からわかるように、予測力の減衰の程度と発刊論文に記載されているt値とは正の関係が認められ、論文公開に伴ってそのファクターの存在が公知となることで、効果の強いファクターほど、その予測力の減衰が大きくなっていることが確認できる。

論文発刊前と後の期間を比較すると、予測力は平均して58%も低下している。このうち平均して26%の下落は先に見たように、なんらかの研究者による恣意性の結果としてもたらされ、追加的な32%(58%−26%)の下落は、公開されたことにより投資家の現実市場における行動変容が促され[19]、そのために予測力を喪失した(価格に事前に織り込まれた)ことによってもたらされたと考えることができる。

---

19) たとえば、ヘッジファンドがファクターを利用したトレーディングを行ったり、証券会社が有効なファクターを利用する投資信託を発売したりすることが考えられる。

こうした結果は、フリードマンの裁定取引の議論を想起させる[20]。つまり、合理的投資家は予測ファクターに効果があると認めた途端、積極的にそのファクター効果を利用する投資行動をとる。その結果、アノマリーだと考えられていた効果が減衰するのである。裁定取引と同様のメカニズムがクロスセクションの予測ファクターについても働き、研究者のファクター発見により、市場の効率性が高まっているという見方をすることができる。

3.2. 全アノマリーファクターの網羅的検証と市場の効率性

次に、市場が予測力のあるファクターを認識し、市場参加者がそれを利用する取引はつねに可能かという視点で考えてみよう。前項では、研究者による出版を意識した統計上のバイアスの部分と、アノマリーファクターが公知となったことによる投資家側の行動変容の効果により、97の予測ファクターの予測力の半分以上が消滅したと議論した。では残りの約4割の予測ファクターは有効で、投資家はそれを利用してベンチマークを上回る運用成果を達成できるのであろうか。この点について、ホウ、シュエ、ジャンの3人による調査が参考になる。彼らは、過去に報告された452のアノマリーファクターを網羅的に再調査し、再現性があるかを検証した[21]。

彼らの検証で、過半のアノマリーファクター（65％）は時価総額加重平均法を用いて再現した結果、$|t| \geq 1.96$のハードルをクリアできないことが明らかになっている。とりわけ、ファクターの中でも流動性を基準としたファクターや市場で観察される要因を軸としたファクターの実に96％はハードルをクリアすることができていないという。多重検定の問題を考慮するためにバービー他が提唱する $|t| \geq 2.78$ の基準を5％の統計的有意性の判断に用いる場合[22]、ほとんどのアノマリーファクターが有意ではなくなるという。また、テストを通過した少数のファクターについても、確認できるインパクトは原論文で書かれている水準よりも弱く、この傾向もマクリーンとポンティフの結果と整合的である。一方で、バリューファクター、モーメンタムファクター、投資ファク

---

20) Friedman (1953) 参照。
21) Hou et al. (2020) を参照。
22) Harvey et al. (2016) を参照。

ター、利益率ファクターについては再検証に堪えるものであった。その他の多くのファクターは時価総額の小さなユニバース（マイクロキャップ）において存在していることは確認できるが、時価総額加重平均法で追試した場合には有意性が失われる場合が多い。ホウらが「市場はわれわれが思っているより効率的である」と述べるとおり[23]、投資家がファクターを手がかりとして超過リターンを達成するのは容易ではない。

4. テクノロジーの進化と市場効率性への挑戦

4.1. テクニカル分析

4.1.1. テクニカル分析を扱う難しさ

　読者が金融の実務家であれば「テクニカル分析」という分析手法については馴染みがあるだろう。テクニカル分析は、チャートなどの罫線を分析し、今後の先行きを予測する数々の手法の総称である。テクニカル分析は歴史も古く、実務家から長年支持されている手法であるが、これまでファイナンス研究者たちはテクニカル分析の検証を重視してこなかった。チャート形状の分析から将来リターンを予測するという行為は、そもそも市場がウィークフォームにおいても効率的ではないことを前提としており、科学的ではないと考えられてきたということが背景にあるかもしれない。しかし、実務家はテクニカル分析を頻繁に活用する。とりわけ数週間から半年くらいの中期的な価格変動については、ファンダメンタル分析よりもテクニカル分析を重要視するというプロ投資家の方が世界的に多いことがわかっている[24]。

　テクニカル分析を科学的に扱うことの困難さは、チャートパターンの判定を定量的に行うことが難しい点にある。テクニカルアナリストの発する売買シグナルは主観に依存する部分も多く、定量的、客観的に把握することが難しい。たとえば、図9-4の左図に示すようなチャートを観察し、アナリストは次のような判断をしたとする。

23）　Hou et al. (2020), p.2019参照。
24）　Menkoff (2010) を参照。

図9-4　テクニカルアナリストが予測に用いる価格パターンの一例

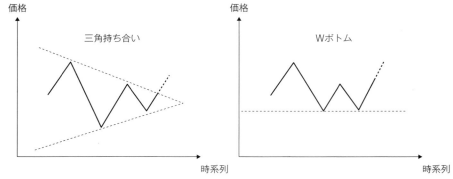

注：テクニカルシグナルには将来の価格上昇を示唆するものと、下落を示唆するものがある。この2例はいずれも将来の価格が上昇を示唆するシグナルである。

「現在の価格はあきらかにサポートラインとレジスタンスラインに挟まれている。この水準は今回の下落局面の1/3戻しの水準になるから、マーケットは近いうちに強く上昇するか、あるいは大きく下落するかのどちらかだろう[25]」。

こうした判断の有効性を検証するために、チャートパターンを定量的にどのように表現するかを考えてみよう。このテクニカルアナリストの場合、時系列の変動幅が徐々に小さくなってきていることに注目しており、サポートラインを示す価格やレジスタンスラインを示す価格に近づいたときに、リターンが予測できる（すなわち価格の自己相関が生まれる）というところをモデル化しなければならない。この場合、複数のラグをとって自己相関を計測し、Q統計量を用いてシグナルを出すことなどが考えられるかもしれない[26]。このように視覚情報を頼りにテクニカルアナリストが生成している売買シグナルを数理的に表現することは難しいが、これができないかぎり、テクニカル分析の定量的な検証はできない。

---

[25] Lo et al. (2000), p.1706参照。
[26] Q統計量は時系列分析のモデル（たとえばARIMAモデル）の残差に自己相関があるかを検定する際に用いられる統計量である。

もう1つの例を見てみよう。図9-4の右図に示す「Wボトム」と呼ばれる形状がチャート画像に出現したとする。テクニカル分析では、「Wボトム」という形状は、強気シグナルを発していると判断される場合が多い。このようなチャートを長期の下落相場が続いたあとに見たとき、テクニカルアナリストはこう判断するだろう。「2回も下値に到達したあとに価格が反発しているので、その下値水準では市場に強い買い意欲をもつ投資家が存在し、早晩株価は反転するだろう」。しかし、上昇相場が継続したあとにWボトムが形成されている場合は、テクニカルアナリストは同じように判断しないだろう。こうした判断の厳密な定式化は複雑である。しかしながら、Wボトムという形状が真にその後の株価変動を予想したかを検証するためには、アナリストの認識方法に沿ったモデルを起こしていかなければならない。

4.1.2. 限定的テクニカルパターンに絞った研究

アンドリュー・ロー（Andrew Lo）、ハリー・ママイスキー（Harry Mamaysky）、ジアン・ワン（Jiang Wang）は、前節で述べた問題を完全に解決することはできないものの、典型的なチャートパターンを定量的に表現するアルゴリズムを構築することに挑戦している。

株式チャートは横軸に時間、縦軸に株価を表している。これにある一定の日数をカバーする窓（たとえば38日の窓）をあてて1日ずつ横にずらしていくことを考える。すると、その窓の中には株価が描くなにがしかの形状が示されているだろう。仮に、右肩上がりに上昇を続けている時期であれば、その形状を線形関数として表現できるかもしれない。しかし、図9-4右図で示したようなWボトムという形状が現れたとき、型の決まった関数としてそれを表現することは難しい。そこで、以下の手順でWボトムを検知できるアルゴリズムを構築する。

1. まず、カーネル回帰という手法を用いて、株式の時系列データからノイズを取り除く「スムージング（smoothing）」を行う。カーネル関数を用いて日々上下に動く株価を滑らかな動きに変換することで、チャートパターンを識別しやすくするのがその目的である。これを使って計算され

るスムーズ化された株価は、その時点（第 t 時点）の近傍（t-2, t-1, t, t+1, t+ 2 等の時点）の観測データから推定される正規分布の期待株価である。ただし、その正規分布を推定するにあたっては、第 t 時点に近い株価ほど大きなウェイトで重み付けをする[27]。スムージングするためには移動平均法を使うことも可能である。しかし、移動平均法は過去の株価しか参照しないという点、また、過去の値を線形変換しているだけという点でカーネル回帰とは異なる。カーネル回帰を用いる方が、よりバランスがとれた滑らかなスムージングを可能となる。

2．1の処理によってスムージングされたデータの中から、W ボトムは 2 つの極小値に挟まれた極大値として識別される。

3．2の定義に合致する W ボトムの形状にはさまざまなものが抽出される。たとえば幅が狭いものや広いもの、あるいは 2 つの極小値に挟まれた極大値が大きいものや小さいものなどである。その中からテクニカルアナリストが認定する W ボトムの形状に合致したものを抽出できるようにアルゴリズムを構築する。

4．1 から 3 の手順で、テクニカルアナリストが認める W ボトムの形状がうまく抽出されることを確認したうえで、窓をスライドさせながら全期間に適用し、銘柄別に W ボトムを検知する。

次に、図 9 - 4 の左に示した三角持ち合いのチャートを考えてみよう。三角持ち合いとは、価格変動幅が時間の経過とともに小さくなり、その軌跡が三角形に見えることから名付けられた。テクニカル分析では、価格がどちらかに離れる兆候だと解釈され、三角形の形状が上向きなのか（"triangle top"）下向きなのか（"triangle bottom"）で上昇・下落が判断される。この場合も W ボト

---

27) ローたちが用いたカーネル関数はガウシアンカーネル関数と呼ばれるもので以下の式で表される。$\kappa_h(x) = \frac{1}{\sqrt{2\pi}h}\exp\left(-\frac{x^2}{2h^2}\right)$。ただし、$h$ はどの程度近い日付を近いと認識するかのパラメーターで実験者が決める。h の値が小さいと予想株価はターゲットとしている日の近くの株価の影響を強く受けるためスムージングの程度が弱くなり、反対に大きいとより滑らかな予想株価を形成する。x は株価を予想しようとしている日とその他の日の差である。仮にいま、10日（day10）の株価の予想をしようとしている場合、day 9は10-9=1、day8は10-8=2、day11=10-11=-1という値である。

ムの検知と同様に、１の処理をしたデータに対して極大値と極小値を探す。三角持ち合いの場合、極大値と極小値の差が徐々に縮小するため、その距離を計算し、収束するかどうかによって存在を判定する。また、三角持ち合いが上向きなのか下向きなのかについては、極小値が上昇傾向か極大値が下落傾向かで判断するのである。

　一般に、テクニカルアナリストによく指摘されるチャートパターンである、"head and shoulder"、"inverse head and shoulder"、"broadening top"、"broadening bottom"、"triangle top"、"triangle bottom"、"rectangle top"、"rectangle bottom"、"double top"、"double bottom" と名付けられた10種類についても、ローらは上で説明したような方法で時系列データだけからそれらを認識できるようなアルゴリズムを開発している。

　検証結果は以下のとおりである。1962年から1996年の全米株式市場で調査したところ、NASDAQ市場の株式については一定程度の予測可能性が認められた。ただ、その他の市場に上場している株式については、テクニカルシグナルの予測力は検出されていない。

　テクニカル分析の歴史は古い。確かなことはわかっていないが、日本人によってローソク足チャートが考案され、それを用いた相場予測が行われるようになったのは、世界最古の先物市場である堂島米会所が江戸幕府に公認された直後くらいからだといわれている[28]。現在でもローソク足チャートは世界中の投資家に利用され、その読み方を指南するテクニカルアナリストが主要な証券会社に存在する。これらの事実からもわかるように、テクニカル分析は何世紀にもわたって支持されてきた手法である。したがって、発せられているシグナルには情報はなく、単なるノイズであり、人間の思い込みで予測力があるように感じるだけだと断じるには、もう少し詳細な調査が必要であろう。

　テクニカル分析の有用性を検証する１つの方法が、チャートの情報を画像認識によって捉えるアプローチである。ローら自身は2000年時点において、

　　「画像認識については、人間がまだ機械よりも優れた能力をもつため、テ

28）https://money-bu-jpx.com/news/article040417/ を参照。

クニカル分析の存在価値がある」[29]。

　と述べ、当時の機械学習の技術水準を背景として、機械的な画像認識によるアプローチに対してはやや懐疑的である。しかし、機械学習の技術的革新が進んだ現在、人間の得意分野においても機械が代替できるようになりつつある。この技術的革新を利用することで、画像認識にもとづくテクニカル分析の有用性を検証することが可能になっている。

　次項以降では、日本株式市場を対象とした新技術によるチャート画像の有効性を検証する。

4.2. 機械学習による画像判別

　デジタル画像はピクセルで構成されているため[30]、機械学習では画像をピクセルの行列値の形で入力する。長年機械学習の研究者たちは、コンピューターに画像判断させるために、画像の特徴を捉えるアルゴリズムを設計してきた。たとえば、人間が「猫の画像」を見て「猫」と認識する際に、どのような特徴が猫を猫らしくしているのかを考え、それをアルゴリズムで表現しようと努力してきたのである。機械学習の中でも画像を主に扱う研究分野を「コンピューター・ビジョン（computer vision）」と呼び、コンピューターサイエンスの研究者たちはそのような仕事をする者を「特徴量職人」と呼んでいる。言語化できるレベルの特徴、たとえば「ヒゲが生えていて鼻のかたちが楕円形だ」というような特徴を数多く列挙し、アルゴリズムに組み込むことが特徴量職人の主たる仕事である。特徴量職人たちは、さまざまな学会や、コンテスト形式で開催される大会で腕を競ってきた。そのコンテストでは、主催者側が用意した複数種の動物写真の大量データを参加者のアルゴリズムで処理させ、その中から

29）Lo et al. (2000), p.1753 を参照。

30）各ピクセルには、数値が記録されており、白黒画像の場合、0から255までのグレースケールが用いられている。黒（0）から徐々に灰色へと変化し、白（255）までをピクセルで表現することで画像の中の情報を伝えている。したがって、あらゆる白黒画像は機械に0-255の値をとる行列データとして入力することができるのである。カラー画像も同様に行列数値データであるが、赤（R）、緑（G）、青（B）の3次元の行列値で多様な色が表現されている。

猫の写真を「猫」だと判断できた割合（分類精度）を競う。大会は毎年開催されていたが、2012年まではどの研究チームが作ったアルゴリズムでも大差はなく、僅差で優勝チームが決まるような状況が続いていた。

　しかし、2012年にILSVRC（international large scale visual recognition challenge）という世界的カンファレンスの画像判断コンテストにおいて、アレックスネットというモデルが登場し、他を圧倒する成績を示した[31]。このアレックスネットに搭載されていたアルゴリズムが、特徴量をデータから自動学習する深層学習（ディープラーニング）モデルである[32]。深層学習の考え方は何十年も昔から存在していたが、現実に圧倒的なパフォーマンスを達成したのは、アレックス・クリジェフスキー（Alex Krizhevsky）、イリヤ・サツケバー（Ilya Sutskever）とジェフリー・ヒントン（Geoffrey E. Hinton）の3人が考案したアレックスネットが初めてである。大規模な画像データと正解データ（教師データ、ラベル）を投入し、深層学習の手続きでアルゴリズムを訓練することで、コンピューターが自動的に特徴量を学ぶことを実現したのである。これは従来の特徴量職人がいなくても、90％近くの分類精度が達成できるという点で画期的というべきである[33]。

　機械学習の研究領域の中でも、とりわけ深層学習が注目されるようになったのはアレックスネットの出現以降である。アレックスネットの画像認識の精度を飛躍的に向上させた要因は、第一に深層学習を利用した点、第二に畳み込みニューラルネットワーク（convolution neural network：CNN）という画像内の特徴を効率的に取り出す技術を採用した点である。これらにより、画像の位置関係が多少ずれても、判断に必要な情報をうまく抽出することが可能になっ

31）　主催者側が用意している画像には正解ラベルが貼られていて、その情報は主催者側だけがもっている。たとえば猫の写真にはシャムやスフィンクス、犬の写真にはシベリアンハスキーやゴールデンレトリバーといった具合である。コンテストでは、ラベルなしのデータが与えられ、各チームはラベル候補を5つ出す。この5つの候補の中に正解ラベルが含まれていない確率（小さければ小さいほど精度が高い）を競うのである。アレックスネットの精度は15.3％であり、前年の優勝チームは26％であった。

32）　本書では深層学習モデルについての概念的な説明にとどめ、詳細なメカニズムについては詳述しない。興味のある読者は情報工学系の深層学習専門書を参照されたい。

33）　こうしたモデルを、特徴量職人のモデルに対してend to end（最初から終わりまで）のモデルと呼称している。

た。アレックスネットで採用された深層学習モデルは、現在ではあらゆる場面で応用されるに至っている。身近な例としては、スマートフォンに内蔵された人物画像を認識し、アルバムを自動生成する機能などが挙げられよう。

　少し技術的なことになるが、後に詳述するチャート解析の研究と関連するため、畳み込みニューラルネットワークについて以下に概略を説明する。

畳み込みニューラルネットワーク（CNN）による画像判別

　深層学習は入力層から出力層の間に中間層を設けて複雑な特徴を捉えようと構築されたネットワークである。このネットワークに、画像のピクセル値をそのまま使って判別させることも可能である。すなわち、何の処理もせずに単純に画像の行列値を1次元ベクトルに変換し、これを深層学習ネットワークで解析させ、ピクセルの値に対する重みを学習させることも可能である[34]。しかし、画像データをこのように扱うと、パラメーター数が極端に大きくなり現実的な学習が困難だという問題が生じる。さらに、画像の位置が少しずれただけで学習結果が大きく異なるため、モデル精度が悪いという問題も発生する。こうした欠点を補うために考案されたのが、畳み込み窓（convolution window：CW）と呼ばれるフィルターである。

　CNNは2つ有利な点をもっている。1つはCWを使うことで、パラメーター数を減らせる点。もう1つは、マックスプーリング（Max-Pooling）という処理を行うことで隣接ピクセルを集約し、画像サイズを小さく圧縮しながら、対象画像の位置のズレを吸収するメカニズムが含まれている点である。この結果、画像の特徴量を抽出する際に、人間の認識に近い「だいたいの感じ」を効率的につかむことができるアルゴリズムとなっている。

　CWの機能については視覚的なデモを見るのがわかりやすい[35]。図9-5に示すのは、ある人物の白黒画像である。

34）畳み込みフィルターを使わない深層学習のネットワークを、フィードフォワードのニューラルネットワークと呼ぶ。同じ深層学習でもCNNはフィードフォワードの欠点を補う画期的な方法として知られている。

35）https://setosa.io/ev/image-kernels/ において視覚的にCWの機能が確認可能であるため、参照されたい。

図9-5 畳み込みフィルターの機能

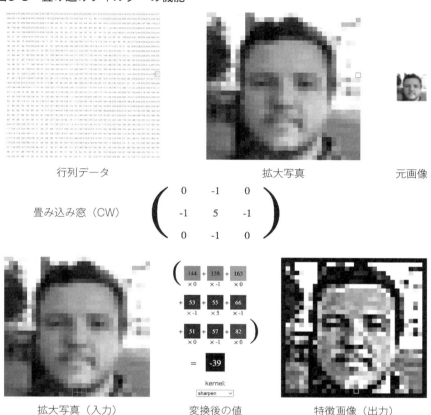

注：https://setosa.io/ev/image-kernels/ のデモ画面をベースに筆者加筆。元画像は32×32のグレースケール（0-255）画像である。32×32の行列の各要素には上段左に示されているように0から255の値で構成されている。畳み込み窓(CW)は実験者が任意にサイズを定めた3×3の変換行列である。この変換行列で元画像の各ピクセル値との累積和を計算する。1つの累積和の値で特徴画像内の1ピクセルの値が生成される。3×3のCWを全体にずらしながらなぞることで、あらたな特徴画像を生成することができる。特徴画像として出力された変換画像(右図)を見ると輪郭がシャープになっていることがわかる。つまりシャープにするためのフィルターになっているのである。CWの行列要素を変更することで、いかなる特徴画像も生成可能である。CNNは最終的な分類精度が高くなるように、CWの行列値を学習するネットワークである。

縦横32×32のピクセルで表現されているため、拡大するとかなりぼやけて見えるが、行列の各要素は、上段左に示されているように0（黒）から255（白）までの値で構成されている。この画像のもつ1つの特徴を捉えるために用意されているのが、1つのCWである。示されているCWの窓の大きさは実験者が自由に決めることができる。ここでは、以下に示す3×3の大きさの変換行列をCWとして用意し、これを使って元画像から別の画像を生成することができる。この変換行列を元画像のすべての行列要素に適用し、その累積和として新しいピクセルの行列値を求めるという作業をすると、別画像が生成される。図9-5の右下の画像は、そうして生成されたものである。この画像の輪郭がはっきりしていることから、顔の輪郭をシャープにするような、CWの要素であることがわかる。

$$
\begin{array}{ccc}
0 & -1 & 0 \\
-1 & 5 & -1 \\
0 & -1 & 0
\end{array}
$$

ここまでは、機械学習の目的を定めずに、単に元画像から別の画像に変換するCWの機能を、デモを通じて説明した。次に、大量の白黒顔写真から、機械に性別を自動分類させることを考えよう。この場合、機械がその分類を正確に行えるようになるために、男女の正解ラベルが付されたある程度の数の顔写真を入力する。そして、内部で分類精度が高くなるように、CWの行列値を学習するのがここでのポイントである。仮に輪郭をシャープにした特徴画像を求めることが性別の判別に役立つのであれば、そのような変換行列の値が学習されることになる。もちろん、性別判断には1つの特徴量だけでは不十分なので、CWを複数用意することで分類精度を高めるのである。仮にn個のCWを用いれば、n種類の異なった特徴を画像から抽出することができる[36]。最終

---

36) CWの大きさとともに何個のCWを用意するかについては、実験者が自由に決定する。end to endのモデルであっても、このようにデータから自動的に求めることができないパラメーターがある。これをハイパーパラメーターと呼ぶ。ラッソ回帰のケースではλがハイパーパラメーターであり、アルゴリズムで自動的にクロスバリデーションを行いながら最適ハイパーパラメーターを選択した。CNNの場合は実験者がCWのサイズをハイパーパラメーターとして選択し、繰り返し実験することで良いハイパーパラメーターを探索する。

的にはこの n 種類の画像を同時に利用することで、画像の口の細かな特徴を捉え、高い精度で性別を判別することが可能になる。

4.3. 日本株のチャート画像を CNN で判定する

4.3.1. 機械学習とテクニカル分析

ローらの方法では数多くあるテクニカルシグナルのうち10種類のチャートパターンしか検証できなかったが、深層学習を用いることでチャート画像に含まれる複雑なパターンを網羅的に調査することが可能となる[37]。岡田克彦は、羽室行信、中筋萌らと共に、テクニカル分析の有効性検証に CNN を利用することでこれを行っている[38]。

学習モデルの入力に用いるのは、図9-6に示すような期間の異なるチャートのデジタル画像である。白と黒の中間色（グレー）は使わないため、画像は 0 と 1 からなる行列値として表現されている。実験者が任意に設定する入力画像の大きさについては、 5 日チャートは縦×横で32×15、20日チャートは64×60である。バーチャートを用いるため、横幅は始値の表示に 1 ピクセル幅、高値 - 安値の動きを示すバーの表示に 1 ピクセル幅、終値の表示に 1 ピクセル幅と 1 日に最低計 3 ピクセル幅が必要である。その必要日数分で横幅のピクセル数を設定している。したがって、 5 日チャートの場合は15ピクセル幅、20日チャートの場合は60ピクセル幅となる。縦方向のピクセル数は、20日チャートの場合は 5 日の 2 倍の64ピクセルを用いている。チャートについては、観察期間の高値と安値が画像内に収まるように調整して記述されている。価格系列だけではなく、移動平均線と出来高も記述している。 5 日画像については 5 日の移動平均線を、20日画像については20日の移動平均線を記述している

---

37) 従来、ファイナンスに機械学習を援用する場合の問題点として指摘されてきたのは、結果を出すまでのプロセスが「ブラックボックス」であることだった。たとえ学習の結果得られたモデルがある金融現象をうまく予測したとしても、「なぜか」という問いには答えられない。今回、機械学習の利用は「テクニカルアナリストの主観」を代替することに使われるため、機械学習のそうした欠点が問題になりにくいといえよう。そもそもテクニカルアナリストの判断も曖昧かつ主観的であり、シグナル生成過程のほとんどはブラックボックスである。

38) Okada, Hamuro and Nakasuji (2023) を参照。

図9-6　画像認識に使ったチャート画像

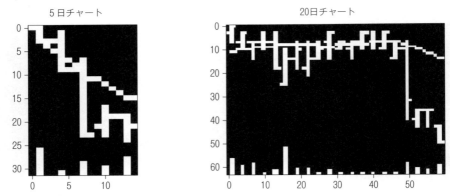

注：Okada, Hamuro, and Nakasuji (2023) から筆者抜粋。左から5日、20日の画像を表す。チャートの形状には始値、高値、安値、終値の記載されたバーチャートと出来高、および移動平均線が記載されたものが使用された。5日チャートの場合ピクセル数は縦×横＝32×15、20日チャートの場合64×60である。バーチャートを用いるため、横幅は始値の表示に1ピクセル幅、高値―安値の動きを示すバーの表示に1ピクセル幅、終値の表示に1ピクセル幅と1日に3ピクセル幅を使う。その日数分が横幅のピクセル数を決めている。縦方向のピクセル数は各期間に応じて十分な空間を確保できるように決定されている。

ため、チャートの記述期間以前の情報も画像に反映されていることになる。

4.3.2.　CNN の概要

CNN は、同じ機械学習の中でもラッソ回帰と比較するとデータ処理プロセスが複雑である。そこで、図9-7に沿って全体の流れを説明する。

まず最初にデータを用意する。モデルをトレーニングするために用意するトレーニングデータには、教師値が付されていなければならない。すなわち、当該銘柄のその後のアウトカム、つまり一定期間後に株価が上昇したのか、あるいは下落したのかという情報を1、0の教師ラベルとして入力する。この教師ラベルを手がかりに、機械は画像の特徴を捉えながら、必要なパラメーターを学習するのである。学習はおよそ以下の流れのなかで行われる。

1．畳み込み窓（CW）のサイズを決定する。このサイズは実験者が自由に選ぶ。図9-5では CW のサイズは3×3が選ばれていた。

図9-7　画像から特徴量を取り出すまでのイメージ

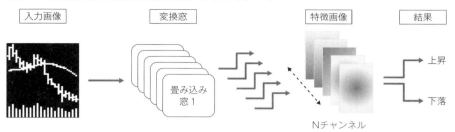

注：Okada, Hamuro and Nakasuji (2023) をもとに筆者作成。画像入力から特徴量を出すまでのイメージ図であり、詳細は図9-8を参照。入力画像（数値データ）を畳み込み層で別画像に変換する。たとえば、N個の別々の特徴画像を抽出し、入力画像と同じ大きさの画像をN枚作成する。この奥行きをチャンネルあるいはテンソルと呼ぶ。畳み込み窓は画像を変換するパラメーターで構成されている。上昇や下落をうまく当てることができるように、畳み込み窓のパラメーターを学習する。

2．CWの数をN個設定する。
3．1つの画像について、N個の特徴画像が生成され、そこから行列要素が生成される（機械が自動的に生成する）。
4．最初は、任意の重みを用いてその行列要素を1と0に結びつける。この重みとCWの要素を変化させながら、教師値の示す分類ができるように試行錯誤で学習する。
5．学習が終わりモデルが確定すると、未知のチャート画像（アウトオブサンプルのチャート画像）の上昇確率を予測する。

　ここでの第一のポイントは、CWのサイズと生成する特徴画像の数が実験者によって設定されると、自動的に入力したチャート画像の特徴画像が生成されるということである。第二のポイントは、最終的に出力される特徴画像の要素（行列要素）の重みと畳み込み窓（CW）の行列要素を同時に学習するネットワークだという点である。
　しかし、内部でどのように情報処理されているかを理解するためには、もう少し詳しく解説する必要がある。そこで、以下では図9-8に沿って、実際に日本株式市場の検証に用いた二層構造の畳み込みニューラルネットワークを例にとって説明する。

図9-8　5日画像の学習プロセス

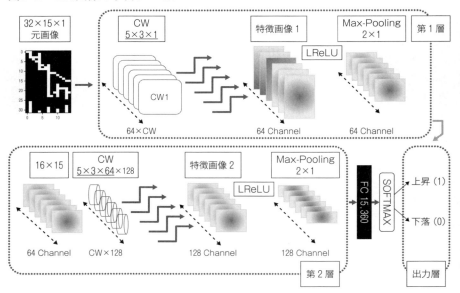

注：Okada, Hamuro and Nakasuji (2023) より抜粋し筆者加筆。5日画像縦横32×15の行列値の入力に対し、第1層において5×3のCWを64個用意し、64チャネルの特徴画像(32×16×64)を抽出する。これを2×1のMax-Pooling法で、16×15×64の特徴画像に圧縮する。第2層においては、この圧縮画像のさらに細かい特徴を128種類のCWを使って抽出する。ここで用いるCWの大きさは、対象となる特徴画像が64チャネルであるため5×3×64となる。第2層では、出力される特徴画像は128チャネルをもつため、2×1のMax-Pooling法で圧縮後に、8×15×128の特徴画像が出力される。最終的に全結合層（FC層）ではこの特徴画像を15,360個（8×15×128）の要素をもつ1次元ベクトルに変換する。全結合層において、上昇（1）下落（0）に結合され二値分類モデルを構成する。全結合層から出力された値がSOFTMAX関数で確率に変換される。

1．CWのサイズは5×3×1と設定している。このとき元画像がカラー画像であれば、赤（R）、緑（G）の縦横に加えて黒（B）の奥行き（チャネル、テンソル）で色を表現する。しかし、白黒画像の場合はチャネルが1である。したがって、白黒のチャート画像——奥行きをあえて記せば32×15×1——を変換する場合は、チャネルが1のCWを設定することはあらかじめ決まっている。したがって実験者が選んでいるのは、縦を5、横を3とすることである。まだ何も学習して

いない CW の初期状態においては、CW の行列値はランダムに設定
されている。

2．上の概要説明では触れていないが、実験者はモデルの設計時に何層構
造にするかを自由に決めることができる。図9-8の場合、実験者は
チャート画像を2層で分析する設計にしている。このように層をも
う1つ重ねることで、1層だけのシステムより細かい特徴を抽出す
ることが可能となる。

3．実験者は、第1層において5×3×1のサイズの CW を64個指定し
ている。また、第2層においては、5×3×64のサイズの CW を
128個指定している。第2層における CW に64の奥行きが必要であ
るのは、第2層への入力画像が第1層で出力される64チャネルの特
徴画像であることによる。

4．第1層と第2層の処理の両方について、CW で変換された特徴画像を、
LReLU（leaky rectified linear unit）という関数を用いて行列要素を加
工する。ここではそのメカニズムについては説明しないが、LReLU
を導入することで、特徴量の抽出がうまくいくことが実験的に知られ
ている。

5．LReLU によって行列要素が加工された特徴画像をマックスプーリン
グ（Max-Pooling）フィルターを通じて圧縮する。このマックスプー
リング処理をすることで、特徴画像のサイズが軽減されるばかりでは
なく、性能も向上することが実験によって確かめられている。ここで
のマックスプーリングフィルターは縦を1/2に圧縮するものを採用し
ている。元チャート画像のサイズが32×15であったものから、この
マックスプーリング処理によって、第1層で変換されるときには画
像の縦が16、横が15に圧縮され、第2層で変換されるときには縦8，
横15に圧縮される。

6．1～5の設定が決まると、チャート画像と教師データを入力するこ
とで学習を始めることができる。学習が始まると、まず第1層にお
いて特徴画像が生成され、そのサイズは縦16×横15×チャネル64
をもつものとして出力される。この出力が入力となり、次の第2層

においてさらに細かな特徴を捉えた特徴画像が生成される。第2層で出力される特徴画像は、縦8×横15×チャネル128のサイズである。

7. 最終的に得られた特徴画像の要素を平坦化（flatten）し[39]、1次元ベクトルとして表現する。この段階の特徴画像の要素数は8×15×128＝15,360個である。この情報は全結合（fully connected：FC）層と呼ばれる層に渡され、そこにおいては15,360個の重みによって結合された各要素が結果のラベル（1 or 0）につながることになる。

4.3.3　学習プロセス

全結合（FC）層から損失関数の計算まで

初期状態では、CWの要素はランダムに振られたものであるから、当てずっぽうで予測をしているのに等しい。そのランダムに振られた要素をもつCWに従って、第1層、第2層において変換される特徴画像の要素を計算する。最終的に、平坦化された15,360個の要素が得られる。そして、これらを説明変数として正解ラベルを正しく予想するモデルを構築するために、この正解との誤差を最小化するようにCWの要素と15,360個の要素の重みを同時に学習する。

ここで1つのチャート画像を入力したときに、機械の中で具体的にどのような処理が行われるかを見てみよう。この画像はその後上昇した（つまり教師ラベル1をもつ）チャート画像だとしよう。初期設定値はすべてランダムに決められている。CWの値および、そこから自動的に算出される15,360個の要素に対する重みにもすべてランダムな値が入力されている。すなわち、1枚の画像を入力することで、最後の全結合層では、15,360個の要素が並ぶことになる。この要素には通常の回帰分析の説明変数に係数がつくように、それぞれ重みの係数（w_i）がついている。そして、それが上昇（1）と下落（0）のどちらにも結合されている。この段階では、機械はどのような画像が上昇するかについ

39）平坦化（flatten）とは行列値を単位1次元ベクトルに変換することをいう。たとえば行列 $A=\begin{bmatrix} a_{11} & a_{12} \\ a_{21} & a_{22} \end{bmatrix}$ を平坦化すると1次元ベクトル $a=(a_{11}, a_{12}, a_{21}, a_{22})$ となる。

ては何も知らない。そこでは、2つの重み（$w_{i,up}, w_{i,down}$）と、2つのバイアス項といわれるパラメーター（b_{up}, b_{down}）に任意の値が入力され、z_{up} と z_{down} の値が以下の式で計算される。

$$z_{up} = b_{up} + \sum_{i=1}^{15360} w_{i,up}, \quad z_{down} = b_{down} + \sum_{i=1}^{15360} w_{i,down} X_i \qquad (14)$$

（14）式から計算される、z_{up} と z_{down} は生の数値である。そこで、これらの値を確率として扱うために、次に示す $softmax$ 関数によって値を変換する。

$$softmax(z_{up}) = \frac{e^{z_{up}}}{e^{z_{up}} + e^{z_{down}}} \qquad (15)$$

これは、ランダムに機械が振った CW と $w_{i,up}$ から求められた1つのでたらめな上昇確率に過ぎず、上昇下落の情報を一切反映していない。したがって、ここから CW と $w_{i,up}$ が実際の正解ラベル（この場合1）に近づくように学習を重ねていくことになる。

　仮に、ランダムに選ばれた係数セットと CW の要素から（15）式で求められた上昇確率（P_{up}）が60％で下落確率（P_{down}）が40％だとしよう。ここで扱っているような二値分類の場合、損失関数（クロスエントロピーロス, $Loss$）の値は、

$$Loss = -\left[y log(P_{up}) + (1-y)\log(P_{down})\right] \qquad (16)$$

で求められる。ここで y は正解ラベルを意味し、このケースの場合は1である。したがって、最初の1枚の入力画像の損失関数の値は、-[1×$log(0.6)$+0×$log(0.4)$]≈0.51と計算されるのである。

誤差逆伝播法による学習

　上に述べた事例から、1つのラベル付き入力画像から損失関数の値（損失値）が計算されることがわかった。2枚目の画像を入力すると、同様に2枚目の損失値が得られる。したがって、大量の画像をラベル情報とともに入力する場合は多くの損失値がそれぞれ求められ、その合計値が、当初当てずっぽうで振

った値にもとづく損失値である。この状態から、$w_{i,up}, w_{i,down}, b_{up}, b_{down}$ および CW の要素を少しずつ変化させ、損失合計値を縮小させるようにパラメータの学習を行う。この方法は、損失（誤差）から逆に計算していくことで、誤差逆伝播法（backward press / back propagation）と呼ばれている。入力から生まれた誤差を最小化するように逆伝播させることで全結合層の重み（およびバイアス項）と CW の要素を学習させていくのである。

たとえば、子どもに数値計算の方法を教える場合を考えてみよう。親は、子どもが自ら考えた解答をただ単に間違いだとは伝えず、どこに誤りがあったのかを計算過程のなかで指摘することで、次からは子どもは正しい答えを導けるようになる。これと同様に、ニューラルネットワークを訓練する場合も、当初はランダムに設定したパラメーターから順伝播で誤差を計算するが、学習が開始すれば、ネットワークは逆伝播法で、全結合層から誤差に寄与したパラメーターを探索する。それらを少しずつ動かしながら、最後にはネットワークの上流にある CW まで遡ることになる[40]。

初期状態において大きな損失値を生むモデルであっても、試行（エポック）を重ねるたびに損失値は小さくなっていく。エポックを繰り返すことで、学習モデルはデータにフィットするようになり、エポックが多ければ多いほど過去データをよく説明するようなモデルが出来上がることになる。ではエポックを増やして徹底的に学習することで良いモデルが出来上がるのであろうか。残念ながら、過度に学習されたモデルを選択してしまうと、入力画像群に含まれる多くのノイズを拾ってしまい、アウトオブサンプルの画像の予測では成績が悪いということがしばしば発生する[41]。そうならないようにアウトオブサンプルのデータを使って予測精度を確認しながら学習を実施する必要がある。より予測力の高いモデルを学習させるため、実験者は時には学習を途中でストップさせるなどの技術を使って訓練をするのである[42]。

---

40) パラメーターの探索方向と大きさは、損失関数から逆伝播法で後ろから偏微分することで計算する。偏微分係数が大きいところは大きく、小さいところはわずかにパラメーターをずらしながら学習する。

41) これは過学習（overfitting）と呼ばれ、機械学習が失敗する最も典型的なパターンである。

パラメーターの学習に必要な入力数

この検証において存在するパラメーター数をまとめておこう。5日チャート画像のデータ処理の場合を例示する。まず第1層で用いるCWの要素は（5×3×1）×64の合計960個存在する。技術的なことなので詳しい説明を割愛するが、これだけだと変換画像の大きさが元画像の大きさよりも端がきれて小さくなるため、バイアス項の64個を加えて修正を行う。このため64個のパラメーターが追加され、第1層では合計1,024個のパラメーターが存在する。

次に、第2層で用いるパラメーター数は、CWの要素とバイアス項で（5×3×64＋1）×128の計123,008個である。最後に全結合層で用いる重みパラメーター数は（8×15×128)×2の計30,720個である。これに（14）式のバイアス項が2個加わり、合計で30,722個である。詳説を省くが[43]、以上で説明しなかったパラメーターが128＋256の384個存在する。これらすべてのパラメーター、つまり1,024＋123,008＋30,722＋384＝155,138個のパラメーターを学習することになる。ここで扱ったような単純な白黒画像であっても、これだけのパラメーター数を学習することが必要になる。このためには、大量のデータが必要となる。一般的にはデータ数はパラメーター数よりも多い方が過学習を回避するために望ましいため、機械学習の金融分野への応用における大きな課題はデータ数の確保である。前述したが、金融データは多いように見えて、時系列方向のデータはせいぜい100年しか取得できない。日次データとして時系列データを100年間取得できたとしても、せいぜい25,000程度のデータポイントが入手できるだけであり、上記のようなパラメーター数をもつモデルを学習させることはできない。

岡田らは、時系列データを利用する代わりに、銘柄チャートを活用することでこうしたデータ制約の問題を克服している。銘柄数は日本市場に限定したとしても4,000銘柄程度存在する。全銘柄のチャート画像データを50年分日次で

---

42) この意味では、CWのサイズ、CWの個数、階層数、マックスプーリングフィルターのサイズに加えて、学習をいつ止めるのかも実験者のハイパーパラメーターだと考えることができる。こうしたテクニックはアーリーストッピングと呼ばれている。

43) 学習の安定化や効率化のために導入するバッチ正規化（batch normalization）という手続きである。

取得すれば、単純計算で5,000万枚程度の画像データが得られる。これだけのデータ数が確保できれば、画像データに含まれる特徴量は十分に学習可能となる。

4.3.4. 検証結果

使用データ

表9-3には、ここで用いるデータをまとめている。この研究では5日画像と20日画像の両方でCNNを構築している。分析の対象は、各日の時価総額上位500社である。時価総額を上位500社に絞っているのは、取引コストが比較的低く、流動性の高い銘柄を対象とするためである。

まず訓練期間を1993年から2000年までと定めてチャート画像データを作成する。用意された5日の訓練画像が98万6,671枚であり、このうち、その後に上昇した画像（正例）が49万2,886枚、下落した画像（負例）が49万3,785枚で

表9-3　使用データの詳細

	種別	正例[注2]	負例[注2]	計	期間開始日	期間終了日	営業日数
5日間チャート	全期間画像データ数[注1]	1,791,043	1,699,079	3,490,122	1993/1/4	2021/6/11	6,982
	訓練期間画像データ数	492,886	493,785	986,671			
	ダウンサンプリング[注3]	492,886	492,886	985,772	1993/1/4	2020/12/29	1,974
	訓練データ画像数[注4]	345,020	345,020	690,040			
	バリデーションデータ画像数[注4]	147,866	147,866	295,732			
	テストデータ画像数	1,298,157	1,205,294	2,503,451	2011/1/14	2021/6/11	5,008
20日間チャート	全期間データ画像数	1,775,180	1,680,373	3,455,553	1993/1/4	2021/6/11	6,921
	訓練期間データ画像数	492,119	493,066	985,185			
	ダウンサンプリング	492,119	492,119	984,238	1993/1/4	2020/12/29	1,974
	訓練データ画像数	344,484	344,484	688,968			
	バリデーションデータ画像数	147,635	147,635	295,270			
	テストデータ画像数	1,283,061	1,187,307	2,470,368	2001/1/4	2021/6/11	4,947

注1）東京証券取引所の全上場銘柄の日毎の時価総額を計算し、各日の上位500銘柄を選択し日次で5日チャートを生成する。検証期間の日数×500銘柄となっているが、取引が成立していない銘柄については除いている。

注2）正例は5日後(20日後)のリターンが0以上を示した銘柄数であり、負例は0以下を示した銘柄数である。

注3）正例と負例で件数の多い方からランダムサンプリングし、少ない方のデータ数にそろえている。

注4）訓練データ数とバリデーションデータ数は7：3の割合でランダムに分割している。

ある。20日画像については、正例が49万2,119枚、負例が49万3,066枚である。訓練データに偏りがある場合は、学習モデルにも偏りが生まれる可能性がある。そこで、正負の数をそろえるように負例をダウンサンプリングし、訓練データを5日画像で正負同数の98万5,772枚（20日画像98万4,238枚）としている。ここで、訓練データを70％と30％に分割し、70％で学習したものを30％で検証するクロスバリデーションを行う。したがって、69万40枚で学習し、29万5,732枚で検証することになる[44]。

　学習されたモデルのテストは2001年から2021年6月11日の5,008日間で行う。ここで使用される未知データ画像として、5日チャートで計250万3,451枚、20日チャート、246万208枚用意されている。

学習されたモデルのアウトオブサンプルにおける予測精度

　図9-9では5日画像チャートを入力した場合に出力される予測確率にもとづいて組成したポートフォリオと、20日画像チャートの入力に対応した予測確率にもとづくポートフォリオの運用成績を示している。

　CNNモデルによって捉えられた視覚的特徴量が将来リターンを示唆するものであれば、高い予測確率を示す銘柄群のパフォーマンスは高くなり、低い予測確率を示すものは低くなることが予測される。これを確認するために、テスト期間におけるチャート画像を入力し、出力される予測上昇確率を計算する。予測上昇確率を軸に高い順に10分位に分類し、それぞれの分位ポートフォリオのパフォーマンスを観察する。分位ポートフォリオは、組成後5日間バイアンドホールド（buy and hold）するという戦略をとる。予測確率は毎日出力されるため、分位ポートフォリオの構成内容は日々変化する。このとき、同じ銘柄が翌日にも同じ分位にランキングされた場合は、ポートフォリオには当該銘柄が追加購入されたという前提でリターンを計算している。また、各分位ポートフォリオのパフォーマンスは単純平均（等加重平均）する方法と、各分位内において時価総額加重平均する方法両方について記載している。

44）ラッソ回帰の場合はクロスバリデーションを複数回行うことが多いが、CNNはパラメーター数が膨大で計算コストが高いため1回しか行われないのが一般的である。

図9-9　画像診断による予測確率を用いた分位ポートフォリオの成績

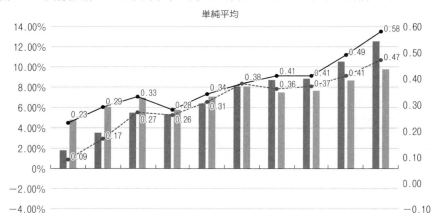

注：Okada, Hamuro and Nakasuji (2023)をもとに筆者作成。2001年から2021年までのアウトオブサンプル率が低い分位（第1分位）から高い分位（第10分位）まで全分位ポートフォリオ別に単純平均と時価総額加重学習したモデルである。20日画像（グレー）についても5日後までのリターンの正負の教師データで学習す株価指数TOPIXの年率リターンは4.76%、シャープ比は0.21であった。

　図9-9に示された結果からいくつかの事実が読み取れる。全体としてどの棒グラフも分位が高いほど（機械による上昇予測確率が高い銘柄で構成されたポートフォリオであるほど）リターンが高くなっていることがわかる。とりわけ、黒の棒グラフで示された5日チャート画像の場合は、単純平均リターン、時価総額加重平均リターンとも顕著に右肩上がりとなっており、グレーの棒グラフで示された20日チャート画像よりもはっきりした傾向が読み取れる。結果がはっきりしている5日画像に絞っていえば、上昇確率が高いと判断された第10分位では、単純平均法で12.52%に対して第1分位では1.80%であった。その差は10.71%である。この差は時価総額加重平均リターンにおいてはより顕著となる。第10分位では13.75%に対し第1分位で−1.44%であるため、差は15.19%にも達する。同期間において東証株価指数TOPIXは年率4.76%しか上昇していないことを考えると、この結果は、機械が判断する予測確率に依拠

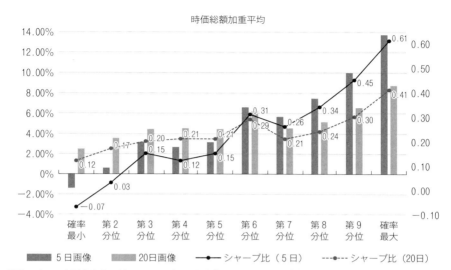

期間のチャート画像入力に対して、モデルから出力された上昇予測確率を軸に10分位に分類。最も上昇確平均で年率平均リターン(左軸)を算出。5日画像(黒)は教師ラベルとして5日後までのリターンの正負をる。シャープ比(右軸)はそれぞれ同色のマーカーで示し、分位間で線を結んでいる。同期間における東証

して銘柄選択することで、超過リターンが得られる可能性を示唆している。分位ポートフォリオ間の差をシャープ比で比較しても、リターンの場合と同様の傾向が確認できる。5日チャートの方が20日チャートよりも顕著な結果を示す。最も低い予測確率の分位ポートフォリオのシャープ比が最も低く、高い分位が最も高い。また単純平均よりも時価総額加重平均で計算した方が、より顕著な差異が観察されている。

総じて5日チャートを解析した方が良い結果となっているのはなぜだろうか。情報量としては20日チャートの方が多いはずである。観察期間が長くなることで、多くの無関係なシグナルを拾ってしまっているのであろうか。近未来(翌5日)を予想する場合には情報量が少なくても短期画像の特徴量に注意する方がよいのかもしれない。ただ、確定的な理由は不明である。

次に、時価総額加重平均法で分位ポートフォリオのリターンを算出した方が、

単純平均法よりもパフォーマンスの精度が向上するという点も注目に値する。ホウらは、多くのアノマリーは時価総額の小さい超小型株（micro cap）に見られると指摘したが[45]、今回の検証では CNN モデルは時価総額の大きな企業に対してより高い精度をもつことがわかる。ここでは、各営業日において最も時価総額が高い上位500銘柄を対象としているため、小型株は含まれておらず、最も小さいものでも中型株に分類される。その中でも、時価総額加重平均法でリターンを算出する方が単純平均リターンよりも顕著な結果が観察されるということは、上昇においても下落においても、時価総額の大きな企業に対する精度が高いということがうかがえる。

4.3.5.　機械はチャート画像のどの部分に着眼したのか

　深層学習ではその内部で無数の回帰分析が行われているが、何層にも分かれて構築されたモデルの中身は複雑でパラメーター数は膨大である。したがって予測が導出される理由が実験者にはわからないという欠点をもつ。ただ、ブラックボックスの中身を少しでも明らかにしようと、いくつかの手法が提案されている。その中の 1 つに Grad-CAM（gradient-weighted class activation mapping）がある。これは最終的な確率計算をする出力層においてどの値が最も効いているかを計算し、ヒートマップとして表現するものである。こうすることで、画像のどの部分に着眼して確率計算したのかをある程度視覚的に表現することができる。得られるヒートマップに正解がなく、妥当性を判断しにくいという欠点があるものの、Grad-CAM で表現したヒートマップからはさまざまな仮説導出の可能性が示唆される。 5 日のチャート画像のどの部分を見て判断したのか、判断が成功した事例と失敗した事例に分けて図 9 -10に示しておく。

　図 9 -10には、CNN モデルにおいて上昇確率が高いと判断され、その後結果として上昇した（あるいは上昇確率が低くて結果として下落した）正解ケースと、上昇確率が高いと予測されたが結果として下落した（あるいは上昇確率が低いにもかかわらず結果として上昇した）不正解ケースについて、それぞれ20銘柄ずつ表示している。いずれもはっきりした根拠として提示するには弱い。しかし、拡大してみると上昇の正解ケースにおいては、機械が出来高に注目している様子やチャート画像の上の部分に注目している様子が観察できる[46]。

第9章 ビッグデータ時代の資産価格決定モデル 559

図9-10 Grad-CAMによる画像解析

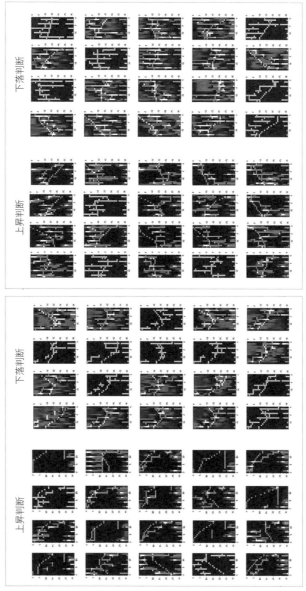

注:Grad-CAMは画像内のどの部分に予測の根拠となったかを可視化する手法である。ここで示すのは上昇確率が高く結果として上昇した(あるいは上昇確率が低く結果として下落した)正解ケースと、上昇確率が高いか結果として下落した(あるいは上昇確率が低いにもかかわらず結果として上昇した)不正解ケースについて、それぞれ20銘柄ずつ表示している。色が薄くなっている領域が予測判断のポイントとなっていることを示す。

想像力をふくらませて考えると、出来高を伴って高値を更新する場合などには高い上昇確率を与えているのかもしれない。一方、下落の正解ケースにおいては、チャート右上と左下に注目しているケースが目立つ。トレンドが下向きである場合には下落予測確率を強く見積もっているように見える。こうした情報は何か確定的なことを示唆しているわけではないが、今後研究に取り組む際の仮説を考えるうえでは参考情報となるものであろう。

4.3.6. チャート画像から得られる分類とモーメンタム、リバーサルの関係

CNNで得られた情報が銘柄間のリターン格差を予測していることは確認できた。このリターン格差を生み出したのは、株価パターンだけから抽出した情報であるから、第8章で議論したモーメンタムファクターやリバーサルファクターと情報源は同じである。したがって、CNNで捉えている情報はすでにこれまでのファクター研究において捕捉されている可能性がある。そこで、画像解析によって未知の市場のパターンが検出されたのかどうかについて確認しておく必要がある。

図9-11に示すのは、モーメンタム（MOM）と短期リバーサル（STR）および、週次リバーサル（WSTR）という3つのファクターに依拠して生成されたファクター分位ポートフォリオとCNNポートフォリオを比較したものである[47]。まずCNNモデルを見てみると、第10分位と第1分位のポートフォリオの平均リターンの差が大きいことがわかる。図9-9に示したとおり上昇確率が高いと予測された第10分位は、時価総額加重平均リターンで年率13.75%上昇するのに対して、第1分位は負のリターン（−1.44%）であった。一方、ボラティリティについては、第1分位から第10分位まで徐々に高くなっているものの、分位間にそれほど大きな変化は見られない。

---

45) Hou et al. (2020) を参照。

46) 図9-10の正解ケース上昇判断の20銘柄の中から、該当する画像を行列の順で表すと、1×1、2×2、2×3、2×4、3×1、3×4、4×2、4×3、4×4、5×1、5×2、5×3、5×4である。

47) MOMはt-2カ月からt-12カ月のリターンで銘柄をランキングしている。上位分位ポートフォリオには過去リターンの高い銘柄群が含まれる。STRはt-1カ月の月間リターンで、WSTRはt-1週間のリターンで銘柄をランキングしている。上位分位ポートフォリオには過去リターンの低い銘柄群が含まれる。

図9-11　CNNモデルが組成する分位ポートフォリオのパフォーマンス

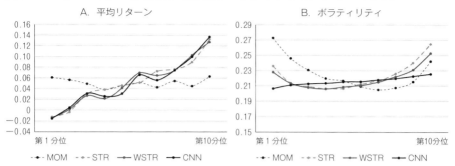

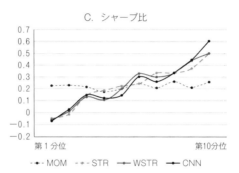

注：2001年から2021年までの各分位の年率時価総額加重平均リターン(A)とボラティリティ(B)およびシャープ比(C)が示されている。各分位ポートフォリオの組成ルールは以下のとおり。MOMは各銘柄の12カ月前から2カ月前までのリターンを算出し昇順にランキング、その後に10分位に分割。上昇銘柄群の最上位が第10分位、最下位を第1分位とする。STRは直近1カ月のリターンを基準に昇順にランキング後に10分位に分割。最下位を第10分位、最上位を第1分位とする。WSTRは直近1週間のリターンを基準とする以外はSTRと同じ。CNNは、過去5日間の画像診断による上昇確率にもとづき10分位にランキング、その後に10分位に分割。最上位が第10分位、最下位を第1分位とする。すべてのモデルについて、ポートフォリオのリバランスは毎週行ったと仮定して算出。取引コストは勘案していない。

　次に、MOMを用いたランキングポートフォリオの平均リターンを観察すると、分位別による平均リターンにほとんど差はない。この結果は、第8章で議論したように日本株にはモーメンタム効果が見られないことと整合的である。ただ、ボラティリティについては両端の分位において高くなる傾向が観察されている。一方、STRを用いたランキングを見てみると、第1分位ほど平均リターンが低く、第10分位が高いという明確な傾向を示している。STRの第10

分位と第1分位の平均リターン差は、CNN のそれと比較しても遜色ない大きさである。日本株においては、短期リバーサル効果が強く存在し、同様の傾向は1週間のリターンでランキングした週次短期リバーサル（WSTR）でも観察されている。それでは、CNN モデルが抽出した結果は、短期リバーサルが捕捉していた市場のパターンだったのであろうか。

そこで、STR、WSTR によって組成される分位ポートフォリオのボラティリティに目を向けてみると、CNN による分位ポートフォリオとの違いが明確になる。STR と WSTR にもとづく分類では、第1分位と第10分位のボラティリティが中間の分位よりも高くなる U 字型が観察され、CNN による分位ポートフォリオのボラティリティと対照をなしている。STR と WSTR のボラティリティに U 字型が見られるのは、過去リターンの単純なランキング情報に依拠して分位ポートフォリオを組成していることに原因があるのではないだろうか。単純な過去リターンによる分類に従うと、直近の値動きが大きい銘柄群が両端の分位に多くなってしまう。その結果として、ボラティリティが大きくなると想像できる。これに対して、CNN に依拠したモデルが使うランキング情報は、チャート画像に含まれる情報を複雑に処理したものであり、直接的な上昇、下落を見て判断しているのではない。その結果、CNN の分位間ボラティリティはそれほど大きく変わらず、どの分位でも比較的類似したボラティリティの値を示しているのであろう。

このように、CNN によるポートフォリオのボラティリティは分位間で大きな差はなく、その結果として、とりわけ第10分位ポートフォリオのシャープ・レシオは、いずれのリバーサルを軸としたランキングポートフォリオよりも高い値を示している。

5. おわりに

本章では、まずファクター動物園問題の実際について整理することから始めた。従来の資産価格決定モデルでは説明しきれない数多くのファクターの中身について、可能なかぎり網羅的に紹介した。その1つひとつは統計的に有意な超過リターンを生み出すものである。しかし、その数多くの有効なファクター

群が何を示しているのかがはっきりわからない状態である。結局、資産価格を決める要因は何かがわからず、数多くのファクターがそれぞれその存在意義を主張しているのである。そこで、1つひとつのファクターについて経済的意味を議論することはせず、それらのファクターのすべてを使って、どの程度将来の予測力があるかを議論した。具体的には数多くあるファクターを同時に機械学習モデルに投入し、つねにファクター動物園の中で選択されるファクターを探索した。その結果、つねに選択される柱となるファクター群は存在せず、資産価格を説明するファクターは時間を通じてゆらぐことが明らかになった。

次に、クロスセクションの予測ファクターを介在させることなく機械学習モデルを直接に株価に適用することで、株価チャート画像から株式リターンの予測を行った。日本株の1990年代のチャート画像から CNN で学習した深層学習モデルは、2000年以降の株価について一定程度の予測力をもつことを示している。CNN がチャート画像から捕捉した情報は、過去リターンをベースに捕捉されたモーメンタムやリバーサルが反映している情報とは別のものである。分析の結果は、現実の株式市場がウィークフォームの効率性さえ満たしていない可能性を示唆している。この点については終章でもう一度取り上げたい。

本章で用いた CNN という深層学習モデルは、いまのところ経済やファイナンスの分野では馴染みの薄いものである。その有用性の一端が示されているため、今後もこれらの技術を利用したマーケットの解明が期待される。

終章　結論とメッセージ

1. 結論と貢献

　本書では、人びとの行動の背後にある心理特性のレベルから金融・証券市場の現象を理解する行動アプローチと、マーケットデータを用いたデータ駆動的な分析からプレーヤーたちの非合理性を推論するマーケットアプローチを併用することで、金融・証券市場における限定合理的な行動や非効率性を明らかにしてきた。考え方のベースは、先行する行動経済学や行動ファイナンスの研究知見であるが、それらの知見をある種のステレオタイプとして教科書的に解説するのではなく、筆者たち独自のデータや検証技術を用いて是々非々の議論を展開してきた。その結果、金融・証券市場に見られる多くのアノマリーが、プレーヤーたちの認知処理能力の限界やそれに起因する認識的限定合理性、あるいはリスク選好における人間的な歪みなどの道具的限定合理性を反映していることがある程度明確になったと考えている。

　それでは、行動アプローチとマーケットアプローチを併用することで、本書がはじめてなしえたこととは何だろうか。それは2つのアプローチがもつ補完性に関連している。行動アプローチは個々人の判断や意思決定のレベルでの非合理性を直接測定できるメリットがある一方で、それがどのように集計されてマーケットの現象につながっているのかを直接見ることはできない。これに対してマーケットアプローチは、価格やリターン、取引量などのマーケット変数に市場の振る舞いを語らせ、市場参加者の行動を推し量るものである。最も極

端な場合には、特定の意思決定モデルを前提にすることなく市場のワーキング
を分析することもできる。しかしその一方で、その集計量の振る舞いが具体的
に個々のプレーヤーのどのような意思決定を反映しているのかはそのままでは
識別できない。

　本書の貢献の1つは、こうした補完的な2つのアプローチを利用すること
で、金融市場の非効率な振る舞いのメカニズムを行動とマーケットの双方向か
ら多面的に明らかにしたことである。たとえば、行動アプローチによる分析は、
観察した価格系列のストリークの長短に応じてホットハンドの誤りやギャンブ
ラーの誤りが誘発されるために、ランダムな価格系列に投資家が順張りや逆張
りの偏った取引戦略で応じてしまうことを示唆している。その一方で、マーケ
ットアプローチによる分析は、ストリークが長く見える短期ではモーメンタム
現象が、それが短く見える長期ではリターンリバーサルが発生しやすい傾向を
示している。あるいは、行動アプローチによって開発されたプロスペクト理論
が示唆する多くの投資家行動——株式市場への不参加、ボラティリティ・スマ
イル、プロスペクト理論価値による投資——がマーケットデータと整合的であ
ることがマーケットアプローチによって示されている。さらに、行動データは、
投資家の認知能力がきわめて限定的であるために、マーケットを効率化するほ
ど投資家の確率判断や行動が合理的ではない可能性を示唆している。本書が各
所で示したように、投資家レベルから得られるそうした洞察は、さまざまなマ
ーケットデータによって支持されている。これらの例は、変則的なファイナン
ス現象という山の両側から掘り進めたトンネルが不完全ながら貫通し、その発
生メカニズムがある程度明確になったことを示している。

　以下の2節で、本書を執筆することで筆者たちが得た2つの教訓をメッセ
ージの形でまとめることで本書を閉じることとしたい。

2. 高次の市場効率性

　本書では結局のところ、直接間接に金融・証券市場の効率性について検討し
てきたといえるかもしれない。そして各章で示したさまざまな知見は、市場が
少なくともそれほど効率的でないことを示している。とくに第9章では、株価

のチャート画像から深層学習を用いて設計された投資戦略が市場を上回る平均リターンを稼ぎ出す可能性が示された。つまり、新生の高度な情報処理技術を用いることで、効率性の程度として最も弱い形であるウィークフォームの効率性——過去の価格情報を使うことで超過リターンが稼げない状況——さえ成立しない状況が生じている。この事実は（事実だとして）、情報処理技術を含めた高い次元で市場の効率性を考えなければならないことを示唆している。本書の1つ目のメッセージとしてこの点を説明しよう。

　一般に、投資家が証券価格を予想する際の予測精度は、処理可能な情報粒度などを含めた情報処理能力に大きく依存すると考えられる。他の条件が同じであれば、最も高い情報処理技術を有する投資家が最も有利である。多数の平均的な投資家にとって証券価格が予測可能でなくとも、高い情報処理技術をもつ情報処理優越的な投資家にとっては予測可能であるようなことが生じる。このことは、とくに情報処理技術が進歩していく時代にあっては、市場の効率性の程度を測るために情報処理能力の差を考慮する必要のあることを意味している。つまり、情報処理技術が比較的安定していた「効率的市場仮説」の時代においては、価格予測に用いるデータの範囲（価格情報なのか、すべての公開情報なのか）によって効率性の程度（ウィークフォームか、セミストロングフォームか）を定めるファーマらの方法でこと足りたが、現在のように、処理できる情報粒度が飛躍的に進歩する時代にあっては、情報処理能力という新しい次元を追加して効率性を2次元（情報の範囲と情報処理能力）で定義する必要性が生じる。そしてその場合、狭い範囲の情報しか利用しない価格予測であっても、高い情報処理能力のもとでは高い予測精度が達成できるようなことが生じる。

　図10-1はそうした2次元で決まる予測精度（したがって市場の効率性）を説明している。横軸に、利用する情報の範囲を測っている。過去の価格情報だけからなる狭い範囲（横軸の左端領域）から始まって、その他のさまざまな公開情報、さらにはインサイダー情報まで含めるのに従って情報の範囲は広くなる（横軸座標の値が大きくなる）。将来の証券価格を予測する際の予測精度は、利用する情報の範囲が広くなるほど——横軸座標の値が大きいほど——高くなる。従来はこの情報範囲の広さという1次元の変量だけで市場効率性の程度を定義していた。ここでは縦軸に、予測精度を決めるもう1つの変量として、投

図10-1　市場効率性を高次で考える

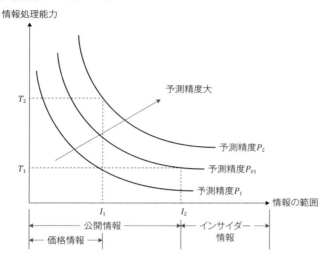

資家に利用可能な広い意味での情報処理能力を測っている。処理できる情報粒度が増大したり、処理技術が高度化したりするなどして情報処理能力が高まると（縦軸座標の値が大きくなると）、同じ範囲の情報を利用しても高い予測精度を達成することができる。たとえば、深層学習を利用することによって、過去の証券リターンの画像情報から、それまで予測できなかった超過リターンが予測できるようになった第9章の例を想起してほしい。

このように、将来価格の予測精度は情報範囲が広いほど、情報処理能力が高いほど高まる。このことは、一定の予測精度を達成するのに必要な情報範囲と情報処理能力の間にトレードオフの関係が生じることを意味する。たとえば、図の予測精度 P_1 と記された曲線は、P_1 というレベルの予測精度を達成するのに必要な情報範囲と情報処理能力の組み合わせをプロットしたものである。利用する情報の範囲が狭いほど、同じ予測精度を達成するには高い処理能力が必要になるので、この組み合わせ──ここでは「予測精度無差別曲線」と呼ぼう──は右下がりの曲線になる。図では、情報の範囲が狭いほど、情報範囲を狭めたときに（同じ精度を保つために）必要になる情報処理能力の向上が大きく

なると考えて、無差別曲線が原点に向かって凸型になると仮定している。情報の範囲が広いほど、また処理能力が高いほど予測精度は高まるので、右上にある無差別曲線ほど高い予測精度に対応していることに留意してほしい[1]。

ある時点の情報処理能力が、図の縦軸上の T_1 で表される水準にあるとしよう。このとき、投資家は価格情報だけからなる情報セット I_1 を用いれば予測精度 P_1 が達成でき、すべての公開情報 I_2 を使えば、より高い予測精度 P_{01} が獲得できる。この精度 P_{01} のもとで超過リターンが得られない市場が（技術 T_1 下で）セミストロングフォーム効率的な市場である。価格情報 I_1 だけでは低い予測精度しか達成できないので、このセミストロングフォーム効率的な市場では超過リターンを得ることはできないだろう。その意味でウィークフォームの効率性が十分に成立している。ファーマや彼に続く研究者によって検証されたのは、このように情報の範囲で規定された市場効率性であった。

しかし、こうした効率性は情報処理技術 T_1 に限定されたものであることに注意が必要である。技術革新によって利用できる処理能力が向上すると、証券の予測精度は高まり、効率性は新しい次元で定義されなければならなくなる。

いま、技術革新によって情報処理能力が縦軸上の水準 T_2 まで高まったとしよう。これを活用できる投資家は価格情報 I_1 を使うだけで P_2 の予測精度を得ることができる。この予測精度は、従来型技術 T_1 に頼る平均的な投資家が公開情報 I_2 をすべて用いることによって達成できる予測精度 P_{01} よりもまだ高いので、情報処理技術で優越する投資家は超過リターンを獲得することになる。このように、旧技術 T_1 しかなかった期間において、予測精度 P_{01} のもとでセミストロングフォームの効率性が成立していたのが、新技術 T_2 の登場によって、技術優位の投資家にとってウィークフォームの効率性さえも成立しない状況が発生する。ただしその場合でも、古い情報処理技術 T_1 の下では（予測精度 P_{01} のもとで）セミストロングフォームの効率性が成立しているので、旧技術に頼る多くの投資家は市場を出し抜くことはできない。その意味でここに生じている市場の非効率性はいわば「高次の非効率性」なのである。

---

1) 経済学に馴染みのある読者であればすぐわかるように、この枠組みは、与えられた情報処理費用のもとで、最大の予測精度を達成するためにどのような情報の範囲と情報処理能力を選択すればよいかという問題にも用いることができる。

人工知能の技術を用いることによって市場を出し抜ける可能性を示唆した第9章の議論は、実際に現在の市場が高次の意味で非効率的であることを示していると考えられよう。

もちろんこうした新技術が平均的な投資家全体に利用可能になるにつれて、第9章で示したような利益機会は消滅していくだろう。しかし、さまざまな理由——たとえば、社会の教育水準、新技術の複雑さ、法的規制——によって、新技術の利用可能性はゆっくりとしか伝播しないかもしれない。あるいは、平均的な投資家が技術の利用を習得するより先に、新技術の方が小刻みに進むことも考えられる。その結果、新技術のもとでの高次の非効率性が長期間存続し続けたり、消滅と発生を繰り返したりすることが起こりうる。新しい情報処理技術の利用可能性を円滑化する制度設計がうまくなされていれば、長期的には、金融市場の効率性はより高い次元の効率性へと漸進していくことが期待される。しかし短期的には、不連続に発生する技術革新によって、マーケットがかえって非効率化する逆説的なことが起きることも十分に考えられる。実際に、人工知能の出現によって昨今のマーケットは過渡的に非効率性を高めているようにも見える。

市場の情報効率性の問題は、金融市場が果たすべき資源配分機能を考えるうえで最も重要な問題の1つである。ビッグデータの利用可能性が高まり、情報処理技術が刻々と発展する時代にあって、今後情報処理技術を含めた高い次元から効率性の検証を進めていく必要がある。これが本書の1つ目のメッセージである。

3. 反証によって深化するファイナンス理論

本書では不完全ながら金融・証券市場のワーキングについて包括的に分析し、いくつかの新しい知見を読者に伝えてきた。しかし読者に本書から読み取ってほしい最も重要なメッセージは、そうした個々の実証知見もさることながら、ファイナンス現象に対する理解が、理論・仮説の構築→反証→理論・仮説の修正→反証→……というプロセスを繰り返しながら深められて来たというファイナンス研究の営みそのものにある。

実際に、序章の図0‐4で描いたような仮説設定と反証のプロセスを本書の随所から読み取ることができるはずである。たとえば、リスク選択理論の発展である。リスク選択の理論は、賞金の期待値の大きさでクジを選ぶという期待値基準に始まる。賞金のばらつきを考慮しない、この素朴なリスク選択理論は、数学者ベルヌーイの「セントペテルスブルグの逆説（St. Petersburg paradox)」などによって批判され、賞金のばらつきを反映した期待効用を基準にリスク選択を説明する期待効用仮説が提案される。期待効用理論にもとづいて標準的なファイナンス理論が構築されるなかで、アレの逆説やラビンの逆説、株式プレミアムパズル（第4章、第5章を参照）によって期待効用理論は批判され、そうした反証に耐えうるさまざまなリスク選択理論が提案される。非期待効用理論や本書で詳しく取り上げたプロスペクト理論などがそれである。さらに第4章で見たように、当初提案されたプロスペクト理論は、理論的整合性の観点から経済学者たちによって批判され、累積プロスペクト理論へと修正される。これ以外にも、第6章補論で取り上げた後悔回避や曖昧さ回避の理論も、従来の期待効用理論やそれにもとづいた実証研究に対する批判から発展してきたものである。

第3章のヒューリスティックに関連して取り上げたホットハンドの誤りの議論もまた、反証によって人びとの理解が揺れ動きながら深められてきた例である。もともとスポーツ界などのフィールドで信じられてきた「ホットハンド効果」に対して、トゥヴァースキーらはフィールドデータからそれが「誤り（ホットハンドの誤り）」であることを指摘した。ところが、彼らの検証方法にバイアス（ストリーク選別バイアス）があることが証明され、「ホットハンド効果」の存在が否定できないことが明らかになる。そのことはしかし「ホットハンドの誤り」がつねに誤りであることを意味するわけではない。実在する「ホットハンド効果」よりも大きな「ホットハンド効果」があると信じてしまう誤りを人びとが犯している可能性があるからである。現在、そうした、いわば「ホットハンドの真の誤り」を検出するためのより高度な検証が求められる段階になっている。

このほかにも、第2章で見たように二重処理理論においてはデフォルト介入者モデルと平行競合モデルの間で対立的な議論が展開され、認知熟慮テスト

（CRT）には批判的な検討を通してさまざまな代案が提出されている。そして何よりも、市場の効率性をめぐる私たちの理解がさまざまな検証と反証によって大きく揺れ動いてきたことは先に見たとおりである。

このように仮説設定と反証を通してファイナンス現象への理解が徐々に深まっていく様子を読者は本書から読み取ることができたはずである。それはあたかもタイプ1による直感的な議論がタイプ2によるモニターを受けながら修正されていくプロセスのようにも見える。世界の学界・ビジネス界の全体を含む社会的空間において、そしてまた、ランダムウォークの数学モデルを考えたバシュリエの時代から人工知能を駆使して価格プロセスを画像解析する現代にいたる時間軸上において、そうした「自己モニタリング」の作業が進んでいる。

本書の最後のメッセージは、本書を含めたファイナンスの研究によって示されてきたさまざまな知見が、その全体プロセスにおける1つの作業仮説に過ぎないことを知っておく必要があるということである。そして読者一人ひとりが自らの「熟慮処理」によってそれらを批判的に検証し、金融現象に関するさらに深い作業仮説の設定に貢献されることを祈念する次第である。

参 考 文 献

【英語文献】

Abarbanell, J. S., and Bushee, B. J. (1998), "Abnormal Returns to a Fundamental Analysis Strategy," *Accounting Review*, 73(1): 19-45.

Abdellaoui, M., H. Bleichrodt, and C. Paraschiv (2007), "Loss Aversion Under Prospect Theory: A Parameter-Free Measurement," *Management Science*, 53(10): 1659-1674.

Abel, M., T. Byker, and J. Carpenter (2021), "Socially Optimal Mistakes? Debiasing COVID-19 Mortality Risk Perceptions and Prosocial Behavior," *Journal of Economic Behavior and Organization*, 183: 456-480.

Ali, A., Hwang, L. S., and Trombley, M. A. (2003), "Arbitrage Risk and the Book-to-Market Anomaly," *Journal of Financial Economics*, 69(2): 355-373.

AlKhars, M., N. Evangelopoulos, R. Pavur, and S. Kulkarni (2019), "Cognitive Biases Resulting from the Representativeness Heuristic in Operations Management: An Experimental Investigation," *Psychology Research and Behavior Management*, 12: 263-276.

Allais, M. (1953), "Le Comportement de l'Homme Rationnel Devant le Risque: Critique des Postulats et Axiomes de l'Ecole Américaine," *Econometrica*, 21(4): 503-546.

Almeida, H., and Campello, M. (2007), "Financial Constraints, Asset Tangibility, and Corporate Investment," *Review of Financial Studies*, 20(5): 1429-1460.

Amihud, Y. (2002), "Illiquidity and Stock Returns: Cross-Section and Time-Series Effects," *Journal of Financial Markets*, 5(1): 31-56.

Amihud, Y., and H. Mendelson (1989), "The Effects of Beta, Bid-Ask Spread, Residual Risk, and Size on Stock Returns," *Journal of Finance*, 44(2): 479-486.

Anderson, A., and L. Garcia-Feijoo (2006), "Empirical Evidence on Capital Investment, Growth Options, and Security Returns," *Journal of Finance*, 61(1): 171-194.

Ang, A., R. J. Hodrick, Y. Xing, and X. Zhang (2006), "The Cross-Section of Volatility and Expected Returns," *Journal of Finance*, 61(1): 259-299.

Ang, A., R. J. Hodrick, Y. Xing, and X. Zhang (2009), "High Idiosyncratic Volatility and Low Returns: International and Further U.S. Evidence," *Journal of Financial Economics*, 91(1):1-23.

Antweiler, W., and M. Z. Frank, (2004), "Is All That Talk Just Noise? The Information Content of Internet Stock Message Boards," *Journal of Finance*, 59(3): 1259-1294.

Ariely, D., G. Loewenstein, and D. Prelec, (2003), "Coherent Arbitrariness: Stable Demand Curves Without Stable Preferences," *Quarterly Journal of Economics*, 118: 73-105.

Arisoy, Y. E., T. G. Bali, and T. Yi (2024), "Investor Regret and Stock Returns," Management Science, 1(22): Article in advance. Asness, C., and A. Frazzini (2013), "The Devil in HML's Details," *Journal of Portfolio Management,* 39(4): 49-68.

Asness, C. S., and Frazzini, A. (2013), "The Devil in HML's Details," *Journal of Portfolio Management*, 39(4), 49-68.

Asness, C. S., Frazzini, A., and Pedersen, L. H. (2019), "Quality Minus Junk," *Review of Accounting Studies*, 24(1), 34–112.

Asness, C. S., Porter, R. B., and Stevens, R. L. (2000), "Predicting Stock Returns Using Industry-Relative Firm Characteristics," SSRN Working Paper. https://dx.doi.org/10.2139/ssrn.213872.

Avugos, S., J. Köppen, U. Czienskowski, M. Raab, and M. Bar-Eli (2013), "The 'Hot Hand' Reconsidered: A Meta-Analytic Approach," *Psychology of Sport and Exercise*, 14: 21-27.

Bachelier, L. (1900), "Théorie de la spéculation," *Annales Scientifiques de l'École Normale Supérieure*, 3(17): 21-86.

Bachelier, L. (2011), Theory of Speculation (Trans. A. J. Boness), in P. H. Cootner ed., *The Random Character of Stock Market Prices*, Princeton: Princeton University Press, 17-78.

Badarinza, C., J. Y. Campbell, and T. Ramadorai (2016), "International Comparative Household Finance," *Annual Review of Economics*, 8: 111-144.

Baddeley, A. (2010), "Working Memory," *Current Biology*, 20 (4): 136-140.

Baddelley, M. (2013), *Behavioural Economics and Finance*, New York: Routledge.

Baker, M., and J. Wurgler (2006), "Investor Sentiment and the Cross-Section of Stock Returns," *Journal of Finance*, 61(4): 1645-1680.

Baker, M., and J. Wurgler (2007), "Investor Sentiment in the Stock Market," *Journal of Economic Perspectives*, 21(2): 129-151.

Balakrishnan, K., Bartov, E., and Faurel, L. (2010), "Post Loss/Profit Announcement Drift," *Journal of Accounting and Economics*, 49(1-2): 91-107.

Bali, T. G., and H. Zhou (2016), "Risk, Uncertainty, and Expected Returns," *Journal of Financial and Quantitative Analysis*, 51(3): 707-735.

Bali, T. G., N. Cakici, and R. F. Whitelaw (2011), "Maxing Out: Stocks as Lotteries and the Cross-Section of Expected Returns," *Journal of Financial Economics*, 99(2): 427-446.

Ball, R., and P. Brown (1968), "An Empirical Evaluation of Accounting Income Numbers," *Journal of Accounting Research*, 6(2): 159-178.

Bandyopadhyay, A., Y. S. Huang, and T. S. Wirjanto (2010), "The Relationship Between Stock Returns and the Implied Volatility of Call Options: A Dynamic Perspective," *Journal of Banking and Finance*, 34(12): 3000-3012.

Banerjee, A. (1992), "A Simple Model of Herd Behavior," *American Economic Review*, 88(3): 724-748.

Barbee Jr., W. C., A. Mukherji, and C. Raines (1996), "Do Sales-Price and Debt-Equity Explain Stock Returns Better Than Book-Market and Firm Size?" *Financial Analysts Journal*, 52(2): 56-60.

Barber, B., and T. Odean (2000), "Trading Is Hazardous to Your Wealth: The Common Stock Investment Performance of Individual Investors," *Journal of Finance*, 55(2): 773-806.

Barber, B., and T. Odean (2002), "Online Investors: Do the Slow Die First?" *Review of Financial Studies*, 15(2): 455-487.

Barberis, N., A. Mukherjee, and B. Wang (2016), "Prospect Theory and Stock Returns: An Empirical Test," *Review of Financial Studies*, 29: 3068-3107.

Barberis, N. (2018), "Psychology-Based Models of Asset Prices and Trading Volume," in: Bernheim,

B.D., S. DellaVigna, and D. Laibson eds, *Handbook of Behavioral Economics – Foundations and Application*, Vol.1, Amsterdam: Elsevier, Chap. 2.

Barberis, N. A. Mukherjee, and B. Wang (2016), "Prospect Theory and Stock Returns: An Empirical Test," *Review of Financial Studies*, 29: 3068-3107.

Barberis, N., and W. Xiong (2009), "What Drives the Disposition Effect? An Analysis of a Long-Standing Preference-Based Explanation," *Journal of Finance*, 64: 751-784.

Barberis, N., and W. Xiong (2012), "Realization Utility," *Journal of Financial Economics*, 104: 251-271.

Barberis, N., M. Huang, and R.H. Thaler (2006), "Individual Preferences, Monetary Gambles, and Stock Market Participation: A Case for Narrow Framing," *American Economic Review*, 96: 1069-1090.

Barseghyan, L., F. Molinari, T. O'Donoghue, and J. C. Teitelbaum (2013), "The Nature of Risk Preferences: Evidence from Insurance Choices," *American Economic Review*, 103: 2499-2529.

Barth, M. E., Elliott, J. A., and Finn, M. W. (1999), "Market Rewards Asscciated with Patterns of Increasing Earnings," *Journal of Accounting Research*, 37(2): 387-413.

Basu, S. (1977), "Investment Performance of Common Stocks in Relation to Their Price-Earnings Ratios: A Test of the Efficient Market Hypothesis," *Journal of Finance*, 32(3): 663-682.

Bateman, I., D. Kahneman, A. Munro, C. Starmer, and R. Sugden, R. (2005), "Testing Competing Models of Loss Aversion: An Adversarial Collaboration," *Journal of Public Economics*, 89: 1561 - 1580.

Bell, D. (1982), "Regret in Decision Making Under Uncertainty," *Operations Research*, 30: 961-981.

Belo, F., and X. Lin (2011), "The Inventory Growth Spread," *Review of Financial Studies*, 25(1): 278-313.

Belo, F., X. Lin, and S. Bazdresch (2014), "Labor Hiring, Investment, and Stock Return Predictability in the Cross-Section," *Journal of Political Economy*, 122(1): 129-177.

Benartzi, S., and R. Thaler (1995), "Myopic Loss Aversion and the Equity Premium Puzzle," *Quarterly Journal of Economics*, 110: 73-92.

Ben-David, I., F. Franzoni, and R. Moussawi (2013), "Do ETFs Increase Volatility?" *Journal of Finance*, 68(6): 2471-2535.

Bergman, O, T. Ellingsen, M. Johannesson, and C. Svensson (2010), "Anchoring and Cognitive Ability," *Economics Letters*, 107: 66-68.

Bernstein, P. L. (1992), *Capital Ideas: The Improbable Origins of Modern Well Street*, New York: The Free Press（P・E・バーンスタイン〈1993〉,『証券投資の思想革命』, 東洋経済新報社）.

Bernstein, P. L. (1996), *Against the Gods: The Remarkable Story of Risk*, New York: John Wiley & Sons.（P・E・バーンスタイン〈2001〉,『リスク（上・下）』, 日本経済新聞出版版）.

Bernstein, P. L. (2007), *Capital Ideas Evolving*, New Jersey: John Wiley & Sons（P・E・バーンスタイン〈2009〉,『アルファを求める男たち　金融理論を投資戦略に進化させた17人の物語』, 東洋経済新報社）.

Bhandari, L. C. (1988), "Debt/Equity Ratio and Expected Common Stock Returns: Empirical Evidence," *Journal of Finance*, 43(2): 507-528.

Bikhchandani, S., D. Hirshleifer, and I. Welch (1992), "A Theory of Fads, Fashion, Custom, and

Cultural Change as Informational Cascades," *Journal of Political Economy*, 100(5): 992-1026.

Black, F., and M. Scholes (1973), "The Pricing of Options and Corporate Liabilities," *Journal of Political Economy*, 81: 637-654.

Bleichrodt, H., and J. L. Pinto (2000), "A Parameter-Free Elicitation of the Probability Weighting Function in Medical Decision Analysis," *Management Science*, 46(11): 1485-1496.

Bloomfield, R., and J. Hales (2002), "Predicting the Next Step of a Random Walk: Experimental Evidence of Regime-Switching Beliefs," *Journal of Financial Economics*, 65: 397-414.

Bollerslev, T., G. Tauchen, and H. Zhou (2009), "Expected Stock Returns and Variance Risk Premia," *Review of Financial Studies*, 22(11): 4463-4492.

Booij, A.S., B. M. S. van Praag, and G. van de Kuilen (2010), "A Parametric Analysis of Prospect Theory's Functionals for the General Population," *Theory Decision*, 68: 115-148.

Bordalo, P., K. B. Coffman, N. Gennaioli, and A. Shleifer (2016), "Stereotypes," *Quarterly Journal of Economics*, 131: 1753-1794.

Bordalo, P., N. Gennaioli, R. La Porta, and A. Shleifer (2019), "Diagnostic Expectations and Stock Returns," *Journal of Finance*, 74: 2839-2874.

Boudoukh, J., R. Michaely, M. Richardson, and M. Roberts (2007), "On the Importance of Measuring Payout Yield: Implications for Empirical Asset Pricing," *Journal of Finance*, 62(2): 877-915.

Boyd, J. H., J. Hu, and R. Jagannathan (2005), "The Stock Market's Reaction to Unemployment News: Why Bad News Is Usually Good for Stocks," *Journal of Finance*, 60(2): 649-672.

Boyer, B., T. Mitton, and K. Vorkink (2010), "Expected Idiosyncratic Skewness," *Review of Financial Studies*, 23(1): 169-202.

Boyer, B.H., and K. Vorkink (2014), "Stock Options as Lotteries," *Journal of Finance*, 69: 1485-1527.

Bradshaw, M. T., Richardson, S. A., and Sloan, R. G. (2006), "The Relation Between Corporate Financing Activities, Analysts' Forecasts and Stock Returns," *Journal of Accounting and Economics*, 42(1-2): 53-85.

Branas-Garza, P., P. Kujal, and B. Lenkei (2019), "Cognitive Reflection Test: Whom, How, When," *Journal of Behavioral and Experimental Economics*, 82: 1-18.

Brandstatter, E., G. Gigerenzer, and R. Hertwig (2008), "Risky Choice with Heuristics: Reply to Birnbaum (2008), Johnson, Schulte-Mecklenbeck, and Willemsen (2008), and Rieger and Wang (2008)," *Psychological Review*, 115: 281-290.

Brandt, M. W., A. Brav, J. R. Graham, and A. Kumar (2008), "The Idiosyncratic Volatility Puzzle: Time Trend or Speculative Episodes?" *Review of Financial Studies*, 23(2): 863-899.

Brenner, M., and Y. Izhakian (2018), "Asset Pricing and Ambiguity," *Journal of Financial Economics*, 130: 503-531.

Brown, S., and W. Goetzmann (1995), "Performance Persistence," *Journal of Finance*, 50(2): 679-698.

Brown, L. D., and W. Rowe, (2007), "The Demographics of Web-Based Financial Reporting," *Journal of Accounting Research*, 45(3): 131-149.

Brown, S., and J. Warner (1980), "Measuring Security Price Performance," *Journal of Financial*

Economics, 8(3): 205-258.

Bucchianeri, G.W., and J. A. Minson (2013), "A Homeowner's Dilemma: Anchoring in Residential Real Estate Transactions," *Journal of Economic Behavior and Organization*, 89: 76-92.

Butler, J.V., L. Guiso, and T. Jappelli, T. (2014), "The Role of Intuition and Reasoning in Driving Aversion to Risk and Ambiguity," *Theory and Decision*, 77: 455-484.

Campbell, J.Y. (2018), *Financial Decisions and Markets: A Course in Asset Pricing*, New Jersey: Princeton U.P.

Carhart, M. M. (1997), "On Persistence in Mutual Fund Performance," *Journal of Finance*, 52(1): 57-82.

Cartwright, E. (2011), *Behavioral Economics*, 2nd ed., New York: Routledge.

Casscells, W., A. Schoenberger, and T. Grayboys (1978), "Interpretation by Physicians of Clinical Laboratory Results," *New England Journal of Medicine*, 299: 999-1001.

Chan, L. K. C., J. Lakonishok, and T. Sougiannis (2001), "The Stock Market Valuation of Research and Development Expenditures," *Journal of Finance*, 56(6): 2431-2456.

Chandrashekar, S., and R. P. Rao (2009), "Managing Firm Value Through Real Options: An Empirical Examination," *Journal of Corporate Finance*, 15(4): 587-605.

Chen, L., and L. Zhang (2010), "A Better Three-Factor Model That Explains More Anomalies," *Journal of Finance*, 65(2): 563-595.

Chen, N., R. Roll, and S. Ross (1986), "Economic Forces and the Stock Market," *Journal of Business*, 59 (3): 383-403.

Choe, H., and Y. Eom (2009), "The Disposition Effect and Investment Performance in the Futures Market," *Journal of Futures Markets*, 29: 496-522.

Chordia, T., A. Subrahmanyam, and V. R. Anshuman (2001), "Trading Activity and Expected Stock Returns," *Journal of Financial Economics*, 59(1): 3-32.

Christelis, D., T. Jappelli, and M. Padula (2010), "Cognitive Abilities and Portfolio Choice," *European Economic Review*, 54: 18-38.

Chui, A. C. W., S. Titman, and K. C. J. Wei (2010), "Individualism and Momentum Around the World," *Journal of Finance*, 65: 361-392.

Cicchetti, C.J., and J. A. Dubin (1994), "A Microeconometric Analysis of Risk Aversion and the Decision to Self-Insure," *Journal of Political Economy*, 102:169-186.

Cochrane, J. H. (1999), "Portfolio Advice for a Multi-Factor World," *Economic Perspectives: Federal Reserve Bank of Chicago*, 23(3): 59-78.

Cochrane, J. H. (2001), *Asset Pricing*, New Jersey: Princeton University Press.

Cochrane, J. H. (2011), "Presidential Address: Discount Rates," *Journal of Finance*, 66(4): 1047-1108.

Cooper, M., O. Dimitrov, and P. R. Rau (2001), "A Rose.com by Any Other Name," *Journal of Finance*, 56(6): 2371-2388.

Corgnet, B., M. Desantis, and D. Porter (2018), "What Makes a Good Trader? On the Role of Intuition and Reflection on Trader Performance," *Journal of Finance*, 73: 1113-1137.

Corgnet, B., R. Hernan-Gonzalez, P. Kujal, and D. Porter (2014), "The Effect of Earned Versus Bonus Money on Price Bubble Formation in Experimental Asset Markets," *Review of Finance*,

19: 1455-1488.

Croson, R., and J. Sundali (2005), "The Gambler's Fallacy and the Hot Hand: Empirical Data from Casinos," *Journal of Risk and Uncertainty*, 30: 195-209.

Cutler, D. M., and R. Zeckhauser (2004), "Extending the Theory to Meet the Practice of Insurance," Discussion Paper.

Czerwonka, M. (2017), "Anchoring and Overconfidence: The Influence of Culture and Cognitive Abilities," *International Journal of Management and Economics*, 53(3): 48-66.

Damodaran, A. (2020), *Equity Risk Premiums (ERP): Determinants, Estimation and Implications*, The 2020 Edition Updated: March 2020.

Daniel, K., D. Hirshleifer, and A. Subrahmanyam, (1998), "Investor Psychology and Security Market Under- and Overreactions," *Journal of Finance*, 53(6):1839-1886.

Daniel, K., and D. Hirshleifer (2015), "Overconfident Investors, Predictable Returns, and Excessive Trading," *Journal of Economic Perspectives*, 29: 61-88.

Daniel, K., D. Hirshleifer, and A. Subrahmanyam (2001), "Overconfidence, Arbitrage, and Equilibrium Asset Pricing," *Journal of Finance*, 56: 921-965.

Daniel, K., and T. Moskowitz (2016), "Momentum Crashes," *Journal of Financial Economics*, 122(2): 221-247.

Daniel, K., and S. Titman (2006), "Market Reactions to Tangible and Intangible Information," *Journal of Finance*, 61(4), 1605-1643.

Datar, V. T., N. Y. Naik, and R. Radcliffe (1998), "Liquidity and Stock Returns: An Alternative Test," *Journal of Financial Markets*, 1(2): 203-219.

De Bondt, W. F. M., and R. Thaler (1985), "Does the Stock Market Overreact?" *Journal of Finance*, 40(3): 793-805.

De Bondt, W.F.M., and R. Thaler (1995), "Financial Decision-Making in Markets and Firms: A Behavioral Perspective," in: R.A. Jarrow, V. Maksimovic, and W.T. Ziemba eds., *Handbooks in Operations Research and Management Science*, Vol. 9 Finance, Amsterdam: Elsevier, Chap.13.

Dellavigna, S., and J. Pollet (2009), "Investor Inattention and Friday Earnings Announcements," *Journal of Finance*, 64(2): 709-749.

DeLong, J. B., Shleifer, A., Summers, L. H., and Waldmann, R. J. (1990) a. "Noise Trader Risk in Financial Markets," *Journal of Political Economy*, 98(4): 703-738.

DeLong, J. B., Shleifer, A., Summers, L. H., and Waldmann, R. J. (1990) b. "Positive Feedback Investment Strategies and Destabilizing Rational Speculation," *Journal of Finance*, 45(2): 379-395.

Desai, H., Rajgopal, S., and Venkatachalam, M. (2004), "Value-Glamour and Accruals Mispricing: One Anomaly or Two?" *Accounting Review*, 79(2): 355-385.

Dhami, S. (2016), *The Foundation of Behavioral Economic Analysis*, Oxford: Oxford U.P.

Dichev, I. D. (1998), "Is the Risk of Bankruptcy a Systematic Risk?" *Journal of Finance*, 53(3): 1131-1147.

Dimson, E., P. Marsh, and M. Staunton (2013), *Triumph of the Optimists: 101 Years of Global Investment Returns*, Princeton: Princeton University Press.

Dimson, E., P. Marsh, and M. Staunton (2018), *Credit Suisse Global Investment Returns Yearbook*

2018, Summary Edition, Credit Suisse/London Business School.

Dohmen, T., A. Falk, D. Huffman, and U. Sunde (2010), "Are Risk Aversion and Impatience Related to Cognitive Ability," *American Economic Review*, 100: 1238-1260.

Donkers, B., B. Melenberg, and A. Van Soest (2001), "Estimating Risk Attitudes Using Lotteries: A Large Sample Approach," *Journal of Risk and Uncertainty*, 22: 165-195.

Duffie, D. (1988), *Security Markets: Stochastic Models*, Boston: Emerald Publishing Limited.

Duffie, D. (2001), *Dynamic Asset Pricing Theory*, Third Edition, New Jersey, Princeton U.P.（D・ダフィー〈1998〉，（『資産価格の理論——株式・債券・デリバティブのプライシング』，創文社).

Duttle, K. (2016), "Cognitive Skills and Confidence: Interactions with Overestimation, Overplacement and Overprecision," *Bulletin of Economic Research*, 68: 42-55.

Eberhart, A. C., Maxwell, W. F., and Siddique, A. R. (2004), "An Examination of Long-Term Abnormal Stock Returns and Operating Performance Following R&D Increases," *Journal of Finance*, 59(2): 623-650.

Eisfeldt, A. L., and Papanikolaou, D. (2013), "Organization Capital and the Cross-Section of Expected Returns," *Journal of Finance*, 68(4), 1365-14.

Ellsberg, D. (1961), "Risk, Ambiguity, and the Savage Axioms," *Quarterly Journal of Economics*, 75: 543-669.

Epstein, L., and S. E. Zin (1991), "Substitution, Risk Aversion, and the Temporal Behavior of Consumption and Asset Returns: An Empirical Analysis," *Journal of Political Economy*, 99(2): 263-286.

Evans, J. St. B. T. (1984), "Heuristic and Analytic Processes in Reasoning," *British Journal of Psychology*, 75: 451-468.

Evans, J. St. B. T. (2007), "On the Resolution of Conflict in Dual Process Theories of Reasoning," *Thinking and Reasoning*, 13: 321-339.

Evans, J. St. B. T. (2021), "Bounded Rationality, Reasoning and Dual Processing," in: R. Viale ed., *Routledge Handbook of Bounded Rationality*, Abingdon, Oxford: Routledge, Chap. 10.

Evans, J. St. B. T., and K. E. Stanovich (2013), "Dual-Process Theories of Higher Cognition: Advancing the Debate," *Perspectives on Psychological Science*, 8: 223-241.

Fabozzi, F. J., and Francis, J. C. (1978), "Beta as a Random Coefficient," *Journal of Financial and Quantitative Analysis*, 13(1): 101-116.

Fairfield, P. M., Whisenant, J. S., and Yohn, T. L. (2003), "Accrued Earnings and Growth: Implications for Future Profitability and Market Mispricing," *Accounting Review*, 78(1): 353-371.

Fama, E. (1970), "Efficient Capital Markets: A Review of Theory and Empirical Work," *Journal of Finance*, 25(2): 383-417.

Fama, E. (1976), *Foundations of Finance: Portfolio Decisions and Securities Prices*, New York: Basic Books.

Fama, E. F., L. Fisher, M. C. Jensen, and R. Roll (1969), "The Adjustment of Stock Prices to New Information," *International Economic Review*, 10(1): 1-21.

Fama, E., and K. R. French (1993), "Common Risk Factors in the Returns on Stocks and Bonds,"

Journal of Financial Economics, 33: 3-56.

Fama, E. F., and K. R. French (1996), "Multifactor Explanations of Asset Pricing Anomalies," *Journal of Finance*, 51(1): 55-84.

Fama, E. F. (1998), "Market Efficiency, Long-Term Returns, and Behavioral Finance," *Journal of Financial Economics*, 49(3): 283-306.

Fama, E., and K. R. French (2012), "Size, Value, and Momentum in International Stock Returns," *Journal of Financial Economics*, 105: 457-472.

Fama, E., and K. R. French (2015), "A Five-Factor Asset Pricing Model," *Journal of Financial Economics*, 116: 1-22.

Fama, E. F., and K. R. French (2008), "Dissecting Anomalies," *Journal of Finance*, 63(4): 1653-1678.

Fama, E. F., and J. D. MacBeth (1973), "Risk, Return, and Equilibrium: Empirical Tests," *Journal of Political Economy*, 81(3): 607-636.

Fehr-Duda, H., M. De Gennaro, and R. Schubert (2006), "Gender, Financial Risk, and Probability Weights," *Theory and Decision*, 60: 283-313.

Fels, M. (2020), "Mental Accounting, Access Motives, and Overinsurance," *Scandinavian Journal of Economics*, 122: 675-701.

Feng, G., S. Giglio, and D. Xiu (2020), "Taming the Factor Zoo: A Test of New Factors," *Journal of Finance*, 75(3): 1327-1370.

Feng, L., and M. Seasholes (2005), "Do Investor Sophistication and Experience Eliminate Behavioral Biases in Financial Markets?" *Review of Finance*, 9: 305-351.

Fischbacher, U., G. Hoffmann, and S. Schudy (2017), "The Causal Effect of Stop-Loss and Take-Gain Orders on the Disposition Effect," *Review of Financial Studies*, 30: 2110-2129.

Francis, J., R. LaFond, P. Olsson, and K. Schipper (2004), "Costs of Equity and Earnings Attributes," *Accounting Review*, 79(4): 967-1010.

Frazzini, A., and L. H. Pedersen (2014), "Betting Against Beta," *Journal of Financial Economics*, 111(1): 1-25.

Frederick, S. (2005), "Cognitive Reflection and Decision Making," *Journal of Economic Perspective*, 19: 25-42.

Friedman, M. (1953), "The Methodology of Positive Economics," *Essays in Positive Economics*, Chicago: University of Chicago Press, 3-43.

Friedman, M., and R. Friedman (1980), *Free to Choose: A Personal Statement*, New York: Harcourt (M&R・フリードマン〈1983〉,『選択の自由』, 講談社文庫).

Geczy, C. C., and M. Samonov (2016), "Two Centuries of Price Return Momentum," *Financial Analysts Journal*, 72(3): 32-56.

Gennaioli, N., and A. Shleifer (2010), "What Comes to Mind," *Quarterly Journal of Economics*, 125: 1399-1433.

Gennaioli, N., and A. Shleifer (2018), *A Crisis of Beliefs: Investor Psychology and Financial Fragility*, New Jersey: Princeton U.P.（N・ジェンナイオーリ、A・シュライファー〈2021〉,『金融危機の行動経済学　投資家心理と金融の脆弱性』, 日本経済新聞出版）.

Gerardi, K., L. Goette, and S. Meier (2013), "Numerical Ability Predicts Mortgage Default,"

Proceedings of National Association of Sciences, 110: 11267-11271.

Gettleman, Eric, and Joseph M. Marks, (2006), *Acceleration Strategies, Technical report*, Bentley University.

Gigerenzer, G., J. Reb, and S. Luan (2022), "Smart Heuristics for Individuals, Teams, and Organizations," *The Annual Review of Organizational Psychology and Organizational Behavior*, 9: 171-198.

Gilovich, T., R. Vallone, and A. Tversky (1985), "The Hot Hand in Basketball: On the Misperception of Random Sequence," *Cognitive Psychology*, 17: 295-314.

Glimcher, P.W. (2011), *Foundations of Neuroeconomic Analysis*, Oxford: Oxford University Press, Chap. 6.

Goldstein, W. M., and H. J. Einhorn (1987), "Expression Theory and the Preference Reversal Phenomena," *Psychological Review*, 94(2): 236-254.

Gomes, F. J., M. Haliassos, and T. Ramadorai (2021), "Household Finance," *Journal of Economic Literature*, 59: 919-1000.

Graham, J. (1999), "Herding Among Investment Newsletters: Theory and Evidence," *Journal of Finance*, 54(1): 237-268.

Graham, J., C. Harvey, and H. Huang (2009), "Investor Competence, Trading Frequency, and Home Bias," *Management Science*, 55(7): 1094-1106.

Green, G., and J. Zwiebel (2018), "The Hot-Hand Fallacy: Cognitive Mistakes or Equilibrium Adjustments? Evidence from Major League Baseball," *Management Science*, 64(11): 5315-5348.

Grežo, M. (2021), "Overconfidence and Financial Decision-Making: A Meta-Analysis," *Review of Behavioral Finance*, 13(3): 276-296.

Griffin, J. M., F. Nardari, and R. M. Stulz (2007), "Do Investors Trade More When Stocks Have Performed Well? Evidence from 46 Countries," *Review of Financial Studies*, 20(3): 905-951.

Grinblatt, M., and M. Keloharju (2001), "What Makes Investors Trade?" *Journal of Finance*, 56: 589-616.

Grinblatt, M., and M. Keloharju (2009), "Sensation Seeking, Overconfidence, and Trading Activity," *Journal of Finance*, 64(2): 549-578.

Grinblatt, M., M. Keloharju, and J. Linnainmaa (2011), "IQ and Stock Market Participation," *Journal of Finance*, 66(6): 2121-2164.

Grundy, B. D., and J. S. Martin (2001), "Understanding the Nature of Momentum in Stock Prices: An Analysis of the Profitability of Momentum Strategies," *Journal of Business*, 74(3): 493-509.

Guryan, J., and M. S. Kearney (2008), "Gambling at Lucky Stores: Empirical Evidence from State Lottery Sales," *American Economic Review*, 98: 458-473.

Hadamard, J. (1945), *An Essay on the Psychology of Invention in the Mathematical Field*, New Jersey: Princeton（J・アダマール〈1990〉,『数学における発明の心理』, みすず書房）.

Hafzalla, N. M., R. Lundholm, and M. Van Winkle (2011), "Percent Accruals," *The Accounting Review*, 86(1): 209-236.

Halthausen, R. W., and D. F. Larcker (1992), "The Prediction of Stock Returns Using Financial Statement Information," *Journal of Accounting and Economics*, 15(2-3): 373-411.

Hamao, Y. (1988), "An Empirical Examination of the Arbitrage Pricing Theory: Using Japanese

Data," *Japan and the World Economy*, 1(1): 45-61.

Harvey, C. R., Y. Liu, and H. Zhu (2016), " ⋯ and the Cross-Section of Expected Returns," *Review of Financial Studies*, 29(1): 5-68.

Haugen, R. A., and N. L. Baker (1996), "Commonality in the Determinants of Expected Stock Returns," *Journal of Financial Economics*, 41(3): 401-439.

He, Z., B. Kelly, and A. Manela (2017), "Intermediary Asset Pricing: New Evidence from Many Asset Classes," *Journal of Financial Economics*, 126(1): 1-35.

Hendricks, D., J. Patel, and R. Zeckhauser (1993), "Hot Hands in Mutual Funds: Short-Run Persistence of Relative Performance, 1974-1988," *Journal of Finance*, 48(1): 93-130.

Heston, S. L., and R. Sadka (2008), "Seasonality in the Cross-Section of Stock Returns," *Journal of Financial Economics*, 87(2): 418-445.

Hirshleifer, D., K. Hou, S. H. Teoh, and Y. Zhang (2004), "Do Investors Overvalue Firms with Bloated Balance Sheets?" *Journal of Accounting and Economics*, 38(1-3): 297-331.

Hirshleifer, D. (2015), "Behavioral Finance," *Annual Review of Financial Economics*, 7:133-159.

Hirshleifer, D., S. S. Lim, and S. H. Teoh (2009), "Driven to Distraction: Extraneous Events and Underreaction to Earnings News," *Journal of Finance*, 64(5): 2289-2325.

Hofmann, W., M. Friese, and F. Strack (2009), "Impulse and Self-Control From a Dual-Systems Perspective," *Perspectives on Psychological Science*, 4: 162-176.

Hofstede, G. (2001), *Culture's Consequences: Comparing Values, Behaviors, Institutions, and Organizations Across Nations* (2nd ed.). Thousand Oaks, CA: Sage Publications.

Holthausen, R. W., and D. F. Larcker (1992), "The Prediction of Stock Returns Using Financial Statement Information," *Journal of Accounting and Economics*, 15(2-3): 373-411.

Hong, H., and M. Kacperczyk (2009), "The Price of Sin: The Effects of Social Norms on Markets," *Journal of Financial Economics*, 93(1): 15-36.

Hong, H., and J. C. Stein (1999), "A Unified Theory of Underreaction, Momentum Trading, and Overreaction in Asset Markets," *Journal of Finance*, 54(6): 2143-2184.

Hoppe, E. I., and D. J. Kusterer (2011), "Behavioral Biases and Cognitive Reflection," *Economics Letters*, 110: 97-100.

Hou, K., and T. J. Moskowitz (2005), "Market Frictions, Price Delay, and the Cross-Section of Expected Returns," *Review of Financial Studies*, 18(3): 981-1020.

Hou, K., and D. T. Robinson (2006), "Industry Concentration and Average Stock Returns," *Journal of Finance*, 61(4): 1927-1956.

Hou, K., C. Xue, and L. Zhang (2015), "Digesting Anomalies: An Investment Approach," *Review of Financial Studies*, 28(3): 650-705.

Hou, K., C. Xue, and L. Zhang (2020), "Replicating Anomalies," *Review of Financial Studies*, 33(5): 2019-2133.

Huang, R. (2009), "Liquidity, Investor Sentiment, and Stock Returns," *Journal of Financial Economics*, 91(2): 264-278.

Huberman, G., and T. Regrev (2001), "Contagious Speculation and a Cure for Cancer: A Nonevent that Made Stock Prices Soar," *Journal of Finance*, 56(1): 387-396.

Iihara, Y., H. K. Kato, and T. Tokunaga (2004), "The Winner–Loser Effect in Japanese Stock

Returns," *Japan and the World Economy*, 16: 471-485.

Ikeda, S., E. Yamamura, and Y. Tsutsui (2023), "COVID-19 Enhanced Diminishing Sensitivity in Prospect-Theory Risk Preferences: A Panel Analysis," *Review of Behavioral Economics*, 10: 287-313.

Imas, A., M. A. Kuhn, and V. Mironova (2022), "Waiting to Choose: The Role of Deliberation in Intertemporal Choice," *American Economic Journal: Microeconomics*, 14(3): 414-440.

Ingersoll, Jr., J.E. (2014), "Cumulative Prospect Theory, Aggregation, and Pricing," *Critical Finance Review*, 4: 1-55.

Itoh, S., and K. Okada, (2023), "The Power of Large Language Models: A ChatGPT-Driven Textual Analysis of Fundamental Data," SSRN Working Paper, https://dx.doi.org/10.2139/ssrn.4535647.

Izhakian, Y. (2017), "Expected Utility with Uncertain Probabilities Theory," *Journal of Mathematical Economics*, 69: 91-103.

Izhakian, Y. (2020), "A Theoretical Foundation of Ambiguity Measurement," *Journal of Economic Theory*, 187: Article 105001.

Jegadeesh, N., and Livnat, J. (2006), "Revenue Surprises and Stock Returns," *Journal of Accounting and Economics*, 41(1-2): 147-171.

Jegadeesh, N. (1990), "Evidence of Predictable Behavior of Security Returns," *Journal of Finance*, 45(3): 881-898.

Jegadeesh, N., and S. Titman (1993), "Returns to Buying Winners and Selling Losers: Implications for Stock Market Efficiency," *Journal of Finance*, 48(1): 65-91.

Jegadeesh, N., and S. Titman (2023), "Momentum: Evidence and Insights 30 Years Later," *Pacific-Basin Finance Journal*, 82: 102202.

Jensen, M. C., and W.H. Meckling (1976), "Theory of the Firm: Managerial Behavior, Agency Costs and Ownership Structure," *Journal of Financial Economics*, 3(4): 305-360.

Jiang, G., C. M. C. Lee, and Y. Zhang (2005), "Information Uncertainty and Expected Returns," *Review of Accounting Studies*, 10(2-3): 185-221.

Jiang, J., B. Kelly, and D. Xiu (2023), "(Re-)Imag(in)ing Price Trends," *Journal of Finance*, 78(6): 3193-3249.

Kahneman, D. (2003), "Maps of Bounded Rationality: Psychology for Behavioral Economics," *American Economic Review*, 93: 1449-1475.

Kahneman, D. (2011), *Thinking, Fast & Slow*, London: Allen Lane（D・カーネマン〈2012〉,『ファスト＆スロー　あなたの意思はどのように決まるか？（上・下）』. 早川書房).

Kahneman, D., and A. Tversky (1979), "Prospect Theory: An Analysis of Decision Under Risk," *Econometrica*, 47(2): 263-291.

Kama, I. (2009), "On the Market Reaction to Revenue and Earnings Surprises," *Journal of Business Finance and Accounting*, 36(1-2): 31-50.

Kanayama, H., and T. Nasukawa, (2006), "Fully Automatic Lexicon Expansion for Domain-Oriented Sentiment Analysis," Proceedings of the 2006 Conference on Empirical Methods in Natural Language Processing Sydney: 355-363.

Kendall, M. G. (1953), "The Analysis of Economic Time Series, Part I: Prices," *Journal of the Royal*

Statistical Society Ser. A, 96: 11-25.

Klibanoff, P., O. Lamont, and T. A. Wizman (1998), "Investor Reaction to Salient News in Closed-End Country Funds," *Journal of Finance*, 53(2): 673-699.

Knight, F. (1921), *Risk, Uncertainty, and Profit*, Houghton Mifflin Company（F・H・ナイト〈2021〉,『リスク、不確実性、利潤』, 筑摩書房）.

Kohsaka, Y., G. Mardyla, S. Takenaka, and Y. Tsutsui (2017), "Disposition Effect and Diminishing Sensitivity: An Analysis Based on a Simulated Experimental Stock Market," *Journal of Behavioral Finance*, 18: 189-201.

Köszegi, B., and M. Rabin (2006), "A Model of Reference-Dependent Preferences," *Quarterly Journal of Economics*, 121: 1133-65.

Köszegi, B., and M. Rabin (2007), "Reference-Dependent Risk Attitudes," *American Economic Review*, 97: 1047-73.

Kubota, K., and H. Takehara (2015), *Reform and Price Discovery at the Tokyo Stock Exchange: From 1990 to 2012*, New York: Palgrave Macmillan.

Kubota, K., and H. Takehara (2018), "Does the Fama and French Five-Factor Model Work Well in Japan?" *International Review of Finance*, 18(1): 137-146.

Kyle, A.S. (1984), "Market Structure, Information, Futures Markets, and Price Formation," in: G. Story, A. Shmitz, and A. Sarris eds., *International Agricultural Trade: Advanced Readings in Price Formation, Market Structure, and Price Instability*, Boulder and London: Westview Press.

Lakonishok, J., Shleifer, A., and Vishny, R. W. (1994), "Contrarian Investment, Extrapolation, and Risk," *Journal of Finance*, 49(5): 1541-1578.

Lamont, O., C. Polk, and J. Saa-Requejo (2001), "Financial Constraints and Stock Returns," *Review of Financial Studies*, 14(2): 529-554.

Larwood, L., and W. Whittaker (1977), "Managerial Myopia: Self-Serving Biases in Organizational Planning," *Journal of Applied Psychology*, 62(2): 194-198.

Lerman, A., J. Livnat, and R. Mendenhall (2008), "Firm Characteristics and the Analyst Coverage Decision," *Review of Accounting Studies*, 13(4): 768-796.

Lev, B., and D. Nissim (2004), "Taxable Income, Future Earnings, and Equity Values," *Accounting Review*, 79(4): 1039-1074.

Lewellen, J. (2015), "The Cross-Section of Expected Returns," *Critical Finance Review*, 4(1): 1-44.

Li, Y., and L. Yang (2013), "Prospect Theory, the Disposition Effect, and Asset Prices," *Journal of Financial Economics*, 107: 715-739.

Lieder, F., and T. L. Griffiths (2020), "Resource-Rational Analysis: Understanding Human Cognition as the Optimal Use of Limited Computational Resources," *Behavioral and Brain Sciences*, 43, e1: 1-60.

Lieder, F. and T.L. Griffiths (2019), "Resource-Rational Analysis: Understanding Human Cognition as the Optimal Use of Limited Computational Resources," *Behavioral and Brain Sciences*, 43: 1-16.

Litzenberger, R. H., and K. Ramaswamy (1979), "The Effect of Personal Taxes and Dividends on Capital Asset Prices: Theory and Empirical Evidence," *Journal of Financial Economics*, 7(2): 163-195.

Litzenberger, R. H., and K. Ramaswamy (1982), "The Effects of Dividends on Common Stock Prices: Tax Effects or Information Effects?" *Journal of Finance*, 37(2): 429-443.

Liu, L. X. (2006), "A Liquidity-Augmented Capital Asset Pricing Model," *Journal of Financial Economics*, 82(3): 631-671.

Lo, A. W. (2017), *Adaptive Markets: Financial Evolution at the Speed of Thought*, Princeton University Press. (A・ロー〈2020〉, 『Adaptive Markets 適応的市場仮説：危機の時代の金融常識』, 東洋経済新報社).

Lo, A., H. Mamaysky, and J. Wang (2000), "Foundations of Technical Analysis: Computational Algorithms, Statistical Inference, and Empirical Implementation," *Journal of Finance*, 55(4): 1705-1765.

Loomes, G., and R. Sugden (1982), "Regret Theory: An Alternative Theory of Rational Choice Under Uncertainty," *Economic Journal*, 92: 805-824.

Lopez-Lira, A., and Y. Tang (2023), "Can ChatGPT Forecast Stock Price Movements? Return Predictability and Large Language Models," SSRN Working Paper, https://dx.doi.org/10.2139/ssrn.4412788.

Lou, D. (2014), "Attracting Investor Attention Through Advertising," *Review of Financial Studies*, 27(6): 1797-1829.

Loughran, T., and B. McDonald (2011), "When Is a Liability Not a Liability? Textual Analysis, Dictionaries, and 10-Ks," *Journal of Finance*, 66(1): 35-65.

Loughran, T., and B. McDonald (2016), "The Use of Word Lists in Textual Analysis," *Journal of Behavioral Finance*, 16(1): 1-11.

Loughran, T., and J. R. Ritter (1995), "The New Issues Puzzle," *Journal of Finance*, 50(1): 23-51.

Loughran, T., and J. Wellman (2011), "New Evidence on the Relation Between the Enterprise Multiple and Average Stock Returns," *Journal of Financial and Quantitative Analysis*, 46(6): 1629-1650.

Lyandres, E., L. Sun, and L. Zhang (2008), "The New Issues Puzzle: Testing the Investment-Based Explanation," *Review of Financial Studies*, 21(6): 2825-2855.

Malcolm, B., and J. Wurgler (2007), "Investor Sentiment in the Stock Market," *Journal of Economic Perspectives*, 21(2): 129-151.

Malmendier, U., and G. Tate (2005), "CEO Overconfidence and Corporate Investment," *Journal of Finance*, 60(6): 2661-2700.

Malmendier, U., and G. Tate (2008), "Who Makes Acquisitions? CEO Overconfidence and the Market's Reaction," *Journal of Financial Economics*, 89(1): 20-43.

Malmendier, U., and G. Tate (2015), "Behavioral CEOs: The Role of Managerial Overconfidence," *Journal of Economic Perspectives*, 29(4): 37-60.

Mankiw, N.G., and S. P. Zeldes (1991), "The Consumption of Stockholders and Nonstockholders," *Journal of Financial Economics*, 29: 97-112.

Markowitz, H. (1952), "Portfolio Selection," *Journal of Finance*, 7(1): 77-91.

Markus, H.R., and S. Kitayama (1991), "Culture and the Self: Implications for Cognition, Emotion, and Motivation," *Psychological Review*, 98(2): 224-253.

McLean, R. D., and J. Pontiff (2016), "Does Academic Research Destroy Stock Return

Predictability?" *Journal of Finance*, 71(1): 5-32.

Mehra, R., and E. C. Prescott (1985), "The Equity Premium: A Puzzle," *Journal of Monetary Economics*, 15: 145-161.

Menkoff, L. (2010), "The Use of Technical Analysis: A Survey of the Evidence," *Journal of Banking and Finance*, 34(11): 2573-2586.

Merkle, C. (2017), "Financial Overconfidence Over Time: Foresight, Hindsight, and Insight of Investors," *Journal of Banking and Finance*, 84: 68-87.

Merton, R. (1969), "Lifetime Portfolio Selection Under Uncertainty: The Continuous-Time Case," *Review of Economics and Statistics*, 51(3): 247-257.

Merton, R. (1990), *Continuous-Time Finance*, Malden, MA: Blackwell Publishing.

Michaely, R., R. H. Thaler, and K. L. Womack (1995), "Price Reactions to Dividend Initiations and Omissions: Overreaction or Drift?" *Journal of Finance*, 50(2): 573-608.

Miller, J. B., and A. Sanjurjo (2018), "Surprised by the Hot Hand Fallacy? A Truth in the Law of Small Numbers," *Econometrica*, 86(6): 2019-2047.

Miller, J. B., and A. Sanjurjo (2019), "A Bridge from Monty Hall to the Hot Hand: The Principle of Restricted Choice," *Journal of Economic Perspectives*, 33(3): 144-162.

Miller, M. H., and M. S. Scholes (1982), "Dividends and Taxes: Some Empirical Evidence," *Journal of Political Economy*, 90(6): 1118-1141.

Mohanram, P. S. (2005), "Separating Winners from Losers Among Low Book-to-Market Stocks Using Financial Statement Analysis," *Review of Accounting Studies*, 10(2-3): 133-170.

Montier, J. (2002), *Behavioural Finance Insights into Irrational Minds and Markets*, West Sussex: John Wiley & Sons, Ltd（J・モンティア〈2005〉,『行動ファイナンスの実践』, ダイヤモンド社）.

Moore, D., and P. Healy (2008), "The Trouble with Overconfidence," *Psychological Review*, 115(2): 502-517.

Moskowitz, T. J., and M. Grinblatt (1999), "Do Industries Explain Momentum?" *Journal of Finance*, 54(4): 1249-1290.

Nardon, M., and P. Pianca (2019), "European Option Pricing Under Cumulative Prospect Theory with Constant Relative Sensitivity Probability Weighting," *Review of Financial Studies*, 16: 249-274.

Novy-Marx, R. (2011), "The Other Side of Value: The Gross Profitability Premium," *Journal of Financial Economics*, 108(1): 1-28.

Odean, T. (1998), "Are Investors Reluctant to Realize Their Losses?" *Journal of Finance*, 53: 1775-1798.

Oechssler, J., A. Roider, and R. W. Schmitz (2009), "Cognitive Abilities and Behavioral Biases," *Journal of Economic Behavior and Organization*, 72: 147-152.

Okada, K., and Y. Hamuro (2011), "Predicting Noise Trader Behavior Through Mining Newspaper Articles," Proceedings of the Seventh Workshop on Learning with Logics and Logics for Learning, Osaka, Japan.

Okada, K., Y. Hamuro, and M. Nakasuji（2023）, "Decoding the Unique Price Behavior in the Japanese Stock Market with Convolutional Neural Networks," SSRN Working Paper, https://dx.doi.org/10.2139/ssrn.4478013.

Ortiz-Molina, H., and G. M. Phillips (2014), "Real Asset Illiquidity and the Cost of Capital," *Journal of Financial and Quantitative Analysis*, 49(1): 1-32.

Otero, I., and P. Alonso (2023), "Cognitive Reflection Test: The Effects of the Items Sequence on Scores and Response Time," *Plos One*, 18(1): e0279982.

Otero, I., J. F. Salgado, and S. Mascoso (2022), "Cognitive Reflection, Cognitive Intelligence, and Cognitive Abilities," *Intelligence*, 90: 1-13.

Ou, J. A., and S. H. Penman (1989), "Financial Statement Analysis and the Prediction of Stock Returns," *Journal of Accounting and Economics*, 11(4): 295-329.

Palazzo, B. (2012), "Cash Holdings, Risk, and Expected Returns," *Journal of Financial Economics*, 104(1): 1-28.

Pastor, L., and R. F. Stambaugh (2003), "Liquidity Risk and Expected Stock Returns," *Journal of Political Economy*, 111(3): 642-685.

Pelster, M. (2020), "The Gambler's and Hot-Hand Fallacies: Empirical Evidence from Trading Data," *Economics Letters*, 187: 1-3.

Penman, S. H., Richardson, S. A., and Tuna, I. (2007), "The Book-to-Price Effect in Stock Returns: Accounting for Leverage," *Journal of Accounting Research*, 45(2): 427-467.

Pennycook, G., J. McPhetres, Y. Zhang, J. G. Lu, and D. G. Rand (2020), "Fighting COVID-19 Misinformation on Social Media: Experimental Evidence for a Scalable Accuracy-Nudge Intervention," *Psychological Science*, 31(7): 770–780.

Phillips, M., and T. Lorenz (2021, January 27). "'Dumb Money' Is on GameStop, and It's Beating Wall Street at Its Own Game," *The New York Times*.

Pikulina, E., L. Renneboog, and P. N. Tobler (2017), "Overconfidence and Investment: An Experimental Approach," *Journal of Corporate Finance*, 43: 175-192.

Piotroski, J. D. (2000), "Value Investing: The Use of Historical Financial Statement Information to Separate Winners from Losers," *Journal of Accounting Research*, 38(S1), 1-41.

Pontiff, J., and A. Woodgate (2008), "Share Issuance and Cross-Sectional Returns," *Journal of Finance*, 63(2): 921-945.

Prelec, D. (1998), "The Probability Weighting Function," *Econometrica*, 66(3): 497-527.

Preston, M.G., and P. Baratta (1948), "An Experimental Study of the Auction Value of an Uncertain Outcome," *American Journal of Psychology*, 61: 183-193.

Qin, J. (2015), "A Model of Regret, Investor Behavior, and Market Turbulence," *Journal of Economic Theory*, 160: 150-174.

Qin, J. (2020), "Regret-Based Capital Asset Pricing Model," *Journal of Banking and Finance*, 114: 1-8.

Quiggin, J. (1994), "Regret Theory with General Choice Sets," *Journal of Risk and Uncertainty*, 8(2): 153-165.

Rabin, M. (2000a), "Risk Aversion and Expected Utility Theory: A Calibration Theorem," *Econometrica*, 68(5): 1281-1292.

Rabin, M. (2000b), "Diminishing Marginal Utility of Wealth Cannot Explain Risk Aversion," in: Kahneman D., and Tversky A. eds., *Choices, Values, and Frames*, New York: Cambridge University Press, Chap. 11.

Rabin, M. (2002), "Inference by Believers in the Law of Small Numbers," *Quarterly Journal of Economics*, 117(3): 775-816.

Rabin, M., and D. Vayanos (2010), "The Gambler's and Hot-Hand Fallacies: Theory and Applications," *Review of Economic Studies*, 77: 730-778.

Rabin, M., and G. Weizsacker (2009), "Narrow Bracketing and Dominated Choices," *American Economic Review*, 99: 1508-1543.

Rabin, M., and R. H. Thaler (2001), "Anomalies Risk Aversion," *Journal of Economic Perspectives*, 15(1): 219-232.

Rajgopal, S., Shevlin, T., and Venkatachalam, M. (2003), "Does the Stock Market Fully Appreciate the Implications of Leading Indicators for Future Earnings? Evidence from Order Backlog," *Review of Accounting Studies*, 8(4): 461-492.

Read, D., G. Loewenstein, and M. Rabin (1999), "Choice Bracketing," *Journal of Risk and Uncertainty*, 19: 171-197.

Rendleman, R. J., C. P. Jones, and H. A. Latane (1982), "Empirical Anomalies Based on Unexpected Earnings and the Importance of Risk Adjustments," *Journal of Financial Economics*, 10(3): 269-287.

Richardson, S. A., R. G. Sloan, M. T. Soliman, and I. Tuna (2005), "Accrual Reliability, Earnings Persistence, and Stock Prices," *Journal of Accounting and Economics*, 39(3): 437-485.

Roll, R., and S. Ross (1980), "An Empirical Investigation of the Arbitrage Pricing Theory," *Journal of Finance*, 35(5): 1073-1103.

Ross, S. (1976), "Arbitrage Theory of Capital Asset Pricing," *Journal of Economic Theory*, 13: 341-360.

Samuelson, P. (1947), *Foundations of Economic Analysis*, Harvard: Harvard University Press.

Samuelson, P. (1965), "Proof That Properly Anticipated Prices Fluctuate Randomly," *Industrial Management Review*, 6(2): 41-49.

Schneider, P., Wagner, C., and J. Zechner (2020), "Low Risk Anomalies?" *Journal of Finance*, 75(6): 2673-2718.

Shapira, Z., and I. Venezia (2001), "Patterns of Behavior of Professionally Managed and Independent Investors," *Journal of Banking and Finance*, 25: 1573-1587.

Sharpe, W. (1964), "Capital Asset Prices: A Theory of Market Equilibrium Under Conditions of Risk," *Journal of Finance*, 19(3): 425-442.

Sharpe, W. (1999), *Portfolio Theory and Capital Markets*, New York: McGraw-Hill.

Shefrin, H. (2002), *Beyond Greed and Fear*, Oxford: Oxford U.P.（H・シェフリン〈2005〉,『行動ファイナンスと投資の心理学』, 東洋経済新報社).

Shefrin, H. (2008), *A Behavioral Approach to Asset Pricing*, MA: Elsevier.

Shefrin, H. (2010), "Behavioralizing Finance," *Foundations and Trends® in Finance*: Vol. 4: No. 1-2, 1-184. http://dx.doi.org/10.1561/0500000030

Shefrin, H., and M. Statman (1985), "The Disposition to Sell Winners Too Early and Ride Losers Too Long: Theory and Evidence," *Journal of Finance*, 40: 777-790.

Shiller, R. (2000, 1st ed.; 2005, 2nd ed), *Irrational Exuberance*, New Jersey: Princeton U.P.（R・シラー〈2001〉,『投機バブル 根拠なき熱狂：アメリカ株式市場、暴落の必然』, ダイヤモン

ド社).

Shiller, R. J. (1999), "Human Behavior and the Efficiency of the Financial System," in: Taylor, J.B., and M. Woodford eds., *Handbook of Macroeconomics*, Amsterdam: Elsevier: 1305-1340.

Shleifer, A., and R. Vishny (1997), "The Limits of Arbitrage," *Journal of Finance*, 52(1): 35-55.

Sias, R. (2004), "Institutional Herding," *Review of Financial Studies*, 17(1): 165-206.

Simon, H. (1955), "A Behavioral Model of Rational Choice," *Quarterly Journal of Economics*, 69: 99-118.

Simon, H. (1956), "Rational Choice and the Structure of the Environment," *Psychological Review*, 63(2): 129-138.

Simon, H. (1990), "Invariants of Human Behavior," *Annual Review of Psychology*, 41: 1-19.

Sinayev, A., and E. Peters (2015), "Cognitive Reflection VS Calculation in Decision Making," *Frontiers in Psychology*, 6: 1-16.

Singh, S. (1997), *Fermat's Last Theorem*, London: Harper Collins Publishers〈S・シン〈2000〉,『フェルマーの最終定理』, 新潮社).

Sirota, M., C. Dewberry, M. Juanchich, L. Valus, and A. C. Marshall (2021), "Measuring Cognitive Reflection without Maths: Development and Validation of the Verbal Cognitive Reflection Test," *Journal of Behavioral Decision Making*, 34: 322-343.

Sloan, R. G. (1996), "Do Stock Prices Fully Reflect Information in Accruals and Cash Flows About Future Earnings?" *Accounting Review,* 71(3): 289-315.

Soliman, M. T. (2008), "The Use of DuPont Analysis by Market Participants," *Accounting Review*, 83(3): 823-853.

Stanovich, K. E. (2004), *The Robot's Rebellion: Finding Meaning in the Age of Darwin*, Chicago: University of Chicago Press (K・スタノヴィッチ〈2008〉,『心は遺伝子の論理で決まるのか 二重過程モデルでみるヒトの合理性』, みすず書房).

Stanovich, K.E., and R. F. West (2000), "Individual Differences in Reasoning: Implications for the Rationality Debate?" *Behavioral and Brain Sciences*, 23: 645-665.

Statman, M., S. Thorley, and K. Vorkink (2006), "Investor Overconfidence and Trading Volume," *Review of Financial Studies*, 19(4): 1531-1565.

Suetens, S., C. B. Galbo-Jorgensen, and J-R. Tyran (2016), "Predicting Lotto Numbers: A Natural Experiment on the Gambler's Fallacy and the Hot-Hand Fallacy," *Journal of the European Economic Association*, 14(3): 584-604.

Sunstein, C. (2023), "'Come on, Man!' On Errors, Choice, and Hayekian Behavioral Economics," *Behavioural Public Policy*, 7(1): 212-218.

Sydnor, J. (2010), "(Over)insuring Modest Risks," *American Economic Journal: Applied Economics*, 2: 177-199.

Tangney, J.P., R. F. Baumeister, and A. L. Boone (2004), "High Self-Control Predicts Good Adjustment, Less Pathology, Better Grades, and Interpersonal Success," *Journal of Personality*, 72: 271-324.

Tarde, G. (1903), *The Laws of Imitation* (H. C. Warren, Trans.). New York: Henry Holt and Company.

Terrell, D. (1994), "A Test of the Gambler's Fallacy: Evidence from Pari-Mutuel Games," *Journal of*

Risk and Uncertainty, 8: 309-317.

Tetlock, P. (2007), "Giving Content to Investor Sentiment: The Role of Media in the Stock Market," *Journal of Finance*, 62(3): 1139-1168.

Thaler, R.H. (2016), "Behavioral Economics: Past, Present, and Future," *American Economic Review*, 106: 1577-1600.

Thaler, R.H., and H. M. Shefrin (1981), "An Economic Theory of Self-Control," *Journal of Political Economy*, 89: 392-406.

Thoma, V., E. White, A. Panigrahi, V. Strowger, and I. Anderson (2015), "Good Thinking or Gut Feeling? Cognitive Reflection in Traders, Bankers and Financial Non-Experts," *Plos One*, 10: 1-17.

Thomas, J., and H. Zhang (2002), "Inventory Changes and Future Returns," *Review of Accounting Studies*, 7(2-3): 163-187.

Thomson, K.S., and D.M. Oppenheimer (2016), "Investigating an Alternate Form of the Cognitive Reflection Test," *Judgment and Decision Making*, 11: 99-113.

Titman, S., K. C. J. Wei, and F. Xie (2004), "Capital Investments and Stock Returns," *Journal of Financial and Quantitative Analysis*, 39(4): 677-700.

Tobin, J. (1958), "Liquidity Preference as Behavior Toward Risk," *Review of Economic Studies*, 67: 65-89.

Toplak, M.E., R. F. West, and K. E. Stanovich (2011), "The Cognitive Reflection Test as a Predictor of Performance on Heuristics-and-Biases Tasks," *Thinking and Reasoning*, 20: 147-168.

Toplak, M.E., R. F. West, and K. E. Stanovich (2014), "Assessing Misery Information Processing: An Expansion of the Cognitive Reflection Test," *Thinking and Reasoning*, 20: 147-168.

Tuzel, S. (2010), "Corporate Real Estate Holdings and the Cross-Section of Stock Returns," *Review of Financial Studies*, 23(6): 2268-2302.

Tversky, A., and D. Kahneman (1971), "Belief in the Law of Small Numbers," *Psychological Bulletin*, 76: 105-110.

Tversky, A., and D. Kahneman (1974), "Judgment Under Uncertainty: Heuristics and Biases," *Science*, 185: 1124-1131.

Tversky, A., and D. Kahneman (1983), "Extensional Versus Intuitive Reasoning: The Conjunction Fallacy in Probability Judgement," *Psychological Review*, 90: 293-315.

Tversky, A., and D. Kahneman (1992), "Advances in Prospect Theory: Cumulative Representation of Uncertainty," *Journal of Risk and Uncertainty*, 5: 297-323.

Valta, P. (2016), "Strategic Default, Debt Structure, and Stock Returns," *Journal of Financial and Quantitative Analysis*, 51(1): 1-28.

von Neumann, J., and O. Morgenstern (1944), *Theory of Games and Economic Behavior*, New Jersey: Princeton University Press.

Wakker, P.P. (2010), *Prospect Theory: For Risk and Uncertainty*, Cambridge: Cambridge U.P.

Weber, M., and C. Camerer (1998), "The Disposition Effect on Securities Trading: An Experimental Analysis," *Journal of Economic Behavior and Organization*, 33: 167-184.

Whaley, R. (2003), "Derivatives," in: G. M. Constantinides, M. Harris, and R. M. Stulz eds.,

Handbook of the Economics of Finance, Amsterdam: Elsevier, Chap.19.

Whited, T. M., and G. Wu (2006), "Financial Constraints Risk," *Review of Financial Studies*, 19(2): 531-559.

Wilkinson, N., and M. Klaes (2012), *An Introduction to Behavioral Economics*, New York: Palgrave Macmillan.

Xing, Y. (2008), "Interpreting the Value Effect Through the Q-Theory: An Empirical Investigation," *Review of Financial Studies*, 21(4): 1767-1795.

Yan, H. (2008), "Natural Selection in Financial Markets: Does It Work?" *Management Science*, 54(11): 1935-1950.

【日本語文献】

安藤希 (2021),「教育的指導により Disposition effect は軽減するか？：模擬市場における RCT による実証分析」,『現代ファイナンス』, 43：49-74.

池田新介 (2012),『自滅する選択：先延ばしで後悔しないための新しい経済学』, 東洋経済新報社.

内山朋規・岩澤誠一郎 (2012),「投資家の『ギャンブル志向』は日本の株価に影響を与えているか：歪度と期待リターン」,『現代ファイナンス』, 31：61-86.

伊藤敬介・荻島誠治・諏訪部貴嗣 (2009),『新・証券投資論Ⅱ　実務篇』, 日本経済新聞出版.

大垣昌夫・田中沙織 (2019),『行動経済学：伝統的経済学との統合による新しい経済学を目指して（新版）』, 有斐閣.

大村敬一・宇野淳・川北英隆・俊野雅司 (1998),『株式市場のマイクロストラクチャー：株価形成メカニズムの経済分析』, 日本経済新聞出版.

岡 潔 (1963),『春宵十話』, 光文社文庫 (2006) で再出版.

岡田克彦 (2010),『伝統的ファイナンスから行動ファイナンスへ』, 関西学院大学出版会

岡田克彦編著 (2022),『Python によるビジネスデータサイエンス 4　ファイナンスデータ分析』, 朝倉書店.

岡田克彦・羽室行信 (2017),「株式市場における株価大崩落の兆し検知への挑戦」, 第 31 回人工知能学会プロシーディングズ.

角田康夫 (2009),『行動ファイナンス入門　なぜ、「最適な戦略」が間違うのか？』, PHP ビジネス新書.

加藤英明・山崎尚志 (2008),『野球人の錯覚』, 東洋経済新報社.

加藤英明 (2003),『行動ファイナンス：理論と実証』, 朝倉書店.

金融庁「非課税口座に受け入れることができる上場株式等の範囲に関する基準」.

久保田敬一・竹原均 (2007),「Fama-French ファクターモデルの有効性の再検証」,『現代ファイナンス』, 22: 3-23.

小林孝雄・芹田敏夫 (2009),『新・証券投資論Ⅰ　理論篇』, 日本経済新聞出版.

齊藤誠 (2000),『金融技術の考え方使い方：リスクと流動性の経済分析』, 有斐閣.

齊藤誠 (2007),『資産価格とマクロ経済』, 日本経済新聞出版.

酒井泰弘 (1982),『不確実性の経済学』, 有斐閣.

榊原茂樹 (1986),『現代財務理論』, 千倉書房.

清水克俊 (2016),『金融経済学』, 東京大学出版会.

城下賢吾・森保洋 (2009), 『日本株式市場の投資行動分析：行動ファイナンスからのアプローチ』, 中央経済社.

武見基金 COVID-19 有識者会議（2020),「COVID-19 に対する PCR 検査体制」.

筒井義郎・平山健二郎（2009), 『日本の株価：投資家行動と国際連関』, 東洋経済新報社.

俊野雅司 (2004), 『証券市場と行動ファイナンス』, 東洋経済新報社.

日本証券経済研究所編（2019), 『図説アメリカの証券市場 2019 年版』, 日本証券経済研究所.

秦　劼 (2021),「後悔理論と資産価格評価モデル」,『立命館食科学研究』, 5：103-113.

羽室行信・岡田克彦・Stephan Cheung（2016),「銘柄類似度グラフの時系列構造変化に基づく株価予測,」第 30 回人工知能学会プロシーディングズ.

羽森茂之（1996), 『消費者行動と日本の資産市場』, 東洋経済新報社.

Blin, J., S. Bender, 今井ゆかり（1997),「裁定とリスク構造についての数学的分析」,『現代ファイナンス』, 2：49-70.

山田徹・後藤晋吾（2020),「日本株ファクターモデルに足りないもの：データマイニング法を用いた探訪」,『現代ファイナンス』, 42：37-69.

索　　引

（＊索引項目ページ番号のnは脚注であることを表す）

〈人名〉

アルファベット

Antweiler and Frank　441n

Ariely　187n

Arisoy　399n, 401n

Avugos　204n

Badarinza　305n

Baddeley　23n, 106n

Baker and Wurgler　435n, 437, 439n, 440

Bali and Zhou　403n, 404

Ball and Brown　386n

Barber and Odean　133n, 190n

Barberis　53n, 295, 306n, 339n, 394n, 397n, 398

Barberis and Xiong　332n

Barseghyan　324n, 325

Bateman　331n

Bell　399n

Benartzi and Thaler　259n, 342n, 345n

Ben-David　192n

Bergman　187n, 188, 214

Bernstein　62n

Black and Scholes　96n, 313n

Blin 他　93

Bloomfield and Hales　175, 176

Bollerslev　403n

Booji　275

Bordalo　156n, 178

Boyer　349

Boyer and Vorkink　318n

Brandstatter　49n

Brenner and Izhakian　405n

Brown　458n

Brown and Warner　337n

Bucchaineri　188n

Campbell　65n

Carhart　458n, 459

Cartwright　331n

Casscells　159n

Chen　93

Choe and Eom　332n

Chui, Titman and Wei　179n

Cicchetti and Dubin　323n

Cochrane　65n, 495n

Corgnet　134n

Cutler and Zeckhauser　323n

Czerwonka　214

Damodaran　341, 341n

Daniel　407

Daniel and Hirshleifer　189n, 190n, 410n

Daniel and Moskowitz　453n, 500n, 501

De Bondt and Thaler　181, 190n, 454n

Dellavigna and Pollet　186n

Delong　433n, 434n

Dhami　23n, 75n, 238n, 258n

Dimson　341, 346

Dohmen　120n, 124n

Epstein and Zin　93, 94n

Evans　147n

Evans and Stanovich　107n

Fama　64n, 386n

Fama and French　93, 179n, 454n, 465n, 497

Feng　513-518, 530

Feng and Seasholes　332n

Fishbacher　332n

Frederick　110n, 114, 124n

Friedman, Milton   45n
Friedman & Friedman   45n
Geczy and Samonov   500n
Gennaioli and Shleifer   48n, 218n, 219n
Gigerenzer   146, 147
Gilovich   165n
Glimcher   49n
Gomes   303, 305n
Graham   199n, 421n
Grežo   194n
Griffin   190n
Grinblatt   132n
Grinblatt and Keloharju   192n, 332n
Grundy and Martin   453n
Guryan and Kerney   165n
Hamao   93
Harvey   488n, 534n
Hendricks   458n
Hirshleifer   186n, 199n
Hofmann   116n
Hong and Stein   455n
Hoppe and Kusterer   214
Hou   534n, 535n
Hou, Xue, and Zhang   509n
Iihara, Kato, and Tokunaga   179n
Ikeda, Yamamura, and Tsutsui   282n
Ingersoll   306n
Izhakian   405n
Jegadeesh   455n, 461n
Jegadeesh and Titman   54n, 178n, 179n, 181n,
   455n
Kahneman, Daniel   23, 107n, 114
Kahneman and Tversky   30, 155n, 238n,
   240n, 244n, 245n, 247n, 248, 253n, 255n,
   262, 282-284
Kanayama and Nasukawa   442n
Klibanoff   184n
Kohsaka   332n, 338n
Köszegi and Rabin   329
Kubota & Takehara   65n, 93
Larwood and Whittaker   191n

Li and Yang   339n
Lo   536n, 540n
Loomes and Sugden   399n
Malmendier and Tate   191n
Mankiw and Zeldes   305n
McLean and Pontiff   532n, 533
Mehra and Prescott   341n
Menkoff   535n
Merkle   191n, 193n.
Merton   64n, 65n, 93, 94n
Miller and Sanjurjo   204n, 205
Montier,   23n
Moore and Healy   191n
Nardon and Pianca   318n
Odean   335n
Oechssler   124n, 211
Okada and Hamuro   442n
Okada, Hamuro, and Nakasuji   545n
Otero and Alonso   115n
Pastor and Stambaugh   453n
Patel   458n
Phillips and Lorenz   433n
Pikulina   194n
Preston and Baratta   288
Qin   400n
Quiggin   399n
Rabin   167, 242n
Rabin and Thaler   242n, 323n
Roll and Ross   93
Ross   95n
Shapira and Venezia   332n
Sharpe   64n, 93n
Shefrin, Hersh   22, 23n
Shefrin and Statman   332n, 338
Shiller   318n
Shleifer and Vishny   47n, 366
Simon   50n, 153n
Singh   146n
Sloan   468n, 469n
Stanovich   51n
Statman   190n

索　引　595

Suetens　170n

Sunstein　49n

Sydnor　323n, 330

Tangney　115, 116n

Tarde　415n

Tetlock　442n

Thaler　43n, 49n, 50n

Thoma　134n

Tobin　62n

Tversky and Kahneman　30, 155n, 159n, 217, 246n, 255n, 257, 264n, 275, 284, 325

Tversky, Amos　23

Wakker　238n, 243n, 255n, 260n, 262, 283, 288

Weber and Camerer　332n

Wilkinson and Klaes　49n

Yan Hongjun　47n

Zeckhauser　458n

あ行

アインホーン、ヒレル（Einhorn, Hillel）289

アヴュゴウズ、シミシャ（Avugos, Simcha）204

アダマール、ジャック（Hadamard, Jacques Salamon）145, 146, 148

アブデラウイ　258

アリエリー、ダン（Ariely, Dan）187

アルカス、モハンメド（AlKhars, Mohammed）211

アレ、モーリス（Allais, Maurice）236, 274, 276

アロンソ、パメラ（Alonso, Pamela）115

アン、アンドリュー（Ang, Andrew）485, 487

安藤　332n

アントワイラー、ワーナー（Antweiler, Werner）441, 447

アントワイラー＝フランク　41

飯原・加藤・徳永　179

池田　77n

イザキアン、イェフダ（Izhakian, Yehuda）

405, 406

伊藤・荻島・諏訪部　65n

イマス、アレックス（Imas, Alex）124

岩澤・内山　349

岩澤誠一郎　310

ヴァーグラー、ジェフリー（Wurgler, Jeffrey）435, 436, 438, 439, 441, 447

ヴィシュニ、ロバート（Vishny, Robert）47, 66

ウェイ、ジョン（Wei John）467

ウエスト、リチャード（West, Richard）50

ウェルチ、アイヴォ（Welch, Ivo）417

ウォルドマン、ロバート（Waldman, Robert）433

内山・岩澤　310, 349n, 350, 351

内山朋規　310

エイベル、マーティン（Abel, Martin）211

エヴァンズ　41

エヴァンズ、ジョナサン（Evans, Jonathan）106

エクスラー、イェルク（Oechssler Jorg）119

エリソイ・エセア（Arisoy, Eser）401

エルスバーグ、ダニエル（Ellseberg, Daniel）121

太田・田中　276

大村　65n

岡潔　146

岡田　473

岡田・羽室　422n

岡田克彦　442

オッペンハイマー、ダニエル（Oppenheimer, Daniel）144

オディーン、テランス（Odean, Terrance）133, 190, 335

オテロ、インマキュラダ（Otero, Inmaculada）115, 144

か行

カーニー、メリッサ（Kearney, Melissa）
165
カーネマン、ダニエル（Kahneman,
Daniel）　23, 29, 30, 51, 54, 56, 57, 66,
114, 155, 188, 217, 236, 237, 240, 246, 263,
274, 331, 397
カーネマン＝トゥヴァースキー　40
カーハイト、マーク（Carhart, Mark）　458
カイル　41
角田　23n
カッセルズ、ウォード（Casscells, Ward）
158-159
加藤　23n, 181
金山博　442
ギゲレンツァー、ゲルト（Gigerenzer,
Gerd）　146, 147, 148
ギロヴィッチ、トーマス（Gilovich,
Thomas）　164, 204, 208, 209
クーパー、マイケル（Cooper, Michael）
363
久保田・竹畑　93
グラハム、ジョン（Graham, John）　199,
421
グリアン、ジョナサン（Guryan, Jonathan）
165
クリジェフスキー、アレックス（Krizhevsky,
Alex）　541
クリバノフ、ピーター（Klibanoff, Peter）
184
グリフィス、トーマス（Griffiths, Thomas）
145
グリムチャー、ポール（Glimcher, Paul）
49
グリンブラット　134
グリンブラット、マーク（Grinblatt,
Mark）　192
グレゾ、マタス（Grežo, Matúš）　194
クロソン、レイチェル（Croson, Raychel）
162

ケインズ、J・M　62
ケロハージャ、マティ（Keloharju, Matti）
192
ケンダール、モーリス（Kendall, Maurice）
359
ゴーツマン、ウィリアム（Goetzman,
William）　458
ゴールドスタイン、ウィリアム（Goldstein,
William）　289
ゴールドスタイン＝アインホーン　290
コクラン　41, 495
コゼジ　325?
後藤　510
小林・芹田　65n

さ行

齊藤　65n, 93
サイモン、ハーバート（Simon, Herbert）
40, 50, 65, 153
酒井　75n, 252n
榊原　64n, 93
サツケバー、イリヤ（Sutskever, Ilya）　541
サマーズ、ローレンス（Summers,
Lawrence）　433
サミュエルソン、ポール（Samuelson,
Paul）　32, 37, 359
サンスティーン、キャス（Sunstein, Cas）
49
サンダーリ、ジェイムス（Sundali, James）
162
サンホルホ、アダム（Sanjurjo, Adam）
204
シアス、リチャード（Sias, Richard）　418
ジークリオ、ステファン（Giglio, Stephan）
511
シェフリン、ハーシュ（Shefrin, Hersh）
22, 23, 37, 297, 332, 338
シェフリン＝スタトマン　41
ジェラーディ、クリストファー（Gerardi,
Kristopher）　138
ジェンナイオーリ、ニコラ（Gennaioli,

Nichola） 177, 218, 219

ジェンナイオーリ＝シュライファー 177n

シオン、ウェイ（Xiong, Wei） 332

シケティー、チャールズ（Cicchetti, Charles） 323

シドナー、ジャスティン（Sydnor, Justin） 330, 331

シナイエヴ、アレクサンダ（Sinayev, Alekasandr） 144

清水 65n

シャープ、ウィリアム（Sharpe, William） 39, 40, 63

ジャガディシュ、ナラシマン（Jagadeesh, Narasimhan） 54, 178, 179, 181, 453, 456, 459

ジャガディッシュ＝ティットマン 41

ジャン、ル 509, 534

ジャン＝ケリー＝シュー 41

シュ、ダーチェン（Xiu, Dacheng） 511

シュエ、チェン（Xue, Chen） 508, 534

シュライファー、アンドレイ（Shleifer, Andrei） 47, 66, 171, 433

シュライファー＝ヴィシュニ 41

ジョウ、ハオ（Zhou, Hao） 403

ショールズ、マイロン（Scholes, Myron） 42, 44, 47, 64, 66, 312

シラー、ロバート（Shiller, Robert） 41, 66

城下・森保 23n, 179n, 181, 332n, 337n

シロタ、ミロスラフ（Sirota, Miroslav） 144

秦劼 399, 399n, 400

スエテンス、シグリッド（Sigrid Suetens） 170, 171, 174

スタイン、ジェレミー（Stein, Jeremy） 455

スタトマン、マイヤー（Statman, Meir） 190, 297, 332

スタノヴィッチ、キース（Keith Stanovich） 106

スタノヴィッチ 50

スローン、リチャード（Sloan, Richard）

468, 469, 470, 473, 474

セイラー、リチャード（Thaler, Richard） 49, 66, 181, 294, 323n, 342, 344, 345n

セイラー＝シュエフリン 41

ソロス、ジョージ（Soros, George） 434

た行

ダトル、カイ（Duttle, Kai） 214

ダニエル、ケント（Daniel, Kent） 189, 407, 408, 409, 500

ダフィ 41

タルド、ガブリエル（Tarde, Gabriel） 415

チュイ、アンディ（Chui, Andy） 467

ツェルヴォンカ、モニカ（Czerwonka, Monika） 214

筒井・平山 23n

筒井義郎 338n

ティットマン、シェリダン（Titman, Sheridan） 54, 178, 179, 453, 456, 459, 467

ディムソン、エルロイ（Dimson, Elroy） 345

テットロック 41

テットロック、ポール（Tetlock, Paul） 442, 447

デボンツ、ワーナー（De Bondt, Werner） 181, 454

デボンツ＝セイラー 41

デモダラン、アスワス（Damodaran, Aswath） 341, 382

デラヴィグナ、ステファノ（Dellavigna, Stefano） 186

テレル、デク（Terrell, Dek） 163

デロング、ブラッドフォード（Delong, Bradford） 433

トゥヴァースキー、エイモス（Tversky, Amos） 23, 29, 30, 54, 56, 57, 66, 155, 165, 204, 217, 236, 237, 238, 246, 263, 264, 274, 276n, 323, 326, 344, 397, 571

トゥヴァースキー＝カーネマン 40, 258, 261, 290

トービン、ジェームズ（Tobin, James）
39, 40, 62

トーマ、ヴォルカー（Thoma, Volker）
133

俊野　23n, 188n

トプラック、マギー（Toplak, Maggie E.）
142, 211

トムソン、キーラ（Thomson, Keela）　144

デュービン、ジェフリー（Dubin, Jeffrey）
323

な行

ナイト、フランク（Knight, Frank）　121

那須川哲哉　442

ナルドン、マルティナ（Nardin, Martina）
318

日本証券取引所　62n

は行

ハーヴィー、キャンベル（Harvey,
Campbell）　488, 489, 489n

ハーシュライファー、デヴィッド
（Hirshleifer, David）　186, 189, 417

バーセギヤン、リーヴォン（Barseghyan,
Levon）　324, 323, 327n, 331

バーバー、ブラド（Barber, Brad）　133, 190

バーベリス、ニコラス（Barberis, Nicholas）
53, 332, 394n, 397

バウマイスター、ロウ（Baumeister, Roy）
116

バシュリエ、ルイ（Bachelier, Louis）　357

羽森　65n, 93

羽室・岡田・Cheung　422, 422n, 428, 431

羽室行信　442

バラッタ、フィリップ（Baratta, Philip）
288

バリ、トゥラン（Bali, Turan）　403

ハリソン、ホング（Harrison, Hong）　455

ハンセン、ラース（Hansen, Lars）　66

ピアンカ、パオロ（Pianca, Paolo）　318

ピータース、エレン（Peters, Ellen）　144

ビクチャンダニ、スシル（Bikchandani,
Sushil）　417

ピクリナ、エリナ（Pikulina, Elina）　193n,
194

ヒントン、ジェフリー（Hinton, Geoffrey）
541

ファーマ、ユージーン（Fama, Eugene）
32, 37, 40, 63, 66, 93, 179, 359, 363, 375,
378, 452, 454, 464, 475, 477, 494, 497, 569

ファーマ＝フレンチ　41, 497

フーバーマン、ガー（Huberman, Gur）
185

フォン・ノイマン＝モルゲンシュテルン
40

ブラウン、ステファン（Brown, Stephan）
458

ブラウン、フィリップ（Brown, Phillipe）
386

ブラック、フィッシャー（Black, Fisher）
42, 44, 64, 312

フラッチーニ＝ピーターソン　41

ブラニャース－ガルサ（Paolo Branas-
Garza）　112, 113

フランク、マレー（Frank, Murray）　441

フリードマン、ミルトン（Friedman,
Milton）　40, 45, 46, 68

ブルームフィールド、ロバート（Bloomfield,
Robert）　175

プレスコット、エドワード（Prescott,
Edward）　65, 341

プレストン、マルコルム（Preston,
Malcolm）　288

フレデリック、　41

フレデリック、シェーン（Frederick,
Shane）　55, 110, 112, 114, 142

ブレナー、メナヘム（Brenner, Menachem）
405, 406

プレレック　290

プレレック、ドレイゼン（Prelec, Drazen）
289

フレンチ、ケネス（French, Kenneth）　93,

179, 375, 378, 452, 454, 464, 465, 475, 477, 494

フン、グアハオ（Feng, Guahao） 511

ヘイルス、ジェフリー（Hales, Jeffrey） 175

ベーカー、マルコム（Baker, Malcolm） 435, 436, 438, 439, 441, 447

ベナルジ、シロモ（Bernatzi, Shilomo） 294, 342, 344, 345n

ベナルジ＝セイラー 41

ペニクック、ゴードン（Pennycook, Gordon） 211

ベルグマン、オスカー（Bergman, Oscar） 214

ペルスター、マティアス（Pelster, Matthias） 176

ベン - デヴィッド、イツアク（Ben-David Itzhak） 192

ポアンカレ、アンリ（Poincaré, Jules-Henri） 145

ボイヤー、ブライアン（Boyer, Brian） 318, 349, 351, 351n

ホウ、カウェイ（Hou, Kewei） 508, 534

ホウ＝シュエ＝ジャン 41

ボウイ 258, 261, 275

ボール、レイ（Ball, Ray） 386

ホフステッド、ヘールト（Hofstede, Geert） 467

ボルダーロ、ペドロ（Bordalo, Pedro） 156, 178

ボレスラヴ、ティム（Bollerslev, Tim） 403

ポレット、ジョシュア（Pollet, Joshua） 186

ポンティフ、ジェフリー（Pontiff, Jeffrey） 532

ま行

マーコウィッツ、ハリー（Markowitz, Harry） 39, 40, 62, 369

マートン、ロバート（Marton, Robert）

40, 47, 64, 66

マクドナルド、ビル（McDoald, Bill） 448

マクベス、ジェームズ（Macbeth, James） 497

マクリーン、デヴィッド（Mclean, David） 532

ママイスキー、ハリー（Mamaysky, Harry） 537

ミラー、ジョシュア（Miller, Joshua） 204

ミラー＝サンホルホ 41

村宮克彦 470

メーラ、ラジニシ（Mehra, Rajnish） 65, 340

メーラ＝プレスコット 41

メルクル 199

モーツァルト、アマデウス（Mozart Wolfgang Amadeus） 145

モスコヴィッチ、トビアス（Moskowitz, Tobias） 500

モンティア 23n

や行

山田 510

山田・後藤 509, 510

ヤン、ホンジュン（Yan, Hongjun） 47

ヤン、リヤン（Yang, Liyan） 339

ら行

ラビン 329

ラビン、マシュー（Rabin, Mathew） 30, 41, 49, 57, 119, 167, 236, 241, 245, 323n

ラビン＝ヴェヤノス 41

リー、ヤン（Li, Yan） 339

リーダー、フォーク（Lieder, Falk） 145

リゲブ、トマー（Regev, Tomer） 185

レウェレン、ジョナサン（Lewellen, Jonathan） 490, 490n, 494

ロー、アンドリュー（Lo, Andrew） 361, 537, 538n, 545

ローグラン、ティム（Loughran, Tim） 448

ロス　40
ロス、スティーブ（Ross, Stephen）　65

わ行

ワイルズ、アンドリュー　145, 146

ワッカー、ピーター（Wakker, Peter）
　243n
ワン、ジアン（Wang, Jiang）　537

〈事項〉

記号・数字

.com（ドットコム）社名（称）変更　363-365

Δ非流動営業資産　530, 531

1987年から2015年までの下落局面における枝密度　428

1階のリスク回避（first-order risk aversion）308n

2ファンド分離（two fund separation）　90, 102

3ファクターモデル（FF 3）　452
　　——におけるプライシング　378-390

4ファクター・アルファ　398, 402, 404

4ファクターモデル（FFC 4）　402, 453-467, 484

5ファクターモデル（FF 5）　452

アルファベット

APT（arbitrage princing theory：裁定価格理論）　95

BABファクター　530

base rate　158

BS価格　316, 319

CAPM　92, 458, 484, 506
　　——アルファ　309
　　——の説明力　373-375
　　——の導出　98-102

CASIファーマシューティカルズ（CASI Pharmaceuticals）　185

CFD（contracts for difference：差金決済先物）　175

CFO　177, 178

ChatGPT　449

CNN　504, 555n

conjunction fallacy　159

COVID-19感染症　211

CRT- 2　143, 144

CRT- 4　142, 143

CRT- 7　142, 143, 144

CRT-V　143, 144

CRTスコア　128, 131, 211-215

E/P（比）　378, 530

FCSDデータ　192

FF 3　484, 506

FF 3のアルファ　473

FF 3のファクター　459

FF 5　477, 484, 506
　　——の実績値　479-481
　　——のポートフォリオ　478

FFC 4　506

FFアルファ　309

FTSE指数　192

Grad-CAM（gradient-weighted class activiation mapping）　558

HHI　200

HIDB2018　25, 115, 117, 122, 124, 126, 132, 134, 189n, 201, 258n, 275n, 277, 306, 327, 331, 332, 336, 345
　　——回答者と全人口の男女別年齢分布　26

H-Lポートフォリオリターン　494

HML（high minus low：ハイ・マイナス・ロー）　93, 379, 383, 409, 477, 519
　　—— Devil　519

HMLt　507
　　——ファクター　460

IQ　214

ITバブル　42, 66, 182, 183

LLM　449-450

LReLU（leaky rectified linear unit）　549

LTCM破綻　41, 42, 47, 64, 66

MRP　507, 530

NPM日本上場株式月次リターンデータ　299

NTT社　183

NTTデータ経営研究所　24

NTTドコモ社　183

PCR 検査　158
PR 1 YR　461
　　──ファクター　460
QMJ（quality minus junk）　520
Q 統計量　536, 536n
RMRF　461
S&P500（指数）　38, 39, 179, 191, 192, 300,
　　302-303, 403
　　──のリターンの曖昧さ　406
S&P 指数　345
SMB（small minus big：スモール・マイナ
　　ス・ビッグ）　93, 379, 383, 409, 530
SMBt　507
　　──ファクター　460
softmax 関数　551
STR　561
Survey of Consummer Finances　303, 304
『The Law of Imitation（模倣の法則）』　415
TOPIX　315
　　──コール　319, 321
　　──投資の意思決定ウェイト　299
VRP ショック　403
VRP 値　403
VRP ベータ　403
VWRF　461
VXJ　443
WML（winner minus loser）　93, 460, 461
　　──ポートフォリオ　501
WSTR　562
WTP（支払い意思額 / 価格：willingness to
　　pay）　72, 326
W ボトム　536, 537

あ行

曖昧さ（ambiguity）　121
　　──（不確実性）回避とアルファ
　　402-406
　　──愛好的　406
　　──回避　117, 122, 123, 141
　　──回避性（ambiguity aversion）　121
　　──尺度（ambiguity measurement）

　　405
アウト・オブ・ザ・マネー（out-of-the-money：
　　OTM）　312
アウトオブサンプル（out of sample）　490
アウトカムに対する限界感応度逓減　256
アクティブ投資パズル　152, 189-190
アグレッシブさ　132
アグレッシブ性指数　196, 197, 198
アジア・オセアニア市場　462-464
アジア市場のモーメンタムファクターリタ
　　ーン　463
アセットプライシングのモデル　92
アット・ザ・マネー（at-the-money：
　　ATM）　312
アノマリー　363, 474
　　──ファクター　509, 529
アルファ　396-409, 460
アレの逆説　40, 276n, 571
アンカー（錨）　187
アンカリング　152, 186, 211, 214
暗黙知　148
イーブンマネー・ベット（even-money bet）
　　162
意思決定　105-106
意思決定ウェイト　265-269, 269-272
　　──の計算例　270
　　──の限界感応度逓減　271
意思決定ウェイト付け関数（decision
　　weighting function）　236, 264-272
　　──による期待値　319
異時点間選択　124
一次確率優越性（first-order stochastic
　　dominance）　262, 273
一次確率優越条件　283
一物一価（law of one price）　64, 84
一片の真実（a kernel of truth）　156
伊藤解析　64
移動平均法　538
イベントウィンドウ　387
イベントスタディ　386-391
イン・ザ・マネー（in-the-money：ITM）

312

因子分析　95
インスピレーション　145-146
インターネットバブル　363
　　　──の崩壊　365
インデックス投信　136
インプライド・ボラティリティ（implied volatility）　316, 322, 403, 442
ウィークフォームの効率性　98, 360, 569
ウィナー株　178, 179
ウィナーポートフォリオ　179
ウォールス・ストリート・ジャーナル紙　442, 446, 447
営業利益　481
枝密度（edge density）　414, 424, 42 429, 430
　　金融危機機時の──の変化　425
　　　──を基準にした投資戦略　429-432
　　　──をシグナルとした取引シミュレーション　431
エポック　552
エルスバーグの逆説　121
凹型　74
黄金時代　63
黄金の60年代　39
大穴　125, 127
大型成長（big growth）　477
　　　──株　383, 384
大型中立（big neutral）　477
大型バリュー（big value）　477
大型割安株　384
オーバーウェイティング（overweighting）　53, 251, 252, 254, 259, 263, 270, 294, 305, 307, 321, 323, 326, 502
遅れ（delay）　77
遅い思考　51
堕ちた天使（fallen angel）　378
オプション・スマイル　316-317
オプション・プライシング　96
オプションプレミアム　311
オンゴーイングコンサーン　469
オンライン取引　196

か行

カーネル回帰　537, 538
カーハート（の）4ファクターモデル（FFC 4）　460-462, 495, 496
会計数値を基準にしたファクター　512
会計的ファクター　60, 467-475
会計発生高（accruals：TACC）　452, 467-469, 469-472, 472-474, 474-475
　　　──アノマリー（accrual anomaly）　472, 473, 474-475
　　　──によるリターンの予測可能性　469-472
会計利益（net income：NI）　468
外国証券　128, 199
外挿（的な）予想　52, 176-178
外国証券保有比率　200
過学習（overfitting）　523, 552n, 553
価格不安定化行動　434
確実性効果（certainty effect）　253, 254, 261, 290
確実性等価（certainty equivalent）　72, 117, 118, 139, 140, 366
確実性等価確率　405
確率インパクトへの限界感応度逓減（marginal diminishing sensitivity）　255, 262
確率ウェイト付け関数（probability weighting function）　236, 259-262
　　　──のパラメーター値　261
　　　──の例　289
　　プレレックの──　291
確率順位　268
　　　──と意思決定ウェイト　268
確率線形性　53
確率損失順位（probability loss-rank）　267
確率比例性　251
確率への非感応性（sensitivity to probabilities）　255
確率利益順位（probability gain-rank）　266
過剰負債　137-138

過剰保険　322-331
仮説設定と反証　31
画像解析　60
仮想思考（hypothetical thinking）　107, 108
画像データ　67
画像認識　539
画像判別　542-545
過大推定（over-inference）　170, 177
過大精度（overprecision）　191, 193, 198, 200, 203, 214, 215, 406
過大配置（overplacement）　191, 193, 198, 200, 202-203, 214, 215
過大評価（overestimation）　191, 193, 198, 200, 201-202, 214, 215
価値関数（value function）　236, 256-258
　　──のパラメーター値　258
過適合　523
角（キンク）　259n
家内電話配線保険　323
可能性効果（possibility effect）　252, 254, 260
株価チャート　61
株価の予測可能性　446
株価変動　416
株式　128
株式価値　416
株式市場参加　129
　　──パズル（stock market participation puzzle）　303-308
　　──率　131, 307
株式市場の発展　38
株式投資額比率　304
株式投資視野　133
株式投資のプロスペクト理論価値　346
株式取引頻度　132, 133
株式プレミアム　340-347
　　──パズル（equity premium puzzle）　65, 294, 340-342, 345
　　各国の──　341
株式分割　188
株式ポートフォリオ　371

株式保有世帯比率　304
株式リターン　54, 60-61 295, 296, 298-310, 344, 375-377, 452, 453
　　──の予測　60-61
　　──の類似性　423
空売り　132, 133, 196
勘　148, 149
歓喜（rejoice）　399
カントリーファンド　184
機械学習　60, 447, 504, 420-531
　　──による画像判別　504, 526-531
　　──（的）アプローチ　540
　　──モデル　563
　　──とテクニカル分析　545-546
機関投資家　418, 419, 420
　　──による群衆鼓動　418-421
　　──の投資行動　432
企業規模　376, 454, 477
企業属性　460, 512
　　──とバリュエーションの関係　436
　　──を基準にしたファクター　519
企業年金基金　62
危険回避度　99
危険証券ポートフォリオ　87
気質（disposition）　142
気質効果（disposition effect）　294, 332-335
　　──スコア　335, 337
　　──と投資パフォーマンス　335-337
　　──を調べる質問　334
基準率（base rate）　157, 217
　　──（の）無視　157-159, 211, 219-220
期待キャッシュフロー　368, 416
期待効用　75, 76
　　──仮説　44, 75
　　──最大化　78, 366
　　──投資家　393
　　──表現定理　75n
期待効用理論　75-76, 236, 239-255, 571
期待誤差　521
期待投資（expected investment）　476, 477
期待利益（expected profitability）　476, 477

索　引　605

期待リターン　73
規模・市場ベータ、簿価時価比率別のポートフォリオの月次リターン　376
規模・簿価時価比率の違いと株式リターン　375
規模効果と割安株効果　383-385
規模調整後超過リターン　471
規模ファクター　356, 379, 379n
　　——ポートフォリオ　453, 460
規模リスクプレミアム（SMB）　460
帰無仮説　388
逆進性　131
キャッシュフロー　469, 470
キャッシュフロー計算書　469
キャピタルゲイン条件　333, 335
キャピタルロス条件　333
ギャンブラーの誤り　152, 161-164, 166, 167, 168, 170, 171-174, 211, 224-227, 229
偽陽性　220
共通の要因に対する感応度（共分散）　371-372
極性辞書　447
極性判断　447
許容売却価格（willingness to accept：WTA）　117
均衡アプローチ　92
近視眼的損失回避　66, 294, 340-347
金融・証券市場の整備拡大と標準ファイナンスの生成　62
金融危機　444, 444n
金融庁　136n
金融リテラシー　195, 202, 308n
金融商品保有比率　200
金曜日　186
クジ　237, 239
　　混合——　244, 280
　　——の選択質問　139-141
グラフ　423
　　——による群衆行動の可視化　423-426
グラフ理論　59, 423

グロース株　379n
クローズドエンドの投資信託　438
クロスセクション　530
　　——の予測ファクター　486-490
群衆行動（ハーディング）　52, 58-59, 414, 415-432, 444
　　——の定量化　421
　　——のモデル　417
訓練データ　524, 529
経験依存的決定　107
計算能力（numerical ability）　144
系列相関　424
ゲームストップ社　68, 433, 435
結果指向的決定　107
決定係数　523
下落確率（Pdown）　551
限界感応度逓減　53, 338, 340
現金（cash：CX）　468
言語的 CRT　143
現在指向　123
限定合理性（bounded rationality）　50-51, 55-58, 104, 454
現預金・国公債保有額比率　128
コイン投げ　205, 206, 232
後悔 CAPM　400
後悔回避　401
　　——とアルファ　398-402
後悔関数（regret function）　399, 400
交差検証（cross validation：CV）　524
　　——法　525
交差則（conjunction rule）　159
高次の市場（非）効率性　61, 566-570
高次の非効率性　569
行動アプローチ　23, 54, 55-58, 565, 566
行動アルファ　392, 393, 395, 396-409
行動化　36, 37
行動資本資産価格決定モデル　392-411
行動バイアス　393-396, 396-409
　　——と証券価格　396
行動ファイナンス　22, 40, 51-53, 375
購入非損失　329, 331

効率的市場（effcient market）　63, 359
　　──とそのテスト　362-363
効率的市場仮説（efficient market hypothesis）
　　44, 97, 356, 467, 567
効率フロンティア（efficient frontier）　89
効率ポートフォリオ（efficient portfolio）
　　87, 102
合理的経済人　42, 43
合理的投資家　434, 435
高歪度＝高リターン　349
高歪度＝低リターン　310, 349
コールオプション　312
ゴールドスタイン＝アインホーンの確率ウ
　　ェイト付け関数　291
小型株　384, 465
　　──効果　379
　　──ファクター　379n
　　──ファクターリターン（SMB）　442
小型成長（small growth）　477
小型中立（small neutral）　477
小型バリュー（small value）　477
小型ファクター　379n
　　──リターン（SMBR）＊Rは上付き
　　485
小型割安株　383, 384
虎穴に入らずんば虎子を得ず　82
誤差逆伝播法　551, 552
個人主義　467
国公債・現預金　128
個別株式保有　196
固有ボラティリティ（idiosyncratic
　　volatility：i-vol）　485
　　──・ファクター　60
コンピューター・ビジョン（computer
　　vision）　540

さ行

債券　128
　　──的な性格をもつ株式　436
再現性　67
サイズファクター　379n

裁定アプローチ　92, 95
裁定価格　85
裁定価格理論（arbitrage pricing theory：
　　APT）　65, 92, 95
裁定取引　68, 422, 434
裁定トレーダー　433, 434, 435
裁定の限界（limits to arbitrage）　366
裁定理論　95-97
最適ポートフォリオ　90
財務報告スコア　345
債務整理　137
財務省証券　530
錯視　107
錯覚　107
サブプライムローン　66, 138
三角持ち合い　536, 538
参照クラス　217
参照グループ　217
参照点（reference point）　240, 244, 332
　　──依存　53, 239-244, 256
ジェンセンのアルファ（Jensen's alpha）
　　91
ジェンセン不等式（Jensen inequality）　76n
視覚情報　536
視覚的特徴量　555
シカゴ・オプション取引所（CBOE）　64
時価総額加重平均（VW）　471, 494, 555,
　　560
　　──リターン　479, 481
時価簿価比率　476
時間隔離（time segregated）評価　318n
時間集計（time aggregated）評価　318n
時間選好　123-126
時間的余裕　109
時間分散（time diversification）　343
時間割引率（rate of time discounting）　124
シグナル　406
資源合理性　145
次元の呪い　494-495
自己破産　137
自己モニター　107

自己モニタリング（self-monitring） 51,
　55-56, 110-116, 142, 144, 572
資産価格決定モデル　60, 503-563
市場（マーケット）ベータ　86, 372, 373
市場（の）効率性　531-535, 568
　──と超過利潤　365-366
　──に疑問を投げる逸話的証拠　363-
　365
市場の気分　432
市場の雰囲気　432
市場ベータ　376
市場ポートフォリオ（またはマーケットポ
　ートフォリオ）　63, 85
自信過剰　52, 56-57, 152, 189-201, 212, 214,
　406
　──CAPM　408, 409
　──調整済み市場ポートフォリオ
　408
　──に基因する行動アルファ　409
　──バイアス　436
　──変数の作成　201-203
指数割引　77
システマティック・リスク（systematic
　risk）　82, 83n, 85, 87
　アン──　85
システム・ロト　171, 209
システム 1　107n
システム 2　107n
事前確率（prior probability）　217
自然言語処理（natural language
　processing：NLP）　441, 445, 447
実現化効用（realization utility）　332
実行機能　144
質への逃避　437
私的情報　417
自動車衝突損害保険　325
自動車包括損害保険　325
自動処理　107
支払い意思額（willingness to pay：WTP）
　72, 118
資本資産価格決定モデル（capital asset

pricing model：CAPM）　39, 63, 81,
　356, 369-375, 392
資本市場線（capital market line：CML）
　87-90
　──の導出　101-102
シャープ比（率）（シャープレシオ：
　Sharpe ratio）　90, 512
社会保障番号　187
週次リバーサル（WSTR）　560, 562
集団主義　467
熟慮　51, 106-110
　──型　104, 112, 115, 116, 117, 118, 119,
　120, 123, 124, 137
　──的思考者　123
主成分分析　438, 439, 442
順位依存型効用（rank-dependent utility）
　238
純外部ファイナンス　516
少額投資非課税制度（Nippon Individual
　Savings Account：NISA）　33, 136
証券・金融市場　40
証券市場線（security market line：SML）
　85-87
　──の導出　100-101
条件付き確率　216-217
証券投資のリスク　366-369
上昇確率（Pup）　551
少数の法則（law of small numbers）　160-
　161, 222-231
状態（state）セルフコントロール　116n
情報格差　416
情報カスケード　417-418
情報工学　57
情報効率性（information efficiency）　98n
情報処理　67
　──能力　567, 568
情報（の）範囲　567, 568
情報把握　125
情報劣位の投資家　416
正味現在価値法（net present value approach）
　79

将来期待キャッシュフロー　416
将来指向　123
新型コロナ感染症（COVID-19）　158
深層学習（ディープラーニング）　61, 504,
　541
　　　──モデル　541
診断的（diagnostic）　217, 218
新版認知熟慮テスト　143
信用買い　132, 133
信頼区間　191, 193
心理的確率　288
数量的CRT　143
少ないほどよい　147, 148
ステレオタイプ　156, 158, 160
ストリーク（streak）　173, 181, 182, 205n
　　　──選別バイアス　204, 232-234
ストロングフォームの効率性　98, 360
スペースシャトルチャレンジャー号爆発事
　故　361
スマート・ヒューリスティック　145
正規分布　314
　　　──と標準偏差　367
政策　136
正則化項（L1ノルム）　523
成長株　379n
成長投資枠　136
世界市場におけるモーメンタム効果
　464-467
世界の規模別モーメンタム効果　466
接点ポートフォリオ　63, 89
説明逃れ　49
セミストロングの効率性　569
セミストロングフォームの効率性　98,
　360, 467
セルフコントロール　115, 116
全結合（FC）層　550-554
選好　104, 117
全国家計構造調査　304
センチメント　52, 58-59, 125, 127, 414,
　432-444
　　　──指数　441, 443, 444

　　　──と株式評価　437
　　　──の影響度合い　436
　　　──の測定　438
　　市場──　447-450
　　辞書による──　447
セントペテルスブルグの逆説（St.
　Petersburg paradox）　571
総務省「人口推計」　25, 26
それらしさ　152, 156
損害保険　324
損失回避　53, 244-245, 256, 305, 307, 340,
　346, 347
　　　──係数　342
　　　──と保険加入　328
　　　──の強さを表すパラメーター　257
損失関数（クロスエントロピーロス, Loss）
　551
損失実現の回避（aversion to loss realization）
　338
損失リスク　344

た行

第I主成分　438
大規模言語モデル（large language model：
　LLM）　449-450
大数の法則（law of large numbers）　161
代表性　217-219
　　　──バイアス　436
代表性（の）ヒューリスティック
　（reprentative heuristic）　52, 152,
　155-182, 211, 216-221
　　　──の強さ　219
タイプ1　51, 104
　　　──（の）処理　105, 106, 107
タイプ2　51, 104
　　　──（の）処理　105, 106, 107
大リーグ　210
対立仮説　388
宝くじ株　349-353
武見基金COVID-19有識者会議　158n
多重共線性　522

多重検定　508
　　──の問題　508
正しさ感覚（feeling of rightness：FOR）
　　109
タダほど高いものはない（「タダ飯」など
　　ない）　84
畳み込みニューラルネットワーク：CNN
　　504, 541
畳み込みフィルター　543
畳み込み窓（convolution window：CW）
　　542
多頻度取引　190
卵を1つのカゴに盛るな　81
短期評価の投資家　342, 343
短期リバーサル（STR）　560
単調減少ベクトル　426, 430
単調増加ベクトル　426, 430
チャート画像　545-562
注意散漫効果　185-186
超過利潤　445
超過リターン（abnormal return：AR）
　　364, 387, 389, 422
　　──の期待値と分散　388
　　──の発生パターン　458
長期評価の投資家　342, 343
調査による群衆行動　420
調整利益（earnings management）　468
直感　51, 106-110
　　──型　104, 112, 115, 116, 117, 118, 119,
　　123, 124, 137
直感的思考者（intuitive thinkers）　123
罪株（sin stocks）　519
つみたて投資枠　136
データ主導型の仮説導出　510
データマイニング　59, 490, 504, 505-520
テキスト情報　59
テキストデータ　67
テキストマイニング　414, 441, 447-450
テクニカルアナリスト　61, 535-540
テスト（バリデーション）　524
デダクティブル　324, 329

デフォルト介入者モデル（default-
　　interventionist model）　108, 109, 145,
　　148
デフォルト判断　108
投機的な株式　436
道具的限定合理性　36, 53, 565
道具的合理性（instrumental rationality）
　　43, 44
統計的アプローチ　504
投資家心理　422-433
投資家センチメント　436, 438
投資機会集合　89
投資行動　126-136
投資視野　196
投資信託　457
投資信託の運用成績　459
　　──とモーメンタム効果　457
投資スキル　195
投資戦略　430
投資態度　125, 126-127
投資の自信過剰　215
同時発生の誤り（連言錯誤）　159-160, 211,
　　220-221
投資パフォーマンスの尺度　90-91
東芝不正会計（スキャンダル）　360
　　──発覚前後の株価動向　361
投資ファクター（CMAt：conservative
　　minus aggressive）　477
投資ファンド　169
　　──のタイプ　222
東証　179, 310, 507
東証株価指数（TOPIX）　294, 298-302,
　　372n, 383, 426, 429, 507, 556
同率効果（common ratio effect）　290
時はカネなり　79
特性セルフコントロール　116
特徴画像　547
特徴量　541
　　──職人　540
独立性公理　75n, 252n
凸型　74

ドットコム（.com）　182
トップダウンのアプローチ　438, 444, 445
取引戦略のシグナル生成　430
取引パズル（trading puzzle）　190n
取引頻度　196
トレイナー比（トレイナーレシオ：
　　Treynor ratio）　91
トレーダー　134

な行

ナイーブベイズ学習モデル　441, 442n
ナイト流の不確実性（Knightian
　　uncertainty）　121
ナッジ　33
ナロー・ブラケティング（narrow
　　bracketing）　119
ナロー・フレーミング（narrow framing）
　　53, 236, 243-244, 254, 332
二重処理理論（dual process theory）　104,
　　106-107, 240
二層構造　547
日経平均（株価指数、225）　203, 372n, 383,
　　442, 443
日本株の恐怖指数（VXJ）　442, 443, 443n
日本経済新聞　360, 442, 446
日本（株式）市場　462-464, 472, 481, 482,
　　483
　　──のモーメンタムファクターリター
　　　ン　462
　　──の特異性　465
ニューヨーク・タイムズ　184, 185
ニューヨーク証券取引所（NYSTE）　179,
　　184, 439, 492
人間情報データベース2018年（Human
　　Information Database 2018: HIDB
　　2018）　24
認識的限定合理性　36, 52-53, 565
認識的合理性（epistemic rationality）　42
認知資源　109
認知熟慮テスト（cognitive reflection test：
　　CRT）　55, 104, 106, 110, 111, 112,

　　142-144
認知処理タイプ　107, 117-126, 133, 137-138
　　──別株式投資累積リターン　135
認知処理の限界　105-106
認知処理の二重性　50
認知能力（IQ）　55, 110-116, 130
ノイズトレーダー　432, 436
ノーベル経済学賞　40-41, 80

は行

ハーディング　432
ハーフィンダール＝ハーシュマン指数
　　193, 199
バイアス下での投資価値　394
バイアス投資家　393
配当割引モデル　475, 476
ハイパーパラメーター　524, 524n, 528
売買トリガー閾値　430
配分効率性（allocation efficiency）　98n
ハイリスク＝ハイリターン　82
バスケットボール　204
バブル　64
速い思考　51
パリ・ミュチュエルの賭け　162-164, 171
バリデーションデータ　524
バリュー株効果　379
バリュー株ファクター　379n, 473
バリュー株リスクプレミアム（HML）
　　460
バリューファクター　379n, 461
　　──ポートフォリオ　453
　　──リターン（HML^R）　485
パレート効率性　98n
反実仮想（counterfactual thinking）　399
　　──ポートフォリオ　400
反射効果（reflection effect）　249
反射処理　148
反証　31-33, 570
判断バイアス　211-215
判断ミス　212
反転恐怖指数（－VXJ）　443, 444

反例　40
ピア効果　308n
ヒートマップ　558
東日本大震災時の TOPIX と上昇銘柄群・
　　下落銘柄群の枝密度　427
悲観　271, 272
非感応性　259, 270
非合理的ノイズトレーダー　435
ヒストリカル歪度　349
ビッグ 3 ゲーム　163
ビッグデータ　67, 504
ビッドアスクスプレッド　512
ヒューマンス（humans）　50, 51-53
ヒューリスティック（heuristic）　52, 56-57,
　　152, 153-234
　　――バイアス複合　211
評価関数の形状とリスク選好　74
評価期間　346
標準ファイナンス　36, 37, 38-46, 78-84, 375,
　　433
　　――と行動ファイナンス　43
標準ファイナンス理論　70-102, 416, 444,
　　445, 474
　　――の拡張　65
　　――の行動化　65-66
標準偏差　76
評判維持のための群衆行動　420
ファーマ＝フレンチ（の）3 ファクターモ
　　デル（FF 3）　65, 94, 375-380, 409, 460n
ファーマ＝フレンチ（の）5 ファクターモ
　　デル　65, 475-484, 496
ファーマ＝マクベス　491
　　――回帰　490-494, 497-499
　　――の手法　528
ファイナンス　37
　　――の原則　80
　　――理論　78-79
ファクター感応度（またはファクターエク
　　スポジャー）　96
ファクター探索のプロセス　484
ファクター動物園（factor zoo）　59-60, 452,

495, 511-520
　　――問題　452, 520, 528, 531-534, 562
ファクターの予測力　492, 493
ファクタープレミアム　96
ファクターモデル　65, 494
ファクターリターン　461
『ファスト＆スロー』　51
ファンダメンタル　68
　　――価値からの乖離　432, 434, 435
ファンダメンタルズ　406
フィラデルフィア・セブンティシクサーズ
　　165
フェアな賭け（fair betting）　72, 96
フェルマーの定理　145
不確実確率下の期待効用（expeced utility
　　with uncertain probabilities：EUUP）
　　405
　　――理論　405
不確実性回避とアルファ　404
不完全な調整　186
複合仮説検定　363
含み益　332
含み損　332
負債　137-138
不注意　185-186
プットオプション　312
ブラック＝ショールズ（オプション価格）
　　公式　40, 42, 311
ブラックマンデー　42, 66
ブルームバーグ社　69
フレディ・モデル　57, 166-174, 222-231
ブロード・ブラケティング（broad
　　bracketing）　120
ブロード・フレーミング（broad framing）
　　44, 78, 236, 240, 243
プロスペクト　57, 237
　　――（の）選択　237-239, 248
プロスペクト理論（prospect theory）　57,
　　236, 237, 255-273, 294, 295-297, 502
プロスペクト理論価格　319-321
　　――のインプライド・ボラティリティ

321

プロスペクト理論価値（prospect-theory value）　274, 295, 300, 324, 326, 344, 345
　——とアルファ　397

プロスペクト理論で見る株式リターン　298-310

プロスペクト理論によるクジの評価　274-276

プロスペクト理論によるコールオプション評価　320

プロスペクト理論の問題点　282

プロスペクト理論パラメーター　277

プロセス　49, 535, 536

プロ投資家　416, 418, 420

プロ野球　210

分位ポートフォリオ　471, 486, 491, 492, 506, 555

分散化（diversification）の利益　81

分散化可能リスク（diversifiable risk）　83

分散化不可能リスク（undiversifiable risk）　83

分散投資の例　370

分散リスクプレミアム（variance risk premium：VRP）　403

分離定理　39, 62

ペイオフ（賞金）に対する「限界感応度逓減（marginal diminishing sensitivity）」　246

平均回答時間　115

平均超過リターン　387, 389

米国株式市場におけるモーメンタム効果　456

米国株におけるベータ別ポートフォリオ　374

米国機関投資家の群衆行動　420

米国証券市場　62n

ベイズ公式　232

ベイズの定理　156

ベイズルール　158, 216-221

ベータ　86
　——・アノマリー　65

——の時系列変動　453

ヘッジファンド　68, 69, 433

変換画像　553

変数選択　522

ベンチマークリターン　471

変動相場制　64

報酬　109

ポートフォリオ　81

ポートフォリオ選択　44, 81, 127-129
　——理論　62

ポートフォリオ比率　128

ホーム全災害保険　325

簿価時価比率（B/M）　356, 376, 378, 409, 454, 475, 476, 477, 481, 494, 519
　——ファクター　379, 379n

保険加入行動　327-328

保険特約　326

保険に対する支払い意思価格（WTP）　329

ポジティブフィードバックトレーダー（positive feedback trader）　434

保守主義の影響　436

ホット数効果　209

ホットハンド　457

ホットハンド効果　164, 204

ホットハンドの誤り　152, 164-166, 167, 168, 170, 171-174, 177, 178, 204, 224, 227, 228, 229, 230, 453
　——の真の誤り　571

ボトムアップのアプローチ（方法）　438, 444-445

ホモエコノミカス（Homoeconomicus）　36, 42, 77
　——擁護論　45

ボラティリティ　76, 83
　——・スマイル　316, 320, 321

本源的なリスク　83, 85

本質的価値　311

ポンフェローニ補正　508n

ま行

マーケット・マイクロストラクチャー　65
マーケットアプローチ　23, 54, 58-61, 560,
　　565, 566
マーケット規模　43
マーケットにおける取引実態を基準にした
　　ファクター　512
マーケットファクターリターン（MKT^R）
　　485
マーケットポートフォリオ　371
マーケットモデル　92, 95, 388-391
マーケットリスクプレミアム　381-382,
　　462, 477
　　——（$r_m - r_f$）　460
マーティンゲール（martingale）　96
　　——性　64
マイクロキャップ　465, 535
マクロ変数　95
マックスプーリング（MAX-Pooling）　542,
　　549
マネネス　316
マルチファクターCAPM　93-95
満足化（satisficing）　153
ミスプライシング　44, 68, 308-310, 365, 415,
　　417
見通し　125
無裁定条件（no-arbitrage condition）　95
目立ち（salience）　152, 182-184, 184-185, 433
メモリー（記憶）　182
メルビン・キャピタル　69
モーメンタム（MOM）　54, 453-454,
　　454-455, 560-562
　　——クラッシュ　500-502
　　——現象　178, 179, 180, 181
　　——効果　452, 455-457, 500
　　——ファクター　60, 460, 462
　　——ポートフォリオ（WML）　500,
　　501
モチベーション　109

や行

有価証券報告書　449
陽性　220
ヨーロッパ健康・高齢化・退職調査
　　（SHARE）　130
ヨーロピアン　314
予想歪度　309, 351, 352
予測可能な超過リターン　422
予測誤差　521, 529
予測精度　521, 567, 568
　　——無差別曲線　568
予測ファクター　490

ら行

楽観　271, 272
ラッキー店効果　165-166, 209
ラッソ（least absolute shrinkage and
　　selection operator：LASSO）回帰
　　522-526, 529, 555n
　　——を用いたファクター選択　528
ラビンの逆説（Rabin's paradox）　236, 241,
　　242, 245, 285-287, 571
　　——命題　287
ランキングポートフォリオ　561
ランダムウォーク　64, 97, 357-359
リーマンショック　42, 48, 66, 138, 423
利益順位　266
利益情報　177, 186
利益調整（earnings management）　468
利益ファクター（RMWt：robust minus
　　weak）　477
利益予想　178
リスク愛好　70-74, 118, 120, 246, 248, 328
　　——の程度を示すパラメーター　257
リスク回避　70-74, 118, 120, 246, 248
　　——の程度を示すパラメーター　257
リスク資産投資割合　196
リスク資産保有額比率　128
リスク選択　117, 236, 239-255
リスク態度　71, 245-250

リスク中立 71, 72, 120
　──期待値 314
リスク追求 71, 72
リスクに対する態度 70-74
リスクファクター 92
リスクプレミアム（risk premium） 73, 85, 93, 462
リスク分散 197-200
リスク分散（化） 81
　──の過小性 192, 199
　──の効果 369-371
リスク選択バイアス 256
リスク・リターン・トレードオフ 82
リターン生成 92
リターンの標準偏差 368, 369
リターンの銘柄間相関 421
リターンの予測可能性 33, 43, 54, 201, 446, 467, 469-472, 563
リターンリバーサル現象 181
リバーサル 560-562
　──効果 454
リバタリアン・パターナリズム（自由主義的介入主義） 33
流動性 453
　──ファクター 512
利用可能性（availability）（の）ヒューリスティック 52, 152, 182-186, 211
リンダ問題 159, 160, 220
累積超過リターン（cumulative abnormal return：CAR） 363-364

累積確率 265, 266
累積プロスペクト理論（cumulative prospect theory） 236, 238, 264, 272-273
累積平均超過リターン（cumulative average abnormal return：CAAR） 390, 391
ルーザー株 178, 179
ルーザーポートフォリオ 181
ルーレット 162
劣加法性（subadditivity） 251n
レバレッジ 378
連言錯誤 159n
連続性公理 75n
ローソク足チャート 539
ロト 165, 171
ロング・ショートポートフォリオ 474, 484-485, 494, 506, 508
ロングターム・キャピタル・マネジメント（LTCM）破綻 47, 64, 66

わ行

ワーキングメモリ（作業記憶） 106, 107, 109
歪度（skewness） 308, 317, 349, 501
　──選好 500-502
　──と株式リターン 309, 310, 349-353
割引 80
割引関数 77
割引現在価値 416
割引率 77

[著者紹介]

池田新介（いけだ・しんすけ）
関西学院大学経営戦略研究科教授、大阪大学名誉教授、大阪大学博士（経済学）
1957年大阪生まれ。神戸大学経営学部卒業、同大学院博士課程後期課程中退。神戸大学経営学部助教授、大阪大学経済学部助教授、同社会経済研究所助教授、教授を経て現在に至る。行動経済学会会長、文部科学省科学官、公認会計士第2次試験委員、証券アナリスト試験委員など歴任。
主要著作：『自滅する選択』東洋経済新報社、2012年（日経経済図書文化賞）、*The Economics of Self-Destructive Choices*, Springer, 2016、"COVID-19 Enhanced Diminishing Sensitivity in Prospect-Theory Risk Preferences: A Panel Analysis," *Review of Behavioral Economics*, 2023（山村英司・筒井義郎と共著）、"Luxury and Wealth," *International Economic Review*, 2006、"Arbitrage Asset Pricing under Exchange Risk," *Journal of Finance*, 1991 など。

岡田克彦（おかだ・かつひこ）
関西学院大学経営戦略研究科教授、神戸大学博士（経営学）
1963年神戸生まれ。ワシントン大学大学院MBA。モルガン・スタンレー証券ニューヨーク、UBS証券東京支店を経て、ヘッジファンド運用会社 Halberdier Capital Management Singapore 社を1997年に共同創業。2005年関西学院大学専任講師、2007年准教授、2011年より教授。2011年 Magne-Max Capital Management 社を創業。2015年 Yahoo! Japan と資本提携後、2023年に PayPay アセットマネジメント社に事業譲渡。現在、K2Q Capital London 社の研究主幹を兼務。行動経済学会会長、公認会計士第2次試験委員など歴任。
主要著作：『ビッグ・データで株価を読む』（中央経済社、2014年）、"Is No News Good News?: The Streaming News Effect on Investor Behavior Surrounding Analyst Stock Revision Announcement," *International Review of Finance*, 2014（東高宏・羽室行信との共著）など。

金融市場の行動経済学
行動とマーケットに見る非合理性の世界

2025 年 3 月 25 日　1 版 1 刷

著　者	池田　新介
	岡田　克彦
	©2025, Shinsuke Ikeda and Katsuhiko Okada
発行者	中川　ヒロミ
発　行	株式会社日経 BP
	日本経済新聞出版
発　売	株式会社日経 BP マーケティング
	〒105-8308　東京都港区虎ノ門 4-3-12
装　幀	山口鷹雄
印刷・製本	藤原印刷株式会社
	ISBN978-4-296-12150-2

本書の無断複写・複製（コピー等）は著作権法上の例外を除き，禁じられています。
購入者以外の第三者による電子データ化および電子書籍化は，
私的使用を含め一切認められておりません。
本書籍に関するお問い合わせ，ご連絡は下記にて承ります。
https://nkbp.jp/booksQA

Printed in Japan